아이링
칭링
메이링

아이링
칭링
메이링

20세기 중국의 심장에 있었던 세 자매

장융

이옥지 옮김

까치

BIG SISTER, LITTLE SISTER, RED SISTER : Three Women at
the Heart of Twentieth-Century China

by Jung Chang

This Korean edition was published by Kachi Publishing Co., Ltd. in 2021
by arrangement with Jung Chang c/o Globalflair Ltd, c/o Aitken Alexander
Associates Limited, London through KCC(Korea Copyright Center Inc.),
Seoul.

이 책은 (주)한국저작권센터(KCC)를 통한 저작권자와의 독점계약으로
(주)까치글방에서 출간되었습니다. 저작권법에 의해 한국 내에서 보호를
받는 저작물이므로 무단전재와 복제를 금합니다.

역자 이옥지(李沃址)
1991년 서울 옥인동에서 태어났다. 서울대학교 동양사학과에서 석사 학위
를 취득했고, 현재 동 대학원 박사과정에 재학 중이다.

편집, 교정_김미현(金美炫)

아이링, 칭링, 메이링 : 20세기 중국의 심장에 있었던 세 자매

저자/장융
역자/이옥지
발행처/까치글방
발행인/박후영
주소/서울시 용산구 서빙고로 67, 파크타워 103동 1003호
전화/02 · 735 · 8998, 736 · 7768
팩시밀리/02 · 723 · 4591
홈페이지/www.kachibooks.co.kr
전자우편/kachibooks@gmail.com
등록번호/1-528
등록일/1977. 8. 5
초판 1쇄 발행일/2021. 9. 2
    2쇄 발행일/2021. 9. 27
값/뒤표지에 쓰여 있음
ISBN 978-89-7291-748-9 03910

나의 어머니께

중화민국, 1945

소 련

발하슈 호

몽골

중 화

신장 성

간쑤 성

닝샤 성

칭하이 성

양쯔 강

티베트

네팔

부탄

시캉 성

시창

인 도

원난 성

버 마

프랑스령
인도차이나

벵골 만

타 이

차례

서론

현대 중국에서 가장 유명한 '동화 같은 이야기'는 19세기 끝자락에 태어난 상하이 태생 세 자매의 이야기이다. 자매들은 부유하고 유명한 도시의 엘리트 계층인 쑹씨 가문에서 태어났다. 이들의 부모는 독실한 기독교도였다. 어머니의 외가는 중국에서 가장 명망 있는 기독교 가문인 쉬씨 가문이었다(상하이에 이 가문의 성을 본뜬 쉬자후이 지역이 있다). 아버지는 10대일 때 중국인으로서는 처음으로 미국 남감리교로 개종한 사람이었다. 세 딸(아이링[藹齡, 1889년 출생], 칭링[慶齡, 1893년 출생], 메이링[美齡, 1898년 출생])은 어린 시절에 교육을 받기 위해서 미국으로 보내졌는데, 당시로서는 극히 드문 일이었다. 몇 년 후 귀국한 세 자매는 중국어보다 영어에더 능통했다. 왜소한 체구와 각진 턱을 가진 이 자매들은 전통적인 기준에서 대단한 미인은 아니었다. 그들의 외모는 참외처럼 둥근 얼굴, 아몬드같은 눈, 늘어진 버들가지 같은 눈썹과는 거리가 멀었다. 그러나 자매들은 고운 살결과 섬세한 이목구비, 우아한 맵시를 갖추었고, 세련된 옷차림은 이들의 매력을 더욱 돋보이게 했다. 자매들은 넓은 세상을 경험하고 돌아왔다. 지적이었고, 자립심이 강했으며, 자신감에 차 있었다. 이들에게는 '격조'가 있었다.

그러나 이들을 현대 중국의 '공주'로 만든 것은 무엇보다도 비범한 결혼 상대들이었다. 먼저, 아이링에게 반했다가 이후에는 칭링에게 빠진 남자가 있었다. 그의 이름은 쑨원, 1911년 청조를 몰아내고 공화정을 수립한 신해혁명의 선구자였다. '[공화] 중국의 국부'로 알려진 쑨원은 중국어권 사회에서 널리 존경을 받는 인물이다. 둘째 칭링이 그와 결혼했다.

쑨원이 1925년 세상을 떠난 후, 그의 후계자 장제스가 세 자매의 막내 메이링에게 구애하여 그녀를 아내로 맞이했다. 그는 1928년 국민 정부를 수립했고, 1949년 공산당에 의해서 타이완으로 쫓겨가기 전까지 중국의 통치자로 군림했다. 막내 메이링은 장제스가 정권을 잡고 있었던 22년 동안 중국의 퍼스트레이디였다. 제2차 세계대전 중 장제스가 중국군을 이끌고 일본의 침략에 맞서면서 메이링은 그 시대의 가장 유명한 여성 반열에 올랐다.

세 자매의 '맏언니' 아이링은 쿵샹시와 결혼했다. 쿵샹시는 아내의 인맥 덕분에 오랜 기간 동안 중화민국의 국무총리와 재정부 장관직을 독차지했다. 아이링은 남편의 직위를 이용하여 중국에서 가장 부유한 여성 가운데 한 명이 되었다.

쑹씨 가족은 세 명의 아들들까지 모두 장제스 정권의 최측근이었지만, 쑨원의 아내이자 공산당에 가입한 칭링만은 예외였다. 그녀에게는 '붉은 자매'라는 별명이 붙었다. 그리하여 두 정치 진영의 대립은 형제자매 사이를 갈라놓았다. 장제스 정권이 패배하면 자신의 가족도 몰락하리라는 사실을 알았음에도, 제2차 세계대전 직후에 벌어진 내전에서 칭링은 공산당의 승리를 위해서 온 힘을 쏟았다. 장제스 정권이 붕괴하고 1949년 마오쩌둥이 이끄는 공산 중국이 수립되자, 칭링은 마오쩌둥을 보좌하는 부주석이 되었다.

쑹씨 자매들은 분명 쟁쟁한 상대들과 결혼했다는 것 이상으로 예외적인 존재였다. 중국인들이 모인 곳에서는 언제나 쑹씨 자매들의 이야기가 화제가 되었다. 그들의 사생활도 예외는 아니었다. 내가 어린 시절을 보낸 1950−1970년대 마오쩌둥의 중국은 바깥세상과는 철저히 단절된 엄격한 전체주의 사회였는데, 그때 들은 두 가지 이야기가 있다. 하나는 마담 장제스(메이링)가 환한 살결을 유지하기 위해서 매일 우유로 목욕한다는 것이었다. 영양이 풍부한 건강 식품인 우유는 당시 일반 가정에서는 구할 수 없는 귀한 물품이었고, 이런 우유를 목욕물로 써버린다는 것은 터무니없이 방자한 행위로 간주되었다. 한번은 한 교사가 이 근거 없는 소문을 바로잡으려고 학생들을 향해 중얼거렸다. "우유로 목욕하는 게 뭐가 좋다고 그렇게 하겠어?" 교사는 머지않아 유죄 선고를 받은 '우파분자' 명단에 올랐다.

나에게 강한 인상을 준 또다른 이야기는 금욕주의적인 공산 중국에서 부주석을 맡고 있는 칭링이 나이가 자신의 반밖에 되지 않는 전담 경호원과 살림을 합쳤다는 것이었다. 그 이야기에 따르면 노쇠한 칭링이 휠체어에 의존하게 되자 경호원이 그를 침대에서 내려주고 올려주는 일까지 수발했는데, 이 과정에서 둘 사이가 육체적 관계로 발전했다고 했다. 사람들은 그 둘이 실제로 결혼을 했는지, 그들의 관계가 용납될 수 있는지를 두고 끊임없이 갑론을박을 벌였다. 공산당이 오랜 기간 과부로 지낸 칭링에게 남자가 필요하다는 점을 고려하여 이 정사(情事)를 허락했고, 마담 쑹 원이라는 경칭도 유지하게 해주었다는 소문이 돌았다. 유독 이 이야기가 기억에 남은 이유는 사람들이 국가 원수의 성생활을 입에 올리는 일이 극히 드물었기 때문이다. 다른 고위 간부들에 대해서는 누구도 감히 혀를 놀리지 않았다.

1976년 마오쩌둥이 죽고 중국이 개방되자 나는 영국으로 이주했고, 쑹씨 세 자매에 대해서 더욱 많은 것들을 알게 되었다. 1980년대 중반에는 요청을 받아서 붉은 자매 칭링에 관한 짧은 책을 쓰기도 했다. 그러나 자료를 조사하고 3만 단어 길이에 가까운 글을 썼음에도 이상할 만큼 내가 쓰는 책의 주제에 관심이 생기지는 않았다. 경호원을 둘러싼 스캔들의 진상을 파헤치는 노력조차 기울이지 않을 정도였다.

1991년에는 나의 할머니와 어머니, 그리고 나의 일생을 담은 책 『대륙의 딸(*Wild Swans*)』이 출간되었다. 이어서 나는 남편 존 핼리데이와 함께 마오쩌둥의 전기를 집필했다. 마오쩌둥이 드리운 그림자가 내 삶의 첫 26년을 지배했기 때문에, 열과 성을 다해 그에 대해서 더 알아내고자 했다. 그다음에는 중국의 마지막 군주(여성 황제가 인정되지 않았기 때문에 정식으로 황위에 오르지는 못했다) 서태후가 나의 흥미를 끌었다. 서태후는 품계가 낮은 후궁에서 국정을 움직이는 실력자로 부상했고, 황제의 배후에서 수십 년간 제국을 통치하면서 전근대 중국을 현대에 걸맞게 바꾸어놓은 인물이었다. 나는 이 두 사람에게 매료되어 20년을 보냈다. 누구를 다음 책의 제재로 삼을지 결정하는 것은 어려운 일이었다. 쑹씨 세 자매가 떠올랐지만 금세 떨쳐버렸다. 『대륙의 딸』을 집필한 후로 중국의 운명을 바꾸고 역사를 새로 쓰는 위치에 있었던 중요한 인물들을 다뤄왔는데, 쑹씨 세 자매는 그렇지 않았기 때문이다.

당시에 구할 수 있던 자료들에서 묘사하는 쑹씨 자매 개개인은 여전히 다음의 유명한 구절로 요약되는 동화 속 존재였다. "중국에 세 자매가 있었습니다. 한 명은 돈을, 한 명은 권력을, 한 명은 나라를 사랑했습니다."
그들의 이야기에는 인간의 존재를 진실되고 흥미롭게 하는 어떤 고뇌나
도덕적 딜레마, 힘겨운 선택이 존재하지 않는 듯했다.

대신 나는 공화 중국의 아버지 쑨원에 대해서 쓰려고 했다. 1866년에 태
어나서 1925년 사망한 쑨원 역시 역사의 판을 새로 짠 인물이었다. 그는 서
태후가 죽고 마오쩌둥이 등장하기 이전에 정치적으로 부상했고, 둘 사이
를 잇는 일종의 '가교' 역할을 했다. 서태후의 통치 아래 중국이 의회민주
제를 향한 여정에 발을 내디딜 때만 해도, 중국 앞에는 더욱 자유롭고 개
방된 미래가 기다리는 듯했다. 그러나 1908년 서태후의 사망으로부터 40
년이 지난 뒤 정권을 잡은 마오쩌둥은 중국을 고립시키고 전체주의 독재
체제로 몰아넣었다. 쑨원이 결정적인 역할을 했던 이 40년 동안 무슨 일이
벌어진 것일까? 이 문제에 계속 신경이 쓰였다. 이제 답을 찾을 때였다.

중국인들에게 쑨원은 성인군자로 알려져 있다. 중국어권 바깥에서 그의
이름을 들어본 사람들이 떠올리는 인상도 이와 다르지 않다. 그러나 그는
정말 성인군자였을까? 쑨원이 중국을 위해서 한 일은 정확히 무엇이며,
중국에게 한 짓은 또 무엇일까? 그의 인간됨은 어떠했을까? 나는 이 수많
은 질문들의 답을 알아내고 싶었다.

쑨원의 삶(그리고 그 주변 사람들의 삶)을 파고들자, 그의 아내 칭링과 칭
링의 자매들이 지닌 복잡다단한 개성이 점차 모습을 드러내면서 나의 상
상력을 자극했다. 나는 쑨원이 오직 자신의 야망에만 몰두하는 타고난 정
치꾼이었다는 사실을 깨달았다. (전기작가인 나로서는) 그가 성인군자가
아니라서 다행이었다. 쑨원이 권력의 정점으로 올라서는 과정에는 숱한
우여곡절이 있었다. 폭력배의 난동, 피의 복수극, 암살 시도로 점철된 그

과정을 되짚어보는 일은 마치 범죄 소설을 읽는 것처럼 짜릿했다. 쑨원이라는 사람이 어떻게 역사를 만들었는지 밝히는 작업도 만족스러웠다. 그러나 나는 점차 쑹씨 세 자매에게 이끌렸다. 정치와의 관련은 적었지만, 그들의 삶은 알아갈수록 다채로웠다. 그리하여 쑹씨 세 자매를 이 책의 제재로 삼기로 했다.

초점을 쑹씨 세 자매로 옮기자, 그들이 얼마나 비범한 존재였는지 알 수 있었다. 그들은 19세기부터 21세기까지 세 개의 세기를 살았고(메이링은 2003년에 105세의 나이로 사망했다), 100여 년간 전쟁과 혁명, 정치적 지각변동, 극적인 변화의 한가운데에 있었다. 무대의 배경은 상하이의 호화로운 파티와 뉴욕의 펜트하우스를, 일본의 여러 도시들과 독일 베를린의 망명자 지구, 러시아 모스크바의 비밀 접선실을, 베이징의 공산당 상류층 거주 구역과 민주화된 타이완의 권력 중심부를 오갔다. 쑹씨 자매는 희망과 용기, 열정적인 사랑만큼이나 절망과 공포, 비통함을 겪어야 했다. 어마어마한 호사와 특권, 영광을 누렸지만, 한편으로는 끊임없이 목숨을 위협당했다. 칭링은 위험에서 가까스로 목숨을 건지는 사건을 겪으면서 아이를 유산했고(남편 쑨원이 자신의 정치적 목표를 달성하기 위해서 일부러 칭링을 적의 포격에 노출시킨 탓에 벌어진 일이었다), 다시는 아이를 가지지 못했다. 훗날 중화인민공화국 부주석으로 취임한 칭링의 활동은 이때 겪은 고통의 영향을 크게 받았다. 메이링 역시 유산을 겪은 후 아이를 낳지 못했다. 메이링의 남편 장제스는 쑨원의 정적을 제거한 후에 정계에서 두각을 나타내기 시작했으며, 그 자신도 암살의 표적이 되었다. 암살자가 장제스 부부의 침실까지 근접한 적도 두 번이나 있었다. 아이링은 메이링이 자식 없는 삶 때문에 쓸쓸해하지 않게 도왔지만, 스스로도 평생 좌절을 견뎌야 했다. 아이링을 괴롭힌 것 가운데 하나는 어디를 가든 그녀에 대한 평판이 나쁘다는 사실이었다. 붉은 자매 칭링이 순결한 여신으로 추앙받고 막내 메이링이 세계적으로 매혹적인 스타가 된 것에 반해, 아이링은 욕심 많고 못된 큰언니 취급을 받았다. 세 자매의 관계는 켜켜이 쌓인 감정으로 폭발 직전이었다. 칭링이 나머지 둘의 삶을 무너뜨리는 데에 열심이었기 때문만은 아니다. 장제스는 쑨원 사후 칭링이 사랑했던 남자를 죽였다. 넘치는 카리스마와 타고난 지도력으로 공산당과 국민당을 대신할 제3당을 만들었던 덩옌다였다. 이처럼 중국의 현대사는 쑹씨 세 자매의 사적인 트라우마와 속속들이 얽혀 있다.

쑹씨 세 자매(그리고 중국의 거목인 쑨원과 장제스)에 대한 글을 쓰면서 풍부한 자료들의 도움을 받았다. 방대한 양의 서신과 저서, 회고록 중에서 상당수가 중국에 보관되어 있었는데, 최근에 출판되거나 접근이 가능해졌다. 민주주의 국가가 된 타이완에서는 기록보관소를 일반인들에게 개방했다. 쑨원이 스스로의 '납치'를 계획하여 정치 생활을 시작했던 런던의 자료들도 시사하는 바가 많다. 무엇보다 쑹씨 자매의 가족과 밀접한 연관이 있던 미국의 각종 기관과 도서관들은 보물과 다름없는 수많은 수집품들을 소장하고 있다. 비교적 최근에 추가된 귀중한 사료로는 장제스가 57년 간 매일 작성한 일기가 있다. 대단히 사적인 내용을 담고 있는 이 일기 덕분에 메이링과의 결혼 생활에 대해서도 많은 부분들이 새로이 드러났다.

쑹씨 세 자매의 이야기는 중국이 군주제에서 공화정으로 첫발을 내딛던 시기에 시작되었다. 이 역사적인 여정에서 가장 큰 역할을 한 사람은 쑨원이었다. 쑨원과 그의 공화주의 혁명은 세 자매의 삶을 결정지었다.

제 1 부

공화국으로 가는 길

(1866–1911)

1

국부의 부상

1894년 7월 4일, 하와이가 공화정을 선포했다. 여왕 릴리우오칼라니가 폐위된 이듬해였다. 중국 해안으로부터 약 9,650킬로미터 떨어진 태평양에서 벌어진 이 사건의 여파는 아무도 예측하지 못한 곳에서 나타났다. 오늘날의 중국을 만드는 데에 일조한 것이다. 스물일곱 살의 급진주의자 쑨원이 하와이 섬에 도착했을 때, 그곳에서는 모두의 입에 '공화정'이라는 단어가 오르내리고 있었다. 왕당파가 릴리우오칼라니의 복위를 노리는 동안 공화국 정부는 군대를 동원하여 왕당파를 격파할 준비를 하고 있었다. 분위기는 뜨거웠다. 조국의 군주제를 무너뜨릴 계획을 꾸미고 있던 청년 쑨원은 중국도 하와이처럼 공화국이 될 수 있겠다는 생각을 하게 되었다.

공화정은 새로운 개념이었다. 중국인들이 아는 유일한 정치 체제는 군주제였다. 당시 중국을 다스리는 것은 만주족이 세운 청조였다. 만주족은 중원의 토착 민족이 아니었으나, 17세기 중엽 중원을 정복했다. 전체 인구의 1퍼센트에 지나지 않는 만주족은 소수의 이민족 지배자로 간주되었고,

토착 한인(漢人)들의 끊임없는 저항에 시달렸다. 쑨원도 그러한 한인 중의 한 명이었다. 저항 세력들은 대개 만주족 지배 이전의 한족 왕조인 명나라(1368-1644)의 복권을 외쳤다. 그러나 명나라를 부활시키자는 주장에는 문제가 많았다. 명나라 말기에 조정은 이미 뿌리까지 썩은 상태였고, 농민들의 반란이 온 나라를 흔들고 있었다. 만주족은 혼란을 틈타 쳐들어와서 사태를 종결했을 따름이었다. 사람들은 명나라로 돌아가자는 주장을 달가워하지 않았지만, 누구에게도 구체적인 장래 계획은 없었다. 하와이의 상황을 목격한 덕분에 쑨원은 중국이 앞으로 나아가야 할 길에 대한 명료하고도 전향적인 청사진을 가지게 되었다. 그의 해답은 공화정이었다. 그해 11월, 햇볕이 내리쬐는 호놀룰루에서 쑨원은 '흥중회(興中會)'라는 정치 조직을 설립했다. 창립총회는 현지의 한 중국인 은행장의 가정집에서 열렸다. 격자 창살과 열대 관목이 그늘을 드리우는 넓은 베란다가 딸린 2층 목조 주택이었다. 스무 명 남짓한 회원들은 모두 하와이 방식대로 왼손은 성서에 두고, 오른손은 치켜든 채 쑨원이 작성한 서약문을 낭독했다. "만주족을 몰아낸다.……그리고 공화국을 수립한다."

두 목표를 결합한 것은 신의 한 수로 드러났다. 공화주의가 대중의 지지를 받게 된 것이다. 20년도 채 지나지 않은 1911년에 만주족 왕조는 무너졌고, 공화국이 된 중국에서 쑨원은 '국부(國父)'로 알려지게 되었다.

쑨원이 아니더라도 누군가는 머지않아서 공화정을 대안으로 떠올렸을 것이다. 쑨원은 하와이 덕분에 그 발상을 선점한 것이었다. 이렇듯 쑨원의 야심만만한 성격, 목표를 달성하기 위해서 수단과 방법을 가리지 않는 성향은 공화국 중국의 진로를 결정하는 데에 결정적인 요소였다.

가무잡잡한 피부에 작달막한 키, 균형 잡힌 골격, 호감 가는 외모를 지닌 쑨원은 각각 영국과 포르투갈의 식민지였던 홍콩과 마카오에서 가까운 중국 남부의 해안가에서 태어났다. 그 지역의 성도(省都)는 북쪽으로 100 킬로미터 떨어진 광저우로, 쑨원은 광둥 사람이었다. 그의 고향인 바닷가 마을은 나무가 우거진 야트막한 언덕에 둘러싸여 있어서, '추이헝(비취색 거리)'이라는 그림 같은 이름으로 불렸다. 그러나 이곳의 토양은 대부분 농사에 부적합한 모래 섞인 점토였기 때문에 주민들의 삶은 극도로 빈곤했다. 쑨원은 1866년 11월 12일 10평 남짓한 진흙집에서 태어났다. 이미 아버지 쑨다청과 어머니 양씨 부인, 친할머니, 열두 살 형과 세 살배기 누나가 사는 집이었다. 쑨원이 성장해서 잘 공간이 부족해지자, 큰 아이들은 친척 집에서 밤을 보내야 했다. 가족의 주식은 고구마였고 쌀은 손댈 기회조차 별로 없었다. 남자들은 거의 신발을 신지 않았다. 새로 태어난 아기에게 더 나은 삶의 기회가 있기를 바라는 마음에서, 부부는 마을의 수호신이자 북방 하늘을 다스리는 북제(北帝)를 본떠 갓난아이에게 디샹(帝像)이라는 이름을 지어주었다.

훗날 구습 타파를 부르짖게 되는 쑨원은 네 살 때에 처음으로 관습에 반대하는 목소리를 냈다. 그의 어머니가 일곱 살 먹은 누나 먀오시의 발에 전족을 시작하고 있을 때였다. 전족은 한족 여성들 사이에서 1,000년 동안 이어진 관습이었다. 전족을 하기 위해서는 여자아이의 엄지발가락을 제외한 발가락 네 개를 부러뜨리고, 발바닥 아래로 접어넣어 백합 꽃잎 모양으로 만들어야 했다. 그러고는 기다란 천 조각으로 발을 꽁꽁 싸매 부러진 뼈가 다시 붙지 못하게 해서 발이 자라는 것을 막았다. 상류층 가정에서는 여자아이가 두세 살이 되었을 때 전족을 시켜서 그 나이대의 조그마한 발을 유지하게 했으나, 농가의 여자아이들은 보통 그보다 조금 늦은 나이에 전족의 고통에 입문했다. 농가의 여성들은 일을 해야 했기 때문에 전족을 하기 전에 발이 좀더 자라도록 둔 것이다. 쑨원의 어머니 양씨 부인 역시 전족을 했고 여전히 그 통증에 시달리고 있었다. 그런 그녀가 딸 먀오시의 발을 망가뜨리기 시작하자, 먀오시는 온몸을 비틀면서 고통을 덜기 위해서 손에 닿는 것은 무엇이든 움켜쥐며 허덕였다. 누나를 본 쑨원은 어머니에게 제발 그만하라고 애원했다. 양씨 부인은 눈물을 쏟으면서, 쑨원의 누나가 자라서 백합 같은 모양의 발을 가지지 못하면 "중국 여인이 아니라고" 따돌림을 당할 것이며, 결국 "우리를 원망할 것"이라고 말했다. 쑨원이 끈질기게 애원하자 양씨 부인은 한발 물러섰지만, 결국에는 마을의 전족 잘하는 사람에게 딸을 맡겨버렸다.

쑨원이 다섯 살 때 열일곱 살이던 쑨원의 형 쑨메이는 보다 나은 삶을 위해서 하와이로 떠나는 40일간의 노정에 올랐다. 당시 독립국으로서 미국의 압도적인 영향하에 있던 하와이는 농업 발전을 희망하여 중국인 노동자들을 적극적으로 받아들이고 있었다. 쑨메이는 열심히 일했고, 농장의 일꾼으로 시작해서 나중에는 자기 사업체도 가지게 되었다. 돈도 제법 벌었는데, 그 상당 부분을 집으로 부쳤다. 가족의 생활은 몰라보게 나아졌다. 집도 새로 지었다. 아홉 살이 되자 쑨원은 마을 서당에 다니기 시작했지만, 유교 경전 외는 것을 밭일하는 것만큼이나 질색했다. 훗날 그는 친구들에게, 자신이 "생각이라는 것"을 하기 시작한 순간부터 머릿속에는 지금의 삶에서 도망칠 생각밖에 없었다고 털어놓았다. 1879년 마침내 큰형 쑨메이가 쑨원을 불렀고, 쑨원은 하와이로 떠났다. 열두 살 소년은 하와이에 발을 내딛자마자 새 터전을 사랑하게 되었다. 웅장한 유럽식 건물이 즐비한 호놀룰루 항구는 그의 눈에 "신기하기 짝이 없는 곳"으로 보였다. 깨끗하게 정돈된 거리는 지저분하고 금방이라도 무너질 듯한 고향 마을에 비하면 천국과도 같았다.

쑨메이는 원래 동생에게 자신의 사업을 돕게 할 생각이었지만, 쑨원이 전혀 흥미를 보이지 않자 그를 호놀룰루의 학교에 보냈다. 쑨원이 처음 입학한 곳은 영국 성공회 선교사들이 현지인과 이주민 남자아이들을 대상으로 설립한 이올라니 학교였다. 교육과정은 영국의 사립학교를 본떴고 교사들 대부분이 앵글로색슨계인 학교였다. 쑨원은 학교에 잘 적응했고, 3년 뒤인 1882년 졸업할 때에는 영어 문법 시험에서 차석을 차지했다. 쑨메이는 동생을 자랑스러워하며 큰 잔치를 벌였다. 학교에서 준 상은 중국의 문화와 역사에 관한 책이었다. 이올라니 학교는 학생들이 자신의 뿌리를 잊지 않기를 바랐다. 쑨원을 영국식으로 바꾸려고 하지도 않았다. 소년은 만주족 치하에서 모든 중국인 남성들이 하던 것처럼 머리카락을 뒤로 길게 땋아내리는 독특한 변발을 유지했다. 쑨원은 학교를 무척 좋아했다. 교복과 규율도 좋았지만 특히 교련 과목이 좋았다. 이쪽저쪽으로 행군하면서 그는 전율을 느꼈다.

이올라니 학교를 졸업한 후에 쑨원은 하와이의 최고 고등 교육기관에 진학했다. 미국인 선교사들이 운영하는 호놀룰루 섬의 오아후 대학교였다(현재는 푸나호우 학교로 이름을 바꾼 이 학교의 가장 유명한 동문은 미국의 전 대통령 버락 오바마이다. 그는 쑨원보다 100여 년 뒤인 1979년에 이 학교를 졸업했다). 학비는 일주일에 1달러 은화로 비쌌다. 1달러 은화면 약 45킬로그램짜리 염소 한 마리 값이었다. 형편이 여의치 않았던 쑨메이에게는 보통 부담되는 비용이 아니었다. 쑨메이는 얼마 전 사탕수수를 재배하겠다고 마음먹고 마우이 섬에 땅을 구입한 참이었다. 그러나 그의 농장은 구름자락이 스치는 해발 1,200미터의 산속에 위치한 데다가, 잡초더미만 드문드문 깊이 침식된 토양을 막아주는 비탈진 돌투성이 땅이었다. 사탕수수를 재배할 수도, 소떼나 양떼를 방목할 수도 없었다. 그 땅에서는 오직 염소만 기를 수 있었기 때문에, 염소는 쑨메이의 주요 자산이었다. 쑨메이는 동생을 위해서 희생을 감수했다.

산 아래, 오아후 대학교는 쑨원에게 낙원이나 다름없었다. 그는 석조 저택에서 수업을 듣고, 코코넛 나무들이 즐비한 거리를 쏘다니며 잘 가꿔진 잔디밭에서 스포츠를 즐겼다. 양치식물로 덮인 분수 옆에서 매일같이 동기 여학생들과 점심 도시락을 먹으며 시시덕거리기도 했다. 당차고 쾌활한 성격의 매력적인 미국인 여학생들이었다. 교장과 교감을 포함한 교사들 대부분이 젊은 여성이었다. 교감이 남자 교사 한 명과 연애한다는 사실을 온 학교가 알았다.

이 모든 것들이 쑨원의 고향 광둥, 그리고 그곳의 여성들과는 판이했다. 열여섯 살 쑨원이 받은 영향은 지대했다. 많은 중국인 남성들이 순종적이고 자신을 낮추는 전통적인 유형의 배우자를 선호한 것과 달리, 쑨원은 일생토록 학교에서 만난 이들과 같은 유형의 여성을 원했다.

쑨원과 어울리던 젊은 여성들과 남자 친구들은 모두 기독교인들이었다. 쑨원은 교회에 다니며 그들의 공동체에 들어가고 싶다는 마음을 자연스레 가지게 되었을 것이다. 그러나 이 말을 들은 쑨메이는 화를 냈다. 쑨메이는 여전히 고향 마을의 신, 북제를 섬겼다. 격렬한 언쟁 끝에 쑨메이는 이미 지불한 학비를 버린 셈 치고 고집을 꺾지 않는 동생을 중국으로 돌려보냈다.

4년간 떠나 있다가 돌아오니 고향에서의 생활은 더욱 견디기 힘들었다. 고향으로 돌아온 1883년 여름, 쑨원은 떠나고 싶어서 좀이 쑤실 지경이었다. 그는 금세 방법을 찾았다. 마을에서 가장 중요한 장소인 북제의 묘에는 한껏 칠하고 도금한 북제 소상(塑像)이 있었다. 한 손에는 칼을 쥐고 다른 손의 손가락으로는 하늘을 가리키고 있는 북제의 형상은 그가 신성한 힘을 부여받았음을 암시했다. 소상 양쪽에는 각각 바닷길의 안녕과 다산을 관장하는 작은 여신상들이 놓여 있었다. 북제를 섬기는 일은 이곳 마을 사람들에게 삶의 일부분이었다.

어느 날, 쑨원은 친구 몇 명을 불러 말했다. 사원에 가서 "신상(神像)을 파괴하여 그 미신을 소탕해버리겠다"는 것이었다. 그 자리에 있던 루찬은 친구들이 쑨원의 계획에 충격을 받은 동시에 들떴다고 회고했다. 사원에 도착했을 때는 한낮이었다. 텅 빈 사원에서는 경비원만이 한가롭게 벽에 기대어 졸고 있었다. 쑨원은 루찬과 다른 친구 한 명에게 경비원을 지켜보라고 당부하고는 친구 루하오둥과 함께 사원으로 들어갔다. 반짝이는 눈망울과 감정이 풍부한 도톰한 입술을 지닌 루하오둥은 예술가를 꿈꾸는 소년이었다. 루하오둥이 겨우 여신상의 볼에 칠해진 물감이나 긁어낼 동안, 쑨원은 느긋하게 주머니칼을 꺼내서 하늘을 가리키고 있던 북제의 엄지손가락을 뚝 잘라버렸다. 사원에 들어와서 잘린 엄지손가락을 본 친구들은 겁에 질렸다. 나중에 루찬은 촌구석의 소년이 이런 일을 벌이는 것은 "실로 굉장한 일"이었다고 회상했다.

경비원이 깨어나고 경보가 울렸다. 다른 소년들은 집으로 도망쳤지만, 쑨원은 태연하게 남아서 자신이 주동자임을 시인했다. 추이형 마을 전체가 경악에 휩싸였다. 분개한 노인들은 쑨원이 한 짓을 아버지 쑨다청에게 추궁하면서 쑨원을 추방하지 않는다면 북제께서 노여움을 풀지 않아 모두에게 재앙이 내릴 것이라고 경고했다. 당황한 아버지가 사과를 하느라 쩔쩔매면서 수리비를 지불하려고 주머니를 뒤지는 동안, 쑨원은 집을 떠났다.

루찬은 쑨원이 "불미스러운 일로 마을을 떠나면서도 몹시 차분하고 침착하다는 사실"을 알아챘다. 어쩌면 그가 마을에서 벗어나기 위해서 "미리 계획을 세우고 행동으로 옮겼을" 수도 있다는 생각이 머리를 스쳤다. 훗날 쑨원을 더 잘 알게 된 루찬은 그가 "최종 결과에 미칠 영향을 하나하나 따져보기 전에는 절대 행동에 나서지 않았다"라고 결론을 내렸다. 어릴 적부터 쑨원은 제법 전략가다운 모습을 보인 것이다.

여름에 고향으로 돌아왔던 쑨원은 그해 가을 홍콩으로 떠났다. 굽이진 산자락에 자리한 별 볼 일 없는 어촌이었던 홍콩은 영국의 식민지가 되면서 화려한 대도시로 성장한 상태였다. 홍콩의 해안가는 유럽식 건축물이 즐비한 호놀룰루 해변과 비슷했지만, 건물들이 훨씬 웅장하고 호화로웠다. 홍콩에 도착한 이 영리한 반항아는 곧장 발췌서원 고아원을 찾아갔다. 영국 성공회가 운영하는 이 학교가 자신을 거둬주리라는 사실을 알고 있었기 때문이다. 쑨원은 곧 예배당 교실 위층 방에 짐을 풀었다.

아들과의 관계를 어떻게든 회복하고 싶었던 쑨원의 부모는 이웃 마을에 사는 지인의 딸과 쑨원의 혼인을 주선했다. 흔히 생각하는 것처럼 혼인을 해서 자식을 낳아 기르다보면 정착하여 책임감 있게 처신하리라고 여긴 것이었다. 쑨원은 부모의 제안을 승낙했고, 이듬해에 고향으로 가서 부모가 정해준 여자와 혼인했다. 혼인하기 전에 그는 중앙서원이라는 홍콩의 대학교에 등록했는데, 결혼 대신 내건 조건이었던 듯하다.

중매로 맺어진 열일곱 살 쑨원의 결혼 생활은 생각보다 그에게 잘 맞았다. 한 살 어린 신부 루무전은 순하고 아름다웠으며 글을 읽을 줄 알았다. 그녀는 상냥했고, 남 앞에 나서지 않았다. 혼례를 올린 지 2주일 만에 쑨원은 떠났지만, 루무전은 고향에 남아서 전족한 발을 절뚝이며 쑨원의 부모와 집안을 건사했다. 앞으로 쑨원은 이따금씩 고향에 얼굴은 비칠지언정 평생을 아내와 따로 살면서 끊임없이 정부(情婦)를 들일 것이었다.

혼인 직후인 1884년, 쑨원은 홍콩에서 세례를 받았다. 세례식은 쑨원의 방 위층에 살았던 미국인 선교사 찰스 R. 해거 박사가 주관했다. 세례식을 계기로 쑨원은 '북제의 형상'이라는 이름을 버리고 '나날이 새로워진다'는 뜻의 얏셴(日新)을 새 이름으로 삼았다. 쑨원이 진지하게 신을 믿은 것은 아니었다. 친구들의 증언에 따르면 그는 예배에도 거의 참석하지 않았다 (나중에는 신앙을 조롱하기까지 했다). 그러나 기독교 선교사들 덕분에 그는 옛 생활에서 벗어났고, 교회 공동체를 통해서 귀중한 기회를 얻을 수 있었다. 쑨원이 세례를 받았다는 사실에 분노한 쑨메이가 잠시 학비 지급을 중단하자, 교회가 나서서 쑨원이 갈 곳을 알아봐주었다. 바다 건너 중국 본토의 주 강을 타고 올라간 곳에 위치한 광저우의 영국-미국계 교회 의학교였다.

광저우는 혼잡한 동네였다. 흙바닥의 좁은 골목은 서로 밀치는 사람들과 어딘가로 나아가는 가마, 길을 비키라고 고함치는 가마꾼들의 소리로 가득했다. 노점상들도 한 자리씩 차지하려고 안간힘을 썼다. 식용 뱀과 고양이를 파는 이들도 있었다. 땀에 젖고 냄새나는 사람들로 가득한 데다가 지저분하기까지 한 광저우는 쑨원에게 살고 싶은 곳이 아니었다. 그는 곧 쑨메이와 화해하고 홍콩으로 돌아와서, 얼마 전에 새로 문을 연 서의서원(현 홍콩 대학교 의과대학)에 입학했다. 의사는 더할 나위 없이 실용적인 직업이었기 때문에, 쑨메이는 순순히 학비를 지원했다. 몇 개월 후에 아버지 쑨다청이 사망하자, 슬픔에 빠진 쑨메이는 동생을 잘 보살펴야 한다는 생각에 용돈을 두 배로 올려주었다. 쑨원은 자신이 사랑하는 도시에서 무척 안락한 5년을 보낼 수 있었다.

쑨원은 1892년 여름에 졸업했지만 직장을 구할 수 없었다. 그의 학위는 홍콩에서 인정받지 못했다. 졸업한 학교의 교육과정이 영국 본토의 기준에 미달했기 때문이다. 이웃한 포르투갈의 식민지 마카오에서도 학위를 인정해주지 않았다. 1년을 버틴 끝에 쑨원은 학위가 문제되지 않는 광저우로 향해야만 했다. 그러나 여전히 광저우에 살면서 의사 노릇을 할 마음은 없었다. 애초부터 의사라는 직업에 대단한 열의가 있던 것도 아니었지만, 원하는 도시에서 의사로 살아갈 가망은 완전히 사라져버린 것이었다. 바로 이 시점에서 쑨원은 전업 혁명가로서의 삶을 진지하게 고려하기 시작했다.

해외에서 지낸 경험으로 인해서 쑨원은 조국을 경멸했고, 모든 문제를 만주족 정권의 탓으로 돌렸다. 수년 동안 그는 마음이 맞는 친구들과 만나서 생각을 공유했다. 등 뒤로 땋아내린 변발에서부터 만주족의 중원 정복으로 짓밟힌 치욕스러운 역사에 이르기까지, 만주족이라면 치가 떨린다는 이야기였다. 차를 마시고 국수를 먹으며, 그들은 만주족 황제를 끌어내리는 꿈을 꾸었다. 친구들 가운데에는 예전에 마을의 신상을 부수는 데에 함께했던 루하오둥도 있었고, 광저우의 비밀 결사 삼합회(三合會)의 두목이던 새로운 동지 정스량도 있었다. 두 친구의 외모는 정반대였다. 루하오둥은 낯빛이 온화한 반면, 정스량은 두꺼운 쌍커풀 아래에 음험한 시선을 숨기고 처진 입꼬리를 꽉 다물고 있어서 범죄 조직의 조직원이 되기에 알맞은 상이었다. 쑨원 무리는 시시한 오합지졸로 보였지만, 만주족 왕조를 끝장내고 자신들의 손으로 중국을 다스리기 전까지는 절대 만족하지 않겠다는 대단한 야심을 지니고 있었다. 거대한 국가에 맞서야 함을 알면서도 이들은 주눅 들지 않았다.

　이들과 같은 열망과 대담함은 드문 것이 아니었다. 중국의 오랜 역사에서는 평범한 사람이 반란을 일으켜 황좌에 오르는 일이 심심찮게 있어왔다. 중국 역사상 최대 규모의 농민 봉기였던 태평천국의 난은 쑨원이 태어난 지역에서 시작되었다. 반란군의 수장 홍수전은 쑨원의 고향에서 멀지 않은 동네 출신이었는데, 반란군을 이끌고 베이징 턱밑까지 진군했다. 그는 광활한 영토를 점령하여 만주족 황제를 몰아내기 직전까지 갔고, 청조에 대항하여 자신의 나라까지 세웠다. 그러나 반란은 쑨원이 태어나기 직전에 좌절되었다. 반란군은 흩어졌고, 그중 한 병사가 쑨원의 고향 마을로 귀향했다. 노병은 우람한 보리수나무 아래에 앉아서 자신이 참여한 전투 이야기를 들려주고는 했다. 쑨원은 그의 이야기에 흠뻑 빠졌다. 곧 그는 자신이 홍수전을 얼마나 존경하는지, 홍수전이 이겼다면 얼마나 좋았을지를 말하고 다녔다. 사람들은 "제2의 홍수전" 납셨다며 그를 놀렸다. 한낱 우스갯소리였지만 쑨원은 그 말을 가슴 깊이 새겼다. 그리고 당연히 그렇게 될 수 있다고 생각했다.

머지않아 쑨원은 기회를 포착했다. 1894년 일본이 중국을 공격했고, 이듬해 대승을 거두었다. 당시 중국의 황제는 스물세 살의 광서제였는데, 허약한 체질의 그는 중국에서 처음 벌어진 근대적인 전쟁을 치를 능력이 없었다.* 비보가 거듭될수록 쑨원의 얼굴에는 미소가 떠올랐다. 그는 친구들에게 일렀다. "이건 일생일대의 기회야. 놓쳐서는 안 돼." 계획이 세워졌다. 우선 광저우에서 반란을 일으켜 도시를 접수한다. 무리는 이를 "광저우 봉기"라고 명명했다. 그다음 중국의 다른 지역을 점령해나간다. 삼합회 "형제들"과 같은 폭력배들을 전력으로 활용하자는 정스량의 제안이 이 모든 모험을 가능하게 했다. 대규모의 범죄 조직은 중국 도처에 널렸고, 몇몇은 돈을 주고 고용할 수 있었다. 쑨원은 정말로 승산이 있다고 생각했다.

---

* 광서제는 무서워하는 것도 많았는데, 그중 하나가 천둥번개였다. 천둥번개가 몰아칠 때면 환관들이 한데 모여서 있는 힘껏 악을 쓰고 고함을 질렀다. 천둥소리를 조금이라도 막으려는 부질없는 시도였다.

이렇게 큰일을 벌이려면 많은 돈이 들었다. 폭력배들을 부리고 무기를 사는 데에 필요한 돈이 한두 푼이 아니었다. 쑨원이 1894년 하와이로 돌아간 것은 반란을 일으킬 자금을 모으기 위해서였다. 그곳에서 그는 만주족을 타도한 이후의 미래에 대한 영감을 얻었다. 바로 공화정이었다.

하와이의 중국인들은 수천 달러를 내놓았다. 쑨원은 더 많은 돈을 모금하기 위해서 미국으로 갈 예정이었다. 바로 그때, 상하이의 친구가 보낸 편지가 도착했다. 즉각 귀국하여 혁명을 개시하라는 것이었다. 중국은 일본의 공세에 신음하고 있었다. 전쟁에 대응하기에는 만주족 정권의 능력이 역부족이라는 사실이 드러나자 민심은 나날이 사나워져갔다. 쑨원은 지체 없이 귀국하는 배에 올랐다.

쑨원에게 편지를 보내서 공화주의 혁명의 방아쇠를 당기는 데에 일조한 사람은 미국의 남(南)감리 교회의 전도사였다가 지금은 상하이의 부유한 사업가가 된 서른세 살의 쑹자수였다. 쑹자수는 신상 파괴 사건 이후 상하이로 와서 살고 있던 루하오둥의 소개로 쑨원을 만난 적이 있었다. 1894년 초에 쑨원이 상하이를 방문했을 때, 세 사람은 밤늦도록 정치를 논했다. 쑹자수는 쑨원과 마찬가지로 만주족을 증오했고, 불평만 늘어놓는 대다수의 사람들과 달리 자신의 생각을 행동으로 옮길 준비가 되어 있는 쑨원을 높이 평가했다. 당시 쑨원은 유명하지 않았지만, 이미 절제되면서도 강한 확신을 내비쳤다. 그는 자기 자신을 믿었고, 자신이 하는 일이 옳다고 확신했으며, 반드시 성공하리라고 보았다. 자신감에 가득찬 쑨원의 태도는 쑹자수와 같은 추종자들을 끌어들였고, 그들은 쑨원에게 넉넉한 후원금을 보냈다.

쑹자수는 쑹씨 세 자매의 아버지였다. 당시 맏딸 아이링은 다섯 살이었고, 막내딸 메이링은 아직 태어나지도 않았다. 나중에 (쑹자수의 극렬한 반대를 무릅쓰고) 쑨원과 혼인하게 되는 둘째 딸 칭링은, 아직 한 살배기 갓난아이였다.

쑨원과 친구들은 쑹자수의 조언을 받아들여 1895년 초 하와이에서 귀국하자마자 봉기를 일으킬 준비에 착수했다. 양취원이라는 홍콩의 경영인이 자신이 속한 독서회 보인문사(輔仁文社)의 회원들을 데리고 조직에 가담했다. 화려한 행커치프를 꽂은 스리피스 양복을 즐겨 입던 양취원은 식민지 홍콩의 사업가들과도 친분이 두터웠다. 양취원이 합류하면서, 영어와 중국어로 발행되는 지역 신문들이 봉기를 지지할 가능성이 높아졌다. 또한 그는 폭력배 대신 막노동을 하는 인부들을 모집해서 봉기를 지원하겠다고 했다. 보인문사의 회원은 쑨원의 추종자들보다 훨씬 많았고, 이들 가운데 상당수가 쑨원을 경계했다. 그중 한 명은 1895년 5월 5일 자신의 일기에 이렇게 적었다. "쑨원은 성급하고 무모한 사내 같다. '자기' 이름을 날리기 위해서라면 목숨도 내놓을 사람이다." 6월 23일 일기는 이랬다. "쑨원은 모든 사람들이 자기 말에 귀를 기울이기를 바란다. 불가능한 일이다." 또다른 사람은 이렇게 말했다. "나는 쑨원과 절대로 엮이지 않을 것이다."

그리하여 두 집단이 모여서 봉기 이후 새로운 정권의 '수장'이 될 사람을 선출했을 때, 당선된 사람은 양취원이었다. 쑨원은 격노했다. 봉기를 일으키자는 발상이 자신의 것이니, 자신이 수장이 되어야 마땅했다. 삼합회의 두목 정스량도 분노하여 쑨원에게 말했다. "양취원은 내가 처리하겠네. 그자를 없애버릴 거야. 죽이는 수밖에 없군." 자리에 있던 사람 중 한 명이 경고했다. "양취원을 죽이면 자네는 홍콩에서 살인을 저지른 셈이 돼. 그러면 봉기를 일으키는 데 차질이 생긴다고." 쑨원은 당분간 양취원을 수장직에 앉히자는 의견에 동의했다. 광저우를 장악할 때까지만이었다. 공화주의 혁명이 시작되기도 전부터 잔혹한 권력 다툼은 싹트고 있었다. 쑨원의 야망 역시 명백했다. 그는 처음부터 중국의 수장을 꿈꾸었다. 그 꿈을 위해서라면, 피를 흘릴 준비가 되어 있었다.

조직 내부의 견해 차이를 잠시 제쳐둔 채, 음력 9월 9일이 거사일로 정해졌다. 전통적으로 성묘를 하는 날이었다. 광저우에 조상의 묘가 있는 가문이 많았기 때문에, 그날이 되면 대가족들이 광저우로 모여들 터였다. 반란군이 잠입하기에 이만한 기회가 없었다.

청나라 조정은 거사 계획을 사전에 입수했다. 쑨원이 외국에서 화교들로부터 비밀리에 자금을 모집하고 무기를 사들이는 동안, 그곳에 파견된 청조 관원들이 상부에 보고한 것이었다. 청조는 이 사실을 광저우를 관할하는 양광총독에게 알렸다. 총독 역시 자신의 정보원들에게서 전해들은 바가 있었다. 그는 쑨원을 체포하지는 않았지만, 방비를 강화하고 은밀하게 쑨원 곁에 감시를 붙였다.

쑨원은 위험을 감지했다. 게다가 거사 직전에 문제가 발생했다. 자신이 홍콩에서 모집한 인부들이 제시간에 도착하지 못하게 되자 양취윈이 거사를 이틀 뒤로 미루자고 요청한 것이다. 쑨원은 모든 계획을 중단하기로 결심했다. 봉기를 일으키기로 한 날 아침, 쑨원은 계획을 취소했다. 집결해 있던 폭력배들은 정스량에게서 돈을 받고 해산했다. 정스량은 저녁 배를 타고 홍콩으로 도주했으나, 쑨원은 항구에 병사들이 잠복해 있을지도 모른다는 예감에 다른 길을 택했다.

그날 저녁, 쑨원의 친구인 현지의 목사 한 명이 아들의 혼인 잔치를 거하게 열었다. 성묘하는 날에 혼례를 올리는 것은 상서롭지 못하다는 것이 중국인들의 통념이었기 때문에, 이날을 택한 것은 이상한 일이었다. 어쩌면 목사는 쑨원을 숨겨주기 위해서 일부러 이날을 선택했을 수도 있다. 잔치에 참석한 쑨원은 사람들 사이에 섞여들었다가 주 강 쪽으로 빠져나왔다. 나룻배 한 척이 기다리고 있었다. 배는 뱃사공조차 잘 모르는 숨은 물길을 따라서 강 하류로 향했다. 쑨원이 길을 안내했다. 미리 경로를 탐색해둔 것이 분명했다. 그는 먼저 마카오로 가서 며칠 숨어 있다가, 다시 홍콩에 모습을 드러냈다. 자신이 가장 먼저 도주한 사람이었다는 사실이 알려지기를 원하지 않았던 것이다.

쑨원이 거사를 취소하기로 결정했을 때에 함께 있지 않았던 친구 루하오둥은 제때 도망가지 못했다. 그는 붙잡혀서 참수당했다. 홍콩에서 사람들을 인솔해오던 주모자 서너 명도 광저우에 내리자마자 처형되었다. 그들과 함께 도착한 인부들 대다수가 체포되었다. 쑨원은 이미 광저우를 떠난 지 오래였다. 홍콩의 신문들은 동지들을 팽개친 쑨원에게 비난을 퍼부었다. 쑨원으로서도 자신의 목숨을 걸지 않는 한 동료들을 구할 방도는 없었을 것이다. 그럼에도 도주를 빈틈없이 계획한 쑨원의 모습은 그가 스스로를 보전하는 데에 특히 능한 영악한 인물이었음을 보여주었다.

홍콩으로 돌아온 쑨원은 의대 재학 시절의 은사이자 가까운 사이였던 제임스 캔틀리 박사에게 조언을 구했다. 다정한 눈매에 빅토리아 시대의 신사들이 흔히 하던 것처럼 턱수염을 덥수룩하게 기른 캔틀리 박사는 정력적인 활동가였다. 그는 가르치는 일을 몹시 사랑했고, 모험 정신이 투철했으며, 또한 사회에 불만이 많은 급진주의자였다. 중국에서는 만주족 정권에 반기를 들었고 조국인 영국에서는 스코틀랜드의 분리 독립을 열렬히 지지했다. 한 친구는 캔틀리 박사를 이렇게 묘사했다. "그 친구는 특이한 구석이 한두 군데가 아니지만, 가장 놀라운 건 민족주의에 그렇게까지 열을 올린다는 점이다." 런던에서 의대를 다니던 당시에, 캔틀리는 스코틀랜드 전통 의상인 킬트를 일상복으로 입고 다녔다. 당시로서는 몹시 드문 일이었다. 그는 나중에 옛 제자인 쑨원의 목숨을 구하고 정치가로서의 삶을 시작하는 데에도 도움을 주게 된다.

쑨원이 처한 상황을 안타깝게 여긴 캔틀리 박사는 변호사를 소개해주었다. 변호사는 쑨원에게 당장 홍콩을 떠나라고 권고했다. 청조에서 쑨원과 공모자들의 본국 송환을 요청한 상태였다. 쑨원은 (정스량과 함께) 일본으로 가는 바로 다음 배편에 몸을 실었다. 그러나 도착하고 보니 일본 정부도 쑨원의 본국 송환을 고려하고 있어서 오래 머무를 수는 없었다. 어차피 별로 좋아하지도 않았던 변발을 잘라내고, 콧수염을 기르고, 서양식 정장을 입어 일본인 신사로 위장한 쑨원은 하와이로 향했다.

쑨원의 이름이 첫머리에 적힌 수배자 명단이 곳곳에 뿌려졌다. 그의 머리에 걸린 포상금은 1,000은화 달러였다. 쑨원의 망명 생활은 이처럼 어려운 상황에서 시작되었다.

하와이에서 쑨원은 다시 한번 봉기를 일으키기 위한 자금을 마련하고자 애썼다. 그러나 이번 시도는 명백한 실패였다. 사람들은 쑨원의 작전이 너무 폭력적이라며 꺼리거나, 그와 엮이는 것 자체를 두려워했다. 그들은 쑨원이 입만 열어도 귀를 막고 도망쳤다. 그러나 쑨원은 면박을 당하는 데에 이골이 난 사람이었고, 위험 앞에서도 주저하지 않았다. 뒤도 돌아보지 않고 하와이를 떠난 쑨원은 1896년 6월 미국 본토로 향했다. 그곳에서 그는 서부 해안에서 동부까지 차이나타운을 찾아다니면서 혁명을 전파하고 기부를 요청했다. 그러나 샌프란시스코에서도, 뉴욕에서도, 차이나타운에서는 쑨원을 배척했다. 쑨원의 회고에 따르면, 당시 미국의 동포들은 마치 "독이 있는 뱀이나 전갈을 피하는 것처럼" 쑨원을 멀리했다고 한다. 그에게 말을 거는 이들은 소수의 기독교인들뿐이었다. 몇 달을 허비한 끝에 쑨원은 대서양을 건너 영국으로 향했다.

청조는 쑨원의 동정을 낱낱이 감시하고 있었다. 런던의 청나라 공사관은 슬레이터 탐정 사무소에 의뢰하여 쑨원의 뒤를 밟았다. 10월 1일 사무소의 소장 헨리 슬레이터는 첫 보고서를 제출했다. "지시하신 사항에 따라서 우리 직원 한 명을 리버풀로 보내 화이트스타 사의 SS 머제스틱 호에 탑승하는 신 우[쑨원의 가명]라는 남성을 추적한 바, 보내주신 인상착의에 부합하는 중국인 남성 한 명이 어제 정오 리버풀 항구의 프린스 잔교에서 상기한 배에 탑승하는 장면을 포착했음을 알려드립니다."

탐정 사무소는 이어서 쑨원의 런던행 일정도 자세히 기록했다. 보고서에는 그가 어떤 기차를 놓치고 어떤 기차를 탔으며, 세인트 판크라스 역의 보관소에서 짐을 찾아 "12616번 택시를 타고" 호텔로 갔다는 것까지 꼼꼼히 적혔다.

이튿날 쑨원은 런던 중심부의 데번셔 가 46번지에 위치한 캔틀리 박사의 집을 찾아갔다. 캔틀리는 그해 2월에 귀국하여 런던에 머물고 있었다. 나중에 캔틀리는 그가 홍콩을 떠나기 전 쑨원의 친구가 "나를 찾아와서는, 쑨원이 호놀룰루에 있는데 나를 만나고 싶어한다고 전했습니다"라고 영국 당국에 증언했다. 이 말을 들은 캔틀리는 먼 여행을 감수하면서까지 하와이로 가서 옛 제자를 만났다. 그는 쑨원의 진정한 동지였다.

캔틀리의 도움으로 쑨원은 홀번에 숙소를 구했다. 친구도 없고 달리 하고 싶은 일도 없었던 그는 런던에 머무르는 동안 캔틀리의 집을 자주 방문했다. 탐정들이 보고한 쑨원의 일상은 이랬다. "옥스퍼드 가에서 상점을 구경함.……익스프레스 데어리 사 건물에 들어가서 그곳 식당에서 점심을 먹고 오후 1시 45분경 그레이스 인 가 8번지의 숙소로 귀가. 6시 45분 다시 출타해서 집 근처 식당에서 45분간 머무름. 8시 30분 귀가한 이후 집 밖으로 나오지 않음."

일주일을 지켜본 후 사무소는 이렇게 보고했다. "해당 인물을 매일 관찰했으나 특이 사항은 발생하지 않았습니다. 거리를 돌아다니며 구경하는 것 말고는 별다른 행적은 없어 보입니다." 청나라 공사관은 특히 쑨원이 만나는 중국인들을 주의 깊게 살피라고 일렀다. 사무소는 답신했다. "감시한 이래로 중국인을 만나는 모습을 보인 적은 없습니다." 며칠 뒤 사무소는 감시를 사실상 중단했다.

광저우 봉기가 실패한 지도 곧 1년이었다. 유야무야 잊힌 존재가 되지 않으려면 무슨 일이라도 벌여야 했다. 그러다 아이디어가 떠올랐다. 청나라 공사관이 위치한 포틀랜드 가 49번지는 쑨원이 버스를 타고 옥스퍼드 광장에 내려서 캔틀리 박사의 집으로 가는 길목에 있었다. 캔틀리 박사의 집을 방문할 때마다 쑨원은 그곳에서 고작 3분 거리인 공사관 앞을 매번 지나쳤다. 기막힌 우연이었다. 하루는 캔틀리 박사가 이런 농담을 던졌다. "설마하니 자네, 청나라 공사관에 가려던 건 아니겠지?" 박사가 이후 증언한 바에 따르면, 이 말을 들은 쑨원은 빙긋 웃으며 "그럴 리가요"라고 응수했다. 캔틀리 부인도 거들었다. "그쪽으론 얼씬거리지도 않는 게 좋을 거예요. 붙잡혔다가는 중국으로 쫓겨나 머리가 잘릴 게 뻔하니까요."

모두가 웃어넘겼지만, 쑨원의 머리는 바쁘게 돌아갔다. 그는 생각했다. 이론적으로 공사관 내부는 중국 영토이다. 그곳에 들어가서 직원에게 괜한 트집을 잡거나 여차하면 몸싸움이라도 걸어서 소란을 피운들, 공사관 밖으로 쫓겨나는 것이 고작일 터였다. 그렇지만 무슨 야단인지 궁금해하는 사람들이 생길 것이다. 운이 좋으면 기삿거리가 될지도 모른다. 누가 보아도 위험천만한 발상이지만, 쑨원은 겁이 없는 사람이었다. 그는 평생 자신이 직면한 위험을 가늠하고 그것을 감수하며 살았다. 얼마간 조사를 한 후에 그는 다음과 같은 결론을 내렸다. "여기는 영국 땅이니, 청나라 공사가 나를 기소하지는 못할 것이다. 공사관에 감금하더라도 그 이상 손을 댈 수는 없겠지. 청나라 공사는 사법권이 없고, 청나라와 영국 사이에는 범죄자 인도 협약이 체결되지 않았으니까." 런던 한복판에서 납치당해서 중국으로 몰래 보내질 확률은 낮다고 판단하고 논외로 쳤다. 공사관 안에서 피살될 가능성도 무시했다. 청조가 쑨원을 죽이려고 마음먹는다면 암살자를 고용해서 이름 모를 호텔 방에서 조용히 처리하는 편이 훨씬 쉬울 터였다. 공사관 벽은 옆집과 바로 붙어 있었고, 문만 나서면 런던 중심가였다. 건물 관리인, 집사, 경비원, 하인에 이르기까지 직원 대부분은 영국인들로, 이들이 쑨원을 죽이는 데에 가담할 리는 없었다. 무엇보다 당시 공사관 업무는 중병을 앓고 있는 청나라 공사 궁자오위안을 대신해서 스코틀랜드 출신의 핼리데이 매카트니 경이 맡고 있었다. 캔틀리 박사가 전해준 정보였다. 매카트니 경과 동향 출신인 캔틀리 박사는 그가 어디에 사는지까지 훤히 알고 있었다.

공사관에 들어서면 마주치게 될 최고 책임자가 영국인이라는 사실은 쑨원을 안심시켰다. 영국인이라면 영국 법에 익숙할 테니 자신에게 치명적인 위해를 가하는 일도 없을 것이라는 계산이었다.

쑨원은 자신이 졸업한 서의서원의 초대 학장이었던 패트릭 맨슨 박사에게 이와 같은 계획을 털어놓고 의견을 구했다. '열대 의학의 아버지'로 불릴 만큼 뛰어난 과학자였던 맨슨 박사는 쑨원이 광저우에서 일을 꾸밀 때에도 "그런 짓 좀 그만두라"며 반대한 인물이었다. 나중에 맨슨 박사는 영국 정부에 이렇게 진술했다. "쑨원이 이곳 청나라 공사관 안으로 들어가겠다고 하길래, 별로 좋은 생각이 아닌 것 같다고 말해주었습니다. 내 말을 듣더니 그만두겠다고 하더군요."

그러나 쑨원은 그만두지 않았다. 수포로 돌아간 광저우 봉기의 1주년이 보름 앞으로 다가온 1896년 10월 10일 토요일, 쑨원은 공사관 건물로 들어가서 광둥 사람이 있냐고 물었다. 광둥 출신인 통역관 덩팅컹이 그를 맞이했다. 둘은 몇 마디 담소를 나눈 다음, 이튿날 다시 공사관에서 만나 함께 항구로 가서 광둥 상인 몇 명을 만나기로 하고 헤어졌다. 쑨원이 돌아간 후, 조금 전의 대화를 곱씹어보던 덩팅컹은 자신이 방금 응대한 사람이 다름 아닌 청조의 수배 대상 1순위, 쑨원이라는 사실을 깨달았다. 덩팅컹은 즉각 공사 궁자오위안에게 이를 보고했다.

쑨원은 계획을 세울 때에 공사 궁자오위안을 크게 고려하지 않았다. 사실 궁자오위안은 관료로서 출세하고자 하는 마음은 굴뚝 같으나 그리 영리하지는 못한 인물이었다. 나라의 역적을 잡고 후한 포상을 받을 생각에 사로잡힌 나머지, 궁자오위안은 아픈 몸을 이끌고(실제로 그는 몇 달이 지나지 않아서 사망했다) 서둘러 나서서는 남들과 논의도 하지 않은 채 쑨원을 구류하라고 명했다. 그러고는 조정에 전보를 보내서 쑨원이 지명 수배자이고 공사관은 공식적으로 중국 영토이니 "구류하는 것이 마땅합니다"라고 알렸다.

일요일 아침, 매카트니 경은 직원들에게 공사관 3층 구석진 곳에 쑨원을 구금할 방 하나를 치우라고 명령했다. 청소를 맡은 사람들 중에는 공사관에서 허드렛일을 하던 영국인 조지 콜도 있었다. 쑨원이 나타나자 덩팅컹은 공사관을 구경시켜주는 척하면서 그를 3층으로 안내했다. 그곳에는 매카트니 경이 기다리고 있었다. 쑨원에게 방으로 들어올 것을 권한 매카트니 경은 금세 돌변하여, 자신보다 한참이나 "작고 왜소한"(당시 런던 신문들의 표현이었다) 쑨원을 내려다보며 당신이 청나라의 지명 수배자임을 알고 있다고 말했다. "이왕 들어왔으니 하루 머물면서 (베이징에서) 답신이 올 때까지 여기서 대기하도록 하시오." 방을 나선 그는 문을 잠그고 콜에게 일렀다. "저자가 도망치지 못하도록 감시하게." 콜은 다른 직원들과 번갈아가며 방 바깥을 지켰다.

이는 쑨원의 예상 밖이었다. 그는 밖으로 쫓겨나고자 했지, 안에 갇히기를 원하지는 않았다. 덩팅컹이 콜에게 자물쇠 하나를 더 걸라고 지시하는 말소리에 이어 자물쇠가 철커덕 잠기는 소리가 울려퍼졌고, 불안감은 커져갔다. 그날 밤 쑨원은 잠을 이루지 못했다.

흡족해진 궁 공사는 베이징에 전보를 보내서 쑨원을 구금했다고 알렸고, 이제 어떻게 해야 좋을지 물었다. 그는 지시를 따르는 데에 익숙한 사람이었다. 그러나 계획이 없기는 청조도 마찬가지였다. 영국은 쑨원을 체포해 인도해달라는 청조의 요청을 이미 거절한 상태였다. 청나라 외교를 담당하는 총리아문은 궁 공사에게 알아서 방법을 찾아보라고 일렀다. "영국의 방해를 받지 않고 그를 배에 태워서 무사히 광저우에 데려올 방법이 있는가? 그곳의 변호사들과 상의해서 방법을 강구하기 전에는 섣불리 행동하지 않기를 바란다." 조정에서 일의 추이를 불안한 마음으로 지켜보고 있음은 명백했다. 총리아문은 궁 공사의 처신에 대해서도 못마땅한 어투로 덧붙였다. "제발 부탁이니 매사에 만전을 기해 조목조목 따져보고 처리하기를 바란다."

궁 공사는 별수 없이 매카트니 경에게 도움을 요청했다. 매카트니 경의 친구 중에는 증기선을 취급하는 글렌 해운이라는 회사의 사장이 있었다. 매카트니 경은 그와 접촉해, "미치광이" 하나를 바다 건너로 운반하려고 하는데 배를 빌릴 수 있겠냐고 물었다. 회사는 2,000톤짜리 운반선을 빌려주는 데에 7,000파운드를 요구했다. 궁 공사는 베이징에 전보를 보내서 결재를 요청했다. 이 방법이 아니고서는 쑨원을 풀어주는 수밖에 없다는 말과 함께였다. 총리아문은 침묵했다. 조정에서 판단하기에, 런던 한복판에 있는 쑨원을 중국으로 몰래 들여온다는 계획은 아무리 보아도 성공할 것 같지 않았다. 그렇다고 해서 요청을 반려하자니 공식적으로 쑨원의 석방을 지시하는 꼴이나 다름없었다. 어느 쪽이든 정치적인 부담이 너무 컸다. 베이징은 아무 답신도 보내지 않았다.

7,000파운드에 대한 결재를 받지 못한 이상, 궁 공사도 배를 빌리는 계획을 계속 추진할 수는 없었다. 그러나 마찬가지로 정치적 부담을 지고 싶지 않았던 그는 쑨원을 풀어주지도 않았다. 그리하여 쑨원은 감옥과 같은 공사관 방에 그대로 남겨졌다.

방 안에 갇힌 쑨원은 독살을 당할까봐 신경을 곤두세웠다. 의대에서 공부한 것이 이럴 때에 요긴했다. 그는 빵과 병에 든 우유, 날계란만을 골라서 먹었다. 어느 날 통역관 덩팅컹이 찾아와서 그를 배에 태워 보내는 방안을 논의하고 있다고 알려주었다. 쑨원은 공포에 질렸다. 그는 덩팅컹에게 매달려서, "간청하건대" 궁 공사가 황제께 대신 주청을 드려 목숨만은 살려달라고, "다시는 나라를 어지럽히는 짓을 저지르지 않겠다"고 애원했다.

무엇보다 캔틀리 박사에게 현 상황을 알리는 일이 급선무였다. 그는 몇 차례 조지 콜에게 쪽지를 건네서 캔틀리 박사에게 전해달라고 부탁했고, 수고비도 섭섭하지 않게 챙겨주겠다고 약속했다. 그러나 사전에 쑨원이 "미치광이"라는 언질을 받은 콜은 쪽지를 매카트니 경에게 가져다주었다. 쪽지가 제대로 전달된 것 같지 않자, 쑨원은 바깥공기가 쐬고 싶다는 핑계로 콜에게 창문을 열게 했다. 창문은 창살로 막혀 있어서 몸이 빠져나갈 수는 없지만, 창살 틈으로 쪽지를 던지는 것은 가능했다. 쑨원은 쪽지에 동전을 넣어서 무게를 무겁게 한 다음 이웃집 지붕 위로 던졌다. 한 중국인 직원이 그 쪽지를 발견했고, 콜이 지붕으로 올라가 쪽지를 주워서는 이번에도 매카트니 경에게 전달했다. 매카트니 경은 콜을 시켜서 창문을 못질하여 막아버렸다.

결국 쑨원은 자신이 미치광이가 아니라고 콜을 설득하는 데에 성공했다. "저는 영국으로 치면 야당의 총수 정도 되는 사람입니다. 붙잡혀온 건 단지 그 때문입니다. 이대로 있다간 팔다리가 묶이고 입에 재갈이 물린 채로 배에 태워져 중국으로 추방당할 게 뻔합니다." 쑨원의 애절한 말은 콜의 마음을 움직였다. 콜은 관리인 하우 부인에게 쑨원을 돕는 것이 맞겠냐고 물었다. 하우 부인은 답했다. "조지, 내가 당신이라면 당연히 돕겠어요." 콜이 쑨원의 쪽지를 캔틀리 박사에게 전하기 전에, 이 마음씨 좋은 여성은 직접 행동에 나섰다. 그녀는 익명으로 편지를 써서 캔틀리 박사의 집 현관 아래에 밀어넣었다. 쪽지에는 다음과 같이 적혀 있었다. "당신 친구가 지난 일요일부터 여기 청나라 공사관에 갇혀 있습니다. 공사관은 그를 중국으로 보내버릴 작정입니다. 그곳에 가면 분명 사형을 당하겠지요. 뭐라도 하지 않으면 이 불쌍한 남자는 곧 강제로 송환될 겁니다. 감히 내 이름을 밝힐 수는 없지만, 위의 말은 모두 사실이니 믿어주세요."

캔틀리 박사가 초인종 소리를 듣고 문 밖에 놓인 편지를 발견한 것은 10월 17일 토요일 자정이 가까울 무렵이었다. 쑨원이 갇힌 지 일주일째였다. 캔틀리 박사는 즉시 구조에 나섰다. 먼저 매카트니 경의 자택으로 향했지만, 그곳에는 아무도 없었다. 캔틀리 박사는 다시 마차를 타고 메릴본 경찰소로 갔다가 런던 경찰청으로 향했다. 그러나 아무도 그의 말을 믿어주지 않았다. 캔틀리 박사를 주정뱅이나 정신 나간 사람으로 생각한 런던 경찰청의 당직 경찰은 그를 그냥 돌려보냈다. 캔틀리 박사는 혹시라도 공사관이 쑨원을 다른 곳으로 이동시킬까봐 그날 밤이 새도록 공사관 밖을 지켰다.

캔틀리 부인은 일기에 이렇게 적었다. 일요일은 "희비가 교차한 날이었다. 해미시[캔틀리 박사]는 일어나자마자 판사 A씨에게 갔다가……H씨에게 가서……쑨원을 도와달라고 부탁했지만 만족스러운 대답은 듣지 못했다. 교회에 다녀온 다음 해미시는 맨슨 씨에게 가서 핼리데이 매카트니 경을 찾아줄 수 있는지 알아보았다. 맨슨 씨는 우리 편을 들어주었고, 공사관에 분노했다. 쑨원을 지키는 간수라는 남자(콜)가 나타나서는 구해달라고 간청하는 쑨원의 쪽지 두 개를 건넸다."

첫 번째 쪽지의 뒷면에는 쑨원이 연필로 썼다가 펜으로 다시 쓴 글이 있었다. "일요일에 공사관에 납치되었어요. 나를 중국으로 보내 사형시킬 거라고 합니다. 제발 속히 구하러 와주세요!" 그는 "Y. S. 쑨 박사"라고 인쇄된 앞면의 문구 위에 캔틀리 박사의 성명과 주소를 적고서 덧붙였다. "이 쪽지를 전해준 자를 잘 보살펴주십시오. 몹시 가난한 자인데, 저를 위해 일했다는 사실이 발각되면 일자리를 잃을 것입니다."

펜으로만 적은 두 번째 쪽지의 내용은 좀더 다급했다. "공사관이 저를 태워 중국으로 보낼 배를 벌써 구했다고 합니다. 가는 내내 저는 누구에게도 연락하지 못하고 갇혀 있게 될 것입니다. 아아! 너무 애통합니다!"

캔틀리는 이 쪽지를 가지고 맨슨 박사와 함께 다시 한번 런던 경찰청을 찾았다. 그다음 목적지는 외무부였다. 외무부 사무원 한 명이 즉각 일을 맡아서 처리하기 시작했다. 두 박사는 공사관에 가서 영국 정부가 이 사건을 인지하고 있다고 통보했다. 공사관은 일이 틀어졌음을 직감했다. 궁 공사는 급히 베이징에 전보를 띄워서, 영국 정부와 분쟁이 발생하기 전에 쑨원을 풀어주어야 할지 물었다. 이번에도 답은 오지 않았다. "쑨원을 석방하라"는 최종 결정의 주인공이 되고자 하는 사람은 여전히 아무도 없었다. 쑨원은 또다시 감금된 채 공사관에 남았다.

사태가 잠잠해지기를 바라며 중국 관료들이 애써 문제를 회피하는 동안, 영국 외무부와 내무부, 런던 경찰청, 그리고 당시 영국의 총리이자 외무 장관이었던 솔즈베리 경 사이에는 바쁘게 연락이 오갔다. 솔즈베리 경의 승인 아래 런던 경찰은 공사관 주위에 진을 쳤다. 이제 누구라도 쑨원을 몰래 건물 밖으로 빼내려고 했다가는 경찰에게 즉각 제지될 터였다. 중국으로 향하는 모든 배를 감시하라는 명령도 내려졌다. 한편에서는 콜을 심문했다. 두 명의 명망 높은 박사, 캔틀리와 맨슨은 자신들의 진술에 거짓이 없다고 선서했다. 이들의 증언을 종합하여, 쑨원이 갇힌 지 11일 만인 10월 22일 목요일, 솔즈베리 경은 청나라 공사관에 서신을 보냈다. "여왕폐하의 정부가 판단하건대 청나라 공사관에서 벌어진 감금 사건은 영국법 위반이며, 외국 대사에게 주어진 외교 특권에 포함되지 않는 남용 행위입니다. 이에 따라서 쑨원을 즉각 석방하기를 삼가 요청합니다."

매카트니 경이 외무부로 불려가서 솔즈베리 경의 요청을 접수했다. 그는 요청에 응했고, 이튿날 오후 4시 30분 쑨원을 인계하기 위한 준비에 착수했다. 10월 23일 정해진 시각이 되자, F. 자비스 경감과 외무부 직원 한 명이 쑨원을 데려가기 위해서 공사관에 나타났다. 기쁨에 들뜬 캔틀리 박사도 함께였다.*

아래층으로 내려와서 캔틀리 박사를 만난 쑨원은 "몸 상태가 괜찮고……기분이 아주 좋아 보였다." 그는 곧 한 무리의 기자들에게 둘러싸여

---

* 쑨원이 풀려나자 베이징의 관원들은 갑자기 분주해져서 공사관에 전보를 띄웠다. 쑨원을 중국으로 태워 보낼 배를 빌리는 것을 승인한다는 내용이었다. 전보에는 이동하는 동안 쑨원에게 쇠고랑을 채우고 빈틈없이 감시하라는 상세한 지시까지 덧붙어 있었다. 전보를 보낸 날짜는 쑨원이 감금되어 있던 때로 적혀 있으나, 황제에게 보이기 위해서 조작된 것이 분명하다. 한편 궁 공사도 이미 증기선을 대여해서 쑨원을 막 수송하려는 찰나에 영국 정부가 개입했다며 베이징에 거짓 진술을 제출했다.

주목을 받는 기쁨을 만끽했다. 캔틀리 박사가 미리 언론에 알려서 소집한 기자단이었다. 공사관 바깥은 쑨원의 모습을 사진에 담거나 그림으로 남기려는 사람들, 공사관의 행태에 단단히 화가 난 구경꾼들로 인산인해를 이루었다. 모두들 쑨원에게 질문을 쏟아부었다. 그후 수일간, 일본과 홍콩, 상하이는 물론이고, 미국과 오스트레일리아의 신문들까지 "납치"라는 자극적인 제목을 매우 크게 달고서 쑨원에 대해서 자세히 보도했다.

매카트니 경은 「타임스(*The Times*)」에 기고한 글에서 쑨원이 순수하게 자신의 의지로 공사관에 들어왔다고 밝혔지만 아무 소용없었다. 솔즈베리 경이 지적한 대로, 영국인들에게 중요한 것은 쑨원이 "공사관에 들어갔다가……철저한 감시하에 감금되었다"는 사실이었다. 쑨원은 그 건물이 청나라 공사관인 줄 몰랐다며 제 발로 공사관에 들어갔다는 의혹을 단호히 부정하면서도, 교묘하게 말을 골랐다. "내 앞을 막아서더니……들어가라고 강권했다"는 것이었다. 나중에 영국 정부의 심문을 받게 되자 쑨원은 더욱 주의를 기울여서 "실제로 폭력이 행사되지는 않았으며, 모든 일이 우호적인 분위기에서 진행되었다"고 강조했다. 폭력이 개입된 납치 사건으로 분류될 경우 공식적인 수사를 받아야 했고, 그러다보면 법정에서 선서하고 진술하는 와중에 진실이 밝혀질지도 모르는 노릇이었다.

그러나 책을 쓸 때에는 그렇게까지 신중을 기할 필요가 없었다. 쑨원은 캔틀리 박사의 전폭적인 지원 아래 서둘러 책을 집필했다. 『런던에서 납치당하다(*Kidnapped in London*)』라는 간결한 제목의 책이었다. 이 책은 출간과 동시에 베스트셀러가 되었고, 몇몇 언어로 번역되었다. 쑨원은 이제 유명 인사였지만, 그에 대한 반응은 엇갈렸다. 피해자를 향한 영국 대중의 호의적인 여론은 곧 시들해졌다. 그들은 폭력적인 혁명을 꺼렸다. 캔틀리의 친구들은 쑨원을 가리켜 "자네의 그 골칫거리 친구"라고 비웃고는 했다. 쑨원을 지지하는 유럽인은 여전히 캔틀리 부부가 거의 유일했다.

그러나 쑨원에게 중요한 것은 자신의 이야기가 중국인 급진주의자들에게 전해져 그들 사이에서 유명 인사가 되었다는 사실이었다. 그들은 쑨원을 찾아왔고, 그의 말에 열렬히 귀 기울였다. 1897년 7월 마침내 쑨원은 런던을 떠났다. 그의 뒤를 미행하던 사설 탐정의 보고에 따르면, 캐나다를 경유해서 극동으로 향하는 내내 모든 곳의 사람들이 두 팔 벌려 그를 환영했다. 쑨원의 일정은 빌 틈이 없었고 중국인들을 대상으로 연설할 때마다 "청중이 그의 말과 행동 하나하나에서 눈을 떼지 못했다." 사람들은 지갑도 기꺼이 열었다. 금전적으로 여유로워진 쑨원은 밴쿠버에서 캐나다 돈으로 100달러의 차액을 지불하고 2등실 좌석 대신 1등실에 탔고, "이전에는 본 적 없는 근사한 양복을 갖춰 입었다." 그때부터 쑨원의 행보는 그가 어린 시절 친구인 루찬에게 활짝 웃으며 전한 그대로였다. "어디를 가든 내가 원하는 걸 얻을 수 있다네." 루찬은 덧붙였다. "그의 말은 사실이었다.……쑨원은 명성 하나로 지구 반대편까지 여행할 수 있었다. 어디를 가든 탈것과 머물 곳, 먹을 것이 끊이지 않았고, 청하는 족족 기금이 마련되었다.……마음만 먹으면 승용차와 보트도 쉽게 구할 수 있었다." 공사관에 들어가서 감금되었던 경험 덕분에 쑨원은 중국의 혁명가들 가운데 세계적으로 이름이 알려진 유일한 사람이 되었다.

유명 인사로 거듭난 쑨원은 중국과 가까운 이웃 나라에 근거지를 두고 더 많은 봉기를 기획하고자 했다. 한때 쑨원을 추방하겠다고 위협했던 일본이 그의 새로운 보금자리가 되었다. 일본은 쑨원이 정치적으로 유용해질 때를 대비하여 그의 체류를 허가했고, 그에게 생활비를 지급하고 경찰을 통한 신변 보호를 약속했다.

1900년, 외세 배척과 기독교 반대의 기치를 내건 비밀 결사 의화단의 반란으로 중국 북부가 쑥대밭이 되었다. 청조의 의화단 진압이 불충분하다고 생각한 열강은 일본과 미국, 영국 등 8개 국의 연합군을 조직하여 베이징을 점령했다. 청조는 수도에서 쫓겨나 옛 수도였던 서북 지역의 도시 시안으로 망명했다. 이 시기에 만주족 황제의 운명은 바람 앞의 등불처럼 위태로워 보였다. 쑨원은 폭력배들을 동원해서 남부의 성들을 점거한 다음, '공화국'을 수립하겠다며 일본 정부에 후원을 요청했다. 당시 타이완은 1894–1895년 청일 전쟁 이후 일본의 식민지가 되어 있었다. 쑨원은 자신이 중국 동남부 해안 지방에서 삼합회 반란을 일으키면, 바다 건너 타이완에 주둔하고 있는 일본군이 이 "소동"을 빌미로 중국 본토를 침공할 수 있을 것이라고 제안했다.

　일본 정부는 심사숙고한 끝에 쑨원의 제안을 거절했다. 그러자 쑨원은 계획을 스스로의 힘으로 실현하겠다고 결심했다. 그는 삼합회의 두목인 친구 정스량에게 해안 지방에서 봉기를 일으키라고 주문한 다음 타이완으로 건너갔다. 당시 타이완의 일본인 총독은 중국 본토로 진군할 기회를 호시탐탐 노리고 있었다. 10월 초, 정스량은 수백 명을 동원해서 동남부 해안 지역에서 봉기를 일으켰고, 대규모 항구가 있는 도시 샤먼까지 진격했다. 그러나 탄약과 군대를 지원하려던 타이완 총독의 계획은 일본 정부의 강경한 제지로 무산되고 말았다. 봉기는 실패했고, 쑨원은 타이완에서 추방되었다. (수 개월 후 정스량은 홍콩에서 식사를 마친 뒤에 갑자기 사망했다. 공식적인 사인은 뇌졸중이었으나, 독살되었다는 의혹은 한참 후까지 이어졌다.)

　쑨원은 일본으로 돌아갔지만 일본인들은 더 이상 그를 반기지 않았다. 중국과 가까우면서 자신에게 우호적인 근거지를 찾으려는 시도는 계속해서 좌절되었다. 태국, 영국령 홍콩, 프랑스령 베트남 모두 쑨원을 받아들이려고 하지 않았다. 대신 주변국들은 당시 청조에서 정권을 잡고 있던 서태후에게 협력하는 쪽을 택했다. 쑨원이 중국 바깥에서 폭력에 의한 혁명을 부르짖는 동안, 중국 안에서는 서태후의 지휘 아래 비폭력적인 개혁이 진행되고 있었다. 이 범상치 않은 여성은 선황 함풍제의 후궁으로, 1861년 남편이 승하한 이후 궁정 내부 쿠데타를 통해서 최고 권력자 지위에 올랐고, 그때부터 전근대적인 중국 사회를 근대화하는 사업을 벌였다. 성과는 놀라웠다. 서태후는 1889년 양아들인 광서제가 성인이 되면서 권력을 내려놓아야 했지만, 1895년 청일 전쟁의 뼈아픈 패배 이후 정계에 복귀하여 1898년부터 개혁을 다시 추진해나갔다.* 광서제가 연루된 것으로 알려진 서태후 암살 시도, 의화단의 난동 등으로 인해서 개혁이 몇 차례 중단되었지만, 혼란이 잦아들면 서태후는 더욱 강하게 개혁을 밀어붙였다. 20세기의 첫 10년 동안 서태후의 개혁은 여러 방면에서 근본적인 변화를 불러왔다. 이전과 전혀 다른 새로운 교육 제도가 도입되었고, 언론의 자유라는 개념이 소개되었으며, 1902년의 전족 금지령을 위시한 여성 해방 정책이 시행되었다. 서태후는 선거를 통해서 의회를 조직하고 중국을 입헌군주제로 탈바꿈하고자 했다. 이러한 계몽 사업의 진척 속도는 무척 빨라서, 쑨원마저 "하루에 1,000리를 가는 속도"라고 표현할 정도였다. 쑨원에게 세례를 해주었던 찰스 해거 박사는 1904년 쑨원과 마주친 로스앤젤레스의 한 자리에서 청조가 "당신이 이전에 주장했던 개혁책들을 추진하고 있으

---

* 1898년의 개혁(무술변법)은 광서제를 비롯한 몇몇 인물들이 추진했다고 알려져 있으며, 서태후는 개혁에 반대하는 악역으로 그려지는 것이 보통이다. 그러나 이는 사실이 아니다. 사건의 진실에 대해서는 장융, 『서태후 : 현대 중국의 기초를 만든 통치자(*Empress Dowager Cixi : The Concubine Who Launched Modern China*)』의 제19장을 참조하라.

니" 만주족 왕조 치하에서도 중국은 충분히 새로워질 수 있다고 주장했다. 쑨원의 대답은 간결했다. "만주족은 반드시 몰아내야 합니다."

만주족을 몰아내고 공화정을 수립하겠다는 쑨원의 목표는 그 무렵 많은 중국인들의 공감을 얻었다. 어느새 일본에서 유학한 중국인의 수는 수천 명에 달했고, 그중 상당수가 공화주의를 지지했다. 쑨원이 1905년 여름 해외 방문을 마치고 요코하마에 도착했을 때, 마치 성지에 몰려든 순례자들처럼 수많은 군중이 그의 뒤를 따랐다. 쑨원은 사람들의 호위를 받으며 연설이 예정되어 있던 도쿄로 이동했다. 쑨원이 연설하기로 한 넓은 회장은 사람들로 발 디딜 틈이 없었고, 거리까지 점령한 청중은 이 위대한 선지자의 모습을 눈에 담기 위해서 안간힘을 썼다. 마침내 쑨원이 빳빳하게 풀을 먹인 하얀 양복 차림으로 나타났고, 우레와 같은 박수갈채가 울려퍼졌다. 그가 연설을 시작하자 회장은 쥐죽은 듯이 조용해졌다.

쑨원은 곧 도쿄에서 중국동맹회(中國同盟會)라는 단체를 조직했다. 하와이에서 설립한 흥중회의 활동이 흐지부지된 후였다. 그러나 새로운 조직의 운영도 순탄하지는 않았다. 쑨원이 기부금을 사적인 용도로 유용하며 너무 "독재자처럼 군다"는 동료들의 비판이 이어졌다. 쑨원은 동료들과 협력하는 데에 서툴렀다. 혼자서 결정한 다음 명령을 내리고 복종을 요구하는 것이 그의 방식이었다.

1908년 11월 15일에 서태후가 세상을 떠났다. 「뉴욕 타임스(*The New York Times*)」는 다음과 같이 전했다. "서태후가 세상을 떠난 순간부터, 중국은 강력한 지도자를 잃었다는 인상을 주었다.……지도자가 부재한 중국은 빠른 속도로 분열되고 있다." 사방에서 변화의 조짐이 이는 가운데 거센 공화주의의 물결이 중국을 강타했다. 이민족인 만주족의 통치는 이제 끝을 보이고 있었다. 그리하여 중국동맹회가 제대로 운영되지 않는 상황에서도 열성적인 공화주의자들은 청조를 서서히 무너뜨리는 활동을 제각기 이어 나갔다.

서태후가 죽고 3년 뒤인 1911년 10월 10일, 양쯔 강이 흐르는 중국 중부 지방에 위치한 도시 우창에서 만주족 정권에 반대하는 봉기가 일어났다. 그러나 이번 봉기에 참여한 수천 명의 병사들은 거리의 폭력배들이 아니라 신군(新軍) 소속으로 공화주의의 감화를 받은 이들이었다. 쑨원은 이때 미국에 있었기 때문에 봉기를 지휘하지 않았다. 난국을 타개할 지도력을 발휘한 사람은 신군의 연대장 뤼위안홍이었다. 다부진 체격에 점잖은 성격이었던 그는 (별명이 '부처'일 정도로) 병사들과 주민들의 존경을 한 몸에 받고 있었다. 뤼위안홍은 지위와 명망이 높은 유명 인사로서 혁명에 가담한 첫 번째 인물이었다. 그의 참여로 공화주의자들의 활동은 엄청난 탄력을 받게 되었다.

공화주의자들 사이에서 쑨원 다음으로 영향력 있는 인물이던 황싱도 뤼위안홍의 뒤를 이어서 혁명군 대열에 합류했다. 우락부락하고 험상궂게 생긴 황싱은 두려움을 모르는 싸움꾼이었다. 그는 그해 봄 광저우에서 봉기를 일으켜 많은 사람들에게 깊은 인상을 남겼으나, 결국 실패하고 손가락 두 개를 잃은 상태였다. 황싱은 혁명군을 이끌고 관군의 반격에 맞섰고, 그러는 가운데 다른 성에서도 우창 봉기에 자극을 받아서 공화주의를 표방한 봉기와 반란이 줄지어 일어났다.

쑨원은 서두르지 않았다. 봉기가 일어난 후에도 그는 두 달이 넘도록 미국과 유럽을 순회했고, 아시아로 돌아와서는 동남 아시아에서 머무르며 차일피일 귀국을 미루었다. 공화주의자들의 승세가 뚜렷해져서 목숨을 잃을 위험이 사라졌다는 확신이 들기 전에는 돌아가지 않을 속셈이었다. 외국을 다니며 그는 자기 선전도 멈추지 않았다. 쑨원은 중국인 유학생들의 도움으로 현지 언론과 직접 접촉하거나 정보를 흘리는 방식으로 중국에서 일어나고 있는 일련의 봉기는 자신의 명에 따른 것이며 공화정이 수립되고 나면 초대 총통에 오를 것이라고 말했다. '총통 쑨원'의 이름으로 '선언문'까지 돌렸다. 쑨원의 인터뷰가 중국 본토의 신문에도 실리면서 그의 명성은 나날이 높아졌다.

쑨원은 혁명군의 황싱에게 전보를 보내서 귀국이 늦어지는 이유를 해명했다. 성공 여부는 서구 열강이 얼마나 봉기를 지지하느냐에 달려 있으며, 자신은 바로 그 외교적 지원을 요청하기 위해서 외국에 머물고 있다는 내용이었다. 그는 또한 "막대한 액수의 자금"을 성공적으로 마련했다며 언론에 말을 흘렸다. 쑨원 자신이 총통 자리에 오르기만 하면 몇 군데 은행에서 수천만 달러에 달하는 거금을 공화주의 진영에 쾌척하기로 약속했다는 식이었다. 그가 시도하지 않은 것은 아니었다. 지지를 보내거나 자금을 대줄 만한 능력이 되는 인사들을 찾아다니기도 했고, 런던에서는 가장 값비싼 호텔 중의 하나인 사보이 호텔에 머물면서 호텔 편지지를 아낌없이 써가며 협조를 요청하는 서신을 보내기도 했다. 그러나 수확은 없었다. 그의 활동 범위는 거의 차이나타운에 한정되었고, 서구의 상류 사회에는 접근하지 못했다.

전국에서 봉기가 빗발치는 가운데 청조는 1911년 12월 18일 공화주의자들과의 교섭을 개시했다. 전세는 분명 혁명 세력 쪽으로 기울고 있었다. 혁명 지도부는 청조와의 교섭을 위해서 과도 정부를 구성했고, 그 수장으로 황싱을 지명했다. 황싱은 이를 수락했다. 이 소식을 듣자마자 쑨원은 귀국길에 올라 25일 상하이에 도착했다. 더는 지체할 수 없었다. 공화국은 쑨원이 꿈꿔온 미래였고, 20년 가까이 지켜온 불꽃이었다. 그 탄생의 순간을 놓칠 수는 없었다. 그리고 응당 자신의 것이라고 믿어 의심치 않는 그 자리를 차지하기 위해서라도 중국에 있어야만 했다. 바로 중화민국의 대총통 직이었다.

2

쑹자수
감리교 선교사, 은밀한 혁명가

쑹씨 세 자매의 아버지 쑹자수는 일찍부터 쑨원을 지지한 사람들 가운데 한 명이었다. 1861년에 태어난 그는 쑨원과 연배도, 보잘것없는 태생도 비슷했다. 그는 남중국해 하이난 섬 출신으로 농부의 아들이었고, 쑨원처럼 열네 살의 나이에 더 나은 삶을 위해서 형과 함께 집을 떠났다. 첫 번째로 머무른 곳은 자바였다. 그곳에서 쑹자수는 가무잡잡한 피부, 움푹 들어간 눈, (중국인 같지 않게) 두툼한 입술 덕분에 현지인 행세를 할 수 있었다. 열일곱 살에는 삼촌뻘 되는 아저씨에게 입양되어 미국으로 건너갔다. 아저씨는 보스턴의 비좁은 차이나타운에서 비단과 차를 파는 자그마한 상점을 운영하고 있었다. 10대 소년 쑹자수는 그곳에서 허드렛일을 도맡았다. 읽고 쓰는 법을 배우지 못한 그는 학교에 가고 싶어했으나 아저씨는 허락하지 않았다. 입양은 명분일 뿐, 임금을 주지 않고 일을 시킬 속셈인 듯했다. 이런 삶은 쑹자수가 원하던 것이 아니었다. 그는 몇 달이 지나지 않아 아저씨의 상점에서 도망쳤다. 1879년 1월의 어느 날 항구에 간 쑹자수는 미국 정부의 밀수 감시정 앨버트 갤러틴 호에 올라서 일을 달라고 애걸했고, 가브리엘슨 선장의 눈에 들어 배의 사환으로 일하게 되었다. 키가 150센티미터를 간신히 넘는 쑹자수는 제 나이보다 서너 살은 어려 보였고, 실제로 선장은 그를 열네 살쯤 먹은 아이로 생각한 듯하다. 어린아이인 척하면 사람들이 더 다정하게 대해주었기 때문에, 쑹자수는 이 사소한 오해를 굳이 바로잡지 않았다.

쑹자수는 모두에게서 사랑을 받는 재주가 있었다. 그는 공손하면서도 활기차고 낙천적이었다. 일도 열심히 했다. 가브리엘슨 선장은 그를 애제자처럼 아껴서 이따금 매사추세츠 에드거타운의 자택으로 초대했다. 그의 가족은 대저택에서 살았다. 그 지역을 주름잡고 있는 대지주 피즈 판사가 가브리엘슨 선장의 처삼촌이었다. 그곳에서 쑹자수는 태어나서 처음으로 안락하고 호화로운 생활, 근심 걱정 없는 가족의 일상을 맛보았다. 일요일이면 독실한 감리교도인 가브리엘슨 가족을 따라서 교회에 갔다. 선장을 따르는 만큼 쑹자수의 신앙도 깊어졌다. 1년 후 가브리엘슨 선장이 노스캐롤라이나 주 윌밍턴의 관세정 스카일러 콜팩스 호로 재배치되자, 쑹자수는 앨버트 갤러틴 호의 사환 일을 그만두고 가브리엘슨 선장을 따라갔다. 수많은 교회들의 집결지였던 윌밍턴에서 가브리엘슨 선장은 쑹자수에게 토머스 리카우드 목사를 소개해주었고, 1880년 11월 쑹자수는 리카우드 목사에게 세례를 받았다. 한 지역 신문이 기쁜 어조로 이 소식을 전했다. "찰리(쑹자수의 영어 이름/옮긴이)라는 사람이 아마 중국인으로는 처음으로 노스캐롤라이나에서 세례의 은총을 받았다." 신문은 쑹자수가 "지역 교인들의 관심을 한 몸에 받고 있다"고도 덧붙였다. 예배가 끝나면 쑹자수는 사람들과 악수를 나누면서, 자신이 이러저러한 경로로 하느님의 자녀가 되었으며 중국으로 돌아가서 동포들에게 하느님 말씀을 전파할 날만 고대하고 있다고 이야기하고는 했다. 사람들은 그를 "대단히 인상적인 청년"이라고 생각했다.

　세례까지 받고 나자 쑹자수는 교회에서 무척 아끼는 인물이 되었다. 당시 개신교 교회들은 '주님의 군사'를 표방하며 앞다투어 중국에서 교세를 확장하고 있었는데, 그중 누구보다 열정적으로 선교에 앞장선 교회 중의 하나가 감리 교회였다. 쑹자수는 단단히 결속된 남감리교 공동체 내에서 금세 유명해졌다. 가브리엘슨 선장은 점차 그의 삶에서 멀어졌고, 대신 담배 업계의 큰손이자 자선 활동가였던 줄리언 카가 그의 새로운 후견인이 되었다. 1881년 4월 쑹자수는 노스캐롤라이나 북부의 더럼에 위치한 트리니티 칼리지(오늘날의 듀크 대학교)의 특별 수강생이 되어서 영어와 성서를 공부했다. 브랙스턴 크레이븐 총장 부부가 영어 개인교습도 해주었다. 그후 쑹자수는 남감리 교회의 총본산이라고 할 수 있는 테네시 주 내슈빌의 밴더빌트 대학교로 가서 선교사가 되기 위한 훈련을 받았다. 도합 7년 동안 감리교 공동체에서 생활한 경험은 그의 미래는 물론이고 세 딸들의 앞날에도 지대한 영향을 미쳤다.

　트리니티 칼리지에 입학한 지 얼마 되지 않아서 쑹자수는 아버지에게 처음(이자 마지막)으로 편지를 썼다. 편지에는 후원자들에 대한 감사와 함께 종교적 열정이 가득 담겨 있었다.

아버지께,

이 편지를 통해 제가 있는 곳을 알립니다. 저는 1878년에 동인도에서 형과 헤어져 미국으로 왔고, 마침내 구세주 예수님을 만났습니다.……요즘은 더럼 교회학교와 트리니티 칼리지에서 많은 도움을 받고 있어요. 한시라도 빨리 공부를 끝내고 중국으로 돌아가서 더럼 친구들의 다정함과 하느님의 은

총을 아버지께 말씀드릴 수 있으면 좋겠네요.……어린 시절에 아버지께서 큰 사원으로 저를 데려가서 나무로 만든 신상에 절하는 법을 가르쳐주셨던 기억이 납니다.……하지만 저는 이제 진정한 구세주를 영접했습니다. 어디를 가든지 그분은 저의 위안이 되어주세요.……저는 하느님을 믿습니다. 그분의 뜻에 따라서 이 지구에서 아버지를 다시 뵙게 되길 바랍니다. 지금은 방학이라 J. S. 카 씨의 더럼 자택에서 머물고 있어요. 이 편지를 받자마자 답신 주세요. 아버지 소식을 들으면 정말 기쁠 것 같습니다. 어머니, 형, 여동생들에게 사랑을 전합니다. 아버지께도요.…… 카 부부는 선량한 기독교인들로, 저에게 아주 잘해주셨어요.

그러나 편지는 전달되지 못했다. 쑹자수는 상하이 남감리교 선교단의 원로인 영 J. 앨런 박사에게 연락을 해서 이 편지를 전해달라고 부탁했다. 얼마 후 아버지의 이름과 주소를 중국어로 적어 보내라는 회신이 왔으나, 쑹자수는 답을 할 수가 없었다. 모국어에는 까막눈이나 다름없었기 때문이다. 중국에 있을 때에는 가정 형편이 여의치 않아서 학교에 다니지 못했고, 한자는 혼자 배우기에는 너무 어려웠다. 그가 할 수 있는 일이라고는 약도를 그린 후에 외국인 선교사용으로 제작된 지도에서 이름 몇 개(상하이와 홍콩, 하이난 섬)를 베껴와 자신의 고향이 이 부근에 있을 것이라고 표시하는 정도였다. 그가 쓴 아버지의 이름은 고향 동네에서 쓰는 사투리를 아무 한자로 옮겨 적은 것이었다. 아들을 해외에 보낸 집이 그 지역에만 해도 수백 수천 집이었으니, 앨런 박사로서도 더 이상 수소문할 방도가 없었다. 쑹자수는 끝내 가족과의 연락을 포기해야 했다.

그는 외로웠다. 밴더빌트 대학교에서 수학하던 어느 날 아침, 쑹자수는 친구 몇 명과 함께 예배당에 모여서 노래하고 기도하면서 종교 체험담을 나누었다. 쑹자수의 동기인 존 C. 오어 목사는 훗날 이렇게 회상했다. "찰리가 문득 일어서더니 한동안 아무 말도 하지 않았다. 그러더니 떨리는 입술로 말했다. '내 자신이 너무 초라하게 느껴집니다. 너무 외로워요. 동포들과 떨어져 아는 얼굴도 없는 이 머나먼 땅에서, 이토록 오랜 시간을……미시시피 강을 떠다니는 보잘것없는 나무토막이 된 기분입니다.'" 오어 목사는 이어서 적었다. "눈물이 그의 볼을 타고 방울방울 흘렀다. 찰리가 다시 입을 열기도 전에 열 명도 넘는 남학생들이 그의 주위를 에워쌌다. 모두 찰리를 꼭 껴안고는 그를 형제처럼 사랑한다고 말해주었다."

분명 쑹자수는 어디를 가든 친절하고 정중한 대접을 받았다. 사람들은 그에게 "대단한 경의를 표했고, 큰 포부를 가지고 그 어려운 대학 공부까지 한다고 감탄해 마지않았다." 그러나 트리니티 칼리지의 동기생인 제롬 다우드의 기억은 조금 달랐다. "학생들은 틈만 나면 그를 갖은 방식으로 놀려대고 골려주려고 야단이었다." 가끔은 밴더빌트 대학교의 총장이었던 맥타이어 주교가 어깃장을 놓았다. 졸업이 가까워지자 쑹자수는 의대에 진학해서 공부를 이어가고자 했으나, 이 계획은 맥타이어 주교의 반대로 무산되었다. 주교는 앨런 박사에게 오만한 어조로 서신을 보냈다. "찰리 군은 1~2년 더 머물고 싶어하더군. 의학을 공부하면 더 큰 쓰임에 대비할 수 있을 거라나 뭐라나. 그에게 아낌없이 돈을 대주는 줄리언 카 씨도 계속 지원할 마음이 없지는 않은 모양이야. 하지만 우리는 그자 내면의 **중국인스러움**을 전부 없애는 것은 좋지 않다고 판단했네. 어쨌든 그는 중국인들 사이에서 활동할 것이 아닌가. 이미 그는 '안락한 생활'에 발을 들여버렸어. 우월한 서구 문명이 주는 혜택에 익숙해졌다고. 그의 잘못이라는 것은 아니지만……."

쑹자수는 시야를 넓힐 줄 알았고, 쉽게 기분이 상하지도 않았다. 어떤 상황에서도 한결같이 "훌륭한 매너"를 지켰고 "겸손, 또 겸손했다." 언제나 "활기차고 유쾌한" 친구였고, 놀림을 당할 때에도 "기다렸다는 듯이 장난 스럽게 맞받아쳐서" 딱딱한 분위기를 풀어주고는 했다. 주변인들은 그를 "유별나게 활기가 넘치는 사람", "누구보다 상냥하고 친근한 사람"으로 기 억했다. 쑹자수는 유머 감각도 좋았다. 그는 쑹이 아닌 "쑨[soon : 머지않 아, 빨리]"이라는 성씨로 세례를 받았는데, 이는 고향 동네에서 쓰는 사투 리 발음을 영어로 옮기면서 벌어진 일이었다. 밴더빌트 대학교 시절 동문 이었던 제임스 C. 핑크는 이렇게 회고했다. "찰리는 내 소개로 친구 몇 명 과 처음 만나는 자리에서 웃음을 띠고 농담을 던졌다. '늦는 것보단 빨리 [soon] 오는 게 낫지.'"

그러나 겉으로 드러나는 쾌활하고 태평한 모습은 의식적으로, 때로는 괴로울 정도로 감정을 억누른 결과였다. 쑹자수는 여자를 몹시 좋아했다. 트리니티에서 지내던 1882년, 그는 친구에게 보내는 편지에 이렇게 썼다.

필드 집안 아가씨 둘이 모두 여기 와 있어. 다음 주 금요일 아침에는 집으로 돌아간다는군. 정말이지 유쾌한 숙녀들이야. 모두 마음에 쏙 들어.……지금 이곳 트리니티의 날씨는 아주 쾌적하지만 여성분들이 떠나고 나면 어찌될 지 모르겠어.……비드굿 양도 이곳에 와 있어.……전에 없이 어여쁘더라고. 비드굿 양과 캐시 양을 몇 번 찾아갔었어. 그녀는 말할 때면 생기가 넘쳐흘 러.……요즘은 이 숙녀들과 온종일 웃고 떠드느라 책 펴볼 시간이 나질 않는 군.……어젯밤에는 마미 양과 다른 두 숙녀들이 놀러와서 무척이나 즐거운 한때를 보냈지.……포티스티와 나는 엘라 카 양을 찾아갔어. 어찌나 즐거운 시간을 보냈는지 너는 상상도 못 할 거야.

그러나 청년 쑹자수에게 관계를 발전시킬 기회는 허락되지 않았다. 위의 편지에 등장하는 엘라 카는 쑹자수의 후원자인 줄리언 카의 조카로, 트리니티 칼리지 교수의 딸이었다. 50년의 세월이 지난 뒤 그녀는 지역 신문 「그린버러 데일리 뉴스(*Greenboro Daily News*)」에 다음과 같은 이야기를 털어놓았다. 그 시절 쑹자수는 이따금 그녀의 집에 놀러 와서 피아노 연주를 청해 듣고는 했는데, 어느 날 그녀의 어머니가 "'우리 집에 너무 자주 오지 말라'고 그에게 말했다." 그는 "흠잡을 데 없이 세련된 차림새"로 찍은 자신의 사진 한 장을 작별 인사로 남긴 채, 더는 찾아오지 않았다.

　　쑹자수는 더럼 지역 유지의 딸인 애니 사우스게이트와 특히 가까웠다. 그가 애니에게 보낸 편지에는 그녀를 향한 마음이 그대로 담겨 있었다. 누군가의 주소를 잊어버려서 미안하다고 사과하면서 쑹자수는 이렇게 덧붙였다. "그런데 왜 당신 주소는 잊을 생각도 안 들고, 잊히지도 않을까요?" "내가 리처드 아저씨네 딸들과 사랑에 빠질까 하는 걱정은 접어두세요. 제니 양은 어느 청년과 약혼한 사이인데, 그 청년은 키가 2미터를 훌쩍 넘는다는군요. 로스 양으로 말할 것 같으면 너무 어려요. 이제 겨우 열다섯 살인 데다가 이번 여름은 언니네 집에서 보내려고 떠났어요. 그러니 보시다시피, 저로서는 사랑에 빠지려고 해도 빠질 수 없는 상황이랍니다." (훗날 쑹자수는 미래에 쑨원의 부인이 되는 둘째 딸의 영어 이름을 로스의 이름을 따라서 로자먼드라고 지었다.)

　　쑹자수는 솔직하고, 안타깝고, 절절하기까지 한 언어로 애니에게 사랑을 고백했다. "어디에 있든지 즐거운 시간을 보내고 있기를 바랍니다. 애니 양, 제가 사랑하는 사람은 더럼의 그 어떤 여성도 아닌 바로 당신입니다. 제 말을 믿지 않으시나요?" 그러나 쑹자수가 넘볼 수 있는 선은 여기까지였다. 사랑에 빠져들면서도 그는 행동에 나설 수 없었다. '중국인'인 그에게 희망은 없었다.

감정을 통제할 필요를 절감한 쑹자수는 자식들에게도 아주 어릴 적부터 기분을 갈무리하는 법을 가르쳤다. 쑹씨 자매의 막내 메이링이 기억하기로 아버지는 종종 자식들에게 "감정을 내비치지도, 감정에 휘둘리지도 말라"고 말했다. 큰오빠가 기숙학교의 입학을 위해서 처음으로 집을 떠날 때, 메이링은 "동네가 떠내려가도록 울었다." 그 모습을 보고 그녀의 아버지는 "순식간에 얼굴이 굳더니 다가가기 어려울 정도로 싸늘한 표정을 지으셨다." 허겁지겁 눈물을 삼킨 메이링은 그때부터 웬만해서는 울지 않았다. "나이를 먹고 나서 운 일은 손에 꼽을 정도이다."

미국에서 사는 동안 좌절도 많이 겪었지만, 쑹자수는 미국이라는 나라를 사랑했다. 여섯 아이의 아버지가 된 후, 그의 가장 큰 목표는 자식들에게 미국식 교육을 받게 하는 것이 되었다. 그러기 위해서는 돈을 벌어야 했고, 실제로 버는 데에 성공했다. 수입의 대부분은 자녀를 교육하는 데에 쓰였다. 쑹자수의 딸들은 세 명 모두 미국에서 공부했고, 막내 메이링은 고작 아홉 살에 미국으로 가서 10년이나 머물렀다. 무엇보다 놀라운 것은, 이들이 돌봐주는 어른 한 명 없이 스스로 생활했다는 점이다. 감리 교회와 미국 사회에 대한 쑹자수의 신뢰는 그 정도로 두텁고 굳건했다.

쑹자수는 겉으로는 언제나 "남들과 어울리기 좋아하고, 놀기 좋아하고, 말하기 좋아하는" 사람처럼 보였기 때문에, 미국인 친구들 중에는 그를 "진중한 생각이라고는 찾아볼 수 없는" 가벼운 사람이라고 생각한 이들도 있었다. 그러나 쑹자수는 이미 굳은 결심을 한 상태였다. 조국 중국을 '아름다운 나라' 미국(美國)처럼 만드는 데에 일조하겠다는 다짐이었다. 1885년 말 쑹자수는 사랑하는 미국을 뒤로 하고 상하이로 향했다.

그 무렵 상하이는 이미 세계에서 가장 번화한 국제도시 중의 하나였다. 중국에서 가장 긴 강인 양쯔 강이 바다로 흘러드는 부근에 위치한 이곳은 원래 별 볼 일 없는 늪지대에 불과했다. 그러나 서양인들이 청조의 허가하에 개발에 뛰어들고 수십 년이 지나자, 상하이는 얼기설기 대나무로 엮은 전통 가옥과 우뚝 솟은 유럽식 석조 건물이 마주 보고 있고, 수레가 덜그럭거리며 다니는 진흙탕 골목 옆에는 번듯한 포장도로가 깔려 있으며, 논밭과 우아한 정원이 뒤섞인 곳이 되어 있었다. 도시에서 와이탄을 지나 강변의 부둣가로 가면 고층 건물 아래로는 수많은 돛단배들이 파도를 따라서 넘실대는, 활기가 넘치는 도시의 장관이 펼쳐졌다.

남감리교 선교단의 대표인 앨런 박사는 상하이를 터전으로 삼고 서양 문화를 중국에 알리는 데에 일생을 바친 사람이었다. 전근대적 수준에 머물고 있던 중화 제국에 근대식 교육을 도입한 것도 그의 업적이었다. 수염을 길게 늘어뜨린 외모만큼이나 근엄한 성격의 앨런 박사는 서양과 중국의 문화에 두루 능통한 학자로, 중국의 지식인 계층은 물론 청 황실로부터도 신망이 두터웠다. 쑹자수가 귀국하기 얼마 전에 앨런 박사는 중국 근대 교육의 선구자 격인 중서서원을 설립한 참이었다. 쑹자수는 그곳의 교사로 일하기를 희망했다.

앨런은 쑹자수의 포부가 주제넘을 뿐만 아니라 황당무계하다고 생각했다. 쑹자수는 한자를 읽지도 쓰지도 못하는 까막눈이었기 때문이다. 맥타이어 주교에게 보내는 서신에서 앨런은 공공연하게 쑹자수를 깔보았다. "능력으로 치자면 우리 중서서원의 학생들이 찰리 군보다 훨씬 낫지요. 찰리 군과 달리 이 학생들(특히 우등생들)은 영어는 물론 **중국어**에도 능통하니까요.⋯⋯찰리 군은 평생 진정한 중문학자는 되지 못할 것입니다. 고작해야 외국물을 잔뜩 먹어 **자기 뿌리조차 잊어버리고**, 분에 넘치는 높은 자리, 많은 보수를 탐내면서 불만만 많은 그저 그런 유학생 중 하나로 남겠지요. 그러니 우리 교우들 가운데 누가 그를 원하겠느냐 이 말입니다."

앨런은 쑹자수를 상하이 외곽의 쿤산이라는 작은 동네로 보내고는, '현지인 전도사'라는 명목으로 외국인 선교사보다 훨씬 적은 보수를 지급했다. 쑹자수는 크게 낙심했다. 그러나 그는 분노를 담은 편지를 애니에게 보내고는 앨런의 명을 거역하려는 충동은 가까스로 참아냈다.

앨런 박사는 다른 쪽으로도 쑹자수에게 벌을 주려고 안달이 난 것 같았다. 그는 휴가를 내고 곧장 고향을 방문하고 싶다는 쑹자수의 요청을 기각했다. 격분한 쑹자수도 이번에는 물러서지 않았다. 그러나 애니에게 확언한 대로, 항의를 제기하면서도 공공연한 갈등으로 번지는 일은 없도록 세심히 주의를 기울였다. 쑹자수는 1886년 가을에야 고향을 방문할 수 있었다. 그의 부모는 아들을 한눈에 알아보지 못했다. 영영 잃어버린 줄만 알았던 아들이 돌아왔음을 확인하고 나자, 이내 기쁨의 눈물이 그들의 얼굴을 뒤덮었다. 그러나 재회의 순간도 잠시, 얼마 지나지 않아서 쑹자수는 다시 1,700킬로미터 떨어진 쿤산으로 돌아가야 했다.

쑹자수가 맞닥뜨린 문제는 이뿐만이 아니었다. 중국에 돌아왔지만, 고향이라는 느낌이 들지 않았다. 쑹자수는 애니에게 이렇게 적어 보냈다. "나를 낳아준 조국의 땅을 딛고 서 있으면서도, 내 집이라는 생각은 도통 들지 않아요. 나에게는 중국보다도 미국이 더 고향처럼 느껴집니다." 쑹자수는 속성으로 한문을 배워야 했고, 쿤산 지방의 방언도 익혀야 했다. "이곳의 말은 우리 집에서 쓰던 중국어와는 전혀 다릅니다. 그러다 보니 이곳 사람들은 미국인이나 유럽인들이 그랬던 것처럼 나를 철저히 외부인 취급하고 있어요." 현지인들은 그를 조롱했다. 사내아이들은 그에게 "난쟁이 자식!"이라고 소리치며 야유했다(쑹자수의 키는 150센티미터가 조금 넘는 정도로, 당시 중국 남성 평균에 미치지 못했다).

쑹자수는 이를 악물고 고군분투했다. 마침내 그는 더듬거리기는 하지만 쿤산 방언으로 설교를 하는 수준까지 올라섰다. 그러면서도 애니에게는 자신이 감내하고 있는 고통에 대해서 함구했다. 그녀를 향한 이루어질 수 없는 사랑 역시 다른 문제들만큼이나 쑹자수를 괴롭게 했지만, 애니에게 보낸 편지는 항상 기복 없이 쾌활한 어조를 유지했다. 1887년 애니가 사망하자, 쑹자수는 그녀의 아버지에게 편지를 보내서 "슬픔을 가눌 수 없다"고 전했다.

그해 말, 열여덟 살의 니구이전과 결혼하면서 쑹자수의 삶은 변화를 맞이했다. 니구이전의 외가는 중국에서 가장 명망 있는 기독교 집안인 쉬씨 가문이었다. 쉬씨 가문의 선조 서광계(쉬광치)는 명나라의 고위 관료로 17세기 초에 예수회의 영향을 받아서 가톨릭으로 개종했고, 마테오 리치와 함께 중국에 서양 과학을 소개하는 데에 공을 세운 인물이었다. 집안 대대로 이어가던 가톨릭 신앙은 니구이전의 어머니가 일대 파문을 일으키며 개신교 선교사와 결혼하여 개신교로 개종하면서 맥이 끊겼다.

니구이전은 쟁쟁한 선조들처럼 신앙심이 유난히 깊은 신자였다. 메이링은 훗날 이렇게 회고했다. "나는 어머니가 하느님과 하나 되는 삶을 사는 분이라는 사실을 알고 있었다.……어머니가 3층 기도실에 가서 기도하시던 모습은 어린 시절의 선명한 기억으로 남아 있다. 어머니는 몇 시간이고 기도하셨다. 동이 트기도 전에 시작하실 때도 있었다. 자식들이 조언을 구할 때면 언제나 '하느님께 먼저 여쭤봐야겠구나'라고 답하셨다. 그렇게 말씀하시면 어머니를 재촉할 수 없었다. 어머니에게 하느님의 뜻을 구한다는 것은 얼렁뚱땅 5분 만에 자녀들에게 축복을 내려주시고 소원을 들어주십사 청할 수 있는 성질의 것이 아니었다. 하느님의 이끄심이 느껴질 때까지 기도하며 기다리는 것이었다."

과연 사람들은 니구이전의 얼굴에서 "미모를 더욱 돋보이게 하는 강인한 기개와 영적인 평온함이 엿보인다"고 평했다. 니구이전에게는 무시하기 힘든 위엄이 있었다. 니구이전의 딸과 사위들은 권력을 쥔 유명인일지라도 모두 그녀에게 인정을 받으려고 애썼고, 그것은 결코 만만한 일이 아니었다.

니구이전은 어릴 적부터 자신의 고집을 절대 꺾지 않는 굳은 의지의 소유자였다. 니구이전의 어머니는 다른 딸들에게는 모두 전족을 시켰으나, 니구이전에게는 끝내 할 수 없었다. 발을 동여매려고 할 때마다 니구이전이 격렬하게 거부했고, 이내 온몸에 열이 펄펄 끓었기 때문이다. 부모는 결국 '큰 발'을 가진 딸이 결혼을 하지 못한 채 늙어죽을지도 모른다는 사실을 받아들이고 체념할 수밖에 없었다.

그러다 선교사 쑹자수가 니구이전 앞에 나타났다. 니구이전 친척의 소개로 만난 두 사람은 마음이 통하는 친구였고, 함께 있으면 즐거웠다. 쑹자수는 노스캐롤라이나의 친구들에게 편지를 보내서 기쁜 마음으로 결혼 소식을 알리면서, 특유의 유머를 덧붙였다. "결혼식은 중국 상하이에서 음력 9월 4일에 열릴 예정. 음력 9월 4일이 양력으로 언제인지를 알아낼 수 있다면 누구든 환영."

쑹자수의 밴더빌트 대학교 동기인 빌 버크가 쿤산의 신혼부부를 방문했다. 찻집이 딸린 선착장에서 내려 구불구불한 골목을 따라가면 부부가 사는 자그마한 선교사 사택이 나왔다. 버크의 뇌리에 깊이 남은 것은 신부의 전족하지 않은 발이었다. "그녀의 힘찬 발걸음은 어느 미국 여성에도 뒤지지 않는 우아한 자태를 뽐냈다." 빌은 쑹자수가 "아내를 무척 사랑한다"는 사실을 알 수 있었다. 마침내 인생의 동반자를 얻은 쑹자수는 죽을 때까지 아내와 모든 일을 상의했고 모든 결정을 함께했다. 주변인들이 보기에도 둘은 "화목하고 화기애애한 한 쌍"이었다.

두 사람의 첫아이인 아이링은 1889년 7월 15일에 태어났다. 이후 부부는 다섯 자녀를 더 두었다. 딸 둘(칭링과 메이링)과 아들 셋(쯔원[1894년생], 쯔량[1899년생], 쯔안[1906년생])이었다. 아들들은 중국어 이름의 머리글 자를 따서 각각 T.V., T.L., T.A.라는 영어 이름을 썼다.

대가족을 이루고 자식들에게 미국식 교육을 시키고자 했던 쑹자수는 1892년 선교사 일을 그만두었다. 선교사들 사이에서 쑹자수가 "이교도의 관습으로 돌아가 우상을 숭배한다더라"는 소문이 돌았다. 쑹자수는 노스캐롤라이나의 친구들에게 공개적으로 서한을 보냈다. "내가 선교사직에서 사임한 이유는 벌이가 충분하지 않았기 때문입니다. 15달러의 월급으로는 처자식을 부양할 수 없었습니다." 쑹자수는 "선교 조직 바깥에서도 우리 감리 교회의 일꾼으로 살겠습니다"라고 맹세했고, 이 말을 끝까지 지켰다.

쑹자수는 사업에 뛰어들었다. 근면성실하고 사교적인 데다가 수완이 좋고 미국에서 공부한 경험까지 갖춘 그가 성공하기까지는 그리 오랜 시간이 걸리지 않았다. 그는 제분기와 면직기 등을 수입했고, 출판사를 설립해서 성서를 간행했다. 쑹자수가 소속된 미국성경공회에서 원하는 모두에게 성서를 무료로 나눠주었기 때문에, 당시 성서에 대한 수요는 아주 많았다.

머지않아 상하이의 상류 사회에 진입한 쑹자수는 점점 늘어나는 가족을 위해서 큰 집을 지었다. 미국 가정에서 쓰는 설비에 실내 난방까지 갖춘, 중국의 가옥보다는 유럽식 건축물에 가까운 집이었다. 쑹자수는 "다른 중국인들처럼 추운 방 안에 앉아서 옷이란 옷은 다 껴입고 있는 짓은 절대 못하겠다"는 사람이었다(중국 음식도 별로 좋아하지 않았다). 미국식 욕조와 침대도 구비되었다. 맏딸 아이링은 그 집을 이렇게 묘사했다.

화장실에는 욕조가 있었다. 바깥쪽은 금빛 용이 휘감고 있고 안쪽으로는 녹색 유약이 칠해진 아름다운 도자기 제품이었다. 수도꼭지를 틀면 찬물이 콸콸 나왔고, 뜨거운 물은 아래층에서 데워서 지고 올라왔다.……실내 난방을 위해서는 방열기를 썼다. 당시 상하이의 외국인들도 갖추기 어려운 최신식 설비였다. 침대는 중국인들이 많이 썼던 딱딱한 나무 평상이 아니라 푹신하고 편안한 미국식 매트리스 침대였다. 이웃 사람들은 단지 침대를 구경하려고 우리 집에 와서는, 못마땅한 손길로 매트리스를 쿡쿡 찔러보면서 건강에 좋지 않다느니 아이들한테 위험하다느니 하며 수군댔다.

이 크고 안락한 신식 건물도 상하이의 부자들에 비하면 특별히 호화롭다고 할 수는 없었다(부를 과시하는 모양새는 더더욱 아니었다). 더군다나 쑹자수의 집은 도심에서 멀리 떨어진 촌구석 '외딴곳'에 있었다. 사람들은 쑹자수 부부가 괴짜인 줄로만 알았다. 그러나 쑹자수에게는 그럴 만한 이유가 있었다. 그는 쑨원의 공화주의 혁명을 후원하기 위해서 돈을 모으고 있었다.

루이스 로버츠 부인이라는 미국인 선교사는 쑹자수의 집 한 칸을 빌려서 교회 출판물을 간행하는 작은 사업체를 운영했다. 그곳은 쑹씨 가족의 가정집이자 쑹자수의 사무실이기도 했다. 쑹자수는 이따금 로버츠 부인의 방에 불쑥 들어가서 대화를 나누었고, 둘은 친한 사이가 되었다. 쑹자수와 교류하면서 로버츠 부인은 "찰리에게 가족 다음으로 중요한 것은 그의 조국 중국이 마땅히 되어야 할 위대한 나라가 되도록 돕는 일이라는 인상을 받았다." 이미 미국을 떠날 때부터 쑹자수는 중국을 바꿔놓겠다는 꿈을 품었다. 귀국 이후 10년이 지나는 동안 그 꿈은 더욱 간절해졌다. 1894년 늦봄에 쑹자수는 쑨원을 만났다. 두 사람은 (둘 모두와 친분이 있는 루하오둥까지 합세하여) 며칠 밤낮을 대화로 지새웠다. 스물일곱 살의 청년 쑨원은 쑹자수에게 깊은 인상을 남겼다. 쑨원이 떠난 뒤에도 쑹자수는 그와 나눈 대화를 오래도록 되새겼다. 그해 말 청일 전쟁이 발발했다. 중국 전역이 처참한 패배에 신음했고, 만주족 정권에 대한 쑹자수의 환멸은 극에 달했다. 쑨원이 제안한 혁명만이 나라를 구하는 길이라는 확신이 들었다. 쑹자수가 보기에 쑨원은 대업을 이끌 적임자였다. 그는 서양식 교육을 받았고, 서양식 일처리를 선호했다. 또한 독실한 기독교 신자였다. 적어도 쑹자수는 그렇게 믿었다(쑨원은 쑹자수가 신앙인이라는 사실을 알고 자연스럽게 그 종교적 열정을 이용했다). 그리하여 쑹자수는 하와이의 쑨원에게 서신을 보내서, 즉각 귀국하여 행동에 나서라고 촉구했다. 광저우 봉기에도 자금을 지원했다. 봉기가 좌절되어서 루하오둥이 처형되고 쑨원이 목에 현상금을 단 채 망명한 와중에도 쑹자수는 흔들리지 않았다. 그는 수년간 해외를 전전하는 쑨원에게 비밀리에 자금 지원을 이어갔다.

쑹자수의 행동은 위험천만한 것이었다. 발각된다면 청조가 그를 가만두지 않을 것임은 물론이었고, 진작부터 그를 탐탁지 않게 여겼던 앨런 박사가 개신교 공동체 내에서 그의 입지에 큰 타격을 가할 것이 분명했다. 폭력 혁명을 혐오했던 앨런 박사는 자신이 편집자로 있는 중국어 신문에서 가장 강도 높은 표현을 동원하여 "극악무도한 범죄자" 쑨원에게 비난을 퍼부었다. 쑹자수는 정치적 신념을 감추어야 했다. 결과는 성공적이었다. 서글서글한 성격의 부유한 사업가, 상하이 지역 사회의 중견 인사인 그가 비밀 혁명 결사의 일원이라고는 누구도 의심하지 않았다. 이성적이고 온화한 쑹자수의 겉모습 안에 열정이 넘쳐서 가끔은 충동적이기까지 한 본모습이 숨어 있다는 사실도 짐작하지 못했다. 고작 몇 번 만났을 뿐임에도 쑹자수는 불가능에 가까운 쑨원의 도박에 모든 것을 걸었다. 잘 알지도 못하면서 쑨원에게 푹 빠진 나머지 이런 편지도 썼다. "중국인들 중에 당신보다 더 고귀하고 사려 깊으며 애국적인 사람은 만나본 적이 없습니다."

공화주의 혁명이 성공했을 때, 쑹자수는 어떤 대가도 요구하지 않았다. 그에게는 한자리 얻어볼까 하는 생각도, 공을 드러내서 유명해지고자 하는 생각도 없었다. 1911년 말 쑨원이 상하이에서 일주일을 머물렀을 때에도 그를 찾아가지 않았다. 그가 비밀을 털어놓은 사람은 로버츠 부인이 전부였는데, 그나마도 충동적으로 벌어진 일이었다. 쑹자수는 그해 11월 공화주의자들이 상하이를 점령한 이튿날 아침 경쾌한 발걸음으로 로버츠 부인의 사무실을 찾아갔다. 로버츠 부인은 들뜬 말투로 사건에 대해서 이야기하기 시작했다. 쑹자수는 활짝 웃더니 이렇게 말했다. "이제 다 말씀드려도 되겠군요." 수년 후에 로버츠 부인은 미국 라디오 프로그램과의 인터뷰에서 다음과 같이 회고했다. "그러더니 자기가 쑨원의 오랜 친구이며, 가능한 모든 수단을 동원해서 그를 도왔다고 말하더군요. 특히 돈을 많이 썼다는 것 같았어요. '그렇다고 이때까지 보낸 돈이 얼만지 계산하고 있다는 건 아니지만 말입니다.' 키득거리며 웃던 모습이 기억나네요." 그녀가 관찰한 쑹자수는 웃음이 많고 "언제나 눈을 반짝이는" 사람이었다. 그가 로버츠 부인에게 물었다. "왜 우리가 이곳에서 이토록 소박하게 사는지 궁금했던 적 없으십니까?" 부인은 이렇게 대답했다. "그런 생각은 안 해봤어요. 다만 선생님과 부인이 뽐내는 걸 즐기는 부류가 아닌 듯하기는 했죠. 또 교회에 헌금도 많이 하시고, 자녀분들 교육에도 적지 않은 돈이 들어갈 테니까요." "그건 그래요." 쑹자수가 답했다. "하지만 쑨원의 혁명 사업에도 힘이 닿는 데까지 돈을 댔습니다. 내 나라를 돕는 최선의 길이라고 생각했기 때문이에요." 쑹자수는 다시 한번 어깨를 들썩이며 웃더니 다른 주제로 넘어갔다. 혁명의 소용돌이에 휘말리지 않도록 자신의 누이를 안전한 상하이로 대피시키려는데 어떻게 설득하는 것이 좋을까 하는 이야기였다.

제 2 부

세 자매와 쑨원

(1912−1925)

3

아이링
"놀랍도록 영리한" 아가씨

1894년, 쑹자수 부부는 다섯 살이던 맏딸 아이링을 맥타이어 학교로 보냈다. 앨런 박사가 맥타이어 주교의 이름을 따서 설립한 감리교 기숙학교였다. 학교의 두 창립자들이 모두 쑹자수에게 적대적이고 무례하게 굴어왔다는 사실은 문제가 되지 않았다. 맥타이어 학교는 상하이 최고의 여학교인 데다가 미국계 학교였다. 아이링 스스로도 맥타이어 학교에 가고 싶다고 졸랐다. 그곳 학생들이 일요일 예배마다 특별히 마련된 지정석에 앉는다는 것을 눈치챘기 때문이었다. 어린 나이에도 아이링은 의지가 강했고, 특별 대우를 받는 것을 좋아했다. 훗날 그녀의 미래를 결정지을 요소들이었다. 아이링의 어머니는 어린 딸을 기숙학교에 보내기를 망설였다. 그러나 아이링은 고집을 꺾지 않았고, 결국 부부는 그해 가을 학기에 딸을 입학시켰다. 외할머니는 딸 부부를 만류하며 눈물을 쏟았다. 중국인들은 입에 풀칠도 하지 못할 정도로 가난하지 않은 이상 어린 자식을 부모와 떨어뜨려놓지 않았다. 더군다나 먹고살 만한데도 자식을 먼 곳에 보내는 것은

'모질다'고 손가락질을 받을 일이었다. 그러나 쑹자수 부부는 자식들이 자립적인 삶을 영위하기를 바랐고, 자신들의 감정은 애써 억눌렀다.

훗날 아이링을 중국에서 가장 부유한 여성의 반열에 오르게 한 욕망이 벌써부터 자리하고 있었음을 짐작하게 하는 일화가 하나 더 있다. 학교에 가져가라고 부모님이 새로 사준 여행 가방에 얽힌 이야기이다. 아이링이 자신의 전기를 집필한 작가 에밀리 한에게 들려준 이야기는 이랬다. 꼬박 일주일 동안 아이링은 "새 여행 가방에 짐을 싸느라 신이 나서 어쩔 줄을 몰랐다. 검고 윤기가 흐르는, 태어나서 처음 가져본 그녀만의 멋진 여행 가방이었다." 그러나 새로 산 옷을 넣고 보니 "실망이 이만저만이 아니었다.……트렁크가 가득 차지 않았기 때문이다." 아이링은 "겨울옷까지 다 꺼내와서는 바득바득 여행 가방을 채웠다."

다섯 살 소녀의 걱정거리는 이뿐만이 아니었다. "집에서는 좋은 차를 마셨는데, 학교에서는 어쩌지?" 걱정이 된 아이링은 어머니를 졸라서 간식 한 바구니를 야무지게 챙긴 다음에야 집을 나섰다. 바구니에 들어갈 간식도 직접 골랐다. "캘러드 앤드 바우저 스카치 캔디 한 봉지, 다크 초콜릿 한 봉지"였다.

마침내 아이링은 아버지의 손을 잡고 여행길에 올랐다. 그녀는 모직 재킷에 녹색 바지를 입었고, 땋아내린 머리는 걸음에 맞춰서 나풀거렸다. 여행의 즐거움도 잠시, 헤어질 시간이 되자 아이링은 아버지의 목에 매달려 엉엉 울면서 떨어지지 않았다. 아버지가 어떻게 자신을 떼어놓는 데에 성공했는지는 잊었지만, 아이링은 수십 년이 지난 후에도 이때를 기억했다.

그녀가 기억하는 학창 시절은 괴로움의 연속이었다. 그 나이 또래의 학생이라고는 전교에 아이링 한 명뿐이었다. 책상은 너무 높았고, 의자에 앉으면 발이 바닥에 닿지 않았다. 끝이 보이지 않는 수업을 연이어 듣다보면

다리에 감각이 없어졌다. 아이링은 훗날 "끔찍한 고통이었지만, 신경 써주는 사람도, 도와주려는 사람도 없었다"고 회고했다. 다리에 피가 돌게 하는 방법은 스스로 깨우쳐야 했다. 가장 떠올리기 싫은 기억은 밤마다 느낀 공포였을 것이다. 상급생들이 야간 학습을 하는 동안, 아이링은 "위층의 그 넓은 기숙사에 홀로 남아 침대 속에서 겁에 질려 벌벌 떨었다." 저 멀리서 성가 "나와 함께 하소서"가 들려오면 비로소 안도감이 들었다. 일과를 마친 상급생들이 기숙사로 돌아오며 부르는 노랫소리였다. 더 이상 혼자가 아니라는 신호이기도 했다. 그 노랫소리를 자장가 삼아서 아이링은 잠이 들었다. 그후로 죽을 때까지, 귀에 익은 그 선율이 들려올 때면 아이링의 마음에는 잔잔한 평화가 찾아왔다.

맥타이어 학교를 다니면서 아이링은 성격이 더욱 강해졌고, 종교에 의존하게 되었다. 부모에게는 학교 생활의 어려움을 일절 털어놓지 않았다. 아버지와 어머니는 우는소리를 곧이곧대로 들어주는 사람들이 아니었다. 그렇게 아이링은 어린 시절의 대부분을 또래 친구 하나 없이 고독하게 보냈다. 성격은 갈수록 내성적으로 변해서 남들에게는 쌀쌀맞다고 느껴질 정도였다. 평생토록 그녀는 진짜 친구라고 부를 만한 관계를 맺지 못했다. 그렇기 때문에 온 세상이 그녀에게 손가락질하던 때에 그녀의 편이 되어준 사람은 아무도 없었다.

쑹자수 부부의 둘째 아이 칭링은 1893년 1월 27일에 태어났고, 아이링보다 세 살 어렸다. 허약한 갓난아이였던 칭링은 "공상을 좋아하고 어여쁜", "조용하고 순종적인" 아이로 성장했고, 어머니의 각별한 사랑을 받았다. 부부는 칭링을 집에서 가르치다가 열한 살이 되어서야 맥타이어 학교에 보냈다. 아이링의 학교 생활이 녹록지 않음을 눈치챈 니구이전이 유약한 둘째 딸을 가엾게 여겼는지도 모른다. 칭링은 어머니의 뒤를 졸졸 쫓아다니면서도 속으로는 나름의 생각을 키워갔다. 특권에 대한 칭링의 반응은 아이링과 매우 달랐다. 칭링은 이렇게 회고했다. "어릴 적에는 일요일마다 독실한 신자인 어머니를 따라서 교회에 갔다. 우리가 교회에 도착하면 목사와 전도사들은 옷차림이 남루한 여자들을 앞자리에서 서둘러 쫓아냈다. 우리에게 좋은 자리를 주겠다고 말이다!" 이때의 기억은 칭링이 선교사들에게 반감을 가지고 훗날 공산주의로 전향하는 하나의 계기가 되었다. 부끄러움을 많이 타면서도 상냥했던 그녀가 사귄 친구는 몇 명 되지 않았지만, 우정은 오래도록 유지되었다.

쑹씨 집안에서 가장 외향적인 사람은 막내딸 메이링이었다. 메이링은 큰언니 아이링처럼 다섯 살에 맥타이어 학교에 갔다. 언니가 하는 것이라면 무엇이든 따라하고 싶어했기 때문이다. 1898년 2월 12일에 태어난 메이링은 포동포동한 체형에 건강하고 활달한 아이였다. 그녀는 겨울이면 어머니가 입혀주는 대로 두꺼운 누빔 옷을 위아래로 갖춰 입고 뒤뚱거리며 다녔다. 할로윈 호박같이 똥똥한 모습 때문에 짓궂은 별명도 붙었지만 메이링은 개의치 않았다. 발에는 색색의 실로 긴 수염과 툭 튀어나온 귀, 부리부리한 눈을 꾸며서 "호랑이 머리 신발"로 불리던 헝겊신을 신었다. 머리카락은 여자아이들이 흔히 하던 대로 두 갈래로 땋아내린 다음 붉은색 끈으로 동그랗게 말아서 고정했다. 이런 머리모양을 두고 "게 구멍"이라며 조롱하는 말도 있었지만, 이것 역시 메이링은 신경 쓰지 않았다.

맥타이어 학교에서 메이링은 어두운 복도를 혼자 돌아다니는 아이였고 어려운 수업에서 뒤처지지 않게 애써야 했는데, 그러면서도 선생님들에게는 하나도 힘들지 않다고 우겼다. 그러던 중 한 선생님이 한밤중에 발작하듯 바들바들 떨며 일어나서 침대 옆에 우두커니 서서 공부한 내용을 중얼중얼 외는 메이링을 보고 말았다. 얼마 지나지 않아서 학교는 메이링을 다시 집으로 보냈다. 그리하여 메이링은 구김살 없는 밝은 성격을 유지할 수 있었다.

쑹씨 가족의 생활은 엄격하게 통제되었고, 신앙이 충만했다. 카드놀이는 금물이었다. "하느님이 보시기에 좋지 않다"는 이유에서였다. 춤은 "악마의 소행"으로 취급되었다. 매일같이 기도 시간이 있었고, 교회에도 자주 갔다. 어린 메이링은 가족끼리 기도하는 시간을 지루해했고, 온갖 핑계를 대고 빠져나갔다. 긴 설교를 듣는 일도 그녀에게는 고역이었다. 아이링의 신앙심이 깊어지는 동안, 칭링은 어머니가 시키는 대로 하면서도 마음속으로는 교회와 거리를 두었다.

아이들은 부모의 엄격한 가정 교육을 원망하지 않았고, 오히려 그 덕분에 가족에게 강한 애착을 지니게 되었다. 여섯 아이 모두가 부모를 존경했고, 부모의 한결같은 모습에 안정을 느꼈다. 여타 부잣집 아이들처럼 제멋대로 굴지는 못했어도, 쑹씨 가족에게는 나름의 즐거움이 있었다. 저녁이면 어머니의 빼어난 피아노 반주에 맞추어 미국에서 배운 노래를 부르는 아버지를 볼 수 있었다. 아이링은 집에 있을 때면 아버지의 노랫소리에 화음을 얹고는 했다. 부부는 아이들이 들판을 내달리고 나무를 타며 놀게 했다. 여섯 아이는 서로 잘 놀았고, 이따금씩 경쟁이 붙을 때에도 도를 넘지는 않았다. 이들의 정다운 사이는 성인이 된 이후까지 오래도록 이어졌다. 훗날 유명한 "송가황조(宋家皇朝)"의 초석이 된 것이 바로 이 형제자매의 끈끈한 유대감이었다.

부부는 자식들에게 미국식 교육을 시키기로 결심했다. 아이링이 열세 살이 되기 전에 쑹자수는 밴더빌트 대학교의 친구인 빌 버크에게 연락을 해서 아이링을 미국에 데려가달라고 부탁했다. 이 마음씨 좋고 몸집 좋은 아일랜드 혈통의 사나이는 남감리 교회의 중심지인 조지아 주 메이컨 시 출신이었는데, 그곳에는 세계에서 처음으로 여성들에게 학위를 수여한 것으로 널리 알려진 웨슬리언 여자대학교가 있었다. 버크의 편지를 받은 총장 듀폰트 게리 대령은 흔쾌히 아이링의 입학을 허가했다. 버크는 어린 자녀들과 함께 미국으로 휴가를 가는 김에 아이링을 데려갔다. 미국이 중국인 입국자 수를 제한하는 중국인배척법을 강화하던 시기였다. 골치 아픈 문제가 생기는 일을 미연에 방지하기 위해서 쑹자수는 아이링에게 포르투갈 위조 여권을 마련해주었다. 당시에 흔히 행해지던 편법이었다.

1904년 5월의 어느 화창한 날, 열네 살의 아이링은 상하이 와이탄의 부두에 섰다. 침착한 자세로 서 있는 그녀 옆에는 새로 산 서양식 옷으로 가득한 여행 가방이 놓여 있었다. 그녀는 자신과 버크 가족을 거대한 여객선 코리아 호로 안내할 작은 보트를 기다렸다. 코리아 호는 태평양을 건너서 지구 반대편의 미국으로 그녀를 데려다줄 예정이었다. 아이링은 중국인 여성으로서는 최초로 미국에서 교육을 받게 될 터였다. 그러나 그녀의 얼굴에는 어떠한 흥분도, 가족과 이별하는 슬픔도, 미지의 세계에 대한 두려움도 없었다. 승선하는 곳에 따라나온 아버지에게 건네는 작별 인사는 담담했다. 맥타이어 학교에 입학하던 날과 달리 눈물을 비추지도 않았다. 세월은 이 10대 소녀를 자제력의 화신으로 바꿔놓았다. 하지만 배가 항해를 시작하자, 아이링은 구석진 곳에 가만히 서서 방울방울 눈물을 흘렸다. 나중에 버크는 아이링이 감정을 이기지 못하는 모습을 본 것은 그때가 처음이자 마지막이었다고 회고했다.

아이링은 많은 이들의 주목을 받았다. 저녁 식사가 끝나고 갑판에서 오케스트라의 왈츠 반주에 맞추어 댄스파티가 한창이던 어느 밤이었다. 버크 가족과 함께 근처를 지나던 아이링에게 선원 한 사람이 춤을 청했다.

"아니요, 됐어요." 그녀가 단호하게 고개를 내저었다. 선원은 달콤한 말로 그녀를 부추겼다. "지금 배워두면 좋잖아요. 내가 가르쳐줄게요." "아뇨, 춤추면 안 돼요." 열네 살 소녀는 요지부동이었다. "왜죠?" "기독교인이니까요. 기독교인은 춤추지 않아요." 그녀는 쌀쌀맞게 대꾸했다.

버크 가족과의 동행은 일본 요코하마에서 끝났다. 버크 부인이 여행길에 오르기 전에 걸린 장티푸스로 위독해지면서, 가족 모두가 배에서 내려 부인 곁에 머물렀기 때문이다. 버크는 같이 배를 탔던 어느 부부에게 아이링을 돌봐달라고 부탁했다. 아이링이 그들을 찾아갔을 때, 선실에는 아무도 없었다. 문이 열려 있었기 때문에 선실에 들어가 앉아서 기다리는데 복도에서 부부의 대화가 들려왔다. 부인이 큰 소리로 말했다. "지저분한 중국놈들이라면 아주 진저리가 난다고요.……한동안은 볼 일이 없길 바랄 뿐이에요." 부부가 방으로 들어오자 아이링은 황급히 자리에서 일어나서 용건이 있어서 왔다며 몇 마디 웅얼거리고는 자신의 방으로 돌아가겠다고 말했다. 훗날 아이링은 그 부인의 말이 가슴에 영원히 지워지지 않은 상처로 남았다고 털어놓았다. 이후 애나 래니우스라는 중년의 미국인 선교사가 직접 아이링의 선실을 찾아와서 자기소개를 하고는 여행 내내 살뜰히 챙겨주었지만, 마음의 상처는 쉽게 아물지 않았다. (당시 배에는 『야성의 부름[The Call of the Wild]』으로 유명한 스물여덟 살의 작가 잭 런던도 타고 있었다. 그는 러일 전쟁을 취재하기 위해서 조선에 파견되었다가 집으로 돌아가는 길이었다. 런던은 조선에서 어떤 미국인 종군기자보다도 많은 전쟁 속보를 보내왔다.)

그러나 기분 나쁜 욕을 직접 듣는 것보다 몇 배는 힘든 일이 아이링을 기다리고 있었다. 1904년 6월 30일, 아이링을 태운 배는 샌프란시스코의 골든게이트 해협에서 조금 떨어진 곳에 정박했다. 입국을 담당하던 출입국 관리소 직원은 아이링의 포르투갈 여권이 위조된 것이라면서 그녀를 구금하겠다고 위협했다. 아이링은 평정심을 잃고 소리쳤다. "나를 구치소에 가두진 못할걸. 나는 일반 승객이 아니라 2등실 승객이라고!" 자신은 하찮은 하층민들과 다르다는 뜻이었다. 결국 구금은 면했지만, 그녀는 코리아 호에서 내리지 못한 채 사실상 감옥에 갇힌 것처럼 지내야 했다. 이후 코리아 호가 떠나자 아이링은 다른 배로 갈아탔고, 그런 식으로 몇 척의 배를 전전했다.

아이링은 결과가 어떻게 될지 알지도 못한 채 3주일에 가까운 시간을 배에서 생활했다. 래니우스는 임종이 가까워진 아버지가 자신을 기다리고 있음에도 불구하고 매번 배를 갈아타며 그녀의 곁에 머물러주었다. 마침내 아이링은 감리 교회의 도움에 힘입어 미국 땅을 밟았다. 래니우스의 호의에 감동했지만, 출입국 사무소의 야멸찬 대우를 떠올리면 울분이 치밀었다. 기차를 타고 아메리카 대륙을 가로질러 조지아 주로 향하는 내내 아이링은 무거운 침묵을 지켰다. 일본에서 아내를 여읜 버크가 아이링의 여정에 합류했다. 그는 아이링에게 창밖의 경치를 이곳저곳 설명해주고 그녀가 기뻐하는 모습을 보면서 아내를 잃은 슬픔을 잠시나마 잊어보고자 했다. 그러나 전부 헛수고였다. 낙담한 그는 "석고상을 웃게 하는 게 더 쉽겠다"고 생각했다.

버크는 아이링이 미국식 교육을 받을 수 있도록 도운 은인이었고, 불과 얼마 전에 아내를 잃은 사람이었다. 아이링은 이런 사람에게도 예의를 차릴 필요를 느끼지 못할 정도로 고집이 세고 제멋대로였다. 입국 당시의 불쾌한 기억은 1년 여의 시간이 지나서 이모부 원빙중이 청조 사절단의 일원으로 워싱턴을 방문했을 때까지 아이링의 뇌리에 남아 있었다. 아이링은 백악관 만찬에 자신도 데려가달라고 이모부를 졸랐다. 시어도어 루스벨트 대통령을 만나서 담판을 지을 작정이었다. 아이링이 직설적으로 항의를 제기하자, 대통령은 미안하다고 사과했다.

이 고집 센 소녀를 태운 기차는 8월 2일에 메이컨에 당도했다. 그후 5년간 아이링은 20세기 초 미국에서 대학 교육을 받는 특권을 누리는 동기들과 다름없는 생활을 했다. 그러나 그녀가 겪어야 했던 일들은 그 누구와도 달랐다. 메이컨은 교회의 영향력이 큰 동네였다. 거리에는 갖가지 교파에서 설립한 교회들이 늘어서 있었고, 높은 첨탑과 반구형의 교회 지붕이 경쟁하듯이 하늘을 가득 메웠다. 처음 중국인 여학생을 받아들인다고 했을 때, 마을 사람 모두가 그녀를 환영한 것은 아니었다. 「메이컨 텔레그래프(*The Macon Telegraph*)」는 아이링이 기독교 가정에서 자랐다는 사실을 강조하고자, 기사에서 "그녀는 우리 교회의 선교 활동이 이루어낸 결실"이며 웨슬리언 대학교가 "중국으로 돌아간 다음에 선교 활동에 종사할 수 있도록 그녀를 교육할 것"이라고 전했다. 게리 총장도 해명에 나섰다. "아이링 양이 다른 여학생들에게 친구가 되자고 강요하는 일은 없을 것이며, 다른 여학생들 역시 그녀와 억지로 어울릴 필요는 없습니다." 그러고는 넌지시 호소했다. "그녀가 호의적이고 정중한 대우를 받을 거라고 믿습니다."

아이링을 향한 지역 사회의 환영에서는 어색함이 감돌았다. 아이링이라고 눈치채지 못했을 리 없었다. 그들은 친절하게 행동할 때조차 어딘가 부자연스러웠다. 이런 상황을 겪으며 아이링은 내면으로 침잠했다. 아이링이 유명해진 후에 학창 시절에 그녀가 어떤 사람이었느냐는 질문을 받아도 마을 사람들에게는 답할 이야기가 없을 정도였다. 고작해야 "차분한 성격이었다", "조용하고 품위가 있었다", "공부에 열중하는 내성적인 학생이었다"가 전부였다. 누군가는 아이링이 "사실 우리와 그렇게 친하지는 않앉다"고도 했다. 작고 통통하며 평범한 외모의 아이링은 쉽게 사람들의 시선에서 벗어나 교정 구석으로 몸을 숨겼다. 키 큰 물푸레나무와 너도밤나무가 울창하고 덤불이 우거진 곳에서 책을 읽고 공부를 하며 생각에 잠겼다. 그녀는 미국 여학생처럼 옷을 입었고, 머리카락을 땋아내리는 대신 높이 올려 고정한 퐁파두르식 머리모양을 했다. 일요일 아침이면 다른 학생들과 함께 무리지어 언덕 아래 멀버리 가의 감리 교회로 향했다. 그러나 학우들과 말을 섞는 일은 거의 없었다. 대학 생활 5년 내내 친구도 사귀지 않았다. 반면 아이링의 아버지와 여동생들은 미국에 있는 동안 여러 명의 친구들을 사귀었고, 그중 몇몇과는 평생토록 친밀한 관계를 유지했다.

아이링은 더할 나위 없이 콧대 높고 오만한 사람으로 성장했다. 한 동급생은 이렇게 회고했다. "교수님 한 분이 아이링에게 이제 제법 미국 시민 티가 난다고 말했다.⋯⋯아이링은 모욕이라도 당한 듯한 표정이었다." 언젠가는 아이링이 오페라 「나비 부인」을 직접 각색해서 무대에 올린 적이 있었다. 주인공으로 분한 그녀는 가냘픈 피해자가 아니라 위풍당당한 여왕의 모습으로 무대에 섰다. 무대 의상을 만들기 위해서 화려한 비단을 보내달라고 연락하자, 아버지 쑹자수가 비단을 36미터나 보내주었다. 각양각색의 화려한 비단 앞에서 동기들은 넋을 잃었고, 아이링의 "비단 가득한 가방"을 두고 부러움 섞인 뒷말을 했다.

동기들은 아이링이 정치, 역사 등 진지한 주제에 관심이 많다는 사실을 알게 되었다. "우리는 관심도 없는 세상 돌아가는 이야기에 휘었다." 그녀가 대학을 졸업하기 전에 마지막으로 쓴 산문은 열아홉 살 학생이 썼다고는 믿을 수 없을 정도로 성숙한 정치적 통찰을 담고 있었다. "내 조국과 그 호소"라는 제목이 붙은 이 글에서 아이링은 중국의 문화적 상징인 공자에 관한 의견을 개진했다. "공자의 가장 중차대한 패착은 여성을 존중하지 않은 것이다. 여성이 교육받고 남성과 동등한 도덕적, 사회적, 지적 존재로 인정받지 않는 이상 어떤 나라도 진정으로 위대해질 수 없다는 사실을 현대의 역사가 증명한다.……중국의 발전은 교육받은 중국 여성들에게서 비롯될 것이다."

아이링은 중국의 근대화에 대해서도 통찰력을 보여주었다. 동시대와 후대의 사람들에게서도 찾아보기 힘든 예리함이었다. "중국이 비로소 깨어난 때는 1861년*이라고 할 수 있다." 그때부터 "중국은 서서히, 하지만 누가 보아도 분명하게 거대한 변화를 이루어왔다.……의화단 사건은 전화위복의 계기가 되었다. 그때부터 중국은 이전과 비교할 수 없을 만큼 빠른 속도로 발전하고 있다."

아이링은 중국의 시사 문제에서 눈을 떼지 않았고, 모든 문제를 심사숙고하여 자신만의 의견을 만들었다. 대학에서 생활하는 동안 신앙심도 깊어졌다. 그녀는 이렇게 썼다. "중국에는 더 많은 선교사들이 필요하다." 대학 당국은 아이링의 높은 지적 수준과 두터운 신앙심에 깊은 감명을 받았고, 이 젊은 여성이 중국에서 "기독교가 확산되는 데에 큰 보탬이 되리라고" 확신했다. 예상은 옳았다. 훗날 아이링의 도움으로 중국의 국가 지도자 장제스가 기독교로 개종했고, 퍼스트레이디 메이링은 독실한 신자가 되었다. 중국의 역사는 이로부터 큰 영향을 받게 되었다.

아이링이 웨슬리언 대학교 졸업반이 되던 1908년, 두 여동생도 같은 대학에 진학했다. 바로 전해에 칭링은 열네 살의 나이로 국비 유학생에 선정되었고, 장학금을 받는 다른 학생들과 함께 미국으로 건너왔다. 쑹씨 자매의 이모부 원빙중 부부가 청조의 관원으로서 이들을 통솔하는 임무를 맡

---

* 서태후가 정권을 잡고 근대화 사업을 개시한 해이다.

았다. 쑹자수 부부는 아홉 살밖에 되지 않은 메이링도 칭링과 함께 보내는 편이 낫겠다고 결론을 내렸다. 국비 유학생 무리에 끼어서 가면 입국을 거절당할 일은 없으리라고 생각했기 때문이다. 메이링의 교육을 위한다면 이번 기회를 놓칠 수 없었다.

칭링과 메이링은 아무 문제없이 미국에 도착했다. 아이링은 야단법석을 떨며 동생들이 웨슬리언 대학교에 적응하도록 도왔고, 필요한 것들을 일일이 챙겨주었다. 그동안 꽁꽁 감추고 있었던 다정다감한 성격이 마침내 풀 곳을 찾은 것이었다. 웨슬리언 대학교에서 아이링은 두 동생의 엄마 역할을 하기 시작했고, 이 역할을 그들이 모두 "퍼스트레이디"가 된 후에도 계속했다. 아이링은 자신보다 열 살 가까이 어린 메이링을 각별히 보살폈다. 한 학생은 아이링이 메이링을 "혼내는" 모습을 우연히 목격했다. "아이링이 생각하기에 별로 좋지 못한 친구들과 어울렸기 때문이었다. 메이링이 발끈하며 말했다. '나는 그 애가 **좋아. 반해버렸는걸.**'" 메이링의 태도는 마치 사랑을 담뿍 받고 자란 고집 센 아이가 오냐오냐하는 어머니에게 응석을 부리는 듯했다. 메이링은 이전부터 항상 맏언니를 본보기로 우러러보았고, 웨슬리언 대학교에 와서는 그녀의 지성에 경탄하게 되었다. 메이링이 보기에 맏언니는 "의심의 여지없이 가족 중에서 가장 똑똑한 사람"이었다. 훗날 쑹씨 자매와 가까운 많은 사람들은 아이링과 메이링의 관계가 독특하다는 사실을 알게 되었다. 메이링은 아이링에게 딸처럼 굴었고 그녀의 말이라면 뭐든지 군말 없이 따랐으며, 철저하게 그녀의 영향 아래에 있었다. 웨슬리언 대학교에 있을 때에는 둘의 관계가 (의도치 않게) 모두에게 전시된 적도 있었다. 대학 강당에서 「일본인 소녀」라는 오페레타를 상연할 때였다. 무대 위에서 아이링이 일본 천황을 연기할 때, 메이링의 배역은 그 시종이었다.

1909년 아이링은 웨슬리언 대학교를 졸업했다. 동생들이 대학에 남아서 학업을 이어가는 (또한 금세 친구를 사귀는) 동안, 그녀는 상하이로 돌아왔다. 20대가 된 그녀는 중국에서 큰일을 하겠다는 꿈에 부풀어 있었다. 1911년 공화주의 혁명인 신해혁명이 일어나자, 쑹자수는 아이링에게 자신과 쑨원의 관계를 털어놓았다. 아버지가 묘사한 쑨원의 모습은 자기 민족의 구원을 위해서 스스로를 희생한 예수를 연상시켰다. 아이링은 쑨원을 숭배하게 되었다. 만나본 적은 없지만, 그를 위대한 영웅이자 삼촌처럼 가까운 사람으로 여겼다. 쑹자수가 공화주의 혁명을 지지해달라고 선교사들에게 로비하는 동안, 아이링은 자선 공연을 개최하여 후원금을 모았다. 이전에는 아버지가 먼저 제안해도 거절하던 일이었다. 새로운 목표가 생기자 아이링은 그 일에 열정적으로 뛰어들었다. 일을 맡고 보니 그녀는 출중한 기획자였다. 체계적으로 일했고, 아이디어가 넘쳤다. 큰 공연장을 빌려 영어로 된 공연을 올렸는데, 이는 상하이에서도 처음 있는 일이었다. 아이링은 위대한 영웅 쑨원을 만나서 그가 일으킨 혁명에 헌신할 수 있기를 간절히 바랐다.

한편 쑨원은 곧 탄생할 공화국의 수장 자리를 차지하기 위해서 애쓰고 있었다. 그 자리는 당연히 자신의 것이어야 했다. 경쟁은 1911년 12월 25일 쑨원이 상하이에 도착한 순간부터 시작되었다. 사람들은 쑨원이 그동안 일어난 봉기에 참여하지 않았다는 점, 혁명이 일어났는데도 두 달이 넘도록 귀국하지 않았다는 점을 들어 그를 비웃었다. 혁명 세력 내부에서 많은 이들이 쑨원을 '겁쟁이' 취급했다. 「타임스」의 특파원 조지 모리슨은 이렇게 전했다. 공화주의자들은 "그자를 멸시한다. 입으로만 혁명을 떠들 뿐 실제로 기여한 바는 없고, 제 한 몸 살겠다고 멀찍이 서서 관망만 한다는 것이 그들의 중평이다." 그들이 보기에 쑨원은 "위험을 감지하면 남들 뒤에 숨는 데에 급급하다." 쑨원이 혁명 자금을 조성한다는 명분으로 귀국을 차일피일 미루었다 보니, 귀국 이후 "막대한 규모의 자금"을 정말로 가져왔느냐는 언론의 질문이 쏟아졌다. 쑨원에게는 준비된 대답이 있었다. 그는 노골적으로 거짓말을 하는 상황을 노련하게 피하면서, 그것 참 바보 같지만 재미있는 질문이라는 듯이 웃으며 이렇게 대답했다. "혁명이 성공하는 데 중요한 것은 돈이 아닙니다. 열정이죠. 제가 가져온 것은 돈이 아니라 혁명 정신입니다." 자신이 돈을 가져온 것은 맞지만, 그런 저속한 문제를 굳이 입에 올리고 싶지는 않다는 투였다.

쑨원은 대총통이 되고자 했다. 그러려면 (중국의 총 22개 성 가운데) 봉기가 일어난 17개 성에서 파견된 대표단의 지지를 얻어야 했다. 이제는 관직에 오르려면 마땅히 '선거'를 거쳐야 하는 시대였다. 수십 명의 대표들이 중화민국의 '임시 대총통'을 선출하기 위해서 난징으로 모여들었다.

장엄하게 펼쳐진 쯔진 산의 산자락에 위치한 난징은 옛 왕조의 수도로, 고색창연한 전통문화가 깃든 도시였다. 옛날에는 시인과 관원들이 기예에 능한 기녀들과 어울려 난징의 중심을 흐르는 운하에 배를 띄워 놓았던 것으로 유명한 곳이기도 했다. 그들은 우아하게 장식된 배 안에서 정교한 술잔에 향이 좋은 술을 따라 마시며 시를 쓰고 노래를 지었다. 마음에 드는 시구가 나오면, 근처 수상 가옥에서 가난한 사람들이 매달아놓은 대나무 막대기 끝 주머니에 동전 한 움큼을 넣어주는 인심을 쓰기도 했다. 운하는 초저녁 즈음에 가장 아름다웠다. 운하에 어둠이 내리면, 배마다 켜둔 등불이 창살에 바른 한지 너머로 은은히 흘러나왔다.

공화주의 혁명 이후 난징은 사실상 상하이 최대의 비밀 결사인 청방(青幇)의 '대부' 천치메이가 장악하고 있었다. 천치메이는 유약해 보였지만,

처다보는 것만으로도 사람들의 간담을 서늘하게 했다. 그는 아무렇지 않게 조용한 목소리로 살해를 지시하는 사람이었다. 쑨원의 열성적인 추종자였던 그는 혁명 기간 동안에 상하이를 장악했고, 인근 도시인 난징도 접수했다. 투표를 위해서 난징으로 모여든 대표단은 꼼짝없이 천치메이의 말을 따라야 했다. 쑨원과 다른 정치 조직에 속했던 푸젠 성의 대표 린창민은 난징 역에 내리자마자 저격을 당했다. 천치메이가 사람을 보내서 그를 쏜 것이었다. 린창민은 총상을 입었으나 죽지는 않았다. 이 일이 경고하는 바는 분명했다. 투표에서 손을 떼라는 것이었다. 린창민은 투표 직전에 때맞춰 난징을 떠났다.

그보다 더 완강한 반대파들에게는 린창민에게 보인 정도의 자비조차 허락되지 않았다. 쑨원과 맞붙은 강적들 중 한 명은 옛 동지 타오청장이었다. 많은 추종자들을 거느린 그는 줄곧 "거짓말쟁이", "자기 잇속만 차리는 사람", "동지들에게 범죄를 저지른 자"라며 쑨원을 신랄하게 비난했다. 천치메이는 타오청장을 영원히 침묵시키기로 결정했다. 그의 심복 중 한 명이 이 일을 맡았다. 바로 미래 중화민국의 총통이 될 장제스였다. 타오청장이 상하이의 가톨릭 병원에 머무르고 있다는 정보를 입수한 장제스는 양복을 점잖게 차려입고 병실로 걸어 들어가서는 침대 위의 타오청장을 코앞에서 총으로 쏘아 죽였다. 장제스는 이 일을 일기에 자랑스럽게 적었다(암살자들이 혁명 세력에게 칭송을 받던 시기였다). 이 일로 자신이 쑨원의 호감을 샀고, 탄탄대로를 걸을 수 있게 되었다는 내용이었다.

천치메이가 지배하는 상하이가 혁명의 진원지는 아니었음에도, 쑨원은 그를 "혁명의 으뜸가는 공로자"라고 치켜세웠다. 그는 쑨원이 당선되기 위해서는 없어서는 안 될 인물이었다.

이제 쑨원 외에 남은 후보는 우창 봉기를 이끈 뤼위안훙, 그리고 공화파의 2인자 황싱뿐이었다. 쑨원에게는 다행스럽게도, 두 사람은 모두 총통직에 대한 야심이 없었다. 특히 황싱은 정책 결정을 도맡는 자리에 앉을 생각이 전혀 없었다. 그는 자신을 지지하는 사람들에게 쑨원을 뽑으라고 독려했다.

기골이 장대했던 황싱의 관심은 전장에 있었다. 그는 싸우다가 죽고 싶어서 안달이 난 듯했다. 조급한 나머지 자살 행위에 가까운 작전에도 앞뒤 가리지 않고 달려드는 그를 두고 사람들은 "미쳤다"고 했다. 전투에서 승리할 때에 느끼는 쾌감이 그를 지배했다. 그는 우창에서 한 달을 버티면서 공화주의 혁명의 불꽃을 여러 성에 전파했음에도 끝내 우창을 잃었다는 사실에 낙심했다. 양쯔 강을 따라서 우창에서 상하이로 가는 선박 안에서 지난 일을 곱씹던 황싱은, 독일이 관군에게 공급한 대포 때문에 우창을 내주게 되었다며 같은 배에 탄 독일인 6명을 죽이겠다고 동료들에게 선언했다. 일본인 동료가 그를 만류했다. 그들이 탄 일본 회사 소유의 배에서 살인 사건이 발생하면 분명히 전면 조사가 이루어질 텐데, 황싱이 범인으로 밝혀지면 혁명에도 지장이 생긴다는 이유에서였다. 황싱은 마지못해 수긍하더니 이렇게 말했다. "그럼 저 중국인 매판 놈이라도 바다에 던져버리자고. 독일 놈들의 장사를 도와준 데다가 보기만 해도 구역질이 나니까 말이야." 황싱은 당장 그를 해치는 대신에 이튿날 하선할 때까지 기다리자는 의견에 동의했다. 앞에서 그를 만류했던 일본인 동료에 따르면, 살해를 지시하는 그의 얼굴은 눈에 띄게 밝아졌고 "기운을 되찾은 것 같았다." 황싱은 싱글벙글하면서, 솜씨 좋고 "경험이 대단히 풍부한" 전문가에게 일을 맡겼다고 알렸다. 곧 죽음을 맞을 불운한 사내가 기분 좋게 점심 식사를 즐기는 동안, 암살자는 그의 얼굴에서 시선을 떼지 않고 골똘히 생김새를 눈에 익혔다. 잔혹한 일을 처음 겪는 것이 아님에도 일본인 동료는 등골이 오싹해지는 것을 느꼈다. 매판 상인은 배에서 육지로 나오는 통로에 내려서려는 찰나에 사살되었다. 이야기는 여기에서 끝이 아니었다. 얼마 지나지 않아서 똑같은 암살자에게 황싱을 제거해달라는 요청이 들어왔다. 암살자로서는 자신의 아버지가 인질로 붙잡혀 있어서 거절할 수도 없는 상황이었다. 이상한 낌새를 눈치챈 황싱은 암살자를 다그쳐 자백을 받아냈다. 황싱은 그를 잘 다독인 다음 중국을 떠나라며 돈을 챙겨주었다. 도쿄 부근의 어느 해변에서 암살자의 시신이 발견된 것은 그로부터 얼마 지나지 않은 후의 일이었다.

황싱이 자신보다는 쑨원이 지도자가 되기에 적합하다며 양보한 후에도 쑨원은 선거 전에 몇 가지 주요 사항에서 자신의 뜻을 굽혀야 했다. 그는 상하이로 자신을 만나러 온 대표단에게 이번 투표로 '임시'가 아닌 진짜 대총통을 선발하자고 제안했지만, 자신들에게는 그럴 만한 권한이 없다는 대답이 돌아왔다. 정식 대총통은 적당한 때에 전국 총선거를 실시하여 선발될 예정이었다. 대표단의 말에 따르면 사실 이번 투표는 청조와 "평화 교섭을 주재할" 공화파의 대표를 뽑는 데에 지나지 않았다. 게다가 교섭이 진행되는 동안 승리를 확신할 수 없었던 공화주의자들은, 황제가 자진해서 권좌를 내려놓도록 설득해준다면, 그리하여 피비린내 나는 내전을 피하게 해준다면 임시 대총통직을 주겠다고 청조의 내각총리대신 위안스카이에게 약속해둔 상태였다. 그들은 쑨원에게도 이 합의에 따라야 한다고 통보했다.

쑨원은 조건을 수락했고, 12월 29일 임시 대총통으로 선발되었다. 그는 상하이발 특별 열차를 타고 난징으로 향했다. 취임식은 1912년 1월 1일이었다. 그 자리에서 쑨원은 황제가 물러나면 위안스카이에게 임시 대총통 자리를 양보하겠다고 공개적으로 서약해야 했다.

마지못해 동의했지만, 쑨원은 위안스카이에게 자리를 넘겨주는 일이 벌어지지 않게 하려고 애를 썼다. 평화 교섭이 성공적으로 끝나야 위안스카이가 임시 대총통이 된다는 조건이었기 때문에, 쑨원은 교섭을 중지하고 무력 항쟁을 계속하자며 공화주의자들을 설득했다. 대표단은 물론 대부분의 공화주의 세력 지도자들이 쑨원의 말에 반대했다. 직접 항의하는 사람도 있었다. "왜 평화 교섭을 하면 안 된다는 거요? 임시 대총통 자리를 내놓고 싶지 않다는 거요?"

쑨원은 비밀리에 일본 정부와 접선하여 군자금 1,500만 위안을 지원해 달라고 요청했다. 전투를 계속하려면 군대를 양성해야 한다는 이유였다. 그는 금전적 지원의 대가로, 청조를 무너뜨리고 나면 만주를 "빌려주겠다"고 했다. 일본이 프랑스와 영국을 합한 것보다도 더 넓고 자원이 풍부한 만주 땅을 호시탐탐 노리고 있다는 사실을 쑨원은 잘 알고 있었다. 그러나 일본은 그의 제안을 거절했다.

2월 12일 청 황제가 퇴위하면서 공화주의자들에게 정권이 넘어가자, 이튿날 쑨원은 자리에서 물러나라는 압력을 받았다. 그는 한 가지 '조건'을 내걸었다. 난징을 수도로 삼고, 위안스카이의 취임식도 그곳에서 진행하라는 것이었다. 대부 천치메이가 장악한 난징에서라면 위안스카이가 절대 취임하지 못하리라는 계산이었다. 대표단은 이 '조건'을 기각하고 베이징을 수도로 선정했다. 쑨원은 불같이 화를 내며 재투표를 진행하라고 '명령했다.' 그렇게 하지 않으면 군대를 보내서 위안스카이를 베이징에서 난징으로 '모셔오겠다'는 위협도 덧붙였다. 그러나 대표단은 이번에도 쑨원의 말을 듣지 않았다. 베이징에 보낼 군대가 애초부터 없었던 쑨원이 할 수 있는 것은 여기까지였다. 3월 10일, 위안스카이는 베이징에서 중화민국의 임시 대총통으로 취임했다. 쑨원은 고작 40일 만에 자리에서 물러나야 했다.

1912년 4월 쑨원은 상하이로 돌아와서 위안스카이를 밀어낼 다른 방안을 모색했다. 상하이의 가장 큰 매력은 중국이 아닌 외국 법의 지배를 받는 조계지들이 있다는 점이었다. 싸움을 준비하는 동안 쑨원은 위안스카이의 영향력이 닿지 않는 곳에서 머물고자 했다. 상하이는 서구화가 많이 진행되었다는 점에서도 쑨원의 취향에 잘 맞았다. 이제 마흔다섯이 된 쑨원은 (열두 살 때부터) 생애 대부분을 외국에서 지냈고, 중국 땅을 밟은 적은 몇 번 없었다.

상하이에서 쑨원은 약 20년 만에 쑹자수와 다시 만났다. 오랜 세월 쑨원을 아낌없이 지원해준 쑹자수는 이번에도 그를 열렬히 환영했고, 머물 곳을 제공했다. 쑹자수는 쑨원을 중국에서 가장 고귀한 사람으로 생각했고, 마지막 순간이 되어서야 전향한 위안스카이 때문에 쑨원이 임시 대총통직에서 밀려났다는 사실에 격분했다. 쑹자수가 보기에 위안스카이는 자신의 이익만 생각하는 기회주의자였다. 쑨원은 쑹자수의 집에 집무실을 차렸다. 이때 열아홉 살의 칭링과 열네 살의 메이링은 아직 미국에 있었고, 쑹자수의 세 딸 가운데 스물세 살 아이링만 상하이의 집에 있었다. 존경해 마지않는 쑨원에게 힘을 보탤 날을 간절히 기다려온 아이링은 쑨원의 영어 통번역 조수로 일하겠다고 나섰다.

소용돌이치는 급박한 정세 속에서 아이링은 과거의 내성적인 성격에서 벗어나 매력적인 숙녀로 성장했다. 예나 지금이나 아름다운 외모는 아니었지만, 10대 때보다 훨씬 날씬해졌으며 밝고 우아한 분위기를 풍겼다. 효율 위주로 움직이는 냉정한 성격에는 공손함과 상냥함이 어느 정도 더해졌는데, 큰일을 하는 비범한 사람들과 함께한다는 자각 때문이었을 것이다. 쑹씨 가족의 집을 방문하는 사람들은 아이링에게서 깊은 인상을 받았다. 감리 교회가 세운 또다른 학교인 쑤저우 대학교의 총장이었던 존 클라인은 쑨원에게 학생들을 위한 연설을 부탁하려고 찾아왔다가, 첫 만남에서부터 아이링의 태도에 감탄했다. 그의 묘사를 보면 쑹씨 가족과 함께하는 쑨원의 생활이 어떠했는지도 얼추 짐작할 수 있다.

가장 먼저 정문에서 쑹씨 가족의 인력거 기사를 마주쳤다. 그는 집 밖을 지키는 경비원이기도 했는데, 그가 내 얼굴을 알아보지 못했다면 나는 집 안에 들어가지 못했을 것이다. 집으로 들어가자 계단 근처에 또다른 경비원이 있었다. 2층으로 올라가니 비서가 나를 사무실 앞에 멈춰 세웠고, 들어가서 아이링을 데리고 나왔다. 내게 허락된 것은 거기까지였다. 쑹자수와 쑨원은 안에서 당 지도부와 중요한 회의를 하고 있었다. 아이링은 더없이 상냥했고, 내 용건을 듣더니 일정을 조정해보겠다고 했다. 그리고 정말로 그렇게 해주었다. 대단히 영리하고 야무진 아가씨이다. 앞으로 크게 될 것 같다.

아이링에게 마음을 빼앗긴 첫 남자는 쑨원이었던 듯하다. 하와이의 유년 시절부터 쑨원은 서구화된 여성들에게 매력을 느꼈다. 웨슬리언 대학교 출신인 아이링은 쉽게 그의 마음을 사로잡았다. 당시 쑨원의 고문 중에는 오스트레일리아 출신 기자 윌리엄 도널드가 있었다. 옅은 갈색 머리, 불그죽죽한 얼굴에 항상 안경을 끼고 다니는 사람이었다. 도널드의 전기를 집필한 작가는 그가 회고한 내용을 이렇게 묘사했다. "도널드와 쑨원이 이야기를 나누고 있을 때, 아이링이 종종 그들 곁에 앉아서 메모를 작성했다. 그러면 도널드는 말하는 와중에도 잘하고 있다는 식으로 그녀를 향해 웃었다. 쑨원은 무표정한 얼굴로 도널드를 바라보다가 시선을 아이링에게 돌리고서 아주 오래, 눈도 깜빡이지 않고 그녀를 바라보았다.……어느 날 쑨원은 수줍어하는 모습도 귀여운 아이링이 사무실을 지나가자, 책상 너머로 도널드를 뚫어지게 쳐다보다가 그녀와 결혼하고 싶다고 속삭였다. 도널드는 당신은 이미 결혼한 몸이니 그런 욕구는 참았다가 다른 좋은 일에 쓰라고 권했다. 그러나 쑨원은 지금의 아내와는 이혼할 거라고 대꾸했다." 도널드는 아이링이 당신 조카뻘이라며 쑨원을 말렸다(쑨원은 아이링보다 스물세 살 연상이었다). 쑨원은 대답했다. "알아, 안다고. 그래도 결혼하고 싶은 마음은 변하지 않네." 상하이의 혁명 세력 사이에서 쑨원이 아이링과 살림을 합쳤다는 소문이 퍼졌다. 헛소문이었다. 유부남과의 불륜은 결코 쑹자수 부부가 용납하지 않을 일일뿐더러, 부모님의 신앙심을 그대로 물려받은 아이링으로서도 상상하기 힘든 일이었다. 아이링은 분명 쑨원이 품은 흑심을 알고 있었다. 그가 자신을 바라보는 눈빛을 보면 모를 수가 없었다. 그러나 아이링은 그 눈빛에 절대 응하지 않았다. 원하지 않는 관심은 그를 열렬히 지지하고 싶은 마음마저 사그라들게 했다. 현실에서 마주한 쑨원은 고귀하기만 한 사람이 아니었다. 대신 아이링은 아이들을 데리고 쑨원과 함께 사는 그의 아내 루무전을 존경하게 되었다. 아이링은 언제나 지극히 공손한 태도로 루무전을 대했고, 함께 놀러나갈 때에는 전족한 발 때문에 걸음을 떼기 어려운 그녀를 부축했다. 그리고 매번 그녀를 '엄마'라고 불렀다. 더 이상 접근하지 말라고 쑨원에게 보내는 신호였을 것이다.

1895년 광저우 봉기 이후로 쑨원이 가족과 함께 지내는 것은 이번이 처음이었다. 위험한 일을 벌이면서도 쑨원은 자신의 가족(아내 루무전, 어머니, 네 살배기 아들 쑨커, 첫돌도 지나지 않은 딸 쑨옌)을 방치했다. 쑨원이 광저우를 떠난 이후 가족은 알아서 살 길을 찾아야 했다. 하와이에서 살고 있던 쑨원의 친구 루찬이 혼인을 올리러 고향에 왔다가 실패한 봉기 소식을 들었다. 그는 자진해서 쑨원과 쑨메이의 가족을 마카오로 대피시켰고, 그들이 그곳에서 하와이로 이주할 때에도 함께했다. 이번에는 쑨원의 요청에 따른 것이었다. 쑨원이 하와이를 방문했을 때에도 그의 머릿속에는 다시 한번 봉기를 일으킬 자금을 모을 생각뿐이었고, 가족의 안녕에 대한 관심은 조금도 없었다. 6개월을 머무른 뒤(그동안 루무전은 부부의 셋째 아이인 딸 쑨완을 임신했다) 쑨원은 다시 떠나갔다.

쑨원은 집안 여자들의 눈물에 아랑곳하지 않았다. 그는 친구들에게 말했다. "혁명가라면 눈물을 이겨내야 하지." 첩이며 정부들이 항상 곁에 있었으니, 그로서는 어려운 일도 아니었을 것이다. 가장 좋아하는 것이 무엇이냐고 묻는 친구에게 그는 망설임 없이 대답했다. "혁명. 그리고 여자." 가령 그는 일본에 있을 때 적어도 두 명의 일본인 여성을 현지처로 삼았다고 알려져 있다. 그중 한 명인 아사다 하루는 1902년 사망하기 전까지 쑨원과 동거했고, 일본 정부의 문서에 쑨원의 첩으로 기록되었다. 아사다가 죽자 10대 중반의 아름다운 소녀 오쓰키 가오루가 그 자리를 이어받았다. 오쓰키는 딸 한 명을 낳았다고 알려져 있다. 쑨원이 어느 날 갑자기 떠난 뒤 다시는 돌아오지도 연락을 하지도 않았기 때문에, 오쓰키의 딸은 평생 아버지의 얼굴을 한 번도 보지 못했다.

쑨원의 어머니 양씨 부인과 아내 루무전의 생활은 비참했다. 연로한 양씨 부인은 작은아들이 무슨 연유에서인지 범법자의 삶을 선택했다는 사실에 어쩔 줄 몰라했고, 그가 가족을 철저히 외면한다는 사실에 격노했다. 루찬은 양씨 부인이 "고향을 떠나 돌아갈 수 없는 것이 한"이라고 넋두리하는 소리를 종종 들었다. "마우이 섬의 쑨메이네 집을 방문할 때면, 노모께서는 나를 앉혀놓고 작은아들이 하고 다니는 짓이 얼마나 한심하고 당신의 억장을 무너뜨리는지 말씀하셨다. 가엾은 루무전은 혁명이라는 말만 나와도 눈물을 글썽였다." 루무전은 남편이 가정을 등한시하면서 자식을 양육하거나 부모를 부양하는 데에 아무 도움도 주지 않는 사람이라는 사실에 이미 깊은 마음의 상처를 입은 상태였다. 전족 탓에 제대로 서기조차 힘든 그녀가 감당하기에 삶의 무게는 너무 가혹했다. 심지어 그녀는 으깨진 발을 끌고 수천 킬로미터를 도망쳐야 했다. 등에는 갓난아이를 업고, 한 손에는 어린 자식의 손을 잡고, 자신처럼 전족 때문에 절뚝거리는 시어머니를 부축하며, 기진맥진한 몸에 최대한 많은 짐을 짊어진 채였다. 마카오로 피신했다가 또 지구 반대편의 하와이로 도망치는 내내 그녀는 극도의 공포와 불안에 떨어야 했다.

이 여성들을 위로한 것은 쑨원의 큰형 쑨메이와 그의 아내 탄씨가 베푼 한결같은 환대였다. 탄씨는 자신의 발을 묶은 전족을 직접 풀어버린 강인한 여성이었다. 집안일을 책임졌던 그녀는 자신의 집에 얹혀살게 된 친척들을 단 한 번도 짐으로 여기지 않았다. 그녀는 다정하고 공명정대한 사람이었고, 고부 간, 동서 간의 불화는 거의 일어나지 않았다. 시간이 지나면서 루무전은 기독교에 마음을 의탁하게 되었고, 날마다 열심히 성서를 공부했다. 쑨메이는 이를 묵인했다. 탄씨는 동서를 따라서 교회에 가기도 하고 목사의 집에서 크리스마스도 보냈지만, 신자가 되지는 않았다. 기독교를 탐탁지 않게 여기는 남편의 감정을 존중한 것이었다. 하와이에서 한자리에 모인 대가족은 매우 가까워졌다. 결국 쑨원의 어머니는 작은아들에 대한 미련을 버리고 그가 없는 삶에 만족하기로 했다. 쑨원을 걱정하는 마음을 완전히 지울 수는 없지만, 마우이에서의 생활은 그녀의 인생에서 가장 행복한 시간이었다.

온 가족이 하와이에 산 지 10년째 되던 해, 불행이 닥쳤다. 쑨메이의 사업이 부도가 난 것이었다. 대가족은 황급히 홍콩으로 떠나야 했다. 그곳에서 쑨메이는 쓰러져가는 조그만 집을 빌렸다. 아이들 학비도 더 이상 감당할 수 없었다. 양씨 부인이 시력을 잃었을 때에 병원에 가볼 돈도 마련할 수 없었다. 1910년 그녀가 사망했을 때에는 아들 중 누구도 그녀의 임종을 지키지 못했다. 외지에 있던 쑨메이는 어머니의 임종 전에 돌아가기 위해서 갖은 애를 썼지만, 필요한 여비를 구하지 못했다. 하늘이 무너지는 듯했다. 가족을 전혀 건사하지 않는 동생에게 화가 치밀었다. 쑨원과 잠시 만났던 어느 날, 쑨메이는 그동안 참아온 화를 쏟아냈다. 쑨원은 고개를 숙인 채 아무 말도 하지 않았다.

공화주의 혁명의 승리 이후, 쑨원은 1912년에 자신이 있는 곳으로 가족들을 데리고 와서 드디어 그들을 보살피기 시작했다. 장남 쑨커는 스무 살, 두 딸 쑨옌과 쑨완은 각각 열여덟, 열다섯 살이던 때였다. 세 사람은 자라는 동안 아버지를 몇 번 보지 못했고, 아버지와 오랜 시간을 함께 보내는 것은 이번이 처음이었다. 쑨원은 아들 쑨커를 샌프란시스코로 유학보냈고, 딸들을 위해서도 장학금을 알아보았다. 그러나 아이링을 향한 쑨원의 욕정이 가족의 재결합을 망쳐놓았다. 딸 쑨옌이 아버지의 흑심을 눈치챘다. 이듬해 중병에 걸린 그녀는 죽기 직전에 아버지의 "좋지 않은 행실"을 매섭게 비난했다.

쑨원의 행동은 첩실인 천추이펀의 가슴에도 깊은 상처를 냈다. 천추이펀은 1890년대 초 교회에서 아직 의대생이던 쑨원을 만나 사랑에 빠졌다. 큰 눈과 도드라진 광대뼈, 뚜렷한 턱선을 지닌 아름다운 그녀는 그때 열아홉 살이었다. 그녀는 쑨원이 이곳저곳을 전전하며 의사 일을 하던 시절에 환자 접수, 간호 등 온갖 보조 업무를 도맡았고, 혁명가로 직업을 바꿀 때에

쑹씨 세 자매. 세 명 모두 미국 유학에서 돌아온 후인 1917년경 상하이에서.
왼쪽부터 붉은 자매 칭링, 맏언니 아이링, 막냇동생 메이링.

(왼쪽) 아이링. 1912년 베이징의 사진관에서.
(가운데) 칭링. 1912년 노스캐롤라이나 주에서 앨리와 함께. 두 사람의 서신 왕래는 60년간 지속되었다.
(오른쪽) 열 살의 메이링. 조지아 주 웨슬리언 대학교에서. 메이링은 아홉 살에 유학을 떠난 후 미국에
서 10년을 보냈다.

세 자매의 아버지 쑹자수. 1880년대 초 노스캐롤라이나 주에서. 쑹자수는 미국 남부에서 감리교로 개종한 첫 번째 중국인이었고, 이후 선교사가 되어 중국으로 돌아왔다.

1896년 쑨원의 중국 공사관 구금 사건은 국제적인 화제가 되었다. 이 사건은 쑨원의 인지도를 높였고, 그가 중국의 '국부'가 되는 데에도 일조했다. 영국 신문에 실린 위의 삽화는 쑨원(가운데, 외투를 팔에 걸친 사람)이 경찰의 호위하에 공사관에서 석방되는 장면을 묘사했다. 쑨원은 옛 은사이자 석방을 이루어낸 생명의 은인 캔틀리 박사의 부축을 받고 있다.

쑨원(첫째 줄 왼쪽에서 여섯 번째)은 1912년 1월 1일 중화민국이 수립되었을 당시 '임시 대총통'이었으나, 2월 13일 자리에서 물러나야 했다. 위의 사진은 쑨원이 사임한 날에 촬영한 것이다. 황싱(첫째 줄 왼쪽에서 네 번째)은 공화파에서 두 번째로 영향력 있는 인물이었다.

쑨원과 그의 가족, 1912년. 아내 루무전(사진상으로 쑨원의 왼쪽), 딸 쑨옌(맨 왼쪽)과 쑨완(맨 오른쪽), 그리고 아들 쑨커. 쑨원은 이 사진을 찍기 전에 10년 넘게 가족과 떨어져 지냈다. 이 시점에서 그는 자신의 통번역 조수이던 아이링(어두운 색상의 옷)에게 구애하고 있었다.

위안스카이. 1913년 중국의 첫 총선거로 선출된 중화민국 제1대 대총통이다.

천치메이. 상하이의 비밀 결사 청방의 '대부'. 쑨원이 부상하는 데에 중요한 역할을 했다.

쑹자오런. 1912년 국민당을 창설했고, 1913년 국민당 대표단을 이끌고 중국의 첫 국회 개회식에 참석하러 가던 도중 암살당했다. 쑨원은 쑹자오런의 암살을 구실로 신생 공화국의 첫 내전을 일으켰다.

니구이전(가운데)과 두 딸 아이링(왼쪽), 칭링(오른쪽). 1913~1914년경.

아이링과 쿵샹시가 결혼식을
올린 1914년 9월 일본에서의
쑹씨 가족. 왼쪽부터 쑹쯔량,
쑹자수, 쑹쯔안, 칭링, 니구이
전, 쿵샹시, 아이링.

쑹씨 가족은 1917년, 10년 만
에 처음으로 상하이에서 모
두 모였다. 바닥에 앉은 사람
은 왼쪽부터 아이링, 쑹쯔원,
쑹쯔안, 칭링. 의자에 앉은 사
람은 쑹자수와 니구이전. 서
있는 사람은 쑹쯔량, 메이링.

러시아가 파견한 쑨원의 정치 고문 미하일 보로딘(왼쪽). 그는 광저우에 머물면서 쑨원이 베이징 정부를 쓰러뜨리도록 도왔고, 쑨원의 후계자로 왕징웨이(오른쪽)를 지명했다.

러시아는 쑨원을 위해서 황푸 군관학교를 설립했다. 칭링(1915년부터 마담 쑨원)은 1924년 6월 학교 설립 기념식에 참석했다. 무대 위 왼쪽부터 쑨원의 최측근 보좌관 랴오중카이, 교장 장제스(훗날 메이링의 남편), 쑨원, 칭링.

1924년 칭링과 남편 쑨원. 쑨원은 이듬해
에 사망했다.

1929년 6월 난징. 쑨원의 상여가 거대한
중산릉으로 진입하고 있다.

1927년 3월 촬영. 칭링(첫째 줄 가운데)은 국민당 내에서 레닌주의의 영향력이 가장 강했던 이 시기에 당의 최고위 지도자 가운데 한 명이었다. 사진상으로 칭링의 왼쪽은 쑨원의 아들 쑨커, 오른쪽은 동생 쑹쯔원, 그 오른쪽은 천유런. 훗날 공산 중국의 최고 지도자가 되는 마오쩌둥은 둘째 줄 오른쪽에서 세 번째 자리에 있으며, 덩옌다는 셋째 줄 오른쪽에서 세 번째 자리에 서 있다. 뒷배경에는 쑨원의 초상화 양옆으로 국민당기와 중화민국 국기가 놓여 있다.

1927년경 세 자매(왼쪽부터 칭링, 아이링, 메이링). 장제스가 국민당에서 공산당원들을 축출하기 직전의 모습이다. 이 사진은 아마 세 자매가 적대적인 두 진영을 각각 공개적으로 지지하기 전에 찍은 마지막 사진일 것이다.

메이링과 장제스의 결혼, 1927년 12월. 이듬해 장제스가 국민당 정부를 수립하면서 메이링은 중국의 퍼스트레이디가 되었다.

도 그의 옆을 지켰다.

　가난한 집에서 자란 천추이펀은 고생을 마다하지 않았다. 혁명가의 위험한 삶도 그녀를 주눅 들게 하지 못했다. 광저우 봉기가 준비되는 동안 천추이펀은 무기 밀수를 도왔다. 장례식용 관에는 소총을, 자신이 타는 가마의 바닥에는 탄약과 폭탄을 숨겨 광저우로 들인 것이다. 쑨원의 친구들은 그녀의 태도에 감탄했다. 그녀는 수줍어하지 않았고, 전형적인 여성상과는 거리가 멀었다. 이야기할 때에 여자는 눈을 살포시 내리까는 것이 미덕으로 여겨졌지만, 천추이펀은 말을 하면서 상대의 눈을 똑바로 쳐다보았다. 나긋나긋하게 말하지도 않았다. 밥을 먹을 때면 가늘고 앙증맞은 여성용 젓가락 대신 남자들이 쓰는 젓가락을 썼고, 공사장의 인부처럼 게걸스럽게 음식을 먹어치웠다. 그럼에도 그녀는 매력적인 사람이었다. 천추이펀은 쑨원이 20년 가까이 망명 생활을 하는 동안 한순간도 그를 배반하지 않았다. 싫은 내색 하나 없이 쑨원을 위해서, 그리고 같이 지내는 동료들을 위해서 요리와 빨래, 청소를 했다. 쑨원의 친구들은 인고의 세월을 견뎌온 자신들의 아내에게 천추이펀을 본받으라고 일렀다.

　그러나 새롭게 광명을 찾은 쑨원에게 천추이펀은 걸리적거리는 존재였다. 첩을 들이는 관습은 새로 세워진 공화국에서도 그대로 유지되었지만, 쑨원은 기독교도인 쑹씨 집안이 축첩을 용납하지 않는다는 사실을 알고 있었다. 그는 쑨메이에게 편지를 보내서 일을 처리해달라고 부탁했다. 자신의 친구 한 명에게 1만 위안을 지불할 테니 천추이펀을 첩으로 데려가겠냐고 물어봐달라는 것이었다. 축첩에 관대한 사회적 기준에서도, 성공한 다음 어려운 시절을 함께한 여자를 내치는 남자는 냉혈한을 넘어서 배신자라고 비난을 받았다. 화가 단단히 난 쑨메이는 쑨원의 부탁을 거절하고 천추이펀을 자신의 집으로 불러들였다. 대가족과 함께 살게 된 천추이펀은 모든 사람들과 사이좋게 지냈고, 루무전에게는 친동생 같은 존재가 되었다.

천추이펀은 자신을 홀대하는 쑨원을 마음속으로 원망했을지언정 공적인 자리에서는 일절 불만을 표하지 않았고, 오히려 자신이야말로 쑨원과 헤어지고 싶다고 우겼다. 천추이펀은 자존심이 강한 여성이었다. 너그럽고 관대하기도 했다. 여생 동안 그녀는 쑨원에게 받은 두 개의 선물을 소중히 간직했다. 금반지, 그리고 쑨원이 런던에서 "납치되었다가" 풀려났을 때에 캔틀리 박사에게서 선물받은 손목시계였다. 독립심이 강한 그녀는 쑨메이에게 짐이 되고 싶지 않다는 마음에 말레이시아의 페낭으로 가서 고무 재배 사업을 시작했다. 사업은 실패했지만, 그곳에서 입양한 딸은 인생의 기쁨이 되어주었다. 수양딸은 자라서 쑨메이의 손자와 결혼했고, 이로써 천추이펀은 쑨씨 일가와 또 한 가닥의 인연을 맺게 되었다. 많은 세월이 지나 항일 전쟁이 한창이던 1940년대 초, 천추이펀의 사위는 중국군에 자원입대하여 통신병으로 복무했다. 천추이펀과 딸은 그를 따라서 안전한 중립 지대 마카오를 떠나 전쟁으로 쑥대밭이 된 중국 본토로 들어갔다. 통신병단에 집요하게 따라붙는 일본군의 폭격에도 그들은 어디든 함께했다. 천추이펀에게는 사랑하는 가족과 함께하는 생활이 세상 무엇보다 중요했다. 그녀는 여든여덟 살이 되던 해에 가족들이 지켜보는 가운데 눈을 감았다.

쑨메이는 천추이펀보다 훨씬 앞선 1915년에 예순하나의 나이로 사망했다. 사인은 심장마비였던 듯하다. 그의 말년은 행복하지 못했다. 쑨원이 잠시 임시 대총통 자리에 있던 동안, 쑨메이의 친구들은 쑨메이를 고향 광둥 성의 도독으로 추대하고자 했다. 쑨원은 임명을 거부했다. "형은 지나치게 올곧은 사람입니다. 정치인이 되면 정도(正道)에 집착하다가 일을 그르칠 겁니다." 그는 설득을 위해서 난징에 온 쑨메이에게, 형은 정치에 어울리지 않으니 꿈도 꾸지 말라고 단호하게 말했다. 쑨메이는 그동안 쑨원을 뒷바라지하고 혁명을 지원하기 위해서 자신이 겪어온 그 모든 고생에도 불구하고 아무런 대가도 바랄 수 없는 현실을 받아들여야 했다. 그는 공화주의자들의 활동을 돕다가 홍콩을 비롯한 영국 식민지에서 수년간 추방당한 전적이 있음에도 "혁명가" 대우조차 받지 못했다. 쑨메이는 그 뒤로도 죽을 때까지 대가족을 부양하는 책임을 짊어졌다.

쑨원의 가족들은 아이링에게 큰 호감을 가지게 되었다. 아이링은 그들을 진심으로 안타깝게 여겼고, 그들 모두에게, 특히 루무전에게 다정하고 살갑게 굴었다. 이 영리한 숙녀는 쑨원의 접근에 노련하게 대처했다. 그와 함께 일하면서도 동료 이상으로 발전할 틈은 주지 않았다.

4

중국이 민주주의를 개시하다

쑨원이 아이링의 거절 의사를 눈치채지 못했을 리 없다. 그러나 그의 신경은 온통 다른 쪽에 쏠려 있었다. '임시 대총통' 위안스카이를 밀어내기 위한 준비를 해야 했다.

위안스카이는 가공할 경쟁자였다. 땅딸막한 체구에서도 입이 쩍 벌어지는 위압감을 풍겼다. 쑨원보다 7년 이른 1859년에 태어난 그의 출신 배경은 쑨원과 사뭇 달랐다. 고향은 사면이 육지로 둘러싸인 허난 성 북부의 평야였고, 집안은 부유한 명문가였다. 위안스카이는 오롯이 중국식 교육을 받았고, 철저하게 전통을 고수했다. 그는 청조의 군대 내에서 출세했다. 평생 서양을 방문하지 않았던 그의 사생활은 당시 중국 최상류층 남성이 누린 삶의 극단적인 사례였다. 위안스카이는 본처가 1명, 첩이 9명이었고, 자식들은 각각 아들이 17명, 딸이 15명이었다. 집안 여성들은 외출을 금지당했고 모두 전족을 했다. 첩 가운데 3명은 조선인으로, 위안스카이가 10년 넘게 조선에 부임했을 당시에 데려온 여자들이었다. 조선인 첩들은 위안스카이가 시키는 대로 다 자란 발을 끝이 뾰족한 전족 신발에 욱여넣는 고통을 감수해야 했다.

위안스카이의 생활은 전통 그대로였다. 임시 대총통의 거처에 서양식 화장실이 설치된 후에도 그는 양변기 대신 재래식을 선호했다. 욕조에서 목욕하는 것은 1년에 한 번 정도였고, 평소에는 첩들이 따뜻하게 적신 수건으로 그의 몸을 닦아주었다. 그가 고집한 건강 비결은 고대부터 전해져온 민간요법인 모유 마시기였다. 유모 두 명이 고용되어 대접에 젖을 짜서 그에게 주었다. 위안스카이는 양의학을 불신했고, 양의사에게 진찰받는 일을 내키지 않아했다. 그는 요독증으로 사망했는데, 양의사를 꺼린 것이 그의 죽음을 재촉했을지도 모른다.

그러나 위안스카이는 출중한 개혁가였다. 서태후가 통치하던 시절, 그는 교육 제도를 서양식 학교 제도로 대체하는 등 서태후의 급진적인 개혁을 거침없이 시행해나갔다. 서양인들과 중국인들 모두 그가 올린 성과에 감탄했다. 중국을 여행한 목사 윌리엄 개스코인-세실 경은 1910년에 출판한 저서 『변화하는 중국(Changing China)』에 이렇게 적었다. "위안스카이 경이 다스리는 성들에서는 학교 운영의 효율이 서양 못지않다." 군대를 서양식으로 재편한 것도 그의 수많은 업적들 가운데 하나였다. 통수권을 손에 넣은 그는 중국에서 가장 강력한 존재가 되었고, 그 사실을 만천하에 과시했다. 체격이 건장한 사람을 뽑아서 호위무사로 삼고는 그들에게 표범 무늬 옷을 입히기도 했다. 구경꾼들은 위안스카이가 "호랑이와 곰 같은 자들"을 데리고 다닌다며 입을 다물지 못했다.

서태후가 사망한 후에 정권을 이어받은 후계자들은 서태후만큼의 권위를 가지지 못했다. 그들은 권력이 크고 야심만만한 위안스카이에게 위협을 느꼈고, 결국 위안스카이를 조정에서 내쳤다. 그러나 공화주의 혁명이 발발하자 그를 다시 불러들일 수밖에 없었다. 혁명 세력과 맞서 싸울 군대의 지휘를 맡겨야 했기 때문이다. 위안스카이는 주어진 지위를 이용하여 자신에게 득이 되는 쪽으로 공화파에 거래를 제안했다. 황제에게 퇴진하라고 "설득할" 테니, 자신을 공화국의 수장으로 추대하라는 것이었다. 그의 바람은 현실로 이루어졌다. 쑨원은 위안스카이가 자신의 자리를 "훔쳤다"고 생각했지만, 서양인들은 위안스카이의 임시 대총통 취임을 환영했다. 그들에게 위안스카이는 이전부터 교류하던 상대였고, 존경할 만한 인물이었으며, 개혁 성향의 정치인이었다. 중국인들도 그의 집권을 반겼다. 위안스카이의 존재는 중국이 해묵은 군주정에서 공화정으로 넘어가는 데에 중요한 연속성을 제공했다.

공화국으로의 이행과정은 놀라울 정도로 평화로웠다. 사회 구조는 바뀌지 않았고, 일상도 예전과 같았다. 가장 크게 변한 것은 의외로 남성들의 머리모양이었다. 17세기에 만주인들이 들여온 변발은 역사 속으로 사라졌다. 지방의 말단 관리들이 가위를 들고 거리와 시장을 순찰하면서 보이는 대로 변발을 잘랐다. 서양 스타일이 유행하면서 사람들의 옷차림에서도 변화가 나타났다. 그러나 그밖에 눈에 띄는 변화는 거의 찾아볼 수 없었다. 중국은 무척이나 매끄럽게 새로운 시대로 접어들었다.

　이처럼 순조로운 이행이 가능했던 이유는 청조가 말년에 추진한 정책이 공화국 초기의 목표와 부합했기 때문이었다. 두 정권의 목표는 의회 민주주의의 시행이었다. 1908년 11월 사망하기 전, 서태후는 중국에서 입헌군주제를 실시하고 의회를 만들기 위해서 상당한 공을 들였고, 선거 절차도 승인했다. 그녀가 죽고 몇 개월 지나지 않은 1909년 초에 성 단위 지방 의회인 자의국(諮議局) 선거가 신장 성을 제외한 전국 21개 성에서 실시되었다. 중앙 의회 설립으로 나아가는 첫 단계였다. 전 인구 4억1,000만 명 가운데 투표권을 부여받은 사람은 170만 명에 불과했지만, 이만하면 전국적인 투표의 첫걸음은 뗀 셈이었다. 중국의 오랜 역사에서 선거는 이번이 처음이었다. 놀랍게도 중국인들은 선거를 낯설어하지 않았다. 높은 관직을 얻기 위해서 공정한 경쟁을 치르는 것은 중국의 뿌리 깊은 전통이었다. 역사적으로 중국의 정치 엘리트들은 모든 남성에게 응시 자격이 있는 과거 시험으로 전국적인 경쟁을 거쳐서 선발되었다. 이러한 과거 제도는 1905년 근대화 사업의 일환으로 폐지된 상태였다. 낙담한 엘리트 계층에게 의회는 과거 시험을 대신하여 권력을 얻는 새로운 길을 제시했고, 상당수의 교육받은 남성들이 의원 선출 경쟁에 뛰어들었다.

공화주의 혁명이 일어날 즈음에는 '의회'가 장차 국가의 최고 통치 기구가 되어야 한다는 것은 기정사실이었다. 국가를 통치하는 헌법이 있어야 한다는 데에도 모두가 동의했다. 쑨원을 임시 대총통으로 선발했던 각 성의 대표단이 당시 의결된 '임시 헌법'에 따라서 '임시 의회'가 되었다. 이 '의회'는 임시 대총통직을 유지하려는 쑨원의 시도를 기각했고, 선거를 통해서 위안스카이의 승계를 못 박았다. 대표단이 쑨원의 명령에 따르지 않는다는 것이 다시 한번 입증된 셈이었다. 쑨원은 복종받기를 원했다. 일찍부터 동료들에게 '독재자'라는 평을 듣고 있던 그였다. 그는 의회 정치가 자신의 구미에 맞지 않는다는 결론을 내렸다.

한편 민주주의는 빠르게 도입되고 있었다. 1909년 지방 의회 선거에 이어 1913년에는 22개 성에서 전국 선거가 실시되었다. 중국 최초의 국회를 구성할 선거였다. 전 인구의 10퍼센트에 달하는 4,300만여 명의 남성들에게 선거권이 주어졌다. 미국 영사관이 관찰한 2개 현에서는 선거권이 있는 사람들의 60-70퍼센트가 실제로 선거에 참여했다. 어느 프랑스 학자는 이렇게 결론지었다. "이들 선거는 진정한 의미로 전국 민심의 대표자를 선발했다.……4,000만 명이 선거권을 가졌다.……정치를 둘러싼 논쟁이 기탄 없고 자유로운 분위기에서 이루어졌고, 언론에도 보도되었다. 여러 가지 측면에서 이 선거는 뒤이은 그 어떤 선거보다도 민주적이고 유의미했다." 이 최초의 전국 선거로 870명의 의원이 선출되었다. 이로써 국회는 다양한 방면에서 두각을 나타내는, 고등 교육을 받은 전문가들로 이루어진 인상적인 집단이 되었다. 의원들은 3월 말에 의회 개회 선언을 위해서 베이징에 도착할 예정이었다.

자신을 지도자로 하는 정당에서 정력적으로 선거 운동을 벌였음에도, 쑨원은 이 역사적인 사업에 아무런 관여도 하지 않았다. 쑨원의 정당, 즉 국민당을 만든 사람은 서른 살의 신예 쑹자오런이었다. 후난 성 출신으로 콧수염을 기른 쑹자오런은 보기 드문 지략가였다. 민주주의 신봉자였던 그는 민주주의를 중국에 도입하기 위한 청사진을 머릿속에 구상해두었고, 임시 헌법의 초안을 짤 때에도 주도적인 역할을 맡았다. 그는 제대로 운영되지 않고 망해가던 쑨원의 중국동맹회를 넘겨받아서 다른 정치 조직 4개와 병합하여 국민당을 조직했다. 1912년 8월 베이징에서 출범한 국민당의 명예 수장으로는 쑨원이 선출되었지만, 실질적인 지도자는 타고난 조직책이자 달변가인 쑹자오런이었다. 그가 연설을 하면 사람들이 벌떼처럼 모여들었다(이후 몇몇 사람들은 그의 카리스마 넘치는 성격을 미국의 대통령 존 케네디에 비유하기도 했다). 쑹자오런의 지도 아래 국민당은 효과적인 선거 운동을 벌였고, 그 결과 국회에서 과반석을 차지하게 되었다. 쑹자오런은 중화민국의 첫 번째 국무총리 자리를 마음에 둔 듯했고, 위안스카이는 임시 대총통으로 선출될 예정이었다. 쑨원의 자리는 어디에도 없었다.

◆◆◆

쑨원은 정치를 그만두고 국유 철도를 건설하는 데에 전념하겠다고 선언했다. 그의 소박한 포부에 사람들은 기뻐했다. 임시 대총통 위안스카이는 쑨원을 베이징으로 초대했다. 문자 그대로 '북쪽의 수도'라는 뜻의 베이징은 고비 사막 끝자락에 위치한 도시였다. 주기적으로 모래바람이 도시에 불어닥쳤고, 여기에 세찬 비까지 내리면 거리는 진창으로 변했다. 그래도 베이징의 웅장한 경관은 그대로였다. 이곳에서는 짐을 옮기는 데에 주로 낙타를 이용했기 때문에, 상인들의 짐을 한가득 짊어진 채 위엄 있게 걷는 낙타들의 기나긴 행렬을 볼 수 있었다. 체스 판처럼 구획된 거리의 큰길들은 모두 자금성으로 통했는데, 장엄한 외벽으로 가로막힌 자금성 부지 내에는 웅대한 건물들이 가득했다. 그 안에는 퇴위 협약 때에 합의된 바대로 마지막 황제 푸이가 여전히 살고 있었다.

베이징은 청조 말기에 근대화되었음에도 옛 모습을 세심하게 보존하고 있었다. 몇몇 거리는 포장되고 가로등이 들어섰으며 아침저녁으로 깨끗하게 유지되었다. 그러나 낙타나 말, 노새가 끄는 색색깔의 수레가 자전거와 자동차 옆을 지나는 광경은 여전히 베이징의 일상적인 모습이었다. 베이징에 전화가 도입된 것은 비교적 최근의 일이었지만, 설비 수준은 곧 상하이를 능가할 터였다.

베이징에서 쑨원은 품위 있는 모습으로 대중 앞에 나타나 외쳤다. "위안스카이 대총통, 만세!" 위안스카이도 그를 극진히 환대했다. 그러나 예리한 관찰자라면 둘의 관계가 원만하지 않다는 사실을 쉽게 눈치챌 수 있었다. 둘 사이에는 일촉즉발의 긴장이 감돌았다. 그해 초에 위안스카이는 암살 시도를 겪은 터였다. 어느 식당의 위층 창문에서 위안스카이의 마차로 폭탄이 날아왔고, 수행원 여럿과 마차를 끌던 말이 죽었다. 위안스카이는 암살 시도의 배후에 쑨원이 있다고 믿었다. 쑨원은 위안스카이가 보복에 나설까봐 두려웠다. 그는 대부 천치메이가 붙여준 철통 같은 경비에 더해 어디를 가든 오스트레일리아 출신 고문 윌리엄 도널드를 대동했다. 도널드의 추측에 따르면, 이는 어느 암살자든 "외국인인 도널드 앞에서 일을 벌이면 국제적인 분쟁으로 이어질까봐 머뭇거리게 될 것"이라는 계산에서 이루어진 행동이었다.

쑨원은 자신의 정계 은퇴가 대단한 일인 것처럼 행동하면서 위안스카이에게 그 대가로 철도 사업의 전권을 위임하라고 요구했다. 요구의 핵심은 자신이 외국에서 차관을 들여올 경우 중국 정부가 무조건 보증을 서야 하며, 차관으로 들여온 그 많은 금액은 전부 자신이 단독으로 관할하겠다는 것이었다. 쑨원의 요구는 위안스카이의 의심을 불러일으켰다. 실제로 철도 사업에서 쑨원의 관심사는 오직 자금을 확보하는 데에만 쏠려 있었다. 이 기념비적인 사업에서 쑨원은 돈 이외의 다른 부문에는 아무런 관심도 보이지 않았고, 심지어 기초적인 정보조차 파악하지 않았다. 건설해야 하는 철도의 길이가 얼마라고 선언했지만, 이는 관련 자료를 공부하거나 전문가와 상담해서, 또는 남들과 논의해서 나온 수치가 아니었다. 도널드는 쑨원이 수치를 기상천외하게 꾸며내던 장면을 이렇게 묘사했다. 어느 날 도널드가 방에 들어서자, 쑨원은 먹이 묻은 붓을 들고 커다란 중국 지도 앞에 서 있었다. 그는 지도에 온통 검은색 줄을 긋고 있었다.

"오," 아기 천사처럼 통통한 뺨을 가진 쑨원 박사가 도널드를 올려다보며 말했다. "이 철도 지도 만드는 것 좀 도와주게.……10년 안에 20만 리[10만 킬로미터]의 철길을 깔 생각이라네." 그가 선언했다. "지금 지도에 표시하고 있어. 성도(省都)에서 성도로 이어지는 굵은 선들이 보이나? 이것들이 간선이고, 나머지는 지선이랑 자잘한 연결선들이지."

이따금 쑨원은 "물에 적신 천으로 구불구불하게 그려진 선을 지우고 그 자리에 반듯한 직선을 그렸다.……날랜 손놀림으로 160킬로미터, 1,600킬로미터 길이의 철길을 이곳저곳에 그려넣었다."

임시 대총통 위안스카이는 쑨원이 철도 사업을 구실로 거액의 자금을 운용할 권한을 얻은 다음 그 돈으로 군대를 양성해서 정권을 탈취하려고 한다고 확신하고, 나름의 대응에 나섰다. 자신을 철도 사업 책임자로 임명하고 자신이 들여오는 차관에 중국 정부가 무조건 보증을 서라는 쑨원의 요구를 거절하고, 철도 사업을 교통부 관할하에 둔 것이다.

위안스카이에게 의표를 찔린 쑨원은 1913년 2월 11일 일본으로 떠났다. 한 차례 좌절을 맛보았음에도 그는 공식적인 자리에 쾌활한 모습으로 나타나서 과거 일본에 밀입국하던 시절의 추억을 나누며 웃었다. 지지자들의 환영과 일본 언론의 주목을 한 몸에 받으며, 쑨원은 중국의 철도를 건설할 자금을 마련하러 왔을 뿐 다른 정치적인 이유로 온 것은 아니라고 공표했다. 그는 자금 마련에 실패했지만, 일본에 40일간 머물렀다.

쑹자수와 아이링은 쑨원의 일본행에 함께했다. 여전히 쑨원에게 홀려 있던 쑹자수는 자신의 사업도 제쳐놓고 상하이의 아내도 뒤로한 채 충직하게 쑨원을 따라갔다. 아이링도 쑨원의 조수 역할을 계속했다.

1913년 3월, 루무전이 둘째 딸 쑨완을 데리고 일본에 왔다. 첫째 딸 쑨옌이 위독함을 알리기 위해서였던 듯하다(쑨옌은 그해 6월에 죽었다). 쑨원은 일본 이곳저곳을 다니는 중이었고, 오사카에서 아내와 만나 30분가량 이야기를 나누었다. 떠날 때가 되자 아이링이 루무전을 도쿄까지 바래다주겠다고 나섰는데, 도쿄에서 이들이 탄 차가 전신주와 충돌하는 교통사고가 일어났다. 곧 쑨원에게 모두가 중상을 입었다는 소식이 전해졌다. 루무전의 상태가 특히 심각하다는 말과 함께였다.

쑹자수는 초조해 미칠 지경이었다. 그는 도쿄로 갈 방편을 알아보다가 쑹원에게 달려가서 물었다. "짐들은 어떻게 하는 게 좋겠소?" 쑹자수는 쑹원도 아내와 딸을 보러 기차를 갈아타고 도쿄에 가고 싶어할 것이라고 생각했다. 쑹원을 수행하던 일본인 동료의 기억에 따르면, 쑹자수가 다가왔을 때에 쑹원은 수행단과 즐겁게 이야기를 나누고 있었다. 쑹원은 미소를 지우더니 "차갑게" 대꾸했다. "우리가 의사도 아닌데 도쿄에는 가서 뭐하겠는가?" 그러더니 자신이 의대 교육을 이수했다는 사실을 떠올렸는지 이렇게 덧붙였다. "우리가 의사라고 해도, 그곳에 도착하면 이미 늦었을 걸세. 게다가 후쿠오카에서 약속이 있지 않나." 사무라이 같은 냉혈한이었던 이 일본인 친구도 쑹원의 무심함에는 혀를 내둘렀다.

쑹원은 끝내 아내와 딸, 또는 아이링을 보러 도쿄에 가지 않았다. 교통사고가 일어나고 며칠 지나지 않아서 국민당의 창립자이자 지도자인 쑹자오런이 암살되었다는 소식이 날아들었다. 3월 20일 밤, 쑹자오런은 국민당 대표단을 이끌고 국회 개회식에 참여하기 위해서 베이징으로 향하고 있었다. 상하이 기차역 개찰구에서 총에 맞은 그는 얼마 후 병원에서 사망했다.

이 소식을 듣자마자 쑹원은 위안스카이를 암살의 배후라고 비난하는 내용의 성명서를 발표했다. 그러고는 이튿날 상하이로 달려가서 위안스카이 타도를 외치며 전쟁을 시작했다.

암살자는 금세 붙잡혔다. 우스잉이라는 이름의 거렁뱅이였다. 그는 잡히자마자 범행을 자백했지만, 구금되어 있는 동안 알 수 없는 이유로 돌연 사망했다. 암살을 지시한 자가 결국 누구였는가는 100여 년이 지난 오늘날까지도 논란이 되고 있다. 위안스카이와 쑹원 모두 용의자로 지목되는데,

둘 다 동기가 있었기 때문이다. 위안스카이는 쑹자오런과 권력을 나누어야 하는 상황에 위협을 느꼈을 것이고, 쑨원은 이미 쑹자오런 때문에 모든 정치적 역할을 상실하고 철저히 소외된 상태였다. 쑹자오런 본인은 위안스카이를 의심하지 않았다. 병원으로 옮겨진 그는 자신의 죽음이 막 싹트고 있는 중국의 의회 정치에 그림자를 드리우게 하지 말아달라며 "대총통 위안스카이"에게 유언을 남겼다. 그는 자신이 소속된 정당의 명예 수장 쑨원에게는 아무 말도 남기지 않았다.

국민당 지도부 대다수는 범인이 위안스카이라고 섣불리 단정하지 않았다. 그들은 쑨원에게 위안스카이를 지목하는 증거가 뭐냐고 물었다. 쑨원은 심증이 있으나 물증은 없다고 답했다. 증거는 없지만, 위안스카이가 "암살을 지시했음이 틀림없다"는 것이 그의 주장이었다.

공화주의 세력의 실질적인 2인자 황싱은 중국에도 이제 근대적인 사법 제도가 운영되고 있으니, 이번 사건을 법적 절차에 따라서 해결하자고 주장했다. 그는 전쟁을 일으키자는 쑨원의 주장에도 반대했다. 내전은 갓 태어난 공화국을 산산조각 낼 것이고, 공화파가 패배할 확률이 높다는 이유에서였다. 사실 황싱은 총격이 가해졌을 당시 개찰구에서 쑹자오런 옆에 서 있었고, 총알이 조금만 빗나갔어도 쑹자오런 대신 목숨을 잃을 뻔했다. 전쟁 개시 여부를 두고 다투면서 그는 결국 쑨원과 갈라섰다. 쑨원은 사적인 자리에서 황싱을 "반역자", "아주 못된 사람"이라고 비난했다(황싱은 3년 후인 1916년에 죽었다). 쑨원은 전쟁 계획을 밀어붙였고, 일련의 봉기를 조직해서 위안스카이가 퇴진하도록 압박하고 자신이 그 자리를 대신하고자 했다. 신생 공화국에서 벌어진 최초의 전쟁이었다. 이 전쟁으로 중국은 수십 년간 피비린내 나는 내분을 겪게 되었다. 그 막을 올린 것은 중국의 '국부', 쑨원이었다.

임시 대총통 위안스카이와 맞선 전쟁은 대중의 지지를 받지 못했고 오래 지나지 않아서 실패했다. 쑨원은 근거지로 삼았던 상하이의 조계지에서 추방당했다. 1913년 8월, 그는 일본으로 도피했다. 일본 정부는 나중에 위안스카이와 교섭하는 패로 이용할 심산으로 쑨원을 망명자로 받아주었다. 10월에 위안스카이는 베이징에서 중화민국 대총통으로 취임했고, 전 세계로부터 축하를 받았다. 거듭된 시도에도 쑨원은 정상에 오르는 데에 실패했다. 그러나 그는 노력을 멈추지 않았다.

5

아이링의 결혼, 칭링의 결혼

쑹자수는 어쩔 수 없이 일본 체류 기간을 연장해야 했다. 쑨원의 측근인 그에게 상하이는 더 이상 안전한 곳이 아니었다. 상하이와 그곳의 가족, 친구를 그리워하는 마음이 사무쳤다. 어느 날 도쿄 역에서 그는 자신의 집에 세 들어 살며 가까이 지냈던 미국인 선교사 로버츠 부인과 마주쳤다. 그는 뛸 듯이 기뻐하며 두 팔 벌려 그녀를 다정하게 껴안았다(남녀가 남들이 보는 곳에서 포옹하는 것은 당시 일본에서 보기 드문 일이었다). 로버츠 부인이 쑹자수를 뒤로한 채 기차를 타고 떠날 때, 쑹자수는 손을 흔들며 그녀를 배웅했다. 로버츠 부인은 이렇게 회고했다. "그의 눈은 금방이라도 눈물을 떨굴 것 같았다. 내 평생 누군가를 두고 떠나는 일이 그토록 힘겨웠던 적은 없었다."

쑹자수는 현지의 기독교 청년회(YMCA)에서 많은 시간을 보냈다. 그곳에서 그는 마음에 쏙 드는 청년 한 명을 만났다. 아이링보다 조금 연상인 쿵샹시였다. 그는 성실하고, 착하고, 온화한 성격의 소유자로, 얼마 전에 아내를 여읜 상태였다. 중국 서북부 산시 성(山西省)에서 온 그는 살림살이에 충분한 여유가 있는 부유한 집안 출신이었다. 고향의 자택은 견고하고 우아한 검은색 기와지붕을 올린 전통 가옥으로, 격자무늬 창살 너머로는 몇 개나 되는 안뜰이 내다보였다. 쿵샹시는 미국계 미션 스쿨을 졸업하고 미국에서 대학을 다녔다는 점에서 아이링과 교육적 배경이 비슷했다. 그는 오벌린 대학교를 졸업했고 예일 대학교에서 석사 학위를 받았다(학, 석사과정에서 모두 화학을 전공했다). 무엇보다 쿵샹시는 선교사 겸 의사가 그의 종양을 치료해준 일을 계기로 열두 살의 나이에 세례를 받은 독실한 기독교 신자였다. 그는 오벌린 대학교로부터 급여를 받으며 도쿄의 기독교 청년회에서 일하고 있었다.

쑹자수는 쿵샹시를 저녁 식사에 초대했고, 그 자리에서 쿵샹시는 아이링을 만났다. 둘은 곧 사랑에 빠졌다. 노년의 쿵샹시는 이렇게 회상했다. "우리는 공원을 거닐곤 했다오. 아내는 시를 사랑했지. 대학에서는 영문학을 전공했고.······진정 사랑이었지!"

아이링은 쑨원의 개인적인 행실뿐만 아니라 정치적인 행보에도 의구심을 품게 되었다. 아이링과 쿵샹시 모두 쑨원이 위안스카이에 맞서서 일으킨 전쟁에 심한 거부감을 느꼈다. 쑨원이 쑹자오런의 암살을 빌미로 전쟁을 일으키자, 쑹자오런을 열렬히 따랐던 쿵샹시는 쑨원에게 위안스카이가 암살의 배후라는 증거를 내놓으라고 요구했다. 쑨원은 심증만 있을 뿐 물증은 없다는 사실을 인정했다. 쿵샹시는 넌더리가 났다. 훗날 구술한 바에 따르면, 그는 쑨원이 벌인 일이 중국보다는 일본의 이익에 부합한다고 생각했다. 몇몇 "일본 단체들은 중국에 분란을 일으키기 위해서 쑨원 박사를 돕고자 했소. 황도파 청년 장교들은 중국을 정복하고 싶어했지. 그들은 중국을 분열시킬 목적으로 쑨원 박사를 지원하려고 했다오.······나는 일본이 쑨원 박사를 이용하고 있다고 느꼈소." 쿵샹시는 쑨원에게 "일본인들에게 이용당할 위험"이 있으니 조심하라고 "경고했고", 자신의 생각을 피력했다. "나는 중국의 분열을 막고 통일을 이루기 위해서는 위안스카이와 쑨원 박사가 협력하는 수밖에 없다고 생각했소." 쿵샹시는 쑨원의 독단적인 태도도 싫어했다. 전쟁에 패배해서 일본으로 돌아온 뒤에 쑨원은 자신이 일으킨 전쟁을 지원하는 데에 소극적이었다는 이유로 국민당을 없애고 중화혁명당(中華革命黨)이라는 새로운 정당을 조직하려고 했다. 그러면서 새 정당의 당원들에게는 자신에게 절대적으로 복종하겠다고 맹세하라고 요구했다. 쿵샹시는 경악했고, 쑨원 무리를 가까이하지 않았다. 한 친구는 이렇게 적었다. 쿵샹시는 "절대로 혁명 세력과 어울리지 않았다. 몇 번의 제의가 있었는데도 말이다." 사실 쿵샹시는 혁명 세력을 "경멸했고", "[위안스카이] 정권을 충실히 지지했다.……그 결과 중국인 학생들 사이에서 평판이 나빠지는 것을 감수해야 했다." 쿵샹시와 같은 생각이었던 아이링은 슬그머니, 그러나 확실하게 쑨원과 멀어졌다.

쿵샹시와 아이링은 결혼해서 자신들의 길을 가기로 결정했다. 1914년 9월, 두 사람은 요코하마의 언덕 위 작은 교회에서 친척과 친지들이 모인 가운데 결혼식을 올렸다. 쑨원은 그 자리에 없었다. 아이링은 그날의 풍경을 작은 것 하나하나까지 기억에 담았다. 그녀가 입은 예복은 연분홍 새틴에 진한 분홍색 실로 매화를 수놓은 재킷과 스커트였다. 머리카락은 예복에 어울리는 생화로 장식했다. 쑹씨 가족의 자택에서 피로연을 치른 후, 새색시 아이링은 자그마한 금색 새들이 수놓인 상큼한 연두색 새틴 드레스로 갈아입고 새신랑과 함께 신혼여행을 떠났다. 날씨는 변덕스러웠지만 신혼부부가 바깥에 나가면 금세 비가 그치고 화창한 햇살이 드리웠기 때문에, 아이링의 옷과 머리모양은 무사할 수 있었다. 신랑신부 모두 때맞춰 내리쬐는 햇살을 "무척이나 상서로운 조짐"이라고 여겼다.

　부부는 쿵샹시의 고향인 산시 성으로 돌아가 살림을 차렸다. 쿵샹시는 교회의 지원으로 설립한 학교의 교장이 되었고, 아이링은 그곳에서 학생들을 가르쳤다. 얼마 지나지 않아서 쿵샹시는 사업을 시작했고, 아이링의 도움을 받아서 큰 부자가 되었다.

쑨원은 아이링의 결혼을 대놓고 못마땅해했지만, 실연의 아픔과는 거리가 멀었다. 아이링보다 더 어리고 예쁜 여성이 나타나서 진작에 그녀의 빈자리를 대신했던 것이다. 조지아 주 메이컨의 웨슬리언 대학교를 갓 졸업하고 1년 전인 1913년 8월 말 일본에 온 아이링의 동생, 칭링이었다. 경계심이 강한 아이링과 달리 칭링은 열정이 넘치고 충동적인 기질이 있었다. 도자기처럼 매끈한 피부를 지닌 미인이기도 했다. 칭링은 아이링의 자리를 이어받아서 쑨원의 영어 통번역 조수가 되었다. 아이링은 쑨원이 자신에게 구애했다는 사실을 비밀로 한 것 같다. 그런 저속한 문제는 입에 올리지 않는 것이 아이링의 성격이었다.

　칭링과 함께 1908년에서 1913년 사이에 웨슬리언 대학교를 다녔던 학우들은 칭링의 "특별 맞춤 정장", "언제나 동양의 향기가 배어 있던 방"을 잊지 못했다. 칭링은 "그녀의 언니보다도 더 조용했으며", "**몹시** 수줍고 '내성적'이었다." 그러나 그녀에게는 의외의 면이 있었다. 한 학교 친구는 이렇게 회고했다. "중국이 공화국이 되었다는 소식에 칭링이 잔뜩 흥분했던 기억이 납니다. 어찌나 방방 뛰며 좋아하던지 절로 관심이 갔어요. 항상 조용하고 차분해 보이기만 했는데 그토록 활기에 찬 모습을 보니 놀랍더군요." 칭링의 활기찬 반응은 정치적 열망의 발로이기도 했다. 그녀는 노란 바탕에 용이 그려진 청나라 국기를 방에 걸어두고 있었다. "자기 아버지가 중화민국의 새 국기를 보내주자, 칭링은 의자를 딛고 올라서서 벽에 걸린 청나라 국기를 끌어내리더라고요." "칭링이 바닥에 던져버린 옛 국기를 사정없이 짓밟으면서 감격에 차서 외치는 소리가 들렸어요. '청나라는 가라! 이제 중화민국의 시대야!'" 칭링과 한 방을 썼던 룸메이트의 목격담이었다.

쑨원은 칭링의 영웅이었다. 아버지와 쑨원을 만나러 일본으로 가는 길에 칭링은 학교 선생님 앞으로 편지를 썼다. "쑨원 박사님을 존경하는 이곳 현지분들이 그분께 전해달라고 캘리포니아산 과일 한 바구니를 주셨어요. 또 하나 자랑하자면 그분께 보내는 비밀 서신을 제게 맡겨주신 분도 계신답니다." 가족이 쑨원을 물심양면으로 지원했다고 알려진 덕분에 스무 살의 칭링은 쑨원의 추종자들에게 진심 어린 환대를 받았다. 평소 잘난 척하는 사람만 보면 비웃어주고 싶어 안달이 났던 칭링이지만, 교사 마거릿 홀에게 보낸 편지에는 다음과 같은 내용이 담겨 있었다. "만찬 자리며 극장을 하도 많이 다니다보니 고급스러운 생활에 익숙해졌지 뭐예요.……중국인 학생회의 환영 연회에는 무려 '귀빈' 자격으로 참가했어요.……배에 타보니 제 선실을 꽃으로 장식하고 신문이며 잡지, 과일을 한가득 쌓아놓으셨더군요. 아주 중요한 사람이 된 기분이 들었답니다."

남들은 알지 못했지만, 이 어린 아가씨의 마음속에는 잔 다르크를 본받고자 하는 욕망이 있었다. 칭링은 '대의'를 위해서 싸우다가 끝내 자신의 목숨까지 바친 위대한 여성들과 자신을 동일시했다. 이즈음 찍은 사진을 보면 칭링은 엄청난 불의에 맞서 싸우고 있기라도 한 것처럼 반항기 어린 눈빛을 하고 있다. 칭링이 쑨원과 만났을 때, 그의 정치 인생은 중화민국 성립 이래 가장 큰 위기에 봉착한 상태였다. 위안스카이에 맞선 전쟁이 실패하는 바람에, 쑨원은 가난한 고학생이나 살 법한 쪽방에서 변변한 가구도 없이 일본인 후원자들이 건네는 몇 푼의 후원금에 기대서 겨우 생활을 유지하고 있었다. 다른 여성들이라면 질색했을 이 모든 것들이 쑨원을 연모하는 칭링의 마음을 더욱 부채질했다. 칭링이 보기에 쑨원 같은 사람이 좌절을 겪어야 하는 것은 곧 불의가 횡행한다는 증거였고, 쑨원은 새로운 공화국을 위해서 자신을 희생하고 있는 것이나 다름없었다. 이런 생각이 그녀의 마음을 움직였다. 칭링은 온정과 경외를 담아 말했다. "그분은 더없이 단단한 분이셨다." 쑨원에게 헌신하고 그 인생의 시련을 나누어지고 싶다는 마음이 생겼다. 칭링은 사랑에 빠졌다.

쑨원과 함께하는 생활은 화려하고 즐겁기도 했다. 현임 대총통의 정적이기는 하지만, 전임이자 최초의 임시 대총통이었던 쑨원은 사교계에서 앞다투어 찾는 유명 인사였다. 칭링은 그와 함께 수많은 행사와 야유회에 초대받았고, 흥미진진한 시간을 보냈다. 미국의 친구 앨리 슬립에게 보낸 편지에는 유명한 온천 리조트("세상에서 가장 훌륭한 호텔이란다")에 머물면서 쟁쟁한 인사들과 어울리던 당시의 생활이 그대로 담겨 있다. "여기서 만난 사람 이야기를 해줄게. 꼭 너랑 결혼했으면 좋겠어. 오스트리아 대사라는데, 세상에서 가장 잘생긴 독신남이었어. 대사관 사람들도 모두 그 자리에 있었단다."

어느 경치 좋은 곳에서는 이런 편지도 보냈다. "조그마한 과수원이 있었어. 너무 멋지더라. 사과나무며 배나무, 석류나무, 감나무……앙증맞은 크기의 온갖 나무들이 가득했어. 예쁜 걸 좋아한다면 한시라도 빨리 아시아로 놀러오렴. 내가 책임지고 안내해줄게. 네가 금단의 열매를 따먹을 때에는 슬쩍 눈도 감아주고 말이야."

칭링은 쑨원과 자신 사이에 공통점이 많다는 사실을 발견했다. 세례를 받기는 했으나 쑨원은 단 한 번도 진심으로 신을 믿지 않았다. 칭링은 어릴 적부터 선교사들에게 회의적이었고, 그들의 활동에 냉소적인 시선을 보내고는 했다. 그녀는 일본행 배에서 하와이안 밴드의 음악에 맞춰 댄스 파티를 벌인 일을 신나게 써내려가다가 이렇게 덧붙였다. "선교사들까지 왔다니깐! 아! 물론 고상한 분들이라 구경만 하다 갔지만 말이야." 칭링은 쑨원과 교회에 대한 농담을 주고받고는 했다. "이런 이야기를 한 적이 있어. 미국에서 학교를 다닐 적에 일요일이 되면 모든 학생들이 교회에 가야 했는데, 나는 옷장 속에 숨어 있다가 학생과 지도 교사들이 모두 외출한 다음에 나와서 집으로 보낼 편지를 썼다고 말이야. 그분께서 내 말을 들으시고는 껄껄 웃으며 이렇게 말씀하시더라. '우리 둘 다 지옥에 떨어지겠군 그래.'"

쑨원은 칭링과 사랑을 싹틔우게 된 것이 축복이라고 생각했다. 그는 칭링에게 푹 빠졌다. 한번은 칭링이 어머니를 만나러 상하이로 떠났는데, 쑨원이 비밀리에 사람을 보내서 어머니 몰래 칭링이 연애편지를 전달받을 만한 곳을 찾게 했다. 연애편지에 칭링의 어머니가 보아서는 안 될 내용이 가득했던 탓이다. 답장을 기다리는 동안 쑨원은 입맛을 잃고 잠을 설쳤다. 집주인 아주머니는 한눈에 쑨원이 상사병에 걸린 모양이라고 진단했다. 쑨원은 그녀에게 하소연했다. "칭링 생각을 멈출 수가 없어요. 그녀를 처음 보던 날부터 줄곧 내 인생의 첫사랑을 만난 느낌입니다. 달콤하면서도 쓰라린 사랑의 감정을 이제야 알 것 같습니다."

스스로를 '절대적인 복종을 받아 마땅한', '중국의 구원자', '위대하고 고결한 유일무이의 지도자'라고 여기던 이 남자는 이제 자신감을 잃고 칭링이 자신을 내칠까봐 전전긍긍했다. 사랑에 빠졌다는 무엇보다 확실한 신호였다. 쑨원의 열렬한 마음을 눈치챈 칭링은 재미 삼아 쑨원의 애를 태우며 그의 반응을 즐겼다. 당장 쑨원 곁을 떠나서 미국으로 가버리겠다며 마음에도 없는 소리를 하는 일은 예사였다. 상하이에 갈 일이 생겼을 때에는 이번 방문에서 결혼식을 올릴 예정이니 다음에 만날 때에는 남편과 함께일 것이라고 통보하기도 했다. 대총통 위안스카이가 황위를 탐낸다는 소문이 돌자, 칭링은 위안스카이와 결혼해서 황제의 후궁이나 "황후가 될 생각"이라고 전했다. 이 이야기를 듣고 이성을 잃은 쑨원은 쑹자수에게 편지를 보내서 칭링의 말이 사실이냐고 물었다. 쑹자수는 당혹스러워하며 이렇게 답했다. "내 생각엔 단순한 농담인 것 같네", "칭링이 철없는 소리를한 게지", "장난치는 것을 좋아하는 어린아이의 실없는 말이니 믿지 말게." 쑹자수가 간과한 사실이 하나 있었다. 여자아이들은 자신에게 반했음이분명한 남자에게만 이런 종류의 농담을 던진다는 것이었다. 이후 중국 내부의 상황이 안정되어 "신변의 위협이 완전히 사라졌다"는 확신이 생기자, 쑹자수는 상하이로 돌아갔다. 칭링은 일본에 쑨원과 단둘이 남았고, 그녀의 마음에는 그를 향한 사랑이 무르익어갔다.

1915년 여름, 상하이로 돌아간 칭링은 쑨원과 결혼하겠다며 부모에게 허락을 구했다. 쑹씨 부부는 아연실색하며 절대 안 된다고 반대했다. 반대하는 이유는 한두 가지가 아니었지만, 엄청난 나이 차가 가장 큰 걸림돌이었다. 쑨원은 마흔여덟인 반면에 칭링은 고작 스물을 갓 넘긴 나이였다. 칭링 또래의 건실한 기독교인 청년들이 도처에 널려 있었다. 그중 영씨니 단씨니 하는 몇몇은 쑹씨 자택에도 자주 드나들었다. 많고 많은 신랑감들 중에서 왜 하필 쑨원이란 말인가? 쑨원의 아내가 도쿄에서 교통사고로 크게다쳤을 때, 그곳에 갈 필요가 없다고 차갑게 대꾸한 쑨원의 모습을 쑹자수가 잊었을 리 없었다. 쑨원은 열정적인 혁명가일지는 몰라도 좋은 남편감은 아니었다. 그러나 쑹자수가 가장 용납할 수 없었던 것은 쑨원에게 이미아내와 자식들이 있다는 사실이었다. 쑨원이 아내와 이혼한다면, 그것이야말로 그가 "어려운 시절을 함께한 데다가 칭링보다 나이가 많은 아이들을 키운 조강지처마저 저버릴 인물"이라는 방증일 터였다. 반면 그가 이혼하지 않는다면 칭링은 본처가 아닌 첩실이 되는 셈이었고, 이는 그녀 자신과 가족에게 수치스러운 일일 뿐만 아니라 기독교의 교리를 위반하는 행위였다. 이전에 쑨원에게 보낸 편지(칭링이 쑨원의 애를 태운답시고 위안스카이의 후궁이 되겠다고 한 말을 해명하느라 보낸 것이었다)에서 쑹자수는 이렇게 단언했다. "우리는 기독교 집안이라네. 우리 딸들 중 누구라도 남의 첩실이 되는 일은 없을 걸세. 딸을 데려가겠다는 사람이 왕이든, 황제든, 세상에서 가장 큰 나라의 대통령이든 말이야." 쑹자수는 딸 칭링도 "첩살이하는 여자하고는 말도 섞지 않는다"고 덧붙였다. 칭링은 설령 가족의 친구일지라도 누군가의 '첩'에게는 인사조차 하지 않았다. 큰언니 아이링도 칭링의 결혼을 말리다가 칭링의 화를 돋우었다. 서로 목에 핏대를 세워가며 맞서다가 칭링이 실신하는 일도 있었다. 칭링은 위층에 있는 자신의 방으로 옮겨졌고, 가족은 그녀의 방문에 자물쇠를 달았다. 이후 수 주일이 지나도록 힘겨운 줄다리기는 몇 번이나 반복되었다.

칭링이 상하이에서 가족들을 설득하느라 고전하는 동안, 쑨원의 아내는 이혼 문제를 상의하자는 남편의 초대에 응하여 9월 일본에 도착했다. 오랜 세월 가족을 부양해온 쑨원의 형 쑨메이가 그해 초 예순한 살의 나이로 세상을 떠난 터라 루무전은 슬픔에 잠겨 있었다. 쑨메이는 루무전과 그녀의 아이들을 진심으로 걱정해주던 사람이었다. 그런 소중한 사람을 잃은 충격에 비하면 애초부터 가정에 충실하지 않았던 쑨원의 이혼 요구는 별것도 아니었다. 루무전은 그후 마카오의 집으로 돌아갔고, 그곳에서 40여 년을 더 살았다. 루무전과 쑨원이 다시 만나는 일은 없었다.

그러나 사실상 헤어진 상태라고 해도 서류상으로 이혼을 확정 지을 방도는 묘연했다. 쑨원과 루무전처럼 전통적인 방식으로 혼인한 경우 아내가 불명예스럽게 쫓겨나는 것 말고는 갈라설 방법이 없었다. 이혼 증서는 대개 휴서(休書)라고 했는데, '아내를 내쫓는 문서'나 다름없었다. 쑨원은 이런 방식으로 루무전을 망신시키고 싶지는 않았다.

쑨원은 이제 자신은 법적으로 이혼한 몸이라며, 상하이에 사람을 보내서 칭링을 일본으로 데려오게 했다. 어느 가을날 밤, 사랑에 눈이 먼 어린 아가씨는 가족이 사는 집에서 몰래 빠져나와 일본으로 가는 배를 탔다. 쑨원을 감시하고 있던 일본 정부의 기록에 따르면, 쑨원과 칭링은 1915년 10월 25일 도쿄 역에서 재회했고, 이튿날 결혼식을 올렸다. 식은 와다 미즈라는 사람의 집에서 진행되었다. 두 사람은 와다가 일본어로 작성한 '결혼 서약서' 3부에 서명했다. 일본어를 전혀 할 줄 몰랐던 칭링은 와다가 '저명한 변호사'이며 이 '서약서'는 도쿄 관청에 정식으로 등록된 서류로 법적 구속력을 지닌다는 말을 믿었다. 그러나 그것은 사실이 아니었다. 와다 미즈는 변호사가 아니라 작은 무역 회사의 사장이었고, 당시 도쿄의 관청은 외국인들의 혼인신고를 접수하지 않았다. 칭링이 서명한 '결혼 서약서'란 와다가 직접 만들어서 '증인란'에 서명을 한 종잇조각일 뿐, 법적인 효력은 없었다. 모든 것은 그저 기독교 학교의 졸업생으로 결혼은 반드시 합법적이어야 한다고 믿는 스물한 살의 신부를 안심시키기 위한 쇼에 불과했다.

쑨원은 가장 충직하고 믿음직스러운 한 사람, 랴오중카이를 제외하고는 아무도 결혼식에 초대하지 않았다. 랴오중카이는 이 결혼의 두 번째 '증인'이 되었고, 그의 열한 살배기 딸 랴오멍싱은 신부에게 일본어를 통역해주었다.

서약서에 서명을 마친 후에 와다는 신혼부부에게 간단한 저녁 식사를 차려주었다. 그런 다음 세 사람은 쑨원이 타고 온 차를 타고 길을 나섰다.

와다는 어느 술집에서 먼저 내렸다. 그에게 진짜 저녁 식사는 이제부터였다. 그후 차는 쑨원 부부를 집까지 태우고 갔다. 이전처럼 고학생의 셋방 같은 곳이 아니라, "붉은 단풍나무들 사이에 숨은 작고 아늑한 주택"이었다. 칭링은 새로운 보금자리를 사랑했다. 결혼식은 "더없이 간소했지만", "우리 둘 다 예식 따위는 질색하는 사람들"이라는 것이 그녀의 말이었다.

결혼식 이튿날, 칭링의 부모가 새 집 앞에 나타났다. 칭링이 집에서 몰래 빠져나오면서 남겨둔 편지를 읽자마자 바로 일본행 배를 타고 온 것이었다. 여러 해가 지나고 칭링은 친구이자 전기작가인 이스라엘 엡스타인(칭링은 에피라고 불렀다)에게 보내는 편지에서 당시의 상황을 설명했다. 부모는 간곡하게 "남편을 떠나 집으로 돌아가자고 나를 설득하셨어.······어머니는 눈물을 그치지 못하셨고, 간 질환으로 편찮으신 아버지는 나를 붙잡고 애원하셨지.······심지어 일본 정부에다가 호소하기도 하셨단다.······내가 미성년자이며 결혼을 강요당한 거라고 말이야! 당연한 말이지만 일본 정부가 개입할 수 있는 문제가 아니었어. 나는 부모님께 너무나 죄송스러웠지만(나 역시 펑펑 울었어), 남편을 떠나지 않겠다고 버텼어. 아아, 에피, 반세기도 전에 일어난 일인데도 꼭 몇 달 전처럼 생생해."

쑹자수가 일본 정부까지 찾아가서 쑨원을 비난했다는 것만 보아도 그가 얼마나 큰 충격에 휩싸였는지 짐작할 수 있다. 한때 그는 쑨원이 결코 "친구를 기만하지 않을" "고결한" 사람이라고 믿었다. 이제 그 믿음은 그의 우상에 의해서 처절히 짓밟혔다. 쑹자수는 오랜 선교사 친구인 빌 버크에게 털어놓았다. "빌, 내 평생 이렇게 상처받은 적이 없네." 쑹자수는 죽을 때까지 쑨원을 용서하지 않았다. 아이링 부부가 지켜본 바에 따르면, 쑹자수는 쑨원과 "완전히 갈라섰다.······옛 친구는 증오의 대상이 되었다."

결혼 소식은 곧 사람들에게 알려졌다. 선교사들은 칭링이 쑨원과 사통해서 달아났다고 간주하여 쑹자수에게 딸을 붙잡아오라고 채근했다. 쑨원의 동료들도 칭링을 지도자의 부인으로 인정하지 않고 '쑨원 부인'이 아닌 '쑹 양'이라는 호칭을 고집했다.

그러나 칭링은 신경 쓰지 않았다. 그녀는 쑨원과 자신의 결합이 도덕적으로 올바른 일이라고 굳게 믿었다. 남들이 뭐라고 떠들든 칭링은 행복한 나날을 보냈다. 결혼하고 몇 주일이 지난 뒤에 친구 앨리에게 보낸 편지에 그녀는 이렇게 적었다.

요즘 워낙 정신이 없어서 너한테 편지를 보냈는지도 기억이 안 나지 뭐니. 혹시 모르니까 다시 몇 자 적어 보낸다. 나는 정말이지 만족스럽고 행복하게 지내고 있어. 내 안의 두려움과 의구심을 이겨내고 용기 있게 결혼을 선택한 것이 얼마나 기쁜지 몰라.

마음의 안정을 찾은 느낌이야. 내가 이렇게 가정적인 사람이었구나 싶어. 남편의 일을 뒷바라지하고, 그이 앞으로 온 서신에 답변을 쓰고, 전보를 받아서 일일이 해독해 중국어로 옮기느라 **몸이 열 개라도 모자라**. 나의 모든 노고와 희생이 거름이 되어 언젠가 중국이 왕정 복고를 노리는 폭군의 족쇄에서 벗어나 진정한 공화국이 되는 날이 오길 바랄 뿐이야.

결혼을 위해서 "희생"을 감수했다는 발언을 보면, 칭링도 내심 자신의 결혼이 비정상적이라는 사실을 알았던 듯하다. 그녀는 이 사실을 인정하면서도 자신의 행동은 대의를 위한 것이라고 스스로를 다독였다. 공식적으로 인정받지 못했을 뿐 둘의 결혼 생활은 여느 부부와 다를 바 없었다. 쑨원은 결혼식 때에 맹세한 대로 끝까지 아내에 대한 신의를 지켰고, 칭링은 남편을 위해서라면 목숨이라도 바칠 준비가 되어 있었다.

한편 대중의 지지에 힘입어 안정적으로 대총통 자리에 앉은 위안스카이는 보다 큰 욕심을 내기 시작했다. 그의 마음속에는 항상 황좌에 오르고자 하는 욕망이 꿈틀대고 있었다. 1915년, 결국 그는 중국에 군주정을 부활시키고 자신이 황위에 오를 것이라고 선포했다. 그러나 야망에 찬 그에게는 정통성이 없다는 약점이 있었다. 그는 불안을 떨치지 못했다. 자금성 태화전의 천장에는 입에 커다란 여의주를 물고 황좌를 내려다보는 용 한 마리가 조각되어 있었다. 사람들은 자격이 없는 자가 황좌에 앉으면 용이 그에게 구슬을 뱉는다고 믿었다. 위안스카이는 구슬이 자신의 머리 위로 떨어질까 걱정한 나머지 황좌를 용 조각에서 멀리 떨어진 곳으로 옮겨버렸다. 벌써 10년이 넘도록 정치에 적극적으로 목소리를 내온 중국의 대중은 시간을 거꾸로 돌리려는 위안스카이의 시도에 들고일어났다. 그의 동료들과 군 지도부도 예외는 아니었다. 공화주의는 이미 사람들의 마음에 깊이 뿌리내리고 있었다. 1916년 3월 22일, 황제가 되겠다고 선언한 지 83일 만에 위안스카이는 모든 계획을 백지화했다. 그는 죽을 때까지 황제가 되지 못했다.[*]

황위를 노렸다가 실패한 위안스카이의 평판은 바닥까지 떨어졌다. 쑨원

---

[*] 1917년 7월, 다시 한번 군주정으로 복귀하려는 시도가 일어났다. 신해혁명 후에도 청조에 충성하던 장쉰 제독이 청 황제의 복위를 노린 것이다. 장쉰과 그의 병사들은 만주족의 변발을 유지했기 때문에 장쉰은 '변발 장군'이라는 별명을 얻었다. 그는 군대를 이끌고 베이징에 입성하여 마지막 황제 푸이를 자금성의 황좌에 다시 앉혔다. 그러나 복벽을 지지하는 이들은 거의 없었다. 황궁으로 불려와서 복벽을 선포하는 황제의 조서 초안을 작성하는 일을 떠맡은 옛 신하들조차 "너무 초조하고 심란해서 밥이 넘어가지 않는" 기분이었다. 거리에서는 신문 파는 소년들이 반포된 조서를 흔들며 이렇게 외쳤다. "골동품 사세요! 골동품이 한 장에 6전! 며칠 뒤면 골동품이 될 종잇조각 사세요!" 이 웃지 못할 촌극은 12일 만에 종료되었다.

은 놓치지 않고 그 빈틈을 파고들기 위해서 열심이었다. 한 가지 걱정은 위안스카이가 대총통직을 사임할 가능성이었다. 그렇게 되면 헌법 규정에 따라서 부총통 뤼위안훙이 자동으로 총통직을 승계하게 되는데, 이 경우 쑨원으로서는 평판이 땅에 떨어진 손쉬운 표적을 놓치게 되는 셈이었다. 신군 연대장으로서 1911년 신해혁명을 이끌어 많은 지지를 받았던 뤼위안훙은 몇 년 사이에 능력 있는 정치인으로 이름을 떨치고 있었다. 위안스카이가 자진하여 사임할 경우 쑨원이 뤼위안훙을 대신하겠다고 나설 명분이 없었다. 위안스카이가 대총통으로 있는 지금 당장 수하들을 동원하여 그를 타도하는 일이 무엇보다 시급했다. 일본에 머물고 있던 쑨원은 중국에 있는 추종자들에게 급히 전보를 보내서 당장 대규모 소란을 일으키라고 명령했다. 그는 특히 대부 천치메이에게 큰 기대를 걸었고, 즉시 상하이에서 봉기를 조직하라고 주문했다.

그러나 천치메이에게는 그럴 능력이 없었다. 비밀리에 입국하기는 했지만, 그는 베이징의 중화민국 정부는 물론이고 조계지의 자치기구로부터도 쫓기는 신세였다. 그들은 상하이를 거대한 전쟁터로 바꿔놓았을 뿐만 아니라 폭력배들의 천국으로 만들어버린 천치메이를 더는 참아주지 않았다. 1911-1912년의 신해혁명 기간 동안 다른 성의 공화파 지도자들이 범죄 조직을 혁명에 동원했다가 성을 장악한 이후 내쳤던 것과 달리, 상하이를 지배했던 천치메이는 폭력배들을 탄압하지 않고 오히려 보호했다. 자연히 온갖 범죄 조직들이 상하이로 모여들었고, 도시는 (한때) 폭력배들의 온상이 되었다.

그러나 이번에는 폭력배들이 천치메이에게서 등을 돌렸다. 천치메이는 범죄 조직이 활동하는 세계를 넘어서 정치에 뛰어들었지만, 줄을 잘못 섰다. 막강한 대부의 위세는 온데간데없고, 실패한 혁명가라는 꼬리표만이 그에게 남아 있었다. 천치메이는 성공적으로 소란을 일으킬 힘도, 자금을 확보할 능력도 없었다. 상하이를 호령하던 시절에 그는 은행과 사업체들을 위협해서 막대한 돈을 갈취했다. 중국은행의 상하이 지부장이 은행 돈을 멋대로 넘겨줄 수는 없다고 항의하자 그를 붙잡아 가두었고, 은행은 어쩔 수 없이 돈을 내놓았다. 그런 손쉬운 해결책은 이제 꿈도 꿀 수 없었다. 봉기나 반란을 일으킬 돈도, 내키는 대로 여러 사람의 암살을 지시할 돈도 구할 수 없었다. 게다가 위안스카이가 천치메이의 수법을 따라서 정적들의 암살을 자주 의뢰하고 있었는데, 암살자들에게는 그쪽이 훨씬 매력적인 후원자였다.

천치메이가 아무 진전도 보이지 못하고 실패만 거듭하자, 쑨원은 참을성을 잃고 그를 멸시했다. 쑨원은 천치메이가 자신을 후원해주어도 모자란 상황에서 오히려 자신이 천치메이를 후원해야 한다는 사실에 격분했다. 그리고 상황을 직접 지휘하기 위해서 상하이로 잠입했다. 평소의 그답지 않은 행동이었다. 그 정도로 쑨원은 마음이 급했다. 엄청난 압박을 받고 있던 위안스카이가 당장이라도 하야할지 모를 일이었다. 대부 천치메이와 만난 쑨원은 그를 심한 말로 몰아세웠고, 천치메이는 낙심했다. 이미 건강이 심각하게 악화된 그는 자신이 어떻게 되든 신경 쓰지 않게 된 지 오래였다. 주변 사람들의 표현에 따르면, 천치메이는 "바싹 야위고 생기가 없어서 꼭 해골 같아" 보였다. 수배자 명단에 올랐음에도 천치메이는 상하이의 거리를 배회할 때에 경호원을 대동하지 않았다. 그럴 돈이 없었다. 그러다가 마치 자연스러운 수순처럼 치명적인 함정에 발을 들였다.

어느 날 천치메이에게 '광업 회사'와의 '사업 거래' 제안이 들어왔다. 제안을 한 사람은 한때 혁명을 함께했으나 어느새 천치메이를 염탐하는 정보원이 된 옛 동지였다. 거래가 성사되면 쑨원의 재정에 상당한 보탬이 될 수 있겠다고 생각한 천치메이는 만남에 응했다. 1916년 5월 18일, 천치메이는 회의 장소에 나갔다. 이전에도 '회사 측 대표들'과 회의할 때에 종종 사용한 건물이었다. 응접실에는 회사 측 대표들이 5명 있었고, 천치메이는 혼자였다. 그곳에서 서른여덟 살의 천치메이는 머리에 총을 맞고 죽었다. 그를 지켜줄 경호원은 없었다. 암살자들이 건물로 들어올 때에 몸수색을 한 사람도 없었다. 안전장치를 하나도 마련하지 않은 것은 누가 보아도 부주의한 행동이었다. 더군다나 천치메이는 (그리고 쑨원도) 이 '광업 회사'가 엉터리라는 사실을 이미 알고 있었다. 천치메이는 그래도 운이 좋으면 쑨원에게 돈을 구해다줄 수 있다고 생각한 것 같다. 운이 나쁘다면 죽어도 그만이었다.

천치메이가 사살된 후에 집주인은 그의 시체를 당장 치우고 싶어했다. 다른 방에 동지들이 몇 명 있었지만, 누구도 일을 맡으려고 하지 않았다. 천치메이의 명에 따라서 쑨원의 정적을 암살했던 미래의 총통 장제스는 그를 스승으로 숭상했고 친형제처럼 사랑했다. 장제스는 당장 달려가서 천치메이의 시신을 자신의 집으로 옮기고 그곳에 빈소를 차렸다. 조문을 온 사람은 거의 없었다. 목숨을 위협받고 있던 쑨원 역시 나타나지 않았다. 한때 상하이 전역을 두려움에 떨게 했던 대부 천치메이의 마지막은 이토록 쓸쓸했다. 그의 시신은 매장되지 못하고 창고에 방치되었다. 가족에게 제대로 된 장례를 치를 돈이 없었기 때문이다. 장제스는 속이 터질 지경이었다. 그는 분노에 찬 추도문을 썼다. 대부분이 천치메이의 '동료들'에게 저주를 퍼붓는 내용이었다. 이름을 적시하지는 않았지만 쑨원을 은근히 비난하는 대목도 있었다. 천치메이가 없었다면 이렇게까지 출세할 수 없었을 것이 명백함에도 쑨원은 천치메이를 박대했고, 그것이 천치메이의 죽음에 결정적인 영향을 끼쳤다고 말이다.

대부 천치메이가 암살되었다는 소식이 일본에 전해지자, 칭링은 즉시 상하이행 배를 잡아탔다. 남편 곁에 있기 위해서였다. 그녀는 남편이 너무나 걱정되었고, 그의 안전을 위해서는 자신이 옆에 있어야만 한다고 확신했다. 칭링을 태운 배는 이튿날 새벽 항구에 도착했다. 옅은 안개 속에서 간이 통로를 걸어 내려오던 칭링의 눈에 익숙한 형상이 비쳤다. 쑨원이 해안에서 그녀를 기다리고 있었다. 그가 누군가를 마중하러 항구에 오는 것은 극히 드문 일이었다. 칭링의 애정 어린 말마따나 그는 "대단히 바쁘신 양반"이었다. 더구나 지금은 쑨원에게 특히나 위험한 시기였다. 그는 아마 칭링의 사랑에 깊이 감명하여 고맙다는 뜻을 전하고 싶었던 것 같다. 칭링은 남편의 행동에 감동했고, 또 그가 다치지 않았다는 사실에 한결 마음을 놓았다.

칭링이 상하이에 온 지 18일 만에 쉰여섯 살의 대총통 위안스카이는 요독증으로 사망했다. 그가 생전에 사임하지 않았기 때문에 대총통직은 자동으로 부총통 뤼위안훙에게 승계되었다. 쑨원은 불명예로 인해서 비틀거리던 손쉬운 표적을 놓쳐버렸다. 그는 스스로 일으킨 전쟁을 잠시 멈추고, 뤼위안훙을 처리할 방안을 강구하기 시작했다. 한편 칭링에게 위안스카이의 사망은 남편이 이제 안전해졌다는 의미였다. 그것만으로도 칭링은 충분히 기뻤다.

6

마담 쑨원이 되다

쑨원은 대총통 뤼위안홍에게 중국을 지배하려는 야욕이 없음을 과거의 경험을 통해서 이미 알고 있었다. 그리하여 뤼위안홍이 자발적으로 대총통직을 넘겨주기를 바라는 마음에서 그에게 우호적인 신호를 보냈다. 뤼위안홍은 그의 기대를 배반하고, 고작 중화민국 고등 고문이라는 특별 직함을 제안했다. 쑨원은 어처구니없는 소리라는 듯 제안을 기각하고는, 몇몇 국민당 소속 의원들을 동원해서 국회가 쑨원 자신의 대총통 취임을 요구하게 만들고자 했다. 그러나 그럴 만한 헌법적 근거가 전혀 없었기 때문에, 국민당 의원들은 그의 요청을 거절했다. 종국에는 몇몇이 **부총통** 정도라면 요구할 수 있을지도 모르겠다고 망설이는 투로 제안했는데, 이 말을 전해들은 쑨원은 머리 끝까지 화가 났다. 그는 소식을 가져온 사자에게 다시 가서 이렇게 전하라고 일렀다. "조심해야 할 거야. 이제 내가 반란을 일으킬 테니 말이야.······군사 행동을 일으킬 거라고. 당신들 모두 조심하는 게 좋을 걸세."

쑨원은 뤼위안훙 정권을 겨냥한 전쟁 준비에 돌입했다. 그러기 위해서는 돈이 필요했다. 제1차 세계대전이 그에게 기회를 만들어주었다. 1917년 초, 미국은 독일과 외교를 단절하고는 중국에도 똑같이 할 것을 요구했다. 오랜 기간 중국의 우방이었던 미국은 연합국 편에 가담하면 이득이 더 많을 것이라고 중국을 설득했다. 이 문제를 두고 국회에서는 몇 주일 동안이나 공방이 이어졌다. 연합군 측과 독일의 외교관들이 방청석에서 추이를 지켜보았다. 3월 10일 중화민국 국회는 독일과의 외교관계를 끊는 안건을 통과시켰다. 독일에 남아 있는 기록에 따르면 당시 독일은 단교 논의를 무산시키기 위해서 의원들에게 치열한 로비를 벌였는데, 그중에서도 가장 선봉에 서서 연합군 측에 가담하자고 주장했던 전직 군인이자 현 국무총리 돤치루이에게 특히 공을 들였다. 독일은 돤치루이에게 사적으로 100만 달러를 주겠다고 제안했으나, 일언지하에 거절당했다(위안스카이의 총애를 받았던 돤치루이는 그가 황위에 대한 꿈을 접게 만드는 데에도 중요한 역할을 했다).

독일의 목표는 돤치루이를 제거하고 단교 결정을 뒤집는 것이었다. 독일은 쑨원의 연락책 차오야보를 통해서 쑨원과 비밀리에 접선했다. 상하이 주재 독일 총영사 헤르 크니핑은 쑨원이 적극적으로 협력 의사를 밝히면서 "200만 달러를 요구했다"고 베를린에 알렸다. 독일 총리가 이를 최종 승인함으로써 쑨원은 150만 달러어치의 멕시코 은화(당시 중국에서 통용되던 통화 중 하나였다)를 손에 넣었다.* 쑨원이 외국으로부터 처음 받은 거액의 후원금이었다.

쑨원은 이 돈으로 야트막한 언덕으로 둘러싸인 인구 100만의 부유한 남

---

* 주중 미국 총영사 P. S. 하인츨만의 보고에 따르면 돈은 홀란트 은행과 타이완 은행을 통해서 광둥으로 운반되었다고 한다.

부 해안 도시 광저우에 근거지를 마련하고자 했다. 그가 젊은 시절 시대에 뒤떨어졌다며 싫어했던 이 도시는 이제 근대화가 상당히 진행된 상태였다. 여기저기 오래된 골목을 넓혀서 자동차가 다니는 큰길을 닦는 공사가 한창이었다. 곳곳이 움푹 파인 새 길을 지날 때면, 새틴을 씌운 자동차 좌석에 앉은 탑승자들의 몸은 심하게 흔들렸다. 쑨원에게 무엇보다 중요한 것은 한 무리의 국회의원들이 베이징에서 광저우로 내려와 있다는 사실이었다. 그는 이들을 포섭하여 자신의 지지 기반으로 삼을 심산이었다. 언론 자유의 권리 아래 신문들이 보도한 대로 중국 최초의 국회는 혼란스러운 난장판이었고, 선거를 다시 치러야 한다는 탄원이 이어졌다. 이러한 압박 속에서 1917년 6월 대총통 뤼위안훙은 현 국회를 해산하고 새로 선거를 실시하겠다고 선언했다. 이는 사실 헌법에 위배되는 행위였다. 100여 명의 의원들이 뤼위안훙의 결정에 항의하며 베이징을 떠났고, 쑨원은 독일로부터 받은 돈으로 이들 가운데 대다수에게 자금을 지원하여 광저우로 와서 활동하도록 만들었다. 또한 자금 부족에 시달리던 옛 친구 청비광의 해군 함대를 매수하는 데에도 돈을 썼다. 8월이 되자, 쑨원은 광저우에 '정부'를 설립하여 베이징에 맞서면서 자신이 헌법을 수호하고 있다고 주장했다.*

광저우에 모인 의원들에게 쑨원은 자신을 중국의 '임시 대총통'으로 만들라고 요구했다. 의원들은 주저했다. 그들은 대총통을 선출하기에는 현재 모인 인원이 헌법에서 규정한 정족수에 미달한다고 했다. 의원들의 목표는 베이징 정부 타도가 아니라 국회를 복구하는 것이었다. 쑨원은 격분하여 의장에게 욕설을 퍼부었다. 화를 참지 못하고 남을 다그치는 것은 이제 그의 습관이나 다름없었다. 결국 논의 끝에 쑨원은 '대원수' 칭호를 받

---

* 독일로부터 금전적 지원을 받았음에도 쑨원 정권은 독일 측이 승리할 가망이 사라지자 금세 전쟁을 선포했다.

게 되었다(광저우 정부는 '군정부'라고 부르기로 했다). 그는 금색 술과 빨간 띠를 두른 의복에 깃을 꽂고 의장도를 찬 화려한 모습으로 이 직함을 받아들였다.

쑨원은 즉각 베이징 정부를 상대로 전쟁을 일으켰다. 자신의 무기를 가지고 입대한 병사들에게는 매달 15위안, 그렇지 않은 병사들에게는 매달 10위안이 지급되었다. 독일로부터 받은 돈은 금세 바닥이 났다. 대원수 쑨원은 세금을 거둘 권한이 없었기 때문에, 광저우 시 정부는 돈을 넘기라는 그의 요구를 받아들이지 않았다. 쑨원은 또다시 막말을 쏟아붓더니 시 청사를 포격하라고 해군에 명령했다. 해군이 거절하자, 쑨원은 배에 올라서 직접 대포를 발사했다. 쑨원의 행동은 청비광의 분노를 샀고, 둘의 사이는 멀어졌다. 머지않아 쑨원의 옛 친구였던 그는 부둣가 어딘가에서 총을 맞고 죽었다. 이 사건을 포함하여 여러 암살 사건에 깊숙이 간여했던 쑨원의 한 심복의 말에 따르면, 쑨원의 비서 주즈신이 이 일을 맡아서 처리했다고 한다. 훗날 쑨원은 청비광의 죽음이 "명령 불복에 따라서 처형된 것"이라고 표현했다.

의원들은 이처럼 강압적인 '독재'에 겁을 먹었다. 쑨원과 엮인 것을 후회하던 그들은 그를 쫓아낼 방법을 찾았다. 선거를 통해서 대원수 직위를 폐지하고 쑨원을 포함하여 7명으로 구성된 집단 지도 체제를 구축한 것이다. 그들은 쑨원이 지도권을 다른 사람과 나누려고 하지 않으리라고 계산했다. 예상대로 쑨원은 즉시 사임하고 1918년 5월 21일 광저우를 떠났다. 그가 대원수직에 있었던 시간은 채 1년이 되지 않았다.

이즈음 쑨원을 본 사람들은 그의 쪼그라든 모습에 충격을 금하지 못했다. 쉰한 살의 나이에 그의 머리는 하얗게 셌고, 숱이 눈에 띄게 줄었다. 어깨는 볼품없이 축 처졌으며 표정에서는 생기를 찾아볼 수 없었다. 눈 한쪽이 곪아서 심하게 부풀어오른 탓에 헬쑥한 얼굴을 타고 눈물이 흘렀다. 마음속 깊이 응어리진 한이 그를 괴롭혔다. 공화주의를 처음 주장한 사람이었음에도, 그에게는 합당한 대가가 주어지지 않았다. 그의 위대함은 제대로 평가받지 못했고, 마땅히 그의 것이 되어야 할 자리(중국의 대총통)는 끝끝내 그의 손을 빠져나갔다. 쑨원은 "도와주는 이 하나 없는 처절한 외로움"을 느꼈다. 그의 말에 따르면 이런 상황은 "나만의 곤경이 아니라, 중화민국의 곤경"이었다.

쑨원이 광저우에 있는 동안 칭링은 주로 상하이에 머물렀다. 1917년 7월 막냇동생 메이링이 10년 만에 미국에서 귀국하여 상하이로 왔고, 그후 아버지가 암에 걸려서 극심한 고통에 시달리다가 1918년 5월 3일 세상을 떠났다. 쑨원이 상하이에 없던 차에 이런 일들을 겪으며 칭링은 다시 가족과 가까워졌다.

광저우에서 쫓겨난 쑨원은 상하이로 오고자 했고, 칭링은 프랑스 총영사로부터 부부의 프랑스 조계지 거주를 허락하는 승인을 받아냈다. 쑨원 부부의 집은 너른 정원이 딸린 유럽식 주택이었다. 이 집은 짧은 골목의 막다른 끝에 위치했고, 앞에 건물이 몇 채 없어서 경비하기가 비교적 수월했다. 거실 벽에는 조지 워싱턴의 초상화가 걸려 있었다. 사람들은 종종 쑨원을 중국의 조지 워싱턴이라고 칭했는데, 쑨원은 그 말이 타당하다고 여겼다.

결혼 후 칭링은 전보다 더 아름다워졌다. 노스캐롤라이나 담배 업계의 큰손으로 이전에 그녀 아버지의 후원자였던 줄리언 카가 이즈음 상하이를 방문했다가 칭링을 보고는 자신이 중국에서 본 여성들 중 "가장 잘생긴 아가씨"라고 평하기도 했다.

부부를 찾는 방문객은 많았고, 칭링은 그들 모두를 즐겁게 해주었다. 부부의 집을 자주 방문했던 미국인 기자 조지 소콜스키는 칭링의 "너무나도 매력적이고 사랑스러운 성격" 때문에 그녀의 남편이 쉽게 가려질 정도였다고 기록했다. "어딘가 우중충하고 항상 공상에 잠긴 듯한 정치 지도자보다, 그녀의 존재감, 상냥한 웃음, 세련된 말솜씨가 사람들의 기억에 더 오래 남았다." 칭링은 방문객 한 사람 한 사람을 "따뜻하게 반기고, 부드러운 태도, 살가운 말투로 대하는" 와중에도 "쑨원 박사가 시간과 에너지를 낭비하지 않도록 하고 그의 평온을 지키는" 일을 게을리하지 않았다. 아침이면 칭링은 쑨원과 테니스를 쳤다. 아침 식사를 한 뒤에 그는 글을 읽고 쓰며 시간을 보냈고, 그녀는 그가 쓴 원고를 필사했다. 칭링은 쑨원의 비서로 일했고 겸손하게 자신을 낮추었다. "그녀는 언제나 그 자리에 있었지만 쑨원 박사의 옆이 아니라 한 발짝 뒤에 머물렀다.……그 위대한 남자를 지키면서 말이다.……그녀가 자신의 매력을 무기로 불쑥 끼어들어 남편의 명예를 조금이라도 빼앗고자 한 적은 단 한 번도 없었다."

칭링을 비서로 두고 쑨원은 『쑨원 학설(孫文學說)』이라는 거창한 제목의 소책자를 저술했다. 그가 몹시도 자랑스러워한 이 **작품**에는 하나의 주제가 있었다. "알기는 쉬워도 하기는 어렵다"라는 속담을 뒤집은 "하기는 쉬워도 알기는 어렵다"가 그것이었다. 쑨원은 옛 속담이 이 나라 모든 해악의 근원이라며 자신이 만든 격언이야말로 "중국을 구원할 유일한 수단"이자 심지어는 "우주의 진리"라고 단언했다. 그러고는 이 주장을 논증하겠다며 두부나 목이버섯, 돼지 내장 같은 음식들의 이점에서 시작해서 별안간 돈의 중요성을 장황하게 설파하더니, 언어, 다윈, 과학, 일본의 개혁, 경제를 발전시켜야 할 필요성에 대해서 설교를 늘어놓았다. 이 모든 주제들은 어떠한 일관성이나 논리 없이 아무렇게나 뒤섞여 있었다.

뒤죽박죽인 이 글을 통해서 쑨원은 가장 먼저 "말한" 사람의 우월함을 주장했다. 그 사람이란 다름 아닌 공화주의를 가장 먼저 주장한 쑨원 자신을 의미했다. 쑨원은 모두가 그 사람에게 복종해야 한다는 입장을 고수했다. 당시 손꼽히는 진보 지식인이던 후스는 쑨원의 의도를 간파하고, 쑨원이 책을 통해서 하고자 하는 말이란 결국 "나에게 복종하라", "내 말에 따르라"라고 날카롭게 지적했다. "이 책을 꼼꼼히 살펴본 결과, 우리는 가능한 설명은 그것뿐이라고 결론 지을 수밖에 없었다."

칭링은 대학 시절 제법 인상적인 논설문을 여러 편 썼고 잘난 척하는 사람을 조롱하기를 좋아했지만, 이 책은 숭배했다. 예리한 데다가 직관적인 지성이 남달랐던 동생 메이링은 친구 에마 밀스에게 자신이 관찰한 바를 이렇게 전했다. "있지, 보아하니 가장 성공하는 사람들은 천재같이 뛰어난 능력을 지닌 이들이 아니라, 자기 자신에 대한 믿음이 몹시 깊은 나머지 자신뿐만 아니라 남들까지 홀리는 사람들이더라."

칭링은 그만큼 남편에게 푹 빠져 있었다. 앨리에게 보내는 글에 그녀는 이렇게 썼다. "나는 여전히 그이를 존경하고, 변함없이 그이의 품성을 숭배해.……사랑하는 앨리, 내가 널 위해 빌어줄 수 있는 최고의 소원은 네가 조만간 너의 이상을 그대로 빚어놓은 듯한 사람을 만나는 거야. 그러면 행복이 찾아올 거야. 물론 너는 지금 그대로도 행복하겠지만, 결혼 생활의 행복이란 미혼 때와는 사뭇 다르고 훨씬 위대하거든."

쑨원은 상하이에서 2년 조금 넘게 머물렀다. 그사이 1918년 또 한 번의 총선거가 치러졌다. 새로 선출된 대총통은 '학자이자 신사'로 유명했던, 강직한 성품으로 존경받는 정치인 쉬스창이었다. 광저우 정부의 영향 아래에 있던 5개 성은 선거를 보이콧했지만, 나머지 모든 지역에서 투표가 진행되어 정부가 구성되었고 이내 국제 사회의 공인을 받았다. 대총통 쉬스창은 광저우 정부에 평화와 통일을 제안했고, 사람들이 이에 호응하면서 주요 직책을 맡았던 많은 이들이 광저우를 떠났다. 쑨원은 광저우로 돌아와서 대총통 쉬스창으로 표적을 변경하여 전쟁을 이어갈 계획을 짰다. 그는 권력이란 오직 총구에서 나오는 것이라고 굳게 믿었다. 1919년 민족주의를 표방한 5-4 학생 운동이 일어났을 때(중국 역사상 획기적인 사건이라고 평가받는다), 몇몇 젊은이들이 쑨원을 찾아와서 조언을 구했다. 쑨원은 그들의 운동에는 별반 관심을 보이지 않았고, 단지 이렇게 말했다. "베이징 정부를 처리하는 데 총 500자루를 주겠네. 자네들 생각은 어떤가?" 그는 독일에 3개의 사절단을 파견하여 중국에 쳐들어와서 베이징을 공격하라며 독일군을 설득했다. 독일인들은 쑨원이 "미쳤다"고 생각했다. 그는 상하이 주재 일본 총영사를 통해서 일본 쪽에도 도움을 요청했다. 베이징 정부와 싸우는 자신을 지원해주면, 일본에게 만주와 몽골을 넘기겠다는 것이었다. 일본은 그의 간청을 무시했다.

중국에 선거민주주의가 도입된 지도 이제 10년에 가까워지고 있었다. 온 나라가 전에 없던 자유를 만끽하는 가운데 영리하고 야망 있는 사람들은 나라를 통치할 색다른 방식을 궁리했고, 자신들의 아이디어를 실행에 옮기려고 노력했다. 그중 하나가 광저우 정부의 장교 천중밍이었다. 군인으로 전직하기 전에 천중밍은 변호사 교육을 받았고, 1909년에는 광둥 성 의원으로 선출되었다. 그는 중국은 고도로 중앙에 집중된 형태의 정부가 다스리기에는 너무 크며, (미합중국과 같은) 연방제가 더 적합하다고 믿었다. 그러려면 우선 각 성들이 상당한 자율성을 보장받고 자체적으로 성 운영을 책임질 수 있어야 했다. 이러한 구상을 실현시키기 위해서, 천중밍은 광둥 성과 성도 광저우에 시범적으로 학교와 주택, 도로, 공원, 공공시설을 건설하여 자신의 계획을 알릴 모범 사례로 삼는다는 목표를 세웠다. 문제는 성을 통치할 권한이 없는 일개 장교인 그의 말을 아무도 듣지 않는다는 것이었다. 천중밍은 쑨원을 떠올렸고, 쑨원의 이름을 빌려서 자신의 목표를 이룰 수 있으리라고 기대했다. 기회를 포착한 쑨원은 천중밍으로 하여금 광저우를 장악하게 했고, 자신은 1920년 11월에 광저우에 도착했다.

천중밍은 곧 쑨원을 끌어들인 것을 후회했다. 쑨원의 목표는 천중밍 자신의 목표와는 정반대였다. 쑨원은 광저우를 기지로 삼아서 전쟁을 벌이고, 중국 전역을 지배하고자 했다. 곧바로 치열한 기싸움이 이어졌지만, 이 방면에서 장교 천중밍은 쑨원의 적수가 되지 못했다. 쑨원은 곧바로 베이징과 대적할 또다른 정부를 설립했다. 그리고 고작 대원수밖에 되지 못했던 1917년과 달리 이번에는 스스로를 "중화민국 대총통"이라고 선언했다. 1921년 4월 7일의 일이었다. 그렇게 국부 쑨원은 중국을 반으로 갈라놓았고, 적법하게 선출되었으며 국제적으로도 인정받은 정부에서 이탈하여 독자적인 정권을 수립했다. 다른 어떤 성에서도 벌어지지 않은 일이었다.

광저우에서 쑨원과 만난 후, 미국의 주재무관 매그루더 소령은 쑨원을 움직이는 것이 "단 하나의 인생 목표, 즉 자신의 출세"이며, 이 개인적인 목표를 위해서라면 쑨원은 수단을 가리지 않고 다른 이들의 희생도 감수하리라고 내다보았다. 매그루더의 후임자로 온 필리언 소령이 관찰한 바 역시 마찬가지였다. "그의 눈길은 [베이징]에 고정되어 있다. 그곳이 그의 목적지이다. 그는 중국 전역이 자기 발 아래에 있게 될 거라고……온 나라가 자신에게 복종하게 될 거라고 믿는다."

1922년 5월, 쑨원은 대총통 쉬스창을 몰아내기 위한 북벌을 개시했다. 쉬스창이 선출되었을 당시 전체 22개 성 가운데 5개 성이 선거에 참여하지 않았다는 것이 그의 명분이었다. 전쟁을 다시 치르고 싶지 않았던 쉬스창은 쑨원과 자신이 동반 사퇴하고 새로 전국 선거를 시행하자고 제안했다. 그는 탁월한 수완을 발휘하여 중요한 외교 안건 하나를 마무리한 직후 사표를 제출했다. 당시 산둥 성의 일부 지역을 제1차 세계대전 때부터 일본이 점령하고 있었다. 중국은 1919년 열린 전후 파리 강화 회의에서 이 지역을 되찾아오는 데에 실패했고, 이 때문에 같은 해에 민족주의 경향의 5-4 학생 운동이 촉발된 바 있었다. 쉬스창 정권은 노련한 교섭으로 일본을 압박해서 1922년 영토를 성공적으로 반환받았다. 6월 2일 조약 비준서에 서명을 마친 대총통 쉬스창은 그날 아침부로 사직서를 제출했고, 오후에는 수도를 떠났다(이 외교상의 승리는 그동안 역사책에서 의도적으로 지워져 왔다).

쉬스창이 그토록 쉽게 대총통직을 포기하리라고 예상하지 못했던 쑨원은 경솔하게도 그와 함께 사퇴하겠다고 이미 공표한 상태였다. 그에게 약속을 지키고 전쟁을 멈추기를 요구하는 여론이 들끓기 시작했다. 쑨원은 그런 말을 한 적이 없다는 듯이 굴었다. 오랫동안 평화를 갈망해온 장교 천중밍과 그의 군대는 넌더리가 나서, 더 이상 쑨원 편에서 싸우지 않을 것임을 천명하고는 언론에 공식적으로 사퇴를 발표하라고 쑨원에게 요구했다. 6월 12일 쑨원은 기자회견을 열고 천중밍의 군대에 대해서 어느 때처럼 신랄한 비난을 늘어놓았다. 그는 위협하는 어조로 이렇게 선포했다. "사람들이 말하길 쑨원은 '대포'(大砲 : 허풍을 심하게 치는 사람)라고 하던데, 이번에야말로 진짜 대포가 뭔지 한번 보여주겠소. 8인치 대포로 독가스를 살포할 거란 말이오.……그러면 천중밍이 거느린 60여 개의 대대는 세 시간 안에 가루가 될 거요. 60개가 넘는 대대의 군인들을 학살하고 온 도시의 주민들을 두려움에 떨게 하는 건 물론 지나치게 폭력적이고 잔인한 일이오. 하지만 이렇게라도 하지 않으면 도통 말을 듣질 않으니 말이

오." 쑨원은 기자들에게 자신의 협박을 신문에 실으라고 요구했다.

이 기자회견으로 천중밍의 인내심은 한계에 다다랐다. 그는 쑨원을 몰아내기로 결심했다. 이후 며칠에 걸쳐 언덕 밑에 자리한 쑨원의 총통부 주변으로 병사들이 배치되었다. 야트막한 언덕을 반쯤 올라가다보면 나오는 잘 꾸며진 포장도로 끝에 그가 사는 관저가 있었다. 호화로운 정원이 딸린 세련된 저택이었다. 저택에 들어서면 아래로 도시의 거리가 한눈에 내려다보였고 뒤편으로는 주 강이 흘렀다. 이곳에서 쑨원은 당장 떠나라는 전갈을 받았다. 그는 거부했다.

6월 16일 자정에서 한 시간쯤 지났을 때, 천중밍의 군대가 새벽녘에 총통부를 공격할 것이라는 경고가 날아들었다. 쑨원은 이곳을 탈출해야겠다고 결정했다. 그는 하얀 여름용 면옷을 걸치고 선글라스를 쓴 뒤 1급 비밀 서류만 지닌 채 평상복을 입은 경호원 몇 명과 함께 관저를 떠났다. 언덕을 내려오면 바로 광저우의 대로변이었다. 그곳에서 쑨원 일행은 인력거를 잡아타고 근처 항구로 갔고, 다시 모터보트를 빌려 쑨원에게 충성하는 포함(砲艦)으로 이동했다. 기껏해야 한 시간 반도 지나지 않은 짧은 시간 내에, 쑨원은 안전해졌다. 아내는 데려오지 않은 채였다.

날이 샐 무렵, 대총통이 이미 빠져나갔다는 사실을 눈치채지 못한 천중밍의 군대가 관저를 공격하기 시작했다. 칭링이 아직 총통부에 남아 있었기 때문에, 50명 남짓한 쑨원의 경호원들은 그녀를 보호하기 위해서 격렬히 맞서 싸웠다.

쑨원이 떠나기 전 칭링은 자신이 남아서 그가 탈출하지 않은 것처럼 위장하겠다고 자원했다. 칭링이 사건 직후 상하이의 한 신문에 기고한 바에 따르면, "여자를 데리고 가는 것이 그이에게 불편할 거라고 생각했다. 그래서 지금 당장은 나를 두고 가라고 그이를 설득했다." 다른 자리에서 털어놓기로는 남편에게 이런 말을 건넸다고도 했다. "중국에 나는 없어도 괜찮지만, 당신이 없으면 안 돼요." 사랑의 힘으로 그녀는 남편을 위해서 목숨을 바칠 준비가 되어 있었다.

이 젊은 여성이 몰랐던 사실은 그녀의 남편이 안전한 곳으로 피신한 **후에도** 그녀의 탈출을 원하지 않았다는 것이다. 그는 동이 트기 훨씬 전, 그러니까 천중밍의 군대가 공격하기로 예정되어 있던 시각보다 한참 전에 포함에 도착했다. 아내에게 전갈을 보내서 자신이 안전하게 피신했으며 이제 그녀 역시 도망쳐도 된다고 알릴 시간은 충분했다. 그러나 쑨원은 그렇게 하지 않았다. 사실 총통부에 사람을 한 명 보내기는 했지만, "정찰하라"는 지시를 내렸을 뿐 다른 말은 하지 않았다. 칭링은 남편이 안전한 곳에 도착했다는 사실을 모르는 상태로 용감하게 버텼던 것이다.

그녀가 기록한 바에 따르면, 천중밍 측은 동이 틀 무렵에 그녀의 집으로 돌격하기 시작했다. 쑨원의 경호원들이 "라이플 총과 기관총으로 맞서 싸우는 동안 적들은 야포를 쏘았다.……우리 집 욕조는 산산조각이 났다.……8시쯤 되자 우리 쪽 탄약고가 바닥을 보이기 시작했다. 우리는 사격을 중지하고 남은 탄약은 최후의 순간까지 남겨두기로 했다." 이때가 되어서야 그녀는 관저를 떠나는 데에 동의했다. 칭링과 3명의 수행원들은 포장도로를 엉금엉금 기어서 언덕을 내려갔다. "얼마 가지 않아서 적들이 우리가 있는 쪽으로 집중포화를 퍼부었다. 총알이 휙휙 날아가는 소리가 귓가에 울렸다. 두 번이나 총알이 내 관자놀이를 아슬아슬하게 스쳤지만, 상처를 입지는 않았다."

남편이 순조롭게 탈출한 것과 달리, 그녀의 도피는 "생사를 넘나드는 사투"였다. "오전 8시부터 오후 4시까지 우리는 말 그대로 어마어마한 포화

속에 파묻혀 있었다. 사방에서 총알이 날아들었다. 내가 방에서 나오고 몇 분 만에 그 방의 천장이 통째로 내려앉기도 했다."

수행원 한 명은 총에 맞아서 더 이상 움직일 수 없었다. 칭링은 그 수행원의 모자와 쑨원의 우비를 입고서 다른 두 경호원과 함께 가까스로 큰길에 다다랐다. 어디를 가도 병사들이 보였다. "이쯤 되니 그들은 모두 완전히 미쳐버린 상태였다."

나는 기진맥진한 나머지 경호원들에게 나를 쏴서 죽여달라고 애원했다. 그러는 대신 그들은 내 팔을 한쪽씩 잡고 부축하면서 나를 질질 끌고 앞으로 나아갔다.……사방에 시체들이 널려 있었다.……한번은 지붕 아래에 쪼그리고 앉아서 얼굴을 맞대고 있는 두 남자가 보였다. 가까이에서 살펴보자 그것은 눈을 뜨고 죽은 시체들이었다. 빗나간 총알에 맞아 죽은 것이 분명했다.

작은 골목에서 한 무리의 폭도들이 튀어나와서 또다시 우리의 앞을 가로막았다. 우리는 길바닥에 바짝 엎드려 죽은 척하자고 귓속말을 주고받았다. 그렇게 공격을 피한 다음 다시 일어나서 계속 이동했다. 경호원들은 기절할수 있으니 시체를 보지 말라고 내게 조언했다. 30분이 지나 총소리가 줄어들즈음 우리는 작은 농가에 이르렀다. 주인은 괜히 보호해주었다가 잘못될까봐 두려워하는 마음에 우리를 쫓아내려고 했다. 그러나 그가 내쫓기도 전에 내가 선수를 쳤다. 때마침 기절한 것이다.

정신을 차리고 보니 경호원들이 찬물로 내 몸을 닦고 부채질을 해주고 있었다. 그중 한 명이 상황이 어떻게 돌아가는지 보려고 밖에 나갔는데, 갑자기 탕 하고 총소리가 났다. 안에 있던 경호원이 서둘러 문을 닫았다. 그는 밖에 나간 경호원이 총에 맞아서 지금쯤 죽었을 거라고 말했다.

총소리는 점차 잦아들었고, 나는 시골 노파로, 경호원은 행상인으로 위장하고 오두막을 나섰다. 길에서 주운 바구니에 채소를 조금 담아 손에 들었다. 마침내 우리는 한 친구의 집에 도착했다.……그곳에서 밤을 보냈다. 밤새도록 포격 소리가 끊이지 않았다. 마침내 우르릉 하며 포함에서 포탄을 쏘는 소리가 들려왔을 때, 우리의 안도감은 이루 말할 수 없었다. 그 소리는 쑨원 박사께서 안전하시다는 뜻이었다.

그러니까 칭링은 그때까지 쑨원이 안전하다는 사실을 몰랐던 것이다. 천중밍의 부대가 급습했을 때, 그녀가 총통부에 남아 있었던 것은 이 때문이었다. 쑨원은 명백히 의도적으로 아내를 미끼로 삼았고, 급습이 치열한 전투로 번지게 만들었다. 그리고는 전투를 구실로 삼아서 포함에서 광저우로 폭격을 퍼부었다. 수십 명의 중국인 인사들과 외국인 대표들이 쑨원을 찾아와서 폭격을 멈춰달라고 호소했지만, 그는 천중밍 부대에게 공격받는 자신의 관저를 가리키며 그들의 입을 다물게 했다. 보도 자료에서 그는 자신이 대피하고 "몇 분 만에" 공격이 시작되었고, 자신이 "해군에 포격을 명한 것은 격분했기 때문이며, 또한 정의를 집행해야 한다고 결심했기 때문"이라고 주장했다.

아군의 포함이 굉음을 내며 포탄을 발사하자, 쑨원은 전율했다. 주위 사람들은 그가 "잡담하며 웃다가", "오늘 전투는 아주 만족스럽군그래!" 하며 큰 소리로 말했다고 회상했다.

그 순간, 그의 아내의 목숨은 위태로웠다. 이틀 밤낮을 생지옥에서 보낸 후에야 칭링은 마침내 친구에게 전화를 걸 수 있었다. 친구는 나룻배를 보내서 칭링을 데려왔고, 쑨원의 포함까지 안내해주었다. 칭링이 죽음의 위험에서 빠져나오는 동안, 그녀의 남편은 손가락 하나 까딱하지 않았다. 남편과의 짧은 재회 후에 칭링은 상하이의 친정으로 떠났다.

칭링은 도망치는 와중에 아이를 유산했다. 그리고 다시는 임신할 수 없을 것이라는 진단을 받았다.

칭링은 충격으로 무너져내렸다. 그녀는 아이를 간절히 원했다. 이때의 고통은 칭링의 인생에 짙은 그림자를 드리웠다. 그후 가까운 친구들은 아이를 낳는 이야기만 나오면 칭링이 "상처받은" 표정으로 "화제를 돌리려고" 한다는 사실을 눈치챘다. 그녀의 반응은 "거의 병적인 수준"이었다. 아이를 가지고 싶다는 소망을 이루지 못했다는 사실은 훗날 그녀의 행동을 뿌리째 좌우하게 되었다. 유산 직후에 그녀는 충격을 받은 나머지 자신이 겪은 일의 기록에서 유산 이야기를 빼버렸다. 고통이 아직도 너무나 생생했다. 여동생 메이링의 친구 에마 밀스는 칭링의 괴로운 마음을 알아챘다. 당시 상하이에 머물렀던 그녀는 칭링이 자신의 신분을 숨긴 채 농촌 아낙네와 같은 옷을 입고 상하이에 내리는 모습을 지켜본 뒤에 일기에 이렇게 적었다. "조그맣고, 가냘프고, 몹시 창백했다. 살면서 그토록 쓸쓸한 형상을 본 적이 없었다." (밀스는 저녁 식사 때까지 함께했고, 칭링의 옷을 몇 벌 짓기 위해서 들른 재단사와 메이링이 상의하는 것을 거들었다.)

결국은 칭링도 남편이 자신에게 무슨 짓을 했는지를 깨달았다. 그녀는 거의 죽다 살아났고, 아이를 유산했으며, 다시는 아이를 가질 수 없는 몸이 되었다. 쑨원이 자기 자신의 탈출을 감추기 위해서 그녀를 이용했다는 것까지는 칭링도 이해할 수 있었다. 그러나 적의 공격을 유도하기 위해서 그녀를 죽을지도 모르는 자리에 밀어넣은 것은 도가 지나친 일이었다. 어떤 여자라도 이런 짓을 당했다면 사랑이 식었을 것이다. 쑨원을 향한 칭링의 사랑 또한 이 시련을 견디지 못했다. 훗날 칭링의 친구인 미국인 기자 에드거 스노가 그녀에게 쑨원과 어떻게 사랑에 빠지게 되었냐고 물었을 때, 스노가 녹음한 그녀의 대답은 다음과 같았다. "난 사랑에 빠진 게 아니었어요." 칭링은 천천히 말했다. "먼 발치에서 영웅을 숭배한 거였죠. 그를 위해 일하겠노라고 도망친 건 소녀들이 하는 낭만적인 발상이었고요.······ 나는 중국을 구원하고 싶었고 쑨원 박사는 그걸 해낼 수 있는 분이었으니, 그를 돕고 싶었던 겁니다."

사랑이 담뿍 담긴 그녀의 편지들이 전하는 이야기는 그녀의 대답과 사뭇 다르다. 칭링은 분명 사랑에 빠졌었다. 다만 온 마음을 바쳤던 사랑이 이제 죽고 없을 뿐이었다. 콩깍지가 벗겨지면서 칭링은 남편의 추악한 면을 보게 되었다. 그는 그녀 자신보다 더 좋은 사람도, 더 고결한 사람도 아니었고, 그녀의 희생을 누릴 자격도 없었다. 쑨원을 향한 칭링의 열정은 사라졌고, 무관심이 그 자리를 대신했다. 그를 떠날 마음은 없었지만, 그와 '거래'를 하고 싶었다. 그리고 칭링은 자기가 원하는 것을 정확히 파악했다. 바로 남편의 정치적 동반자로서 공적인 역할을 수행하는 것이었다. 남편과 손님들이 토론을 벌이는 동안 뒤편에서 타자나 치는 비서 노릇은 더이상 원하지 않았다. 앞으로는 그녀도 토론에 참여할 것이었다. 그리고 공식 석상에서 남편과 나란히 설 것이었다. 과거에도 이런 요구를 했지만, 지도자의 아내가 모습을 드러내는 데에 대중들이 익숙하지 않다는 이유로 기각당했다. 그러나 이제 칭링은 원하는 바를 얻어내기로 작정했다. 그녀가 상하이 신문에 자신의 탈출기를 기고한 것은 아마 쑨원과 그의 동료들에게 자신이 겪은 일을 보여주고, 자신이 이 정도는 요구할 자격이 있다는 사실을 증명하기 위해서였을 것이다.

한편 쑨원은 광저우에 화력을 쏟아붓고서도 그곳을 되찾지 못했다. 그는 8월에 상하이에서 아내와 다시 만났고, 그녀의 요구를 들어주었다. 쑨원 또한 아내에게 빚을 졌다고 생각한 듯하다. 훗날 그는 동료들에게 칭링을 "보살펴달라"고 부탁했다. 칭링이 쑨원의 동반자로서 공식 석상에 나서는 데에 반대했던 사람들 역시 생각을 바꾸었다. 칭링의 용감한 행동, 그리고 쑨원을 위한 자기희생에 놀란 그들은 공경의 뜻을 담아서 그녀를 예우하게 되었다.

이때부터 칭링은 자신감 넘치는 모습으로 대중 앞에 나타났고, 독자적으로 명성을 얻기 시작했다(그녀의 활동을 기점으로 지도자의 배우자가 공인으로 자리를 잡게 되었다). 그녀는 9월 15일 미국의 친구 앨리에게 보낸 편지에 이렇게 적었다. "큰 부탁 하나 해도 될까? 요즘 유행하는 스타일의 명함이 좀 필요해. 지금 당장 티파니나 각인 잘하는 가게에 200장을 주문해줄 수 있겠니? 깔끔하면서도 멋진 디자인으로 골라주면 좋겠어. 명함에 이름은 그냥 쑨원 부인(Mrs SUN YAT-SEN)으로 해주고."

나중에는 '부인'이라고만 칭하는 것이 국부의 배우자에게는 부족하다고 여겨져서 프랑스식 존칭인 '마담'이 이를 대체했다. 그리하여 칭링은 마담 쑨원(Mme Sun Yat-sen)으로 알려지게 되었다.

7

"나의 벗 레닌의 본보기를 따르겠다"

소련이 쑨원 부부의 삶에서 큰 부분을 차지하기 시작한 것은 1922년 여름 쑨원이 광저우에서 쫓겨난 다음의 일이었다.

쑨원은 1918년 레닌에게 전보를 보내서 이 신생 볼셰비키 국가와 접촉한 바 있었다. 같은 해 6월 포함으로 대피한 이후에는 상하이의 러시아 측 인사에게 사람을 보내서 쪽지를 전달했다. 학생용 연습장을 찢어서 몇 줄 휘갈겨 쓴 이 쪽지는 소비에트 연합의 외교부 장관 게오르기 치체린 앞으로 보내는 것이었고, 레닌에게 "안부를 전한다"는 말로 끝맺고 있었다. 쑨원은 쪽지에 영어로 이렇게 적었다. "[장교 천중밍] 때문에 심각한 위기에 봉착해 있소. 그자는 하나부터 열까지 나에게 빚지지 않은 것이 없는 자요." 러시아는 즉각 반응했다. 때마침 쑨원이 필요하던 참이었다. 당시 러시아는 중국과 외교관계 수립을 위한 협상을 진행하고 있었는데, 한 가지 걸림돌이 있었다. 몽골 지역이었다. 이 광활한 땅은 중국의 영토였으나 러시아 군대가 점거하고 있었다. 베이징 정부는 몽골 지역을 공식적으로 병합하려는 러시아의 시도를 거부하고, 거꾸로 러시아에 군대를 철수하라고 요구했다. 그러던 차에 쑨원이라는 패가 생긴 것이다.

러시아 측 교섭인 아돌프 요페는 '마링(Maring)'이라는 가명을 쓰는 네덜란드 출신 공산주의자를 보내서 상하이에서 쑨원과 면담하게 했다. 8월 25일 회의가 끝나고 쑨원은 요페에게 서신을 보내서 몽골 지역에 "러시아 군이 계속 주둔해야 한다"는 의견에 자신이 동의한다고 알렸다. 한걸음 더 나아가 그는 "역사적으로 애용되어온 경로"로 들어와서 베이징을 점령하라고 러시아 군에 제안하기까지 했다. 요페가 모스크바에 보고한 바에 따르면, 쑨원은 러시아가 먼저 "신장 성을 점거하여 그곳에서 쑨원 자신을 위한 군대를 조직하면" "자신이 직접 신장 성으로 가서 그곳 상황에 맞는 정치 체제라면 어떤 것이든, 심지어는 소련식 체제라도 수립하겠다"고 제의했다. 러시아의 결단을 돕기 위해서 그는 신장 성에 있는 "중국군은 4,000명뿐이기 때문에, 저항이 있을 리 없다"고 알려주었다. 또 한 가지 유인책으로서, 신장 성에 채굴 가능한 "광물 자원이 풍부하다"고 귀띔하는 것도 잊지 않았다. 이 모든 계획을 실행하는 데에 쑨원이 부른 값은 "최대 200만 멕시코 달러(대략 200만 루블 금화)"였다.

중국 정부가 러시아의 몽골 병합 요구를 거절한 상황이었기 때문에, 쑨원을 몹시 쓸모 있다고 여긴 모스크바는 그와 손을 잡기로 결정했다. 수도 베이징에서 외교 임무에 성공하지 못한 요페는 상하이로 가서 쑨원과의 거래를 성사시켰고, 1923년 1월 26일 이를 공표했다. 레닌, 트로츠키, 스탈린을 비롯한 소비에트 지도자들이 요페의 보고서를 두고 토론을 벌였다. 요페는 상관들에게 쑨원이 "우리 사람"(원문 강조)이라고 말했다. "이 정도면 200만 루블 금화 값어치가 있지 않습니까?"

소비에트 중앙 위원회 정치국은 회의를 통해서 쑨원에게 매년 200만 루블 금화를 지급하는 안건을 통과시켰다. 쑨원으로서는 1917년 독일로부터 받은 지원금에 이어 두 번째로 받은 거액의 해외 후원금이었다. 그렇지만 이번에는 일시적인 후원이 아니었다. 소련은 앞으로 계속해서 쑨원을 전방위적으로 지원하기로 결정했다.

확실히 보장된 막대한 수입을 등에 업은 쑨원은 광저우를 탐내던 인근 여러 성의 지도자들을 설득하여 광저우로 쳐들어가게 했다. 광저우를 산산조각 낼지도 모르는 전쟁을 할 마음은 없던 천중밍은 사임한 후에 도시를 떠났다. 2월이 되자 미래의 국부는 의기양양하게 광저우로 돌아와서 또다시 별도의 정부를 세웠다. 그리고 이번에는 그의 앞날이 어느 때보다도 밝아 보였다.

스탈린의 지명으로 미하일 보로딘이 쑨원의 정치 고문에 임명되었다. 그는 벨라루스 출신으로 미국과 영국, 멕시코에서 비밀리에 활약했던 소련의 베테랑 선동가였다. 키가 훤칠하고 (나중에 그를 만난) 메이링이 묘사하기로 "약간 곱슬거리는 짙은 갈색의 긴 머리칼이 완벽하게 정돈되어 목 뒤까지 내려온, 사자 갈기 같은 머리모양을 한" 보로딘은 첫눈에 강한 인상을 남기는 사람이었다. 그는 "서두르는 법 없이 울림이 있는 깊고 또렷한 중저음의 목소리"로 말했고, "통제력이 대단하고 사람을 끌어당기는 매력이 있었다." 보로딘이 광저우에 도착했을 때 쑨원은 그를 열렬히 환영했다. 보로딘이 모스크바에 보고한 바에 따르면 쑨원은 "눈도 깜빡이지 않고 나를 몇 초간 뚫어지게 쳐다보더니", "레닌 동지에 대해서 시시콜콜한 것까지 궁금해했다. 마치 의사처럼 레닌 동지의 건강을 물었다."

탁월한 조직자였던 보로딘은 쑨원의 꿈을 실현시키기 위해서 그에게 레닌주의 방식을 가르쳤다. 국민당을 볼셰비키 모형에 따라서 재조직했고, 1924년 1월에는 광저우에서 최초로 소련식 당 대회를 주최했다. 소련은 쑨원을 위해서 군대를 훈련시키고 자금을 댔으며, 광저우에서 10킬로미터 남짓 떨어진 주 강의 작은 섬에 황푸 군관학교를 설립했다.

쑨원과 손을 잡기는 했지만, 러시아는 쑨원이 공산주의를 신봉하지 않으며 그가 배반하지 않으리라는 보장이 없다는 사실을 잘 알고 있었다. 러시아는 1920년 중국공산당을 창건한 뒤에 금전적 지원을 계속하고 있었다. 모스크바의 수뇌부는 이 군소 정당의 당원들에게 국민당에 합류하여 국민당이 소련의 지시에 따라서 움직이도록 내부 여론을 조종하라는 지령을 내렸다. 이때 국민당에 합류한 공산주의자들 중에는 마오쩌둥도 있었다. 국민당 내에서 정치가로 급부상하여 나중에는 중국공산당 당수가 되는 인물이었다.

중국의 미래, 이데올로기, 동료들의 실체—이 모든 것은 쑨원에게 더 이상 중요하지 않았다. 그는 오랜 지인인 미국인 플레처 S. 브록먼과의 인터뷰에서 이렇게 말했다. "내가 베이징과 맞서 싸우는 데 지원해줄 용의만 있다면 그들이 누구든지 상관하지 않는다네."

쑨원이 외세의 지원을 끌어모아 몰아내고자 했던 베이징 정부는 그동안 중국의 이권을 보호하기 위해서 부단히 노력하고 있었다. 1922년 일본이 점령한 산둥 성을 되찾아온 데에 이어, 1924년에는 소련이 몽골 지역을 중국의 일부로 인정하게 만들었다(그런 다음에야 소련과 정식으로 외교관계를 맺었다). 어찌 되었든 베이징 정부는 중국 역사상 유일하게 민주적으로 선출된 정부였다. 완벽하지는 않으나 선거가 시행되었고, 국회가 기능하고 있었다. 위안스카이의 방해공작을 비롯해서 퇴행할 뻔한 위기가 여러 차례 있었지만 중국의 민주주의 체제는 변하지 않았다. 이 정부에서 가장 유명한 스캔들은 차오쿤이라는 인물이 욕심이 과한 나머지 몇몇 의원들의 표를 매수해서 1923년 대총통에 당선된 사건이었다. 그러나 그밖의 수백 명의 의원들은 물론이고 여론도 차오쿤을 맹렬히 비난했고, 결국 그는 겨우 1년 만에 자리에서 물러났다. 베이징 정부하에서 사람들은 자유롭게 말하고 출판할 권리를 만끽했다. 정당들 사이의 경쟁 역시 치열했다. 삼권분립에 입각하여 독립적인 권한을 지닌 사법 체계가 운용되었고, 민간 기업들이 번창했다. 문단과 예술계에서는 수많은 거장들이 능력을 꽃피웠다. 이 시기의 창의적인 문화는 오늘날까지도 범접할 수 없는 수준이었다. 현대 중국어가 탄생하여, 보통 사람들도 읽고 쓸 수 있게 되었다.* 저명한 고전학자이기도 했던 대총통 쉬스창은 모든 초등 교육기관에서 현대 중국어를 중점적으로 가르칠 것을 명시한 법안을 통과시킴으로써 현대 중국어 보급에 결정적인 역할을 했다. 1902년 서태후의 전족 금지령으로부터 시작된 여성 해방은 더욱더 탄력을 받았다. 두어 세대 만에 여성들은 집에 갇힌 포로 신세에서 벗어나 공공장소에서 남성들과 팔짱을 끼고 다녔다. 과거에는 여성들에게 일부러 글을 거의 가르치지 않았지만, 이제는 남성과 동등한 교육의 기회가 부여되었다. 쑹씨 자매는 서태후가 추진한 개혁의 수혜를 받은 여성 1세대들이었다. 칭링은 정부에서 장학금을 받아서 다른 장학생들 및 메이링과 함께 정부 관료의 인솔 아래 미국으로 유학을 갔다. 자매가 귀국할 즈음에는, 새로 들어선 공화국에서 그들과 같이 서양식 옷차림을 한 사람들을 쉽게 찾을 수 있었다.

이 시기에 사람들은 자신과 다른 의견을 유별날 정도로 너그럽게 받아주었다. 중앙 정부로부터 이탈하여 별도의 정부를 이끌고 있던 쑨원조차 계속해서 신사적인 예우를 받았다. 중앙 정부의 통제는 느슨하여 엄밀하

---

* 이 시기의 여러 예술적 성과들은 이후 1919년 5월 4일 일어난 민족주의 운동의 산물로 알려졌지만, 실제로는 5·4 운동과 거의 연관이 없다.

지 않았고, 각 성의 자치 권한은 전에 없이 컸다. 각 성의 지도자들의 세력이 강해지고 자신감도 커짐에 따라서, 그들 가운데 몇몇은 주변 세력과의 분쟁에 무력을 동원하기도 했다. 베이징 정부에 영향력을 행사하고자 전쟁을 일으킨 자들도 있었다. 이후 이들에게는 '군벌(軍閥)'이라는 이름이 붙었다. 쑨원은 군대를 보유하고 광저우를 점령한 상태였음에도 군벌로 분류되지 않았다. 모든 군벌들은 선거로 선출된 베이징 정부를 인정했다. 신문 기사에서는 군벌들 간의 갈등을 상세히 보도했다. 기사만 보면 온 나라가 극심한 혼란에 빠진 듯했다. 그러나 사실 다툼은 잦지 않았고 규모도 작았으며, 충돌이 발생했다고 해도 며칠을 넘기지 않는 경우가 대부분이었다. 군벌들이 싸우는 방식은 서양인들의 눈에 자못 무성의해 보였다. 회색 군복을 입은 군인들은 대열을 맞추어 전장에 와서 조금 기다리다가, 이내 아무렇게나 총을 몇 발 쏘았다. 이따금 대포가 큰 소리를 내며 발사되었지만 표적을 맞추는 경우는 거의 없었다. 사상자도 적었다. 일부 부대에서는 관을 나르는 일꾼을 고용했는데, 이는 전사하더라도 제대로 된 절차에 따라서 묻어주겠다며 병사들을 안심시키기 위한 용도였다(중국인들에게는 극히 중요한 문제였다). 병사들은 조그마한 찻주전자와 기름을 먹인 종이우산 등 갖가지 생활용품을 들고 왔고, 비가 한 방울이라도 내릴 것 같으면 교전을 멈추고 재빨리 우산을 폈다. 전장은 금세 알록달록한 버섯으로 뒤덮인 들판으로 변했다. 이들이 바로 나중에 소련식 훈련을 받은 쑨원의 정예 부대와 대적하게 되는 병사들이었다.

'왕'이라고 불리는 군벌들과 베이징 정계의 실력자들도 권력을 추구하는 데에 모든 것을 바치고 양심의 가책을 전혀 느끼지 않는다는 점에서는 쑨원을 당해내지 못했다. 그들 가운데 가장 두드러지는 인물은 '원수'(우페이푸는 '옥수[玉帥]'라는 별명으로 불렸는데, 미국 언론에서 이를 'Jade Marshal'로 번역하면서 서방에도 널리 알려졌다. 저자는 'Marshal'로만 썼기 때문에 '원수[元帥]'로 번역했다/옮긴이) 우페이푸였다. 골격이 가늘고 시를 좋아하는 학자 출신인 그의 군대는 베이징 부근을 포함한 중국 북부에 주둔하고 있었다. 오랫동안 그는 '중국의 강자'로 간주되었고, 1924년 9월에는 그의 얼굴이 「타임(Time)」의 표지를 장식했다. 「라이프(Life)」는 이렇게 전했다. "만약 그때 옛날식 군벌이 중국을 통일할 수 있었다면 그 주인공은 우페이푸였을 것이다. 두려움을 모르고, 뇌물을 주지도 받지도 않는 청렴한 성격의 소유자는 그뿐이었다. 갈색 눈의 작고 온화한 이 남자는 개인적인 욕심이라고는 전혀 없었다."

과연 우페이푸는 그를 대총통으로 추대하겠다는 여러 번의 제의를 단호하게 거절했다. 중국을 통일하려는 자신의 노력이 이기적인 목적에서 비롯되었다는 오해를 살까 우려했기 때문이다. 원수는 명망이 높았고, 그 명망에 걸맞게 행동했다. 첩을 들이지 않았고, 소박한 생활을 했으며, 수하의 병사들을 엄격하게 통솔했다. 서양인들은 그를 존경했고, "중국의 정직한 군벌", "민주주의자"라고 평가했다. 중국인들은 가히 전설적이라고 할 만한 그의 애국심 때문에 그를 좋아했다. 우페이푸는 외세 배척주의자도 아니고 외국인들과 거래할 때에 늘 예의를 지켰지만, 자신의 목숨이 위협받는 상황이라고 할지라도 상하이 같은 도시의 외국 조계지로 망명하지는 않는다는 원칙을 가지고 있었다. 그러한 조계지들은 19세기 아편 전쟁 이후 외세가 중국으로부터 강탈해간 것이었기 때문이다.* 굳게 지켜온 이 원칙들 때문에 원수 우페이푸는 쑨원과 맞붙었을 때에 속수무책으로 패배했다. 베이징 정부는 자금이 부족했으나, 내전 중에 외국에 도움을 요청

---

* 이후 1939년, 일본에게 점령당한 베이징에서 우페이푸는 자신들에게 협력하라는 일본의 제안을 뿌리쳤고, 사망했다. 많은 사람들이 일본이 그를 독살했다고 믿었다.

하는 것은 우페이푸에게 있을 수 없는 일이었다. 한때 소련이 그에게 접근했지만, 그는 그들이 몽골 지역을 노리고 있으며 공산주의를 신봉한다는 이유로 그들을 내쳤다. 그는 쑨원을 물리치도록 도와주겠다는 일본의 제안도 거절했다. 대가가 뒤따르리라는 사실을 알았기 때문이다.

원수와 달리 쑨원은 거리끼는 것이 없었다. 소련으로부터 자금과 무기를 지원받고 그들의 지시에 따르면서, 쑨원은 한창 광저우에서 병력 증강에 열을 올리고 있었다. 막판에 가서 원수 우페이푸를 물리치고 베이징 정부를 쓰러뜨릴 바로 그 병력이었다.

칭링은 쑨원이 소련 측 사람들과 만나는 모든 자리에 동석했고, 보로딘에게 많은 영향을 받았다. 한때 미국에 살았던 보로딘과 그의 아내 파냐는 미국 중서부 억양이 섞인 영어를 썼다. 칭링은 그들과 함께 있을 때에 편안함을 느꼈고, 그들과 가까운 사이가 되었다. 이들이 영어를 공용어로 쓰는 모습을 보고 쑨원은 이렇게 농담을 던졌다. "이 제국주의자들의 언어가 말이야.……이제 보니 소련 혁명가들의 경험을 중국 동지들에게 전달하는 훌륭한 수단이 되었군."

학창 시절부터 정치에 관심이 많았던 칭링은 이제 정치의 한가운데에 서게 되었다. 그녀는 이러한 상황을 몹시 흡족해했다. 레닌주의가 마법을 부려서 그녀의 강철같이 단단하고 격렬한 면모를 끌어냈다. 자신의 잇속을 위해서 소련을 이용하는 쪽에 더 관심이 많았던 남편과 달리, 칭링은 레닌주의를 신봉하는 열성분자가 되었다.

1924년, 광저우의 상인들이 쑨원에 맞서서 들고일어났다. 쑨원이 일으킨 전쟁은 계속해서 상인들에게 무거운 부담을 안겼고, 상인들은 등골이 빠질 지경이었다. 몇몇 가게들의 파업은 8월이 되자 총파업으로까지 번졌다. 쑨원은 무력을 동원해서 파업 시위를 진압하기로 결심했다. 총파업 참가자들이 자체적으로 무장한 데다가 쑨원이 데려온 인근 성의 군인들도 그들에게 동조하는 상황이었다. 칭링은 10월 13일 보로딘에게 편지를 썼다. "쑨원 박사께서는 즉각 행동에 나서기로 결정하셨어요.⋯⋯[쑨원 박사의 군대는] 시가전에 적합한 훈련이 필요한 상태여서, 당신이 당신 쪽 전문가들에게 연락해 그런 훈련을 좀 시켜줬으면 좋겠다고 하시네요.⋯⋯이 싸움의 목적은 배반한 군인들과 반란에 참가한 상인들을 처단하는 겁니다." 그녀는 레닌주의의 언어로 보로딘에게 전했다. "광저우의 사람들은 우리를 적대하고 있어서", "두려움과 공포 정치만이" 광저우를 구원할 것이라는 말이었다.

당시 황푸 군관학교에서는 소련식 훈련을 받은 간부들을 배출하고 있었다. 이 간부들이 무장한 상인들을 소탕하고 그들의 가게와 상품, 집을 강탈하는 데에 핵심적인 역할을 했다. 파업에 가담하지 않은 상점 주인들에게는 즉시 영업을 재개하지 않으면 총살될 것이라는 경고가 내려왔다. 무자비한 탄압 속에서 수백 명이 죽고 수천 채의 집이 불탔다. 무력 진압은 많은 이들의 규탄을 받았지만, 어쨌든 쑨원은 근거지를 사수하는 데에 성공했다.

쑨원에게 잇달아 좋은 소식이 날아들었다. 이번에는 베이징에서 온 소식이었다. 10월 23일 쿠데타가 일어나 이미 표 매수 사건으로 위신이 땅에 떨어진 상태였던 대총통 차오쿤을 쫓아낸 것이었다. 쿠데타를 이끈 사람은 소방 호스로 물을 뿌려서 부대원 모두에게 한번에 세례를 주었다는 전설의 '기독 장군' 펑위샹이었다. 쑨원과 마찬가지로 소련에서 막대한 양의 무기를 지원받고 있던 펑위샹은 "대업을 주관하시라"며 쑨원을 베이징으로 초청했다. 그토록 오랜 시간 쑨원이 갈망해온 꿈의 실현이 코앞으로 다가온 듯했다. 초청을 받자마자 쑨원은 그곳으로 가겠다고 답신했다.

소련의 뜻에 따라서 보로딘은 쑨원에게 몇 가지 조건을 내걸었다. 광저우를 떠나기 전에 "제국주의(즉 서구 열강)를 타도하자!" 등의 구호가 담긴 성명서를 발표할 것, 그리고 가는 곳마다, 특히 수도 베이징에서 공개적으로 서구 열강을 비난할 것 등이었다. 쑨원이 소련의 후원을 받고 있음을 드러내라는 뜻이었다.

쑨원은 정해진 기일에 맞추어 요구받은 성명서를 발표했다. 그는 소련의 공산주의의 구호들을 주워섬기면서 보로딘과 함께 11월 13일에 광저우를 떠나 17일에 상하이에 도착했다. 그리고 다시 그곳에서 기차를 타고 40시간을 달려 북중국의 주요 항구이자 상업 중심지인 톈진에 당도했다. 수도 베이징이 지척이었다. 하지만 쑨원은 여기에서 멈추었고, 곧장 베이징으로 가는 대신 일본으로 떠나 13일간 머물렀다.

베이징으로 향하는 내내 쑨원은 이해득실을 따져보았다. 보로딘은 그에게 '반제국주의' 논조를 철저히 고수하라고 요구했다. 쑨원 자신은 그동안 서구 열강을 유독 강하게 비난해왔고, 특히 상하이에서는 (자신이 상하이에 있을 때면 늘 외국 법의 보호를 받기 위해서 조계지에서 머무르고 활동했음에도 불구하고) 집권과 동시에 조계지들을 폐지하겠다고 위협했다. 가는 곳마다 소련식 집회의 인파가 외세를 몰아내자는 구호를 외치며 그를 맞이했다. 그가 서구 열강 전부를 적으로 돌리고 오직 소련에만 의지하는 처지가 되어가고 있음은 누가 보아도 명백했다.

공산주의라는 유령은 대중을 공포로 몰아넣었다. 국민당 당원의 대다수도 예외는 아니었다. 쑨원이 소련 측 사람으로 비친다면 외국인들과 마찬가지로 국민당 당원들도 그를 멀리할 것이 불 보듯 뻔했다. 계속 보로딘의 영향력 아래에 있다가는 (소련의 돈을 받는 기독 장군 펑위샹이 아무리

열심히 그를 지지한다고 해도) 대총통직을 거머쥘 수 있을지 장담할 수 없었다. 가까스로 대총통이 되어도, 얼마 지나지 않아서 자리에서 쫓겨날지도 몰랐다. 그러나 보로딘의 요구를 거스르는 일은 상상하기 힘들었다. 소련 측에서 자금을 지원하고 그의 군대를 무장시켜 지휘까지 하고 있었다. 쑨원은 꼼짝없이 빚을 진 신세였다. 그에게 남은 유일한 대안은 또다른 강력한 후원자를 찾는 것이었다. 쑨원은 다시 한번 일본을 떠올렸다.

보로딘은 쑨원의 의도를 간파했고, 그가 모스크바에 전했던 대로 일본행을 반대할 수도 있었다. 그러나 보로딘은 쑨원을 보내주었다. 그에게는 쑨원이 이미 소련에 매인 몸이기 때문에 일본과는 아무것도 할 수 없으리라는 확신이 있었다. 쑨원의 일본 방문은 그저 그가 망상을 접고 소련 편에 확실히 충성하는 결과를 낳을 터였다. 예상대로 일본 정부는 도쿄를 방문하여 관료들과 면담하고 싶다는 쑨원의 요청을 거절했다. 일본의 한 고위 외교관은 쑨원의 사자에게 일본은 쑨원이 소비에트와 연을 끊어야만 그를 도울 것이라고 일러주었다. 쑨원은 빈손으로 일본에서 돌아왔다. 보로딘은 쑨원이 실의에 빠져 있었고, "여행에 대해서는 한마디도 하지 않으려고 한다"고 모스크바에 보고했다.

톈진에 도착한 쑨원은 그곳에서 유럽의 도시와 꼭 닮은 조계지에 머물렀다. 영국령 인도에서 건너온 터번 쓴 시크교도들이 경찰로 근무하는 지역이었다. 기독 장군 펑위샹이 쿠데타를 일으킨 지도 벌써 40일이 넘어가고 있었다. 쑨원이 자리를 비운 사이에 펑위샹은 사태를 해결할 능력이 없음을 발각당해 전 국무총리 돤치루이에게 밀려난 상태였다. 돤치루이는 독일이 건넨 두둑한 뇌물을 물리치고 제1차 세계대전에서 중국이 연합군 편에 서도록 이끈 명망 높은 인물이었다. 돤치루이는 임시 정부를 조직했다. 보로딘은 이 소식을 들은 쑨원이 침울해하는 모습을 목격했다. 돤치루이는 많은 이들이 우러러보는 인물이었고, 각계각층의 사람들에게 존경을 받았다. 쑨원의 동서이자 맏언니 아이링의 남편인 쿵샹시 역시 돤치루이가 "좋은 사람"이며 조국을 위해서 "최선을 다한다"고 평가했다. 돤치루이와 여타 실력자들은 여전히 쑨원을 중화민국의 창립자라고 칭하며 그에게 경의를 표했다. 그들은 새로운 정부를 구성하기 위해서 합동 회담을 열자며 거듭 쑨원을 베이징으로 초청했다. 쑨원이 대총통이 될 가능성은 아직 남아 있었다.

그러나 쑨원은 자신 앞에 넘지 못할 산이 버티고 있음을 알았다. 정계의 거물들과 대중, 그리고 중국과 동맹을 맺은 서구 열강의 지지를 받기 위해서는 소련과 멀어져야 했다. 쑨원에게는 불가능한 일이었다. 소련은 쑨원의 군대를 사실상 장악하고 있었고, 광저우에 1,000여 명의 첩자들을 심어두었으며, 보로딘과 그의 사람들을 통해서 쑨원 주위를 지키고 있었다. 보로딘의 말을 빌리자면, 소련은 "쑨원 영감의 주인님"이었다.

쑨원은 1924년 12월 4일 톈진에 도착해서 이전부터 만나보기를 고대해온 인물과 면담을 했다. 바로 정계에서 가장 영향력이 큰 핵심 인물 중 한 명이자 '큰 원수'(장쭤린의 별명인 '대수[大帥]'는 한국어로 우두머리, 총수라는 뜻이다. 이후 장쭤린의 아들 장쉐량이 '작은 원수[少帥]'라는 별명으로 불리기 때문에 대수를 '큰 원수'라고 번역했다/옮긴이)라는 별명으로 알려진 만주의 실권자 장쭤린이었다. 일개 병사로 시작해서 한때는 마적으로 활동했다가 모두가 탐내는 만주 벌판의 지배자로 부상한 장쭤린은 약삭빠르고 현실적이면서도 상상력이 풍부한, 대단히 인상적인 인물이었다(학자들에게 자신에게 맞는 정치 이데올로기를 개발하라고 주문한 적도 있었다). 만주에서 극적인 성공을 거둔 이후 그는 중국 정계의 실력자로 군림하고 있었다. 장쒼린은 도움을 요청하는 쑨원에게 자신이 지원할 수는 있지만, 그러기 위해서는 소련과 연을 끊어야 한다고 말했다. 장쒼린의 통보는 큰 충격이었고, 쑨원은 이내 쓰러졌다. 그는 심하게 구역질을 했고, 간 부근의 통증으로 온몸을 비틀면서 괴로워했으며, 큰 수건 두 장이 흠뻑 젖을 만큼 땀을 흘렸다. 이튿날 아침이 되어도 통증은 가시지 않았다. 결국 그는 몇 주일에 걸쳐 세심하게 준비되었고 그 자신도 한껏 기대했던 환영집회를 놓치고 말았다. 보로딘이 모스크바에 보낸 의사의 진단서는 쑨원의 간 질환이 심각하다고 명시했다. 쑨원의 투병 소식이 세상에 알려졌고, 많은 이들은 그의 살날이 얼마 남지 않았다고 했다.

쑨원이 병석에 누워서 매일같이 극심한 통증에 시달리던 와중인 12월 10일, 칭링은 미국인 친구 앨리 슬립에게 명랑한 수다가 가득 담긴 편지를 보냈다.

사랑하는 앨리에게,
지난번 편지를 보낸 후로 나는 중국의 이쪽 끝에서 저쪽 끝까지 먼 거리를 다녔단다. 집에 도착해서 너의 편지를 읽고 얼마나 행복했는지 몰라.……네가 이전보다 크게 건강해져서 살도 붙었다니 나도 정말 기뻐.

위에서 볼 수 있듯이 칭링은 건강 문제에 무심하지 않았다. 그러나 남편의 지독한 고통은 그녀의 마음에 아무런 영향도 미치지 않는 듯했다. 편지에서 남편을 언급하기는 했지만, 그 내용은 그가 대단한 찬사를 받았고 덕분에 자신도 즐거운 시간을 보냈다는 이야기뿐이었다.

우리는 일본에서도 톈진에서도 멋진 환영을 받았어. 1만 명도 넘는 사람들이 항구에서 현수막을 흔들고 환호성을 지르며 내 남편을 맞이했다니까. 지금 사는 곳은 정부가 마련해준 숙소인데, 옛날에 한 보황파 인사가 살던 집이야. 진기한 물건들로 가득한 매력적인 곳이지. 모든 것이 아름답고 새 것이란다. 이 집을 새로 단장하는 데 2만 달러가 들었대. 요즘은 베이징에 있는 궁궐 중 한 곳에 사는 건 어떤 기분일까 궁금하기도 해. 그렇지만 건방진 생각은 그만두고 겸허해야겠지.……

　그저께는 전임 대총통인 뤼위안훙의 댁에서 열린 만찬에 귀빈으로 참석했어. 남편도 초대를 받았거든. 저녁 식사는 그 집의 개인 극장에 딸린 연회장에서 대접받았는데, 그 으리으리한 건물을 짓는 데 80만 달러나 들었다지 뭐니. 식사를 하는 동안 벨벳 유니폼을 차려입은 50명의 오케스트라 단원들이 연주를 해주었어. 내 생애 처음으로 금으로 만든 나이프와 포크, 숟가락을 써봤단다. 전임 대총통께서 알려주시길, 영국에 특별 주문한 거래. 방 안에는 이국적인 꽃과 과일들이 금으로 만든 꽃병과 받침대에 담겨 있었어.

이어서 칭링은 또다른 점심 식사에 대해서 이야기를 늘어놓았다. 그 식사 자리는 쑨원에게는 분명 시련이었을 것이다. 그날 아침 통증이 견딜 수 없을 정도로 심해져서 성대한 환영집회에 불참해야 했기 때문이다. 쑨원이 끔찍한 통증에 신음하던 이 며칠간, 칭링은 그의 고통을 의식하지 못한 듯 보였다. 그녀는 앨리에게 옛 친구들이 찾아왔을 때에 자신이 느꼈던 "즐거움"과 "뜻밖의 기쁨"을 이야기했다. "세상에나, 방문한 내내 얼마나 수다를 떨었는지!" 한 친구는 "다른 도시에서 나를 보러 특별히 여기까지 찾아왔어. 우리 아버지에 대해 참 많은 걸 알게 되었단다. 아버지가 어린 시절에 얼마나 영리하고 재치 있는 말들을 하셨는지, 테네시 주 내슈빌에서 교사들에게 얼마나 짓궂은 장난을 하셨는지, 또 어떻게 논쟁을 걸어서 철학 수업 교수에게 무안을 주셨는지 말이야." 칭링은 또 이렇게 알렸다. "우리는 일주일 뒤면 베이징으로 갈 거야. 남편을 환영하기 위해 굉장한 준비가 진행되고 있어. 15만 명도 더 되는 사람들이 환영의 뜻으로 가두행진을 할 거란다."

1924년의 마지막 날 쑨원은 베이징으로 이송되었다. 치료를 위해서이기도 했다. 이미 톈진의 의사들은 그의 병이 나을 가망이 없다고 진단한 상태였다. 베이징에서 의사들은 수술을 집도하다가 쑨원의 병이 말기 간암이라는 사실을 알아냈다. 동료들 모두 비탄에 잠겼다. 칭링도 마찬가지였다. 어쩌면 그가 죽어가고 있다는 사실이 그제서야 와닿았는지도 모른다. 쑨원은 그녀가 한때 너무도 사랑해서 목숨까지 내어주려고 했던 사람이었고, 한편으로는 그녀를 실망시킨 사람이기도 했다. 쑨원을 바라보는 칭링의 마음은 복잡할 수밖에 없었다. 1925년 3월 쑨원이 사망하기 직전의 며칠간, 칭링이 흐느껴 울며 그를 정성껏 보살피는 모습이 목격되었다. 하지만 둘이 마지막 대화를 나눌 때에 함께 있었던 쑨원의 하인 리융이 기록한 바에 따르면, 쑨원은 칭링이 더 이상 자신을 사랑하지 않는다는 사실을 알고 있었던 것 같다. 눈물을 흘리는 칭링을 보며 쑨원은 이렇게 말했다. "여보, 슬퍼하지 마오. 내가 가진 건 모두 당신 것이 될 테니." 쑨원은 칭링의 괴로움이 유산을 전혀 받지 못할까봐 걱정하는 데에서 비롯된다고 생각했다. 그의 말을 들은 칭링은 입술을 파르르 떨었다. 그녀는 발을 쿵쿵 구르면서 크게 울부짖었다. "그런 건 하나도 중요하지 않아요. 내가 사랑하는 건 당신뿐이에요." 쑨원은 대답했다. "그건 알 수 없군." 칭링은 몸을 가누지 못할 정도로 들썩이며 흐느꼈다. 죽기 전에 쑨원은 크게 "여보"라고 외쳤다. 그의 숨이 멎자, 칭링은 울다가 실신하고 말았다. 그후, 그녀는 부드러운 손길로 쑨원이 눈을 감게 해주었다.

◆◆◆

쑨원이 정말 죽어가고 있음을 깨달았을 때, 칭링은 상하이에 있는 자매들에게 이 소식을 알렸다. 아이링과 메이링은 즉시 베이징으로 출발했다. 당시 베이징과 상하이를 잇는 철도 노선은 도적 때문에 운행을 멈춘 상태였다(한 무리의 도적단이 열차를 탈취해서 100명 이상의 외국인과 중국인을 포로로 붙잡은 사건이 있었다). 베이징으로 통하는 톈진의 항구가 얼어붙는 시기였기 때문에 바닷길로 가는 것도 불가능했다. 그러나 자매들은 이미 마음을 굳혔고, 어떤 길로 가야 할지, 심지어는 도착할 수 있을지도 불분명한 상황에서 1,600킬로미터가 넘는 여행길에 올랐다. 그녀들은 온갖 교통수단을 수차례 갈아탔고, 수도가 동파되는 한겨울의 매서운 한파 속에 음식도 난방도 없이 객차에서 오들오들 떨었다. 자매에게는 처음 겪는 수준의 시련이었다. 그래도 아이링과 메이링은 결국 베이징에 도착하는 데에 성공했고, 꽁꽁 얼어붙고 녹초가 된 몸으로 비틀거리며 역을 나섰다.

칭링에게는 언니와 동생, 그리고 다른 가족들이 필요했다. 정서적인 위안을 위해서, 그리고 자신의 지분을 지키기 위해서였다. 그녀는 보로딘의 대리인이자 쑨원의 후계자인 왕징웨이를 신뢰하지 않았고, 그를 '반역자'라고 불렀다. 왕징웨이는 오랜 기간 쑨원과 함께한 다른 동료들을 제치고 후계자로 올라섰는데, 부분적으로는 공화주의 혁명에서 활약한 경력 덕분이었다. 그는 부드럽고 섬세한 외모가 매력적인 사람이었지만, 사실 이름난 암살자로서 정치에 등장한 뒤에도 마지막 황제의 친부를 암살하려고 했다는 죄목으로 종신형을 선고받아 만주의 어느 감옥에서 복역한 바 있었다. 또한 그는 똑똑하고 재간이 있는 사람이기도 했다. 그러나 왕징웨이를 후계자로 만든 결정적인 원인은 보로딘의 지지였다. 쑨원이 불치병 진단을 받자, 보로딘을 최종 결정권자로 한 위원회가 그의 유언장인 "총리유촉"을 준비했다. 왕징웨이가 그 초안을 썼다.

정치적인 내용을 담은 총리유촉과는 별개로, 왕징웨이는 쑨원의 사적인 유언장도 작성했다. 쑨원의 모든 재산을 칭링에게 남긴다는 내용이었다. 쑨원의 자녀들도 그 자리에 있었지만 아무도 이의를 제기하지 않았다. 이들은 평생 아버지에게서 무엇 하나 받아본 적이 없었기 때문에, 유산을 두고 옥신각신할 마음도 없었다(칭링은 쑨원 가족의 너그러운 태도를 감사하게 생각했고, 죽을 때까지 그들과 친밀한 관계를 유지했다).

1925년 2월 24일, 왕징웨이는 쑨원의 일가친지 4명(아들 쑨커, 딸 쑨완, 처남 쑹쯔원, 동서 쿵샹시)이 자리한 가운데 쑨원에게 두 문서의 내용을 낭독해준 다음, 머뭇거리는 손길로 쑨원에게 서명을 부탁했다. 쑨원은 유언장의 내용에는 고개를 끄덕이며 동의했지만, 서명은 거절하면서 왕징웨이에게 "며칠 있다가 다시 오라"고 일렀다. 그는 자신이 회복할 것이라는 희망을 놓지 않고 있었다.

총리유촉은 보로딘이 지시한 방침들을 재확인하는 내용이었다. 죽어가면서도 의식은 또렷했던 쑨원은 건네받은 유언장을 보고 이 사실을 눈치챘고, 왕징웨이에게 말했다. "자네가 쓴 내용은 너무 명료해서 위험하네. 내 정적들은 자네의 꼿꼿한 성정을 누그러뜨리려고 내가 죽을 날만 기다리고 있어. 끝까지 고집을 굽히지 않고 강경하게 굴면 언젠가 위험에 처하게 될 걸세." 왕징웨이가 대답했다. "저희는 위험이 두렵지 않습니다. 천명한 목표를 따를 겁니다." 쑨원이 고개를 끄덕였다. "승인하겠네."

소련을 향한 쑨원의 충성심을 눈여겨본 보로딘은 한걸음 더 나아가서 자신의 영어 비서인 천유런으로 하여금 쑨원의 이름으로 "소련 정부에 보내는 유서"를 작성하게 했다. 트리니다드 섬에서 태어난 천유런은 광둥 출신 화교와 아프리카인의 피를 이어받은 영국 국적자였다. 그는 중국어를 전혀 구사하지 못했음에도 불구하고 쑨원 정부의 외교부 장관으로 임명되었다. 그는 런던에서 변호사 교육을 받았고, 당대의 인종차별에 깊은 상처를 받은 인물이었다. 그의 다친 마음은 혁명에서 배출구를 찾았다. 그가 작성한 유서의 중국어 번역본은 중국인이 읽기에는 생경한 것이었다. 문장은 장황했고(중국에서 작문의 철칙은 간결함이었다), 어휘는 낯설었으며, 문체는 전형적인 소련식이었다. "소비에트 사회주의 공화국 대연합 중앙 집행 위원회의 친애하는 동지들에게"라는 첫머리부터 길고 복잡했다. 끝맺는 말은 쑨원이 했을 법한 말보다도 한참 앞서간 것이었다. "친애하는 동지들이여, 작별을 고하는 이때에 나는 열렬한 희망을 표합니다. 머지않아 소련이 좋은 친구이자 동맹국으로서 강성한 독립국 중국을 환영하게될 날이 오기를, 그리고 두 나라가 세계의 억압받는 민족의 해방을 위해서 싸우는 대투쟁에서 함께 나아가 승리를 거머쥘 수 있기를 말입니다." 모스크바 어느 곳의 서류철에서 방금 꺼냈다고 해도 믿을 법한 글이었다.

쑨원이 언제 숨을 거두어도 이상하지 않다고 여겨지던 3월 11일, 더 많은 증인들이 그의 침대맡에 모였다. 칭링이 쑨원의 오른손을 잡고 총리유촉과 가족에게 남기는 유서에 서명하는 것을 도왔다. 그러고 나서 미국에서 교육을 받은 쑹쯔원이 소련에 보내는 유서를 영어로 소리 내어 읽었고, 쑨원 역시 영어로 그 문서에 서명했다. 쑨원이 그 긴 유서의 내용을 얼마나 이해했는지는 분명하지 않다. 그러나 글의 요지를 파악했고 이를 지지했다는 사실에는 의심의 여지가 없다. 쑨원은 이튿날 아침인 1925년 3월 12일, 쉰여덟을 일기로 세상을 떠났다.

아이링과 그녀의 남편 쿵샹시는 공산주의를 좋아하지 않았고, 쑨원이 공산주의자로 보이지 않게 하려고 애를 썼다. 그들은 쑨원의 장례식을 병원 예배당에서 기독교식으로 치르라고 칭링을 설득했다. "그가 볼셰비키가 아니라는 것을 입증하기 위해서"였다고 칭링은 냉담하게 말했다.

쑨원은 볼셰비키가 아니었다. 살아 있을 때와 마찬가지로 사후에도 소련이 필요했을 뿐이다. 오직 그들만이 쑨원이 원하는 방식으로 그를 불멸의 존재로 만들어줄 수 있었다. 소련은 쑨원의 정당인 국민당에 권력을 쥐어줄 뿐만 아니라, 어떻게 하면 쑨원 개인을 숭배하는 풍조를 만들 수 있는지 당원들에게 가르칠 것이었다. 쑨원은 일찍이 칭링을 통해서 국민당에 자신의 의사를 전했다. "나의 벗 레닌의 본보기를 따라서 내 시신을 방부 처리하여 레닌이 안치된 것과 같은 관에 넣어주기를 바란다."

레닌은 쑨원보다 1년 앞서 사망했다. 그의 시신은 방부 처리되어서 특별 제작된 유리관에 안치되었다. 몇 주일 만에 수십만 명의 인파가 줄지어 레닌에게 경의를 표했다고 했다. 개인숭배 풍조가 소련을 휩쓸었고, 레닌은 신적인 존재로 격상되었다. 레닌을 그린 초상화와 포스터, 흉상은 사무실에서 교실, 거리에서 공원에 이르는 모든 공적인 장소에서 반드시 구비해야 하는 물품이 되었고, 시종일관 레닌이 전지전능한 구원자라는 신호를 주입했다.

쑨원은 이것이 바로 자신이 원하는 사후 모습이라고 결론을 내렸다. 그가 사망한 뒤에 소련 측은 정말로 그를 위해서 레닌과 같은 유리관을 만들어주었다. 유일한 흠은 그 관에 사용 불가 판단이 내려졌다는 점이었다. 관을 감싼 유리 덮개는 여름철 난징의 열기에 부적합했다. 쑨원의 시신이 레닌처럼 전시되는 일은 없었다.

그러나 쑨원의 다른 희망 사항들은 충실하게 성취되었다. 국민당은 즉각 레닌식 개인숭배 사업을 시작했다. '중국의 국부'라는 칭호가 처음으로 사용되었다. 이후 몇 년간, 특히 국민당이 중국을 장악한 뒤에 정통성을 주장하기 위해서 쑨원의 이름을 내세워야 했던 1928년에 쑨원 숭배는 전대미문의 수준에 도달했다. 그의 모습을 본뜬 조각상이 시내에 세워졌고, 그가 한 말이라면 아무리 진부해도 경전의 말씀처럼 여겨졌다. 쑨원에 대한 불경한 발언은 한마디도 허락되지 않았다. 소련의 가르침을 받은 국민당의 선전 공작원들은 쑨원을 '중화민족의 해방자', '중국의 5,000년 역사상 가장 위대한 인물', 심지어는 '모든 억압받는 민족의 구원자'라고 칭했다. 훗날 마오쩌둥은 자기 자신에 대한 개인숭배 풍조를 조장할 때에 이 말들을 그대로 차용했다.

쑨원 숭배의 가장 큰 상징물은 그의 무덤인 중산릉(中山陵)이었다(중산은 쑨원이 일본에 체류하던 시기부터 즐겨 쓴 별명이다/옮긴이). 죽기 전에 쑨원은 자신이 묻힐 장소를 지정해두었다. "난징의 쯔진 산이어야 한다. 임시 정부가 탄생한 곳이 난징이기 때문이다." 난징 임시 정부는 쑨원이 40일이나마 '임시 대총통'의 지위를 누린 유일한 정부였다. 쯔진 산은 마지막 한족 왕조인 명조를 건국한 황제 주원장이 묻힌 곳이기도 했다. 주원장에게 경쟁심을 가지고 있던 쑨원은 자신의 무덤을 주원장 옆에 쓰되 그보다 훨씬 더 크고 웅장하게 만들라고, 그리고 "누구도 더 높은 곳에 무덤을 만들지 못할" 위치에 두라고 단단히 일렀다.

주원장의 묘는 면적이 170만 제곱미터로, 중국 황제의 무덤으로서는 가장 큰 규모에 속한다. 국민당이 조성한 쑨원의 묘는 그보다 90미터 더 높으며, 계단이 392개이고, 면적이 3,000만 제곱미터가 넘어 쯔진 산의 상당 부분을 차지하고 있다. 공간을 확보하기 위해서 주변의 마을들이 철거되었고, 주민 수천 명이 집과 땅을 정부에 팔도록 강요받았다. 주민들은 절박한 마음으로 탄원했다. 그들은 "보금자리를 잃고 오갈 데 없이 길바닥을 전전해야 했다. 차라리 집과 함께 묻히겠다며 자살하는 사람들도 있었다." 묘지를 확장한다는 공고는 계속 이어졌고, 그때마다 "집을 잃게 된 수백 수천 명의 사람들이 부모를 잃은 것처럼 극도의 공황에 빠졌다. 천지신명께 비는 것 말고 그들이 의지할 곳은 없었다." 탄원을 올린 이들은 자신들에게 닥친 불행이 천하위공(天下爲公) 정신에 모순된다고 항의했다. 오늘날까지도 쑨원의 좌우명으로 알려진 그 말은 "하늘 아래 모든 것은 백성들을 위한 것이다"라는 뜻이었다. 국민당 관료들은 단지 이렇게 대꾸했다. 국부를 위해서 "당신들은 가진 것 전부를 희생함을 인생의 목표로 삼아야 한다."

제 3 부

세 자매와 장제스

(1926−1936)

8

상하이의 아가씨들

1917년 7월 열아홉의 나이로 귀국하기 전에 메이링은 미국에서 10년을 보냈고, 정치에는 아무 흥미도 없는 놀기 좋아하고 태평한 성격의 아가씨로 성장했다. 그녀는 조지아 주에서 고등학교를 마친 뒤 동부로 이주해서 매사추세츠 주 웰즐리 대학교에 입학했다. 그곳에서 메이링은 영어와 철학을 공부했고, 『구약 성서』의 역사를 비롯한 다양한 강의를 수강했다. 외향적이고 남과 어울리기 좋아했던 메이링은 두 언니들보다 훨씬 더 미국 생활에 잘 녹아들었다. 웨슬리언 대학교 동기들은 입을 모아서 말했다. 메이링이 "가장 붙임성이 좋았다. 모든 사람을 좋아하고 모든 일에 관심을 가지는 듯했고, 언제나 명랑하고 수다스러웠다." "메이링은 내 방에 놀러와 침대 위의 앙증맞은 쿠션에 앉아서 이야기를 늘어놓고는 했다." "토실토실하다", "뚱뚱하다"고 묘사되던 그녀는 "생기가 넘쳤고 한순간도 장난을 치지 않는 때가 없었다." 메이링은 넘치는 활력을 주체하지 못했고, "프랑스어 강의 도중 교수님의 허락하에 강의실 밖으로 나가서 교정을 뛰어다녔다. 한시도 가만히 있지 못하는 작은 몸이 강의 시간을 견딜 수 없었기 때문이다."

웰즐리 대학교에 다닐 때에 메이링은 다른 학생들처럼 '고해 공책'을 가지고 있었고, 자신의 공책을 남들에게 보여주었다. 내용 중 한 대목은 이러했다. "내가 사치를 부리는 단 한 가지, 옷.……내가 가장 즐겨 말하는 좌우명, 사탕을 먹지 말자, 한 조각도.……나의 비밀스러운 슬픔, 뚱뚱하다는 것." 그녀는 체중 관리에 몹시 신경을 써야 했다.

졸업 이후 메이링은 하버드 대학교와 컬럼비아 대학교에서 경제학을 공부하고 있던 오빠 쑹쯔원과 함께 고향으로 향했다. 외향적인 여동생과 달리 쑹쯔원은 수줍음이 많은 성격이었다. 거리감을 느끼게 하는 그의 냉담한 표정은 그가 거만한 사람이라는 세간의 평판에 힘을 실어주었다. 남매는 무척이나 가깝게 지냈다. 훗날 메이링은 쑹쯔원에게 "오빠가 수업에 가기 전인 이른 아침에 내가 코코아를 타주곤 했지"라며 즐겁게 상기시키기도 했다.

1917년 여름 두 사람은 함께 기차를 타고 캐나다를 가로질러서 밴쿠버로 갔고, 그곳에서 중국으로 가는 증기선을 탔다. 밴쿠버에서 메이링은 친구 에마 밀스에게 편지를 썼다. "오빠랑 같이 물건을 좀 사려고 여기서 가장 좋은 가게에 갔어. 그런데 실망스럽게도 형편없더라. 전에 어떤 사람이 옷을 잘 입는 캐나다 여자는 한 명도 없다고 했는데, 그때는 과장인 줄 알았지. 이제 보니 아주 거짓말은 아니라는 생각이 들어. 여기 여자들은 촌뜨기 같아!"

중국과 관련된 일들은 메이링의 관심사가 아니었다. 그러나 그런 일들을 목격하게 되었을 때, 그녀가 보인 반응은 직관적이면서도 다소 뜻밖이었다. "중국인들이 기차 가득 실려온 걸 보았어. 인부로 일하기 위해서 프랑스행 배를 탈 거라는데, 그 사람들이 죽으면 유가족이 150달러를 받는 대! 그 사람들 목숨 값이 고작 그거인 거야! 내가 뭐라도 영향력을 가지게 되면, 중국인 인부들을 해외로 보내는 일은 없게 할 거야. 중국의 광산을 개발하는 데 모든 일손을 투입해야 하니까 말이야."

메이링은 귀국하고 3주일 뒤 상하이에서 에마에게 첫 편지를 썼다. 그녀는 신이 나서 자신의 집에 대한 자랑을 늘어놓았다.

우리는 시내에서 떨어진 주택가에 살아. 도심에서 멀수록 더 고급스러운 집들이 있지. 이곳은 정말 좋지만, 상점가나 극장, 식당들이 너무 멀다는 게 문제야! 우리는 멋진 마차에 마부도 두 명 데리고 있어. 하지만 말들은 신경 써야 할 게 너무 많아. 마음대로 부릴 수가 없다고. 다음 주에 우리는 자동차를 살 거야. 시내를 다닐 때 자동차를 타고, 마차는 엄마가 쓰시게 두려고. 우리 집에는 아름다운 정원과 테니스 코트, 크로켓 경기장이 딸려 있어. 집 건물은 상하이에서 손꼽히게 멋지단다.……베란다도 있고, 낮잠을 잘 수 있는 테라스도 있고, 이것저것 없는 게 없지. 총 3층인데 부엌과 욕실 등을 제외하고 큰 방이 16개나 있어. ……그건 그렇고, 이제 집안일은 내가 책임지고 있어. 우리 집에는 여자 하인이 다섯이고 남자 하인이 일곱이야. 정말이지 보통 힘든 일이 아니라니까!……위아래로 다니며 집 안을 검사하느라 진이 다 빠진 상태야.……돈 관리를 계속 엄마가 맡아주시는 게 얼마나 감사한지 몰라!

가끔은 깜빡 잊고 하인들에게 영어로 말하는데 아주 성가셔.……어쩔 때는 중국어로 말이 나오지 않을 때도 있어. 그럴 때는 종을 울려서 통역을 해줄 집사를 부르곤 해!……집에 돌아온 뒤로는 늘 옷을 사들이는 느낌이야.……저녁 식사 자리며 다과회, 다른 행사들에 수도 없이 갔고.

메이링은 가족의 포근한 품을 느꼈다. 칭링이 상하이에서 그녀를 기다렸고(당시 쑨원은 광저우에 있었다), 아이링도 아이들을 데리고 동북 지방의 산시 성에서 상하이로 와 있었다. 두 언니들은 동생 메이링을 아낌없이 귀여워했다. 메이링은 에마에게 이렇게 전했다. 언니들은 항상 메이링에게 "'상점에서 정말 귀여운 드레스를 봤는데, 네가 꼭 입어야겠더라'라고 해.……언니들은 나한테 옷을 입히는 걸 좋아해. 내가 제일 어리고, 유일하게 결혼을 안 했으니까." 자매들과 함께하는 생활이 너무도 행복했던 나머지 아이링은 상하이로 이사할 생각을 하기 시작했고, 온 가족이 한 지붕 아래 같이 살 계획까지 세웠다. 자매들은 함께 집을 보러 갔다. "방이 30개인 집이었어(하인들이 쓰는 방은 빼고). 5층까지 있고 옥상에는 정원이 딸린, 정말이지 엄청나게 큰 저택이야. 솔직히 말하자면 나는 별로 마음에 들지 않아. 너무 거대하고, 천장이 어찌나 높은지 길을 잃은 기분이 들거든. 거대한 호텔 같다고나 할까, 한 치의 흐트러짐도 없이 규격에 맞으면서도 품격 있는 곳이야. 나무 헛간 같은 곳에서 갓 졸업한 소녀가 살기에는 '지나친' 곳이지!……언니들이 염두에 두고 있는 그 거대한 집으로 이사하지 않기를 바랄 뿐이야. 물론 언니[아이링]가 우리와 함께 살면 좋겠지만, 방 30개는 보통 일이 아닌걸! 내 취향은 수수한 편이야, 적어도 가족들 생각으로는!" 결국 그 집을 사지는 않았지만, 항상 붙어 다니는 아이링과 메이링에게 다른 집에서 산다는 것은 아무런 문제도 되지 않았다.

상하이로 오면서 메이링은 두 남동생 쑹쯔량, 쑹쯔안과도 함께 살게 되었다. 자신이 동생들을 엄격하게 대한다고 강조하는 편지에서 그녀가 동생들을 얼마나 귀애했는지가 엿보인다.

남동생 둘 모두 작년에 낙제하는 바람에 가족들이 화가 단단히 났어. 가엾은 이 아이들을 위해서 가정 교사 두 명(영어와 중국어)이 매일 집에 온단다. 그리고 아이들은 열심히 공부하고 있어, 정말로! 나도 영어 문법을 가르쳐주고 있어. 요즘은 내가 지켜보는 가운데 가엾은 동생 한 명은 구두점 찍는 법을, 다른 한 명은 맞춤법을 배워.……엄마가 동생들이라면 지긋지긋하다며 내게 통째로 맡겨버리셨거든. 동생들을 다루기가 쉽지 않아. 놀랄 만큼 총명하면서도 그만큼 게으른 아이들이야. 막내에게 서너 번 회초리를 들었더니 둘 다 나를 무서워해. 내가 얼마나 엄격한 선생님이 될 수 있는지 넌 모를걸!

메이링은 가족을 너무도 사랑했다. "가족이 있다는 건 참 묘한 것 같아. 누구와도 상의하지 않고 내키는 대로 하는 데 너무 익숙해서, 이곳에서는 대학교에서처럼 내 마음대로 생각하거나 행동할 수 없다는 것을 곧잘 까먹어. 물론 그래도 난 집에서 아주 행복하단다."

벌써부터 그녀에게 구혼하는 남자들도 있었다.

쿵샹시 형부가 베이징에서 오셔서 머물고 계시고, 양 선생님도 함께 오셨어. 두 분 다 좋지만, 그뿐이야. 오 에마, 말해주고 싶은 게 있어. 배에서 난 어떤 남자한테 마음을 송두리째 빼앗겼단다. 아버지가 네덜란드인이고 어머니는 프랑스인인 건축가인데, 수마트라로 가는 길이었어. 그 사람이 나한테 청혼했는데, 우리 가족들은 잔뜩 당황했지 뭐니! 근래에 상황이 편하지는 않았어. 이건 비밀이야, 절대 아무에게도 말하면 안 돼!……오늘밤에는 배에서 만난 프랑스 남자가 나를 만나러 올 거야. 우리는 프랑스어로만 말해.……그리고 제발 부탁인데 내가 한 말을 아무에게도 하지 말아줘.……

명랑한 수다로 가득한 이 긴 편지의 맺음말은 이랬다. "아참, 「리더스 다

이제스트(*Reader's Digest*)」랑 「스크리브너스(*Scribner's*)」, 그리고 아동 심리학과 아이들을 돌보는 방법 등에 관한 잡지 한 권을 보내줄 수 있니? 마지막은 쿵샹시 부인[아이링]을 위한 거야. 언니는 자라나는 두 살배기, 한 살배기 아이들이 있으니까. 하지만 내 이름으로 보내줘. 전부 얼마인지 알려주면 내가 돈을 갚을게." 미국 잡지 구매를 비롯한 일처리에 대한 부탁은 메이링이 에마에게 보내는 편지의 주요한 부분이 되었다.

매일 아침 메이링은 중국어 교습을 받았다. 나이 든 가정 교사는 "내가 여덟 살일 때 나를 가르쳤던 사람인데, 내 기억이 정확하다면 내 손바닥을 회초리로 때린 적이 있어. 내가 '양놈들'의 감기약을 먹는 척하면서 실은 내 내 사탕을 먹고 있었다는 게 들통이 났거든. 하지만 지금은 나를 아주 정중하게 대해주셔." 메이링은 중국어를 빠르게 습득했고, 매우 복잡한 고전 문체도 수월하게 익혔다. 중국어 교습이 끝나면 주로 집 안을 돌아다니며 "방들을 들락날락하면서 꽃을 돌보고 책을 주워서 제자리에 꽂는 것"이 일이었다.

점심 시간이 되면 메이링은 종을 울렸다. 하인 한 명이 메이링과 쑹쯔원이 함께 쓰는 층을 책임졌다.

(그 하인의) 유일한 임무는 이 층의 방들을 정리하고 내 종소리에 응답하는 거야. 점심 식사는 종종 현관 발코니에서 먹고는 해. 내가 데리고 있던 하녀는 해고했어. 그냥 별로 필요하지가 않더라고. 내 옷은 엄마의 하녀들이 수선이며 세탁을 다 해주는 데다, 원하는 걸 일일이 하녀에게 설명하는 것보다 직접 움직이는 편이 훨씬 빠른데도 하녀를 데리고 있는 것이 거슬리던 참이었어. 이것 봐, 민주주의 국가 미국에서 보낸 세월이 나에게 톡톡히 영향을

끼쳤다니까. 나랑 오빠를 시중드는 지금 하인은 꽤 마음에 들어. 그는 우리 신발을 윤이 나게 닦고, 빗자루질을 하고, 침구를 정돈하는 등의 일을 한단다.……오후가 되면 우리는 주로 집이나 어딘가에서 차를 마셔.

저녁 식사로 말하자면, "요새 정말 바빴어. 지난 2주일 동안 단 하루를 빼고는 우리 집에서 저녁 식사를 대접하거나 저녁 식사에 초대받아서 외출했거든!" 저녁 식사가 끝난 뒤에는 "주로 자동차나 마차를 타고 드라이브를 가거나 산책을 하거나 극장 구경을 가." "요새 여기에서 러시아 그랜드 오페라 작품이 상연되고 있는데, 예닐곱 번은 보러 갔어." 메이링은 "악을 써서 비명을 지르는 소리" 같다며 중국 전통 경극에는 발을 들이지 않았다. 밤이 늦도록 드라이브를 즐기는 일도 잦았다. "그리고 물론 우리는 자정이 넘기 전에는 집에 들어가지 않았지. 그러니 내가 피곤하지 않을 수가 있겠니?"

이 호사스러운 생활 속에서 메이링을 괴롭힌 최대의 고민거리란 이런 것들이었다. "우리 가족은 뷰익 차를 주문했는데, 참 운도 없지, 물건이 다음 주에나 들어온대." 어느 날에는 얼굴에서 염증을 발견했다. 메이링에게는 하늘이 무너지는 일이었다. "신경질이 나서 얼마나 울었는지 너는 상상도 못 할 거야.……그렇지만 이번 주말이면 파티에 갈 수 있어!" "집에 틀어박힌 후로 삶이 너무 따분해. 따분해서 미칠 것 같아! 가만히 있다가도 얼토당토않은 이유로 화가 불쑥 치밀어 올라서 가끔은 내가 미쳐가는 게 아닌가 싶을 정도야."

상하이의 파티 규모는 성대했다. 초대하는 손님의 수만 해도 환영 연회는 1,000명 이상, 결혼식은 4,000명 이상이었다. "나는 무척 즐거운 시간을 보내고 있어.……아주 가끔 엄마 곁에 있는 시간이 너무 적다는 생각이 들 때면 살짝 양심의 가책을 느끼기도 하지만 말이야.……네가 보면 나를 영락없는 사교계의 마당발이라고 생각할 거야."

곧 비극이 이 즐거운 광경에 그늘을 드리웠다. 메이링이 집으로 돌아온 지 10개월도 지나지 않은 1918년 5월에 아버지 쑹자수가 사망한 것이다. 그는 신장 질환을 앓고 있었다. 그가 죽기 전 몇 주일 동안 메이링은 정성을 다해서 숙련된 간호사처럼 아버지를 돌보았다. 그녀는 밤이면 양피지처럼 메마른 그의 피부를 올리브유로 마사지했다. 쑹자수가 병원에 입원해 있는 동안 낮에는 그의 아내와 다른 가족들이 자리를 지켰고, 밤에는 딸 메이링이 그의 곁에 머물렀다. 잠든 아버지의 부은 얼굴을 바라볼 때에 메이링은 "북받쳐오르는 감정을 주체할 수 없었다."

병원에서 쑹자수의 병이 나을 가능성이 20퍼센트 안팎이라는 진단을 내리자, 아내 니구이전은 의사들의 만류를 뿌리치고 남편을 집으로 데려왔다. 그녀는 기도의 힘을 믿는 '사도의 신앙 교회' 소속이었다. 같은 교회 신도들이 집에 가득 모여들어 밤낮을 가리지 않고 쑹자수를 위해서 기도를 올렸다.

쑹자수가 죽은 뒤, 니구이전은 가까운 친지 몇몇에게만 소식을 알리고 조용하고 간소하게 장례식을 치렀다. 쑹자수의 시신은 얼마 전에 개장한 상하이 만국공묘에 매장되었다. 쑹씨 가족은 이곳에 이미 온 가족이 묻힐 공간을 넉넉하게 사둔 터였다. 훗날 유수한 인사들의 매장지로 명성을 날리게 되는 이 묘지에 안장된 사람은 쑹자수가 처음이었다. 이는 메이링에게 한결 위안이 되었다. "아버지는 무슨 경쟁이든 1등이 되는 걸 좋아하셨으니까, 이 사실을 아셨다면 무척이나 기뻐하셨을 거야."

메이링은 오래도록 아버지의 죽음을 슬퍼했다. "아버지가 돌아가시니

가족이 가족 같지가 않아. 모두 아버지를 몹시 그리워하고 있어. 정말이지 다정한 아버지셨거든." "우리에게 더할 나위 없는 아버지셨어! 더 이상 우리 곁에 계시지 않지만, 그래도 우리는 아버지를 사랑해."

10년이나 집을 떠났다가 돌아온 뒤에 아버지와 고작 몇 개월밖에 함께하지 못했다는 사실을 메이링은 평생토록 후회했다. 여기에 청소년기 내내 집을 떠나 있었다는 유감까지 더해져, 가족을 향한 그녀의 사랑은 더없이 각별했다. 고작 스무 살을 갓 넘긴 나이에 메이링은 이런 결론을 내렸다. "친구들도 물론 좋지만, 네가 진짜로 궁지에 몰리는 날이 오면 네 옆에 있어줄 사람들은 가족이라는 걸 기억하렴. 삶의 대부분을 집에서 수천 킬로미터 이상을 떨어진 곳에서 보낸 내 입에서 나오는 말이니 멋모르는 소리라고 생각할 수도 있겠지. 하지만 진심으로, 언젠가는 내 말이 맞다는 사실을 알게 될 거야."

미국에서 귀국한 메이링의 사촌 한 명은 가족과 함께하는 생활을 힘들어했다. 메이링은 이에 대해서도 나이보다 훨씬 어른스러운 의견을 내놓았다. "내 생각에 문제의 핵심은 이거야. 그 가족이나 그 애나 서로에게 원하는 게 너무 많은 거지.……내가 귀국했을 때랑 비교하면 하늘과 땅 차이랄까. 우리 가족은 내가 잘하든 못하든 있는 그대로 받아주었거든. 의견이 엇갈릴 때도 있었지만, 우리는 서로를 존중하며 타협했어."

메이링이 보기에 어머니는 지금의 가족을 있게 한 일등 공신이었다. "나처럼 좋은 엄마를 만난 운 좋은 사람은 세상에 몇 없을 거야. 엄마는 나를 너무나 살뜰히 보살펴주셔서, 날마다 내 마음가짐과 행실이 부끄럽게 느껴져."

니구이전이 딸들에게 준 사랑은 남달리 강인한 어머니의 사랑이었다. 그녀는 더 나은 교육을 위해서 아홉 살 딸을 바다 건너로 보내서 10년이나 머물게 한 강철 같은 의지의 소유자였지만, 떨어져 있는 내내 딸을 몹시 그리워했다. 메이링이 산시 성의 아이링 집을 방문했을 때, 에마에게 보낸 편지에는 이런 내용이 있었다. "엄마는 내심 내가 가지 않기를 바라시면서도 가는 길을 막고 싶지는 않다고 하셨어." "엄마는 언니가 나를 더 오래 붙잡아둘까봐 걱정이 태산이셔. 아 가엾어라! 엄마는 나 없이는 너무 외로우실 거야." "엄마는 나한테 너무 잘해주시는 데다가 또 많이 기대셔서, 엄마를 떠나는 건 생각도 하기 싫어." 메이링이 살이 빠지자, 니구이전은 (항상 자식을 살찌우려고 한) 옛날 어머니들과 같은 반응을 보였다. "저번 밤에는 엄마가 우시는 거 있지. 내가 너무 여위었고 안색도 파리하다고 하시면서 말이야." 사실 체중은 메이링이 일부러 감량한 것이었다. 몸매 때문에 속을 앓던 그녀는 몇 개월 만에 59킬로그램에서 48킬로그램까지 감량했고, 늘씬한 몸매의 여성으로 변신했다(메이링의 키는 161센티미터 정도였고, 보기에는 훨씬 더 커 보였다).

어머니에게 깊은 애착을 가지고 있던 메이링은 어머니가 바라는 일이라면 기쁜 마음으로 따랐다. 어머니가 반대한다는 이유로 대학에서 무척이나 좋아했던 춤추기를 그만두었고, 자선 사업에 많은 돈과 시간을 들이는 어머니를 기쁘게 해드리기 위해서 자선 단체 활동에도 참여했다. 주일 학교에서 학생들을 가르치기도 했다. "내가 하겠다고 하니까 엄마는 말도 못하게 좋아하셨어. 해드릴 수 있는 게 많지 않으니까 가능한 건 뭐든 열심히 해보려고 해." 메이링은 상하이 여자 기독교 청년 연합회(YWCA)를 위한 모금 활동에 참여했고, 빈민가를 방문했다. "퀴퀴한 냄새를 맡고 지저분한 꼴을 보는 건 정말 싫어. 하지만 정화 작업을 하려면 누군가는 먼지투성이인 현장을 가서 봐야겠지." 상하이 사교계에서 메이링은 사회 활동에 적극적으로 참여하고 능력 있는, 큰 자선 단체의 임원에 걸맞은 인물이라는 평가를 받았다.

메이링이 어머니 다음으로 존경하는 사람은 맏언니 아이링이었다. 메이링은 에마에게 말했다. "네가 언니를 알면 좋을 텐데. 언니는 의심의 여지없이 가족 중에 가장 똑똑한 사람이고, 흔치 않은 예리함과 재치를 갖춘 데다가 쾌활하고 기민하고 활동적이거든. 종교에 광적으로 매달리는 사람은 절대 아니지만, 신심도 굉장히 깊어."

1914년부터 몇 년간 아이링은 우울증을 겪었다. 쑨원을 위해서 일할 때에는 삶의 목표가 분명했지만, 결국 남은 것은 실망뿐이었다. 이어진 지방 도시에서의 결혼 생활도 만족스럽지 못했다. 커다란 변화의 한복판에서 활약했던 그녀에게 고작 교사, 아내, 어머니로서의 평범한 삶은 성에 차지 않았다. 1915년 첫째 쿵링이, 1916년 둘째 쿵링칸이 태어날 무렵 아이링은 불안하고 비참했다. 메이링은 에마에게 이렇게 전했다. "언니는 고통 속에 몸부림치는 나날을 보냈어.……비참함에 시달렸단다." 아이링은 신에 대한 믿음마저 잃었다. "신의 존재를 부정하기까지 하고, 종교 이야기가 나올 때면 늘 주제를 회피하거나 대놓고 종교 활동이란 다 부질없는 짓이라고 하더라." 아이링은 남편의 축재를 도왔고 또 그 과정에서 자신이 돈을 관리하는 데에 일가견이 있음을 알게 되었지만, 돈 버는 일 자체에서 의미를 찾지 못했기 때문에 만족감은 느끼지 못했다.

메이링의 귀국은 아이링의 삶에 한 줄기 빛을 비추었다. 절친한 친구이자 믿고 의지할 사람이 옆에 있다는 사실은 아이링이 불안을 이기고 평정을 되찾는 데에 힘이 되어주었다. 아이링은 종교가 필요하다는 것을 깨달았다. 1919년 셋째 쿵링쥔이 태어날 무렵 그녀는 신에 대한 믿음을 완전히 되찾았고, 한때 하느님을 의심한 것을 참회했다. 1921년 막내 쿵링제가 태어나자, 아이링은 이제야 "삶에서 위안과 믿음을 찾았다"고 메이링에게 말했다. 메이링이 에마에게 이렇게 전했다. "언니는 이제 문제에 대한 해답을 찾고자 하느님께 기도를 드려. 뿐만 아니라 그 어느 때보다도 큰 평온을 찾았어." 아이링은 "전과 다름없이 명랑하고, 파티 등에도 이전처럼 많이" 참석했다. 그러나 "왠지 모르게 달라진 점"도 있었다. "지금 언니는 남들에게 싫은 소리를 훨씬 덜하고, 더 배려심 있게 행동하고, 남들의 결점을 이전처럼 참지 못하지도 않아."

아이링은 메이링이 보다 독실한 신자가 되게 하려고 애썼다. 이 시점에서 메이링은 언니의 말을 듣지 않았다. 메이링은 에마에게 말했다. "있잖아 다다[에마를 부르는 메이링의 애칭], 나는 종교에 맞는 사람이 아니야. 온순하게 스스로를 낮추기에는 너무 독립적이고 자기주장이 강하잖니." 메이링은 아이링이 "일부러 자기 정신을 마비시킨 것 같다"고 생각했고, 그녀에게 짜증이 나서 "잔소리 좀 그만하라"고 했다.

그렇게 다투는 와중에 둘의 생활은 점점 더 얽혀갔다. 메이링은 이따금씩 아이링의 아이들을 돌보며 애지중지 아꼈다. 에마에게 보내는 편지에는 이렇게 적혀 있었다. "아이들을 돌보는 건 여간 힘든 일이 아니야. 아무리 많이 먹여도 아침부터 저녁까지 배가 고프다고 난리라니까. 아이들은 온종일 사탕 같은 걸 탐내면서 꺼내달라고 조르는데, 아무래도 언니가 아이들에게 기름진 음식을 먹이지 말라고 단단히 일러놓아서 그런 것 같아. 요즘은 내가 날마다 사탕을 한 알씩 주고 있어. 그렇게 하니까 식사 때가 되기도 전에 끊임없이 먹을 걸 달라고 보채는 일이 좀 줄어든 듯해."

칭링은 이 두 자매와 정신적으로도 육체적으로도 좀더 거리가 있었다. 그러나 함께할 때면 세 자매는 언제나 즐거운 시간을 보냈다. 메이링은 이렇게 썼다. "우리 언니 쑨원 부인이 광저우에서 와서 여기 상하이에 2주일 동안 머물렀어. 그동안 즐거운 사교 모임이 끊임없이 이어졌단다." "우리

언니 쑨원 부인이 중화민국 수립 기념일인 10월 10일에 아주 성대한 연회를 개최할 예정이야. 가서 언니를 도와야 해. 조금 피곤하다." 메이링은 광저우의 칭링을 찾아갔고, 하이힐을 신고 광저우의 고개들을 오르내리느라 상당히 애를 먹었다.

상하이 시절에 메이링은 주로 남자들과 연애를 하느라 바빴고, 자신의 연애담을 에마에게 상세히 써서 보냈다. 귀국선에서 만난 네덜란드 남자를 비롯해서 구혼자들이 쉴 새 없이 등장했다가 어느새 사라졌다. 가족들은 외국인이라면 무조건 반대했고, 메이링은 순순히 가족들의 의견을 받아들였다. 비르메이라는 남자와 잠깐 만난 적도 있었다. "홍콩에서 출발하기 전날 밤에야 친구네 집에서 그 사람을 만났는데, 배에서 고작 3일을 함께 있었지만 정말 좋은 친구가 되었단다. 상하이에 도착한 날이 그 사람 생일이어서, 몇 달 동안 집을 떠나 있었지만 그래도 그날은 그 사람과 함께 보냈어.……함께 너무도 즐거운 시간을 보내서, 살면서 이번만큼은 무모한 결정을 하길 잘했다 싶더라." 메이링의 돌발 행동에 가족들은 격노했다. "기가 차다는 반응들이었어.……그가 외국인이라는 것 때문에도 화를 냈고. 배에서 그 남자를 '꼬셨냐'는 책망까지 들었다니까.……그가 토요일 오후에 떠난 뒤로 그에게서 무선 전신을 두 개 받았어. 내가 너무 그립다고 하더라. 가족들이 나한테서 무선 수신기를 빼앗아가려고 했지만 실패했지.……한편으로는 그가 여기 없어서 기쁜 마음도 들어. 그가 여기 있으면 내가 어떻게 될지 나도 모르겠거든." 그러나 이 남자 역시 귀국선의 네덜란드 남자처럼 얼마 가지 않아서 별다른 괴로움 없이 잊혔다.

메이링이 "말로는 형용할 수 없을 정도로" 마음이 간다고 털어놓았던 남자가 한 명 더 있었으나, 그는 외국인은 아닐지언정 이미 결혼한 몸이었다.

"요 몇 달간 우리 둘 다 이루 말할 수 없이 비참했어.……우리 가족이 이혼을 어떻게 생각하는지 너도 알잖니. 게다가 그의 사랑을 받지 못한다는 것만 빼면 그의 아내에게는 아무 문제도 없어.……너무 많은 마음을 준다는 건 끔찍한 일이야. 이전에는 그게 무슨 뜻인지 결코 몰랐어.……하지만 전혀 가망이 없어." 이번에도 메이링은 쉽게 이별을 이겨냈다.

메이링은 자신에게 목매는 남자들의 존재를 즐겼다. 한 남자가 그녀의 소식을 한참이나 듣지 못했다며 "걱정이 되어서 죽을 것 같다"는 말을 전하자, 메이링은 그 말을 비웃으며 에마에게 이렇게 써 보냈다. "전쟁[제1차 세계대전]으로 수많은 사람들이 죽어가는 마당에 한 명 더 죽고 덜 죽는 거야 무슨 차이가 있겠니?" 메이링은 투덜대기도 하고("아아, 이 귀찮은 일에서 나를 놓아주길! 그 남자에게 제발 눈치가 있어서 나를 혼자 내버려 두든지 아니면 어디 가서 목을 매든지 했으면 좋겠다"), 콧방귀를 뀌기도 했다(어떤 남자가 "나를 사랑하게 되었다며 성가시게 구는데 아주 귀찮고 짜증나 죽겠어"). 또다른 남자는 "티를 내는 것을 보니 프로포즈를 하려는 게 분명했지만", 이렇게 쫓아냈으니 "영영 다시는 그런 생각은 못 하겠지." "온 상하이가 내가 약혼했다는 소문들로 난리인데, 상대가 누구인지는 말이 다 달라.……이 상황에서 웃기는 게 뭐냐면, 이름이 거론된 남자들 모두 소문에 대해서 맞다 아니다 대답을 하지 않는다는 거지. 나로서는 꽤나 곤란한 상황이야."

대단한 미인은 아니었지만, 메이링에게는 남을 사로잡는 매력이 있었다. 또한 보다 실질적이고 현실적인 매력 또한 갖추고 있었다. 메이링은 이에 대해서 거리낌 없이 솔직하게 털어놓았다. "나는 '지적이다', '영리하다'는 칭찬도 들어. 좀 콧대가 높기는 하지만 호감이 가는 사람이라나.……유쾌한 사람이면서도 '평범한 족속'과는 좀 다르다고들 해. 우리 가족이 지위도 있고, 나는 늘 외국에서 들여온 옷을 멋지게 차려입고, 자동차를 타고 돌아다니는 데다, 생계를 위해서 교사가 될 필요도 없으니까."

정신없이 몰아치는 사교 생활과 연애를 향한 흥미는 시간이 지날수록 시들해졌다. 메이링은 점차 불만을 느꼈다. "온종일 바쁘게 지내는데도 뭐 하나 제대로 되는 것 같지가 않아." "말도 못하게 지루해서 미쳐버리겠어." 중국의 현실도 눈에 들어왔다. "중국은 병든 곳이 한두 군데가 아니야.……어디를 둘러봐도 비참해! 이곳 빈민가에 몰려든 더럽고 추레한 군상을 마주하면, 위대한 새 중국을 바라는 마음은 한낱 부질없는 허상이고 내 능력은 하찮다는 걸 절감하게 돼. 다, 그런 환경에서 자신이 얼마나 쓸모없는 존재처럼 느껴지는지 너는 이해 못 할 거야. 이곳의 빈민 인구 비율은 미국의 어느 지역보다도 높아."

자선 사업도 메이링을 만족시키지 못했다. 자선 사업은 "제대로 하는 일은 없고, 대부분이 임시방편이야.……도저히 뭐라도 성취했다는 기분이 들지 않아." "우리는 말은 많이 하지만 내가 보기에 실제로 거둔 성과는 하나도 없어. 아아, 뭔가 도움을 주는 것 같기는 한데, 가만 보면 실질적인 건 아무것도 없단다." 메이링은 "진정한 일을 찾아서 삶에 만족을 느껴보고자" 했고, "무엇인가 해내기를" 고대했다.

한동안은 미국으로 돌아가 의학을 공부하려고도 했지만, 계획은 수포로 돌아갔다. 어머니를 두고 떠나는 것이 마음에 걸리기도 했고, 가족이 더 이상 메이링의 유학 자금을 대줄 수 없었기 때문이었다. 1921년 어머니 니구이전이 금 차익 거래에 투자했다가 많은 돈을 잃으면서, 가족의 생활 방식도 이전과는 달라졌다.

메이링은 결혼해서 아이를 낳기를 원했다. "내 생각에 여자들은 삶에 흥미를 잃게 돼.……결혼하지 않는다면 말이야.……하기는 아이를 가지지 않는다면 삶의 낙이랄 게 뭐가 있겠니?" 하지만 주변의 유부녀들 가운데 메이링의 마음에 드는 결혼 생활을 하는 사람은 없었다. "그 여자들은 결혼한 뒤로 더 만족스러운 생활을 하거나 인생의 더 귀중한 의미를 찾은 것 같지가 않아. 그저 갑갑해 보이고, 무관심하거나 빈둥거리거나 성질이 고약하거나 셋 중 하나야. 삶이 아주 공허해 보여, 텅 빈 것처럼 말이야."

메이링은 엄습하는 "괴로움"에 몸부림쳤다. 아이링이 종교에 의지하는 것은 어떻겠냐고 다시 한번 제안했다. 메이링은 에마에게 편지를 썼다. "언니는 내가 이 무기력을 극복하는 방법이 종교에 귀의해서 진심으로 하느님과 교감하는 길밖에 없대." 편지에서 메이링은 자신의 변화를 인정했다. "지금 언니의 조언에 따르고 있는데, 아직까지는 결과가 어떻게 될지 모르겠어. 하지만 언니 말대로 한 다음부터 훨씬 마음이 편하다는 것은 확실해. 더 이상 무거운 짐을 혼자만 진 느낌은 아니야. 이제는 기도할 때 신께서 주신 대답을 받아들일 준비가 되어 있다고나 할까."

그러나 메이링의 삶에 드리운 불만은 쉽게 가시지 않았다. 여전히 "사는 것이 지겨웠고", "인생의 허무함이 절절히 와닿는" 기분이었다. 그녀는 "저 생동하는 기쁨을 삶에서, 그리고 생활에서" 느끼기를 갈망했다. 아이링은 메이링에게 무엇이 필요한지 깨달았다. 그녀에게 어울리는, 그녀의 삶에 목적과 성취를 안겨줄 남자였다.

아이링은 메이링에게 적합한 남자를 물색했다. 1926년, 그녀는 마침내 스물여덟 살 여동생에게 짝을 맺어주었다. 상대는 바로 얼마 전에 국민당군의 총사령관으로 임명된 서른여덟 살의 장제스였다. 완전히 새로운 세상이 메이링 앞에 펼쳐졌다.

9

메이링, 총사령관 장제스를 만나다

'총통' 장제스는 1887년 상하이 근방 저장 성의 언덕 많은 동네 시커우에서 태어났다. 그의 가족은 메이링의 가족과 하나부터 열까지 달랐다. 작은 마을의 염상(鹽商)이었던 아버지는 장제스가 여덟 살일 때에 세상을 떠났고, 과부가 된 어머니 왕씨 부인은 장제스 남매를 키우기 위해서 갖은 고생을 겪어야 했다. 장제스의 어린 시절은 왕씨 부인의 눈물로 점철되었다. 갓난아이였던 막내가 죽었고, 친척들이 도움을 주지 않아서 어린 남매를 왕씨 부인 혼자서 키워야 했다. 이외에도 홍수로 집이 무너질 뻔했을 때에 모두가 본체만체했고, 유산 상속 문제로 소송을 제기했다가 패소하는 등 수없이 많은 고난이 왕씨 부인에게 닥쳤다. 장제스는 슬픔에 잠긴 어머니에게 강한 애착을 가지게 되었다. 10대에는 집을 나갈 일만 생기면 나가지 않겠다고 난리를 피워서, 어머니가 말로 혼을 내다가 매까지 들어가며 문 바깥으로 쫓아내야 할 정도였다.

장제스가 열네 살이 되자, 그의 어머니는 전통에 따라서 아들을 혼인시켰다. 신부는 장제스보다 다섯 살 많은 마오푸메이였다. 혼례가 끝난 첫날 밤, 신혼부부는 혼례의 절차에 따라 차를 대접하기 위해서 왕씨 부인의 침실로 향했다. 왕씨 부인은 차를 받지 않겠다고 고집을 부리며 부부에게 등을 돌리고 누워서 흐느꼈다. 장제스는 침대 앞에 무릎을 꿇고 앉아서 대성통곡했다. 훗날 장제스는 인생에서 가장 가슴 아프게 운 기억을 꼽는다면 이때가 세 손가락 안에 들 것이라고 회고했다. 둘 중 누구도 결혼 생활을 이처럼 좋지 않은 광경으로 시작하게 된 신부를 동정하지 않았다. 이후 간간이 말다툼이 벌어질 때면 장제스는 역정을 내며 아내에게 폭력을 가했다. 이따금씩 아내의 머리채를 붙잡고 계단으로 끌고 내려오기도 했다.

왕씨 부인은 며느리를 몹시 못마땅하게 생각했지만, 이혼은 허락하지 않았다. 장제스에게는 야오예청이라는 첩이 있었지만 그녀도 찬밥 신세이기는 매한가지였다. 장제스의 애정은 오래가지는 못했고, 이내 증오로 변했다. 이는 왕씨 부인이 아들에게 끊임없이 그녀에 대한 불평을 한 탓이기도 했다. 그가 서른네 살이던 1921년에 어머니가 사망했다(장제스는 하늘이 무너진 듯한 슬픔에 사로잡혔고, 평생 어머니의 죽음을 애도했다. 수많은 명승지에 어머니를 기리는 탑을 세웠고, 동산 하나를 통째로 차지하는 영묘를 조성했다). 시어머니의 죽음으로 마오푸메이는 불행한 결혼 생활에서 해방되었다. 장제스가 그녀와 이혼한 것이다. 장제스는 마오푸메이의 오빠를 포함한 가까운 친척들을 불러서 허락을 구했다. 친척들은 선뜻 승낙했다. 장제스는 그녀가 열세 살일 때부터 수년간 눈독들여온 천제루를 아내로 맞이했다. 공식적으로는 그녀에게 장제스 부인이라는 칭호가 사용되었지만, 장제스는 천제루를 첩으로 여겼다.

젊은 시절 장제스는 스스로도 인정할 정도로 알아주는 난봉꾼이었다. 그는 사창가를 빈번하게 드나들며 술에 취해서 아무에게나 싸움을 걸었다. 이웃들은 그를 피했고 친척들은 가문의 수치라며 그를 부끄럽게 여겼다. 사방에서 날아드는 싸늘한 눈총에 큰 충격을 받은 장제스는 보란 듯이 성공해야겠다고 다짐했고, 직업 군인의 길을 택했다. 1907년 그는 청나라 육군부의 장학금을 받고 일본으로 건너가서 사관생도가 되었다. 그곳에서 장제스는 대부 천치메이를 만났고, 그를 따라서 청방에 가입하면서 공화파 대열에 합류하게 되었다. 1911년 공화주의 혁명이 발발하자 장제스는 혁명에 참여하기 위해서 귀국했다. 그의 업적 중 단연 손꼽히는 것은 대부의 명에 따라서 쑨원의 정적 타오청장을 암살함으로써 쑨원이 임시 대총통직을 보전할 수 있도록 한 일이었다. 장제스 스스로 의식한 대로, 이 일은 장제스가 쑨원의 눈에 드는 계기가 되었다.

천치메이가 1916년 총에 맞아서 죽자, 장제스는 스승의 죽음을 슬퍼하는 동시에 그를 박대한 쑨원의 태도에 분개했다. 그렇게 쑨원으로부터 멀어진 그는 마땅한 직업이 없었는데도(증권 중개인으로 활동하고 있었지만 성과는 좋지 않았다) 자신을 도와서 일해달라는 쑨원의 요청에 응답하지 않았다. 또 장제스는 쑨원 주위의 사람들과 잘 어울리지 못했다. 그의 고약한 성미를 모르는 사람이 없었다. 그는 인력거꾼과 하인, 경호원과 부하들에게 폭력을 행사했고, 동료들에게는 욕설을 퍼부었다(그러면서도 상관들에 대한 분노는 일기에만 적을 정도의 눈치는 있었다). 모두가 그의 이러한 행실을 경멸했다.

장제스는 쑨원을 위해서 일할 가능성을 열어두었다. 1922년 6월, 관저가 공격당하면서 광저우에서 쫓겨났을 당시 타고 있던 포함에서 폭동이 일어나자 쑨원은 궁지에 몰렸다. 쑨원이 곤경에 처했다는 소식을 들은 장제스는 한달음에 달려갔고, 이로써 자신이 의지할 만한 동지라는 사실을 증명했다. 장제스의 얼굴을 마주하자 쑨원은 너무도 안심이 된 나머지 갑자기 눈물을 흘리더니 한참 동안 아무 말도 하지 못했다.

8월에 장제스는 쑨원을 호위하여 상하이로 안내했다. 같은 달 쑨원과 소련의 거래가 성사되었고, 곧이어 군대 양성을 비롯한 소련의 전방위적인 지원 계획도 승인되었다. 쑨원의 미래는 밝아 보였다. 쑨원에게서 군대 총사령관 자리를 약속받은 후, 장제스는 쑨원과 한배를 타기로 결심했다. 그 첫 단계로, 1923년 장제스는 소련의 군사 제도를 시찰하러 가는 대표단의 수장으로 임명되었다.

장제스는 날카로운 관찰력을 지닌 데다가 자신만의 확고한 원칙을 가지고 있었다. 소련을 둘러보는 동안 그는 그곳에서 벌어지고 있는 '계급투쟁'에 심한 거부감을 느꼈고, 중국을 공산화하려는 '붉은 러시아'의 계획에 등골이 서늘해졌다. 그는 소련과 협력하지 않아야겠다고 결심했다. 쑨원을 떠날지 고민하던 그는 중국으로 돌아온 뒤에 쑨원이 광저우에서 거듭 호출했음에도 불구하고 시찰 보고를 차일피일 미루었다. 결국 장제스는 쑨원을 대신해서 그와 서신을 주고받고 있던 쑨원의 오랜 측근 랴오중카이에게 자신의 생각을 털어놓았다. "제가 관찰한 바에 따르면, 소련은 진실된 마음이라고는 조금도 없습니다.……중국에 대한 소련의 유일한 목표는 중국 공산당이 권력을 장악하게 만드는 것입니다. 그들은 결코 우리 당이 끝까지 협력하여 함께 성공을 거둘 수 있는 상대라고 믿지 않습니다. 그들의 대중국 정책은 만주, 몽골, 회족 지구, 티베트 전체를 소련의 일부로 만들기 위한 것이고, 중국 본토를 넘보는 마음도 없다고는 하지 못할 것입니다.……그들이 말하는 국제주의와 세계 혁명은 전부 옛 황제의 제국주의가 이름을 바꾼 것에 지나지 않습니다."

랴오중카이가 보낸 답장에는 소련과 관련된 장제스의 의견에 대한 언급은 없었고, 단지 보고가 늦어져서 쑨원이 상당한 스트레스를 받고 있으니

빨리 광저우로 오라고 재촉하는 말만 담겨 있었다. 서신이 전하는 메시지는 명확했다. 장제스가 소련과의 협력을 반대하더라도 쑨원은 여전히 그를 원한다는 것이었다. 어쩌면 그가 소련을 싫어하기 때문에 그를 원하는 마음이 더욱 간절했을 수도 있다. 광저우로 건너간 장제스는 쑨원과 비밀리에 만났다(이때의 대화 내용은 지금까지도 밝혀지지 않았다). 이 자리에서 장제스는 쑨원의 속마음이 자신과 다르지 않다는 확신을 얻은 것이 분명하다. 그가 보기에 쑨원은 그저 소련을 이용하려는 것뿐이었다. 장제스는 그대로 광저우에 머물렀고, 1924년 소련이 쑨원 군대의 장교들을 육성하기 위해서 광저우에 황푸 군관학교를 설립하자, 그곳의 교장으로 임명되었다. 반소련파인 장제스에게 자신의 군대를 통솔하게 하고자 한 쑨원의 의도였다.

이후 3년 동안 장제스는 속내를 감추고 소련 세력을 이용해서 국민당 군대를 육성했다. 그러면서 한편으로는 능수능란한 책략가의 기술을 갈고 닦으며 소련의 국민당 장악에서 벗어날 날을 고대했다. 정치와는 무관한 군인 행세를 하면서 자신의 정치적 역량을 감추는 데에도 성공적이었다. 국민당 내부에 강력한 반소련파가 존재했지만, 장제스는 그들과 가까이하지 않았다. 자연스럽게 보로딘이 그를 눈여겨보기 시작했다. 중국공산당의 당원들은 "장제스는 평범한 군인이며, 정치적 이념은 전혀 없다"라고 보고했다. 그리고 장제스가 속마음을 그대로 적은 편지의 수신인이었던 랴오중카이는, 보로딘에게 장제스가 소련에 굉장히 호의적이며 그곳에 방문한 이후 강한 열의에 차 있다고 전했다.* 그 결과 소련은 장제스를 신뢰

---

* 랴오중카이가 이처럼 잘못된 정보를 소련 측에 전달한 것은 장제스로부터 편지를 받기 전이었으나, 그는 편지를 받고 나서도 자신의 말을 바로잡지 않았다.

하게 되었다(랴오중카이는 1925년 8월 광저우에서 암살당했다. 누가 그의 죽음을 사주했는지는 아직까지 수수께끼로 남아 있다. 랴오중카이의 아내는 장제스가 범인이라고 믿었다. 진실이 무엇이든, 장제스의 속내를 알고 있던 랴오중카이는 영원히 입을 다물게 되었다).

훗날 스스로 고백한 바에 따르면, 보로딘은 속았다. 장제스는 "말을 잘 듣고 순종적이며 겸손한 사람으로 보였다." 보로딘은 모스크바에 장제스가 "전적으로 신뢰할 만하다"고 보고했다. 소련은 황푸 군관학교에 돈과 전문 인력을 쏟아부었다. 대포와 비행기를 포함한 무기도 함께였다. 배 한 척이 무기를 400만 루블어치나 싣고 온 적도 있었다.

1926년 1월 국민당 제2차 전국대표대회에서 소련은 사실상 국민당을 탈취했고, 그 결과 당 지도부는 대부분 공산당원들과 친러파 국민당원들이 차지하게 되었다. 칭링은 중앙 집행위원으로 선출되어 지도부의 일원이 되었다(마오쩌둥은 같은 위원회의 "후보 위원"이었다). 국민당이 거의 소련의 손에 넘어가자, 장제스는 지금이야말로 자신이 나설 때라고 판단했다. 먼저 그는 정적들이 한층 더 경계를 낮추도록 유도했다. "혁명하는 법을 배우기 위해서" 소련에 가고 싶다고 요청했고, 이를 자신의 일기에 적기까지 했다(장제스는 57년간 일기를 썼고, 자신에 대해서 알아내려고 하는 누군가가 자신의 일기를 읽을 가능성을 항상 염두에 두었다). 또한 자신이 공산주의자라고 주장하는 내용의 편지를 보냈는데, 사적인 편지의 형식을 띠고 있었지만 소련 측이 열어보리라는 것을 미리 알고서 쓴 것이었다. 이렇게 연막을 친 다음 장제스는 3월 20일 별안간 기습을 단행했다. 적당한 구실을 붙여서 공산주의자 수십 명을 체포했고, 소련 출신 고문들을 자택에 연금한 다음 그 경호 인력은 무장 해제시켰다. 그는 단칼에 소련이 국민당군을 통솔하지 못하도록 손을 묶어버렸다.

준쿠데타를 성공적으로 마무리한 장제스는 일부러 소련이 자신의 의도를 곡해하도록 이끌었다. 소련은 이번 사건을, 자신의 군대에 낯선 소비에트식 체계를 강요하며 윗사람 행세를 하는 러시아인 고문들 탓에 자존심이 상한 콧대 높은 중국인 장군의 소행으로 여겼다. 장제스를 달래는 것이 최선이라고 판단한 그들은 주요 군사 고문들을 철수시켰다. 한편으로는 언젠가 "이 장군을 제거할" 준비를 하면서도, 그들은 여전히 "장제스는 우리와 협력할 수 있고 실제로 그렇게 할 것"이라고 확신했다. 무엇보다 장제스는 당시 광저우에 없었던 보로딘이 그에게 "사적으로 막대한 영향력을 행사하며", 따라서 보로딘이 돌아오면 모든 문제를 해결할 수 있으리라고 소련 측이 믿게 만들었다. 그들은 이번 쿠데타가 장제스가 구상한 책략의 일환으로 사전에 계획되었음을 눈치채지 못했다. 그 결과 장제스는 처벌받기는커녕, 오히려 국민당군 총사령관으로 진급했다.

당시 국민당 당수였던 왕징웨이는 장제스가 쿠데타를 저지르고도 태연하게 처벌을 면하는 모습을 가만히 보고만 있어야 했다. 목숨을 잃을까봐 두려웠던 그는 종적을 감추었다가 이내 해외로 도망쳤다. 그리하여 타고난 책략가 장제스는 국민당에서 가장 강력한 인물로 떠오르게 되었다.

이 극적인 사건의 모든 전개를 조용히 지켜보고 그 정치적 중요성을 간파한 한 여성이 있었다. 아이링은 예리한 정치적 감각을 지닌 사람이었다. 메이링의 표현에 따르면 "누구 못지않게 똑똑한 나보다도 훨씬 예리했다." 아이링은 열성적인 반공주의자였고, 쑨원의 대소련 정책도 줄곧 반대해왔다. 쑨원이 사망한 뒤 아이링 부부는 그의 볼셰비키 이미지를 불식하고자 기독교식 장례식을 고집했다. 아이링은 장제스가 다수의 소련 군사 고문들을 축출하는 과정을 지켜보았고, 이 새로운 총사령관이 국민당을 바꿔나가고 있음을 눈치챘다. 그녀에게는 기쁜 일이었다. 여동생 칭링과 남동생 쑹쯔원 모두 국민당 정부에서 일했고, 그중 쑹쯔원은 재무부 장관을 맡고 있었다(그는 터무니없이 높은 세금을 폐지해서 주민들의 분노를 잠재우는 데에 성공했다. 그의 능력과 막대한 소련 자금의 투입 덕택이었다). 아이링은 동생들이 모스크바의 지휘하에 일하는 것을 몹시 싫어했다. 장제스의 활약은 그녀의 희망과 열망을 되살렸다.

그러다가 이 젊은 총사령관이 동생 메이링의 남편감이 될 수 있겠다는 생각이 그녀의 머리를 스쳤다. 상하이에서는 마땅한 남편감이 이미 동난 상태였다. 장제스에게는 아내가 있었지만, 메이링의 짝을 찾기 위해서 혈안이었던 아이링에게 기존의 '장제스 부인'은 본처가 아니라 첩이었고, 따라서 비교적 간단히 밀어낼 수 있는 존재로 여겨졌다. 장제스를 좀더 알아보기 위해서, 아이링은 1926년 6월 메이링을 데리고 광저우로 향했다. 아열대 기후의 이 도시는 찌는 듯한 더위에 몸살을 앓고 있었다. 그러나 자매에게는 목표가 있었다. 자매는 뉴욕으로 휴가를 떠난 스탠더드 오일 사 간부의 집에 짐을 풀었다. 도심에서 떨어진 곳에 위치한 2층짜리 흰 빌라로, 삼나무와 정원의 열대 식물들이 그늘을 드리운 집이었다. 6월 30일, 아이링은 장제스를 저녁 식사에 초대했다. 당시 그의 부인이었던 천제루와 함께였다. 천제루는 본능적으로 이 저녁 식사가 자신의 삶을 뒤바꾸리라는 것을 직감했다.

장제스는 초대를 받고 흥분된 마음을 가라앉히지 못했다. 그는 천제루에게 "나는 지위는 높지만 명성이 부족하다"며, "쑹씨 가족과 가까워지는 일"이 몹시 중요하다고 했다. 천제루는 이렇게 기록했다. "그는 매우 들떠서 방 안을 이리저리 돌아다니며 말했다. 긴장으로 목소리가 떨리는 듯했다. '초대라니!' 그는 몇 번이고 중얼거렸다. '……마침내, 이제야 말이지, 당

신혼 때의 메이링과 장제스. 두 사람은 이후 반 세기 가까이 다사다난하고 극적인 결혼 생활 을 이어가게 된다.

아이링과 남편 쿵샹시. 아이링은 장제스에게 누구 보다 큰 영향을 행사했다. 쿵샹시는 오랫동안 장 제스 정권의 국무총리이자 재무부 장관이었다.

칭링은 1927년 소련으로 망명했고, 덩옌다(오른쪽에서 두 번째)와 사랑에 빠졌다. 위 사진은 소련의 캅 카스 지역에서 찍은 것이다. 덩옌다는 이후 제3당을 창당했다가 1931년 장제스에 의해서 처형당했다.

▲ 1936년 10월 말, 주나라 무왕묘 앞에 선 장제스(오른쪽에서 두 번째)와 그 옆의 메이링. 장쉐량(가운데에서 각반을 차고 웃고 있는 사람)의 초대로 시안 근교를 관광하고 있었다. 이로부터 한 달도 채 지나지 않아서 장쉐량은 쿠데타를 일으켜 장제스를 구금했다. 그와 함께 쿠데타를 모의한 양후청 장군은 맨 오른쪽에서 차려 자세를 취하고 있다.

▲◀ 메이링은 자신의 목숨을 걸고 구금된 남편을 구해냈고, 두 사람은 1936년 12월 귀환했다.

◀ 부상병들을 방문한 메이링. 1937년 중일 전쟁이 발발하자 장제스는 중국의 항일 투쟁을 이끌었다.

1940년 전시 수도이자 '산성(山城)' 충칭에서 가마를 타고 이동하는 칭링(왼쪽 가마)과 메이링(오른쪽 가마)의 모습.

1940년 충칭에서 세 자매는 전시 통일 전선의 견고함을 보여주기 위해서 10여 년 만에 처음으로 공개 석상에 함께 모습을 드러냈다. 아이링(왼쪽)과 메이링(가운데)은 매우 친밀했지만, 칭링(오른쪽)은 두 사람과 일정 거리를 유지했다.

▲ 세 자매와 장제스. 1940년 충칭의 환영 연회에서. 왼쪽부터 메이링, 아이링, 장제스, 칭링. 칭링은 매부 장제스를 증오했고, 항상 그와 거리를 두었다.

◀ 충칭의 군 병원을 방문한 세 자매, 1940년.

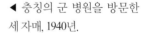

◀ 장제스 부부와 클레어 셔놀트 대위(왼쪽). 제2차 세계대전 시기 중화민국 공군의 미국인 의용 대대, 일명 '플라잉 타이거즈'의 수장이었던 셔놀트는 메이링에 대해 "그녀는 언제나 내 마음속의 공주님일 것"이라는 말을 남겼다.

미국의 장군 조지프 스틸웰이 보기에 칭링은 "세 자매 가운데 가장 호감이 가는 인물"이었다. 1940년대 초, 충칭에서.

1942년 충칭에서. 루스벨트 대통령의 특사 웬들 윌키(왼쪽에서 두 번째)는 메이링(왼쪽에서 세 번째)에게 매료되었고, 그녀를 미국으로 초청했다. 칭링(오른쪽에서 두 번째)은 윌키와 한마디도 나눌 기회가 없었다고 사석에서 불평했다. 쿵샹시가 자매들 사이에 앉아 있다.

1943년 메이링의 미국 공식 방문은 대성공이었다. 하이라이트는 2월 18일의 의회 연설이었다.

메이링(무릎 위에 꽃을 둔 채 가운데 앉아 있는 사람)은 1943년 로스앤젤레스의 야외 공연장 할리우드 볼에서 3만 명의 인파 앞에서 연설했다. 그녀는 아이링의 자녀들인 쿵링칸(왼쪽에서 두 번째)과 쿵링쥔(맨오른쪽)을 미국으로 데려갔고, 공개적으로 그들에게 중요한 업무를 맡겼다. 오른쪽에서 두 번째에 자리한 사람은 탁월한 외교관인 구웨이쥔이다(그는 1927년 중화민국 대총통 권한 대행이었다).

1943년 11월, 카이로 회담에서 장제스 부부와 루스벨트 대통령, 처칠 총리.

1942년 워싱턴에서 중화민국의 전시 외무부 장관 쑹쯔원(오른쪽)과 루스벨트 대통령, 미국 우정청(USPS) 총재 제임스 팔리. 같은 해 7월 7일 중국의 항일 투쟁 5주년을 기념하여 미국에서 기념우표가 발행되었다.

▲ 1942년 워싱턴 DC에서 크리스마스 파티를 즐기는 쑹씨 세 형제 쑹쯔안(맨 왼쪽), 쑹쯔원(가운데), 쑹쯔량(맨 오른쪽)과 그 아내들.

◀ 장제스의 초상화 아래에서 식사하는 장제스 부부, 1940년대 초.

신과 내가 이 대단한 인물과 식사를 할 기회가 생겼단 말이야.'" 장제스가 말한 대단한 인물은 상하이 사교계 최고의 귀부인으로 일컬어지던 아이링이었다. "'이런 일이 벌어지다니 정말 믿기지가 않는군.'……그는 마치 공작새처럼 거들먹거리며 방을 배회했고 도통 앉으려고 하지 않았다. 그가 이처럼 평정심을 잃는 일은 몹시 드물었다."

천제루는 남편보다 먼저 식사 자리에 도착했다. 장제스는 일 때문에 조금 늦는다고 했다. 6명만 모이는 조촐한 자리였다. 나머지 손님 2명은 남편이 몇 개월 전에 암살당해 속으로 장제스를 의심하고 있던 랴오중카이의 부인 허샹닝, 그리고 광저우 정부의 외무부 장관 천유런이었다. 천유런과 메이링이 맺어질지도 모른다는 소문이 무성했지만, "응접실에서 서로를 대하는 태도를 보니 뜬소문인 듯하다"고 천제루는 판단했다. 실제로 메이링은 천유런이라면 질색을 했다. 에마에게 보내는 편지에서 그녀는 이렇게 말했다. 천유런이 "언젠가 저녁 식사 때 내 옆에 앉았어. 대단히 영리하고 똑똑한 사람이지만, 끔찍할 정도로 자기중심적이고 허영심이 커. 어깨를 으쓱거리는데 아주 미칠 뻔했다니까! 이번 주에 나를 만나러 온다는데, 내가 예의를 잃지 않길 바랄 뿐이야."

어리고 순진한 천제루는 평범한 가정에서 자랐고 대도시 출신이 아니었다. 쑹씨 자매를 보는 그녀의 시선에서는 질투가 묻어났다. 아이링과 메이링은 모두 눈부신 비단으로 만든 세련된 치파오를 입었고, 머리는 웨이브를 준 후에 목 뒤에서 쪽을 찐 1920년대의 유행 그대로였다. 두 사람은 상하이의 어느 패션 잡지에서 막 튀어나온 모델들처럼 보였다.

무더위와 습기 때문에 모두가 녹아내리고 있었다. 선풍기 세 대가 최대 풍속으로 작동하고 있었지만, 메이링은 상아와 비단으로 만든 큰 부채를 계속 부쳤고, 아이링은 "레이스 손수건으로 이마를 톡톡 두들겨 땀을 닦

앉다." 메이링이 "너무 끈적거려서 도저히 못살겠다"고 불평하며 "다음 주에 엠프레스 오브 재팬 호를 타고 상하이로 돌아갈" 날을 고대하는 동안, 맏언니는 천제루에게 남편에 대해서 캐물었다. "장제스 씨는 성질이 불 같은 걸로 유명하던데, 당신에게 호통을 친 적도 있나요?……없다고요? 그렇다면 당신은 인내의 화신이겠군요.……쑨원 선생이 말씀하시길 장제스 씨는 사소한 자극에도 벌컥 성을 낸다던데, 정말 그런가요?……첫 번째 아내분 이야기 좀 해주세요.……두 번째 아내분은요?……어떤 사람인가요?" 질문이 너무 직접적인 느낌이 든다. 하지만 천제루는 요령 있게 대답을 캐내는 수고를 들일 필요조차 없는 평범한 여자아이로 간주되었다. 게다가 아이링은 돌려 말하지 않기로 유명한 사람이었다.

장제스는 도착한 뒤 아이링과 메이링 사이에 앉았다. 이 자리에서 아이링은 새로운 총사령관과 관련된 많은 사실들을 알게 되었다. 게다가 메이링이 그에게 상당한 관심이 생긴 듯했다. 그는 군인답게 절도가 있었고, 그의 까무잡잡하고 긴 얼굴에는 섬세하고 기민한 기운이 감돌았다. 상하이 사교계의 시시덕대는 수다와는 차원이 다른 대화 역시 메이링을 매혹했다. 저녁 식사가 끝난 뒤 메이링은 그에게 자신의 상하이 주소를 건넸다.

메이링의 호감을 알아챈 장제스는 희열을 느꼈다. 천제루와의 관계는 사랑보다는 성욕에 기반한 것이었기 때문에, 그는 망설임 없이 그녀를 내쳤다. 이제 잘하면 쑨원과 가족의 연을 맺을 수도 있었다. 아름답고 이지적인 아가씨와의 "성대한 결합"이 기대된 것 역시 두말할 나위 없었다. 그가 보기에 메이링과 천제루는 비교할 수도 없었다. 장제스로서는 자신의 정치적 야망이 실현되기 직전 알맞은 시기에 행운이 찾아온 셈이었다. 그는 베이징 정부를 무력으로 정벌하는 북벌을 개시하려던 참이었고, 자신이 승리하여 새로운 정권을 수립하게 되리라는 확신에 차 있었다. 메이링

같은 배우자는 미래 중국의 통치자가 될 그에게 후광을 더해줄 것이 분명했다. 메이링은 소련을 버릴 준비를 하는 그가 서구 열강과 친분을 맺는데에 도움을 줄 수 있는 재목이기도 했다.

메이링이 상하이로 떠나기도 전에 장제스는 일기에 벌써부터 그녀가 그립다고 썼다. 그러고는 그녀가 떠나고 얼마 지나지 않아서 맏언니 아이링과 오빠 쑹쯔원(그도 장제스와 면식이 있었다)에게 수차례 전보를 보내서 구애의 뜻을 전했다. 쑹쯔원은 장제스와 메이링의 결혼에 반대했지만, 맏언니를 이기지는 못했다. 아이링은 국민당의 떠오르는 최고 실력자라면 고려해봄 직하다고 판단했다. 그러나 이 무렵 그녀는 아직 확답을 하지 않았다.

장제스는 여전히 친러파로 위장한 채 엇갈리는 신호를 보내는 중이었다. 아이링으로서는 그가 정말로 지향하는 바가 무엇인지 확신할 수 없었다. 조금이라도 공산주의자들 쪽에 가깝다면 그것으로 끝이었다. 더구나 아이링과 남편 쿵샹시는 단 한 번도 광저우 정부에 소속감을 느끼지 않았다. 쑨원이 베이징에 맞서서 광저우 정부를 세운 것은 순전히 대총통이 되고 싶었기 때문이다. 베이징 정부야말로 민주적으로 선출되고 국제적으로 공인된 정부였기 때문에, 아이링 부부는 베이징 정부에 충성했다. 쑨원이 광저우에서 대총통 취임을 선언했던 1921년, 마침 쑨원 부부의 집에 머물고 있던 메이링은 취임식에 참가하고자 했다. 그러나 아이링과 어머니는 긴급 전보를 세 통이나 보내서 절대 그 자리에 참석하지 말고 당장 상하이로 돌아오라고 명했다. 남동생 한 명이 광저우로 와서 "말 그대로 나를 집으로 끌고 갔다"고 메이링은 에마에게 전했다.

쿵샹시는 광저우에 있을 때면 늘 "물 밖에 나온 물고기"가 된 기분이었고, 같이 일해보자는 쑨원의 제안을 자신은 "중국의 통일을 바란다"며 거절했다. 그러면서 베이징의 정치인들에게는 계속해서 존경을 표했다. 원수 우페이푸에 대해서는 "정말 좋은 사람이다. 나라를 사랑하고 원칙이 있다"고 평했다. 베이징 정부의 대총통 쉬스창과는 좋은 관계를 유지하며 각종 연회에도 초대받았고, 정무에 대한 자문을 요청받기도 했다. 아이링 부부는 주로 베이징에서 생활했다. 장제스에게 저녁 식사를 대접한 뒤에 아이링이 돌아간 곳은 상하이가 아닌 수도 베이징이었다. 아이링의 아이들은 그곳의 미국계 학교를 다녔다.

이제 국민당군이 베이징 정부를 무너뜨릴 수도 있는 상황이 되었다. 현실적인 아이링은 이 사실을 받아들여야 했다. 그러나 한편으로 그녀는 장제스가 베이징 지도부를 어떻게 대하는지 두고 보고자 했다. 장제스는 아이링이 시원찮은 반응을 보이는 이유가 정치적인 문제 때문임을 정확히 간파했다. 그는 메이링을 향한 구애를 잠시 멈추고, 자신의 진짜 속내(그리고 능력)를 내보일 날을 기다렸다.

한편 베이징 정부를 상대로 한 그의 북벌은 성공적이었고, 여러 성들이 국민당군의 손에 들어왔다. 11월에 「뉴욕 타임스」는 한 면을 전부 할애하여 장제스에 대한 기사를 실었다. 제목은 "새로운 강자, 중국의 절반을 차지하다"였다. 1927년 3월 21일 장제스의 군대는 상하이를 점령했다. 4월이 되자 장제스는 공산당 및 소련 세력과 공개적으로 결별을 선언하고, 그들에 대한 수배령을 내렸다. 수배자 명단에는 보로딘의 이름이 가장 먼저 적혔다(마오쩌둥도 이 명단에 포함되었다). 보로딘은 고비 사막을 가로질러 소련으로 도피했다. 사막에서 천막을 치고 누운 어느 밤, 그는 장제스를 믿은 자신의 실수를 곰곰이 되짚었다. 장제스는 공산주의자들이 일으킨 폭동을 진압하라는 명을 내렸다. 그의 진정한 적이 베이징 정부가 아니라 공산주의자들이라는 사실은 서서히 명확해졌다. 폭도들이 득세하여 목이

잘릴지도 모른다는 극도의 공포 속에서 살던 상하이의 사업가들과 서양인들은 긴 안도의 한숨을 내쉬었다. 그들은 점차 장제스에게 호감을 가지게 되었고, 그가 벌이는 일을 감사하게 여겼으며, 때로는 탄복하기까지 했다. 이렇듯 자신의 진정한 정치적 입장을 밝히고 자격을 증명하여 메이링의 지인들이 동경하는 대상이 된 후에야 장제스는 다시 그녀에게 구애하기 시작했다.

메이링은 뛰어난 지적 능력을 타고났지만 두 언니들과 달리 처음에는 정치적 견해가 분명하지 않았다. 그러던 그녀가 변한 것은 장제스가 1927년 4월 공산당과 결별하기 직전 겨울의 일이었다. 당시 장제스의 군대는 양쯔 강의 전략적 요충지에 위치한 도시 우한을 점령했고, 광저우 정부도 그곳으로 옮겨 간 상태였다. 국민당 지도부의 일원인 칭링과 재무부 장관 쑹쯔원이 이곳 국민당의 임시 수도에 머물고 있었다. 메이링은 어머니, 아이링과 함께 그들을 만나러 가서 3개월간 그곳에 머물렀다. 이들은 '적화(赤化)' 도시를 목격했다. 적화되었음을 명백히 보여주는 한 가지 징후는 도시의 벽을 빼곡히 메운 거대한 선전 포스터들이었다. 포스터에는 뚱뚱하고 못생긴 외국인 자본가들이 바닥에 몸을 웅크리고 있고 그 위로 중국 군중이 총검을 내리꽂아서 피가 줄줄 흐르는 장면 같은 것들이 그려져 있었다. 잦은 파업, 군중집회와 시위, 학생과 노동조합원들의 활동 또한 무시할 수 없는 징후였다. 당시 현장에 있던 좌익 성향의 기자 빈센트 쉬인이 목격한 바에 따르면, 이 모든 활동들은 이것이 "언제라도 생산 수단을 장악해서 프롤레타리아 독재를 천명할 수 있을 정도로 고도로 조직화된 사회 혁명 운동"임을 드러냈다. 거리를 가득 메운 수많은 외국인 혁명가들 역시 대단한 볼거리였다. 적화 도시 우한의 모습에 영감을 받고자 유럽과 미국, 그리고 아시아 다른 나라들에서 앞다투어 찾아온 이들이었다.

적화 도시 우한에서 삶에서 가장 활발하고 급진적인 시기를 보내고 있던 칭링은 도시 안팎에 만연한 폭력 사태를 적극 지지했다. 그러나 메이링은 어머니, 그리고 맏언니 아이링과 마찬가지로 두 눈으로 목격한 광경에 경악했다. 그녀 방의 창문 밖으로 "한 주라도 시위가 일어나지 않은 적이 없었다. 공산당 노조가 지휘하는 수천수만 명의 노동자들이 누군가를 타도하라, 무슨 인습과 관습을 철폐하라, 어느 제국주의 국가를 쫓아내라는 구호를 외쳤다.……시위대가 가까워올수록 귀가 먹먹해지는 수천 인파의 외침은 최고조에 달했다. 소리는 몇 시간이고 이어졌다.……나팔, 북, 징, 놋쇠 심벌즈가 만드는 불협화음에 잠시도 안정을 취할 수 없었다." 메이링은 "무차별적인 체포, 공개 채찍형, 불법 수색과 몰수, 즉석재판과 즉결처분"을 혐오했다. 분노가 치솟았다. 많은 이들이 "감히 공산당을 비판했다는 이유만으로 고문당하거나 목숨을 잃었고", "지주와 관료, 심지어 그들의 모친을 비롯한 일가친척까지 '공개 인민재판'에 부치는 행태"를 마주하여 두려움에 떨었다.

고비 사막을 넘어서 소련으로 도망치기 전, 소련식 '적색 테러'의 설계자인 보로딘은 우한에 있었다. 메이링은 그에게 이 모든 것이 어떻게 정당화될 수 있느냐고 물었다. 보로딘은 메이링에게 아주 관심이 많았던 것 같다. 그의 침실에서 그가 몇 번이고 "메이링, 친애하는, 친애하는 메이링"이라고 쓴 압지를 하인이 발견한 적도 있었다. 그녀를 매료하려는 마음에, 나아가 그녀를 전향시킬 수도 있으리라는 기대로 보로딘은 자신의 기교를 최대한 동원하여 그녀의 질문에 긴 답변을 늘어놓았다. 말하는 내용의 분위기에 따라서 때로는 한걸음 한걸음에 무게를 실어서, 때로는 잰 걸음으로 쑹쯔원의 집 거실을 이리저리 오갔다. 이따금씩 주먹을 허공에 치켜들고 가만히 서서 말에 구두점을 찍었고, 팔을 내리고 주먹을 왼쪽 손바닥에 내리치며 극적인 효과를 자아내기도 했다. 메이링은 그저 "내 천성과 본능, 그러니까 나라는 존재 자체와 내 신념까지 보로딘 씨의 주장에 반감과 혐오감을 느꼈다"고 했다.

4월에 상하이로 돌아온 메이링은 장제스의 국민당 내 공산주의자 축출 조치에 전적으로 동조했다. 아이링의 격려에 힘입은 그녀는 장제스와 인생을 함께할 마음을 굳혔다. 5월에 장제스가 편지에 자신의 사진을 동봉해서 보내오자 메이링은 긍정적인 답변을 보냈다. 그후로 두 사람은 자주 만났다. 밤이 깊도록 대화를 나누었고, 교외로 나가서 아담하고 분위기 있는 레스토랑에서 식사를 했고, 한밤중에 드라이브를 즐겼다. 둘은 사랑에 빠졌다. 그들의 사랑은 서로에게 눈이 멀어서 정신을 차리지 못하는 유형은 아닐지라도, 삶에서 원하는 바가 분명한 성숙한 성인들이 비슷한 견해를 지닌 상대를 만나 서로에게서 충족감을 느낄 수 있음에 기뻐하는 종류의 사랑이었다. 미래 중국 통치자의 배우자로서, 메이링은 마침내 자신의 끝을 모르는 활력으로 무엇인가 변화를 만드는 일을 할 수 있으리라는 것을 직감했다.

본처 마오푸메이와 이미 이혼한 상태였던 장제스는 이 무렵 두 명의 첩실과도 관계를 정리했다. 첩들은 순순히 떠나는 것 말고 달리 방도가 없었다. 장제스는 이들을 평생 부양하겠다고 약속했다. 천제루는 미국행 배에 태워졌다. 선상에서 "세련된 차림"의 그녀가 우는 모습이 목격되었다. 상하이에서 으뜸가는 신문에는 자신이 미혼임을 천명하는 장제스 명의의 공고가 3일간 게재되었다.

1927년 9월 27일, 메이링과 장제스는 맏언니 아이링의 집에서 약혼했고, 그곳에서 약혼 기념사진도 찍었다. 이튿날 장제스는 일본에 머무르던 메이링의 어머니를 만나러 갔다. 니구이전은 막내딸의 혼사를 아이링에게 일임했지만, 미래의 사위 얼굴 정도는 보아두고 싶어했다. 총사령관 장제스의 생김새와 행동거지는 장모의 마음에 흡족했다. 니구이전은 장제스와 마주한 자리에서 결혼을 허락해주었다. 장제스는 의기양양했다. 숙소로 돌아오자마자 그는 큰 붓을 들고, 큼지막하게 네 글자를 써내렸다. "횡소천군(橫掃千軍)", 1,000명의 적군을 일거에 소탕한다는 뜻이었다.

니구이전은 결혼식 준비를 돕기 위해서 상하이로 돌아왔다. 결혼식은 1927년 12월 1일에 열렸다. 그날 새신랑은 국민당 기관지에 결혼하는 기쁨을 표한 글을 실었고, 새신부는 친구들에게 "얼떨떨한 기분"이라고 전했다. 쑹씨 가족의 가정집에서 기독교식 의식을 올린 뒤, 시내에서 두 번째 식이 거행되었다. 장소는 프랑스의 성채를 연상시키는 위용을 자랑하는 머제스틱 호텔이었다. 호텔의 넓은 정원에 1,000명이 넘는 하객들이 모여들었다. 시내 제일의 명소에서, "내로라하는 사람이라면 모두 빠짐없이 참석한" 결혼식이었다. 메이링은 신이 나서 에마에게 알렸다. "이제껏 상하이에서 본 적 없는 성대한 결혼식이었어!" 결혼식의 모든 것이 언론에 보도되었다. 어느 기사는 메이링의 유럽 스타일 웨딩드레스를 다음과 같이 묘사했다. "아름다운 웨딩드레스를 입은 신부의 모습은 눈이 부셨다. 흰색과 은색 조젯으로 만든 웨딩드레스는 한쪽으로 살짝 주름을 잡고 한 송이 귤꽃을 꽂아서 고정한 모양새였다. 신부는 진귀한 레이스로 만든 아름다운 면사포를 길게 늘어뜨렸고, 면사포 위로는 귤꽃의 꽃봉오리를 엮은 조그마한 화환을 얹었다. 흰 샤르뫼즈 천에 은빛 자수를 놓은 가운이 어깨에서부터 면사포와 함께 흘러내렸다. 발에는 은색 구두와 스타킹을 신고, 손에는 연분홍색 카네이션과 고사리의 잎으로 만든 부케를 들었다." 중국에서 순백은 상복에 쓰이는 색이었기 때문에 메이링의 웨딩드레스에는 은색이 많이 들어갔다.

결혼식이 끝난 뒤, 장제스는 현 상황과 자신의 계획을 (아내가 아니라) 맏언니 아이링과 오랜 시간 논의했다. 베이징 정부에 대한 아이링의 동정은 그들을 대하는 장제스의 태도에 분명 영향을 끼쳤다. 베이징 정부를 무너뜨리고 난 다음에도 장제스는 정부 관계자들을 존중하며 호의를 표했고, 그들 가운데 상당수를 자신의 정부에서 계속 일하도록 했다. 장제스는 전 국무총리 돤치루이를 자신의 '스승'이라고 칭했으며, 조국에 대한 그의 "부정할 수 없는 위대한 공헌"을 추켜세웠다. 군벌 우페이푸가 세상을 떠나자 장대한 국장을 치러주었다.

이제 아이링은 마치 장제스에게 조언하는 임무를 맡은 것처럼 행동하기 시작했다. 그리고 새신랑이 긴장을 늦추지 못하도록 자신이 단속해야 한다고 생각했다. 하루는 장제스가 메이링과 오후 내내 승마를 즐기다가 저녁에 아이링을 찾아갔다. 아이링은 쾌락에 빠져서 정치적 소임을 진지하게 여기지 않는다며 그를 힐난했다. 감정이 상한 장제스는 일기에 아이링이 자신을 과소평가하고 있으며 자신의 원대한 잠재력을 알아보지 못한다고 적었다. 그는 아이링에게 자신을 증명하겠다고 결심했다. 이들과 가까운 사람들은 아이링이 장제스에게 누구보다 큰 영향력을 행사하게 된 것이 이때부터였다고 증언했다.

10

궁지에 몰린 독재자의 아내로서

메이링과 남편 사이의 갈등은 일찍부터 시작되었다. 결혼식을 올린 1927
년 12월 말, 신혼부부는 벌써 상하이에서 크게 다투었다. 낮에 집으로 돌
아온 장제스가 메이링이 집에 없다는 사실을 알아챈 것이 계기였다. 자신
을 위해서 늘 집에서 기다리던 여자들에 익숙하던 그는 짜증이 치밀었다.
메이링이 귀가하고서도 사과 한마디 건네지 않자 장제스는 버럭 화를 냈
다. 메이링도 깜짝 놀라서 그에게 맞섰다. 장제스는 메이링이 도저히 참을
수 없을 만큼 "오만하다"고 생각했고, 어디인지 "몸이 불편하다"며 침대에
드러누웠다. 메이링은 들은 척도 하지 않고 친정으로 달려가서는 자신도
"아프다"며 똑같이 드러누웠다. 결국에는 장제스가 무릎을 꿇었다. 그날
저녁 "몸이 아픈데도 불구하고" 찾아온 장제스에게 메이링은 "구속당하는
게 너무 싫다"고 했다. 성격을 좀 고치라는 충고도 곁들였다. 그렇게 둘은
화해했다. 그날 밤 장제스는 충격에 잠이 오지 않았다. "심장이 요동치고
살이 떨리는" 듯했다.

장제스가 결혼한 상대는 의지가 강하고 독립적인 호랑이 같은 여자였다. 그는 처음으로 다른 사람과의 관계에서 먼저 사과하는 쪽이 되었다. 뜬눈으로 지새운 그날 밤, 장제스는 자신이 메이링에게 맞추는 것 외에는 길이 없다는 사실을 깨달았다. 여러 방면에서 그녀가 필요했다. 자신이 쑨원의 후계자임을 주장하고 있고, 그녀가 쑨원의 인척이라는 점에서 특히 그러했다. 한편으로는 "그녀의 말에 어느 정도 동의하여" 스스로 성격을 고칠 필요가 있다는 생각도 했다. 이튿날 아침 장제스는 평소처럼 새벽같이 기상하는 대신, 아침 10시까지 침대에서 메이링과 오랫동안 뜨거운 사랑을 나누었다.

메이링은 재빨리 화해의 몸짓으로 답했다. '마담 장제스'가 되었다는 사실에 그녀의 마음은 한껏 부풀어 있었다. 훗날 그녀는 "이제 내게 기회가 온 것이다. 남편과 함께 쉬지 않고 노력해 중국을 부강하게 만들겠다"고 생각했다고 회고했다.

메이링은 장제스의 승리가 내분을 종식시켜 중국에 평화를 가져오리라고 믿었다. 그래서 남편의 승리를 돕고 훌륭한 퍼스트레이디가 되겠다고 다짐했다. 우선 서양식 옷을 벗고 전통 의복인 치파오를 입기 시작했다. 꽃 모양이 수놓이고 치마 양쪽이 종아리 중간까지 트인 비단 치파오는 그녀의 '유니폼'이 되었다. 머리모양은 당시 중국 여성들이 흔히 하던 대로 생머리에다가 단정한 앞머리를 냈다. 장제스 정부의 재무부 장관이었던 오빠 쑹쯔원이 사의를 밝히자 그를 만류하여 업무를 계속 맡게 했다. 장제스가 북벌의 최전선에 나간 동안은 부상당한 병사들을 위한 의약품을 구입했고, 대량의 옷과 침구를 조달했으며, 적십자사 소속 의사와 간호사들의 구호 활동을 주선했다. 중국에 주재하는 서방 국가의 영사들에게 장제스의 의사를 전달했고, 국민당군이 교전 지역에서 그들의 동료들을 안전하게 보호하겠다고 약속했다. 메이링은 장제스의 특별 대리인과도 같았다. 그녀가 처리한 일들은 다른 이들이 할 수 없는 것들이었다. 장제스는 일기에 자신이 거둔 승리는 반절이 아내 덕분이라고 적었다. 국민당의 승리에 기여했다는 것만큼이나 중요한 그녀의 업적은 또 있었다. 메이링은 장제스의 군대에 인도주의적 관행을 도입했고, 그녀의 영향을 받아서 장제스 역시 전반적으로 교화되었다. 중국의 전쟁 역사상 처음으로 전사한 병사와 장교들의 자녀를 위한 학교를 설립한 것도 그녀였다. 중국의 전쟁 사상 처음 있는 일이었다. 메이링은 오랜 기간 헌신적으로 그 아이들을 돌보았다. 죽는 날까지 그들은 그녀의 '자식들'로 남았다.

베이징 정부를 격파한 장제스는 1928년 7월 3일 수도 베이징에 입성했다. 국민당 정권이 수립되었고, 수도는 난징으로 정해졌다. 장제스는 국민 정부의 주석이 되었다.

중국에서 민주주의를 추구하는 시대는 끝이 났다. 역사책에서는 1913년부터 1928년까지의 시기를 '군벌 전쟁 시기'라고 부정적으로 묘사하고는 한다. 사실 휴전 기간이 있기는 했어도 이 시기에 발생한 가장 중요하고 오랫동안 지속된 전쟁은 군벌들이 아니라 쑨원, 그리고 장제스가 벌인 것이었다. 군벌 간의 전쟁은 지속 기간이 훨씬 짧고 범위도 국한되어서, 사회에 혼란을 초래하는 정도가 훨씬 덜했다. 총격전에 휘말리지 않는 이상 일반인들의 삶은 평소처럼 흘러갔다. 무엇보다 군벌들의 갈등은 의회 민주주의의 부활을 위한 노력이 재개됨에 따라서 종식되었다. 가령 장제스의 마지막 표적이었던 원수 우페이푸는 민주주의의 신봉자로 유명했다. 정계를 떠나기 전에 그가 마지막으로 한 일은 베이징 정부가 승리하여 국회가 다시 소집되기를 소망하며 베이징에 체류하고 있던 수백 명의 의원들에게 집으로 돌아갈 여비를 챙겨주는 것이었다. 장제스의 승리로 민주주의를 향하던 중국의 여정은 끝이 났다. 그렇게 중국은 뻔뻔한 독재 정치의 길로 들어섰다.

장제스는 독재자로 군림하면서 보로딘의 표현에 따르자면 레닌주의의 몇몇 '투쟁 방식'인 소련식 조직, 프로파간다, 통제 기제를 물려받았다. 그러나 공산주의는 거부했고, **전체주의** 국가를 건설하지도 않았다. 훗날 그를 몰아내게 되는 마오쩌둥과의 차이점이었다. 장제스 정권 아래에서 중국은 다방면에서 이전 시기와 같은 자유를 유지했다. 메이링은 정책을 만들지는 않았지만, 독재자 장제스가 보다 인도적인 결정을 내리는 데에 강한 영향력을 행사했다.

장제스의 가장 큰 고민은 정통성이었다. 몇몇 선거에 문제가 많기는 했지만, 어찌되었든 공화국이 생긴 이래 장제스의 전임자들은 모두 투표로 선출된 사람들이었다. 무력 정복을 통해서 그 자리에 오른 장제스는 사람들의 마음을 얻지 못했다. 그들에게 장제스는 해방을 가져다준 위인이 아니었다. 그의 군대가 베이징 거리를 행진했을 때, 그들을 맞이한 것은 무표정한 구경꾼들의 "소리 없는 아우성"이었다고 한 목격자는 전했다. 대체로 장제스보다 베이징 정부 출신 인사들의 평판이 월등히 좋았다. 승리를 거두었다고 해서 사람들이 그의 군사적인 능력을 대단하게 생각하지도 않았다. 많은 이들이 베이징 정부는 장제스보다도 소련의 압도적인 군사력 때문에 패배했다고 믿었다. 장제스가 당에서 소련 세력을 몰아냈다는 사실은 마지못해 인정해주는 정도였다. 장제스가 겉으로 친러파인 척할 때에 소련의 압박에 공개적으로 반대하던 국민당 당원들도 있었다. 그들이 보기에 장제스는 기회주의자일 뿐이었다.

장제스는 자신이 국부의 후계자임을 주장하면서 쑨원을 신적인 존재로 격상시켰다. 자신의 결혼식 때에는 쑨원의 거대한 초상화를 걸기도 했다. 초상화 양옆으로는 국민당의 당기(黨旗)와 그가 곧 통치하게 될 중화민국의 국기가 자리했다. 중화민국 국기는 국민당 당기를 붉은색 배경에 그대로 가져다 붙인 형태였다. 자신의 당이 온 나라를 다스리게 되리라는 쑨원의 비전이 여기에 담겨 있었다. 신랑, 신부와 1,000명이 넘는 하객들 모두가 쑨원의 초상화에 머리를 세 번 조아렸다. 이때부터 이 의식은 중국 전역의 각종 행사에서 널리 시행되었다.

사실, 장제스가 생각하기에 쑨원은 신처럼 완벽한 존재와는 거리가 멀었다. 그는 자신이 책략을 써서 난국을 타개하지 않았더라면, 쑨원의 러시아 정책이 국민당과 중국을 공산주의자들에게 넘겨주는 결과를 초래할 뻔했다고 메이링과 아이링에게 말한 적도 있었다. 그러나 정치적인 이유로 장제스는 쑨원을 신격화할 필요가 있었다.

정권 유지를 위해서는 쑨원의 이데올로기 역시 필요했다. 쑨원은 일종의 이데올로기를 제창한 바 있었다. 인민의 세 가지 원칙이라는 뜻의 삼민주의(三民主義)였다. 이는 링컨의 "국민의, 국민을 위한, 국민에 의한 정부"를 흉내 낸 것이었다. 크게 보자면 삼민주의의 원칙은 민족주의, 인민이 나라의 주인이라는 민권주의, 인민의 민생을 보살핀다는 민생주의였다. 이 원칙들은 쑨원이 실제로 가졌던 신념들만큼이나 모호하고 변덕스러웠다. 3분 분량의 영어로 된 뉴스 필름을 제작하기 위해서 카메라 앞에 선 장제스와 그의 통역가, 그리고 메이링은 삼민주의에 대해서 서로 다른 정의를 내놓았다. 퍼스트레이디는 쑨원의 원칙들이 어떻게 중국 여성을 해방시켰는지 말하기로 되어 있었다. 너무 막연한 주제이기 때문에 메이링은 원고를 기계적으로 암기해야 했다. 그 결과, 중국에서의 여성의 역할에 대해서 자신이 관찰한 바를 유창하게 논한 다음 쑨원의 위대한 공헌에 관해서 말해야 하는 지점에 이르자, 그녀는 그만 대사를 잊고 말았다. 메이링은 더듬더듬 이어가다가("쑨원 박사께서는 여성들에게 경제적인……어……경제……어……") 말을 멈추었다. 당황하면서도 사랑스럽게 키득거리며 남편을 돌아보자, 눈에 띄게 긴장한 모습으로 그녀를 지켜보던 남편이 귀에 대사를 속삭여주었다. 그녀는 문장을 완성했다. "……여성들에게 경제적이고 정치적인 자립을 가능하게 해주셨습니다."

이 '이데올로기'가 모호하고 여러 가지 해석이 가능하다는 점은 거시적인 관점에서는 큰 문제가 되지 않았다. 듣기 좋고, 가치 있는 내용이면 그만이었다. 하지만 장제스가 삼민주의의 구체적 실천을 목표로 삼으면서 문제가 발생했다. 그는 '훈정(訓政)'을 실시하겠다고 선포했는데, 이는 쑨원이 자신의 독재 정치에 붙인 다소 노골적인 명칭이었다. 훈(訓)이라는 글자는 우월한 자가 열등한 자를 가르치는 모습을 연상시켰다. 쑨원은 중국 인민들이 쑨원 자신과 국민당 당원들에게 이렇게 가르침을 받아야 한다고 말했다. 중국인들은 노예 본성이 있어서 나라의 주인이 되기에는 부적합하기 때문에, "우리 혁명가들이 그들을 깨우쳐주어야 한다", "그들을 가르쳐야 한다", "필요하다면 무력도 불사해야 한다"는 것이었다. 쑨원의 말을 그대로 묘사한 선전 포스터가 있었는데, 이 포스터에서 중국은 갓난아이로, 쑨원은 그 갓난아이를 더 높은 차원의 삶으로 이끌어주는 존재로 그려졌다. 이는 평범한 사람들을 공공연하게 업신여기는 태도에 거부감을 가지는 중국의 전통 문화에서 한참 벗어난 것이었다.

장제스는 그 누구도 쑨원을 불경하게 대해서는 안 된다고 지시했다. 그는 학교와 회사 등 단체들에 매주 한 번씩 모여서 쑨원을 기념하라고 명령했다. 사람들은 3분간 서서 묵념한 다음 쑨원의 유언장 "총리유촉"을 읽고 상관의 설교를 들어야 했다. 이 모든 것이 중국인들에게는 생경하고 불쾌한 일이었다. 황제가 다스릴 때에도 이런 일을 강요받은 적은 없었다. 또한 20년 가까이 중국인들은 다당제, 합리적이고 공정한 사법 체계, 자유로운 언론을 보유한 일종의 시민 사회에서 살아왔다. 사람들은 보복당할 두려움 없이 베이징 정부를 공개적으로 비판할 수 있었다. 1929년, 다수의 저명한 자유주의자들이 『인권논집(人權論集)』이라는 정론집을 출판하여 목소리를 높였다. 당대 으뜸가는 자유주의자 후스는 이렇게 적었다. 중국인들은 이미 "사상적 해방"을 경험했으나, 이제는 "공산당과 국민당의 합작으로 절대 독재 정권이 수립되었고, 따라서 우리의 사상의 자유, 발언의 자유는 사라지고 있다. 오늘날 우리는 신을 비난할 수는 있어도 쑨원을 비난할 수는 없다. 주일 예배는 가지 않아도 되지만, 주간 [쑨원] 기념회에 참석해서 쑨원의 유언을 읽는 일에는 빠질 수 없다." "우리가 건립하고자 하는 것은 국민당을 비평할 자유, 쑨원을 비평할 자유이다. 우리가 신도 비평할 수 있는데, 왜 국민당과 쑨원은 그럴 수 없단 말인가?" 또한 그는 말했다. "국민당은 크게 인심을 잃었다. 반은 정치적인 조치가 인민의 기대를 만족시키지 못하고 있기 때문이며, 반은 사상적으로 경직되어 앞서가는 사상가들의 공감을 이끌어내지 못하고 있기 때문이다." 이 출판물들은 압수당해 불태워졌고, 후스는 강제로 대학 총장직을 내려놓아야 했다.

이 정도로 끝나서 다행이라고 후스는 평했다. 누구든 '반동분자', '반혁명분자', '공산당 혐의자'라는 의심을 받으면 자유와 재산을 잃을지 몰랐다. 사유재산에 대한 존중은 찾기 어려웠다. 한때 베이징 정부의 국무총리를 지낸 구웨이쥔은 베이징에 훌륭한 저택을 소유하고 있었다. 부유한 화교 사업가인 장인이 사준 집이었다. 구웨이쥔 가족은 그 집을 사랑했다. 쑨원은 마지막으로 베이징을 방문했을 때에 그 집을 빌렸고, 그곳에서 죽었다. 국민당은 승리한 이후 그 집을 몰수하여 쑨원을 기념하는 성지로 만들었다. 구웨이쥔 가족에게는 몹시 속이 쓰린 일이었다. 그들은 집의 새 주인들이 도색을 새로 했다는 소식에 탄식했다. 국민당은 애도의 장소임을 표시하기 위해서 베이징 특유의 아름다운 붉은색이었던 건물을 음울한 청회색으로 칠해버렸다.*

장제스는 국가 재산을 자신의 것으로 여겼다. 그는 중국농민은행이라는 거대 은행을 설립하면서 국가의 조세 수입에서 자금을 끌어왔다. 1934년 유언장을 작성할 때에 그는 이 은행의 자산을 '집안일' 항목에 넣으면서, 그 아래에 자신의 아들들이 메이링을 어머니로 섬겨야 한다는 조건을 달았다.

독재자 장제스는 사방에 적이 많았다. 동서남북에서 각 성의 지도자들이 그에 대항해서 반란을 일으켰다. 이곳저곳의 국민당 동지 상당수도 마찬가지였다. 이들 모두는 장제스의 권력을 인정하지 않는다는 한 가지 공통점을 지니고 있었다. 그중 몇몇은 극단적인 수단에까지 손을 뻗쳤다. 암살은 만주족 왕조 시기에는 흔하지 않은 일이었지만, 공화주의자들에게는 없어서는 안 될 해결책이었다. 쑨원과 장제스도 이 방면에서 베테랑이었다. 이제 칼끝은 장제스, 그리고 메이링의 목을 겨누고 있었다.

1929년 8월 상하이의 자택에서 잠을 자던 어느 밤, 메이링은 악몽에 시

---

* 신중하고 뛰어난 외교관이었던 구웨이쥔은 훗날 장제스에게도 등용되었다. 수십 년이 지나서 뉴욕 주 컬럼비아 대학교의 구술사 프로젝트의 일환으로 인터뷰를 한 구웨이쥔은 이때의 일화를 묻는 질문을 받자 갑자기 허둥지둥하며 말을 멈추더니 인터뷰 진행자에게 녹음을 중지하라고 말했다. "이건 새어나가면 안 되는 내용이네. 국민당의 명예에 해가 되는 일이니까 말이야." 그러더니 그는 화제를 바꾸었다. 이 일에 대해서는 적당히 넘어가는 것이 현명하다고 생각했음이 분명하다.

달리다가 잠에서 깼다. 훗날 기록한 바에 따르면, 으스스한 유령 같은 형상이 그녀의 꿈에 나타났다고 한다. "험악한 얼굴"에 "나쁜 일을 꾸미는 듯한 표정"을 한 남자였다. "그가 양손을 치켜들었는데, 양쪽에 모두 권총이 들려 있었다." 메이링은 비명을 질렀고, 장제스는 자신의 침대에서 튀어나와 그녀 곁으로 달려갔다. 그녀는 아래층에 도둑이 든 것 같다고 말했다. 장제스가 부부 침실을 나와서 경호원을 호출하자, 두 명이 응답했다. 장제스는 안심하고 침대로 돌아갔지만, 한편으로는 오늘 당직 경호원은 한 명뿐일 텐데 두 명이 대답한 것이 조금 이상하다고 생각했다.

며칠 뒤, 그 경호원 두 명은 발소리를 죽인 채 장제스 부부의 침실로 들어갔다. 방아쇠를 당기려던 순간, 장제스가 몸을 뒤척이며 큰 소리로 기침했다. 깜짝 놀란 경호원들은 방을 빠져나갔다. 한편, 두 경호원 중에서 그날 당번이 아니었던 한 명은 그를 장제스 자택에 데려다준 택시 운전사의 의심을 샀다. 택시 운전사는 그가 챙이 넓은 모자와 우비로 군복을 애써 가리고 있다는 사실을 눈치챘고, 대문에서 그를 맞이하는 모양도 어딘지 수상하다고 생각했다. 택시 운전사는 경찰에게 연락했고, 경찰은 즉시 장제스 자택으로 출동했다. 경호원들은 연행되었다. 그들은 장제스가 가장 오랜 시간을 함께한, 가장 신임하는 경호원들이었다. 그럼에도 불구하고 장제스의 수많은 적들 가운데 한 집단의 암살 의뢰를 수락했던 것이다.

수차례의 암살 시도 때문에 메이링은 아이를 유산했다. 장제스는 일기에 그녀가 "견딜 수 없을 정도로 괴로워하고", "극도의 고통에 빠졌다"고 적었다. 장제스는 그답지 않게 업무도 제쳐둔 채 17일간 그녀의 곁을 지켰다. 이때의 유산 이후 메이링은 다시는 임신할 수 없을 것이라는 진단을 받았다. 언니인 마담 쑨원과 마찬가지로, 마담 장제스는 평생 자식을 낳지 못했다.

◆◆◆

메이링은 끊임없이 두려움에 떨었고, 극도로 날카로워진 신경 탓에 힘들어했다. 개울 한가운데에 돌이 하나 놓여 있고, 그 주위로 피가 콸콸 흐르는 악몽을 꾸기도 했다. 장제스의 이름에 돌을 뜻하는 석(石) 자가 들어가기 때문에, 며칠 동안이나 그녀는 남편의 신변에 좋지 않은 일이 일어날 징조라고 믿었다. 그리고 정말로 이웃한 안후이 성이 장제스 정권에서 이탈하고 수도 난징을 포격하는 일이 벌어졌다.

장제스와 함께하는 길에는 수많은 위험이 도사리고 있었고, 때로 그의 방식에 의구심을 품기도 했지만 메이링은 남편의 곁을 지켰다. 1930년, 국민당의 몇몇 유력한 장군과 정치인들(쑨원의 유언장을 작성했던 왕징웨이도 포함되었다)이 한데 뭉쳐서 장제스에 대항하는 정부를 베이징에 수립했다. 장제스는 전쟁을 선포했다. 중원대전(中原大戰)으로 알려진 이 전쟁은 수개월간 지속되었다. 이 기간 내내 메이링은 남편과 매일같이 전보를 주고받으며 그에게 사랑과 지지를 보냈다. 그녀는 최전선에 나간 남편의 식사가 부실하지는 않은지 걱정하면서 자신의 전속 요리사를 그에게 보내겠다고 제안하기도 했다. 날씨가 몹시 더워지자, 이 더위에 어떻게 지내고 있냐고 걱정하며 안부를 물었다. 남편이 외로울까봐 가장 어린 남동생 쑹쯔안을 통해서 편지며 선물을 보내기도 했다. 이번 전쟁에서도 그녀는 장제스의 가장 믿음직스러운 군수 물자 담당관이었다. 열차를 통째로 빌려서 부대에 지급할 고기 및 죽순 통조림 30만 통과 사탕, 수건 15만 장, 다량의 의약품을 수송한 적도 있었다. 장제스가 끝도 없이 거액의 자금을 요구하는 데에 질려버린 재무부 장관 쑹쯔원이 사직서를 제출했지만, 메이링은 이번에도 오빠를 설득했다.

자금의 일부는 메이링을 통해서 사적으로, 비밀리에 처리되었다. 당시 만주의 최강자는 큰 원수 장쒀린의 아들인 작은 원수 장쉐량이었다.* 중원대전의 국면에서 장쉐량은 장제스 편을 돕기로 결정했다. 물론 상응하는 대가를 받는다는 조건이 달렸다. 수차례의 비밀 협상 끝에, 장쉐량에게 1,500만 달러에 육박하는 막대한 자금을 지급한다는 합의가 이루어졌다. 금액이 너무 큰 나머지 몇 년에 걸쳐서 분납해야 했고, 장쉐량이 이따금씩 상하이와 난징에 들러서 할부금을 받아갔다. 1930년 9월 18일 메이링은 장쉐량에게 1차 할부 금액 500만 달러 중 100만 달러를 송금하면서, 나머지 400만 달러는 며칠 내로 보내주겠다고 약속했다. 그날부로 젊은 군벌 장쉐량은 만주에서 군대를 남하시켜 장제스와 함께 협공을 벌이게 했다. 이로써 반란군은 최후를 맞이했다.

이 시기에 메이링은 어머니 니구이전, 그리고 아이링과 함께 지냈다. 니구이전은 정신적으로 힘이 되어주었고, 아이링은 세세한 조언을 해주었다. 장제스는 두 여성에게 크나큰 감사의 마음을 가졌고, 거의 날마다 둘의 안부를 물었다. 그는 언제나처럼 아이링에게 공손하게 행동했고, 그녀보다 나이가 많으면서도 그녀를 칭할 때면 '큰누님(大姊)'이라는 존칭을 사용했다. 니구이전의 건강이 좋지 않다는 소식을 듣고서는 어디가 어떻게 편찮으신지 꼼꼼하게 물으면서 메이링에게 자신의 굳은 다짐을 전달해달라고 부탁했다. "장모님의 사위는 가르쳐주신 바에 따라서 신중하게 책임감을 가지고 행동하고 있으니 안심하셔도 됩니다."

---

* 장쒀린은 장제스의 북벌이 마무리될 무렵인 1927년 6월에 잠시 베이징 정부의 수장을 맡고 있었다. 일본은 장제스의 진격을 막아주겠다고 제안하면서 그 대가로 만주 지역에 대한 일련의 권리들을 넘기라고 요구했다. 장쒀린은 그들에게 똑똑히 일렀다. "나는 나라를 팔아넘기지 않소." 그는 1928년 6월 4일 일본이 철교에 설치한 다이너마이트로 폭사했다. 장쒀린의 사망 덕분에 장제스는 베이징 정부를 한층 수월하게 장악할 수 있었다.

장모와 처형에 대한 감사의 표시로, 장제스는 중원대전이 끝난 후인 1930년 10월 23일에 상하이의 쑹씨 가족 자택에서 세례를 받았다. 그때부터 그는 점점 기독교의 영향을 받게 되었다.

전쟁은 끝났지만 장제스에 맞서는 대항 세력이 완전히 사라진 것은 아니었다. 그들은 광저우로 근거지를 옮기고 이듬해인 1931년 또다시 독자적인 정부를 설립했다. 그들 가운데에는 쑹원의 아들 쑹커도 있었다. 난징에서는 쑹원의 옛 동료들이 장제스를 노골적으로 경멸했다. 장제스는 그중 몇 명을 감옥에 가두었으나, 그들의 조언을 구하기 위해서 부득이하게 가둔 것처럼 가장해야 했다.

장제스는 사방이 적의로 가득했던 어린 시절로 되돌아간 듯한 기분이었다. 그의 일기에는 다음과 같은 구절들이 줄을 이었다. "하늘 아래 진실된 우정, 친절, 사랑은 없다. 어머니와 자식의 관계만이 유일한 예외이다", "도저히 화를 참을 수 없다.……대다수의 사람들은 가짜 친우이고……이기적인 존재이다.……그들 모두와 인연을 끊고 싶다", "사람들의 내면은 모두 비뚤어졌고 추악하다. 나를 두려워하는 자들은 나의 적이요, 나를 사랑하는 자들도 나의 적이다. 자신들의 이익을 위해서 나를 이용할 생각만 하는 자들이기 때문이다.……나를 진심으로 사랑하고 지지해주는 사람은 아내뿐이다", "부모와 처자를 제외한 남들에게는 조금의 선의도 베풀지 않는 것이 인간의 본성이다."

이처럼 암울한 생각들로 괴로워하던 장제스는 홀로 모든 일을 도맡는 고독한 방식을 고수했다. "중국에는 인재가 너무 부족하다. 사람들에게 책임을 맡기면 맡기는 족족 실패한다", "모든 조직을 통틀어서 내가 고용한 사람들 가운데 내 마음에 흡족하게 일한 자는 한 명도 없는 거나 마찬가지이다", "내 아내 말고는 조금이라도 책임을 나눠 지거나 일을 나눠 할 만한 사람이 없다", "나는 모든 일을 내 손으로 처리해야 한다. 대내 정책부터 대외 정책까지……민간 업무부터 군사 업무까지 말이다." 실제로 국제 사회의 지원이 절실했던 중대한 고비, 가령 1931년 일본의 침략이 목전으로 다가오던 시기에 서양에 주재하고 있던 장제스 정부의 대사는 한 명도 없었다.

장제스의 몇 안 되는 측근들은 대부분 쑹씨 가족의 일원이었다. 장제스 본인의 가족으로 말하자면, 그는 항상 이복 남동생을 혐오했다. "그를 보면 얼마나 역겹고 구역질이 나는지 모른다." 여동생도 업신여겼다. 하루는 그가 메이링과 함께 여동생을 보러 잠깐 들렀다가 여동생의 손님들이 왁자지껄하게 카드놀이를 하는 모습을 목격했다. 장제스는 "수치스러웠고", "사랑하는" 메이링이 시가 식구의 행태를 보고 자신을 멸시할까봐 전전긍긍했다.

그에게는 대부 천치메이와의 끈끈한 관계에서 얻은 또다른 '가족'이 있었다. 천치메이의 조카 천궈푸와 천리푸는 장제스의 정보기관을 설립해서 운영했다. 그러나 그들 역시 장제스의 신임을 오롯이 얻지는 못했다. 천씨 형제의 세력이 지나치게 커질까봐 우려하며 의심의 끈을 놓지 못한 장제스는 별도의 정보기관을 만들어 그들의 영향력을 제한하고자 했다.

쑹씨 가족만이 장제스의 전폭적인 신뢰를 받았다. 쑹씨 가족은 자신을 배반하지 않을 것이라고 믿은 장제스는 그들에게 정권의 생명줄인 재정 관리를 맡겼다. 중국의 주요 은행 네 곳을 관할하는 기구인 사롄총처(四聯總處)를 창설하여 아이링의 남편 쿵샹시에게 주재하게 했다. 가장 순종적인 부하인 그를 위해서, 그리고 처남 쑹쯔원을 위해서 장제스는 가장 높은 직책인 재무부 장관, 외무부 장관, 국무총리(중화민국 국무총리직의 정식 명칭은 1928년에 행정원 원장으로 바뀌었다. 쑹쯔원과 쿵샹시가 역임할 당시에는 명칭이 바뀐 이후지만, 이전과의 연결성을 고려하여 국무총리로 표기했다/옮긴이) 자리를 남겨두었다. 쿵샹시는 장제스 정권의 말년까지 10년이 훨씬 넘게 그중 두 직책을 맡았다.*

장제스가 가장 의견을 존중한 인물은 맏언니 아이링이었다. 아이링이 직접 또는 메이링이나 쿵샹시를 통해서 정치, 경제 분야에 관한 의견을 전달하면, 장제스는 언제나 그녀의 말을 귀담아들었다. 쿵샹시가 오랫동안 고위직을 역임한 데에는 아내 아이링이 장제스의 신임을 받는 존재였던 덕이 컸다.

몇 되지 않는 집안 사람들을 제외하면, 장제스가 신뢰하거나 의견을 듣는 사람은 거의 없었다. 최고위 인사들 사이에서는 제대로 된 토론이 벌어지지 않았다. 회의란 장제스가 시큰둥한 태도로 부하와 동료들에게 장광설을 늘어놓는 칙칙한 자리였다. 교육 수준이 높은 사람들은 그의 말을 참기 어려웠으나, 오직 두려움 때문에 반박할 엄두를 내지 못했다. 그렇지 않은 사람들은 장제스의 지도에 따라서 자신의 부하들을 똑같이 함부로 대했고, 그렇게 분노의 물결은 아래로 이어졌다.

이와 같은 상관 아래에서는 어느 관료도 정책을 만드는 데에 참여하려고 하지 않았다. 고위급 관료들도 의견을 내는 일이 드물었다. 장제스에게 막대한 영향력을 행사한 아이링은 영리한 사람이었지만, 정치인의 두뇌를 갖추지는 못했다. 그리고 그녀에게는 평범한 사람들에게 공감하지 못한다는 치명적인 약점이 있었다. 그 결과, 장제스 정권은 일반 민중의 열광을

---

*   1930년판 『공자세가보(孔子世家譜)』에 쿵샹시는 공자의 후손으로 기록되어 있다. 그러나 당시 그의 권력이 막강했다는 점, 『가보』의 편찬을 감독했다는 점을 고려하여 이 기록의 타당성을 의심하는 이들도 있다. 칭링은 비꼬는 투로 쿵샹시를 "성인(聖人)"이라고 칭했다.

이끌어내거나 그들에게 희망을 줄 만한 정책을 제시하는 데에 실패했다. 의욕적인 정책의 부재는 모두가 통렬히 체감하는 문제였다. 저명한 자유주의자 후스가 장제스에게 이렇게 요구할 정도였다. "최소한 전제군주들을 본받아 민중의 직언을 구한다는 칙령이라도 내리시오!"

그러나 장제스는 귓등으로도 듣지 않았다. 설상가상으로 그는 일반 민중을 경멸한다는 인상까지 풍겼다. 그는 공개적으로 이렇게 말했다. 중국인들은 "수치도 없고, 도의도 없다", "게으르고, 무감각하고, 부패했고, 타락했고, 오만하고, 사치를 즐기고, 고생을 견디거나 규율을 지키지 못하고, 법을 존중하지 않고, 부끄러움이 없고, 도덕이 무엇인지도 모른다", "대다수는 반은 죽은 거나 다름 없는, 산 것도 죽은 것도 아닌……'산송장'이다."

민중을 가난에서 구제하는 문제는 장제스의 안건에 포함되지 않았다. 그가 중국 본토에서 쫓겨날 때가 되어서야 후회한 치명적인 실수였다. 소작농들이 지주에게 내는 소작료를 삭감해주는 안건이 발의된 적이 있었지만, 몇몇 성에서만 시범적으로 시행되다가 완강한 저항에 부딪혀 폐기되고 말았다. 때를 놓치지 않고 공산당이 파고들어, 자신들의 목표는 인민이 더 나은 삶을 살게 하는 것이라고 강조했다. 공산당의 영향력이 확대되면서 그들이 차지한 영토도 넓어졌다. 소련을 등에 업은 그들은 1931년 상하이에서 멀지 않은 부유한 중국 동남부 지역에 '중화 소비에트 공화국'을 수립했다. 전성기를 기준으로 이 독자 정부가 지배한 토지는 총 15만 제곱킬로미터, 인구는 1,000만 명 이상이었다. 중대한 위험 요소가 장제스의 바로 턱밑에서 자라고 있었다.

수많은 가혹한 과제들에 직면하자, 메이링은 장제스 부인으로서 위대한 일을 해내겠다던 신혼 때의 희망찬 포부를 잃고 말았다. 시간이 흘러서 1934년에 그녀는 이렇게 적었다. "지난 7년 동안 나는 심히 괴로웠다. 중국의 혼란스러운 상황 탓에 끝을 모르는 암흑을 거쳐야 했다." 끊임없는 내부 분란에 더해 곳곳에서 각종 재난이 덮쳤다. 1929년 서북부 산시 성(陝西省)에서 가뭄에 따른 기근으로 수십만 명이 사망했고, 1930년 동북부 지역에서 계속되는 태풍 피해로 수백만 명이 집을 잃었으며, 1931년에는 홍수로 양쯔 강 유역 등지에서 40만 명이 사망했다. 국경 지대에서는 일본이 공격적으로 위세를 과시하고 있었다. "이 모든 일들 때문에 나는 스스로의 무능함을 깨달았다.……이 나라를 위해서 무엇인가를 한다는 것은 한 컵의 물로 큰 화재를 진압하겠다는 것처럼 느껴진다.……나는 암울한 절망에 빠졌다. 끔찍한 우울이 나를 사로잡았다."

메이링에게 가장 힘들었던 시기는 1931년 7월 23일 어머니 니구이전이 대장암으로 사망했을 때였다. 메이링은 어머니가 지병을 앓는 내내 그녀를 보살폈고, 여름철 상하이의 숨 막히는 더위를 피해서 칭다오 해변가의 리조트로 가서 어머니의 마지막 순간들을 함께했다. 메이링의 슬픔은 이루 말할 수 없었다. 어머니의 죽음은 "자식들 모두에게 씻을 수 없는 충격이었지만, 아마 내가 받은 충격이 그중 가장 컸을 것이다. 나는 막내딸인데다가 스스로 생각한 것보다 훨씬 더 많이 어머니에게 의지했기 때문이다." 메이링은 특히 니구이전이 죽기 직전의 일화를 떠올렸다. "하루는 어머니와 대화를 나누고 있는데, 꽤 그럴듯한 아이디어가 머리를 스쳤다. '어머니, 어머니의 기도는 효과가 대단하니까, 일본이 중국을 더 이상 괴롭히지 못하도록 그곳에 지진이 일어나라고 신께 기도해보시면 어떨까요?'" 니구이전은 "고개를 돌려 외면하면서" 메이링의 제안을 거절했고, 그런 생각은 떠올리는 것조차 부끄러운 일이라고 그녀를 나무랐다. 이러한 어머니의 태도는 평생에 걸쳐 메이링에게 영향을 미쳤고, 메이링은 어머니를 더욱더 존경하게 되었다. 니구이전이 세상을 떠나자 메이링은 어찌할 바를 몰랐다. "내 개인적인 고민은 물론 세상의 여러 문제들을 위해서 기도해줄 어머니는 이미 안 계셨다. 내게는 어머니 없이 살아갈 날이 아직도 한참 남아 있었다. 대체 어찌해야 했단 말인가?"

어머니가 세상을 떠난 그날, 메이링의 오빠 쑹쯔원은 국민당 좌파 계열 청년들의 암살 시도를 가까스로 피해갔다. 청년들의 목표는 사실 장제스였으나, 그의 '재정맨'인 쑹쯔원을 예행연습의 대상으로 삼은 것이었다. 그들은 쑹쯔원의 동선을 파악했고, 그가 긴 주말을 보내기 위해서 목요일 밤마다 열차를 타고 수도 난징에서 상하이로 온다는 사실을 알고 있었다. 사건 당일인 목요일, 청년들은 상하이 북역에서 쑹쯔원을 기다렸다. 180센티미터가 넘는 장신에 근사한 정장을 차려입고 하얀 중절모를 쓴 쑹쯔원은 눈에 띄는 귀공자였다. 인파를 헤치고 걸어나가는 쑹쯔원을 그의 비서와 경호원이 뒤따르던 그때, 청년들은 "쑹씨 왕조를 타도하자!"고 외치며 총을 쏘기 시작했다. 총알이 창문 너머로 날아들고 벽에 맞아서 튀었다. 쑹쯔원과 나란히 걷던 비서는 목숨을 잃었다. 사건 현장과 가까운 곳에서 노점 장사를 하던 한 목격자는 이후 암살범들이 "회녹색의 쑨원식 복장을 하고 있었다"고 신문에 증언했다(훗날 인민복, 영어권에서는 '마오쩌둥 정장[Mao suit]'으로 불리게 되는 이 옷은 일본군 사관생의 제복을 변용한 것으로 쑨원이 가장 먼저 입었다. 당시 국민 정부의 공무원들은 이 복장을 하는 것이 원칙이었다).

총격이 시작되자 폭탄 두 개가 폭발했다. 목격자에 따르면, 이 폭발 때문에 "하얀 연기가 자욱해서 쑹쯔원 씨의 모습이 거의 보이지 않았어요. 저는 가판대 아래로 숨었죠." 연기가 퍼진 틈을 타서 쑹쯔원은 어느 건물의 기둥 뒤로 뛰어들면서 소지하고 있던 권총을 꺼내들었다. 근무 중이던 철도 경찰 한 명이 그에게 달려와서 말했다. "모자를 버리십시오, 장관님. 저들이 보지 못하게 허리를 숙이고 절 따라오세요. 안전한 곳으로 모시겠습니다." 쑹쯔원은 짙은 안개 속에서 바닥의 시체들을 피해 더듬거리며 경찰을 따라서 위층 회의실로 올라갔다. 그가 출구로 탈출하는 대신 위층으로 올라가는 것을 본 암살자들은 더 이상의 추적을 포기했다. 쑹쯔원의 경호원과 몇 차례 더 총격을 주고받은 다음, 무기를 버린 그들은 비명을 지르며 사방으로 도망치는 군중 사이로 모습을 감추었다. 유유히 달아난 암살자들은 진짜 목표인 장제스 암살 모의에 착수했다.

이 청년들이 집으로 돌아가기도 전에, 또다른 암살자들이 공원에서 장제스를 저격했다. 총알은 빗나갔고 장제스는 무사했다. 이미 심란할 대로 심란한 메이링에게 걱정거리를 더 얹어주지 않기 위해서 장제스는 암살 시도는 뜬소문일 뿐이라고 전보를 보냈다. 메이링은 남편의 말이 거짓임을 알았고, 괴로움에 몸부림쳤다. 반복되는 암살 시도는 평생토록 그녀를 괴롭혔다. 말년에 그녀는 믿을 만한 경호원을 옆방에 두지 않고는 마음 놓고 잠들지 못했다.

이 모든 고난에 더해 국가적인 재앙까지 닥쳤다. 1931년 9월, 일본이 만주를 침공하여 이 거대하고 자원이 풍부한 지역을 점령했다. 메이링은 "절망의 구렁텅이"에 빠져들었다고 훗날 회고했다.

11

칭링의 망명 생활
모스크바, 베를린, 상하이

메이링이 결혼 생활에 딸려온 위험과 싸우느라 고전하는 동안, 붉은 자매 칭링은 자진하여 망명길에 올랐다. 첫 번째 장소는 모스크바였다.

칭링이 소련으로 떠난 것은 1927년 4월 장제스가 공산당과의 결별을 선언한 이후였다. 어머니와 자매들은 갖은 이유를 들며 그녀의 출국을 만류했다. 공산주의 신념을 버리라고 설득한 것은 물론이었다. 메이링이 어머니의 편지를 가지고 또다시 우한으로 왔다. 그러나 몰래 달아나서 쑨원과 결혼한 12년 전의 고집불통 아가씨 그대로였던 칭링은 가족들의 말을 듣지 않았다. 그녀는 소련으로 가는 배를 타기 위해서 우한에서 상하이로 왔고, 그곳에서 가족들과 몇 차례 더 격렬하게 충돌했다. 결국 칭링은 가난뱅이로 위장한 채 한 무리의 동지들과 함께 비밀리에 상하이를 떠나서 '전 세계 프롤레타리아의 수도'로 향하는 소련 증기선에 올랐다.

서른두 살의 남동생 쑹쯔원은 장제스 편에 서기로 결심했다. 친장제스파와 반장제스파 사이에서 갈피를 잡지 못하고 흔들리던 끝에 내린 결정이었다. 쑹쯔원과 안면이 있던 기자 빈센트 쉬인은 그를 이렇게 묘사했다.

자본주의적 제국주의에 대한 공포, 그리고 공산주의 혁명에 대한 공포 사이에서 그는 결단을 내리지 못했다.……중국에서는 문밖에만 나서도 중국인과 외국인 가릴 것 없이 노동력을 착취하는 잔혹하고 비인간적인 장면을 볼 수밖에 없었다. 쑹쯔원은 그런 끔찍한 광경을 보지 못한 척하기에는 너무나 섬세한 사람이었다. 그러나 그는 진정한 의미의 혁명에 대해서도 마찬가지로 불안과 공포를 느꼈다. 그는 군중을 겁냈고, 노동자들의 시위와 파업에 시름시름 앓았으며, 부자들의 재산이 완전히 몰수될지도 모른다는 생각에 초조해했다.

하루는 우한에서 한 무리의 군중이 쑹쯔원의 차에 바짝 달라붙어서 그를 협박하는 구호를 외치며 창문 한 장을 깨뜨렸다. 이 일 때문에 그는 평생 군중의 집단행동에 반감을 가지게 되었다. 그러나 좌파를 향한 연민이 아주 사라진 것은 아니었다.

쑹쯔원과 마찬가지로 우한에 남아 있던 대부분의 국민당원들은 장제스를 택했다. 거대한 파도처럼 몰아닥친 소련식 사회주의 운동의 물결은 시작될 때만큼이나 급작스럽게 잦아들었고, 그 인기는 허상이었던 것으로 드러났다. 칭링은 좌절했다. 그녀는 혁명이 이토록 급격하고 철저하게 붕괴되리라고 예상하지 못했다. 사태의 원흉을 장제스라고 간주한 칭링은 그를 몹시 미워했다. 모스크바로 떠나기 전에는 수위 높은 거친 표현으로 그를 규탄하는 성명을 발표하기도 했다.

칭링은 9월 6일 모스크바에 도착했다. 빈센트 쉬인이 곧 그녀를 만나러 왔다.

재정부 건물 2층 어두컴컴한 응접실의 저 끝에서 문이 열리고, 검은 비단 원피스를 입은 조그마한 중국인 여성이 조심스럽게 안으로 들어섰다. 그녀는 초조하게 떨리는 가녀린 한쪽 손에 레이스 손수건을 쥐고 있었다.……그녀가 입을 열자 나는 깜짝 놀라 뛰어오를 뻔했다. 너무도 부드럽고 온화하며 예상을 뛰어넘는 고운 목소리였다.……도대체 그녀가 누구인지 궁금했다. 마담 쑨원께 내가 모르는 딸이라도 있었다는 말인가? 이토록 연약하고 움츠러든, 가냘픈 유령 같은 사람이 세계에서 가장 찬사받는 여성 혁명가라고는 생각하지 못했다.

쉬인은 칭링에게 매료되었고, "그녀의 외모와 운명의 괴리"에 깊은 인상을 받았다. 그는 모스크바에서 칭링 주위의 몇 되지 않는 충실한 친구가 되었다. 소련 정부는 칭링을 국빈으로서 극진히 대우했다. 하인이 여러 명 배정되었고, 쉽게 구할 수 없는 캅카스산 사과와 포도가 식탁에 올랐다. 칭링에게 제공된 숙소는 모스크바 시내에서 가장 위용을 자랑하지만 침대에는 배부른 빈대들이 득실거리는 메트로폴 호텔이었다. 보로딘 역시 그곳에 묵고 있었다. 그러나 옛 친구들은 서로를 피했다. 즐겁게 모여 놀던 날들은 이제 과거에 불과했다.

모스크바에 숙청의 그림자가 드리우기 시작했다. 스탈린이 당의 지도권을 두고 트로츠키와 대립각을 세우고 있었고, 중국에서의 참담한 실패는 두 사람 사이의 중요 쟁점들 가운데 하나였다. 대세가 스탈린에게로 기울어가던 시기, 칭링은 스탈린에게 도전하려는 트로츠키와 그 지지자들의 마지막 발악을 목격했다. 10월 혁명 기념일에 초대를 받아서 붉은 광장에서 열병식을 참관했을 때였다. 소문이 자자한 러시아의 겨울답게 살을 에는 듯한 추위가 몰아닥친 날이었다. 칭링은 소련의 지도자들과 함께 나무로 된 레닌의 예전 영묘에 마련된 연단에 섰다. 가죽 밑창을 댄 얇은 신발 위에 고무신을 덧신은 그녀는 쏟아지는 눈 속에서 벌벌 떨었다. 발을 따뜻하게 하기 위해서는 발 아래에 신문지를 넣어야 한다는 요령을 아직 배우지 못했을 때였다. 연단 아래에서, 행진하던 중국인 유학생 몇 명이 트로츠키를 찬양하는 구호가 적힌 현수막을 펼쳐들었다. 열병식이 끝난 뒤 붉은 광장을 나와서 메트로폴 호텔로 걸어가던 칭링은 사람들이 모여서 가두연설을 듣는 장면을 목격했다. 한쪽 골목에서 경찰이 쏟아져 나오더니 청중을 흩어버리고 연설하던 이들을 연행했다. 스탈린에 반대하는 트로츠키와 그 동지들은 모스크바 사람들에게 자신들의 목소리를 전하려고 애쓰고 있었다. 그로부터 일주일 뒤, 트로츠키는 당에서 제명되었다. 그는 처음에는 국내로, 그다음에는 해외로 추방되었다가 결국 1940년 멕시코시티의 자택에서 스탈린이 보낸 암살자에 의해서 등산용 지팡이 피켈에 맞아서 사망했다.

중국에 간 적이 있거나 중국의 혁명과 연관되었던 사람들 모두가 위태로워졌다. 단, 스탈린의 심복이었던 보로딘만은 무사했다. 그럼에도 불구하고 보로딘은 여전히 칭링을 비롯한 중국인들과 거리를 두어야겠다고 생각했다. 다른 이들은 보로딘처럼 운이 좋지 못했다. 4년 전 쑨원이 러시아와 거래를 시작할 때에 러시아 측 교섭인이었던 요폐는 친구 트로츠키에게 헌신했다. 그는 트로츠키가 당에서 제명되고 며칠 후에 권총으로 자살했다. 그의 침대맡에는 트로츠키에게 쓴 편지가 놓여 있었다. "자네의 정치적인 선택은 항상 옳았다네……." 중국의 혁명가들을 훈련시키기 위해서 설립된 모스크바 중산대학의 총장이던 카를 라데크는 트로츠키와 함께 당에서 제명되었고, 시베리아로 추방당했다. 새로 부임한 총장은 학생들을 대상으로 숙청을 개시했다.

이러한 분위기는 사람들을 겁주기에 충분했고, 여건이 되는 이들은 대부분 달아났다. 그러나 칭링은 담대했고, 위험천만한 삶을 선택했다. 사실 자신이 숙청 대상자가 되지만 않는다면 쌀쌀한 모스크바에서의 생활은 흥미진진한 것이었다. 돈이나 직업과 같은 부르주아 사회의 시시한 이야깃거리는 이곳에서 대화의 주제가 되지 못했다. 모스크바에서는 혁명을 업으로 삼는 활동가들이 세상을 변화시키고 사회를 재조직하는 방법, 사람들을 진흙처럼 주물러 원하는 형태로 바꾸어놓는 방법을 두고 논쟁을 벌였다. 그리고 그들은 실제로 전 세계에서 변화의 물결을 만들어냈다. 간혹 그 물결이 거꾸로 자신들을 덮칠 때도 있었지만 말이다. 칭링은 변화의 물결에 동참하여 그 활기를 누리면서도 몰락할 위험은 비교적 적은 독특한 위치에 있었다. 중국 국부의 아내, 마담 쑨원이라는 타이틀을 지닌 그녀는 범접할 수 없는 존재였다. 다만 여기에는 그 지위를 누리기 위해서 그녀 자신이 노련하게 대처해야 한다는 조건이 따랐다. 칭링은 스탈린과 트로츠키의 대립에 휘말릴지도 모를 위험을 솜씨 좋게 피해갔고, 트로츠키파를 동정하는 속내를 감추었다. 중산대학의 학생들이 그녀의 견해를 듣고 싶어서 안달이었지만, 망명 초기에 한 차례 연설을 한 이후로 칭링은 대학교를 방문해달라는 요청을 모조리 거절하고 침묵으로 일관했다. 이런 방식으로 그녀는 스스로를 보호하면서 모스크바에서 8개월이나 머물렀다. 칭링은 모스크바에서의 생활을 무척이나 좋아했다. 훗날 다시 모스크바를 방문했을 때에 그녀는 친구에게 이런 편지를 썼다. "돌아오게 되어 무척 기뻐. 이곳에서의 생활은 흥미롭고 활동적인 일들로 가득해.……떠날 생각을 하니 아쉽다."

이처럼 생활이 오롯이 마담 쑨원이라는 타이틀에 의존하다 보니, 조금이라도 이 지위가 위협당할 기미가 보이면 칭링은 극심한 공포를 느꼈다. 칭링이 모스크바에 머물 당시 「뉴욕 타임스」를 비롯한 몇몇 신문이 그녀가 국민당 정부의 전 외무부 장관인 트리니다드 출신 천유런과 결혼했다고 보도했다. "소련 정부의 소식지에 따르면 두 사람은 중국에서 신혼여행을 즐긴 다음 새로운 혁명을 일으킬 계획이다.……적색 인터내셔널이 신혼부부의 정치 활동을 위해서 거액을 지원했다고 한다." 기사는 천유런의 전처가 "검둥이 혈통"이었다고 명시하는 것도 잊지 않았다. 길지 않은 기사였지만, 친구들은 이것이 칭링을 "완전히 무너뜨렸고", "제정신이 아닌 상태"로 몰아넣었다고 표현했다. 칭링은 3주일을 몸져누웠다. 그녀는 이 기사가 그녀를 쑨원의 이름으로부터 떼어놓으려는 술수의 일환일지도 모른다며 두려워했다.

장제스가 메이링과 결혼함으로써 자신의 남편과 연을 맺게 된 것도 칭링에게는 큰 충격이었다. 그녀에게서 혁명의 승리를 앗아간 사람이 이제는 쑨원의 이름까지 가로채려고 하고 있었다. 칭링은 친구들에게 동생의 결혼에 대해서 "양쪽 다 기회주의적으로 행동한 것이며, 사랑은 조금도 없다"고 말했다.

칭링의 스트레스를 가중하는 것은 또 있었다. 스탈린이 그녀를 인정하지 않았던 것이다. 스탈린은 칭링과 딱 한 번 만났는데, 마찬가지로 모스크바에서 망명 중이었던 천유런도 함께한 자리에서였다. 고작 한 시간 남짓이었던 회의 내내 스탈린은 아무 말도 하지 않은 채 알 수 없는 눈빛으로 방 안을 둘러보면서 파이프 담배만 피웠다. 마침내 그가 입을 열고 칭링에게 한 말은 빠른 시일 내에 중국으로 돌아가라는 말이었다. 칭링을 이리저리 재본 뒤에 그녀가 정치 지도자감은 아니라고 결론을 내린 것이었다. 그는 칭링의 남편에게 제공했던 어떠한 형태의 지원도 칭링에게는 해줄 수 없다고 했다. 그러면서 해외의 혁명을 감독하는 코민테른(공산주의 인터내셔널)이 "중국에 파견한 전달책들"을 통해서 그녀에게 지시를 내릴 것이라고 일렀다.

코민테른은 칭링의 향후 역할을 논의하기 위해서 특별 회의를 열었다. 그들이 내놓은 제안서에 담긴 많은 주장들은 "쑹칭링을 이용하여……"라는 말로 서두를 열었다. 칭링은 소련을 찬양하고 국민당의 거물들을 유인하며, 소련과 보다 우호적인 관계를 맺도록 장제스를 압박하는 데에 이용될 예정이었다. 그녀는 중국공산당을 크고 작은 방식으로 도울 수 있는 인물이었다.

칭링은 상하이로의 귀환을 고려했다. 어머니도 보고 싶었다. 떠날 때에 가족들과 심한 말을 주고받았고 돌아오라는 어머니의 편지도 무시했지만, 이제는 돌아가서 어머니께 상황을 설명해드리고 어머니와 화해하고 싶었다.

칭링이 어떻게 하면 좋을지 고민하던 차에, 1928년 2월 덩옌다(전 황푸 군관학교의 교육장이자 칭링과 마찬가지로 국민당 좌파 계열의 지도자였다)라는 친구가 베를린에서 편지를 보내왔다. 그 또한 중국을 떠나서 모스크바로 망명하는 동안 두 사람은 국민당과 공산당의 대안이 될 제3당을 만들자는 논의를 나눈 바 있었다. 편지에는 앞선 논의를 이어갈 수 있도록 베를린으로 오라고 그녀를 간곡히 설득하는 내용이 담겨 있었다.

칭링보다 몇 살 아래인 덩옌다는 키가 크고 어깨가 떡 벌어진, 모두가 입을 모아서 "몹시 진실되고 솔직하며 매력적"이라고 평가하는 사내였다. 그는 대단한 카리스마의 소유자였다. 마오쩌둥조차 그에게 호감을 느끼고 훗날 덩옌다는 "정말 괜찮은 사람이었고, 나는 그를 매우 좋아했다"고 회고할 정도였다(마오쩌둥이 이처럼 너그러운 말투와 표현으로 묘사한 사람은 덩옌다뿐이었다). 사람들은 덩옌다의 숨김없는 다정함, 남을 배려하는 마음, 활기찬 성격, 특유의 유머 감각에 이끌렸다. 그러면서도 그 이면에 자리한 "엄청난 강단과 의지" 역시 느꼈다. 이러한 자질을 두루 갖춘 사람은 드물었고, 사람들에게 강렬한 인상을 남겼다. 이 때문에 수많은 젊은 이들이 그를 우상으로 삼고 우러러보았다. 덩옌다에게는 "천부적인 지도자"라는 평가가 종종 뒤따랐다.

스탈린도 그를 눈여겨보았다. 어느 밤 두 사람은 저녁 8시부터 새벽 2시까지 대화를 나누었고, 이후 스탈린은 크렘린 궁 외곽의 정문까지 그를 배웅했다. 뚜렷한 존경의 표시였다. 또한 스탈린은 덩옌다가 지도자의 자질을 갖추었다고 생각하고 그에게 중국공산당의 당수가 되지 않겠냐고 제안했다. 덩옌다는 자신은 공산당 당원조차 아니라며 고개를 저었지만, 그것은 코민테른이 알아서 처리할 테니 상관없다는 대답이 돌아왔다. 그러나 덩옌다는 공산주의자가 아니었다. 그에게 공산주의란 "파멸"과 "난폭한 독재"를 의미했고, "중국 사회를 더 가난하고 혼란하게 만들" 계제에 불과했다. 그가 설립하고자 하는 제3당은 "평화로운 투쟁"과 "건설", "질서정연한 새 사회의 신속한 수립"을 목표로 할 터였다. 그리고 중국공산당과 달리, 소련의 명령을 받지 않는 "민족주의적" 정당이 될 예정이었다.

이런 구상을 품은 데다가 스탈린의 제안까지 거절한 덩옌다는 목숨을 잃을까봐 염려하며 재빨리 모스크바를 벗어나서 베를린으로 향했다. 이후 스탈린은 마오쩌둥을 중국공산당의 지도자로 지목했다.

베를린에서 덩옌다가 칭링에게 보낸 여러 통의 편지에서는 그의 열정적이고 다정한 성격이 묻어났다. "칭링 자매님", "친애하는 동료여", 제가 모스크바로 갈 수 없는 몸이니, 이곳으로 오셔서 제3당 창당 문제를 논의하실 수 있을까요? 그의 편지에서는 모든 것이 "120퍼센트"였고 느낌표가 난무했다. "120퍼센트만큼 중요한 문제를 상세하게 논의드려야겠습니다", "당연히 모든 강령, 정책, 구호, 조직은 120퍼센트 구체적일 것입니다", "120퍼센트의 평화와 안락을 기원하며, 당신의 굳은 결의와 용기로 어머님을 잘 위로해드리기를 간절히 바랍니다!", "직접 말씀드리고 싶은 게 너무 많습니다. 제게 날개가 있어 지금 당장 당신께 날아갈 수 있으면 얼마나 좋을까요!!!!"

칭링은 1928년 5월 초 베를린에 도착했다. 바야흐로 황금의 1920년대였다. 문학, 영화, 연극, 음악, 철학, 건축, 디자인, 패션 등 모든 분야에서 폭발적인 혁신이 일어나고 있었다. 베를린의 사람들은 친절했다. 칭링은 이곳에서 아주 적은 돈으로도 안락한 생활을 누릴 수 있음을 깨달았다. 그녀는 호화롭지는 않아도 충분히 쾌적한 아파트를 빌렸다. 날마다 도우미가 집으로 찾아와서 집안일과 문서 업무를 거들었다. 점심은 보통 조그마한 식당에서 1마르크짜리 메뉴인 감자를 곁들인 고기 요리나 쌀밥을 제공하는 채소 요리를 시켜 먹었다. 저녁은 집에서 요리해서 먹었다. 독일 정부가 가만히 감시하는 가운데 칭링은 일반 시민과 다름없는 생활을 했다.
　한 달 뒤, 장제스가 성공적으로 베이징 정부를 몰아내고 난징에 자신의 정권을 세웠다. 칭링을 좌절하게 만들기에 충분한 소식이었지만, 그녀는 거의 영향을 받지 않은 채 만족스럽고 안온한 심사를 유지했다. 비슷한 시기 칭링에게 적잖은 충격을 줄지도 모를 소식이 하나 더 있었다. 어머니가 그녀와 절연한 것이었다. 1928년 6월이라고 적힌 편지에 칭링은 이렇게 썼다. "사랑하는 어머니, 여러 번 편지했는데 답장이 없으시네요. 이 편지도 '수신 거부'겠죠.……"
　"마담 쿵샹시 전교(轉交)"라는 말과 함께 베를린과 상하이 우체국 소인이 찍힌 이 편지는 열어본 흔적도 없이 7월에 상하이에서 반송되었다. 니구이전은 자신이 가장 아끼던 딸이 공산주의자가 되어 망명하는 삶을 선택했다는 사실에 몹시 괴로워했고, 딸과 연을 끊고자 했다. 그녀가 시름에 잠겨 있던 이 시기에 아이링과 메이링은 전에 없이 어머니와 가까워졌고, 아이링은 가족의 중추가 되었다.

가족에게 내쳐졌음에도 칭링은 여전히 평온했고 만족스러웠다. 훗날 그녀는 베를린에 머무를 때만큼 마음이 편안했던 적이 없었다고 회고했다. 정말로 그녀는 상하이에 머물렀던 그 어느 때보다 베를린에서 더 마음이 놓였다.

칭링이 이처럼 평화롭고 행복한 상태로 힘을 낼 수 있었던 것은 단연 곁에 있던 덩옌다 덕분이었다. 베를린에서 두 사람은 매일같이 만나서 몇 시간씩 이야기하고 산책했다. 덩옌다는 칭링의 역사, 경제, 철학, 그리고 중국어 선생님이었다. 칭링은 그의 지성과 성품에 반해서 열심히 배우려는 학생이었다.

두 사람 모두 30대 성인이었다. 열정적인 성격도 비슷했다. 단둘이 많은 시간을 보내면서 함께 조국의 미래를 계획했고, 서로를 아껴주었다. 사랑이 타오를 모든 조건을 갖춘 셈이었다. 칭링은 남편을 여의었고 덩옌다는 중매로 맺어진 비참한 결혼 생활을 끝내려고 애쓰고 있었다. 1928년 말에 덩옌다는 베를린에서 친구에게 편지를 보내서 아내를 아끼지만 오랫동안 별거해왔고, 단지 아내가 자살할까봐 걱정이 되어 이혼하지 않고 있다고 했다. "나는 중국 여성들이 (물론 내 아내도 포함되지) 다른 사람들은 도저히 견디기 어려울 고통을 감내하며 감옥살이를 하고 있다고 생각하네. 우리는 그들을 해방시켜야 하고 도와주어야 해.……이것이 내가 '모던보이들'이 아내를 버리고 '모던걸들'과 결혼하는 세태에 반대하는 이유이자 나

스스로 무기력한 생활을 견뎌온 이유일세." 수많은 고민 끝에 덩옌다는 결국 아내에게 편지를 보내서 결혼 생활을 청산했다. 아내는 슬퍼했지만 자살하지는 않았고, 두 사람은 서로를 향한 호감을 유지했다.

덩옌다처럼 아내를 존중한 사람은 극히 드물었다. 그는 조강지처를 버린 쑨원과 극명하게 대비되었다. 그런 덩옌다가 칭링의 마음을 사로잡은 것은 지극히 자연스러웠다. 그러나 두 사람의 밀애는 꽃을 피울 수 없었다. 칭링이 마담 쑨원으로 남아야 했기 때문이다. 칭링이나 덩옌다(그는 그녀를 "중국 혁명의 상징"이라고 묘사했다)가 정치적으로 활약하려면 쑨원 부인이라는 칭호가 필요했다. 정계에 몸담은 칭링에게 그 이름은 그 무엇보다, 심지어 목숨보다도 가치가 있었다.

두 사람이 연인이라는 소문은 빠르게 퍼져나갔다. 이 소문 때문에 칭링과 덩옌다는 떨어져 있기로 결정한 듯하다. 칭링은 1928년 12월 베를린을 떠나서 이듬해 10월까지 돌아오지 않았다. 그녀는 먼저 모스크바로 갔다가, 1929년 6월에는 쑨원의 이장 행사에 참석하기 위해서 중국으로 향했다. 마침내 완공된 난징의 거대한 중산릉으로 쑨원의 시신을 이장하는 거창한 기념식이었다. 칭링이 베를린으로 돌아가기 직전 덩옌다는 그곳을 떠났다. 파리와 런던에서 그는 칭링과 서신을 주고받으며 제3당 창당을 논했다. 결국 칭링은 제3당에 참여해달라는 제안을 거절했다. 소련이 제3당을 규탄했기 때문이다. 그러나 그녀는 제3당을 비난하라는 소련의 요구역시 거부했다.

1930년, 덩옌다는 비밀리에 중국으로 돌아와서 제3당을 창당했다. 중국으로 떠나기 전에 그는 베를린으로 와서 칭링에게 작별을 고했다. 위험과 죽음의 그림자가 그의 주위를 맴돌고 있었지만(그는 칭링에게 이번이 둘이 함께하는 마지막 시간이 될지도 모른다고 말했다), 두 사람은 즐거운 시간을 보냈다. 함께 영화도 보러 간 듯하다. 영화 제목은 「푸른 천사(Der blaue Engel)」로, 관객을 울리고 웃기는 영화였다. 영화 속에서 주인공 마를레네 디트리히가 그녀의 대표곡 "다시 사랑에 빠졌네"를 불렀다. 20년도 더 지난 뒤에, 칭링은 자신의 독일인 친구 안나 왕에게 이 곡이 담긴 음반을 구해달라고 부탁했다. 그녀는 이 곡이 자신에게 아주 특별한 의미가 있다고 했다.

1929년에 거행된 쑨원의 이장 기념식은 장제스가 기획한 행사였다. 행사의 주인공은 장제스였고, 칭링은 그를 빛내줄 들러리에 불과했다. 자신이 이용당하고 있다고 느낀 칭링은 수많은 행사에 보이콧을 선언했지만, 아무도 그녀의 부재에 관심을 두지 않았다. 장제스가 뛰어난 솜씨로 쑨원의 후계자 자리를 꿰차는 동안, 칭링은 상하이 프랑스 조계지의 자택에서 사실상 고립된 생활을 했다.

소망하던 어머니와의 화해도 이루어지지 않았다. 2년 만에 다시 가족을 마주한 칭링은 그 어느 때보다도 소외된 기분을 느꼈다. 어느새 가족들은 장제스 정권의 핵심이 되어 있었다. 형부 쿵샹시는 공상부 장관, 오빠 쑹쯔원은 재무부 장관이었고, 어머니 니구이전은 '중국의 장모'로 불렸다 (1931년 그녀가 세상을 떠나자 관 위에 국민당 당기가 덮였고, 운구 행렬에는 군대가 대거 동원되었다). 가족들은 칭링을 거의 만나지 않았다. 칭링의 일거수일투족을 감시하던 프랑스 조계지 경찰의 기록에 어머니나 자매가 방문했다는 내용은 없다시피 했다.

칭링은 낙담했고 또 분노했다. 저주를 퍼붓고 싶었다. 이때 소련이 자신들이 부설한 중국동방철로(중동철로)를 둘러싼 분쟁을 빌미로 만주를 침공했다. 민족주의적 울분이 온 나라에 들끓었지만, 칭링은 공개적으로 소련의 입장문을 그대로 읊으며 장제스 정부에 책임이 있다고 비난했다. 1929년 8월 1일, 코민테른의 지시를 받는 베를린의 전위 조직에서 칭링이 쓴 짧은 글을 발행했다. 유례없이 강한 어조로 장제스를 공격하는 내용이었다. "국민당 지도부 반동분자들의 간악한 실체가 이토록 뻔뻔스럽게 드러난 적은 없었다", 그들은 "제국주의의 도구로 전락해서 소련과 전쟁을 일으키려고 한다." 중국의 어느 신문도 감히 이 글을 싣지 못했고, 그럴 의사도 없었다. 그러나 이 글은 전단지로 제작되어 상하이 중심부의 고층 건물 지붕에서 살포되었다.

장제스는 격분하여 신랄한 답변을 썼다. 평소 같지 않은 대응이었다. 그는 칭링과 완전히 결별할 작정이었다. 아이링이 정치적, 개인적인 이유를 들며 그에게 자제할 것을 권고했다. 장제스는 그녀의 조언을 받아들였고, 작성해둔 답변을 보내지 않았다(대신 액자에 넣어서 보관했다).

칭링의 정치적 입장은 이전에도 널리 알려져 있었지만, 조국을 등지고 공공연하게 소련 편에 서자, 그녀의 평판은 추락했다. 칭링은 긴장했다. 중국인이 없는 나라에 있고 싶다고 친구에게 털어놓기도 했다. 온 가족이 한목소리로 그녀를 비난했다. 심리적 압박에 내몰린 그녀는 10월에 베를린으로 돌아왔다.

그러나 베를린에서의 생활은 이전과 전혀 달랐다. 작별을 고하러 와서 즐거운 시간을 함께한 며칠을 제외하고는, 항상 그녀를 위로해주고 지지해주던 덩옌다가 곁에 없었다. 독일의 공산주의자들이 그녀를 돌봐주었다. 가정부를 구해주었고, 극작가 베르톨트 브레히트를 비롯한 명사들과의 만남도 주선해주었다. 하지만 황금의 20년대는 가고 없었다. 실업률이 무섭도록 치솟았고, 거지들이 하루에도 예닐곱 번씩 집 문을 두드렸으며, 도둑질이 만연했다. 설 곳을 잃은 배우들이 거리를 배회했고, 카페 바깥에는 눈과 서리를 맞으며 적선을 구걸하는 연주자들의 바이올린 소리가 울려퍼졌다. 독일인 친구들과 마찬가지로 칭링도 나치가 부상하는 현실을 크게 우려했다. 1931년 2월에 쓴 편지에서는 나치의 득세가 "가까운 미래에 피할 수 없는 일"이라고 했다. 이런 상황 속에서, 공산주의를 향한 그녀의 믿음은 한층 더 단단해졌다.

4월, 칭링은 어머니가 위독하시다는 가족들의 전보를 받았다. 여전히 화가 잔뜩 나 있던 그녀는 집으로 돌아가지 않았다. 어머니와 재회할 수 있었던 마지막 기회는 그렇게 지나갔다. 7월, 니구이전이 눈을 감았다. 아이링도 메이링도 칭링에게 알리지 않았다. 죽어가는 어머니를 만나러 오지 않았다는 데에 분노한 것이 분명했다. 아이링의 남편 쿵샹시가 급신을 보냈고, 며칠 뒤에는 오빠 쑹쯔원이 다시 전보를 보내서 "제발 즉시 돌아오라"고 일렀다. 상하이에서 공개적으로 장례식을 치를 예정인데 칭링이 오지 않는다면 보기에 좋지 않을 터였다. 칭링은 비밀 공산당원인 비서를 대동하고 귀국길에 올랐다. 먼저 모스크바로 가서 하루 동안 머물면서 소련 지도자들과 비밀리에 회동했다. 기차를 타고 중국으로 들어온 뒤에는 국빈에 준하는 융숭한 대우를 받았다. 특별 열차가 제공되었고, 그녀의 친척인 관료 한 사람이 그녀를 남쪽으로 모셔가기 위해서 국경 지대까지 왔다. 그가 칭링에게 어머니의 병환과 임종이 어떠했는지 알려주었다. 너무 늦게 왔다는 사실이 그제야 실감났다. 칭링은 밤새 울었다. 어머니가 돌아가신 집이 눈에 들어오자 주체할 수 없이 눈물이 쏟아졌다. 그녀는 장례식에서도 내내 눈물을 멈추지 못했다.

그러나 어머니의 반대라는 압박이 사라지자 칭링은 제 발로 떠난 유럽에서의 망명 생활을 청산하고 다시 상하이에 자리를 잡았다. 그렇게 고향 상하이에서 스스로 자처한 유배 생활이 시작되었다.

♦♦♦

니구이전의 장례식이 거행되기 하루 전, 덩옌다가 체포되었다. 그가 지하에서 은밀히 제3당을 조직한 이후였다. 중국에 돌아온 뒤로 칭링과 덩옌다가 만날 기회는 없었다. 당시 장제스의 정적으로는 쑨원의 아들 쑨커도 있었지만, 가장 위협이 되는 인물은 덩옌다였다. 그는 카리스마 있는 지도자 감이었을 뿐만 아니라, 장제스에게는 없는 신중하게 세운 정강도 있었다. 덩옌다는 유럽과 아시아를 다니면서 다른 나라들이 어떻게 운영되는지 유심히 관찰했고, 농민층의 빈곤 완화를 핵심으로 하는 상세한 정책을 이미 구상해둔 상태였다. 하지만 무엇보다도 장제스를 골치 아프게 한 것은 국민당군 내에 덩옌다를 존경하는 이들이 많다는 사실이었다. 장제스의 명에 따라서 덩옌다는 1931년 11월 29일 난징에서 비밀리에 처형되었다.

소식은 새어나갔다. 뜬소문일 것이라는 실낱같은 희망을 간직한 채, 칭링은 난징으로 달려가서 장제스에게 덩옌다를 석방해달라고 애원했다. 그녀가 매부와 직접 만나서 무엇인가를 호소한 것은 이때가 처음이자 마지막이었다. 칭링은 내면의 상냥함을 최대로 끌어모아서 장제스에게 말했다. "당신과 덩옌다의 의견 차이를 중재하러 왔습니다. 그를 불러와서 함께 이야기해보도록 해요." 한동안 침묵하던 장제스는 이렇게 우물거렸다. "너무 늦었습니다……." 칭링은 폭발했다. "살인마!" 그녀가 소리쳤다. 장제스는 황급히 방을 나갔다. 칭링은 비탄에 잠긴 채 상하이로 돌아왔다. 그녀는 펜을 들어 국민당을 비난하는 글을 길게 썼다. 처음으로 국민당의 "파멸"을 공개적으로 촉구했고, 자신은 공산당 편으로 넘어갈 의향이 있음을 내비쳤다. 그녀의 글은 많은 이들의 주목을 받았다. 「뉴욕 타임스」는 이 기고문에 두 쪽이나 지면을 할애했고, 생각에 잠긴 칭링의 사진 아래에는 "나는 혁명 중국을 위해 말한다"라는 문구를 삽입했다. 중국어 번역본은 상하이의 유력 일간지 「신보(申報)」에 실렸다. 「신보」의 이사장 스량차이는 이 사건을 비롯하여 몇 차례 장제스에게 저항했다는 이유로 이후 암살당했다.

덩옌다의 죽음에 충격을 받은 칭링은 상하이의 코민테른 비밀공작원에게 접근하여 공산당 가입 의사를 전했다. 이미 그녀는 공산당을 위해서 일하고 있었다. 코민테른이 계획대로 그녀를 이용하고 있었기 때문에 굳이 당원까지 될 필요가 없었다. 만약 공산당원이 된다면 공산당 조직의 명령을 받고 그들의 규율에 따라야 했다. 그녀를 향한 위협이 커지리라는 사실역시 명백했다. 장제스는 물론, 그녀가 직접 목격했던 당 내부의 계파 갈등이 그녀를 가만두지 않을 터였다.

그러나 칭링의 결심은 굳건했다. 그녀의 머릿속에는 장제스를 처단하겠다는 생각뿐이었다. 그녀는 코민테른 비밀공작원에게 "기꺼이 모든 것을 바치겠다"고 말했다. 상하이에서 비밀공작을 수행하는 데에 뒤따를 위험부담을 "아주 잘 알고 있다"고도 했다. 비밀공작원은 망설였으나 칭링은고집을 꺾지 않았다. 결국 그녀의 가입 요청은 받아들여졌다. 얼마 후 코민테른은 이것이 "크나큰 착오"였다고 판단했다. "공산당원이 되면 그녀만의 특별한 가치를 잃을 것"이었기 때문이다. 따라서 코민테른은 칭링이 공산당에 가입한 사실을 비밀에 부쳤다.

칭링이 공산당원이었다는 사실은 중국 현대사에서 가장 철저히 감춰진비밀 가운데 하나였고, 그녀가 사망한 뒤인 1980년대에 와서야 랴오중카이의 아들 랴오청즈에 의해서 세상에 드러났다. 랴오청즈 역시 비밀 공산당원이었다. 그의 회고에 따르면, 1933년 5월의 어느 날 칭링이 그의 집을찾아왔다. 그녀는 적당한 핑계를 대어 자신의 절친한 친구인 그의 어머니를 방에서 내보내고는 혼자 남은 그를 향해 말했다. 그녀가 내뱉은 첫마디는 이랬다. "나는 최고기관을 대표하여 여기 왔네." "최고기관이요?" 그는 놀란 눈으로 그녀를 쳐다보았다. 그녀가 덧붙였다. "코민테른 말이야." 랴오청즈는 너무 놀라 소리를 지를 뻔했다. "진정하게." 그녀는 말했다. "딱 두 가지만 묻겠네. 첫째, 우리의 비밀공작이 상하이에서 계속 진행될 수 있겠나? 둘째, 자네가 아는 배신자들의 명단을 알려주게." 명단을 적을 시간을 10분 주겠다고 말한 그녀는 손가방에서 담배를 꺼내 불을 붙이고서는 일어나 그의 어머니 방으로 갔다. 10분 뒤 돌아온 그녀에게 랴오청즈는 명단을 건넸다. 그녀는 다시 손가방을 열고 담배 한 개피를 꺼내 그 안의 담뱃잎을 조금 털어내더니 민첩한 손놀림으로 명단을 아주 얇게 말아 담배 속에 집어넣었다. 그러고는 곧 자리를 떴다. 랴오청즈는 그날의 일을 이렇게 회상했다. "50년 가까운 세월이 지났음에도, 30분도 채 되지 않았던 그 짧은 만남의 매 순간이 또렷이 기억난다." 칭링은 심지어 비밀요원 훈련까지 받았다.

이후 수년간, 칭링은 장제스 정권에 공개적으로 맞서는 가장 지명도 높은 반체제 인사로 자리매김했다. 수도 난징이 코앞인 상하이에 머물면서 그녀는 중국공산당의 요구라면 가리지 않고 들어주었다. 중국공산당 앞으로 거액의 자금을 보냈고, 그들의 특사를 모스크바까지 데려다줄 알맞은 조력자를 구해주었다. 중국공산당과 모스크바가 연락을 주고받던 무선통신이 차단되자, 자신이 몰래 가지고 있던 무선 통신기로 전갈을 전달해주기도 했다. 그녀가 수행한 한 가지 특별한 임무는 미국인 기자 에드거 스노가 공산당 점령지에서 마오쩌둥과 그 동료들을 인터뷰하도록 주선한 일이었다. 이때의 인터뷰를 담은 『중국의 붉은 별(Red Star Over China)』은 마오쩌둥을 누구나 좋아할 만한 사람으로 서방에 소개했고, 전 세계적인 베스트셀러가 되었다.

칭링은 상하이에서 중국민권보장동맹(中國民權保障同盟)이라는 코민테른 산하 전위 조직을 설립했다. 중국인과 외국인을 막론하고 그녀와 뜻을 같이하는 급진주의자들이 회원이 되었고, 고독한 그녀의 생활에 벗이 되어주었다. 그녀가 은둔하는 동안 친구가 되어준 이들이었다. 회원들은 칭링의 집 거실에 앉아서 오랫동안 회의했고, 그녀가 마련한 저녁 식사 자리에서 진지한 대화를 나누었다. 젊은 활동가들은 그녀를 흠모했다. 그중 한 명인 해럴드 아이작은 훗날 이렇게 적었다.

나는 이 아름답고 존귀한 숙녀분께 푹 빠져 있었다. 그때나 지금이나 생각하지만, 누구도 그러지 않을 수 없었다.……나는 스물한 살이었고…… 무엇에든 쉽게 감명받았다. 그녀는 마흔 남짓이었고 여성으로서도 인간으로서도 강렬한 인상을 주는 분이었다. 그녀의 아름다움과 용기, 여왕과 같은 자태로 정의를 옹호하는 모습에 나는 젊은 기사같이 순결한 마음으로 그녀를 사랑하게 되었다. 이에 화답하여 그녀는 흠잡을 데 없으면서도 따스한 애정을 내려주었다. 지금은 뭐라고 생각할지 몰라도 그때는 그랬다.

장제스 측 인사들에게 칭링은 눈엣가시였다. 장제스의 첩보원들은 그녀를 겁주어 침묵시키기 위해서 총알을 담은 우편물을 보냈다. 칭링의 절친한 친구이자 중국민권보장동맹의 총간사였던 양싱포는 그녀의 집 근처에서 차에 있다가 총에 맞아 죽었다. 운전사도 함께 사망했고, 양싱포의 열다섯 살 아들만 가까스로 죽음을 면했다. 칭링을 겨냥한 '교통사고'가 논의되었고 예행연습까지 진행되었다. 그러나 장제스는 최종적으로 이 계획을 철회했다. 여러 고려 사항들이 있었지만, 그의 아내와 맏언니의 반발이 결정적이었다. 이러니저러니 해도 메이링은 언니에게 여전히 깊은 애착을 지니고 있었고 쑹씨 가족을 지키는 데에 몹시 헌신적이었다. 칭링은 메이링이 아홉 살이었을 적에 그녀를 미국으로 데리고 간 사람이었고, 그곳에서 그녀를 따스하게 보살펴준 사람이었다. 메이링은 칭링과 함께한 추억이 많았다. 동생이 쌀밥을 그리워하자 칭링이 자신의 방에서 쌀밥을 요리하는 방법을 고안한 적도 있었다. 쌀을 끓는 물과 함께 플라스크에 채워 넣자 밤사이 천천히 밥이 되었고, 이튿날 두 사람은 이 밥을 먹었다. 언니의 존재가 아무리 성가시더라도 메이링은 언니를 다치게 하는 일을 절대 용납하지 않았다. 메이링은 언니가 "홀로 서서" 세상과 맞서는 모습에 일말의 존경심을 느끼기까지 했다.

또한 메이링은 덩옌다를 죽인 장제스에 대한 언니의 지칠 줄 모르는 증오를 이해했다. 칭링이 덩옌다에게 깊은 감정을 느꼈다는 사실을 메이링도 알았다. 뿐만 아니라 장제스가 덩옌다를 총살하기 전에 그를 잔인하게 고문했다는 소문이 자자했다. 장제스는 고문은 없었다고 아내에게 장담했고, 메이링은 그를 믿었다. 그러나 장제스를 결코 믿지 않겠다는 언니를 설득할 길은 없었다. 메이링은 남편이 고문을 자행하는 사람이 아니라고 세상에 알리고 싶어했다. 말년에 그녀는 장제스가 덩옌다를 총살하기 전에 그를 고문하지 않았다고 콕 집어 강조했다.

메이링과 맏언니의 가호 덕분에 칭링은 고국에서의 유배 생활을 아무 탈 없이 보냈다.

12

남편과 아내 팀

1931년 9월 일본의 침략으로 장제스는 외부의 적에 맞서게 되었다. 이는 정치적 고립에서 탈출할 기회이기도 했다. 장제스는 중국의 단결을 호소했고 정적들에게 국민당 정부에 가담하라고 요청했다('도적떼'로 간주되던 공산당은 제외되었다). 몇몇은 요청에 응하면서, 장제스가 주석직에서 사임한다는 조건을 내걸었다. 장제스는 조건을 수용했지만, 사임하기 전에 정적이라도 자신이 다루기 쉬운 사람 두 명을 주석과 국무총리 자리에 앉혔다. 새 국무총리는 쑨원의 아들 쑨커로, 아버지와 같은 집요한 승부 근성은 없는 인물이었다. 나중에 장제스는 두 직위를 되찾아오지만, 이 시점에서는 군사위원회 위원장으로서 군대를 지휘했다.

장제스는 탄압을 완화했고, 자신을 비판했던 많은 이들에게서 지지를 얻었다. 대표적인 자유주의자 후스는 교육부 장관직을 제안받았다. 장관직은 거절했지만, 그는 장제스에게 보다 호의적인 입장을 취하게 되었다. 후스가 보기에 장제스는 "반대 의견에 이전보다 훨씬 관대해졌다." 이러한 변화에서는 메이링과 아이링의 영향이 엿보인다.

칭링은 후스가 장제스 편으로 돌아서는 데에 의도치 않게 도움을 주었다. 후스는 한때 칭링의 중국민권보장동맹에 가입했었다. 발언의 자유와 인권을 위해서 싸운다는 동맹의 표면상의 목표에 공감했기 때문이다. 1933년의 어느 날, 그는 동맹의 주선에 따라서 한 감옥을 방문했다. 얼마 뒤에 동맹은 후스가 쓴 것처럼 보이는 서한을 발표하여, 정부가 죄수들에게 가혹한 고문을 가하고 있다고 규탄했다. 후스는 깜짝 놀랐다. 그는 감옥에서 어떤 고문의 흔적도 보지 못했고, 서한을 작성한 적도 없었다. 그는 칭링에게 서신을 보내서 정정을 요청했고, 언론과의 인터뷰에서 솔직하게 사실관계를 바로잡았다. 칭링은 그에게 맹렬한 비난을 퍼붓고는 그를 동맹에서 제명했다. 후스는 동맹이 공산당의 전위 조직이며 자신을 이용하려고 했다는 사실을 깨달았다. 그는 점차 현재로서는 지도자로 인정할 만한 사람이 장제스뿐이며, 나아가 국민당이 독재에서 민주주의로 이행할 가능성이 있다고 생각하게 되었다. 후스의 장제스 비판은 눈에 띄게 줄어들었다.

그러나 몇몇 완강한 반대파들은 계속해서 장제스에 맞섰다. 1933년, 연해 지역의 푸젠 성에서 또 하나의 독자 정부가 수립되었다. 장제스는 이를 진압했다. 또한 그는 중국의 부유한 동남부 지역에서 거대한 영토를 점령한 "공산당 도적떼"에 대한 "토벌전"을 벌였고, 1934년 그들을 근거지에서 몰아냈다.

메이링은 1931년 어머니의 사망 이후로 심각한 우울에 빠져 있었다. 그녀의 남편은 어떻게든 아내를 우울에서 벗어나게 해야겠다고 결심하고, 1932년 그녀를 위해서 특별한 선물을 마련했다. 보통의 선물과는 차원이

다른 그것은 산 중턱에 조성한 '목걸이'였다. 목걸이에 매달린 보석에 해당하는 것은 밝은 녹색의 유리 기와 지붕을 얹은 아름다운 별장으로, 쯔진 산 한가운데에 자리 잡고 있었다. 목걸이의 줄이 되는 것은 별장에서부터 부지 출입구까지 길게 늘어선 플라타너스 길이었다. 이 가로수들의 나뭇잎 색은 주변의 자생 삼림과 달라서, 가을이 되면 특유의 노랗고 붉은빛으로 물들어 그 대비가 더욱 장관을 이룬다. 전용기를 타고 하늘 높이 오르면 선물받은 '목걸이'의 절경, 별장의 녹색 기와가 거대한 에메랄드처럼 번쩍이며 빛을 내는 광경이 메이링의 눈앞에 펼쳐졌다.

난징의 자랑인 쯔진 산의 상당 부분은 이제 쑨원의 유해가 안치된 중산릉이 차지하고 있었다. 장제스는 본인이 주석일 때에 이 별장을 '국민 정부 주석의 관저'로서 짓게 했다. 그러나 그가 사임한 뒤에도 별장은 다음 주석의 거처가 되지 않았고, 장제스 부부가 사적으로 이용했다. 장제스가 메이링에게 선보였을 때에 별장 곳곳은 황후를 상징하는 봉황 문양으로 장식되어 있었다. 별장은 '메이링 궁'으로 알려지게 되었다.

이 '목걸이'를 선물함으로써 장제스는 또한 아내가 보다 자주 그와 함께 난징에 머무르기를 바랐다. 메이링은 난징으로 오기를 꺼렸고 상하이에서 머무는 편을 선호했다. 그녀의 눈에 수도 난징은 영 불편한 구식 가옥만 있는, "큰길이라고는 딱 하나 있는 조그만 마을에 불과했다." 하지만 장제스는 수도에 있어야 했고, 그녀를 그리워했다. 그는 한밤중에 일어나서 그녀가 옆에서 자고 있는 모습을 보아야만 "안심이 된다"고 했다.

1930년대에 들어서 메이링은 남편과 점점 더 많은 시간을 함께하게 되었다. 장제스가 1934년 공산당을 중국 동남부의 근거지에서 몰아냈을 때, 그녀는 남편을 따라서 그들이 떠난 지 얼마 되지 않은 몇몇 지역들을 방문했다. 수년간 지속된 공산당의 점거, 그리고 공산당과 국민당의 전투는 광활한 지역을 황폐하게 만들었다. 메이링은 당시 이렇게 적었다. "수천 리의 비옥한 논이 쑥대밭이 되었고, 수십만 가구가 집을 잃었다." 마을에는 빈 집들이 "문을 활짝 연 채 서 있었다. 집 안에는 망가진 가구의 파편들이 혼란스럽게 흐트러져 있었다. 급하게 불을 지른 탓에 벽은 까맣게 그을린 상태였다.……운반할 수 있는 것들은 모두 훼손되어 있었다. 파괴와 죽음이 소리 없이 온 동네를 잠식했다." 그녀가 인간의 해골에 발가락을 찧은 적도 있었다. 어느 날은 조그만 탑 옆을 지나가다가 그 그늘에 한 청년이 누워 있는 것을 보았다. 청년은 눈을 뜨고 있었고, 수척하고 아파 보였다. 메이링은 경호원 한 명에게 가서 도와줄 만한 것이 있는지 보고 오라고 했다. 경호원이 돌아와서 말했다. "이미 죽은 사람입니다!" 꿈에서 메이링은 "낮에 목격한 버려진 논밭과 파괴된 마을의 참상에 시달렸다." 충격적인 장면은 이것으로 끝이 아니었다. 하루는 장제스의 군대가 공산군 부대 하나를 포위했다. 뒤에 남아서 게릴라전을 전개하라는 명을 받은 부대였다. 부대원들은 항복을 선언했고, 진심임을 증명하고자 지휘관을 죽인 다음 머리를 잘라서 장제스에게 가져왔다.

메이링도 몇 차례 죽음의 위기를 모면했다. 중화 소비에트 공화국의 중심지였던 장시 성의 성도인 난창에 세워진 국민당군의 야전 사령부에 머물 때였다. 메이링은 한밤중에 성곽 쪽에서 들려오는 총성에 잠에서 깼다. 공산군 게릴라 부대의 기습이었다. 그녀는 황급히 옷을 걸치고 "적의 손에 넘어가면 절대 안 되는 문건들"을 골라내기 시작했다. 그리고 "우리가 숙소를 떠나야 할 상황이 오면 바로 불태울 수 있도록 가까이에 두었다. 그다음에는 리볼버를 꺼내들고 자리에 앉아서 무슨 일이 벌어질지 기다렸다. 남편이 주위의 모든 경호원들에게 저지선을 구축하라고 명령을 내리는 소리가 들렸다. 정말로 우리가 공산당에게 포위된 상황이라면 총을 쏘며 빠져나갈 수 있게 하기 위해서였다." 그녀는 겁먹지 않았다. "내 머릿속에는 두 가지 생각뿐이었다. 우리 군의 이동 경로와 위치 정보를 담은 서류들 걱정, 그리고 포로가 되면 리볼버로 자살하겠다는 다짐이었다." 결국 기습은 격퇴되었고, "우리는 다시 잠자리에 들었다."

메이링은 정신이 번쩍 들었다. 그녀는 간절히 남편을 돕고 싶었고, 자신이 무엇을 해야 하는지 해답을 찾고자 했다. 이전에는 항상 어머니에게 조언을 구했다면, 어머니가 돌아가신 후에는 맏언니 아이링이 그 역할을 해주고 있었다. 아이링은 좀더 진지하게 신앙을 가져보라고 메이링이 가끔 짜증을 낼 정도로 오랫동안 설득해왔다. 마침 가족의 옛집에서 어머니가 주관하던 주간 기도 모임을 계속 이어가고 있던 차였다. 아이링은 메이링에게 어머니를 애도하는 일이라고 생각하고 모임에 들어오라며 권유했다. 기도 모임이 메이링에게 미친 영향은 기적적이었다. 그녀는 이렇게 적었다. "나는 어머니가 믿으신 주님의 품으로 돌아왔다. 나라는 개인보다 위대한 힘의 존재를 알았고, 주께서 실재하심을 알았다. 그러나 나를 위해서 주님께 호소해줄 어머니가 더는 곁에 계시지 않았다. 이제 남편을 영적으로 돕는 것은 내 몫이 된 듯했다." 그녀는 "마음과 영혼과 정신을 다 바쳐 주의 뜻을 이루기에 힘쓰겠다"고 다짐했고, "주께서 당신의 뜻을 내게 알리시기를" 바라며 열성적으로 기도했다. 그리고 마침내는 신이 자신에게 계시를 내렸다고 느꼈다. "주께서 내게 중국을 위해서 할 일을 내리셨다." 그것은 바로 신(新)생활 운동에 뛰어드는 일이었다.

신생활 운동은 그녀의 남편이 공산당 점령 지역을 시찰하던 때에 구상한 아이디어였다. 그곳에서는 공산주의 이데올로기, 특히 10년 전 모스크바를 방문한 장제스가 그토록 진저리를 쳤던 계급투쟁 관념이 대세였다.

이 관념은 가진 것이 없는 자들에게 부자의 것을 빼앗아도 된다고 가르쳤고, 고용인들에게 고용주를 배반하거나 심지어 죽이라고 부추겼다. 아이들에게는 부모를 비난하라고 촉구했다. 장제스가 보기에 이러한 행태는 중국 전통 윤리의 "모든 기본 원칙을 뿌리째 뒤흔드는" 것이었다. 그는 자신이 책임지고 신의와 명예를 숭상하는 중국의 전통 윤리를 다시 세우겠다고 결심했다. 장제스는 1934년 봄 난창에서 신생활 운동을 개시했다.

메이링은 이 사업에 몸을 던졌다. 하지만 그녀에게 이 운동의 의의는 조금 달랐다. 남편과 함께 내륙을 방문하면서 그녀는 난생처음으로 진짜 중국을 목격했다. 상하이의 호화로운 금박 칸막이 너머에서 처음 길을 잃은 서양인들이 그러했듯이, 그녀는 눈앞의 광경이 지저분하고 냄새나고 혼돈스러우며 난폭하다고 생각했다. 남자들은 반쯤 헐벗고 다녔다. 남자아이들, 심지어 어른들도 길모퉁이에서 소변을 보았다. 수많은 외국인들이 느낀 것처럼 그녀의 눈에도 중국은 "낡고 더럽고 역겨웠다." 메이링은 "사람이 바글거리는 내륙 도시의 지저분한 거리를 지나노라면 시야가 나쁜 날 비행할 때보다도 심란한" 기분이 들었다. 그녀는 조국을 자랑할 만한 곳으로 바꾸고 싶었다. 메이링에게 신생활 운동의 본질은 전 인구가 올바른 행동 양식을 익히게 하는 것이었다.

남편과 아내는 머리를 맞대었다. 두 사람은 이 "운동은 간단한 것에서 시작해서 복잡한 것으로 나아가고, 현실적인 것부터 시작해서 이상적인 것으로 진행되어야 한다"는 데에 의견을 같이했다. 무엇보다도 사람들의 행동 양식을 바로잡는 것이 우선이었다. 메이링은 "사람이 자신의 용모와 태도를 가꾸는 일을 소홀히 하고 게을리한다면,……사상도 어수선할 것이 분명하다"고 단언했다.

그리하여 파괴된 옛 소비에트 지구, 너무도 많은 공포와 살육을 경험한 그 폐허 위에서 장제스는 중국인들에게 더 나은 미래는 "먹거나 마실 때 소리를 내지 말라", "식당이나 다방에서 큰 소리로 웃거나 소리치지 말라", "자세를 똑바로 하라", "침을 뱉지 말라"와 같은 지시 사항에 깃들어 있다고 선언했다. 인부들은 맨몸을 드러내서는 안 되었다. 모든 이들이 셔츠의 단추를 제대로 채워야 했다. 길을 걸을 때에는 "도로의 왼쪽으로 걸으라"는 지시가 내려왔다(몇몇 농담을 좋아하는 이들은 "그렇게 하면 길의 오른쪽이 텅 비어버리지 않을까요?"라고 응수했다).

신생활 운동은 장제스 부부가 각별히 챙기는 사업이자 국민당 정권의 대표적인 대내 정책이 되었다. 이 운동은 모든 해악에 대한 치유법이며 중국의 영광스러운 미래를 보장해줄 것이라고 선전되었다. 예의범절과 질서를 지키는 태도가 문명화된 사회의 필수 조건임은 누구도 부정하지 않겠지만, 이렇게까지 과장된 주장은 명백히 허위였다. 54개의 규정과 42건의 위생 요건을 명시한 정부 소책자를 두고, 대표적인 자유주의자 후스는 이렇게 적었다. 이러한 규정들은 대부분 "문명인이 익혀야 할 최소한의 상식적인 생활양식이며, 그 안에 나라를 구원할 만병통치약이나 민족을 부흥시킬 기적의 명약 따위는 없다." 그는 또 지적했다. 많은 누습들은 "가난의 산물이다. 보통 사람들은 경제 사정이 너무 열악해서 좋은 생활 습관을 익히는 것이 불가능하다." "아이들이 타고 남은 석탄 부스러기, 더러운 넝마 한 조각을 얻겠다고 쓰레기를 뒤지고 있는데, 그들이 남의 분실물을 찾아내서 자신이 가진다고 해서 정직하지 못하다고 비난할 수 있겠는가?" (신생활 운동의 규정 중의 하나는 "분실물을 발견하면 돌려주어라"였다.) "정부가 책임지고 해야 할 첫 번째 일은 보통 사람들에게 적정한 생활 수준을 보장하는 것이다.……이른바 신생활을 영위하도록 가르치는 일은 가장 마지막 과제이다."

후스의 합리적인 비평은 장제스 휘하의 선전기관이 내놓은 비방에 밀려 묻혀버렸다. 메이링은 "가장 고위층의 관료에서부터 가장 하층의 손수레를 끄는 막노동꾼에 이르기까지 이 원칙들을 일상에서 양심적으로 지킨다면 모두가 먹을 양식이 생기리라는 점은 너무도 명백한 사실"이라며 "이 주장을 논박했다." 그녀의 말은 단순한 희망 사항에 불과했으나 후스는 반박할 방도가 없었다. 그렇다고 그가 박해를 받게 된 것은 아니었다. 메이링은 그저 분개하여 이 운동이 남편이 "민족에 기여한 가장 위대하고 건설적인 공헌"이라는 자신의 주장을 고집할 따름이었다. 또한 메이링 본인으로 말할 것 같으면, 자신의 행동은 신의 뜻에 따른 것으로 의문의 여지가 없다는 것이 그녀의 생각이었다. "나는 조언을 구하고, 확신이 서면 그대로 추진한다. 결과는 주께 맡긴다." 메이링은 정력적으로 나서서 외국인 선교사들을 고문으로 고용했고, 규정을 만들어서 그것들을 실행하겠다고 동분서주했다. 한 미국인은 이를 보고 "미국의 진짜 일류 여성 클럽의 회장과 같은" 모습이었다고 평했다. 유급 직원들과 수십만 명의 자원봉사자들이 그녀의 지시에 따랐다. 부부의 노력은 사회 개화 측면에서는 일부 효과를 거두었지만, 현실의 시급한 문제들은 거의 해결하지 못하고 점차 잦아들었다.

그러나 메이링에게 이 운동은 인생을 뒤바꾼 사건이었다. "낙담과 절망은 오늘날 내 것이 아니다. 나는 모든 일을 능히 행하시는 주께 기댄다."

이 공동의 사업 덕분에 메이링과 장제스는 그 어느 때보다 가까워졌고, 서로에게 느끼는 애정도 전에 없이 깊어졌다. 1934년 크리스마스, 두 사람은 비행기를 타고 남쪽으로 500킬로미터를 넘게 날아서 푸젠 성에 도착했다. 그곳에서 그들은 새로 깔린 군용도로를 따라서 중국 동부에서 가장 험준

한 산악 지대로 이동했다. 수천 명의 인원이 초보적인 수공구만으로 높은 절벽을 사방으로 깎아서 만든 길이었다. 때로는 "조금이라도 운전대를 잘 못 틀었다가는 벼랑으로 굴러떨어질 것이 분명한 고원의 가장자리를 달렸다." 이날 목적지에 도착한 뒤 "남편은 나에게 이처럼 위험천만한 일을 겪게 했다며 자책하기 시작했다." 메이링은 신변의 위험이야 자신에게는 아무것도 아니며, 자신은 길을 따라서 펼쳐진 아름다운 광경에 넋을 놓고 있었다고 남편을 안심시켰다. 첩첩이 우거진 산맥은 온통 전나무로 뒤덮여 있었다. 전나무들은 "크리스마스트리처럼 선녹색이었고,……타는 듯한 빨간 잎의 오구나무가 여기저기에서 반짝였다." "정말 아름다운 광경이었다. 내가 본 그 어떤 광경과도 달랐다."

그해의 마지막 날, 부부는 산속으로 산책을 나갔다. 두 사람은 잠시 멈춰 서서 매화가 흐드러지게 핀 어린 나무 한 그루를 감상했다. 추위가 가장 매서울 때에 꽃을 피우는 매화나무는 중국 문학에서 용기를 상징한다. 장제스는 꽃송이가 여럿 달린 잔가지 몇 개를 조심스레 꺾어서 돌아왔다. 그날 저녁, 초를 밝히고 식탁에 앉은 다음 그는 사람을 시켜서 조그마한 대나무 바구니에 잔가지들을 담아서 테이블에 올려놓게 했다. 촛불에 비친 가지들의 그림자가 벽에 크고 힘찬 형상을 만들어냈고, 꽃에서는 은은한 향이 흘러나왔다. 장제스는 메이링에게 그 바구니를 건네며 새해 선물이라고 말했다. 메이링은 감동을 받아서 이렇게 적었다. "내 남편은 군인의 용맹함과 시인의 섬세한 영혼을 지닌 사람이다."

13

장제스의 아들을 스탈린의 손아귀에서 되찾아오다

1930년 10월 세례를 받고 며칠 뒤, 장제스는 어머니의 묘지 확장을 감독하기 위해서 고향인 시커우를 찾았다. 국부 쑨원을 위해서 거대한 묘를 조성한 바 있는 그는 이제 자신의 어머니께 보다 걸맞은 안식처를 마련해드릴 때가 되었다고 생각했다. 쑨원의 묘만큼 크거나 웅장하지는 않으나 이 묘지 역시 동산 하나를 통째로 차지했고, 중국 동부의 농촌 지역이 한눈에 들어오는 곳에 있었다. 입구는 소나무로 둘러싸인 700미터 가까운 오르막길 끝에 위치했다.

메이링과 아이링이 그와 동행했다. 여행 첫날, 자매는 장제스에게 무엇보다도 중요한 화제를 꺼내들었다. 그의 아들 장징궈를 소련에서 어떻게 데려올 것인가 하는 문제였다. 장징궈는 장제스가 첫 번째 아내와의 사이에서 얻은 자식으로, 지난 5년간 스탈린에게 인질로 붙잡혀 있었다.

1910년 4월 27일에 태어난 장징궈는 열다섯 살에 장제스의 뜻을 따라서 베이징의 학교에 입학했다. 이 청년의 꿈은 프랑스어를 배운 다음 프랑스에서 공부하는 것이었다. 그러나 그의 아버지가 국민당 내에서 두각을 나타내기 시작하자 소련은 장징궈를 손에 넣고자 했고, 소련 대사관의 외교관들은 재빨리 그와 친분을 맺었다. 장징궈의 자서전(본인의 요청에 따라서 1988년 그가 사망한 뒤에 공개되었다)에 따르면, 그들은 "유학을 소련으로 가야 한다"고 그를 "설득했다." 스탈린은 해외 혁명 지도자들의 자녀들을 잠재적 인질로 소련에 붙잡아주는 동시에 그들에게 교육의 기회를 제공했다. 소년 장징궈는 쉽게 유혹되었고, 소련으로 가고 싶어서 안달을 냈다. 그리고 당시 친소련파인 척을 하고 있던 장제스는 아들의 소련행을 반대할 수 없었다.

베이징에 온 지 몇 달이 되지 않아, 장징궈는 공산당원 사오리쯔를 따라서 모스크바로 갔다. 사오리쯔는 1920년에 조직된 중국공산당의 창립 멤버였으나, 소련의 지시에 따라서 정체를 숨기고 국민당원으로 활동하고 있었다. 그는 장징궈와 동갑인 자신의 아들도 함께 데려갔다. 1927년 4월 모스크바 중산대학에서 학업을 마친 장징궈는 중국으로 돌아가겠다고 청했으나, 허락받지 못했다. 그의 아버지가 막 공산당과 절연한 차에 스탈린이 그를 인질로 붙잡은 것이었다. 소련은 전 세계에 장징궈가 "혁명을 배신한" 아버지 때문에 귀국을 거부했다고 공표했다.

이 열일곱 살 청년은 "중국으로부터 철저히 격리되었으며", "편지 한 통 부치는 것조차 금지당했다." 그는 밤낮으로 고국을 그리워했다. "부모님과 조국 생각을 멈출 수가 없었다." "괴로움과 향수병의 늪에 빠진" 기분이었다. 그는 몇 번이고 돌아가게 해달라고, 아니면 편지라도 보내게 해달라고 요청했지만 매번 거절당했다. 때로는 열성적으로 아버지에게 보내는 편지를 썼다가도 얼마 후 모조리 찢어버렸다. 편지 중 하나는 가지고 있다가 비밀리에 중국인 동료에게 맡기는 데까지 성공했으나(동료가 중국으

로 가는 여행 경비를 대기 위해서 장징궈는 소지품 몇 개를 팔아야 했다),
그 동료는 국경 근처에서 체포되고 말았다.

빠져나갈 가망 없이 억류된 상황에서, 청년 장징궈는 의지를 굳게 가지고 때가 오기를 기다렸다. 그는 학생 때에 가입한 트로츠키주의 조직에서 탈퇴하고 자진해서 소련공산당의 당원이 되었다. 그리고 소련 적군(赤軍)에 입대하여 용감한 군인으로서의 자질을 입증했다. 그 결과 그는 감방에서 벗어나 소련 사회에서 사람들과 섞여 살아도 된다는 허락을 받았으나, 어디에서 어떻게 살지는 소련 정부의 결정을 따라야 했다.

메이링과 아이링이 그의 아버지에게 그를 되찾아오자는 말을 꺼내던 1930년 10월 즈음, 장징궈는 한 발전소에 노동자로 보내져서 오전 8시부터 오후 5시까지 점심 시간 한 시간을 제외하고는 쉬지 않고 일했다. 그는 고된 육체노동에 익숙하지 않았다. 팔이 부어올랐고, 허리가 너무 아파서 똑바로 서지 못할 지경이었으며, 끊임없이 통증과 피로에 시달렸다. 먹을 것은 턱없이 부족했고 몹시 비쌌다. 급료로는 끼니를 챙기기에도 모자랐고 그는 언제나 반쯤 굶주린 상태였다. "종종 식사를 하지 못한 채 일하러 가고는 했다"고 그는 회고했다. 돈을 더 벌려면 잔업을 해야 했기 때문에, 근무 시간은 밤 11시까지 연장되었다. 그는 이를 악물고 "고된 일은 자기 자신을 단련시키는 데에 좋다"며 스스로를 다독였다.

발전소 다음으로 그는 '노동 개조'를 위해서 모스크바 교외의 한 마을로 보내졌다. 그곳에서 그는 쟁기로 밭을 가는 법, 농부들도 꺼릴 법한 허름한 오막살이에서 잠드는 법을 익혔다. 그가 일하던 밭은 고향 주변의 푸른 논들을 상기시켰고, 눈물이 "볼을 타고 흘러내렸다."

장제스는 아들을 몹시 그리워했다. 스탈린의 수중에서 아들의 생활이 지옥 같으리라는 사실을 알았기 때문에 걱정은 배가 되었다. 수년간 그는 아들을 간절히 그리는 마음을 여러 차례 일기에 적었다. 장징궈는 장제스의 유일한 친자식이었다. 메이링은 유산을 겪은 이후 아이를 가질 수 없는 몸이 되었다. 양아들 장웨이궈도 있었지만, 장징궈는 그의 친아들이자 후계자였다. 대를 이을 아들을 얻는 것은 중국인 남성에게 무엇보다도 중요한 일이었다. 중국에서 가장 심한 욕 가운데 하나는 "대가 끊겨라!"였고, "후사가 끊긴다"는 것은 부모와 조상에게 저지르는 가장 큰 불효로 여겨졌다. 돌아가신 어머니를 향한 강박적인 사랑과 애도 역시 아들을 그리는 장제스의 괴로움을 더더욱 부채질했다.

메이링과 아이링이 장제스에게 장징궈를 석방시킬 방도를 찾자는 이야기를 꺼낸 1930년, 중국과 소련은 여전히 중동철로를 두고 첨예하게 대립하고 있었다. 소련이 1년 전에 이를 구실로 중국을 침공하여 양국의 외교관계가 단절되었을 정도였다. 아이링은 아들을 되찾아오는 대가로 중동철로 문제에서 한발 양보하는 것은 어떻겠냐고 제안했다. 장제스는 쑹씨 자매의 마음에 감격하여 11월 1일 일기에 이렇게 적었다. "큰누님과 내 아내는 나의 아들 장징궈를 잊지 않았다. 감격스러운 일이다." 그러나 그는 조언을 받아들이지 않기로 결정했다. 소련의 요구는 중국의 주권을 침해하는 것이었다. 여기에 굴복한다면 공분을 살 것이 분명했다. 하지만 아들을 걸고 소련과 거래를 한다는 발상은 가지를 뻗기 시작했다. 그는 신중하게 생각하고 계획해야 한다는 결론을 내렸다. "이 문제는 성급하게 해결하려고 해서는 안 된다"고 그는 일기에 적었다.

1년 뒤, 소련이 나서서 교환을 제의했다. 일레르 눌랑이라는 가명을 쓰는 코민테른 극동지부의 책임자가 아내와 함께 체포되어 상하이에 수감되어 있었다. 그들이 너무도 많은 기밀을 알고 있었기 때문에 소련은 두 사람을 서둘러 구해내고자 했다. 소련은 알베르트 아인슈타인을 위시한 수많은 세계적인 명사들을 동원하여 그들을 석방하라고 난징의 국민 정부를 압박했다. 칭링도 목소리를 보탰다. 1931년 12월 장제스에게 인질을 교환하자는 소련의 제안을 전달한 사람도 그녀였다. 장제스는 거절했다. 인질을 교환하는 일은 불가능에 가까웠다. 두 간첩의 수감은 세간의 이목이 집중된 공적인 일이었고, 죄인들은 공개재판에서 사형을 선고받은 상태였다(무기징역으로 감형되었다). 이를 두고 흥정했다가는 금세 발각되어 오히려 장제스의 평판이 무너질 것이었다.

그러나 소련의 제안은 그의 마음에 거대한 파란을 일으켰다. 장징궈가 소련의 인질이며, 터무니없이 비싼 값을 치러야만 돌아올 수 있다는 사실이 분명해졌다. 소련이 나중에는 다른 무엇인가를 요구할지도 모를 일이었다. 장제스는 매일같이 일기에 적었다. "요 며칠간 아들이 그 어느 때보다도 보고 싶었다. 죽어서 무슨 면목으로 부모님 얼굴을 뵐 것인가?", "꿈에 돌아가신 어머니가 나오셨다. 큰 소리로 두 번이나 어머니를 불렀다. 잠에서 깨자 어머니가 너무도 그리웠다. 어머니께 큰 죄를 지었다." "나는 어머니께 불효했고 아들에게 무정했다. 나 자신이 쓸모없는 인간처럼 느껴진다. 땅이 열려서 나를 집어삼켰으면 좋겠다."

이즈음, 장징궈를 모스크바로 데려갔던 공산당 간첩 사오리쯔는 자신의 아들을 잃었다. 장징궈와 더불어 모스크바로 데려갔던 그 아들이었다. 사오리쯔의 아들은 중국으로 귀국했다가 다시 유럽으로 떠났다. 그는 로마의 호텔 방에서 총에 맞아 죽었다. 사오리쯔와 그의 가족은 아들이 장제스의 첩자들에게 살해되었다고 확신했다.

제안을 거절당하자 1932년 소련은 장징궈를 시베리아의 강제수용소에 가두었다. 장징궈는 금광에서 허리가 휘는 중노동을 했고, 매 순간 배를 곯고 추위에 떨었다. 그와 함께 노동하는 동료들 중에는 "교수, 학생, 귀족, 기술자, 부농, 강도가 있었다. 저마다 영문을 알 수 없는 예상 밖의 죄목으로 유배형에 처해진 이들이었다." 그의 잠자리 왼편에 자리한 이는 전직 기술자였다. 잠에 들기 전에 그는 장징궈에게 말하고는 했다. "또 하루가 저물었군. 자유를 되찾고 고향으로 돌아갈 날에 하루 더 가까워졌어." 장징궈도 같은 희망을 꿋꿋이 간직했다.

1932년 12월, 장제스 정권은 소련과의 외교관계를 회복했다. 공공의 적인 일본 때문에 우호관계를 맺을 수밖에 없었다. 일본은 상하이를 공격하고 만주에는 괴뢰 정부인 만주국을 세워서 남쪽으로 잠식해오고 있었다. 전면 충돌이 불가피해 보였다. 중국은 소련이 필요했다. 오래 전부터 극동에서 일본과 대립각을 세워온 소련에도 중국이 필요했다. 스탈린이 가장 우려하는 상황은 일본이 중국을 장악한 다음 중국의 자원을 이용해서 중-소 국경을 넘어 침공해오는 것이었다. 7,000킬로미터에 달하는 중-소 국경 전체를 방비하는 일은 불가능했다. 그는 일본이 소련으로 방향을 틀지 않도록 중국이 그들에 맞서 싸우기를 바랐다. 소련과의 적대관계가 조금씩 개선되자, 장제스는 본격적으로 아들을 되찾아올 계획을 세웠다. 그는 소련이 중요하게 여기는 것을 조건으로 내놓아야 한다는 사실을 알았다. 그의 생각은 중국공산당으로 향했다.

당시 장제스는 중국 동남부의 중화 소비에트 공화국과 전쟁을 벌이고 있었고, 이미 공산당 세력을 포위한 뒤에 그들을 섬멸하려고 벼르던 참이었다. 그러나 이 시점에서 그는 그들을 상하이 근처의 비옥한 동남부 근거지에서 쫓아내 서북부의 산시 성(陝西省) 쪽으로 몰고 가기만 해도 괜찮겠다는 생각을 하기 시작했다. 황투 고원에 위치한 산시 성 북부는 척박하고 인구가 희소했다. 그쪽으로 몰아가는 동안 공산당의 세력을 서서히 고

갈시키되 그들의 지도부는 명맥을 유지하도록 주의를 기울이고, 목적지에 도착하면 그들이 옴짝달싹 못하도록, 죽음의 문턱에서 허덕이며 세력 확장은 꿈도 꾸지 못하도록 그곳에 단단히 가두면 공산당이 얼마 버티지 못하리라고 장제스는 예상했다. 일본과의 전쟁이 개시되면 그들은 맞서 싸울 것이고(스탈린이 그러라고 지시할 것이다), 높은 확률로 일본이 그들의 씨를 말릴 것이었다. 한편 자신이 중국공산당을 박멸하지 않고 살려주었으니, 중국공산당을 각별히 아끼는 스탈린은 아들을 석방해줄 것이었다.

이것이 장제스의 계산이었다.

1934년 가을, 장제스는 공산당을 비옥한 동남부의 근거지에서 몰아냈다. 공산당의 탈출과정은 대장정이라는 이름으로 알려지게 되었다. 공산당이 패배하여 도피했다는 사실은 널리 알려져 있다. 그러나 대장정이 애초에 발생하게 된 것, 그리고 공산당이 목적지까지 살아남을 수 있었던 것이 근본적으로는 자신의 아들을 석방시키려는 장제스의 기획 덕분이라는 점을 아는 사람은 별로 없다.

대장정은 1년 동안 이어졌고, 이동 거리는 1만 킬로미터를 육박했다(이는 버틴 기간으로나 이동한 거리로나 장제스의 의도를 훨씬 넘어섰다. 장정 대열에 있었던 마오쩌둥의 여러 계략들 덕분이었다).* 장정에 참여한 이들은 극한의 고난을 겪었고, 그 수가 격감했다. 대장정이 끝나갈 무렵, 장제스는 공산당이 "항복하려는 조짐을 보이고 있다"고 스스로를 다스렸다. 실상은 정반대였다. 아들을 되찾는 일이 너무 간절한 나머지 장제스는 스스로를 속이고 있었다.

---

* 대장정 도중 마오쩌둥이 세운 여러 계략들에 대한 상세한 내용은 장융과 존 핼리데이의 공저 『마오 : 알려지지 않은 이야기들(*Mao: The Unknown Story*)』의 제12-14장을 참고하라.

◆◆◆

'공산당을 살려주는 대신 아들을 되찾는다'는 장제스의 거래 조건은 소련에조차 명시적으로 드러낼 수 없는 것이었다. 장제스는 모스크바에 은근한, 그러나 속뜻은 명백한 신호를 보내야 했다. 공산당이 주요 목표를 달성하는 대장정의 매 고비마다, 그는 공산당의 성공이 자신의 공임을 소련이 알게 했고, 장징궈의 귀국을 요구했다. 대장정이 시작되기 직전에 장제스는 외교 창구를 통해서 장징궈의 석방을 처음으로 공식 요청했고, 이를 9월 2일 일기에 적었다. 공산당이 그가 공들여 구축한 겹겹의 봉쇄를 성공적으로 벗어난 이후에도, 난징의 국민 정부는 거듭 장징궈를 요구했다. 소련 외교부에는 다음과 같은 보고서가 쌓여갔다. "장제스가 아들의 귀환을 요청함." 그럴 때마다 소련은 장징궈 본인이 귀국을 원하지 않는 것처럼 가장했다. "소련 놈들의 역겨운 속임수에는 끝이 없다"고 장제스는 일기에 적었다.

장제스는 대장정을 통해서 또다른 목표도 달성했다. 공산당의 옛 근거지 서쪽으로는 구이저우 성과 쓰촨 성이 있었다. 두 성은 독자적인 군대를 유지한 채 말로만 난징의 국민 정부를 따르고 있었다. 장제스는 이들을 완전히 복속시키고자 했다. 이를 위해서는 국민당 군대를 현지에 주둔시켜야 했지만, 성들은 달갑지 않게 여겼다. 이런 상황에서 장제스는 도피하는 공산당군을 두 성 쪽으로 몰고갔다. 그러자 두 성의 지도자들은 공산당이 자신들의 영역에 터를 잡을까봐 두려운 마음에 이들을 몰아내기 위해서 장제스의 군대가 성에 들어오는 것을 용인하게 되었다. 그렇게 장제스는 이들 성에 대한 지배를 확립할 수 있었다. 그중에서도 쓰촨 성은 항일 전쟁 시기에 장제스 정권의 본거지가 되었고, 쓰촨 성에서 가장 큰 도시인 충칭은 전시 수도로 기능했다.

장제스의 책략은 알아채기 쉬웠다. 소련이 그의 더 중요한 목표를 간과하지 못할까봐 장제스는 두 성을 정복한 뒤에도 공산당이 도망가도록 두었고, 무엇보다도 마오쩌둥 무리가 1935년 6월 다른 공산당군 부대와 회합하도록 두었다. 그 직후, 당시 부총리(장제스가 국무총리직을 다시 가져간 뒤였다)였던 아이링의 남편 쿵샹시가 소련 대사 드미트리 보고몰로프를 찾아가서 장제스가 아들을 되찾고자 한다고 전했다. 그의 방문으로 장제스의 거래 의사는 명백해졌다.

1935년 10월 18일, 중국공산당 지도부가 대장정을 끝마친 그날, 장제스는 친목을 도모한다는 명목으로 보고몰로프를 만났다. 그는 그 자리에서 장징궈를 언급하지는 않았으나, 만남이 끝난 직후 천치메이의 조카 천리푸를 보내서 대사에게 아들의 석방을 요청하게 했다. 장제스가 공산당과 아들을 교환하고자 한다는 것은 직접 언급하지 않았을 뿐 자명한 사실이었다.

그렇지만 이 조건은 여전히 명시적으로 드러나지 않았기 때문에(그리고 사전에 합의된 것도 아니었기 때문에), 소련은 장제스의 메시지를 이해하지 못한 척했다. 장징궈가 장제스의 가장 큰 약점이라는 사실을 알게 된 스탈린은 더 많은 것들을 얻어내기 위해서 인질을 손에 쥐고 놓지 않았다. 보고몰로프를 비롯해서 장제스의 밀사들이 접촉한 모든 소련 측 인사들은 장징궈 본인이 소련을 떠나려고 하지 않는다는 해묵은 거짓말을 되풀이했다.

한편 장징궈는 막대한 몸값 덕분에 전보다 나은 대우를 받게 되었다. 강제수용소에서 풀려나서 우랄 산맥에 위치한 기계 공장에 기술자로 배정된 것이다. 그곳에서 그는 그런대로 평범한 생활을 영위했다. 야간 학교에서 공학을 공부했고, 부공장장 자리에 오르기까지 했다. 그리고 파이나 바흐레바라는 러시아인 기술자와 사랑에 빠졌다. "그녀는 내 상황을 가장 잘 이해해주었고, 내가 어려움에 처할 때면 언제나 나를 안타까워하며 도와주었다. 내가 부모님을 뵐 수 없어 슬퍼할 때에는 나를 달래주려고 애썼다." 두 사람은 1935년 결혼했다. 부부의 네 아이 중 첫째가 그해 12월에 태어났고, 장징궈가 계속해서 견디게 될 인질 생활을 함께하게 되었다.

14

"여자가 남자를 보호한다"

1936년 10월, 수만 명의 병사를 거느린 공산당군의 주력부대 세 개가 대장정을 마치고 중국 서북부의 새로운 '터전'으로 모였다. 장제스는 다시 한번 소련에 아들의 귀국을 요청했다. 메이링은 소련에 주재하는 신임 중국 대사를 만나서 이 문제를 강력하게 밀고 나가라고 일렀다. 그러나 장징궈가 돌아올 기미는 보이지 않았다. 장제스는 스탈린에게 압력을 넣어야겠다고 결심했고, 공산당 세력을 포위하고 있던 국민당군에게 '토벌전'을 재개하라고 명했다. 공산당은 이제 생사의 갈림길에 놓였다. 그들이 있던 황토고원은 지구에서 가장 침식되기 쉬운 황토 지대가 황량하게 펼쳐진 곳이었다. 이곳에서는 근거지를 수립하는 것은 고사하고 대규모 군대를 유지하는 것조차 불가능했다.

그러나 현지의 국민당군 사령관은 장제스의 명을 거부했다. 그에게는 자기 나름의 계획이 있었다. 이 사령관은 과거 만주의 군벌이었던 작은 원수 장쉐량이었다. 1931년 일본이 만주를 침공하자, 그는 20만 병력을 이끌고 중국 본토로 퇴각했다. 장제스는 그와 그의 군대를 산시 성(陝西省)에 주둔시켰다. 산시 성의 성도 시안은 공산당의 새 터전에서 남쪽으로 300킬로미터 떨어진 곳이었다.

장쉐량의 비행기 조종사였던 미국인 로열 레너드는 그를 이렇게 묘사했다. "사교 모임의 회장이 따로 없었다. 그의 몸매는 통통하고 생활은 부유했으며, 태도는 느긋하고 서글서글했다.……우리는 5분 만에 친구가 되었다." 그는 한량으로 이름을 날렸고, "자신의 군대와 관련된 일은 하나도 하지 않았다. 그저 전용기를 타고 이곳저곳을 돌아다녔다." '비행 궁전(Flying Palace)'이라는 이름이 붙은 그의 호화스러운 보잉 항공기는 장제스가 (1930년 당 내의 경쟁자를 제거하는 데에 도움을 준 대가로) 건넨 뇌물 수백만 달러로 구입했을 것이다. 장쉐량은 종종 긴 옷을 무릎까지 걷어붙이고 모자를 비뚜름히 얹은 차림으로 재미 삼아서 몸소 비행기를 몰았다. 그러나 이런 경박한 겉모습 뒤에는 끝을 모르는 야망, 도박꾼 같은 대담함이 감추어져 있었다. 수많은 성의 권력자들과 마찬가지로 그는 장제스의 능력을 대단하게 여기지 않았고, 자신이 더 잘 해낼 수 있다고 믿었다. 장제스를 대체하고자 하는 그에게 공산당의 등장은 하늘이 주신 기회였다. '최고'가 되고자 하는 자라면 누구든 그것이 스탈린의 손에 달렸으며, 그의 총애를 얻기 위해서는 중국공산당을 통해야 한다는 사실을 알았다. 장쉐량은 공산당과 접선하여 그들에게 절실히 필요한 식량과 의복을 제공했고, 그들과 함께 장제스를 끌어내릴 계획을 모의하기 시작했다. 소련은 장쉐량이 계속 공산당군을 돕게 하기 위해서 둘의 내통을 장려했다. 마오쩌둥은 한발 더 나아가서 장제스를 없애버리라고 그를 부추겼다. 장쉐량은 자신이 장제스를 대체하도록 소련이 후원하리라고 믿게 되었다. 이러한 착각 속에서 그는 쿠데타 계획을 꾸몄고, 쿠데타를 일으키기만 하면 소련이 그에 대한 지지를 선포할 것이라고 기대했다.

　장쉐량은 장제스를 시안으로 꾀어냈다. 휘하의 병사들이 고향 만주로 돌아가 일본군과 맞서 싸우고 싶다는 이유로 산시 성의 공산당과 싸우라는 그의 명령을 거부하고 있으니, 시안으로 와서 직접 그들을 설득해달라는 것이었다. 장제스는 요청에 응하여 1936년 12월 초 시안으로 향했다.

　12월 12일 새벽, 일과인 아침 운동을 막 끝내고 옷을 갈아입고 있던 장제스는 총소리를 들었다. 400명 남짓한 장쉐량의 병사들이 그의 막사를 공격하고 있었다. 경호실장을 포함하여 장제스의 경호원 다수가 사망했다. 장제스는 가까스로 뒤편의 야산으로 탈출해 어느 동굴에 몸을 숨겼다. 혹한의 날씨에 신발도 양말도 없이 잠옷 셔츠 차림인 채였다. 요행히 살아남았지만, 그는 곧 수색대에게 붙잡혔다. 장쉐량은 자신이 일을 벌인 이유는 장제스에게 일본과 싸우라고 압박하기 위함이었다고 공식 선포했다. 그는 난징에 전신을 보내서 자신의 요구 사항을 전달했다. 요구 사항 1번은 "난징 국민 정부의 개편"이었다. 마오쩌둥의 말을 곧이곧대로 믿은 그는 중국공산당과 소련이 당연히 자신에게 새 정부의 수장직을 제의하리라고 생각했다.

부총리 쿵샹시는 장제스가 억류되었다는 소식을 들었을 때에 상하이에 있었다. 그는 즉시 처제 메이링에게 달려가서 이를 알렸다. 메이링에게 이 소식은 "마른 하늘에 날벼락과 같았다." 두 사람은 쿵샹시 부부의 집으로 돌아가서 아이링과 함께 어떻게 해야 할지 논의했다. 그 자리에 있던 이들 중에서 가족이 아닌 유일한 사람은 쑨원의 고문 출신으로 이때는 메이링을 보좌하고 있던 오스트레일리아 출신인 윌리엄 도널드였다. 도널드는 이전에 장쉐량에게 고용되어 그가 아편 중독에서 벗어나도록 도운 적이 있었다. 그는 여러 모로 놀라운 자질을 갖춘 덕분에 중국의 실세들을 두루 거칠 수 있었는데, 신중한 판단력, 그리고 권력자들에게 솔직하게 의견을 전달하면서도 그들의 화를 돋우지 않는 능력도 그중 하나였다. 그가 일부러 중국어를 배우지 않았다는 사실은 역설적이게도 장점으로 여겨졌다. 중국어를 모르니 장제스의 주변인들과 손잡고 몰래 음모를 꾸밀 리 없다는 것이었다. 메이링은 도널드에게 서둘러 시안으로 가서 일이 어떻게 된 것인지 알아봐달라고 부탁했다. 그가 보기에 그녀는 이 임무를 중국인에게 맡길 수 없다고 여기는 것이 분명했다.

메이링과 아이링, 쿵샹시, 도널드는 야간열차를 타고 이튿날 아침 7시에 수도 난징에 도착했다. 네 사람이 아침 식사를 하고 있을 때, 군정부(軍政部) 장관 허잉친 장군이 간밤에 있었던 긴급 수뇌부 회의의 결과를 보고하러 왔다. 장제스의 1인 독재하에서 부총리 쿵샹시가 의사 결정에 미친 영향은 매우 미미했기 때문에, 참가자들은 그를 기다리지 않고 먼저 회의를 진행했다. 수뇌부 회의는 난징 국민 정부의 이름으로 장쉐량을 공개 비난하고 그의 모든 직위를 박탈했으며, 가혹한 처벌을 예고했다. 그들은 시안에 맞서서 전쟁을 일으키겠다고 위협했다. 메이링은 격노했다. 시안과 전쟁을 하겠다는 것은 그녀의 남편에게 폭탄을 투하할 계획이라는 말이나 다름없었다. 그녀에게는 남편의 안전이 무엇보다도 우선이었다. 쿵샹시와 그녀 자신이 난징에 도착하기도 전에 최고위 관료들끼리 공격을 결정하고 공표했다는 사실은 그녀의 화를 더욱 부채질하고 최악의 상황을 의심하게 할 뿐이었다. 그녀는 도널드에게 우선 시안으로 가서 장제스를 만나보라고 했다. 장제스 부부에게 영향력을 행사한다는 이유로 도널드를 싫어했던 허잉친 장군은 반대했다. 메이링은 그의 반대를 무시하고, 도널드에게 남편 앞으로 쓴 편지를 주었다. 편지에는 부디 몸조심하라는 당부와 함께 그곳의 현재 상황을 알려달라는 내용이 담겨 있었다.

메이링은 진정하려고 애썼다. "이러한 상황에서 이성을 유지하지 못하는 여자로 인식되고" 싶지는 않았지만, 난징의 최고위 관료들에게 몹시 화가 났다. 그녀는 남편의 수많은 정적들이 이 위기를 이용해서 그를 죽이려고 한다고 확신했다. 그녀는 직접 시안으로 날아가서 장쉐량을 설득하겠다고 거듭 주장했지만, 난징의 지도자들은 자신의 설득력에 대한 메이링의 확신을 터무니없는 상상으로 치부했다.

사실 장쉐량에게 장제스를 풀어달라고 설득할 필요는 없었다. 장제스를 구금하고 이틀 뒤인 12월 14일, 장쉐량은 자신이 재앙적인 실수를 저질렀음을 깨달았고, 장제스를 석방하고 그와 함께 난징으로 갈 계획까지 세우고 있었다. 바로 그날, 소련은 가장 수위 높은 표현을 동원해서 장쉐량의 행위를 비난했고, 그가 일본을 돕고 있다고 규탄하면서 단호히 장제스에 대한 지지를 표명했다. 중국 여론이 장제스를 거의 전적으로 지지한다는 사실을 깨달은 것이었다. 사람들은 장제스의 군대가 지금 이 순간 중국 북부의 쑤이위안 성(현재 내몽골 자치구의 일부/옮긴이)을 잠식해오고 있는 일본에 맞서서 완강히 항전하고 있음을 알았다. 그들이 보기에 장제스는 항일을 절대 포기하지 않을 강경파였고, 그의 몰락은 일본의 침략만 수월하게 만들 터였다. 장쉐량이 그의 자리를 대신할 수 있으리라고 생각한 사람은 아무도 없었다.

장제스의 부재로 국무총리 대행이 된 쿵샹시는 중국 전역의 영향력 있는 인물들과 접촉해서 그들의 도움을 구했고, 그중 대부분에게서 긍정적인 반응을 얻었다. 끝내 협력하지 않은 소수의 사람들 가운데 한 명은 칭링이었다. 쿵샹시가 그녀에게 연락해서 지원을 요청하자, 그녀는 장제스가 억류되어서 아주 기쁘며, 장쉐량의 행동은 전적으로 옳다고 말했다. "내가 그 사람이라도 똑같이 행동했을 겁니다. 아니, **나라면 그보다 더했겠지요!**" 그러나 소련의 화를 살 것이 분명했기 때문에, 그녀는 이러한 감상을 공개적으로 표명하지는 않았다.

쿵샹시는 스탈린에게 전언을 보내서 중국공산당이 쿠데타와 연관되어 있다는 "소문이 있다"면서, "만약 장제스의 목숨이 위태로워진다면 온 나라의 분노가 중국공산당에서 소비에트 연합을 향해서 번져갈 것"이라고 전했다. 그는 이런 상황이 중국이 소련에 맞서서 일본과 손을 잡는 결과로 이어질 수 있음을 강력히 시사했다. 스탈린은 장쉐량에 대한 비난 수위를 높였고, 중국공산당에게 장제스가 확실히 석방될 수 있도록 도우라고 지시했다.

장쉐량은 자신이 승리할 가망이 완전히 사라졌음을 통감했다. 소련은 그를 맹렬히 비난했다. 마오쩌둥은 그를 속였다. 장쉐량은 자신의 목숨을 구할 길을 찾아야 했다. 그의 유일한 선택지는 장제스 편에 서는 것이었다. 그러나 난징 국민 정부는 그를 죽이려고 들 것이 분명했다. 그는 쿠데타를 일으켰을 뿐만 아니라, 그 과정에서 수많은 국민당 관료들(그리고 병사들)을 죽였고, 그중에는 고위급 관료들도 있었다. 그들의 가족과 동료들은 한목소리로 장쉐량의 피를 요구할 터였다. 유일한 희망은 장제스가 석방된 후에 그를 보호해주는 것이었다. 그러나 장제스가 얼마나 완고한지 알고 있었던 장쉐량은 그가 거래에 응할지 확신할 수 없었고, 응하더라도 약속을 이행할지 믿을 수 없었다. 장제스를 대신해서 거래를 하고 장제스로 하여금 약속을 지키도록 할 수 있는 유일한 사람은 메이링이었다. 그리고 장쉐량은 그녀를 믿을 수 있다고 생각했다. 영어를 구사하는 두 사람은 실로 막역한 사이였다. 무엇보다도, 그는 그녀가 솔직하고 정정당당한 사람이며 그녀와 거래를 한다면 배반당하지 않으리라는 사실을 알았다.

그녀가 기독교 신자라는 사실은 만약 그가 참회하는 모습을 보이면 그녀가 용서해줄 가능성이 크다는 뜻이기도 했다.

12월 14일부터, 장쉐량은 도널드 편으로 계속 서신을 보내서 메이링에게 시안으로 오라고 애원했다. 자신은 장제스가 일본과 싸우도록 압박하려고 한 것뿐이며, "의도는 좋았으나" 잘못을 저질렀음을 깨달았다고 했다. 맹세코 그녀의 남편을 해칠 의도는 전혀 없었다고, 사실은 자신도 그를 석방한 후에 그와 함께 난징으로 가고 싶다고 적었다. 하지만 무엇보다도 부디 부인께서 이곳으로 오셔서 함께 일의 해결을 도모해주십사 그는 간청했다.

난징 국민 정부는 장쉐량의 말이 괴이하며 믿을 수 없다고 간주했고, 그의 말대로 했다가는 목숨을 잃을 수도 있다며 메이링의 시안행을 반대했다. 그들은 조건 없이 장제스를 석방하지 않으면 전쟁을 일으킬 것이라고 장쉐량에게 통보했다. 그러나 메이링의 강력한 직감은 장쉐량이 정말로 그녀의 남편을 풀어줄 의향이 있으며, 그것이 실현되기 위해서는 그녀가 그곳에 가야만 한다고 속삭였다. 난징의 관료들은 여전히 설득되지 않았다. 그들은 이것이 함정일지도 모르며, 그곳에 가면 성난 폭도들을 맞닥뜨릴 것이고 그러고도 남편을 구할 수 없을 것이라고 말했다. 그러나 메이링은 주장을 굽히지 않았고, 관료들은 마침내 항복했다. 12월 22일, 그녀는 시안으로 향하는 비행기에 올랐다.

도널드는 그녀를 수행하기 위해서 난징으로 돌아와 있었다. 비행기 안에서 그는 그녀에게 창밖의 시안을 가리켜 보여주었다. 눈 덮인 산에 안긴 사각형의 성벽 도시를 지긋이 바라보면서, 메이링은 마음속에서 엇갈리는 수많은 감정들을 느꼈다. 시안으로 연결되는 골짜기 입구의 활주로에 가까워지자, 비행기에서 내리기 전에 그녀는 도널드에게 자신의 리볼버를 건넸다. 그러고는 도널드로부터 "군대가 통제에서 벗어나서 나를 붙잡으면", "망설이지 않고" 그녀를 쏘겠다는 다짐을 받았다.

　방으로 걸어 들어오는 아내를 보자, 이번에는 장제스의 감정이 북받쳤다. "당신은 호랑이 굴에 들어온 거야." 그는 눈물을 흘리며 소리쳤다. 그러고는 아침에 『성서』를 펴보고서 이 구절에 이끌렸노라고 말했다. "나 여호와가 이 땅에 새로운 일이 일어나게 할 것이니 여자가 남자를 둘러싸고 보호하는 것과 같은 아주 색다른 일이다."(현대인의 성서 「예레미야」 제31장 22절. 이하 『성서』 인용은 모두 현대인의 성서를 참조했다/옮긴이) 메이링은 이 구절이 두 가지 메시지를 전한다고 생각했다. 그녀가 오리라는 것, 그리고 "모든 일이 순조로울 것"이라는 메시지였다. 후자는 로버트 브라우닝의 시구 "주께서 하늘에 계시나니 / 세상 모든 일이 순조롭도다"에서 온 것이었다. 이는 그녀에게 큰 희망을 주었다. 그녀는 낙관적인 태도로 남편을 안심시켰다. "부상당한 채 무력하게 그곳에 누워 예전의 모습을 찾아볼 수 없는" 그를 보면서, 그녀는 "그를 곤경에 처하게 한 이들에게 걷잡을 수 없는 분노가 몰려오는 것을 느꼈다." 그가 "격앙되고 동요된 상태"였기 때문에, 그녀는 『성서』를 펴서 그가 흥분을 가라앉히고 잠이 들 때까지 「시편」을 읽어주었다.

　장쉐량은 메이링, 그리고 그녀보다 하루 앞서 시안에 도착한 쑹쯔원과 거래했다. 장쉐량은 자신이 장제스를 억류한 것은 한순간의 충동 때문이었다고 주장했다. "우리는 나라에 도움이 되는 일을 하고자 했습니다. 하지만 장 위원장은 아무것도 우리와 의논하려고 하지 않았어요.……내가 잘못했다는 걸 압니다. 나 자신 또는 이 행위를 정당화하려는 게 아니에요." 그는 메이링을 치켜세우려고 애썼다. "내가 언제나 당신을 대단히 신뢰하고, 내 동료들 모두 당신을 찬탄한다는 사실을 알고 있겠죠. 장 위원장이 구금된 후 내 동료들이 그의 서류들을 살펴보다가 당신이 그에게 보낸 편지 두 통을 찾았는데, 그걸 보니 당신을 더욱 존경하게 되었다고 하더군요." 그녀의 말이 "우리의 마음을 움직였다"고 운을 뗀 다음, 장쉐량은 그녀의 마음을 움직일 결정타를 날렸다. "특히나 당신이 이전보다 실수를 덜하게 된 것은 하느님의 은총 덕분이며, 주의 이끄심을 구하기 위해서 더 기도해야겠다고 적은 부분 말입니다."

안전을 보장받은 이상, 장쉐량은 포로를 풀어줄 준비가 되어 있었다. 마지막으로 넘어야 할 장애물은 단 하나였다. 공산당이 장제스에게 자신들의 특사와 대화하라고 요구한 것이었다. 그 특사는 훗날 외교 전문가로 명성을 떨치게 되는 저우언라이로, 얼마 전부터 시안에 머무르고 있었다. 만남이 성사되기 전에는 시안을 떠날 수 없다고 장쉐량이 일러주었음에도, 장제스는 특사와의 대화를 단호하게 거절했다. 장제스의 경호단과 장쉐량 휘하 군대에는 이미 공산당 세력이 깊숙이 침투해 있었다. 장제스가 저우언라이를 만나는 일은 요즘으로 치면 미국의 대통령이 악명 높은 테러 집단의 대표를 접견하는 것과 마찬가지였다. 그러나 크리스마스 날, 저우언라이는 장제스의 침실로 걸어 들어왔다. 그는 모스크바에서 방금 도착한 전갈을 가지고 있었다. 장제스의 아들 장징궈가 귀국할 것이라는 소식이었다. 소련은 이것이 장제스와의 타협을 이끌어낼 유일한 수단임을 알았다.

장제스와 저우언라이의 회담은 짧았다. 장제스가 건넨 말은 "난징으로 와서 직접 교섭하자"가 전부였다. 그러나 이 말은 공산당의 위상을 바꾸어놓았다. 이때부터, 공산당은 공식적으로 박멸해야 하는 도적떼가 아니라 합법적이고 중요한 정당으로 대우받았다. 그에 걸맞게 교섭이 뒤따랐고, 몇 개월 지나지 않아서 일본과의 전쟁이 발발하자 두 정당은 동등한 동지로서 '통일 전선'을 구축하기에 이르렀다. 전쟁 중에 장제스는 공산당에 많은 것들을 양보했다. 덕분에 공산당군은 괄목할 만큼 성장했고, 항일 전쟁이 끝난 후에는 장제스와 맞붙어 승리를 거둘 정도가 되어 있었다. 아들 장징궈를 되찾아오고자 하는 절박한 마음 때문에 장제스는 스탈린과 마오가 합심하여 벌일 수 있는 일을 과소평가하는 치명적인 실수를 저질렀다. 장제스는 아들을 위해서 막대한 대가를 지불해야 했지만, 그를 스탈린의 마수에서 구해내는 데에는 성공했다. 인질 장징궈는 1937년 3월 석방되어 가족과 함께 소련에서 중국으로 돌아왔다. 강제수용소에서의 중노동을 비롯하여 12년간 무수한 시련을 견딘 후였다.

1936년 크리스마스 날, 저우언라이와 회담을 마친 장제스 부부는 장쉐량과 함께 그의 조종사 로열 레너드가 모는 비행기를 타고 서둘러 시안을 떠났다. 그날 밤은 뤄양에서 묵어야 했다. 레너드는 탑승객들이 뤄양에서 내리던 순간을 이렇게 기록했다.

비행기를 착륙시키자, 모래바람이 휘몰아치는 좁은 비행장은 우리를 향해서 달려오는 학생들과 병사들로 가득 찼다. 장제스 부인이 문밖으로 나오는 모습을 보자, 그들은 먼지투성이인 채로 멈춰 서서 차려 자세를 취했다. 그녀가 땅에 발을 내딛자 그들은 거수경례를 했고, 장교 두 명이 다가와 그녀를 부축했다. 장쉐량이 그녀를 뒤따랐다. 그가 지면으로 내려오자 병사 네 명이 그를 향해서 소총을 겨누었다.

"죽일까요?" 병사 한 명이 말했다.

"안 돼!" 부인이 단호하게 말했다. "그를 내버려두게!"

그녀는 한 팔로 그를 감싸 안았고, 장쉐량도 그녀에게 팔을 둘렀다.……부인이 명령한 후에 그는 귀빈 대우를 받았다.

일행이 난징으로 돌아온 이후, 장쉐량은 아이링의 환심을 샀다. 그는 그녀가 장제스에게 막대한 영향력을 행사한다는 사실을 알았고, 일찍부터 그녀와 좋은 관계를 맺고 있었다. 그녀를 큰누님이라고 부르며 "깊이 존경한다"고 그녀에게 "털어놓았고", 자식들끼리의 혼인으로 동맹을 맺자고 제안한 적도 있었다. 이제 그는 아이링에게 애원했다. "부디 저를 용서하세요." 아이링의 마음은 누그러졌다. 훗날 그녀는 이렇게 말했다. "그가 한 짓에 대해, 뭐랄까, 벌을 주고 싶었어. 그런데 그가 너무 미안해하더라고."

결국 장쉐량이 받은 유일한 처벌은 안락한 가택 연금이었고, 이는 한편으로 그를 보호해주었다. 반세기도 더 지나서 장제스와 그의 아들이 모두 사망한 이후 장쉐량은 자유의 몸이 되어서 하와이로 이주했고, 천수를 누리고서 2001년에 100세를 일기로 자택에서 눈을 감았다.

장제스의 인기는 이 신변상의 시련 이후 정점을 찍었다. 뤄양 비행장에서 그가 비행기 밖으로 실려 나왔을 때, "그를 마중하러 나온 사람들은 흥분하여 날뛰었다. 모자를 하늘로 던졌고……몇몇은 눈물을 비추었다"고 레너드는 말했다. 장제스가 탑승한 차가 난징으로 진입하자, 자발적으로 모여든 군중이 거리에 늘어서서 그에게 환호를 보냈다. 폭죽을 터뜨리는 소리가 밤새 울려퍼졌다. 중국인들은 장제스가 항일 전쟁을 이끌기를 바랐다. 이때부터 장제스를 제거하려는 음모를 꾸미는 자들은 눈에 띄게 줄어들었다.

장제스의 동료들 중에도 장제스와 그의 직설적인 아내에 대해서 분노하는 이들이 많았지만, 이 열정적인 민족주의 정서의 도움으로 장제스는 그러한 반감도 극복할 수 있었다.

난징으로 돌아온 후에도, 메이링은 남편이 시안에 있을 때에 그곳과 전쟁을 치르겠다며 위협한 난징의 지도자들에게 여전히 화가 난 상태였다. 그녀는 이번 사건을 기술한 한 편의 글을 작성했다. 이 글에서 그녀의 적대감은 정확히 정부 인사들을 향하고 있고, 장쉐량이나 공산당을 탓하는 말은 한마디도 없다. 그녀의 상황 묘사는 장제스의 동료들이야말로 그의 불행에 책임이 있는 악당들이라는 인상을 풍긴다. 그들의 행동은 "성급하고" "용납할 수 없는 것"이었으며, 그것에는 전쟁 개시에 대한 "군 고위 간부들의 불건전한 집착"도 있었다. 장제스의 석방을 이룬 공은 그녀의 몫이었다. 그리고 그녀는 이 사실을 숨기지 않았다. 그녀는 장쉐량이 자신에게 아부한 내용, 즉 그가 그녀를 존경하는 마음에서 장제스를 풀어주었다는 말을 세세히 기록했을 뿐만 아니라, 나름의 결론을 내리는 것도 주저하지 않았다. "도널드 씨가 주춧돌을 놓고 쯔원 오라버니가 벽을 올렸다면, 지붕을 씌워야 한 것은 나였다."

장제스는 아내의 글을 자신의 진술과 묶어서 소책자로 발간했다. 동료들을 향한 그녀의 비난에 승인 도장을 찍어준 셈이었다. 부부는 이 소책자로 사실상 쑹씨 가족을 제외한 장제스의 모든 동료들의 기분을 상하게 하고 화를 돋우는 데에 성공했다. 사람들은 메이링에 대해서는 인내심을 발휘했다. 어쨌든 그녀는 아내로서 남편의 안전이 최우선이었고, 악의가 없었기 때문이다. 그러나 장제스의 행동은 용서할 수 없었다. 국민당과 중국의 지도자로서, 장쉐량에게 강경한 자세를 취하는 것이 난징 국민 정부로서는 유일한 길이었음을 그는 알아야 마땅했다. 천리푸와 같은 측근들은 이후 수십 년간 이 일을 두고 불평했다. 장제스의 가장 큰 손실은 그의 옛 '동무' 다이지타오와 소원해진 것이었다. 장제스는 다이지타오의 사생아 웨이궈를 입양해서 둘째 아들로 삼았고, 다이지타오는 오랫동안 장제스에게 수많은 귀중한 조언들을 솔직하게 건네왔다. 그러나 이번 사건에서 그는 강경한 대처를 주장한 주요 인물로서, 메이링의 분노를 샀다. 장제스의 의심을 감지하자, 다이지타오는 다른 이들처럼 입을 굳게 다물었다. 본래부터 의지할 친구와 조언가가 몇 없던 장제스에게 남은 이들의 수는 더욱 줄어들었다. 이미 충분하지 않았던 충성심도 더욱 옅어졌다. 일본의 위협이 사라지면, 많은 동료들이 그를 등지게 될 것이었다.

그러나 이번 위기를 극복한 것이 자신의 덕이라는 메이링의 생각은 옳았다. 분명 그녀가 시안으로 가지 않았다면 장쉐량은 장제스 편에 서도 자신이 안전하리라고는 확신하지 못했을 것이며, 따라서 장제스를 풀어주지도 않았을 것이다. 난징과 시안 간의 전쟁이 뒤따랐을 것이고, 장제스는 난징 국민당군의 포탄에 맞든지 아니면 실제로 장제스를 죽일 생각도 했던 장쉐량, 혹은 공산당에게 살해당했을 것이다(저우언라이는 공산당 보안기관 전문가들과 함께 시안에 있었다. 장쉐량이 장제스를 죽이는 것을 '돕기' 위해서였다). 중국은 혼란스러운 내전에 빠졌을 것이고, 이는 침략자 일본에 감히 꿈도 꾸지 못했던 절호의 기회였을 것이다. 메이링이 남편을 구하면서 조국도 구했다고 할 수 있는 셈이었다.

제 4 부

전쟁 중의 세 자매

(1937−1950)

15

용기와 부패

1937년 7월, 일본은 베이징과 톈진을 점령했다. 8월 중순에는 상하이에서 전면전이 발발했다. 중국군은 용감히 싸웠지만 처참하게 패했다. 40만 명이 넘는 병사들이 몰살되었고, 이제 막 모습을 갖춰가고 있던 공군과 그 비행 장비 대부분이 소실되었다. 이 위태로운 고비에서 장제스는 일본에 맞서 결사항전할 것을 중국 전역에 촉구했다.

모범을 보이고 군인들의 사기를 진작시키기 위해서, 메이링과 자매들은 최전선으로 가서 병사들을 격려하는 연설을 했고, 여성들을 동원해서 간호사를 양성하거나 고아가 된 아이들을 돌보게 했다. 외국 신문에 글을 기고했고, 중국으로 몰려드는 기자들과 인터뷰를 했으며, 완벽한 영어를 구사하며 미국 방송에 출연하기도 했다.

아이링은 병원을 세우는 데에 주력했다. 그중 한 곳은 과거 유명한 댄스홀이었던 리도 카바레였는데, 그녀는 이곳을 병상 300개와 각종 의료기기를 갖춘 야전 병원으로 바꾸어놓았다. 또한 사비로 부상자들을 이송할 구급차와 화물차도 구입했다.

한편 처음으로 (그리고 아마 마지막으로) 칭링은 장제스를 향한 증오를 제쳐두고 그에게 힘을 보태달라며 대중에게 호소했다. 그녀는 중국이 단결하여 일본과 맞서 싸울 수 있도록 공산당과 연합해야 한다는 장제스의 연설문을 읽고 "너무나 흥분되었고, 너무나 감동받았으며", "눈물이 차올랐다"고 선언했다. 그리고 "과거의 불만과 원한은 모두 뒤로 하겠다"고 약속했다.

메이링은 헌신적으로 부상병들을 방문했다. 어느 날 그녀는 오스트레일리아 출신 고문 도널드와 함께 무개차를 타고 한 병원으로 가고 있었다. 위험한 여정이었다. 도로 곳곳이 마맛자국처럼 포탄으로 움푹 파인 곳투성이였고, 일본군 전투기는 호시탐탐 자동차를 노렸다. 거물들만 자동차를 타기 때문이었다. 파란색 바지에 셔츠를 걸친 메이링이 도널드와 생기발랄하게 대화를 나누던 중, 자동차가 무엇인가에 심하게 부딪혔다. 뒤쪽 바퀴에 구멍이 났고, 차는 도로를 벗어나서 전복되었다. 메이링은 도널드의 머리 위로 내던져졌다. 그녀는 6미터쯤 떨어진 도랑에 떨어져서 의식을 잃었다. 정신을 되찾은 뒤 아픈 기색을 띠고 옆구리가 아리다고 불평하는 그녀에게, 도널드가 물었다. "부대 방문을 계속할까요?" 그녀는 잠깐 생각하고 나서 답했다. "계속하죠." 그들은 야영지 몇 군데를 순회했다. 나중에 의사들은 그녀의 갈비뼈가 부러졌고 뇌진탕 증세도 있음을 발견했다.

12월 중순에 중국은 수도 난징을 빼앗겼고, 정복자들은 학살을 자행했다. 일본군은 이어서 중국의 모든 항구, 그리고 철도로 연결된 주요 도시들 대부분을 손에 넣었다. 일본군이 민간인을 잔혹하게 탄압한다는 소문은 그들이 도착하기도 전에 전해졌고, 9,500만 명의 사람들이 공황에 빠져서 피난을 떠났다. 역사상 가장 많은 수의 난민들이었다. 장제스는 어쩔 수 없이 국민 정부를 양쯔 강을 600킬로미터 거슬러오른 곳에 위치한 우한으로 옮겼고, 나중에는 그보다 훨씬 더 서쪽으로 이동해서 쓰촨 성의 '산성(山城)' 충칭을 임시 수도로 삼았다. 충칭은 높은 산봉우리로 둘러싸여 있고, 산 아래 양쯔 강은 수심이 얕아서 큰 배가 다니기 어려웠기 때문에, 외부의 침입으로부터 보호되는 천혜의 요새였다. 장제스는 이후 7년간 이곳에서 전쟁을 지휘했다.

난징에서 충칭으로 정부를 이전하는 작업은 일사불란하게 진행되었다. 일본군의 끊임없는 폭격 속에 공무원, 의료진, 교사와 학생들을 비롯한 수십만 명의 사람들은 각자의 소중한 장비, 기기, 서류들을 침착하게 상자에 담은 다음 2,000여 킬로미터를 행군했다. 포장이 끝난 물품들은 꼭 필요한 경우 (귀한) 화물차에 실렸고 수레가 있으면 수레에 실리기도 했지만, 대부분은 인부들이 지고 날랐다. 기계들은 나무 굴림대를 놓고 사람이 끌어서 배에 실은 뒤에 양쯔 강 상류로 운반했다. 국립중앙대학교에서는 7톤 무게의 장비를 옮겨야 했는데, 기중기가 없었다. 학생들은 맨손으로 이 장비를 한 발짝 두 발짝 옮겨서 배에 실었다. 짐을 실은 배들은 위태로운 양쯔 강의 협곡을 지나야 했다. 양옆에 우뚝 선 절벽 때문에 물길이 좁아지면서 거세게 요동쳤고, 하늘조차 제대로 보이지 않았다. 물살은 강에 잠긴 바위에 부닥쳐 소용돌이를 이루면서 굽이치고 솟아올랐다. 몇몇 지점에서는 배를 끄는 인부들이 몸을 수그린 채 한쪽 어깨에 줄을 단단히 감아 걸고 초인적인 힘으로 배를 여울에서 끌어내야 했다. 힘을 모아 무게를 지탱하기 위해서, 인부들은 거친 목소리로 일제히 끙끙대며 같은 음으로 구호를 외쳤다.

이런 방식으로 국립중앙대학교는 옮길 수 있는 모든 소유물을 운반하는 데에 성공했다. 방대한 양의 도서관 자료도, 해부학 수업을 위한 20여구의 시신들도 여기에 포함되었다. 국립중앙대학교 산하의 농업대학은 보유하고 있던 동물을 종(種)마다 한 마리씩 배에 실어서 운반했고, 학생들은 이 배를 **노아의 방주**라고 불렀다. 나머지 가축들은 유목민들이 하는 것처럼 교직원들이 육로로 몰아서 이동시켰다. 이동은 1년이나 계속되었다. 네덜란드와 미국에서 들여온 귀중한 소떼가 특유의 느긋한 속도로 움직였고, 때로는 등에 대나무 우리를 지고 닭과 오리를 운반하는 일을 성내며 거부했기 때문이다. 고된 여정의 끝에 짐승들은 한 마리도 빠짐없이 충칭에 도착했고, 오히려 도중에 태어난 송아지 한 마리가 추가되었다.

1,000명이 넘는 학생과 교사들이 제각기 충칭에 도착하자, 안락한 숙소와 교실이 그들을 맞이했다. 모두 산의 절벽을 파서 만든 곳들이었다. 새로운 교정은 비행기를 타고 먼저 충칭에 도착한 공학 교수들의 감독 아래 1,800명의 인부들에 의해서 28일 만에 완공된 곳이었다.

전쟁 때문에 엄청난 격변과 궁핍에 맞닥뜨렸음에도 사람들은 의연하게 견뎠고, 항전하겠다는 장제스의 결정을 지지했다. 장제스는 조금도 동요하지 않았다. 어떻게 이길지 구체적인 계획은 없었지만, 그는 '적보다 더오래 버티기'를 자신의 전략으로 삼았다. 중국은 땅이 광활하고 길이 나지않은 산악 지대도 있기 때문에 일본이 중국 전체를 점령하는 일은 불가능한 반면, 장제스가 후퇴하여 버티고 있을 공간은 충분했다. 맹렬한 민족주의 정서가 그를 지탱했다. 그의 첫 번째 아내이자 장징궈의 어머니인 마오푸메이의 사망 역시 그를 격분하게 했다. 그녀는 1939년 12월 일본군의 폭격으로 사망했다.

장제스는 일본에서 군사학을 배웠으나, 일본에 대해서 유구하고 뿌리깊은 증오심을 품고 있었다. 1928년 5월, 그가 지휘하던 북벌군은 산동 성의 성도 지난에서 일본군에 의해서 가로막혔다. 몇 차례의 항의가 실패로 돌아간 후 그는 어쩔 수 없이 일본군의 요구 조건을 수용해야 했는데, 그 중에는 그가 직접 사과한다는 조건도 있었다. 요구를 받아들인 뒤에야 북 벌군은 다른 길로 돌아서 베이징으로 갈 수 있었다. 중국인들은 이를 장제 스가 일본에 굴복한 사건이라고 생각했다. 그때부터 장제스는 한평생 이어질 깊은 원한을 품게 되었다. 그 달부터 그는 매일 일기의 서두에 '설욕' 이라고 적는 범상치 않은 습관을 들였다. 그는 이것을 40년 넘게 매일 반복했다. 다시는 일본에 머리를 숙이지 않겠다는 다짐이었다.

이러한 비타협적인 자세 덕에 장제스는 항일 전쟁 시기에 엄청난 위신을 얻게 되었다. 거국적 단결의 기치 아래에 단결하여 일본과 싸울 수 있도록 모든 성들은 자체 병력의 지휘권을 그에게 넘겼다. 장제스가 명실공히 중 국을 통일하는 데에 가장 가까웠던 때가 바로 이 시기였다. 그의 통제 바깥에 있는 유일한 세력은 공산당군이었다. 공산당군은 별도의 지휘 체계를 유지했고, 장제스에게서는 명령을 받는 형식만 취했다. 이런 형식이 가능했던 것은 스탈린의 덕이었다. 스탈린은 전면적인 중일 전쟁이 발발하자마자 장제스와 조약을 맺었고, 문자 그대로 장제스의 유일한 무기 공급원이 되었다. 장제스가 수용한 또 하나의 양해 사항은 공산당군이 최전선에서 싸우지 않고 일본군 후방에서 게릴라전만 벌이는 것이었다. 이러한 특혜로 말미암아 중국공산당의 미래는 하늘과 땅만큼 달라졌다. 1945년 전쟁이 끝나자, 장제스에게 도전하는 다른 이들의 군대는 모두 일본군에 의해서 전멸된 상태였다. 그리하여 마오쩌둥은 총통의 유일한 경쟁자로 부상하게 되었다.

메이링은 두 달에 걸쳐서 북쪽에서 남쪽까지 전선을 순시한 뒤인 1938년 12월 장제스와 함께 충칭에 도착했다. 그녀는 진정한 전시의 퍼스트레이디로서 소임을 다했고, 산더미 같은 업무를 처리했다. 그녀는 기진맥진했지만 한껏 고무되어 있었다. 미국인 친구 에마 밀스에게 보내는 편지에서 그녀는 이렇게 외쳤다. "일이 정신없이 몰아치고 있어! 전쟁이 끝나고 나면 머리가 하얗게 세어버릴 것 같지만, 한 가지 위안은 있어. 지금 너무 열심히 일하고 있어서, 내가 두툼하고 부드러운 소파 쿠션처럼 되거나 엉덩이가 펑퍼짐해질 위험은 없다는 거야." 또다른 편지에서는 이렇게 말했다. "어찌나 바쁜지! 하지만 우리는 항전을 멈추지 않을 거야."

충칭은 살기 힘든 곳이었다. 이 도시는 후텁지근한 습기와 열기 때문에 '중국의 화로'로 유명했다. 양쯔 강에서 올라온 수증기가 산맥을 넘지 못하고 마치 숨통을 조이는 축축한 수건처럼 도시를 뒤덮었다. 긴 여름날이면 충칭은 압력솥 안에 있는 듯했다. 겨울에도 버티기 어렵기는 마찬가지였다. 겨울이면 도시에 짙은 안개가 드리우기 때문에 충칭에는 '안개의 도시'라는 별명도 있었다. 안개가 너무 심해서 가끔은 사람이 자신의 손을 보지 못할 정도였다. 도시를 돌아다니려면 수백 개의 가파른 돌계단을 힘겹게 오르내려야 했다. 여유가 있는 사람들은 가마꾼들이 매는 가마를 타고 다녔고, 인력거와 자동차는 충칭 시내의 비교적 새로 생긴 몇몇 길에서만 볼 수 있었다. 무엇이든 공급이 부족했고, 모든 기반 시설은 갑자기 도시로 몰려든 수백만 명의 초과 인구를 부담하느라 신음하고 있었다. 이질과 말라리아가 걷잡을 수 없이 확산되었다.

1939년 5월 일본은 충칭에 폭탄을 투하하기 시작했다. 안개가 걷힌 시기였다. 도시에는 절벽을 파내어 만든 원시적인 방공호뿐이었다. 통풍이 거의 되지 않아서, 공습이 장시간 이어질 때면 내부 공기가 오염되어 숨이 막혔다. 어느 밤 몇 시간 동안의 공습이 끝난 후, 사람들로 미어터질 듯한 동굴에서 수백 명이 뛰쳐나와서 신선한 공기를 마시고 있을 때였다. 갑자기

한 무리의 전투기가 몰려와서 저공비행을 하더니 무차별적으로 폭탄을 투하했다. 공황에 빠진 사람들은 다시 방공호로 몰려들었다. 이 과정에서 500명이 넘는 사람들이 목숨을 잃었다.

메이링은 극도로 습한 충칭의 날씨 때문에 더욱 악화된 피부 알레르기와 두드러기에 시달렸다. 방공호에 몇 시간 동안이나 앉아 있는 것은 고역이었다. "온몸이 욥(『성서』에 등장하는 인물로, 사탄의 시험을 받아 피부병에 걸렸다/옮긴이)의 부스럼처럼 가려운 물집투성이예요!" 그녀는 오빠 쑹쯔원에게 이렇게 편지를 보냈다.

그녀는 주변의 모든 것들이 참혹하게 고통받는 모습을 목격했다. 충칭은 빽빽이 들어찬 목조 건물들로 가득했고, 그중 몇몇은 절벽의 경사면에 댄 긴 막대로 지탱되고 있었다. 폭탄이 터질 때마다 거대한 화재가 일어나서 몇 시간 동안이나 맹렬히 타올랐다. 어느 날 공습이 끝난 뒤 메이링은 구조 작업이 어떻게 진행되고 있는지 보려고 바깥으로 나갔다. 도시의 대부분이 "거센 불길에 휩싸인 지옥"이었다고, 그녀는 에마에게 보내는 편지에 적었다. 도시에 공터가 거의 없어서 화염과 연기를 피할 곳이 마땅치 않았다. 사람들은 옛 성벽을 타고 오르려고 안간힘을 썼지만, 화마가 그들 중 다수를 삼켰다. 수천 명이 목숨을 잃었다. 불에 탄 시체들이 여전히 연기가 피어오르는 잔해 속에서 끌려나왔다. "친척과 친구를 찾는 이들이 아직까지도 미친 듯이 이곳저곳을 헤집고 다녀." "죽어가는 사람들과 다친 사람들의 울음과 비명이 밤새 울려퍼졌어.……악취가 점점 심해져서 그 인근에서는 살 수가 없어."

그녀 자신도 공습에서 간신히 살아남았다. 공습대피소에서, 그녀는 딴 생각을 떨쳐내기 위해서 벨기에 출신인 바이츠 신부에게 프랑스어를 배웠다. 하루의 대부분을 대피소에서 보낸 어느 날, 그녀는 그에게 말했다. "밖에 나가서 수업을 계속하죠." 몇 분 뒤에 다시 비상경보가 울렸고, 장제스는 그들에게 대피소로 돌아오라고 소리쳤다. 두 사람이 굴에 들어서던 찰나, 방금까지 그들이 앉았던 곳 옆으로 폭탄이 떨어졌다. 두 사람은 앞으로 떠밀려 얼굴을 바닥에 부딪혔고, 넘어진 몸 위로 돌무더기가 쌓였다. 그녀가 자리에 놓은 프랑스어 문법책은 유산탄 파편에 맞아서 조각이 났다.

퍼스트레이디 메이링은 보통 사람들과 같은 곳에서 지내게 되었고, 그들을 '우리 국민'이라고 지칭하기 시작했다. 겨울에 접어들자, 그녀는 이 계절이 얼마나 "집을 잃고 부상당한 우리 국민의 고통을 격화하는지" 생각했다. 그녀는 사람들의 의지에 감동했고 고무되었다. "우리 국민들이 주눅 들지 않는다는 것이 정말 대단해. 매번 공습이 끝나면, 살아남은 사람들은 공습 해제를 알리는 사이렌 소리가 잦아들자마자 불에 탄 자기 가게와 집으로 돌아와서 쓸 만한 것들을 추스르기 시작해. 며칠이 안 가서 건물이 있던 장소에 임시로 쌓아올린 판잣집과 가건물이 들어선단다." "우리 중국의 여성들은 너무나 멋져.……히스테리와 신경 쇠약에 빠진다고 해도 이상할 것 없는 상황이지만 그들은 버텼어. 내내 쾌활했고, 어려움에 굴하지 않았지……."

메이링은 에마에게 이렇게 적어 보냈다. "우리는 응당히 항전을 계속할 거야." 이 시기에 장제스의 명망이 높았던 것은 상당 부분 그의 옆을 지키는 아내의 용기 있는 모습 덕분이었다.

메이링은 '항공 위원회 비서장'이라는 거창한 직함을 달고 있었다. 1930년대 중반 중화민국 공군의 건설에 일조한 바가 있었기 때문이다. 1937년 클레어 셔놀트 대위를 발탁해서 중국으로 초빙한 사람이 바로 그녀였다. 셔놀트 대위는 이후 100여 명의 미국인 조종사들로 구성된 공군 의용 대대,

별칭 '플라잉 타이거즈(Flying Tigers)'를 창설했다. 이들은 수백 대의 일본 군 전투기를 격파했다. 셔놀트는 반짝이는 기지와 과감한 태도를 지닌 뛰어난 전투기 조종사였다. 그의 재능이 전설처럼 회자되기 시작한 것은 그가 1920년대 초에 텍사스 주의 엘패소 부근에서 곡예비행을 선보인 이후였다. 포트 블리스 기지에 공군 기동 훈련을 참관하려는 군중이 운집해 있었는데, 긴 드레스를 입은 노인 한 명이 비틀비틀 비행장으로 걸어나왔다. 그녀가 머리에 두른 밝은 색 스카프가 바람에 펄럭였다. 이어서 80세의 모리스 할머니가 비행기에 타보기를 간절히 원해서, 공군이 그 소원을 들어주기로 했다는 발표가 확성기에서 흘러나왔다. 군중은 환호했다. 바깥에 서 있던 조종사가 모리스 할머니를 들어 조종석에 앉히고는, 안전벨트를 매준 다음 비행기의 시동을 걸었다. 할머니가 군중에게 손을 흔들었다. 조종사가 조종석에 탑승하려고 하던 바로 그때, 비행기가 급발진하면서 조종사를 땅바닥으로 내동댕이쳤다. 공포에 질린 군중은 모리스 할머니에게 비행기에서 빠져나오라고 소리쳤다. 그러나 비행기는 지상 주행을 시작했고, 이내 휘청거리며 날아올라 건물 옥상을 가까스로 비껴갔다. 공중에서 비행기는 솟아올랐다가 아래로 뚝 떨어졌다가 맹렬히 회전했고, 결국에는 지상으로 곤두박질쳤다. 군중은 비명과 고함을 내질렀다. 비행기는 비행장을 스쳤다가 다시 날아올라서 공중에서 원을 그렸고, 이후 땅바닥을 향해서 급강하했다. 그러나 이번 착륙은 완벽했다. 조종석 밖으로 모리스 할머니가 폴짝 뛰어나왔다. 가발과 스카프, 드레스를 벗자 군복을 입고 만면에 웃음을 띤 셔놀트 대위의 모습이 드러났다.

개방형 조종석에서 거센 바람을 많이 맞은 탓인지, 셔놀트 대위의 얼굴은 몹시 험상궂었다. 윈스턴 처칠은 셔놀트 대위를 두고 이렇게 중얼거렸다고 한다. "세상에, 그런 얼굴이라니. 그가 우리 편이라서 다행일세." 셔놀트는 분명 메이링의 편이었다. "그녀는 언제나 내 마음속의 공주님일 것"이라고 그는 일기에 적었다. "마담 장제스는 늘 적군의 주요 표적이었지만, 죽음을 무릅쓰고 계속해서 비행장을 방문하여 중국인 조종사들을 격려했다. 그녀는 그들에게 책임감을 느꼈다. 그녀가 한 일은 남자들도 버티기 어려운 과업이었다. 출정하여 점점 희박해지는 가능성에 맞서야 하는 이들의 암울하고 절망적인 태도, 신경을 곤두서게 하는 오랜 기다림, 그리고 전투의 흔적을 뒤집어쓴 채 여기저기 그을린 피투성이 생존자들의 귀환을 마주하는 일 말이다. 이런 광경은 늘 그녀를 불안하게 했지만, 그녀는 뜨거운 차를 준비시키고 전투 이야기에 귀를 기울이며 끝까지 버텼다."

미국인 조종사들 역시 그녀에게 감탄했다. 그중 한 명인 세비 비그스 스미스는 유독 험악했던 공중전이 끝나고 비행장으로 향했던 날을 이렇게 회고했다.

피해 상황을 점검하려고 비행장으로 가는데, 자동차에서 내리기 전 마담 장제스가 심각한 손상을 입은 전투기 옆을 서성이는 것을 발견했다. 그녀가 우리보다 앞서 비행장에 도착했던 것이다. 다시 말해두는데, 그녀는 정말 용감한 여성이었다. 전쟁 중에 그녀는 언제나 위험을 두려워하지 않고 과감하게 행동했다. 마치 그녀 자신도 군인인 것처럼 말이다. 공습이 끝날 때마다 그녀는 비행장으로 달려와서 귀환하는 병사들을 한 사람 한 사람 맞이했고, 한사코 그들이 마실 커피를 준비했다. 그녀는 승산이 희박한 상황에 맞서서 교대해줄 사람도 없이, 매일 아침 비행장으로 나설 때마다 이번이 마지막 비행이 될 수도 있다는 사실을 마음에 새기고 출정하는 이 용감한 장병들의 편의를 최대한으로 보장해주기 위해서 자신이 할 수 있는 일을 하려고 애썼다.

도널드는 메이링과 한 몸이 되어 일했다. 두 사람은 중화민국 정부의 항공기 및 항공 장비 구입에 과도한 '중개료'가 있었음을 함께 밝혀냈다. 중개자는 A. L. 패터슨이라는 미국인이었다. 주중 미국 대사 넬슨 T. 존슨은 휘하 직원 한 명과 대화를 나눈 뒤에 보고서에 이렇게 기록했다. "가넷 맬리 중령은……패터슨이 중화민국 정부에 매각하는 미국제 항공기의 가격을 두 배, 경우에 따라서는 세 배로 올렸다는 확실한 정보를 입수했다." 가격이 "정가의 네 배"인 경우도 있었다. 메이링은 경악했고, "진상을 철저히 조사하라"고 지시했다. 그러나 얼마 지나지 않아서 아이링이 이 사건에 연루되었다는 사실이 드러났다. "쿵샹시 부인을 대리하여 항공기 구매 건에서 '중개료'를 거둔 '사령관 자오씨'라는 자가 몇 번 언급되었다"고 존슨 대사는 메모에 적었다.

1938년 1월 중순, 메이링은 홍콩으로 향했다. 일전의 교통사고로 인한 부상을 치료하려는 목적이 컸지만, 언니에게 할 말이 있어서이기도 했다. 아이링은 대부분의 시간을 홍콩에서 지내면서, 남중국해를 굽어보는 절벽 위의 자택에서 다양한 사업을 주관했다. 집집마다 계단식 정원과 빈틈없이 관리되는 테니스 코트가 있는 부유한 동네였다. 아이링은 자주 브리지 게임을 하며 저녁 시간을 보냈다. 메이링은 계획한 것보다 언니의 집에 오래 머물렀다. 그녀는 아이링이 넘어져서 다쳤다고 남편에게 전보를 보냈다. 그리고 얼마 후에는 그녀 자신도 병으로 앓아누웠다. 장제스는 염려의 말을 전하면서, 메이링에게 "그 항공 위원회 건은 걱정하지 말라"고 특히 당부했다. 그러나 2월 중순이 되자 그는 두 건의 긴급 전보를 보냈다. "몸이 회복되길 바라오", "항공 위원회를 다시 조직하고 있소. 중요. 부디 즉각 돌아오시오."

홍콩에 오래 머무는 동안, 메이링은 맏언니에게 설득되었다. 아이링은 자신의 중개료 장사가 전쟁의 결과에는 아무런 영향도 미치지 않을 테지만, 메이링 부부의 개인적, 정치적 생활을 위해서는 지극히 중요하다고 주장했다. 자신은 장제스에게 필요한 정치 자금을 조달하고 동생의 편안한 생활을 뒷받침해야 하며, 특히 이들 부부가 곤경에 처할 때를 대비해야 한다는 것이 그녀의 말이었다. 그녀는 가족 모두의 미래를 책임지고 보살펴야 했다. 전쟁이 지속되고 시간이 지나면서, 메이링은 언니의 논리를 이해하게 되었다. 당장은 완전히 납득하지는 못했지만, 그녀는 맏언니의 권위에 뜻을 굽혔다. 임시 수도로 돌아온 이후 메이링은 항공 위원회 비서장직에서 물러났다. 그녀의 남편은 중개료 사건의 수사를 중단시켰다.

아이링은 이미 중일 전쟁을 이용해서 자신의 잇속을 채우는 사람으로 정평이 나 있었다. 중화민국의 곳간 열쇠를 쥔 쿵샹시가 내리는 재정 분야의 중요한 결정이 실은 그의 아내 아이링의 머리에서 나오는 것이라고 모두가 입을 모았다. 훗날 쿵샹시가 뉴욕 컬럼비아 대학교의 구술사 프로젝트에서 털어놓은 바에 따르면, 중화민국의 진짜 예산안(그는 '비밀 예산안'이라고 칭했다)은 자신과 장제스, 두 사람이 결정했다. "비밀 예산안에 필요한 서명은 두 개뿐이었지." 이 지위 덕분에 쿵샹시 부부는 경제적으로 굉장히 유리한 위치에 서게 되었다. 1935년 쿵샹시는 법폐(法幣)를 발행하여 중화민국의 통화 체제를 개혁했다. 2년 후에 전쟁이 개시되자 그는 인플레이션이 발생하리라고 확신했다. 국민들의 자산 가치가 급락하는 와중에, 쿵샹시 가족은 가지고 있던 법폐를 전부 금으로 바꾸어서 자신들의 재산을 온전히 지켜냈다. 또한 정부가 무기를 구입하는 데에 거액의 돈을 쏟아붓게 된 전쟁 중에는 막대한 뇌물을 챙기기도 했다. 쿵샹시는 정부의 물품 구입을 관장하는 중앙신탁국(中央信託局)의 상무 이사로 자신의 아들 쿵링칸을 임명했는데, 당시 쿵링칸은 스물을 갓 넘긴 대학 졸업생이었다. 중국군이 지출하는 돈의 대부분은 중국 통화인데 반해서 군수품은 외국 통화로 구입해야 했기 때문에 거래에는 환전이 수반되었고, 이 과정에서 쿵링칸은 거액의 차익을 남겼다. 이에 더해서 청년 쿵링칸은 양쯔 무역공사(揚子貿易公司)라는 사업체도 세웠다. 서양 주요 제조사들의 중국 내 대리인 역할을 하는 회사였다. 1941년 미국이 제2차 세계대전에 참전하면서 미국측 보급품이 흘러들어오기 시작하자, 쿵샹시 가족과 그 측근들은 중개인을 자처하여 큰 이익을 챙겼다. 심지어 중화민국 지폐도 쿵샹시 일가가 수수료를 벌어들이는 수단이었다. 쿵샹시가 이끄는 재무부가 지폐를 인쇄할 외국 회사들을 지명하는 권한을 가지고 있었기 때문이었다.

미국인 기자 존 건서는 1939년에 아이링을 이렇게 묘사했다. "그녀는 일류 금융 전문가이며, 사업을 경영하고 조작하는 일을 더없는 기쁨으로 여긴다. 쑹씨 일가의 부가 막대하게 불어나는 것은 대개 그녀의 기민함과 금전적 수완 덕분이다." "'중개료'가 끼치는 해악을 성토하는 이들이 많다. 공직 사회의 부패를 뿌리 뽑으려는 시도들은 때때로 석연치 않은 이유로 중단되어왔다. 쿵샹시 가족은 장 위원장에게 몹시 중요한 존재이며, 그들도 이를 알고 있다. 장 위원장도 마찬가지이다.……그들이 중국의 국가 재정을 좌우한다."

이런 서술들에 기분이 언짢아진 아이링은 그녀의 전기를 쓰고 싶다는 작가이자 기자 에밀리 한의 요청을 받아들였다. 세간의 주목을 받기 싫어하는 성격에도 불구하고 자신의 오명을 씻고자 시도한 것이었다(건서에 대해서 이야기할 때에 "마담 쿵샹시의 목소리가 떨렸다"고 한은 언급했다). 아이링은 한에게 자신이 전쟁에 기여한 바를 설명했다. 중국군을 위해서 구급차 3대와 군용 화물차 37대를 구입했고, 따로 화물차 20대를 항공 위원회에 기증했으며(메이링이 비서장이었을 때였다), 조종사들을 위해서 가죽 외투 500벌의 값을 지불했다. 사비를 들여 리도 카바레를 병상 300개를 갖춘 야전 병원으로 개조했고, 100개 병상이 있는 어린이 전문 병원을 설립했다. 그밖에 다른 자선 활동들도 있었다. 그러나 이 모두가 그녀가 '중개료'를 통해서 얻은 부와는 비교할 수 없었다. 궁극적으로 쿵샹시 가족이 축적한 재산은 1억 달러, 혹은 그 이상이었다고 추정된다.

사람들은 세부적인 내용까지는 몰라도, 권력의 중심에서 엄청난 부패 행위가 이루어지고 있다는 사실은 알았다. '국난을 이용해서 재산을 축적한다(發國難財)'라는 신조어까지 생길 정도였다. 쿵샹시 가족은 끊임없이 언론, 대중, 국민당 고위층, 그리고 미국 정부의 비난을 받았다. 그러나 장제스는 동서 쿵샹시를 계속 자신의 '재정 부문 차르'로 두었고, 어떠한 조치도 취하기를 거부했다. 쿵샹시는 중화민국의 재정이 사실상 모든 경제적 기반으로부터 단절된 상태에서도 극심한 전쟁의 압박을 버티는 데에 크게 기여했다. 그는 "전쟁을 지속하면서 통화 유통을 유지하는 기적을 이루어냈다"고 자평했는데, 이는 타당한 말이었다.

쿵샹시가 회고담에서 밝힌 바에 따르면, 그의 주된 비결은 "토지세를 지방세가 아닌 국세로 만든 것"이었다. 그 결과 "토지세 수입이 중앙 정부 지출의 50퍼센트 이상을 충당했다." 쿵샹시가 전통적으로 지방 정부의 몫이던 수입을 빼앗아서 자신의 가족들이 마음대로 할 수 있는 중앙 정부의 국고로 돌려놓자, 많은 성의 지도자들이 장제스 정권을 원수처럼 여겼다. 쿵샹시는 그들의 항의를 가볍게 일축했다. "물론 몇몇 성들은 다른 데보다 다루기 어려웠지. 그들의 사리사욕 또는 단순한 무지 때문이었다네." 그러나 실제로는 앙심을 품은 많은 적들이 훗날 비밀리에 공산당을 도왔고, 결국 장제스를 끌어내렸다.

장제스에게 쿵샹시는 충직하고 고분고분한 종복이자, 손쉽게 내세울 수 있는 총알받이이기도 했다. 부패 행위에 대한 분노가 쿵샹시 가족에게 집중되면서, 장제스는 엄격하고 검소한 군인이라는 평판을 유지할 수 있었다. 그러나 사실 쿵샹시 가족이 챙긴 돈은 장제스 부부의 소유나 마찬가지였다. 맏언니 아이링은 동생의 안락한 생활에 특히 신경을 썼다. 퍼스트레이디 메이링은 죽음은 두려워하지 않았지만 불편은 참지 못했다. 그녀는 화려한 생활에 중독되어 있었다. 전쟁 초반의 몇 년은 그럭저럭 참아냈지만, 궁핍한 상황은 그녀의 인내심을 한계까지 시험했다. 그녀는 기회만 생기면 홍콩과 미국의 호화로운 생활로 도피했고, 한 번에 몇 달씩 머물렀다. 메이링의 여행에는 막대한 돈이 들었다. 뉴욕의 장로교 병원에 몇 달이나 머물면서 휘하 고용인들용으로 한 층을 통째로 쓴 적도 있었다. 중화민국 정부가 그녀의 모든 비용을 감당하기는 불가능했고, 아이링이 상당 부분 값을 치러주었다. 여생 동안 메이링은 계속해서 언니에게 경제적으로 의지했다. 훗날 장제스 사후에도 30년 가까이 더 삶을 이어간 그녀는 뉴욕에 거주했고 호사스러울 정도로 많은 지원을 받았는데, 그중 일부는 쿵샹시 가족이 보탠 것이었다.

메이링은 맏언니에게 고마워했고 늘 열과 성을 다하여 그녀를 두둔했다. 메이링과 가까운 사이였던 윌리엄 도널드는 언젠가 한 기독교 대학교의 총장으로부터 전화를 받은 적이 있었다. "누군가는 쑹씨들과 장씨들에게 허튼수작을 그만두라고 해야 합니다. 그들 가족 몇몇이 외환 시장에서 돈을 닥치는 대로 쓸어 담고 있어요. 주여, 그자들은 체면이란 게 없는 건지!" 도널드는 퍼스트레이디와 대화를 해야겠다고 마음먹었다. 1940년 어느 날, 그는 다정하게 팔짱을 끼고 그녀를 정원으로 안내한 다음, 쿵샹시 가족에 대해서 조치를 취해달라고 부탁했다. 메이링은 불같이 화를 내며 똑똑히 일렀다. "도널드, 당신이 중국 정부를 비판해도 좋고, 중국에 관한 무엇이든 비판해도 좋아요. 하지만 아무리 당신이라도 건드리면 안 되는 사람들이 있어요!" 이 일로 인해서 도널드는 장제스 부부를 떠나기로 결심했다. 그렇게 그는 지난 37년간 거주하며 봉사해온 나라에 작별을 고했다.

메이링은 맏언니 가족과 각별히 유대가 깊었다. 아이링의 집이 곧 메이링의 집이었다. 메이링은 장제스와 함께할 때보다 맏언니의 집에서 더 편안함을 느꼈다. 특이하게도, 아이링은 자녀들이 최대한 메이링과 가까운 사이가 되도록, 심지어 어머니인 자신보다 이모를 더 친밀하게 여기도록 양육했다. 그중 두 명, 쿵링칸과 쿵링쥔은 메이링이 낳을 수 없었던 친자식이나 마찬가지였다. 두 사람은 메이링을 '니앙(어머니)'이라고 불렀고, 아무리 사소한 부분이라도 놓치지 않고 빈틈없이 그녀의 편의를 돌보았다. 그녀를 향한 그들의 헌신은 유난했다. 두 사람 다 결혼하지 않았고, 메이링을 중심으로 생활했다. 아이링은 메이링에게 가족을 선물했고, 아이가 없어서 충족되지 못할 뻔한 마음의 빈 곳을 채워주었다(칭링이 반평생 채우지 못해서 괴로워했던 그 빈 곳이었다).

아이링의 딸 쿵링쥔은 메이링의 살림을 돌보았고, 고용인들은 그녀를 '지배인님'이라고 불렀다. 그들은 자신들을 무뚝뚝하고 고압적으로 대하는 쿵링쥔을 싫어했다. 메이링은 예의범절을 중시하는 사람이었지만 조카의 무례함은 보지 못한 척했고, 더 심한 행동거지도 눈을 감아주었다. 충칭에 정전이 일어났던 어느 밤, 쿵링쥔은 부모의 별장으로 차를 몰고 있었다. 규정에 따라서 모든 차들이 저속 운전을 해야 했지만, 쿵링쥔은 속도를 냈다. 교통경찰이 차도로 나와서 저지하려고 하자, 그녀는 정확히 그를 향해서 가속 페달을 밟으면서 "꺼져!"라고 욕설을 내뱉었다. 자동차는 교

1945−1946년 중일 전쟁 승전 이후 베이징 톈안먼에 걸린 장제스의 초상

1945년 9월 5일 뉴욕에서 충칭으로 돌아온 메이링(가운데, 꽃무늬 원피스). 장제스는 마오쩌둥과 평화 협상을 진행하고 있었기 때문에 공항에는 칭링(사진상으로 메이링의 오른쪽)이 마중을 나왔다. 쿵샹시는 칭링의 옆에, 그의 딸 쿵링쥔은 메이링의 옆에 서 있다.

세 자매(왼쪽부터 칭링, 아이링, 메이링). 제2차 세계대전 시기에 충칭의 아이링 집에서 촬영한 사진인 듯하다. 얼마 지나지 않아 자매들은 국공 내전으로 인해서 갈라선 뒤 다시는 서로 만나지 않는다.

1946년 난징에서 장제스의 생일을 축하하는 그의 가족(뒷배경의 커다란 수[壽] 자는 장수를 의미한다). 장제스와 메이링은 의자에 앉아 있다. 장제스의 두 아들이 그들 뒤에 서 있다. 왼쪽이 장징궈, 오른쪽이 장웨이궈이다. 그 사이에 선 사람은 장징궈의 아내 파이나 바흐레바이다. 장징궈 부부는 그가 스탈린의 인질로 소련에 붙잡혀 있을 때에 만나서 결혼했다. 부부의 세 자녀도 사진에 함께했다. 아직 갓난아이인 셋째는 메이링의 무릎에 앉아 있다(장징궈 부부의 막내 장샤오융은 2년 뒤 태어났다).

의기소침해진 장제스가 1949년 중국 본토를 떠나기 전 마지막으로 고향의 사당을 방문하고 있다. 앞
줄에 모자를 쓴 사람은 그의 아들이자 후계자인 장징궈이다. 메이링은 장제스가 본토에서 마지막 나
날을 보내던 시기에 뉴욕에 머물렀고, 그의 곁에 있지 않았다.

1956년 타이완에서. 맏언니 아이링이 장제스의 생일 축하 만찬에 귀빈으로 참석했다.

1959년 뉴욕에서 귀국하는 메이링을 타이베이 공항에서 맞이한 장제스. 부부의 표정이 무척 밝다. 마오쩌둥의 무력시위 결과 미국이 타이완 방어에 더욱 힘을 쏟게 되었기 때문이다.

칭링은 중화인민공화국의 부주석이 되었다. 위의 사진은 그녀가 1957년 마오쩌둥의 소련 방문 대표단 부단장으로서 모스크바를 방문했을 때에 촬영된 것이다. 마오쩌둥 사후 최고 지도자가 되는 덩샤오핑은 맨 왼쪽에 앉아 있다.

1965년 10월, 마오쩌둥과 함께 톈안먼에 올라선 칭링. 오른쪽부터 마오쩌둥, 모니크 왕자비(캄보디아 노로돔 시아누크 왕자의 아내), 칭링, 총리 저우언라이.

▲ 톈안먼 광장에서 열린 마오쩌둥의 추도식에 참석한 칭링(오른쪽에서 일곱 번째, 가장 키가 작은 사람).
1976년 9월 9일 사망한 마오쩌둥의 추도식은 9월 18일에 열렸고, 사인방(장칭 등 마오쩌둥의 측근 네 명)
도 참석했다. 얼마 지나지 않아서 이 사진이 간행될 무렵 사인방은 체포되었고, 사진에는 사인방이 삭
제되어 눈에 띄게 빈 자리가 생겼다.

▶ 1970년대 베이징의 자택에서 수양딸 수융칭(맨 왼쪽)과 함
께 손님들을 접대하는 칭링.

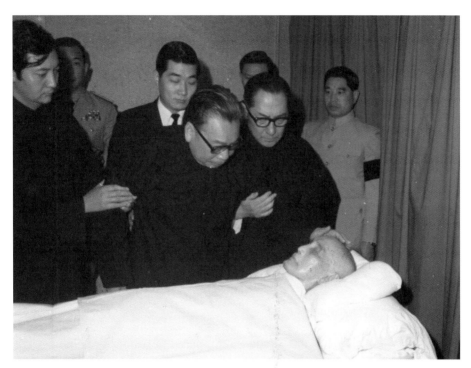

세상을 떠난 아버지 장제스의 이마를 쓰다듬는 장징궈. 1975년 타이완에서. 장징궈는 곧 아버지의 유산인 독재 정치에 마침표를 찍고 타이완을 민주주의로 이끈다.

장징궈와 그의 아내 파이나 바흐례바. 장징궈는 스탈린의 인질로 소련에 붙잡혀 있을 때에 기술공이었던 그녀와 처음 만났다.

통경찰 옆을 스치듯 지나갔고, 도로에는 피가 낭자해졌다. 쿵링쥔의 보좌관이 차에서 내려서 경찰이 병원으로 이송되도록 처리하는 동안, 그녀는 태연자약한 모습으로 차 안에 머물렀다.

(쿵링쥔은 못 말리게 고집이 셌다. 레즈비언이었던 그녀는 항상 과시하듯 남자들의 머리모양과 옷차림을 하여 반항적으로 자신의 성 정체성을 드러냈다. 여자가 남장을 하고 다니는 것은 당시로서는 극히 드문 일이었다. 남성용 청삼[靑衫]을 입고 흰색 안감이 보이도록 소매를 걷어 올리거나 양복을 입고서 남성용 모자를 비스듬히 쓴 그녀는 꼭 젊은 사내처럼 보였다. 이모와 함께 워싱턴을 공식 방문했을 때에도 그녀는 조금도 모습을 바꾸지 않았기 때문에, 루스벨트 대통령이 그녀에게 "이보게 청년[my boy]"라고 칭하는 일도 있었다. 최소한 두 명의 여성이 그녀와 동거했다고 알려져 있다. 다만 쿵링쥔은 애인들을 이모에게 소개하지 않았고, 메이링은 모르는 척하며 그 화제를 입에 올리지 않았다.)

쿵링칸은 쿵샹시 가족을 둘러싼 여러 부패 혐의의 중심에 있었다. 그러나 그를 향한 대중의 분노는 돈 문제에서 멈추지 않았다. 상류층 자제들 대부분이 그러했듯이, 쿵링칸과 남동생 쿵링제는 모두 중일 전쟁 내내 전방에 나가 싸우지 않았다. 부유하고 유력한 사람들이 전쟁에 목숨을 내놓기를 거부한다는 사실은 끊임없는 혐오와 분노를 불러일으켰다. 어느 날 한 만찬 자리에서 전쟁의 부담을 지고 있는 '민중'을 위해서 건배하자는 제안이 나왔다. 그 자리에 있었던 미국 대사 존슨이 느끼기에 만찬장의 전반적인 분위기는 "민중의 고혈을 마지막까지 짜내어 싸우자"는 것이었고, "그 와중에도 쑹씨 일가는 돈 벌 궁리에 혈안이 되어 있었는데, 가끔은 정말로 보기 역겨웠다." 홍콩의 많은 외국인들은 구호 기금 기부를 요청받으면 이렇게 대꾸하고는 했다. "수영장이나 영화관에 보이는 저 많은 젊은이들은 왜 자신의 조국을 위해서 일하지 않나요?" 루스벨트 대통령의 특사 라우클린 커리가 중화민국 정부에 쿵씨 자녀들을 두고 불평을 한 적도 있었다.

쿵링제는 샌드허스트 육군 사관학교를 졸업했고 영국군 대위로 복무했다. 영국과 나치 독일이 전쟁 중일 때, 그는 최전선에 투입될 뻔했다. 그러나 쿵샹시가 중국 대사에게 전보를 보내서 그가 영국 정부에 탄원하도록 했다. 쿵샹시의 회상에 따르면 "나는 대사에게 내 아들의 안전이 아니라 그의 아래에 있는 700명의 병사들이 염려된다고 했네. 내 아들은 아직 어렸거든. 그 아이가 병사 700명을 지휘해야 한다는 사실이 마음에 걸렸어. 그에게 다른 업무를 주는 편이 좋겠다고 일렀지.……나중에 쿵링제는 영국에서 병사들을 훈련시키는 업무에 배정되었네."

아이링의 자녀들 가운데 사람들에게서 가장 호감을 얻은 이는 그녀의 첫째 아이 쿵링이였다. 조용하고 온화한 여성으로 성장한 쿵링이는 한 남자와 사랑에 빠졌다. 아이링은 그 남자의 아버지가 댄스홀 오케스트라에서 일하는 '미천한' 지휘자라는 이유로 둘의 교제를 반대했다. 젊은 남녀는 미국으로 떠나서 그곳에서 결혼했다. 뒤늦게나마 아이링은 그들의 결혼을 인정하고, 쿵링이의 '혼수'로 굉장한 양의 사치품들을 항공 화물로 보냈다. 그 비행기가 추락하여 호화로운 혼수품이 발각되자, 진작부터 그녀가 전쟁 중에 사치와 부패를 일삼는다고 여기던 대중은 다시금 그녀에게 분노를 쏟아냈다.

세월이 흐름에 따라서 아이링은 자신의 걸출한 여동생들, 특히 막냇동생 메이링을 보살피고 지원하는 일이 자신의 사명이라는 신념을 가지게 되었다. 그녀는 그것이 하느님이 자신에게 원하신 일이라고 믿었다. 그리고 부를 쌓는 것은 그 역할을 수행하기 위한 그녀의 방식이었다. 이러한 신념하에 아이링은 목적의식을 가지고 막대한 부를 축적했고, 줄기차게 쏟아지는 비난에도 아랑곳하지 않았다. 훗날 장제스 정권이 중국 본토에서 무너지기 직전에, 아이링은 병이 들었고 자신의 죽음이 임박했다고 생각했다. 그녀는 하느님을 위해서 자신이 할 일이 이 땅에 더 이상 남아 있지 않았기 때문에 신께서 그녀를 곁으로 부르시는 것이라고 생각했다. 평온한 마음으로 그녀는 죽음을 맞이할 준비를 마쳤다.

16

칭링의 울분

1941년 일본에 점령되기 전까지 영국의 식민지 홍콩은 중국에 머무르고 싶지 않은, 그리고 빠져나갈 재력이 있는 사람들이 선호하는 행선지였다. 장제스의 전시 수도 충칭에 사는 것을 몹시 꺼린 칭링은 상하이에서 대피한 이후 홍콩을 자신의 거처로 삼았다. 중국이 잔혹한 전쟁을 겪고 있는 상황에서 조국을 떠나 안전하고 안락한 곳을 찾아간 마담 쑨원의 결정에 많은 이들이 눈살을 찌푸렸다. 국부의 뜻을 계승한 그의 부인이 포탄을 두려워하지 않는 여장부이기를 기대하는 사람들이 많았다. 일본 언론도 그녀를 비웃었다. 그러나 칭링의 마음은 더할 나위 없이 평온했다. 그녀에게 중요한 것은 장제스와 같은 도시에서 살지 않는 것이었다.

장제스를 향한 칭링의 원한과 증오는 시간이 지나도 사그라들지 않았다. 1937년 전쟁이 발발하자 애국심의 발로로, 그리고 소련이 장제스에게 협력하라는 단호한 지시를 내렸기 때문에 한동안 매부를 호의적으로 대하기도 했지만, 그녀의 칭찬에는 언제나 가시가 돋쳐 있었다. "장제스 장군이 더 이상 내전을 하지 않는 것은 축하할 만한 일입니다." 칭링을 아는 사람들은 장제스를 향한 그녀의 반감이 사라지지 않았음을 감지했다.

홍콩에서 칭링은 자기 나름의 전쟁 구호 업무로 바빴다. 그녀는 보위중국동맹(保衛中國同盟)을 설립하여 중국공산당을 대중에게 알렸고, 공산당을 위해서 자금을 모았으며, 물자를 구입하여 공산당 기지로 수송시켰다. 보위중국동맹은 작은 조직이었다. 인력 대부분이 자원봉사자들이었고, 두세 명에 불과한 유급 직원들의 임금은 최저 생활비 수준이었다. 동맹이 물질적인 면에서 전쟁에 기여한 바는 미미했지만, 어쨌든 이 조직은 칭링 자신의 조직이었다. 칭링은 모든 세부 사항을 직접 살폈고, 액수의 많고 적음과 관계없이 모든 기부금 인수증에 직접 서명했으며, 기부자들에게 개인적으로 감사 편지를 보냈다. 그녀는 자신의 소박한 조직에 만족했다. 미국 공사관의 보좌관 신분으로 중국에 파견되어 있던 에번스 칼슨 소령은 그녀의 이러한 모습을 인상 깊게 보았고, 그녀가 "마음의 평정을 지니고 있으며, 스스로를 온전히 믿으면서도 이기주의에 빠지지 않았다"고 적었다. 실제로 칭링은 권력을 탐하지 않았고, 자신이 가진 능력의 한계를 착각하지도 않았다.

칭링은 동맹 내에 동지애가 싹트는 분위기를 조성했다. 자원봉사자들 중 한 명으로 칭링의 평생 친구가 되어 훗날 그녀의 전기를 쓰기도 한 이스라엘 엡스타인은 자신의 경험을 이렇게 묘사했다. "그녀는 지위가 높든 낮든 동료들을 따뜻하고 민주적으로 대했으며, 모든 이들이 평등하고 편안하다고 느끼게 했다. 홍콩 시모어 가 21번지의 비좁은 본부 사무실에서 열리는 동맹의 주간 회의는 서류가 산더미처럼 쌓인 책상들 사이에서, 때로는 분류해야 하는 물자들이 바닥에 뭉텅이로 놓인 가운데서 열렸고, 격식 없이 친밀한 분위기 속에서 진행되었다. 우리 모두는 국적도, 지위도, 나이도 서로 달랐다. 나는 스물세 살로 가장 어렸다. 쑹칭링은 조직의 수장이었지만 단 한 번도 설교하지 않았다."

동료들은 칭링의 유머 감각을 좋아했다. 하루는 나중에 처칠 총리의 전시 내각에 합류하게 되는 영국의 정치인 스태퍼드 크립스 경이 홍콩에 왔으며, 칭링을 만나보고 싶어한다는 소식이 전해졌다. 칭링은 그를 자택의 저녁 식사에 초대했다. 조촐한 정찬이 차려졌다. 귀빈이 도착하기로 한 시각 직전에, 칭링은 그가 채식주의자라는 사실을 알게 되었다. 요리사는 식사를 처음부터 다시 준비해야 했다. 조금 후 크립스 경이 익힌 음식을 먹지 않는 생채식주의자라는 정보가 추가로 날아들었다. 이 말을 듣자 칭링은 두 손을 치켜들고 소리쳤다. "그 사람을 내보내서 정원에서 풀이나 뜯게 하는 수밖에 없겠어!"

1940년 2월, 비강 건강 문제가 심각해진 메이링이 지짐술 치료를 받기 위해서 홍콩으로 날아왔다. 그녀는 바다를 굽어보는 아이링의 저택에서 아이링과 함께 머물렀다. 동생의 아픈 모습에 마음이 약해진 칭링도 저택으로 들어왔고, 한 달이 넘는 기간 동안 세 자매는 실로 오랫만에 매일을 함께 보냈다. 전시의 통일 전선 덕분에 세 자매는 정치적 견해 차이를 잠시 제쳐두고 서로를 향한 애정을 마음껏 드러낼 수 있었다.

칭링은 과거에 아이링의 치부(致富) 방식을 비판했고, 기자 에드거 스노에게 이렇게 말했었다. "아주 똑똑해요, 아이링 언니는. 절대 도박을 걸지 않죠. 언니는……정부의 재정 정책 변화에 관해서……사전에 정보를 입수했을 때에만 사고판답니다.……미국은 부자를 배출할 수 있을지 몰라도 중국은 아니에요. 여기서 큰돈을 벌려면 부정하고 불법적인 방법을 써야 하고, 군사력을 등에 업은 정치권력을 남용하는 수밖에 없습니다." 그러나 지금 칭링은 맏언니가 아낌없이 퍼붓는 애정을 만끽하고 있었기 때문에 그녀를 비난하지 않기로 했다. 그녀는 메이링도 좋게 평가했다. 이 시기에 홍콩에 머무르고 있던 에드거 스노는 칭링이 메이링의 결혼에 대해서 "다소 마음을 돌렸다"는 사실을 알아챘다. 이전에 그녀는 스노에게 둘의 결혼이 "양쪽 다 기회주의적으로 행동한 것이며, 사랑은 조금도 없다"고 했었다. 이제 그녀는 이렇게 말했다. "처음에는 사랑이 아니었지만, 지금은 사랑인 것 같군요. 메이링은 장제스를 진심으로 사랑하고, 그도 마찬가지예요. 메이링이 없었다면 그는 지금보다 더 심각했을지도 모릅니다."

그 달의 어느 밤, 세 자매는 시내에서 가장 인기 있는 무도회장으로 놀러나갔다. 저녁 만찬을 즐기며 춤을 출 수 있는 홍콩 호텔의 레스토랑이었다. 자매들이 이런 일을 단행한 것은 아마 이때가 평생 처음이자 마지막이었을 것이다. 무도회장 같은 곳은 그들이 가기에 적절하지 않다고 여겨졌다. 마치 왕족들처럼, 쑹씨 세 자매가 남들과 어울리는 자리는 공식 행사나 비공개 파티로 국한되었다. 그러나 이날 저녁, 멋진 치파오를 차려입은 세 자매는 레스토랑 벽을 등지고 앉아서 화려하거나 요상한 홍콩인들이 미끄러지듯 춤을 추며 지나가는 모습을 구경했다. 검은 옷차림의 칭링은 즐거워하는 기색이었다. 그녀는 사실 춤추는 것, 특히 왈츠를 아주 좋아했지만, 자신의 지위 때문에 오랫동안 플로어에 나가지 못했다. 춤추던 사람들은 정말로 쑹씨 자매가 온 것이 맞는지 확인하기 위해서 자매들 쪽을 계속 훔쳐보았고, 자매들의 방문에 어떤 정치적 의도가 담겨 있는지 저마다 추측을 내놓으며 수군거렸다.

에밀리 한이 영국 공군 장교 한 명과 함께 레스토랑에 왔다. 아이링이 자신의 전기작가인 그녀에게 이 저녁 자리에 대해서 미리 귀띔했던 것이다. 맏언니는 평소 세간의 주목을 받고 싶어하지 않았고 배후에 머무르는 것을 선호했지만, 메시지를 보내는 법은 잘 알았다. 이 자리의 메시지는 '통일 전선'이 견고하다는 것이었다. 그러는 한편, 자매들은 마침내 양심의 가책 없이 즐거운 시간을 보낼 수 있었다.

이 시점에서 중국의 단결은 실로 위기에 처해 있었다. 국민당 정부의 2인자이자 이전에 쑨원의 유언장을 작성했던 왕징웨이가 이탈하여 일본 점령지로 향했고, 그곳에서 충칭의 국민 정부를 대체할 괴뢰 정부를 수립하기 직전이었다. 왕징웨이는 장제스의 오랜 경쟁자였다. 1935년, 국민당 중앙집행위원회 전체 회의의 개막식에서 중요 인사들이 보도 사진을 찍기 위해서 모였을 때, 왕징웨이는 총을 든 괴한에게 저격을 당해서 심각한 부상을 입었다. 괴한의 본래 표적은 첫째 줄 가운데에 앉은 장제스였다. 그러나 강력한 육감의 경고를 받은 장제스는 마지막 순간에 사진을 찍지 않기로 결정했다. 암살자는 장제스 다음으로 지위가 높은 왕징웨이를 향해서 총을 쏘았고, 그후 자신도 병사들의 총에 맞아서 위독한 상태가 되었다. 모두가 장제스를 의심했다. 그렇지 않고서야 장제스가 마지막에 마음을 바꾼 것을 납득할 수 없었다. 장제스는 자신이 벌인 일이 아니라고 사람들을 설득하기 위해서 최선을 다해 맹렬한 조사를 벌이며 고문도 불사했다. 그래도 의심의 눈초리는 좀처럼 사라지지 않았다.

왕징웨이는 항일 전쟁에 비관적이었다. 그는 또한 전투의 패배를 장제스의 탓으로 돌렸다. 눈 깜짝할 만큼 짧은 시간에 상하이 및 기타 주요 도시들과 광활한 영토를 상실한 것은 장제스의 "부패하고 사악한……1인 독재"의 결과라고 했다. 왕징웨이가 보기에 장제스는 경쟁자들을 끊임없이 의심하고 그들을 부당하게 대하는 인물이었다. 많은 이들이 이러한 견해에 공감했다. 미국 주재무관 조지프 스틸웰은 1938년 충칭에서 다음과 같이 기록했다. 장제스는 "모든 것을 부하들에게 비밀로 하고 싶어한다. 그들을 신뢰하지 않기 때문이다.……이와 같은 불신 탓에 그는 자신의 군대를 효율적으로 만들지도 못했다."

왕징웨이는 중국을 보존하는 유일한 길은 일본과의 '평화'를 모색하는 것뿐이라고 생각했다. 1938년 말, 그는 충칭을 빠져나와 하노이를 거쳐서 상하이로 향했고, 도중에 장제스의 첩보원들에 의한 수많은 암살 시도가 있었음에도 불구하고 살아남았다(다수의 총상 때문에 그는 결국 6년 후 때 이른 죽음을 맞이하게 된다). 1940년 3월, 일본의 점령지인 난징에서 그가 이끄는 괴뢰 정권이 수립되었다.

왕징웨이는 쑨원의 본래 후계자였고, 쑨원이 소리 높여 외친 '대(大)아시아주의'는 지금 점령국 일본의 구호였다. 이러한 사실은 자신이 쑨원의 진정한 계승자라는 왕징웨이의 주장에 힘을 실어주었고, 장제스는 전에 없던 도전에 직면하게 되었다. 자신의 정통성을 주장하기 위해서, 장제스는 쑨원에게 공식적으로 '국부' 칭호를 수여했다(그러나 이 논리는 어딘가가 이상했다. 쑨원은 중국을 향한 일본의 호전적인 야망을 거부하기는커녕 오히려 그것을 부추겼기 때문이다).

왕징웨이가 난징에서 취임 선서를 한 날, 칭링은 충칭으로 가서 장제스에 대한 연대를 표해야겠다고 즉흥적으로 결정했다. 메이링은 이전에 칭링에게 충칭 방문을 제안한 바 있었고 여기에 아이링도 굉장한 열의를 보였다. 칭링은 자매들을 기쁘게 해주고 싶었고, 동시에 쑨원의 부인이 왕징웨이 정권에 반대한다는 사실을 세상에 알리고자 했다. 세 자매는 이튿날 전시 수도 충칭으로 향했다.

칭링은 여왕과 여신, 유명 여배우가 동시에 받을 법한 열렬한 환영을 받았다. 유력 일간지 「대공보(大公報)」의 헤드라인은 "쑨원 부인을 환영합니다"였다. 또다른 신문은 칭링의 검은색 치파오와 회청색 단화가 그녀의 눈부신 기품과 아름다움을 돋보이게 한다며 찬사를 쏟아냈다. "수만 명의 여성들이 열광적으로 쑨원 부인의 위엄 있는 자태를 우러러보았다"고도 했다. 이후 6주일에 걸쳐서 자매들은 폭격을 당한 지역과 구호 주택, 전쟁 고아들을 위한 고아원을 방문하며 정신없는 나날을 보냈다. 옛일을 떠올릴 때면 자매들은 다같이 행복해 보였다. 그들을 따라갔던 에밀리 한은 이렇게 기록했다. "자매들이 키득거리며 농담을 던질 때면 나는 감상에 젖었다. 조지아에서 학교를 다니던 먼 옛날 그들의 삶을 생각하면서." 칭링은 아이링과 한목소리로 메이링이 얼마나 많은 일을 해냈는지, 그리고 그녀가 지난 3년간 쉴 새 없이 일하고도 어떻게 "아직 죽어서 묻히지 않았는지" 놀라워했다. 메이링과 칭링은 맏언니의 자선 사업을 지나칠 만큼 칭송했다. 한 무리의 기자와 사진사, 촬영팀이 그들과 동행하며 역사적인 순간들을 기록했다.

그러나 칭링은 용의주도하게 장제스와 거리를 두었고, 그가 곁에 있을 때면 미소조차 짓지 않도록 신경을 썼다. 한 전형적인 사진 속에서 그녀는 환하게 웃는 장제스 옆에서 입술을 질끈 물고 경계하는 표정을 짓고 있다. 어느 다과회에서는 장제스가 그녀 곁에서 10분도 넘게 깃대처럼 우두커니 서 있던 적도 있었다. 그녀가 돌아보고 그에게 말을 걸어서 손님들이 두 사람의 화기애애한 모습을 보도록 하려는 심산임이 분명했다. 그러나 칭링은 고집스럽게 그를 외면했다. 당시 충칭에 머무르던 독일인 친구 안나 왕에게 칭링은 자신이 장제스에게 이용당하고 있는 것 같다며 홍콩으로 돌아가고 싶어서 견디지 못할 지경이라고 털어놓았다.

한편, 공산당과 국민당 간의 통일 전선은 서서히 무너지고 있었다. 장제스는 공산당군에게 일본군의 후방에서 게릴라전을 벌이는 임무를 맡긴 바 있었다. 국민당군 역시 공산당군과 같은 지역에서 활동하고 있었다. 이들이 공통의 적에 대항해서 단결하리라는 생각은 착각이었던 것으로 드러났다. 두 세력은 서로 싸우느라 바빴고, 전투의 규모는 갈수록 커졌으며, 많은 경우 공산당군이 승리했다. 칭링이 홍콩으로 돌아오고 몇 개월 후인 1941년 1월, 양쯔 강 유역에서 거친 충돌이 일어났다. 허울뿐이었던 통일전선은 사실상 와해되었다.

칭링은 이 기회를 이용해서 장제스에게 통격을 가하고자 했다. 충칭을 방문했을 당시 장제스에게 이용당한 데에 대한 분풀이를 하려는 마음도 있었다. 그러나 그녀는 고작 장제스에게 "공산당 탄압을 그만두라"는 공개 전보를 부치는 데에 그칠 수밖에 없었다. 그 이상은 소련이 허락하지 않았다. 특히 장제스의 이름을 거론하며 비난하는 일은 절대 금물이었다. 11월이 되자 칭링의 울분은 더욱 깊어졌다. 덩옌다가 죽은 지 10주년이 되는 달이었다. 그녀가 속절없이, 그러나 열정적으로 사랑했던 남자를 살해했다는 사실은 여전히 장제스를 향한 그녀의 줄기찬 증오의 근간을 이루었다. 하지만 덩옌다를 기리는 글에서 그녀는 증오의 대상을 넌지시 암시하는 수밖에 없었다. 이러한 제약 덕분인지, 이 글에는 그녀의 여타 공식 성명들과 달리 어떠한 앙심이나 공산당식의 번잡한 수사가 없었고, 좀처럼 볼 수 없던 내밀한 감정이 담겼다. 그녀의 펜이 그린 덩옌다는 "우리의 혁명을 빛낸 최후의 아름다운 꽃"이었다.

1941년 12월 7일, 일본은 진주만을 공격했고 이어서 홍콩을 폭격했다. 머리 위에서 전투기들이 굉음을 내며 위협적으로 오가자, 칭링은 서둘러 대나무 사다리를 타고 낡은 담장을 건너서 공습대피소가 있는 옆집 정원으로 향했다. 그녀는 훗날 쑹쯔원에게 이렇게 적어보냈다. 이번 공습 때문에

"극도로 긴장했어. 일주일을 심하게 앓아 누울 정도로." 특유의 자조하는 투를 잊지 않으면서 그녀는 이렇게 덧붙였다. "머리카락이 한 움큼씩 빠지고 있어. 머지않아 대머리가 될까봐 무섭다니까."

쑹쯔원은 칭링과 그녀의 혁명 사업에 동조적이었고, 보위중국동맹의 회장 자리에 자신의 이름을 빌려주기도 했다. 분개한 장제스는 그에게 몇 차례 전보를 보내서 동맹에서 탈퇴하라고 요구했다. 쑹쯔원은 최후통첩이 날아들 때까지 갖가지 핑계를 대며 시간을 끌었다. 그는 칭링의 조직에서 물러났지만, 누이를 향한 그의 애정은 사그라들지 않았다. 쑹쯔원을 향한 칭링의 애정 역시 마찬가지였다.

홍콩이 폭격을 받던 그날, 쑹쯔원은 칭링의 특사로서 루스벨트 대통령을 예방하기 위해서 미국에 있었다. 그는 메이링에게 전보를 보냈다. "긴급. 마담 장제스에게 : 홍콩 몹시 위험. 밤에 비행기를 보내서 둘째 누이를 구조할 수 있을지? 답변 요망."

충칭에서 비행기를 급파했으나, 칭링은 한사코 떠나기를 거부했다. 지긋지긋한 매부와 같은 도시에서 사느니 일본이 점령한 홍콩에 머무르겠다는 것이었다. 함께 홍콩에 있던 아이링이 칭링을 설득하려다가 실패하자 그렇다면 자신도 홍콩에 남겠다고 선언했다. 칭링은 마지막 순간에 가서야 뜻을 굽혔다. 그녀가 대피할 준비를 전혀 하지 않은 상태였기 때문에, 하녀가 정전으로 깜깜해진 어둠 속에서 낡은 옷가지 몇 벌을 급히 챙긴 뒤에야 일행은 서둘러 공항으로 향했다. 일본군이 홍콩을 점령하기 직전인 10일 새벽, 자매들은 충칭으로 가는 비행기에 몸을 실었다.

전시 수도의 반응은 1년 전과 전혀 달랐다. 사람들은 노골적으로 적의를 내비쳤고, 칭링은 깜짝 놀랐다. 그녀는 분노에 차서 쑹쯔원에게 편지를 보냈다. "「대공보」는 우리가 엄청난 양의 여행 가방, 우유를 먹여 키우는 외국종 푸들 7마리, 그리고 하인들을 잔뜩 거느리고 왔다고 비방하는 사설로 우리를 반겨주더군." 실상은 이랬다. "내 서류들, 다른 귀중한 문서들도 가져오지 못했다고. 키우는 개들과 입는 옷들은 고사하고 말이야.……매일 글을 쓰는 나에게 펜 한 자루조차 없다니까.……그 사설에 답하고 싶었지만……품위 있게 침묵을 지키라는 지시를 받았어."

사실 칭링은 비난 대상에 포함되어 있지 않았다. 비난의 화살은 고스란히 맏언니 아이링, 그리고 그 비행기에 타지도 않았던 그녀의 남편 쿵샹시에게로 향했다. 몇몇 도시에서는 학생들이 거리로 나가서 시위를 벌이며 (전쟁 중에는 드물지 않은 일이었다) 쿵샹시 부부를 지탄했다. 죄목에는 다음과 같은 내용이 포함되었다. "홍콩이 함락당하고 있던 때에, 정부는 관료들을 태워올 목적으로 비행기를 보냈다. 하지만 비행기를 타고 온 것은 마담 쿵샹시와 서양개 7마리, 여행 가방 42개뿐이었다." 시위대는 소리 높여 외쳤다. "외국종 푸들을 실어오는 데에 비행기를 사용한 쿵샹시를 타도하라!……쿵샹시를 처형하라!"

혐의가 사실이 아니며 아이링이 이 때문에 고통받고 있음을 분명히 알고 있었지만, 칭링은 언니를 돕는 말을 한마디도 하지 않았다. 그녀는 침묵을 지켰다. 공연한 말을 했다가는 학생들 사이에서 성인(聖人)과 같은 명망을 누리고 있던 자신의 지위가 위태로워질 수도 있었기 때문이다.

충칭에 본격적으로 정착한 뒤에도 칭링은 비슷한 침묵을 유지했다. 그녀는 아이링과 함께 붉은색 기둥이 높게 솟고 커다란 창문에서는 강을 내려다볼 수 있는 쿵씨 가족의 저택에 머물렀다. 칭링이 못된 언니에 의해서 그곳에 포로로 잡혀 있다는 소문이 돌았다. 충칭에 머무르던 공산당 대표 저우언라이는 옌안의 마오쩌둥에게 이렇게 보고했다. 칭링은 "방문객을 맞이하지 못하는 상황입니다. 더군다나 사람들이 살 집이 부족하다는 핑계로 [쿵샹시 부부는] 그녀가 다른 사람과 함께 방을 쓰게 했는데, 진짜 목적은 그녀를 감시하려는 것입니다." 사실 칭링은 한 층을 통째로 차지하고 있었고 원한다면 누구든지 만날 수 있었다. 그녀는 동생 쑹쯔원에게 말했다. "언니랑 메이링은 나에게 정말 잘해줘." 그러나 대외적으로 그녀는 소문을 잠자코 내버려두었다.

아이링은 동생에게 소리내어 자신의 편을 들어달라고 부탁하지 않았다. 오히려 그녀는 "소문을 바로잡는 데에는 관심이 없다"고 하면서 동생 칭링의 부담을 덜어주었다.

머지않아 칭링은 충칭에 자신의 집을 구해서 그곳으로 이사했다. 그녀는 자매들과는 만났지만, 장제스가 있을 법한 행사에는 참석을 피했다.

생활은 홍콩에 있을 때에 비해서 힘겨웠다. 그녀의 고용인들은 양파, 설탕, 심지어 소금과 같은 필수품마저 늘 부족하고 가격이 급등하는 시장에서 장을 보았다. 스타킹이나 신발은 살 곳이 없었고, 전쟁 전에는 상하이에서 8위안이면 충분했을 평범한 치파오의 가격은 1,000위안을 웃돌았다. 칭링이 가장 좋아하는 음료인 커피를 마시지 못한 채 수개월이 흘렀다. 어느 공식 환영회가 끝난 뒤에 그녀에게 남은 가장 좋은 기억은 그 자리에서 수박과 감자를 먹은 것이었다. 친구들은 그녀에게 정어리 통조림 하나, 사과 몇 개, 스타킹 따위를 선물로 주었다. 여름에 그녀는 욕조에 찬 물을 받아놓고 앉아서 더위를 견뎠다.

칭링은 늘 그래왔던 것처럼 중국인과 외국인을 막론하고 젊고 충직한 좌파 경향의 친구들에게 둘러싸여 있었다. 홍콩에 머무르던 시기와 아주 흡사한 생활이었다. 교제 범위가 매우 좁았기 때문에, 그녀에게서는 신비로운 분위기가 감돌았다. 칭링은 일종의 '관광 명소'가 되었고, 충칭을 방문하는 많은 사람들이 그녀와 접견하기를 청했다. 대개는 그녀가 요청을 거절했다.

보위중국동맹의 구호 사업은 계속되었다. 이 시기 칭링의 주된 관심사는 공산당 통치 지구(장시 성, 푸젠 성, 후베이 성, 후난 성, 안후이 성 등 중국공산당이 독자적인 소비에트 정부를 수립하여 지배한 지역/옮긴이)에 미국의 원조를 들여오는 일이었다. 이를 위해서 그녀는 미국인 관료 및 기자들과 친분을 맺었고, 기회가 생길 때마다 장제스를 맹렬히 비난했다. 그녀는 그들에게 장제스가 "한낱 독재자일 뿐"이라고 말했고, 심지어 "괴뢰 정권의 관료들과 [충칭] 지도부 사이에 긴밀한 교류가 있다"고 주장했다. 미국인들은 그녀가 "깊은 원한"을 품고 있으며 "장제스를 비판하는 데에 전혀 거리낌이 없다"는 사실을 알아차렸다. 많은 이들이 그녀의 말에 동조했다. 그러나 말이 퍼질 위험 때문에 그녀는 자신의 말을 "철저히 비밀에 부쳐달라"고 요청해야 했고, 이를 몹시 갑갑하게 여겼다.

당시 중국 전역(戰域) 최고 사령관(즉 장제스)의 참모장이었던 조지프 스틸웰은 장제스와는 의견이 맞지 않았지만, 칭링에 대해서는 높이 평가했다. 1920년대부터 종종 중국에서 근무한 스틸웰은 중국을 잘 알았다. 그는 서민들의 삶을 깊이 이해한 사람이었다. 자신이 중국을 방문했을 때를 묘사한 글에서는 그의 성격이 엿보인다. 어느 시골의 음식 가판대에서, 스틸웰은 요리사가 그릇에 음식을 담아주는 광경을 목격했다. "요리사는 이전 손님이 방금 사용한 그릇을 정비소에서 나오는 쓰레기처럼 생긴 검은 물체로 닦아낸다. 그는 젓가락 한 쌍을 바지에 쓱쓱 닦더니 그릇 위에 올려서 종업원 소년에게 건넨다. 소년은 과장된 동작으로 손님에게 음식을 내놓는다." 많은 서양인들과 달리, 스틸웰은 그것을 역겨워하지 않고 나름의 방식으로 그릇과 젓가락을 닦아달라고 요청했다. 그는 끓는 물을 한 대접 달라고 한 다음, 요리사의 머리 위에 붓는 시늉을 했다. 주위에서 한바탕 웃음이 터져나왔다. 이 장난 덕에, 그는 "그 자리에 있던 모든 이들에게 유머 감각이 특출한 괜찮은 녀석으로 인정받았고, 그 이후로는 내키는 대로 행동할 수 있었다. 젓가락을 쓰기 전에 주머니칼로 긁어내는 짓까지도 말이다."

스틸웰은 칭링에 대해서 일기에 이렇게 적었다. "마담 쑨원은 세 자매 가운데 가장 호감이 가는 인물이며, 아마도 가장 생각이 깊은 듯하다. 그녀는 매우 민첩하고 쾌활하며, 조용하고 침착하지만 무엇 하나 놓치지 않는다." 그는 루스벨트 대통령의 소환 명령을 받고 작별 인사를 하러 갔을 때의 그녀의 모습을 일기에 이렇게 적었다. "눈물을 쏟았고 크게 상심했다.……미국에 가서 루스벨트 대통령에게 [장제스에 대한] 진실을 말하고 싶어서 못 견디겠다고.……나에게 루스벨트 대통령에게 가서 장제스의 진짜 모습을 말해주라고 했다. '그는 종이호랑이예요.'……'왜 미국은 그에게 분수를 가르치지 않는 거죠?'"

칭링에 대한 다른 미국인들의 생각은 달랐다. 미국의 외교관 존 멜비는 칭링과 회합한 뒤에 일기에 이렇게 적었다. "그녀는 익히 알려진 자신의 매력을 선보였지만, 내가 보기에는 그저 자신이 무엇을 원하는지, 그것을 어떻게 얻어낼지 아는 차갑고 매정하며 무자비한 여자였다."

또한 칭링은 전시 중국의 퍼스트레이디인 메이링의 지위와 위세에는 견줄 수 없었다. 1943년, 메이링은 미국 순회를 성공적으로 마쳤고, 이는 칭링에게 적잖은 질투심을 불러일으켰다. 친구에게 보내는 편지에서, 그녀는 절제되고 공정한 태도를 취하려고 노력하는 한편 신랄한 속마음을 내비쳤다.

메이링이 너무도 '뉴욕 5번가' 같은 모습을 하고 '400'* 처럼 행동해서 우리는 그 아이가 마치 다른 사람이 된 느낌이었어.……누가 뭐라든 그 아이는 중국의 항일 투쟁을 널리 알렸어. 열렬한 추종자들이 모인 자리에서 자기 입으로 이렇게 말하더라. "저는 미국인들에게 중국이 온통 막노동꾼과 세탁소 일꾼뿐인 나라는 아니라는 사실을 보여주었습니다!" 이 점에 대해서는 중국이 그 아이에게 감사해야겠지.……메이링의 비행기에 타고 있던 승무원들이 그 아이가 얼마나 많은 여행 가방을 가져왔고 통조림의 양은 얼마나 많았는지 등을 알려주었어. 하지만 나는 아직 삶은 콩 통조림 하나, 신발 한 켤레도 구경하지 못했단다. 비행기에 자리가 없어서 내 신발들은 "다음 비행기"로 싣고 올 거라지 뭐니. 만세!……전쟁이 끝난 후겠지, 아마.

메이링이 건넨 선물은 충칭에서 구할 수 없는 작은 플라스틱 거울이었다. 하지만 칭링은 나일론 스타킹을 간절히 원했다. 어느 날 저녁 그녀는 발목에 앉아 있던 모기를 잡아 죽이고서, 함께 있던 손님에게 미소 지으며 말했다. "보시다시피 스타킹이 없어요. 신생활 운동의 규정을 어기고 있는 셈입니다만, 저는 제 동생 황후마마와 달리 미국에서 나일론 스타킹을 공수해올 방도가 없군요."

언니와 동생이 브라질로 가게 된 1944년, 칭링은 공항에 나가서 두 사람을 배웅했다. 그녀는 자매들이 전세 낸 비행기를 보고 심히 부러워했다. "그렇게 큰 비행기는 본 적이 없어. 풀먼식 침대차, 즉 호화로운 열차 차량 같았다니까." 미국의 친구들에게는 자신의 자매들이 중국의 전쟁을 "내팽개쳤다며", 자신은 그러지 않을 것이라고 못마땅한 투로 전했다.

---

* 19세기 말 뉴욕 사교계의 저명 인사들을 적은 유명한 목록이다.

칭링은 자매들을 향한 냉소적인 마음을 철저히 사적인 자리에서만 드러냈고, 대외적으로는 화목한 모습을 유지하기 위해서 몹시 주의를 기울였다. 절친한 친구인 안나 왕은 이렇게 지적했다. "그녀는 '송가황조'의 역할을 냉철하게 이해하고 있었다. 장제스의 전횡을 혐오했고, 마담 쿵샹시의 투기 행위와 마담 장제스의 사치를 탐하는 성미도 익히 알고 있었다. 친한 친구들과 있을 때면 그녀는 이러한 문제들에 대해서 신랄한 평가를 내리고는 했다. 그러나 오랜 세월 익혀온 놀라운 정치적 수완과 자제력 덕분에 그녀는 너무 일찍 자신의 견해를 드러내는 일을 피할 수 있었다." 실로 칭링은 울분 속에서, 그리고 각오 속에서 일본과 맞서는 전쟁이 종결되기를, 장제스와 맞서는 공산당의 전쟁이 개시되기를, 그리고 장제스 정권이 완전히 파멸하기를 기다렸다. 설령 그것이 그녀 가족과 자매들에게 재앙을 의미할지라도 말이다.

17

메이링의 환희와 절망

1942년 10월, 2년 전 미국 대통령 선거에서 공화당 후보였던 웬들 윌키가 루스벨트 대통령의 특사 자격으로 충칭에 왔다. 그는 지금까지 전시 수도 충칭을 방문한 인사들 가운데 가장 거물이었다. 전선으로 안내된 그는 시찰 결과를 흡족하게 여겼고, 특히 메이링에게 마음을 빼앗겼다. 윌키는 부산스럽게 찬사를 쏟아내면서 메이링에게 미국을 순회 방문하라고 권했다. 메이링은 "비상한 머리, 설득력과 정신력……위트와 매력, 너그럽고 이해심 깊은 마음, 우아하고 아름다운 태도와 외모, 그리고 뜨거운 신념을 지니고 있다.……그녀는 완벽한 대사가 될 것이다." 충칭을 떠나기 전날, 윌키는 메이링에게 "내일" 그와 함께 워싱턴으로 가자고 청했다(일부에서는 두 사람이 연인이었다고 주장하지만, 증거는 없다).

이처럼 백악관과 친분이 두터운 사람이 열정을 보이자 메이링은 미국을 방문하기로 마음을 굳혔다. 그녀의 미국 방문은 전쟁 초기부터 건의된 사항이었다. 메이링은 망설였다. 관심이 저조할까봐 두려워서가 아니라, 미국인들이 너무 많은 관심을 보일까봐 우려했다. 그녀는 에마 밀스에게 말했다. "무슨 일이 벌어질지 상상해봤어. 내 모든 친구들, 서신을 보내고 돈을 기부했던 사람들이 수천 명, 호기심 가득한 사람들이 수십만 명이겠지. 나에게 말을 걸거나 내가 말을 걸어주기를 원할 기자들과 중요 인사 수천 명은 말할 것도 없고 말이야. 내가 도착하고 몇 시간만에 이 모든 사람들이 나를 압도할 거야." 메이링은 자신이 이러한 관심에 적절히 대응하지 못해서(한동안 젖 먹던 힘까지 끌어내어 일한 그녀는 "남은 힘이 없다"고 느꼈다) 미국인들은 물론이고 조국을 실망시킬까봐 염려했다. 그녀는 에마에게 말했다. "미국인들의 동정과 호의가 두려워." 미국인들의 반응이 그렇지 않을 것이라고 에마가 답하자, 메이링은 말했다. "에마, 너는 너희 사람들을 잘 몰라."

메이링은 출발 전부터 엄청난 환대를 예상했지만, 미국인들의 반응은 그녀의 기대보다도 훨씬 열광적이었다. 앞에서 등장한 에마에게 보낸 편지는 진주만 공습 이전인 1939년에 작성한 것이다. 진주만 공습 이후, 미국에서는 중국을 동정하는 여론이 전에 없이 거세졌다. 미국인들이 보기에 이 가련하고 신비로운 나라는 일본이라는 무시무시한 악당에 맞서서 홀로 지난 4년 반을 싸우고 있었다. 메이링은 그 영웅적인 나라에서 온 대표였고, 아름다운 여성, 그것도 '상아색 비단 살결'의 얼굴을 지닌 여성이었다(그녀는 얼굴 생김새만 **빼면 미국인** 여성과 다를 바 없었다). 미국인들의 환영은 굉장했다. 1943년 2월 메이링은 워싱턴 DC에 도착해서 공식 순회를 시작했고, 엘리너 루스벨트 영부인이 친히 기차역으로 나와서 그녀를 맞이했다. 영부인은 메이링의 팔짱을 끼고서, 역 바깥에서 대통령 전용차를 타고 기다리고 있던 루스벨트 대통령에게 안내했다. 메이링은 뉴욕의 메디슨 스퀘어 가든에서는 1만7,000명, 로스앤젤레스의 야외 공연장 할

리우드 볼에서는 3만 명의 인파 앞에서 연설했고, 가는 도시마다 열광적인 군중의 환영을 받았다. 2월 18일 미국 의회에서 연설했을 때에는(이는 대단한 영예였다), 고혹적인 치파오를 차려입은 아담한 그녀가 장엄한 국회 의사당 안에서 수많은 쟁쟁한 인사들 사이에 서 있는 것만으로도 경외심을 불러일으켰다. 흠잡을 데 없는 미국식 영어로 진행된 그녀의 연설은 많은 유력 인사들을 눈물짓게 했다. 기립 박수는 4분이나 이어졌다.

이 모든 것들은 쉽게 이루어진 것이 아니었다. 완벽주의자인 메이링은 지칠 때까지 연설문을 수정하고 또 수정했다. 몇몇 행사에서는 진이 빠진 나머지 거의 실신할 뻔했다. 메이링이 뉴욕의 차이나타운에서 촬영한 뉴스 영화를 본 장제스는 그녀가 아파 보이고, 상황에 대처하느라 허덕이는 것 같다며 걱정했다. 메이링은 미국을 방문하기 전에도 고혈압과 암으로 추정되는(결과적으로는 아니었다) 위장병으로 건강이 좋지 않았다. 공식 순회 전에 병을 치료하기 위해서(그리고 조금은 여가를 즐기기 위해서) 메이링은 3개월 먼저 미국으로 건너와서 뉴욕 장로교 병원에 입원했다. 요양 후에 그녀는 미국의 대중 앞에 최상의 모습으로 나타날 수 있었고, 그들의 환심을 사서 중국에 대한 미국의 원조 규모를 증대시켰다. 순회는 대성공이었다.

비난의 목소리도 있었다. 일부는 백악관 직원들로부터 나왔다. 메이링은 비단으로 된 자신의 침대 시트를 가져와서 직원들에게 하루 한 번, 낮잠을 자는 날이면 하루 두 번 갈아달라고 요구했다. 이는 사실 그녀를 괴롭히던 두드러기 탓이 컸는데, 새 시트를 깔면 통증이 조금 나아지기 때문이었다. 메이링의 수행단과 접촉한 미국인들은 메이링이 조수로 데리고 온 조카 쿵링칸과 쿵링쥔의 형편없는 예절에 눈살을 찌푸렸다. 이를테면 에마는 쿵링칸을 "역겹다", 쿵링쥔을 "괴상하다"고 묘사했다. 백악관 직원들은 그들이 오만하다고 생각했고, 특별 경호팀은 그들의 무례한 요구에 불쾌감을 느꼈다. 하지만 두 조카들은 그 누구도 대신할 수 없을 만큼 이모에게 헌신했고 그녀를 보살폈다. 메이링은 그들에게 의지했다.

워싱턴을 공식 방문했을 때, 기차에서 내리는 메이링의 곁에는 쿵링칸이 있었다. 정부 관료가 아니었음에도 그는 수많은 보도 사진에 등장했다. 그렇다고 그가 이모가 자랑스럽게 내보일 만한 늠름한 조카인 것은 아니었다. 쿵링칸은 뚱뚱하고 누가 보아도 볼품없는 사내였다. 그럼에도 그는 메이링의 '비서'로 소개되었고, 그녀를 초대한 캐나다 총독 등 지위가 높은 사람들에게 자신의 이름으로 메이링 대신 감사 전보를 보냈다. 이렇듯 공식 문서에 직접 서명하지 않고 조카를 시키는 것은 외교 관례에 어긋난 실례였기 때문에, 중국 외교관들은 크게 분노했다. 그러나 메이링은 그들의 항의를 묵살했다. 그녀는 조카들을 사랑해 마지않았고, 또한 아이링을 기쁘게 해주고 싶어했다. 메이링은 아이링에게 깊은 부채감을 느꼈다. 맏언니는 부패했다고 손가락질받고 있음에도 메이링이 미국을 방문하는 비용의 상당 부분을 부담해주었다. 쿵링칸 역시 비난을 받고 있었기 때문에, 공개적으로 그에게 중요한 업무를 맡기는 것은 맏언니와 그 가족에 대한 지지를 표명하는 메이링의 방식이었다.

메이링의 미국 순회는 국가적 차원만이 아니라 개인적 차원에서도 대단한 성과였다. 메이링은 개인적으로 가장 편안하게 여기는 나라에서 근사한 시간을 보냈다. 남편이 집으로 돌아오라고 거듭 애원했음에도, 그녀는 미국에서 8개월을 머물렀고 1943년 7월에야 충칭으로 돌아갔다.

장제스는 줄곧 메이링을 그리워하는 마음을 일기에 적었다. 그녀가 미국으로 향하는 비행기에 올랐을 때 너무 슬펐다고, 양력 설에도 음력 설에도 너무 외로웠다고 했다. 메이링이 귀국한 날, 집으로 돌아온 장제스는 (목이 결려서) 침대에 누워 있는 그녀를 발견했다. 메이링의 두 자매와 장제스의 두 아들 모두 한자리에 있었다. 장제스는 가족이 모인 드문 광경을 보고 기뻤다고 적었다. 다른 이들이 돌아간 후, 메이링은 순회에서 어떤 성과를 거두었는지 그에게 조곤조곤 이야기했고, 그의 행복은 완전해졌다.

그러나 재회의 기쁨은 곧 엉망이 되었다. 퍼스트레이디가 미국에 있는 동안 장제스가 다른 여성들, 특히 충칭으로 이사 온 전처 천제루를 만나고 다녔다는 소문이 메이링의 귀에 들어온 것이다. 사람들은 육군 대학교 수영장에서 노는 천제루를 장제스가 그 근처에서 지켜보는 모습을 수차례 똑똑히 목격했다고 했다. 격노한 메이링은 뛰쳐나가 맏언니의 집으로 갔다. 그녀가 돌아와서 그 소문이 사실무근이라는 장제스의 강경한 주장을 받아들이는 데에는 몇 개월이 걸렸다. 스스로 인정했듯이, 장제스가 아내와 떨어져 있는 동안 치밀어오르는 성욕을 애써 억누른 것은 사실이었다.

메이링은 심기가 계속 불편했고, 이질부터 홍채염에 이르는 일련의 질병도 얻게 되었다. 그녀는 통증에 시달렸고 빛에 민감해졌다. 충칭의 짙은 안개 때문에 두드러기도 심해졌다. 얼굴과 몸에 붉은 반점이 돋아났다. 잠을 설치는 밤이면 메이링은 긁고 싶은 욕구를 참느라 고생했고, 쪽잠이나마 들어서 고통을 잊는 것은 찰나에 불과했다.

1943년 11월 22-26일로 예정된 카이로 회담에 남편과 동행해야 했을 때, 메이링은 몸 상태가 몹시 좋지 않았다. 루스벨트 대통령과 윈스턴 처칠 총리가 참석하는 카이로 회담은 제2차 세계대전 및 전후 아시아에 관한 중대 결정을 내리는 자리였을 뿐만 아니라, 모두의 앞에서 장제스를 미국과 영국의 정상들과 같은 반열에 올려놓을 기회였다. 장제스가 영어를 구사하지 못했기 때문에, 그를 대신해서 협상을 진행하고 그를 위해서 영어를 통역하며 사람들과 어울리는 일은 메이링의 몫이 되었다. 카이로로 향하는 비행기에서 메이링의 얼굴은 전에 없이 부어올랐고, 그녀는 가려움 때문에 거의 잠을 이루지 못했다. 메이링은 쓰러지기 직전인 듯했다. 장제스는 초조해졌다. 행운과 의지가 결합한 결과, 비행기가 착륙하기 전 얼굴의 부기를 기적적으로 잠재울 수 있었다. 하지만 여전히 의사는 그녀의 동공을 확장시켜서 신체 반응을 살펴보아야 했다. 나중에 메이링은 친구 에마에게 카이로에서 "유난히 고생을 많이 했다"고 털어놓았다.

최고의 권력을 지닌 남성들이 다수 모인 자리에서 유일한 여성이었던 메이링은 많은 관심을 끌었다. 앨런 브룩 경은 그의 유명한 "말을 가리지 않고 심술궂지만 진실된" 일기에서 그녀를 이렇게 묘사했다. "미인은 아니다. 납작한 몽골계 얼굴에 광대가 튀어나왔고, 낮은 들창코에 달린 길고 동그란 콧구멍은 그녀의 머릿속으로 이어지는 두 개의 검은 구덩이 같다." 그러나 한편으로는 메이링이 "상당한 매력과 기품을 지녔고, 사소한 움직임들이 눈길을 끌었으며 보기 좋았다"고 인정했다. 공식 사진에 찍힌 메이링은 짙은 색 치파오에 흰색 재킷을 걸치고 예쁜 리본으로 장식된 구두를 신고서 우아한 자태로 루스벨트 대통령, 처칠 총리와 담소를 나누고 있었다. 지극히 편안해 보였고, 과로로 힘들어하는 기색은 전혀 없었다. 가려움이 계속되었지만, 긴 회의에서 자리를 지킬 때에 평소보다 조금 자주 발의 위치를 바꿀 뿐이었다. 이렇게 발을 움직일 때면 그녀의 늘씬한 다리가 드러났는데, 몇몇 이들은 그녀가 남편의 형편없는 언동으로부터 남자들의 시선을 분산시키기 위해서 일부러 그러는 것이라고 해석했다. 브룩은 이렇게 적었다. "그것 때문에 회의에 참석한 사람들 사이에서 작은 소란이 일었다. 젊은 참석자들 가운데 몇몇은 억눌린 신음을 낸 것 같기도 했다!"

훗날 영국 총리가 되는 앤서니 이든은 이때 처칠 내각의 부총리로서 카이로에 왔다가 메이링에 대한 좋은 인상을 가지고 돌아갔다. "마담 장제스는 놀라웠다. 다정했고, 약간은 여왕 같은 기품도 있다고나 할까.……그렇지만 부지런하고 성실한 통역가였고, 들은 것과 달리 지나치게 예민하지도 않았다." 이든은 장제스도 인상 깊게 보았다. "그는 어느 범주에도 넣기 힘들다. 전사처럼 보이지는 않는다. 시종일관 미소를 띠고 있지만, 눈은 그렇게 쉽게 웃지 않으며 상대방을 꿰뚫어보는 끈질긴 눈빛으로 응시한다.……그의 기세는 예리한 칼날처럼 날카롭다.……나는 두 사람 모두, 특히 장제스가 마음에 든다. 그들을 더 알아가고 싶다."

장제스 부부는 함께 많은 성과를 이루었다. 카이로 선언은 '장제스의 승리'로 여겨진다. 실제로 카이로 선언은 "만주와 타이완, 펑후 제도 등 일본이 중국에게서 빼앗은 모든 영토는 중화민국에 반환한다"고 명시했다. 이는 메이링이 미국을 방문했을 때에 장제스의 부탁으로 루스벨트 대통령에게 전달한 요청 사항에 적힌 내용 중의 하나였다.

회담 마지막 날 장제스는 일기에 이렇게 적었다.

오늘 아침 아내는 경제 문제와 관련해서 루스벨트를 만나러 갔다가 11시에 돌아와서 홉킨스[루스벨트의 측근인 해리 홉킨스]와 이야기를 나누었다. 저녁에 그가 돌아가기 전까지, 열 시간 동안 메이링은 거의 한시도 쉬지 못하고 논의에 온 정신을 집중했고, 한마디도 허투루 하지 않았다. 밤 10시가 되자 그녀가 기진맥진했음을 알 수 있었다. 눈병도 심하고 가려움도 계속되는데 이렇게 일하다니 참으로 대단하다. 정말이지 보통 사람이라면 그녀처럼 할 수 없다.

윈스턴 처칠이 부부를 방문한 어느 날, 장제스는 아내가 그와 함께 생기

있게 웃으며 이야기하는 모습을 지켜보았다. 나중에 그가 둘이서 무슨 이야기를 했냐고 묻자, 메이링은 처칠이 한 말을 알려주었다. "당신 생각에는 나같이 못된 노인네가 또 없겠죠, 안 그렇습니까?" (만약 이 대화가 실제로 있었다면, 홍콩을 돌려달라는 장제스의 요구에 처칠이 "내 눈에 흙이 들어가기 전에는 안 된다"고 대꾸했던 일을 가리키는 듯하다.) 장제스의 일기에 따르면, 메이링은 이 위대한 영국 총리에게 이렇게 응수했다. "당신이 악한 사람인지는 스스로에게 물어보셔야죠." 처칠은 대답했다. "나는 악인이 아니오." 장제스는 아내가 처칠을 완벽히 궁지에 몰아넣었다고 결론지었다. 이 재구성된 대화가 정확하든 정확하지 않든, 메이링은 장제스의 체면을 확실히 세워주었고, 장제스는 그녀를 자랑스러워했다.

들뜬 마음으로 카이로에서 돌아온 뒤, 장제스는 아내를 데리고 충칭의 겨울 산으로 나들이를 갔다. "너무도 즐겁다"고 그는 1943년 마지막 날 일기에 적었다.

메이링은 그다지 신이 나지 않았다. 두드러기가 갈수록 악화되고 있었다. 카이로에서 그녀는 처칠의 주치의 모런 박사에게 이 문제를 상담했다. 모런 박사는 그녀에게 아무 이상이 없으며, "생활의 압박감이 줄어야만 병이 나아질 것"이라고 했다. 그러나 메이링의 스트레스는 더욱 커져만 갔다. 당면한 중대 과제 중의 하나는 충칭에서 가장 영향력 있는 미국인인 스틸웰 장군과 남편의 관계였다. 스틸웰은 전장에서의 처참한 패배가 장제스의 탓이라고 보았다. 그는 워싱턴에 "중국군의 실력은 탁월하지만, 멍청한 지도자가 이들을 망쳐놓고 저버린다"고 보고했다. 불 같은 성미* 때문에

---

* 스틸웰은 자신의 성미를 스스로 인정하는 듯한 재미있는 일화를 전한 바 있다. 중국인 상인 한 명이 고개 숙여 그에게 인사했다. "안녕하세요, 선교사님." "왜 나를 '선교사'라

'식초 조(Vinegar Joe)'라는 별명이 붙었던 스틸웰은 장제스와 수차례 언쟁을 벌였고, 공공연하게 장제스의 지시를 거부했다.

메이링은 맏언니 아이링과 함께 두 사람의 관계를 개선하려고 애썼지만 전부 허사였다. 장제스 정권을 향한 스틸웰의 뿌리 깊은 반감은 몇 마디 달콤한 말로 지울 수 있는 것이 아니었다. '식초 조'는 애초부터 메이링과 아이링에게 별로 호감이 없었고, 칭링을 선호했다.

1944년 4월 일본이 대규모 공격을 단행하면서 고비가 찾아왔다. 작전명 이치고(一号)는 중국 북부의 일본 점령지를 남부의 점령지와 연결하려는 계획이었다. 장제스의 군대는 추풍낙엽처럼 무너졌다. 정예군의 일부도 마찬가지였다. 미국은 장제스에게 "일본군의 진격을 저지할 계획도 능력도" 없는 듯하다는 사실에 다시 한번 크게 실망했다. 장제스에 대한 염증은 최고조에 이르렀다. 루스벨트 대통령은 "중국의 상황이 몹시 절망적"이기 때문에 "근본적이고 적절한 해결 방안"을 "지금 당장 적용해야 한다"고 판단했고, 7월 6일 장제스에게 서신을 보내서 군사 지휘권을 스틸웰에게 이양하라고 단도직입적으로 말했다. 루스벨트는 스틸웰에게 "모든 중국군 및 미국군 부대의 통솔권을 넘길 것, 그리고 적군의 진격 형세를 막는 데에 필요한 작전의 조정 및 지시에 관한 일체의 책임과 권한을 부여할 것"을 장제스에게 요구했다. 장제스는 미국과 갈라서게 되더라도 절대 그 요구를 받아들일 수는 없다고 공표했다.

메이링이 할 수 있는 일은 아무것도 없었다. 그녀는 하나같이 불길한 미래를 가리키는 악몽들에 시달렸고, 간절히 도피를 꿈꾸었다. 메이링은 건강 문제를 이유로 중국을 떠나기로 결심했다. 이는 주변인들 눈에 "도피하

고 부르는 거요?" 스틸웰은 눈살을 찌푸리며 물었다. 상인은 대답했다. "그렇게 보이셔서요." 그러고는 이렇게 덧붙였다. "표정이 온화하고 상냥하셔서 말입니다."

려는 시도"로 비쳤다. 사람들 사이의 뒷말을 우려한 장제스는 그녀를 보내 주지 않으려고 했다. 절박했던 메이링은 미국의 부통령 헨리 월리스가 중국을 방문했을 때에 그의 수행단원 한 명에게 다가가 월리스가 장제스와 이야기할 때, 자신의 건강 문제를 언급하게 해달라고 간청했다. 심지어는 스타킹을 끌어내려서 다리에 돋은 붉은 두드러기를 보여주기까지 했다.

마침내 장제스가 출국을 허락하자 메이링은 7월 초 아이링과 조카 쿵링쥔, 쿵링칸과 함께 리우데자네이루로 향했다. 떠나기 직전, 메이링은 눈물을 흘리며 남편에게 서로 다시는 보지 못하게 될까봐 걱정된다고 고백했다. 그녀는 남편에게 사랑한다고, 한순간도 그를 잊지 않을 것이라고 약속했고, 자신의 사랑을 결코 의심하지 말아달라고 부탁했다. 장제스는 일기에 그때 너무 슬퍼서 답해줄 말이 하나도 떠오르지 않았다고 적었다.

장제스는 메이링을 위해서 송별회를 열었다. 그 자리에서 그는 엉뚱한 발언을 했다. 70명이 넘는 국내외 고위 인사들과 기자들 앞에서, 그는 자신이 단 한번도 메이링을 두고 외도하지 않았다고 맹세했다. 이러한 사생활을 공개적으로 해명하는 것은 민망한 일이었지만, 부부는 이를 불가피한 일이라고 판단했다. 장제스의 불륜에 관한 유언비어는 날이 갈수록 확산되고 선정적인 내용이 가미되어, '안개의 도시'의 모든 이들이 차를 마시거나 식사할 때면 입에 올리는 재미있는 화제가 되어 있었다. 공개적으로 소문을 부정하지 않는다면, 메이링이 귀국 날짜를 정해두지 않고 다시 출국하는 것을 가리켜 둘의 결혼 생활이 파탄났다는 증거라고 할 것이 분명했다. 메이링 역시 같은 자리에서 남편을 전적으로 신뢰한다고 선언했다.

메이링의 출국이 공표되자, 그 목적지가 여러 사람들의 흥미와 의구심을 불러일으켰다. 몇몇은 퍼스트레이디가 리우데자네이루의 유명한 의사에게 피부병을 치료받기 위해서 갔다고 좋게 해석했지만, 미래의 미국 대통령 해리 S. 트루먼을 비롯한 많은 이들은 쑹씨 가족이 미국의 원조 기금을 빼돌려 브라질 부동산에 투자했다고 믿었다. 두 주장 모두 그것을 뒷받침해줄 증거는 지금까지도 발견되지 않았다. 아마도 두 자매가 리우데자네이루를 선택한 이유는 그곳이 그 시점에 메이링이 머무르기에 가장 쾌적하고 매력적인 도시였기 때문이었던 듯하다. 곧바로 미국으로 가는 일은 어리석은 선택이었을 것이다. 미국에서 메이링의 이미지는 실추된 상태였다. 불과 1년 전 최상급 찬사를 남발하며 그녀를 치켜세웠던 것과 달리, 이제 미국 언론은 다소 냉담한 태도로 "왕의 몸값으로 삼을 만한 다이아몬드와 비취를 두른 그녀의 값비싼 담비 가죽 코트와 망토"에 주목했다.

메이링은 리우데자네이루에 두 달간 머무른 다음 뉴욕으로 향했고, 그곳에서 쿵씨 가족의 맨션에 거주하며 사람들의 이목을 피했다. 그녀는 에마에게 "지옥에 떨어져 고문받는 사람들만큼이나 괴롭다"고 털어놓았다. 시간이 지나자 메이링은 다시 인생을 즐기기 시작했고 무척 재미있게 지냈다. 그녀는 에마와 '여자들끼리의 수다'를 떨며 많은 시간을 함께했다. 어느 날에는 저녁 식사를 마치고 비밀 경호원 두 명을 대동하고 영화를 보러 브로드웨이로 차를 몰았다. 신분을 숨기고 브롱크스 동물원을 방문해서 중일 전쟁을 지원해준 데에 대한 감사의 표시로 메이링이 뉴욕에 기증한 판다들을 구경한 적도 있었다. 놀러다닐 때면 메이링은 아이스크림을 얹은 음료를 양껏 먹었고, 이 맛이 너무나 그리웠다고 고백했다. 그녀의 기쁨 중의 하나는 패커드 사의 리무진을 구입한 것이었는데(아이링이 사준 것이었을 가능성이 높다), 그녀는 이 차를 타고 온 뉴욕을 돌아다녔다. 비밀 경호원이 조수석에 탑승하여 그녀에게 운전하는 법을 알려주었다.

중화민국의 퍼스트레이디 메이링은 조국과 조국의 전쟁으로부터 1년이 넘도록 떠나 있었다. 장제스는 내내 그녀에게 헌신적이었다. 자주 서신을 보내 건강이 어떠냐고 물었고, 너무도 보고 싶다고 애잔할 정도로 고백했다. 그녀의 생일에, 부부의 결혼기념일에, 크리스마스 날에, 그밖에 상상할 수 있는 모든 기념일, 심지어 그녀가 리우데자네이루로 떠났던 날짜에도 편지를 보냈다. 장제스는 메이링에게 어서 집으로 돌아오라고 애걸했다. 그녀는 늘 하던 대로 이곳저곳이 아프다는 답장을 보냈다.

장제스는 미국과 우호적인 관계를 유지하는 데에 메이링이 필요해서 그녀를 애타게 찾은 것이 아니었다. 그녀가 오래 자리를 비운 동안 양국의 관계는 호전되었다. 루스벨트 대통령은 1944년 10월 스틸웰을 본국으로 소환했다. 스틸웰의 후임 웨드마이어 장군과 신임 미국 대사 패트릭 J. 헐리 두 사람 모두 장제스와 원만하게 지냈고 그에게 협조적이었다.

1945년 4월 12일, 루스벨트 대통령이 뇌출혈로 사망했다. 메이링은 뉴욕 하이드 파크에 있는 그의 자택으로 가서 영부인을 위문했다. 후임 대통령 해리 S. 트루먼도 계속해서 장제스에게 호의를 보였고, 그에게 전용기를 선물했다. 세련되고 안락한 은색 C-47이었다. 장제스는 전용기의 이름을 '메이링'이라고 지었지만, 그런다고 해서 아내가 돌아오지는 않았다.

이 시기에 메이링은 남편이 형부 쿵샹시를 소환한 일로 단단히 화가 나 있었다. 쿵샹시는 1944년 중반 부총리 겸 외무부 장관 자격으로 공무를 수행하기 위해서 미국에 왔다가 병 치료를 이유로 계속 머무르고 있었다. 1945년 봄, 연루된 채권 액수가 1,000만 달러 이상인 비리 사건이 터졌다. 쿵샹시는 그중 300만 달러 이상을 착복했다는 혐의를 받았다. 국민당 당원들은 위아래 할 것 없이 분노로 들끓었고, 장제스는 어쩔 수 없이 조사를 지시했다. 그는 쿵샹시에게 전보를 연달아 보내서 귀국하여 조사에 응하라고 촉구했고, 전보가 거듭될수록 표현의 수위도 점점 높아졌다. 결국 쿵샹시는 7월에 중국으로 돌아갔다. 그는 해임되었고, 유용한 공금의 일부를 토해내야 했다.

장제스는 처남 쑹쯔원을 후임 국무총리로 삼았다. 이로 인해서 쑹쯔원과 쿵씨 가족의 관계가 틀어졌다. 이때부터 쿵샹시는 기회만 있으면 쑹쯔원을 비방했고, 아이링은 말년에 가서야 동생과 반쪽짜리 화해를 했다.

아이링은 장제스의 처사에 분노했다. 그녀가 보기에 이것은 자신의 남편, 더 나아가 그녀 자신에 대한 부당한 대우였다. 남들이 없는 자리에서 아이링은 동생에게 하소연을 쏟아냈다. 에마는 집안 분위기가 심상치 않음을 눈치챘다. 중국과 연관이 있는 미국인들이 대부분 그러했듯이 그녀는 쿵샹시 가족을 몹시 싫어했고, 자신의 친구 메이링이 지나치게 "쿵샹시 부인의 영향을 많이 받는다. 다른 누구라도 그녀의 곁에 있으면 좋겠다"고 일기에 적은 바 있었다. 메이링은 전적으로 언니의 역성을 들었고, 남편의 전보를 무시했다. 그녀는 에마에게도 그를 거의 언급하지 않았다.

1945년 8월 6일과 9일, 미국은 히로시마와 나가사키에 원자폭탄을 투하했다. 8일, 소련이 일본에 전쟁을 선포했다. 10일, 일본이 항복 의사를 발표했고, 전 세계에서 축하 행사가 이어졌다. 뉴욕에 머무르고 있던 메이링은 승리의 순간을 남편과 함께 나누기 위해서 귀국을 서두르는 대신, 타임 스퀘어로 차를 몰았다. 그곳에서 메이링은 구름처럼 모여든 떠들썩한 인파에 갇혀, 사람들이 기뻐하며 큰 소리로 웃고 성조기를 흔드는 광경을 지켜보았다. 그녀는 이 공간과 일체감을 느꼈고, 중국으로 돌아가고 싶지 않았다. 하나를 선택하라면 아이링과 함께 뉴욕에 머무르는 쪽이 훨씬 더 메이링의 마음에 들었다.

18

장제스 정권의 몰락

1945년 8월 10일, 충칭에 있던 장제스는 일본이 항복 의사를 표명했음을 이례적인 방식으로 알게 되었다. 일본 정부는 라디오 방송을 통해서 영어로 항복 의사를 밝혔다. 메이링은 뉴욕에 있었기 때문에, 장제스의 곁에는 라디오 방송을 듣고 뉴스를 모니터링할 영어 구사자가 한 사람도 없었다(그는 그 정도로 고립된 존재였다). 장제스의 일기에 따르면, 오후 8시경 장제스의 처소 근처에 위치한 미군 본부에서 커다란 함성이 터져나왔고, 이어서 폭죽이 터지는 소리가 들려왔다. 장제스는 전령(그의 친척)을 보내서 "무슨 일로 소란인지" 물었다. 중국 전역 최고 사령관 장제스는 그렇게 역사적인 소식을 접하게 되었다.

장제스가 보인 반응은 희열이 아니라 극도의 긴장감이었다. 중국 통치를 두고 마오쩌둥과 결판을 내야 할 순간이 마침내 도래했다. 스탈린이 4,600킬로미터를 웃도는 기나긴 전선을 넘어서 150만 명의 병력을 중국 북부에 투입한 것이 바로 얼마 전이었다. 장제스가 즉시 대응하지 않으면 소런군이 점령한 영토(최종적으로는 소련이 유럽 중부와 동부에서 점령한 전체 면적보다 컸다)가 마오쩌둥 측에 넘어갈지도 몰랐다. 전쟁 전에는 공산당군의 규모가 매우 작았으나, 이제는 100만 명이 넘어 국민당군의 3분의 1에 육박할 정도였다. 장제스는 즉각 병력을 재배치하고자 했다. 그날 저녁, 멕시코 대사를 응접하던 그는 끊임없이 이야기를 늘어놓는 대사 때문에 지휘관들에게 전보를 보낼 틈이 나지 않아서 신경이 몹시 곤두섰다.

미국은 중국의 평화를 원했다. 그들은 마오쩌둥을 충칭으로 초청해서 평화 협상을 진행하라고 장제스를 압박했다. 장제스의 암살 사주 경력을 익히 알고 있던 마오쩌둥은 장제스의 영역에 발을 들일 마음이 조금도 없었다. 그러나 스탈린은 마오쩌둥이 협상 게임에 임하기를 원했다. 마오쩌둥이 군사적으로 장제스를 이기리라는 확신이 없던 그는 마오쩌둥에게 세 번이나 전보를 보내서 충칭으로 가라고 명했다. 마오쩌둥은 마지못해 8월 28일 자신의 근거지인 옌안을 떠나, 미국 대사 헐리와 함께 미국 비행기를 타고(미국인들이 또한 그의 안전을 보장해주었다) 충칭으로 갔다. 8월 31일 자 일기에서 장제스는 마오쩌둥이 "호출에 응하여 왔다"는 점이 흡족했으며, 자신의 "도덕적 권위와 강력한 아우라"에 "주님의 뜻"이 더해진 것이 주효하게 작용했다고 적었다. 그는 자신이 마오쩌둥을 다룰 수 있다고 확신했다.

장제스는 아내를 데려오기 위해서 뉴욕으로 비행기를 보냈다. 메이링은 돌아가고 싶지 않았다. 그녀는 에마에게 말했다. "마음의 준비가 안 되어 있어, 에마. 하지만 앞으로 펼쳐질 공산당과의 갈등 상황에서 남편은 내가 필요해. 나는 중국이 무장 충돌을 피하고 통일을 달성하기를 바라고 또 기도한단다. 네가 그리울 거야. 아마 다시는 보지 못할지도 몰라. 공산당에서 나를 '붙잡을' 수도 있으니까 말이야." 퍼스트레이디는 이미 패배를 예감하고 있었던 듯하다. 그럼에도 그녀는 9월 5일 충칭에 당도했다. 장제스는 공항에서 그녀를 맞았다. 이전에 몇 차례 그녀가 미국에 다녀왔던 때와는 사뭇 달리, 그의 일기에는 14개월 만의 재회에 대한 어떠한 감정 표현도 없었다.

당연한 말이지만 장제스의 신경은 온통 마오쩌둥과의 회담에 쏠려 있었다. 충칭에서 마오쩌둥은 "장 위원장 만세!"를 외치며 돌아다녔지만, 속으로는 전쟁을 통해서 장제스를 몰아내기로 결심한 상태였다. 실제로 그는 출발하기 직전 국민당군을 겨냥한 공격을 계획했고, 이로 말미암은 전투가 그가 충칭에 머무르던 9월과 10월 동안 진행되고 있었다. 산시 성(山西省)에 자리한 상당에서 벌어진 이 전투는 국공 내전의 서곡이었다. 장제스는 이를 악물고 권좌를 지킬 태세를 갖추었고, 마오쩌둥을 향한 증오를 일기장 곳곳에 쏟아부었다. 마오쩌둥이 충칭에 머무르던 내내 장제스는 단한 번도 그를 초대하여 메이링과 만나게 하지 않았다. 아내의 매력을 마오쩌둥에게 보여주지 않겠다고 결심한 것이 분명했다.

마오쩌둥이 충칭에서 머무른 지 한 달 가까이 지나자, 초청객을 더 이상참아줄 수 없었던 장제스는 메이링을 데리고 히말라야 산맥의 동쪽 끝에 위치한 쓰촨 성의 외딴 지역인 시창으로 향했다. 일찍이 충칭이 일본군에 점령될 경우 다음 수도로 삼으려고 장제스가 지정해둔 곳이었다. 이곳에는 해발 1,800미터의 길게 뻗은 평지에 공항이 조성되어 있었고, 주택들이 옹기종기 세워져 있었다.

장제스의 갑작스러운 출행에 마오쩌둥은 공황에 빠졌다. 그는 이것이 자신을 겨냥한 암살 작전의 전조라고 추측했다. 마오쩌둥은 저우언라이를 보내서 자신을 소련 대사관에 머무르게 해달라고 요청했고, 요청이 거절당하자 분노했다. 실제로 장제스의 주변인들은 마오쩌둥을 암살하라고 재촉했지만, 장제스는 미국의 원조를 잃을까봐 두려워서 제안을 받아들이지 않았다.

장제스 부부는 시창에 일주일 동안 머물렀다. 시창은 기이한 아름다움이 있는 곳이었다. 잦은 지진 때문에 주변의 바위산들은 이리저리 갈라졌고, 마치 거인이 이를 드러낸 듯 보였다. 이 흉포하게 생긴 협곡들은 거대한 거울만큼이나 고요한 호수를 감싸고 있었다. 장제스 부부는 수정처럼 맑고 높은 하늘 아래에서 배에 누워 눈부신 햇살을 쬐고 상쾌한 공기를 들이마셨다. 눅눅하고 숨 막히는 충칭과는 모든 것이 달랐다. 7일 동안 장제스는 스스로를 완전히 내려놓고 휴식을 취했다. 그로서는 매우 드물게도 면도조차 하지 않았다. 10월 10일 충칭으로 돌아온 그는 마오쩌둥과의 합의서에 서명했다. 둘 중 누구도 협정을 지킬 마음은 없었다. 두 사람은 전면전을 위한 준비에 박차를 가했다.

10월 11일 옌안으로 돌아오자마자 마오쩌둥은 전투 명령을 내리기 시작했다. 장제스의 군대는 그의 군대보다 훨씬 규모가 컸을 뿐만 아니라, 일본군에 맞서 힘겨운 전투를 치르며 다져진 경험이 있었다. 그에 비해서 마오쩌둥의 공산당군은 지방의 미약한 국민당 부대들과 싸워서 이긴 것이 고작이었다. 이제 공산당군은 전장에서 잔뼈가 굵고 미군에게 훈련받은 장제스의 최정예 병력에 맞서게 되었다. 얼마 지나지 않아서 마오쩌둥은 실망스럽게도 공산당군의 활동이 기대에 미치지 못하며, 그를 은밀하게 지원하는 스탈린이 다른 선택지를 함께 고려하고 있는 듯하다는 사실을 알게 되었다. 충격이 잇따른 끝에 1945년 11월 말 마오쩌둥은 신경 쇠약으로 갑자기 쓰러졌고, 식은땀을 흘리고 경련을 일으키며 몸져누웠다.

마오쩌둥이 자리보전하는 동안, 장제스는 승리한 전쟁 지도자로서 중국을 순회했다. 그가 베이징과 상하이, 그리고 그의 옛 수도 난징 등의 도시에 들어설 때면, "마치 율리우스 카이사르가 로마로 돌아올 때 같았다"고 목격자들은 진술했다. 수만 명을 헤아리는 군중이 그를 맞이했고, 항일 전쟁을 승리로 이끈 사람이라며 환호를 보냈다. 분위기는 승리에 도취되었고, 장제스는 그에게 주어진 영광을 한껏 즐겼다. 일본군을 무찌른 사람이 바로 장제스라는 군중의 함성에 동조하는 것이 분명했다. 그의 비행기 조종사는 그가 위풍당당하게 서서 위엄 있게 손을 흔들며 "신처럼 완전무결한" 존재라는 인상을 온몸으로 풍겼다고 말했다. 사정을 아는 사람들은 장제스가 크게 착각하고 있다고 생각했다. 그러나 아무도 그에게 솔직하게 말해주지는 않았다.

의기양양해진 장제스는 국민 정부 주석의 전용기를 새로 구매했다. 최첨단 C-54 모델이었다. 1944년 메이링과 아이링이 리우데자네이루로 갈 때에 이 모델 한 대를 전세내어 타고 갔는데, 보는 사람마다 크게 감탄했었다. 트루먼 대통령이 선물한 C-47 모델 전용기를 사용한 지 겨우 1년밖에 되지 않았음에도, 장제스는 스스로를 위해서 C-54 모델을 새로 주문했다. '차이나-아메리카'라고 불린 새로운 수송기는 장제스의 취향을 잘 아는 이들의 감독하에 단장되었다. 비용 180만 달러는 재무부에서 마지못해 지불했다. 국민 정부가 마주한 위기 상황을 고려할 때, 이러한 낭비가 적절하지 않다고 생각하는 사람들은 입을 꾹 다물었다.

마치 상사를 따라하기라도 하는 것처럼, 일본이 점령했던 도시와 마을을 접수하기 위해서 파견된 국민당 관료들은 조금의 제약도 없이 실컷 자신들의 욕구를 채웠다. 이들은 오랫동안 결핍에 시달려왔고, 기회가 도래하자 주택과 자동차, 그리고 다른 귀중품들을 빼앗았다. 누구든 국민당 관료들이 탐내는 것을 소유하고 있다면 '부역자'로 지목되어서 소유품을 몰수당할 위험이 있었다. 관료들은 스스로를 승자로 인식하여 종종 공개적으로 지역민들을 멸시했고, 외세의 지배하에 살았었다는 이유만으로 그들을 '망국의 노예'라고 칭했다. 중국 대부분의 지역에서 불과 며칠 전까지만 해도 국민당을 "해방자"라고 환영했던 사람들이 이제는 그들을 "강도", "메뚜기떼"라고 욕했다. 삽시간에 장제스와 그의 정권을 향한 열광과 흠모는 온데간데없이 사라졌고, 강렬한 혐오가 그 자리를 대신했다. 유력지 「대공보」는 국민당의 인수 작업을 "승리의 재난"이라고 표현했다. 대중적인 인기 측면에서, 장제스는 영광의 정점에 선 지 얼마 지나지 않아 나락으로 떨어지기 시작했다.

공산당과의 전쟁에서 장제스의 상황은 그보다 나았다. 그의 군대는 1년이 넘도록 거의 모든 전선에서 승리를 거두었다. 가장 관건이 되는 전장은 소련과 국경을 맞댄 만주 지역이었다. 공산당이 이 지역을 손에 넣으면, 그들은 긴요한 소련의 무기와 군사 훈련을 받을 수 있게 될 것이었다. 장제스의 군대가 공산당군을 몰아내기 직전까지 갔던 1946년 6월, 장제스는 치명적인 실수를 범했다. 추격을 중지하고 휴전을 명한 것이다. 국공 내전의 종식을 꾀하고자 중국을 방문한 조지 마셜 장군의 압박 때문이었다. 휴전은 4개월간 지속되었다. 휴전 덕분에 마오쩌둥의 군대는 소련과 그 위성국가 북한, 외몽골과의 접경 지역에 독일 면적보다 넓은 근거지를 탄탄하게 구축했고,* 스탈린의 전폭적인 원조를 최대한으로 누릴 수 있었다. 그중에는 결정적으로 철도의 보수가 포함되어 있었고, 이로써 중화기와 대규모 병력의 신속한 수송이 가능해졌다. 장제스의 처참한 오판은 전쟁의

---

* 장제스는 1946년 1월에 외몽골의 '독립'을 인정한 바 있었다. 스탈린이 만주와 기타 소련 점령 지역을 마오쩌둥이 아닌 자신에게 넘겨주리라는 헛된 희망 때문이었다.

결과를 바꾸어놓았다. 1947년 봄이 되자 전세는 역전되었다.

장제스가 이처럼 치명적인 실수를 수차례 저지른 데에는 그의 의사 결정을 돕는 참모들이 부재한 탓도 있었다. 마오쩌둥이 두 명의 유능한 참모, 즉 일류 행정가이자 외교관인 저우언라이와 전략가 류사오치를 곁에 두었던 데에 비해, 장제스 정권은 끝끝내 원맨쇼에 머물러 있었다. 이 시점에서 그는 아이링의 조언조차 받지 못했다. 아이링의 남편 쿵샹시를 해고함으로써 그녀와 멀어졌기 때문이다.

장제스는 군사 문제에 관해서는 새로운 총리 쑹쯔원과 전혀 상의하지 않았고, 대신 경제를 책임지게 했다. 쑹쯔원은 하버드 대학교와 컬럼비아 대학교에서 경제학을 전공했고 또한 탁월한 외교관이었으나, 그의 재임 기간 동안 경기는 곤두박질쳤다. 그는 거대한 내전의 소용돌이 와중에 경기를 안정시켜야 한다는 불가능한 과업에 직면했다. 그의 개인적인 결함도 문제가 되었다. 조국 땅에서 쑹쯔원은 이방인이었다. 생애 대부분을 외국에서 살거나 특권 계층의 안락한 온실 속에서 지냈고, 중국의 서민과 교류하려고 해본 적이 전혀 없었다. 조국을 향한 강한 사명감을 지니고 있었지만, 진짜 중국이 어떠한지는 거의 알지 못했다. 쑹쯔원의 경제 정책은 서류상으로는 괜찮아 보였을지 몰라도, 실제로는 무용지물이었다.

쑹쯔원은 약점을 보완하려고 노력하는 대신에 여봐란듯이 고집스럽고 거만한 태도로 일관했다. 일본이 항복을 선언했을 때, 주영 중국 대사 구웨이쥔은 런던에서 큰 축하연을 벌였다. 손님들 중에는 당시 영국 총리였던 클레멘트 애틀리, 그리고 회의에 참석하기 위해서 런던에 체류하고 있던 미국의 국무총리와 소련의 외교부 장관 뱌체슬라프 몰로토프 등 주요 국가의 외교부 장관들이 있었다. 각국의 외교관들도 모두 그 자리에 모였다. 중화민국의 국무총리 쑹쯔원은 대사관 안에 있었지만, 축하연에 참석하기를 거부했다. 구웨이쥔과 중화민국 외무부 장관은 그에게 아래층으로 내려오라고 설득했지만 쑹쯔원은 꼼짝도 하지 않았고, 이유조차 말해주지 않았다. 고전적인 신사이자 외교관이던 구웨이쥔은 일본의 항복 소식에 무척이나 흥분하여 즉각 대사관 바깥에 중화민국 국기를 내걸라고 명한 참이었다. 그는 일기에 이렇게 적었다. "내가 그토록 고대하고 꿈꾸고 애써온 그 순간이 마침내 도래했도다." 구웨이쥔은 쑹쯔원의 행동을 도무지 이해할 수 없었고, 회고담이 진행되던 자리에서 다음과 같은 말로 분노를 표출했다. "쑹 박사가 참석하지 않은 것을 두고 분명 좀 이상하다고들 생각했을 거요." 그보다 덜 점잖은 어느 외교관은 국무총리가 "격무에 시달리시느라 대단히도 피곤하셨던 모양"이라고 비꼬았다.

더 큰 문제는, 쑹쯔원이 내전 발발 1년 만에 장제스와 그의 정권에 대한 믿음을 잃었다는 것이다. 1946년 12월 29일, 그는 미국 측 고문 존 빌에게 더없이 심각하고 감정적으로 격앙된 어조로 속내를 털어놓았다. "우리는 막다른 골목에 다다랐습니다.……이곳은 미국과 같지 않아요. 미국에서는 '그래, 잠시 동안은 공화당이 집권하게 두자'라고 할 수 있지요. 여기서는 우리가 아니면 곧 공산주의예요. 중화민국이 무너지면 공산당이 장악할 거란 말입니다." 쑹쯔원은 장제스를 대신할 세력을 구축할 방안을 고민하기 시작했고, '자유주의 진영'이 생긴다면 미국의 입장이 어떠하겠냐고 빌을 떠보았다. 그의 계획은 허사로 돌아갔다. 1947년 초, 사퇴하라는 여론이 거세지자 쑹쯔원은 지체 없이 국무총리직에서 물러났다.* 그는 광둥 성 정부 주석으로 임명되었고, 광저우에서 부근에 근거지를 두고 장제스 축

---

* 쑹쯔원이 막대한 자금을 착복했다는 의혹이 있다. 그러나 쿵샹시를 둘러싼 말들에 비해서 쑹쯔원과 관련된 의혹들에는 구체적인 내용이 결여되어 있으며, 금융기관 관련자들은 대개 그러한 의혹을 부인했다. 그러나 쑹쯔원 본인에 따르면 그의 자산은 1943년에 500만 달러 이상이었고, 이는 상당 부분 그의 특권적 지위에서 비롯된 것이었다.

출을 모의하고 있던 반장제스파 국민당 인사들과 비밀 회담을 진행했다. 종내에는 공모에 가담하는 데에 난색을 표했는데, 그들이 마오쩌둥과 협력하려고 했기 때문이다. "공산당과는 함께할 수 없소." 그의 말이었다.

아이링은 처음부터 내전의 결말을 우려했다. 장제스를 잘 알기 때문에 그녀는 그가 성공하리라고 생각하지 않았다. 1947년 봄, 아이링은 자신이 불치병에 걸렸다는 생각에 몹시 절망했다. 그녀는 암을 의심했고, 의사들이 암이 아니라고 진단했음에도 자신의 죽음이 임박했다는 기분을 떨치지 못했다. 6월, 아이링은 중일 전쟁이 끝난 뒤에 상하이로 돌아와 있던 동생 칭링에게 유언장 비슷한 편지를 보내서 그녀를 그 어느 때보다도 사랑한다고 전했다. 아이링은 공산당이 중국을 장악하리라는 것을 내다본 듯하다. 공산당 정권하의 생활이 마담 쑨원에게조차 녹록하지 않으리라고 예상한 그녀는 칭링을 위해서 물질적인 대비를 하고 있었다. 자매들을 뒷바라지하는 '부양자' 노릇이 신이 자신에게 부여한 역할이라고 믿은 아이링은, 자신이 상하이로 가는 메이링의 비행기 조종사에게 샴푸 한 꾸러미와 기타 생활용품들을 부탁해두었다며 칭링이 이것들로 한동안은 버틸 수 있기를 바란다고 편지에 적었다. 매일 밤 침대에 누우면 본토의 여동생이 편안하고 쾌적한 생활을 하는 데에 부족함은 없는지 생각하느라 여념이 없다고도 했다. "나에게 무슨 일이 생긴다면, 내가 너를 무척이나 사랑한다는 걸 기억해주렴." 아이링은 심부름꾼들을 시켜서 칭링에게 아이브로 펜슬, 옷감, 금 귀걸이 등의 보석, 세련된 재킷, 핸드백 등을 전해주었다. 그중에는 모발 성장을 촉진하는 스프레이형 트리트먼트도 있었다. 그녀는 돈이 필요하면 즉시 말하라고도 일렀다.

맏언니의 영향 아래 메이링 역시 제법 이른 시기부터 불길한 징조를 알아챘다. 장제스가 중일 전쟁 직후 전국을 돌며 승전의 기쁨을 만끽하는 동안, 메이링은 들뜨기보다는 지친 기분이었다. 그녀는 에마에게 불평했다. "지난 몇 달은 돌아다니고 또 돌아다닌 게 전부야. 두 번째로 만주 지역을 방문했다가 이제 막 돌아왔단다. 비행기를 타고 다닌 세월이 짧지도 않은데 여전히 멀미가 난다니 이상하기도 하지."

국공 내전 시기에 메이링의 태도는 지난 중일 전쟁 때와는 사뭇 달랐다. 중일 전쟁 당시 그녀는 전선을 순회하고 부상병들을 다독였으며 열정적인 연설을 하면서 홍보 대사 역할을 톡톡히 수행했다. 존 빌은 이렇게 회상했다. 미국에 머무를 때 "그녀는 의회에서 연설했고, 만나는 모든 이들을 매료했다. 유창한 영어를 구사했고, 주지사, 의원들과 담소하는 자리에서 전쟁과 전후 문제의 요점을 논했다. 미국인들에게 그녀는 활기차고 우아한, 사람의 마음을 끄는 존재였다." 그러나 이제 빌은 메이링이 아무것도 하지 않으려고 한다는 사실을 알아챘다. 1946년 7월 1일 그는 그녀에게 장제스 정부에 대한 "언론의 평가가 매우 부정적이다"라고 말을 건넸다. 메이링은 수긍하면서도 곧바로 이렇게 대꾸했다. "당신이 뭘 원하는지 알아요. [장제스의 기자회견에] 동행해서 통역을 하라는 거겠죠. 중일 전쟁 내내 그렇게 했는데, 신물이 나서 더는 하지 않을 거예요." 빌은 일기에 이렇게 적었다. 메이링은 "서둘러 자리를 떴다. 나는 적잖이 놀랐다. 듣고 보니 좋은 생각이기는 하지만, 그녀에게 그런 일을 부탁할 생각은 하지 않았기 때문에 더욱 놀랐다."

메이링의 머릿속에는 '내 사랑 뉴욕'뿐이었다. 그녀는 끊임없이 미국의 친구들을 생각했다. 에마에게 보낸 편지에는 그리움이 가득 담겨 있었다. "생각해봐, 1년 전에는 내가 뉴욕에 있었고 우리 정말 재미있게 놀았잖아." 다른 편지에서는 답장을 보내라고 재촉했다. "요즘 뭐 하고 지내? 사는 건 어떠니? 전부 빼놓지 말고 말해줘." 메이링은 친구들의 편지를 갈구했다. "짧게 몇 마디 적어 보낸다. 나한테 계속 편지 보내줘. 비록 답장도 제대로 하지 않고 너에게 한껏 박하게 굴고 있지만." 잔혹한 내전이 한창일 때, 그녀는 태평양 반대편에 사는 친구들에게 예쁜 선물을 보내느라 분주했다. "너[에마]랑 다른 친구들한테 줄 기모노를 몇 벌 부칠게. 친구들 명단도 함께 보낸다. 부탁인데 네가 대신 다른 친구들에게 우편이나 배달로 보내줄 수 있을까?……또 너의 착한 마음을 이용하고 있네. 하지만 넌 언제나 나한테 잘해주고 내가 부탁한 일을 흔쾌히 해주니까, 이번 부탁도 괜념치 않을 거 알아." "동문회 기금과 동창 모임 기금으로 100달러 보낼게. 네가 생각하기에 적당한 비율로 나눠서 내줘."

메이링은 남편을 위해서 한 가지 임무는 기꺼이 수행했다. 1947년 말, 그녀는 칭링을 초대해서 상하이 근방의 명승지인 항저우로 나들이를 갔다. 장대하고 고요한 호수 주위를 거닐던 도중, 메이링은 공산당이 내전을 끝내는 데에 합의하기 위해서 궁극적으로 원하는 것이 무엇이냐고 칭링에게 단도직입적으로 물었다. 노골적인 질문을 받은 칭링은 당황했다. 자매들은 정치적 견해 차이에 대해서는 늘 언급을 피해왔다. 칭링은 마오쩌둥이 장제스를 무찌르도록 있는 힘껏 돕는 한편으로 메이링에게 민물 새우 같은 맛있는 음식을 보냈고, 메이링은 진저케이크와 치즈비스킷으로 답례하고는 했다. 칭링은 아이링의 아픈 눈을 위한 치료법을 제안했고 쑹쯔량의 딸에게 책을 보내주기도 했다. 사방에서 벌어지는 격렬한 전투는 그들의 삶과 아무런 상관도 없다는 듯이 말이다. 메이링의 질문은 냉혹한 현실을 절감하게 했다. 게다가 그때까지 칭링은 다른 가족들이 간악한 무리로 취급하는 공산당의 정식 당원이 아니라 그들의 입장에 동조하는 지지자일 뿐인 것처럼 행세하고 있었다. 메이링의 질문은 가식은 여기까지라고,

형제자매들 모두 칭링이 자신들을 파괴하려고 드는 조직의 핵심 인사임을 알고 있다고 알리는 신호였다. 칭링은 허둥지둥하며 이전과 똑같은 거짓 시늉을 되풀이했다. 자신은 공산당과 아무 관계가 없으며, 따라서 그들이 원하는 것이 무엇인지 모른다는 것이었다. 칭링은 동생과 헤어져 상하이로 가는 바로 다음 열차를 탔고, 상하이에 내린 즉시 동생과 나눈 대화를 공산당에 보고했다. 당의 눈을 피해서 가족들과 거래를 하고 있다는 오해를 사고 싶지 않았던 것이다.

아내를 통해서 적들의 요구 조건을 타진할 정도로 장제스는 절박했다. 실제로 1947–1948년 내내 장제스는 연이어 처참한 패배를 겪었다. 그의 미국 군사 고문 데이비드 바 장군은 패배의 책임을 정확히 장제스에게 돌렸다. 1948년 11월 18일 워싱턴으로 보낸 보고서에서 바는 이렇게 진술했다. "탄약이나 무기의 부족 때문에……전투에서 진 적은 없습니다. 제 생각에 저들이 참패하는 것은 전적으로 세계에서 가장 형편없는 지도자, 그리고 사기를 꺾는 다른 여러 요인들 때문에 싸울 의지를 완전히 상실한 탓입니다." 국민당군의 사기를 가장 크게 손상시킨 것은 만주 지역, 그리고 마오쩌둥의 본부가 있던 지역 등 몇몇 주요 전장에서 공산당이 거둔 극적이고 기적에 가까운 승리였던 듯하다. 국민당 내부에 침투하여 장제스의 신뢰를 얻고 군대 최고위직을 차지한 공산당 간첩들은 국민당 군대를 공산당군에게 넘겨주었고, 공산당군은 그들을 때로는 야금야금, 때로는 단번에 격파했다. 장제스는 좀처럼 다른 사람을 믿지 않았지만, 누군가를 믿을 때에는 신뢰해서는 안 되는 대상을 선정하는 치명적인 오판을 저지르고는 했다. 그의 판단력을 의심하게 하는 대목이다.

1948년 여름, 중화민국 총통이 된 장제스는 타이완으로의 '이주' 준비에 착수했다. 타이완은 면적 3만6,000제곱킬로미터, 인구 600만 명의 섬이었다. 장제스는 금은과 외화를 가능한 한 많이 타이완으로 가져갈 계획을 세웠다. 이 작업은 '화폐 개혁'이라는 미명하에 진행되었다. 유동 자산을 신규 화폐인 금원권(金圓券)으로 교환하라는 명이 전 국민에게 떨어졌다. 불응하면 사형이었다. 성의 하급 공무원들이 집집마다 다니며 주민들에게 평생 모은 자산을 내놓으라고 협박하는 동안, 장제스의 아들 장징궈는 상하이로 보내졌다. 그곳에서 그는 걷잡을 수 없이 극심한 인플레이션과 전반적인 경제 위기를 사업가들의 탓으로 돌리며, 그들에게 모든 자산을 등록하라고 명령했다. 이는 재산을 강탈할 징조였다. 협조를 거부한 사업가들은 절도 및 탈세 등을 저지르는 부패한 자라는 뜻의 '호랑이'라고 불렸고, '호랑이잡이'라는 명분하에 모욕을 당하고 체포되었으며 처형되기까지 했다.

사업가들을 협박하여 순종시키기 위해서, 장징궈는 상하이 암흑가의 거물 중 한 명인 "큰 귀" 두웨성의 아들을 체포했다. 국민당 기관지인 「중앙일보(中央日報)」 1면에 아들의 사진이 실리자 두웨성은 며칠을 몸져누웠다. 스스로를 장제스의 친구라고 여겨온 그가 생각하기에 이런 대접은 가당찮은 일이었다. 두웨성은 반격하기로 작심했다. 얼마 지나지 않아서 아이링의 아들 쿵링칸이 소유한 양쯔 무역공사와 관련된 의혹이 신문에 폭로되기 시작했다. 양쯔 무역공사가 수입품을 불법으로 대량 비축한다는 내용이었다. 경찰이 공사의 창고를 급습해서 출입을 금했고, 쿵링칸은 무거운 벌금을 물거나 자칫하면 수감될지도 모르는 처지가 되었다. 사실, 내부의 연줄과 어머니의 사업적 혜안 덕분에 쿵링칸은 이 수입품들을 신고해둔 상태였기 때문에(어차피 그의 막대한 재산에 비하면 쌓아둔 수입품은 새 발의 피에 불과했다), 엄밀히 말하면 그가 법을 어긴 것은 아니었다.

그러나 대중의 분노는 들끓었다. 「중앙일보」조차 그들을 "권력을 등에 업은 자본가들"이라고 비난했다. 일반적으로 공산당 선전물에나 보이는 표현이었다. 장징궈는 폭풍의 한가운데에 놓인 듯한 기분에 휩싸였다. 국민들에게 재산을 내놓으라고 밀어붙이기 위해서는 사촌을 본보기로 삼는 수밖에 없었다. 그리고 장징궈는 정말로 그럴 작정이었다.

쿵링칸은 이모 메이링에게 읍소했고, 격분한 메이링은 북부 전선을 시찰하고 있던 남편을 소환했다. 그녀의 표현과 어조가 너무도 단호했기 때문에 장제스는 망설일 겨를조차 없이 즉각 상하이로 날아왔다. 메이링은 장제스에게 사실상의 최후통첩을 했다. 그가 쿵샹시 가족을 희생시키고자 한다면 자신은 그에 맞서서 쿵샹시 가족 편을 들겠다는 것이었다. 총통은 아들에게 쿵링칸을 건드리지 말라고 일렀다. 장징궈는 상하이를 떠났고, '호랑이잡이'는 종료되었다. 장징궈의 작업은 과거에도 현재에도 장제스 부자의 반부패 사업으로 일컬어지지만, 실제로는 장제스가 닥치는 대로 국민의 자산을 빼앗은 사건이었다. 메이링이 조카를 지키려고 벼른 덕분에 강탈은 점차 줄어들었고, 중산층은 남아 있는 재산이라도 건사할 수 있었다(이것도 당분간만이었다. 머지않아 마오쩌둥이 모든 것을 빼앗아 갈 것이었다). 그러나 장제스가 이미 탈취한 양도 적지는 않았고, 더불어 중화민국 정부가 보유한 금이 많았던 덕택에 국민당은 타이완 도피 직후의 위기를 헤쳐나갈 수 있었다.

일반 대중이 보기에 '호랑이잡이' 반부패 운동이 실패한 것은 메이링 탓이었다. 사람들의 분노는 그녀를 향했다. 11월, 장제스는 "국민당의 모든 당원"은 물론이고 사회 전체가 그의 아내와 쿵씨 및 쑹씨 일가를 비난하고 있다고 수차례 일기에 적었다. 자기 자신과 아들 장징궈를 향한 공격도 언급했지만, 서둘러 이렇게 덧붙였다. "이는 전적으로 쿵샹시 부자와의 관계 때문에 [우리의 명예가] 실추된 탓이다."

장제스 정권의 붕괴를 목전에 두고 이미 망연자실해 있던 메이링은 이제 온 세상이 자신의 가족들에게 손가락질한다는 사실에 분개했다. 특히 자신의 남편과 그의 아들마저 기꺼이 그녀의 가족을 희생양으로 삼아서 조카를 감옥에 보내려고까지 했다는 데에 울분이 치솟았다. 메이링은 마구잡이로 울고 소리치며 장제스에게 달려들었고, 그녀의 이런 모습을 본 적 없던 장제스는 깜짝 놀랐다. 그는 그녀를 다독이려고 했지만 메이링은 진정되지 않았다. 남편으로부터, 자신을 향한 비난으로부터, 그리고 엉망이 된 나라로부터 벗어나고 싶어서 견딜 수 없었다. 1948년 11월 28일, 메이링은 중국을 떠나서 뉴욕으로 향했다. 남편을 다시는 보지 않겠다는 각오를 한 상태였다.

그녀는 트루먼 대통령 역시 그녀와 그녀의 가족을 형편없는 사람들로 여긴다는 사실을 곧 알게 되었다. 트루먼은 훗날 작가 메를 밀러에게 이렇게 진술했다. "우리가 그들[중국]에게 보낸 지원금은……상당 부분 장제스와 그 부인, 쑹씨 일가, 쿵씨 일가의 주머니 속으로 들어갔네. 그들은 모두 도둑들이야, 한 놈도 빠짐없이 말이지."

메이링은 장제스 정권이 몰락한 것은 그녀 가족의 탓이 아니라고 확신했다. "시간이 지나면 주께서 오명을 벗겨주실 거야." 그녀는 철썩같이 믿었다.

1949년 1월 21일, 여론의 압박을 이기지 못한 장제스는 부총통 리쭝런에게 총통직을 이양하고 사임했다. 고향 시커우로 '낙향한' 그는 자신의 어머니를 위해서 산을 통째로 점거하여 조성한 묘지 근처에 머물렀다. 4월 23일, 공산당군이 난징을 점령했고, 22년간 이어진 국민당의 중국 본토 통치는 사실상 막을 내렸다. 5월 19일, 장제스는 타이완에 도착했다. 본토에서 보낸 마지막 몇 달간 장제스의 곁에는 아내 메이링이 없었다. 그는 아내에게 돌아와달라고 몇 번이고 청했지만, 그녀는 언제나처럼 건강 문제를 들먹이거나 자신이 미국에 남아서 미국 정부를 계속 설득해야 한다는 등의 핑계를 댔다. 장징궈는 편지를 보내서 아버지가 인생에서 가장 중차대한 순간을 맞이하고 있으며, 그녀가 와서 힘이 되어주기를 바라고 있다고 전했다. 그녀는 답했다. "마음 같아서는 쏜살같이 돌아가고 싶구나. 하지만 지금 당장은 내가 돌아간다고 해도 이 난국이 나아지지는 않을 거야. 그래서 나는 좀 더 머무를 생각이란다. 분명 이렇게 하는 편이 당과 나라에 더 보탬이 될 거야."

이 시기, 마흔을 바라보던 장징궈는 아버지 장제스와 매일을 함께했다. 부자는 더없이 가까워졌다. 메이링이 장징궈에게 미국으로 와서 중국의 정확한 상황을 그녀에게 보고하고 그녀가 미국에서 해야 할 일이 무엇인지 함께 논의하자고 제안하자(그녀는 곧 이것이 경솔한 제안이었음을 깨달았다), 장징궈는 도저히 아버지를 혼자 둘 수 없다고 답했다. 가까워진 부자의 관계는 메이링을 향한 총통의 애착을 대체하게 되었다.

메이링에게 오는 장제스의 전보는 갈수록 무뚝뚝하고 사무적으로 변했다. 메이링은 남편의 냉담한 태도를 눈치챘고, 이 '위급한 시기'에 그의 곁을 떠나 있다는 데에 죄책감을 느꼈다. 그녀는 전에 없이 그의 비위를 맞추려고 했다. 그가 안전하게 잘 지내는지 열과 성을 다해서 염려를 표했고, 자신이 미국에서 진행 중인 로비 활동에 대해서 알렸으며, 지극히 상냥한 말투로 미국으로 와서 자신과 함께 세계여행을 하자고 제안했다. 장제스는 출국을 결단코 거부하며 죽어도 타이완에서 죽고, 살아도 타이완에서 살겠다고 단호하게 말했다. 야멸차게까지 느껴지는 말투로, 그는 메이링에게 타이완에서 만나자고 했다("며칠에 타이완으로 출발할 예정이오?").

아이링은 메이링에게 돌아가지 말라고 조언했다. 메이링이 뉴욕을 떠나겠다는 분위기만 풍겨도 그녀는 "난리를 쳤다." 아이링에게 장제스는 그들 가족에게 온갖 몹쓸 짓을 저지른 데다가 끔찍할 만큼 무능한, 그들의 헌신을 받을 자격이 없는 사람이었다. 그러나 무엇보다도 아이링은 동생을 걱정했고, 동생이 죽으러 가는 것이나 다름없는 귀국 길에 오르는 꼴을 두고 볼 수 없었다. 공산당은 타이완으로 진격할 채비를 하고 있었다. 스탈린의 지원을 등에 업고, 타이완의 국민당 내부에 간첩들을 전략적으로 배치해둔 공산당의 타이완 점령은 성공할 가능성이 컸다. 총통이 타이완 탈출을 완고히 거부하는 상황에서, 아이링은 메이링이 그와 함께 죽기를 원하지 않았다. 그러나 한편으로, 어려움에 처한 남편을 버리는 것이 아내로서 얼마나 지탄받는 일인지도 그녀는 고통스러울 만큼 잘 알았다. 또한 메이링이 장제스를 떠나면 그가 절대로 그녀를 용서하지 않을 것이며, 중국에는 장제스가 용서하지 않았던 수많은 이들의 전철을 메이링이 밟게 되리라는 것도 예상하지 못했을 리 없다. 아이링은 평소 자신의 생각에 확신을 가졌지만, 이때는 그녀답지 않게 어찌 할 바를 몰랐다.

메이링은 혼돈에 빠졌다. 이 시점에 남편을 떠날 생각을 한다는 사실 자체만으로도 죄책감이 들었다. 자신이 남편을 떠난다면 공산당에게 대대적인 선전거리를 주는 셈이라는 것도 알았다. 남편을 버리면 그녀는 자신을 결코 용서할 수 없을 터였다. 1949년 12월 1일, 장제스는 전보를 보내 스물두 번째 결혼기념일을 함께 기념하지 못해서 애석하다고 전했다. 결혼에 대한 언급이 단초가 되어 메이링에게 장제스와 살아온 지난 세월의 추억이 물밀듯 떠오른 것 같다. 그녀는 회상했다. "나는 남편을 따라서 전선을 누볐다. 우리는 진흙집에서, 기차역에서, 열차 안에서, 서북부 지방의 뜨거운 자갈과 모래 지형에서, 얼기설기 지은 막사에서, 텐트에서 잠을 잤다.……나는 학교를, 고아원을, 병원을, 아편 중독 치료소를 세웠다.……항공 위원회 비서장으로 군에 복무하기까지 했다." 그녀가 살아온 파란만장하고 흥미진진한 삶은 장제스와 결혼하지 않았다면 상상할 수도 없는 것이었다. 메이링은 스스로에게 물었다. "어떻게 남편이 나 없이 홀로 인생 최대의 좌절을 마주하도록 내버려두겠는가?"

메이링은 밤이면 잠을 설쳤고, 낮에는 가만히 있지 못하고 안절부절했다. 그녀는 아이링에게 털어놓고 마음을 비우고자 했다. 맏언니는 말했다. "계속 기도하고, 조급해하지 말거라. 주께서 분명 길을 열어주실 테니까." 메이링은 여러 달을 기도에 매달렸고, 이제는 "같은 기도를 건성으로 되풀이하는" 기분마저 들었다. 그래도 그녀는 끈기 있게 기도를 계속했다. "그러자 어느 새벽, 비몽사몽한 상태에서 나는 주의 음성을 들었다. 천상의 목소리가 또렷하게 말씀하셨다. '모든 일이 순조로울 것이다.'"

이전에도 메이링은 브라우닝의 시구를 살짝 변형한 이 말을 떠올린 적이 있었다. 1936년 12월 장제스가 납치되었을 때에 그녀는 그와 운명을 함께하기 위해서 시안으로 날아갔다. 그때 장제스는 메이링에게 신께서 그가 읽고 있던 『성서』의 구절을 통해서 그녀가 오리라고 계시하셨다고 말했다. 그녀는 이 "놀라운 일"이 신께서 남편에게 "모든 일이 순조로울 것"이라는 메시지를 전하신 것이라고 해석했었다. 지금 메이링이 보기에 하느님은 같은 말을 들려주심으로써 1936년의 상황에 빗대어 이번에도 남편에게 가보라고 말씀하시는 듯했다.

"그 말씀을 듣고 완전히 잠이 깬 나는 즉각 일어나서 언니의 방으로 갔다. 침대에 누운 언니가 나를 올려다보았다. 언니는 이른 시간이었음에도 나의 방문에 놀라지 않았다. 그 불안한 시기에는 불면증에 시달리던 내가 낮이고 밤이고 불쑥 언니를 찾아가곤 했기 때문이다." 아이링은 "환히 빛나는" 메이링의 얼굴을 보고 곧바로 상황을 이해했다. "나는 언니에게 하느님의 말씀을 들었다며……가장 빠른 다음 비행기 편으로 돌아가겠다고 선언했다. 언니는 내가 짐을 싸는 것을 거들어주었다. 나의 귀국을 말리며 난리 치는 일은 더 이상 없었다."

메이링은 1950년 1월 13일 타이완에 도착했다. 공항에 마중을 나간 장제스는 그날의 일을 두고, 그녀가 휴식을 취한 다음 미국에서 수행한 업무에 대한 "[그녀의] 보고를 들었다"고 무미건조하고도 냉랭한 일기를 남겼다.

그러나 그는 메이링의 귀국이 얼마나 뜻깊은 일인지 곧 알게 되었다. 타이완의 상황은 위태로웠다. 인구 600만 명이 전부이던 곳에 장제스를 따라서 본토의 군인과 민간인 200만 명이 이주해왔고, 섬은 심각한 경제 위기에 맞닥뜨렸다. 미국은 멀찍이 서서 사태를 관망하고 있었다. 타이완의 중화민국에는 미국 대사가 파견되지 않았고, 고작 2등 서기관만이 주재하고 있었다. 공산당은 타이완을 점령할 각오를 천명한 상태였다. 모두들 타이완이 얼마 지나지 않아서 함락되리라고 생각했다. 너나없이 공황에 빠졌다. 떠날 수 있는 사람들은 앞다투어 타이완을 떠났다. 이런 상황에서 메이링은 정반대의 선택을 했다. 그녀의 귀국은 국민당원들의 사기를 크게 고양시켰다. 그녀가 타이완으로 온다는 소식이 새어나가자, 사람들은 무리를 지어서 공항으로 향했다. 총통은 아내의 결단이 참 고마운 일이라는 사실을 깨달았다. 그는 일기에서 메이링을 절체절명의 순간에 나라를 구원한 전설적인 영웅들에 견주었다.

제 5 부

세 명의 여성, 세 갈래 운명

(1949−2003)

19

"우리는 기필코 온정주의를 극복해야 합니다"
마오쩌둥의 부주석이 되다

공산당이 상하이를 점령하기 며칠 전인 1949년 5월, 미국에 머무르던 메이링은 둘째 언니 칭링에게 걱정이 가득 담긴 편지를 보냈다. 편지에서 메이링은 언제나 언니를 생각하고 있다며, 언니가 안전하기를, 그리고 모든 일이 순탄하게 풀리기를 간절히 바란다고 했다. 그녀는 바다가 둘 사이를 갈라놓은 지금 자신이 도울 수 있는 일이 거의 없다는 사실에 몹시 불안해하면서도, 칭링에게 제발 어떻게 지내고 있는지 답장을 보내달라고 적었다. 당시 남편과 함께 공산당의 '전범' 명단에 올라 있었던 메이링은 신중을 기하여 편지에 자신의 서명만 적는 것을 피하고, 남동생 쑹쯔량과 공동 명의로 보냈다. 칭링은 쑹쯔량의 딸에게 책 몇 권을 보내준 적이 있었다.

칭링은 동생의 편지에 답하지 않았다. 언니 아이링이 보낸 편지들에도 마찬가지였다. 공산당이 차근차근 중국을 접수하는 동안 해외로 쫓겨간 자매들이 줄곧 사랑과 애정을 담은 편지를 보냈지만, 칭링은 한 통의 안부 서신도 보내지 않았다. 그녀는 흔들리지 않았다. 심지어는 자매들이 자신이 선택한 미래를 가시밭길이리라고 지레짐작하는 듯한 모습에 불쾌감까지 느낀 것 같다. 공산당과 운명을 함께하기로 결정한 순간부터, 칭링은 자매들을 인생에서 끊어내기로 독하게 마음먹었다. 이전에 그녀가 보였던 친근하고 애정 어린 태도는 마음 깊은 곳에서 우러나온 것이라기보다, 언제 있을지 모르는 장제스의 공격으로부터 자신을 지키기 위한 수법에 가까웠다. 칭링은 자신의 가족과 절연하기로 마음을 굳힌 지 오래였다.

그녀의 제2의 가족은 동지들, 그리고 가까운 친구들이었다. 칭링은 그들 중 몇몇과 함께 공산당이 고향 상하이를 점령하게 된 것을 경축했다. "우리가 쟁취하고자 한 그날이 마침내 온 거야!" 그들은 그녀의 집에 둘러앉아서 서로에게 말했다. 환한 미소와 함께 칭링은 방문객들의 단춧구멍에 붉은 장미를 꽂아주었다.

마오쩌둥은 베이징을 수도로 정했고, 칭링에게 어서 와서 정부를 위해서 일해달라는 서신을 보냈다. 주석의 어조는 정중하고 공손했다. 부디 쑨원 부인께서 오셔서 "새로운 중국을 어떻게 건설할지 지도해주시겠습니까?"

칭링은 마오쩌둥에게 아낌없는 감사를 보냈지만, 베이징으로 오라는 청은 거절했다. 자신은 높은 혈압과 기타 질병으로 고생하고 있으며 상하이에서 치료를 받아야 한다는 것이었다. 새 총리 저우언라이, 그리고 몇몇 오랜 친구들도 그녀를 설득했다. 칭링은 그들 모두에게 정중히 거부 의사를 밝혔다.

몸값을 높이기 위해서 일부러 거절하는 것은 아니었다. 상하이가 마음에 들었던 것도 있지만, 칭링은 당의 간계에 휘말릴지도 모르는 권력의 중심으로부터 멀찍이 떨어져 있는 것이 최선이라는 현명한 결정을 내렸다. 그녀는 자신이 택한 체제의 잔혹함을 모르지 않았다. 스탈린의 피비린내 나는 권력 다툼을 직접 지켜보았고, (저우언라이마저 희생자가 되어서 굽실대야 했던) 마오쩌둥의 잔인한 숙청도 익히 알고 있었다. 미래에 대한 두려움이 컸는지, 때로는 "치료를 위해서" 소련으로 가서 살 생각을 잠시 품기도 했다. 그녀가 정말로 원하는 것은 그저 중국복리회(中國福利會)로 이름을 바꾼 자신의 작은 사업을 고향에서 절친한 친구들과 함께 꾸려나가는 것이었다.

마오쩌둥은 칭링과 잘 아는 사이인 저우언라이의 아내를 상하이로 보내서 직접 초청의 뜻을 거듭 전하게 했다. 계속 거절한다면 큰 실례가 될 터였으므로, 칭링은 저우언라이의 아내가 전한 초청을 수락했다. 한편 저우언라이는 특유의 세심함을 발휘하여 칭링의 앞으로의 생활을 준비했다. 그녀를 위해서 마련된 집을 점검했고, 새 집이 그녀의 충칭과 상하이 집보다 널찍한 2층 건물이라고 그녀에게 알렸다. 단층집이 대부분인 베이징에서 2층짜리 집은 보기 드문 것이었다. 인테리어는 그녀의 오랜 친구들이 감독했으며, 전속 요리사는 직접 데려오라고 덧붙이는 것도 잊지 않았다. 칭링이 몇 가지 사항에 불만을 표하자 모두 그녀의 마음에 들도록 고쳤다. 체포된 상태였던 쑨원의 옛 하인을 풀어주었고, 그녀가 가장 좋아하는 (그리고 정치에 무관심한) 남동생 쑹쯔안에게서 (그녀 가족의 전 재산과 마찬가지로) 몰수한 집을 그녀에게 대신 관리하라고 돌려주었다.

8월 말에 칭링은 베이징으로 떠났다. 이틀간 열차를 타고 이동하면서 그녀는 창밖의 경치가 남에서 북으로, 들판과 마을, 도시로 바뀌는 모습을 응시했다. 그녀는 생각했다. "우리 조국이 어떻게 하면 번영할 수 있을까. 조건은 다 갖추었다.……자원도 풍부하다.……우리가 이루지 못할 성공은 없다."

마오쩌둥은 기차역으로 나와서 칭링을 마중했다. 어린이들이 그녀에게 꽃다발을 건넸다. 소련식 환영 행사였다. 쉰여섯의 나이에(그녀는 마오쩌둥보다 11개월 연상이었다) 칭링은 마오쩌둥 정부의 부주석이 되었다. 마오쩌둥이 중화인민공화국의 성립을 선포한 1949년 10월 1일, 칭링은 그의 바로 뒤에서 톈안먼을 향해 걸음을 내딛었다. 자매들이 쫓겨난 망명자 신세이던 그때, 칭링은 인생의 정점에 서 있었다.

중화인민공화국 치하에서 칭링의 생활은 남달리 호화로웠다. 베이징과 상하이의 누구나 부러워할 집들이 그녀의 소유가 되었다. 상하이에 있는 집은 저명한 은행가로부터 몰수한 것으로, 잘 손질된 드넓은 잔디밭에 보기 드문 나무와 이국적인 꽃들이 늘어선 유럽식 저택이었다. 뒤이어 그녀가 머문 베이징의 집들은 그보다도 더 웅대했다. 마지막 집은 만주족 황실의 황자가 소유했던 대궐 못지않은 왕부(王府)였다. 그곳은 청나라의 마지막 황제 푸이가 태어난 장소이기도 했다. 왕부의 자랑거리 중에는 수령이 140년임에도 여전히 1년에 여러 개의 열매를 맺는 옹이가 많은 석류나무도 있었다. 공산주의 혁명을 회의적으로 보거나 원칙을 중시하는 많은 사람들은, 칭링의 작고한 남편이 만주족 황실을 몰아낸 위대한 혁명을 이끈 살신성인의 지도자로 선전되는 상황에서 그녀가 황실의 저택으로 이주하는 것은 모순적이라고 생각했다. 칭링은 심란한 마음에 동료들에게 일종의 사과를 하고자 했다. "나는 실로 황족과 같은 대접을 받고 있어요. 하지만 마음은 편하지 않습니다. 나보다도 **훨씬 더 이런 대접을 받을 자격이 있는** 다른 이들이 작고 소박한 집에 살고 있기 때문이지요." 칭링의 집에는 일하는 사람들이 매우 많았고, 그들은 그녀를 공산당 집권 이전처럼 '마님'이라고 칭했다.

엄밀히 말하면 칭링은 중국공산당 당원이 아니었다. 1930년대에 그녀는 코민테른에 가입했지만, 코민테른을 직접 관할하고 있던 소련은 칭링이 조직 바깥에서 비밀리에 활동하는 편이 낫다고 보았다. 1943년 코민테른이 해체된 이후 칭링은 중국공산당과 소련을 자신의 '조직'으로 간주했지만 정식으로 당원이 된 것은 아니었다. 공산당의 중국에서 그녀는 정책 결정에 참여하지 못했다. 그러나 불만은 없었다. 정치적으로 출세하겠다는 야망도 없고 자신의 한계를 잘 알고 있던 그녀는 중국복리회를 자기 나름대로 꾸려가는 것만으로도 만족했다. 칭링이 가족의 재산을 송두리째 공산당에 넘길 때에 함께 기증한 쑹씨 가족의 옛집이 중국복리회의 새로운 거처가 되었다. 중국복리회는 여성 및 아동 전담 병원, 유아원, 소련식 '소년궁(小年宮 : 어린이를 위한 놀이 시설과 교육 시설을 갖춘 일종의 청소년 수련관/옮긴이)'을 운영했고, 어린이 극장도 열었다. 그러나 주된 업무이던 기아 구호는 중단해야 했다. 중국공산당의 공식 입장에 따르면, 중화인민공화국에 배를 곯는 사람은 없었다. 미국의 국제 방송국 미국의 소리(Voice of America)에서 칭링이 굶주리는 이들을 돕고 있다고 보도하자, 그녀는 즉시 저우언라이에게 편지를 보내서 이 "파렴치한 사실 왜곡"을 공개적으로 비난하겠다고 나섰다.

칭링은 영문 잡지 「차이나 리컨스트럭츠(*China Reconstructs*)」를 발행했으나, 당의 검열관들이 모든 기사들을 빈틈없이 검토했다. 공산당은 중국복리회에 새 직원들을 끼워넣는 한편, 이전 직원들을 하나부터 열까지 꼼꼼히 심사했다. 가까운 동료 몇몇은 달라진 환경을 참지 못하고 떠났다. 그러나 칭링은 순순히 변화를 받아들였고 금세 적응했다.

칭링은 공산당군 출신 경호원들을 주변에 두는 일에도 익숙해져야 했다. 대부분이 가난한 농촌 출신인 이들은 그녀의 생활 방식을 못마땅해했고, 옛 하인들과 달리 직설적으로 반감을 표했다. 공산당은 고용인들과의 '평등한' 관계를 특히 강조했다. 그것은 공산당이 '민주적'이라는 주요한 증거였다. 1951년 어느 날 칭링은 동독 대사관의 환영 만찬에 초대받았다. 만찬이 끝나고 칭링의 경호원 몇 명이 여자 손님들의 긴 이브닝드레스를 두고 사치스럽다며 흠을 잡았다. "그 좋은 비단을 쓸데없이 길게도 늘어뜨렸더군!" 칭링은 멋진 옷과 장신구가 사람들의 삶에 중요한 부분이라고 길게 설명했다. 경호원 청년들이 납득했는지는 알 수 없었다.

크리스마스 파티는 더 이상 당연한 것이 아니었다. 1951년 크리스마스 이브에 친구들을 초대하면서, 칭링은 모임을 비밀로 하고 파티라는 말은 절대 꺼내지 말라고 주의를 주었다. 크리스마스 파티를 한다고 하면 '오해'를 살 것이 분명했다. 나중에는 크리스마스 대신 신년 전야를 기념하면서 크리스마스트리를 세워두었다.

칭링은 이전에는 거리낌 없이 행했던 일들도 이제는 신중하게 해야 한다는 사실을 깨달았다. 오랜 친구 에드거 스노의 부탁으로 그의 편지를 마오쩌둥에게 전하면서, 그녀는 선을 그어야 할 필요를 느꼈다. "그의 사상이 지금도 올바른지 나는 알지 못합니다. 그의 글을 읽지 않은 지 오래되었거든요." 그녀는 친구들에게 편지를 쓸 때면 읽은 후에 그 편지를 "태워달라거나" "없애달라고" 부탁하고는 했다.

1951-1952년 마오쩌둥은 부패, 낭비, 관료주의에 반대한다는 뜻의 '삼반 운동(三反運動)'을 개시했다. 표적은 재정을 담당하는 관료들이었다. 중국복리회의 직원들은 당의 지시에 따라서 상대방은 물론이고 자신의 죄도 고백해야 했다. 어느새 칭링은 불미스러운 혐의를 받게 되었다. 그녀와 어느 친척의 관계가 도마에 오른 것이었다. 문제의 인물은 칭링이 중국복리회에 기증한 건물을 비롯해서 오랜 기간 그녀의 가족과 친구들의 집을 짓고 관리해온 건축업자였다. 장제스가 상하이를 빼앗기기 직전에 그가 쑨원 부인을 납치해서 타이완으로 데려갈지도 모른다는 소문이 돌았었는

데, 그때 이 친척이 칭링의 집에 머물면서 경호원 역할을 해주었다. 칭링은 감격했고, 그에게 친밀감을 느꼈다. 그후 두 사람은 때때로 선물을 주고 받았다. 이런 일들이 이제는 그녀가 그에게서 뇌물을 받고 있다는 풍문으로 둔갑했다. 칭링은 둘 사이에 오고 간 선물이라고는 기껏해야 과자와 케이크가 전부였으며, 친척이 값비싼 선물, 그러니까 적포도주 두 병 같은 것을 보내면 자신은 훨씬 더 비싼 것으로 답례했다고 해명하는 수모를 견뎌야 했다. 그녀는 자신의 이야기를 입증해줄 증인을 데려올 수 있다고 맹세했고, 심지어 그 친척을 철저하게 조사하여 부패 혐의가 입증되면 그를 처벌하라고 요구하며 그와의 관계를 끊으려고까지 했다.

그후 수많은 정치 개혁 운동이 줄을 이었고, 칭링의 친구들은 하나둘씩 곤경에 처했다. 칭링은 지난날을 되새김질했다. 항상 남을 의심하기보다는 믿으려고 해온 그녀였다. 그리고 이제 그런 '우파주의적 사고'는 범죄에 준하는 행동이었다.

이 모든 일들에도 불구하고 공산당 집권 초기에 칭링은 그럭저럭 평정을 유지했다. 계속 가장 가까운 친구들을 초대해서 파티를 열었고, 그들과 함께 축음기에서 흘러나오는 옛 서양 노래를 들으며 그에 맞춰서 춤을 추었다. 마오쩌둥은 엄숙한 공산당 정권에서 가장 세련되고 카리스마 있는 인물이었던 저우언라이를 지명해서 그녀와 연락을 유지하게 했다. 그밖에 그녀가 상대하는 (특히 상하이의) 고위 관료들은 이전에 공산당 지하 조직에서 활동했던 옛 동료들이었다. 그들은 그녀의 안락한 보호막이 되어주었다. 온갖 종류의 영예가 그녀에게 수여되었다. 그중에서도 소련 정부가 수여한 스탈린 평화상은 큰 관심을 받았다. 두 명의 유명 작가, 소련의 일리야 에렌부르크와 칠레의 파블로 네루다가 베이징으로 와서 그녀에게 직접 메달을 건넸다. 새로 생긴 즐거움들도 있었다. 칭링은 여러 나라들을 방문했고, 가는 곳마다 우아하고 기품 있는 중국의 대표로서 환영받았다. 칭링의 삶은 결코 나쁘지 않았다. 그녀는 만족했다.

1956년, 칭링은 처음이자 (아마도 마지막으로) 공산당과 정면으로 충돌했다. 그해 공산당은 중국복리회의 운영진을 전면 교체했고, 마오쩌둥의 측근이던 상하이의 당 서기장 커칭스를 새 집행위원장으로 임명했다. 칭링은 여전히 '주석'이었지만, 이것이 허울뿐인 명예임은 누가 보아도 명백했다. '자식' 같은 조직을 잃은 그녀는 격노했고, 사적인 편지에서 당을 "그들"이라고 칭하며 분통을 터뜨렸다. "그들은 나와 아무것도 논의하지 않았어.……나는 그들이 그런 결정을 내릴 줄은 까맣게 모르고 있었어."

11월이 되자 칭링은 폭발했다. 당시 공산당은 쑨원 탄생 90주년을 맞아 성대한 기념 행사를 준비하고 있었다. 칭링은 당 기관지 「인민일보(人民日報)」에 쑨원을 기념하는 글을 기고했다. 글에서 그녀는 쑨원을 중국의 레닌으로 묘사하면서, 그가 사망한 이후 중국공산당이 "그의 사명을 이어받았다"고 서술했다.

칭링은 통상적인 관례대로 당의 승인을 받기 위해서 초고를 베이징으로 보냈다. 보통 그녀와 연락하는 사람은 저우언라이었고, 그녀는 그의 의견을 존중했다. 그러나 이번에는 상황이 달랐다. 저우언라이는 훨씬 더 긴급한 다른 일로 정신이 없는 상태였다. 공산 세계 전체가 요동치고 있었다. 유럽에서 헝가리 혁명이 일어났고 폴란드 시위도 잇따랐다. 마오쩌둥은 동요했지만, 그와 동시에 이 위기를 이용해서 니키타 흐루쇼프를 몰아내고 공산 진영의 새로운 지도자가 될 기회를 노렸다(스탈린은 1953년에 사망했다). 마오쩌둥과 참모들은 이 국면을 어떻게 타개해야 좋을지 논의하는 데에 온 정력을 쏟아부었다. 밤낮을 가리지 않고 열띤 회의가 이어졌다.

저우언라이는 칭링의 글을 읽어볼 여유가 없었고, 검토 작업은 그보다 직급이 낮은 검열관들의 몫이 되었다. 요령 좋게 행동했던 저우언라이와 달리 검열관들은 칭링에게 몇몇 구절을 수정하고 특히 쑨원의 활동에서 중국공산당이 담당한 '지도적 역할'을 강조하라고 직설적으로 요구했다. 그들은 글을 이렇게 고치라고 통보했다. "쑨원 박사의 반제국주의 활동은 [중국공산당의 초기 지도자] 리다자오, 취추바이를 접한 것을 계기로 발전해나갔다." 칭링은 격노했고, 11월 8일 한 친구에게 쑨원의 혁명 활동이 시작된 것은 "젊은 시절부터였고……공산당과 만나기도 전이었다"고 편지를 보냈다. "그들의 공헌을 깎아내리려는 건 아니에요. 다만 사실을 존중해야 한다는 거죠. 비록 누군가의 마음에는 들지 않는다고 해도, 사실은 있는 그대로 서술해야 합니다." 이제는 습관처럼 그녀는 덧붙였다. "부디 이 편지는 읽고 나면 없애주세요."

칭링은 원고를 수정할 수 없다고 버텼고, 낮은 직급의 검열관들에게는 그녀를 제압할 만한 권한이 없었다. 원고는 수정 없이 그대로 기관지에 실렸고, 이를 읽은 당 지도부는 심기가 불편해졌다. 그들은 그녀에게 본때를 보여주어야겠다고 결심했다. 11월 11일, 쑨원의 탄생 기념 행사가 성대하게 개최되었다. 마오쩌둥이 공산당 전체 지도부를 이끌고 친히 참석했던 그 자리에서 쑨원 부인의 모습은 찾아볼 수 없었다.

동시에 칭링을 둘러싼 유언비어가 돌기 시작했다. 그녀가 자신의 경호실장과 "부도덕한 관계"를 맺고 있기 때문에 더 이상 쑨원 부인으로 볼 수 없다는 소문이었다. 칭링의 사촌이 이 소문을 듣고 그녀에게 편지를 써서 알렸다. 분노한 칭링은 누구라도 다시 그런 말을 입에 올린다면 "경찰에 신고하렴!"이라고 회신했다. 그러자 사촌은 소문이 거짓이라면 왜 기념 행사에 참석하지 않았느냐고 물었다. 칭링은 자신이 슬픔을 추스르지 못하고 추태를 부려서 지도자로서 좋지 않은 모습을 보일까봐 걱정되었다고 대꾸할 수밖에 없었다. 그러나 사실 그녀는 초대는커녕 기념 행사가 있을 것이라는 귀띔조차 받지 못했다.

칭링이 자신의 경호실장 수쉐팡을 유독 아끼고 그 애정을 숨김없이 드러낸 것은 사실이었다. 수쉐팡은 미남이었고, 사격도 운전도 능수능란했다. 사진 촬영에도 재주가 있었고 근사하게 춤출 줄도 알았다. 그는 칭링이 이따금 파티에서 춤을 출 때면 그녀의 짝이 되었고, 그녀와 함께 체스를 두고 당구를 쳤다. 본래부터 고용인들을 살뜰히 대하던 칭링이었다.* 어쩌면 그녀는 수쉐팡을 자신이 영영 가질 수 없었던 친자식처럼 여겼을지도 모른다. 사실 칭링은 경호팀 부실장 진싼왕 역시 각별히 아꼈다. 그에게 '대포(허풍쟁이)'라는 애칭을 붙였고, 피아노를 연주하는 법을 가르쳐주었으며, 심지어 비공식 석상에서 그녀 대신 연설을 하도록 맡기기도 했다. 두 젊은이는 그녀의 총애를 두고 경쟁했고, 때로는 골을 내거나 심통을 부렸다. 그러면 칭링은 나이 어린 아가씨처럼 명랑하고 짓궂게 응수했다. 칭링의 집에서는 진짜 가족 같은 분위기가 흘렀다. 즐겁게 웃고 떠드는 날도, 샐쭉하니 토라져서 씩씩대는 날도 있었다.

소문이 나지 않을 수 없었다. 그런데 이번 경우는 유독 일반 대중에게까지 퍼졌다는 점이 평소와 달랐다. 국가 지도자들의 사생활은 이중삼중의 베일에 싸여 있는 것이 일반적이었다. 다른 고위 간부가 불륜을 저질렀다고 해도 그 소문은 당의 핵심 집단 내에서 퍼질 뿐 바깥으로 새어나가지 않았다. 널리 소문이 퍼진 것은 칭링뿐이었다.

---

* 나는 칭링을 오랜 기간 보좌해온 두 명의 핵심 인물, 연락책 리윈과 경호팀 부실장 진싼왕을 인터뷰했다. 두 사람 모두 칭링이 고용인들을 무척이나 살갑게 대해주었다고 강조하면서 그녀의 이러한 성품을 책에 꼭 언급해달라고 부탁했다. 여러 지도자들의 보좌진을 인터뷰하면서 이런 요청을 받은 것은 이때가 처음이자 마지막이었다.

이 소문과 쑨원의 탄생 기념 행사에서 배제된 사건은 칭링을 불안하게 했다. 이러다가 자신의 생존에 없어서는 안 될 쑨원 부인 칭호를 박탈당할 수도 있겠다는 깨달음이 그녀의 뇌리를 스쳤다. 이전에 장제스 치하에서도 비슷한 소문이 있었지만, 그때는 그녀가 공개적으로 소문을 반박할 수 있었다. 몇몇 신문이 그녀의 입장을 실어주었고, 그것도 여의치 않다면 전단지로 만들어서 상하이의 고층 건물 옥상에서 뿌리는 방법도 있었다. 그러나 지금 칭링은 국가 부주석임에도 자신의 목소리를 전할 수단이 없었다. 대중 앞에 나서서 자신을 변호할 길이 없었던 그녀는 오로지 당의 처분만을 기다리는 신세가 되었다. 그녀가 쑨원을 향한 정절을 충실히 지켰더라도, 당에서 그녀를 쑨원 부인으로 인정하지 않으면 그것으로 끝이었다.

이 섬뜩한 현실 앞에서는 칭링도 고집을 꺾을 수밖에 없었다. 그녀는 자신의 복종을 표현할 방법을 찾아냈다. 1957년 4월, 마오쩌둥 정부의 2인자 류사오치가 상하이에 와서 아내 왕광메이와 함께 칭링을 방문했다. 명석하고 우아한 왕광메이는 명문가 출신으로 공산당 집권 이전에 베이징의 가톨릭계 대학교에서 물리학 학위를 받은 수재였다. 부부는 칭링과 사이가 좋았다. 칭링은 류사오치 부부의 방문을 당이 보낸 화해의 신호로 해석했고, 주어진 기회를 놓치지 않았다. 그녀는 류사오치에게 공산당 가입을 희망한다고 말했다. 왕광메이는 입당하고자 하는 칭링의 간절함을 눈치챘다. 류사오치는 무척 기뻤지만, 이것이 "아주 중대한 일"인 만큼 마오 주석에게 보고하겠다고 신중을 기하여 답했다. 얼마 지나지 않아서 그는 정권의 3인자 저우언라이를 데리고 다시 상하이를 방문했다. 두 사람은 칭링에게 당 외부에서 당의 혁명 사업을 돕는 편이 더 낫겠다며, 당에 가입하지 않더라도 모든 주요 사안을 수시로 알려줄 테니 의사 결정에 참여해도 좋다고 전했다. 칭링은 고개를 끄덕였다. 감정이 북받친 듯, 그녀의 눈에는 눈물이 차올랐다.

마오쩌둥과 공산당 지도부 역시 칭링과의 관계가 틀어지는 것을 원하지는 않았다. 마오쩌둥 본인도 칭링과 사적으로 좋은 관계를 유지했고, 그녀를 "친애하는 큰누이"라고 칭했으며, 그녀에게 유쾌한 농담을 담은 편지를 보냈다. 정치적으로 칭링은 값을 헤아릴 수 없을 만큼 귀중한 존재였다. 중국 주변의 비공산 국가들은 공산 중국을 두려워했고, 칭링은 그들의 마음을 돌려놓는 데에 도움이 될 수 있었다. 마오쩌둥이 특히 공들여 환심을 사고자 했던 인도네시아의 수카르노 대통령은 아름답고 고상한 칭링에게 매료되었고, 그녀를 칭송하는 노래를 직접 만들어서 불렀다. 마오쩌둥은 수카르노와의 관계 개선에 일조한 것에 대해서 칭링에게 특별한 감사를 표했다.

공산당의 타이완 정복 계획에서 칭링이 지닌 가치는 더욱 컸다. 미국 대통령 해리 S. 트루먼은 한때 장제스 정권과 거리를 두었으나, 1950년 6월 마오쩌둥이 북한의 남한 침공을 원조하여 한국 전쟁이 발발한 뒤로는 타이완을 중국공산당의 침입으로부터 보호하기 위해서 미국 해군 제7함대를 타이완 해협으로 파견했다. 타이완을 무력으로 정복할 수 없게 된 마오쩌둥에게 유일하게 남은 선택지는 그들이 투항하도록 유도하는 것이었다. 그리고 국민당 세력의 마음을 흔드는 데에는 쑨원 부인 같은 적임자가 없었다. 칭링은 지시에 따라서 뉴욕의 아이링에게 편지를 보내서, 우리 둘 다 너무 늦기 전에 "지금 당장" 자신을 만나러 오라고 재촉했다. 아이링이 지난 몇 년간 여러 번 편지를 보내도 한 번도 답장을 하지 않은 그녀였다. 공산당의 전략을 눈치챈 아이링은 자신이 백내장 때문에 곧 수술을 받을 예정이며, 시력을 회복하는 대로 서둘러 만나러 가겠다고 요령껏 회신했다. 항상 그녀를 그리워하고 있으며 이전처럼 함께할 수 있으면 좋겠다는 말도 빼놓지 않았다. 캐시미어 옷도 몇 벌 보냈다. 하지만 아이링이 죽을 때까지 중화인민공화국을 방문하는 일은 없었다.

마오쩌둥은 칭링이 겪은 굴욕에 대한 보상으로 호의를 한 가지 더 베풀었다. 1957년 11월, 모스크바에서 열린 10월 혁명 40주년 기념 행사에 그녀를 중국공산당 대표단 부단장으로 데리고 간 것이다. 칭링은 이에 답하여 중국공산당의 방침에 따라서 쑨원에 대한 서술을 전면 수정했고, 모스크바로 떠나기 전에 쓴 글에서 쑨원은 "공산당 대표와 접견한 이후에 비로소 중국 혁명 문제에 대한 올바른 견해를 지니게 되었다"고 선언했다.

한편 이즈음 칭링의 경호실장 수쉐팡은 공장 노동자와 결혼을 했다. 칭링은 신혼부부를 초대해서 축하 만찬을 베풀었고, 부부가 지낼 곳을 배정받지 못하자 자신이 소유한 상하이 저택의 직원용 숙소에 머물도록 배려해주었다.

칭링과 당의 충돌은 쌍방의 영리한 대처로 원만하게 마무리되었다. 그러나 칭링과 수쉐팡의 관계를 둘러싼 유언비어는 끊이지 않았다. 1960-1970년대 중국에서 성장한 이들이 다들 그러했듯이, 나 역시 이와 같은 소문을 듣고 자랐다. 그녀가 경호실장과 비밀리에 결혼했기 때문에 더 이상 '쑨원 부인'이라고 할 수 없지만, 그녀의 체면을 지키기 위해서 당이 칭호를 유지하게 해주었다는 내용이었다. 사람들은 소문을 믿었다. 지금까지 믿고 있는 이들도 적지 않다.

이 모든 일을 겪은 끝에 칭링은 독자적인 행동을 멈추었고, 당의 장식품으로 전락했다. 외국을 방문하거나 외국에서 온 손님을 접대하며 당을 선전했고, 당을 비판하는 언사는 사적인 자리에서조차 삼갔다. 대중 앞에 나설 때면 당이 시키는 말을 그대로 주워섬겼다. 1957년 '반우파(反右派)' 운동이 일어났고, 마오쩌둥의 호소를 받아들여 국가의 여러 문제들을 솔직하게 비판한 수십만 명의 지식인들이 우파로 몰렸다(마오쩌둥의 호소는 잠재적인 비판 세력을 유인하기 위한 미끼였다). 칭링과 함께 장제스에 맞섰던 수많은 오랜 친구와 동료들이 희생자가 되어서 직장을 잃고 중노동형에 처해졌다. 강제수용소에 보내진 사람도, 자살로 내몰린 사람도 있었다. 반우파 운동은 장제스가 저지른 어떠한 악행보다도 많은 사람들을 파멸시켰다. 그러나 칭링은 침묵했다(그해에 그녀는 자기 자신을 지키기에도 벅찼다). 친구들의 불행에 가슴 아파하면서도 그녀는 애써 마음을 굳게 먹었다. 어느 글에서 칭링은 당의 구호를 인용해서 독자들, 그리고 자기 자신에게 충고했다. "우리는 기필코 온정주의를 극복해야 합니다……."

1958년 마오쩌둥은 그 이름도 웅장한 '대약진(大躍進)'을 개시했다. 군사 사업의 모든 영역을 초고속으로 건설하는 것이 그의 목표였다. 그러기 위해서는 철강이 필요했고, 경제에 대해서는 문외한이던 마오쩌둥은 전국 인민에게 철강을 만들라고 명했다. 토법고로(土法高爐)라고 불리는 가정용 용광로가 중국 전역에 우후죽순처럼 생겨났다. 칭링 역시 자신의 직원들과 함께 정원에 용광로를 만들었다. 이 거대하고 흉물스러운 장치를 둘 자리를 마련하기 위해서 그녀는 수려한 고목을 몇 그루나 베어야 했다. 「인민일보」는 그녀가 붉게 녹인 쇠를 손수 집게로 들어올려 청년들의 망치질을 도왔다고 보도했다. 칭링은 기분이 좋지 않았지만, 저항하지 않았다.

중국 전역에 대기근이 들었다. 대약진 운동으로 인한 인적, 물적 자원의 막대한 낭비가 주된 원인이었다.* 기근은 1958년부터 1961년까지 4년간 이어졌다. 4,000만 명이 넘는 중국인들이 굶어 죽었다. 특권층의 정점이라고

---

* 마오쩌둥이 군사 산업 원조에 대한 보상으로 중국인들의 생존에 필요한 식량을 소련에 넘긴 것이 주된 원인이었다. 장융과 존 핼리데이의 공저 『마오 : 알려지지 않은 이야기들』의 제40장을 참고하라.

할 수 있는 칭링의 주변에도 배를 곯는 이들이 있었다. 직원들의 식사를 보충하기 위해서 칭링이 애완용으로 기르던 염소를 도축하라고 명한 적도 있었다. 상상을 뛰어넘는 수준의 폭정을 목격한 일부 공산당 원로들은 반발했다. 대표적인 인물은 국방부 장관 펑더화이였다. 그는 1959년 7월 공개적으로 비판당했다(그는 이후 감금 상태에서 사망했다). 펑더화이를 존경했던 칭링은 큰 충격을 받았다. 오랫동안 신임해온 비서에게 보낸 편지에서 그녀는 속마음을 드러냈다. "신경이 곤두서 있고, 밤이면 악몽을 꿔." 그리고 이렇게 덧붙였다. "편지는 읽고 나면 태워버리렴."

이 시점에 칭링은 건강 문제를 핑계로 중국을 떠날 생각을 품었던 것 같다. 관절염에 시달리던 그녀는 이미 중국 최고의 의료진에게 치료를 받고 있었다. 하지만 1959년 7월 27일 독일의 친구 안나 왕에게 보내는 편지에서 그녀는 올바른 치료와 관리를 받으려면 해외로 가야 한다는 말을 들었다고 전했다. 이는 치료를 내세워서 중국에서 빠져나갈 수 있는 방도를 찾아달라고 안나에게 암시하는 말로 들린다. 진지한 계획이라기보다는 막연한 희망 사항에 가까웠지만, 막역한 친구에게 넌지시 말을 흘리는 것만으로도 칭링은 극도로 초조해했다. 그녀의 편지는 마치 어떤 '빅 브라더'가 안나의 어깨 너머로 편지를 감시하고 있음을 의식한 듯했다. 말을 꺼내본 다음 그녀는 출국하기에는 통증이 너무 심해서 이 문제는 해결하기 어려울 것 같다고 서둘러 덧붙였다.

편지에 대한 칭링의 불안은 다른 누군가가 그것을 읽을까봐 걱정하는 데에서 그치지 않았다. 그녀는 누군가 편지를 중간에서 가로챌까 두려워했고, 수신인이 편지를 무사히 전달받았다고 확인해주기 전까지 안절부절 못했다. 불만을 드러내는 것은 가끔뿐이었다. 확성기(대약진 시기의 특징이었다)에서 새벽부터 밤 9시까지 열성적으로 쏟아지는 소음 때문에 칭링은 미치기 직전이었다. 즐거운 사교 생활은 사라졌고, 억지로 해야 하는 공적인 업무가 그 자리를 대신했다. 생필품 부족도 심각했다. 안나에게 보내는 편지에서, 칭링은 갓난아이를 낳은 엄마들이 기저귀를 만들 옷감이 없어서 염치 불고하고 남들에게 낡은 이불보를 얻으러 다녀야 한다고 전했다. 칭링 역시 여분의 침대 시트와 낡은 옷가지를 주변에 나누어주었다는 것이었다. 그녀는 동독에 거주하는 안나에게 셔츠와 바지를 만들 옷감이 급하게 필요하니 그것들을 좀 보내달라고 부탁했다. 어떤 종류라도 좋았다. "빌어먹는 사람이 음식을 가릴 수는 없는 노릇이잖니." 안나는 옷감과 함께 속옷에 쓸 고무줄, 양말, 협탁 위에 놓을 거울도 보내주었다.

존경하는 마담 쑨원이 공산당 정권에 저항하기를 기대한 해외의 반공 인사들은 그녀가 수차례 중국공산당 중앙 정부에 서신을 보내서 항의했다고 주장한다. 그러나 이를 입증하는 사료는 존재하지 않는다. 남아 있는 증거는 그녀가 당의 입장을 지지하고 그에 충실히 따랐음을 보여줄 따름이다.

대기근 시기, 칭링의 삶에 일어난 한 가지 사건이 그녀가 눈과 귀를 막고 바깥의 현실을 외면할 수 있게 해주었다. 1960년대로 접어들던 즈음 칭링은 비공식적으로 두 명의 딸을 입양했다. 두 딸은 칭링의 전부가 되었다.

아이들은 칭링과 묶여 추문에 휘말렸던 경호실장 수쉐팡의 자식들이었다. 1957년 말 첫째 딸 수융칭이 태어나자 수쉐팡은 아기를 데리고 칭링을 찾았다. 칭링이 아이들을 좋아했기 때문에 고용인들은 아기가 태어나면 그녀를 찾아가서 보여주고는 했다. 칭링이 수융칭을 품에 안고 어르자, 아기는 울지도 않고 그녀를 향해 방글방글 웃었다. 아기의 눈동자가 칭링의 눈동자와 마주쳤다. 그러더니 아기가 그만 칭링의 말끔하게 다림질한 옷에 실례를 해버렸다. 칭링의 깔끔한 성미를 아는 주변의 고용인들이 호들 갑스럽게 아기를 넘겨받으려고 손을 뻗었다. 그러나 칭링은 그들을 저지 했다. "시원하게 다 싸도록 그냥 두게. 갑자기 멈추게 하면 아기한테 좋지 않아." 아기 오줌의 뜨뜻한 온기는 칭링의 마음속에서 잠자고 있던 감각을 일깨웠다. 그녀가 경험하지 못했던, 그러나 오랫동안 갈망해온 '엄마가 된 다'는 감각이었다. 이때부터 정치의 검은 그림자는 희미해졌고, 60대 중반 의 칭링은 엄마 역할에 온 힘을 다하기 시작했다.

20

"후회는 없다"

칭링의 옷에 실례를 했던 갓난아이는 귀여운 아이로 자라났다. 칭링은 수융칭에게 욜란다(Yolanda)라는 영어 이름을 지어주었지만, 부르기는 '귀염 둥이'라고 불렀다. 이즈음 칭링은 60대 후반이었기 때문에, 사람들은 아이에게 그녀를 '할머니' 또는 '마님'이라고 부르라고 가르쳤다. 하지만 칭링은 '엄마'로 불리고 싶었다. 칭링의 마음을 읽기라도 한 것처럼, 총명한 아이가 어느 날 그녀에게 "엄마 마님"이라고 웅얼거림으로써 문제는 해결되었다. 칭링은 뛸 듯이 기뻐했고, 곧바로 앞으로 자신을 찾아오는 아이들은 모두 '엄마 마님'이라는 호칭을 사용하게 하라고 지시했다. 보는 눈이 없을 때면 칭링은 스스로를 엄마로 칭했고, 수융칭도 그녀를 엄마라고 불렀다.

1961년 어느 날, 세 살배기 수융칭은 '엄마 마님'에게 춤을 선보였다. 칭링은 대견한 마음을 감추지 못하며 친구들에게 수융칭에 대한 자랑을 늘어놓았다. 그해 수융칭은 6월 1일 아동절 기념 행사에 초청받아서 어여쁜 한복 차림으로 춤을 추었다. 텔레비전(당시 텔레비전은 극소수의 특권층만이 보유할 수 있는 진귀한 사치품이었다)으로 그 모습을 지켜본 칭링은 넋을 놓고 빠져들었다. 특히 그녀는 신기하게도 수융칭이 자신을 꼭 닮았다고 생각했다(주위 사람들의 생각도 비슷했다).

1959년에 태어난 수융칭의 여동생 수융제 역시 비공식적으로 칭링의 수양딸이 되었다. 칭링은 수융제가 5개월이 되던 때에 찍은 사진을 너무도 좋아한 나머지 당의 공식 여성지인 「중국 부녀(中國婦女)」의 표지로 사용하면 어떻겠냐고 잡지사에 건의하기도 했다(실현되지는 않았다).

두 아이는 칭링의 집을 드나들었다. 비좁고 남루한 직원용 숙소에 사는 아이들에게 칭링의 집은 낙원이나 다름없었다. 경호원으로, 공장 노동자로 일하는 그들 부모의 생활은 고달팠고, 대기근 때에는 더욱 어려웠다. 부부에게는 먹여야 할 식구가 많았다. 수융칭과 수융제 아래로 아들과 딸이 한 명씩 더 있었고, 집안 분위기도 좋지 못했다. 부부는 자주 다투었고 집에서는 큰소리가 끊이지 않았다. 수쉐팡의 아내는 가족에게 영향을 미치는 칭링의 존재를 달가워하지 않았고, 짜증과 분노가 치밀어오를 때면 그릇과 접시, 온갖 귀중품들을 마구 부수었다. 남편을 쫓아서 칭링의 사무실까지 난입해서는 우리 집이 엉망인 것은 모두 당신 탓이라며 고귀한 쑨원 부인에게 욕설을 퍼부은 적도 있었다. 아연실색한 칭링은 즉시 이들 가족이 살 집을 알아보라고 지시했다. 수쉐팡 가족은 곧 칭링의 저택을 떠나서 다른 곳으로 이사했다.

1963년, 수쉐팡은 뇌졸중으로 쓰러져 반신불수가 되었다. 칭링은 오랜 친구에게 보내는 편지에서 이렇게 말했다. "그 소식에 나는 너무도 상심했고, 아직까지도 그를 문병할 엄두가 나질 않아. 내 감정이 그를 슬프게 하고 병을 악화시킬까봐 걱정돼. 그의 두 아이들은 유아원에 보냈어. 그곳이 집보다 나을 거야. 아이들이 어찌나 똑똑한지 몰라. 상하이로 돌아온 뒤에 유아원에 가서 아이들을 만났는데, 새로운 생활과 환경에 제법 익숙해진 것 같더라." 칭링은 유아원 일과가 끝나면 아이들을 자신의 집으로 데리고 왔고, 아이들은 칭링과 시간을 보내기 시작했다.

아이들의 엄마는 화가 났지만, 아이들을 위해서는 이것이 최선의 선택임을 인정하고 현실을 받아들였다. 수융칭과 수융제는 부모와의 관계를 유지했지만 대부분의 시간은 '엄마 마님'과 함께 보냈다. 칭링은 아이들에게 다른 곳에서 맛볼 수 없는 음식을 먹였고, 감히 꿈도 꾸지 못했을 좋은 옷을 입혔다. 그중에는 새끼 양의 털로 만든 부드러운 모피 코트도 있었다. 코트를 입어본 아이들은 좋아서 어쩔 줄을 몰랐다. 칭링은 아침이면 알록달록한 나비 모양의 비단 리본으로 아이들의 머리를 꾸며주었다. 아이들이 정원의 너른 잔디밭에서 뛰놀 때는 근처 벤치에 앉아서 그 모습을 지켜보았고, 품 안으로 달려드는 아이들을 꼭 안아주었다. 정원에는 커다란 거위 두 마리가 살았는데, 아이들은 칭링에게 안긴 채로 뒤뚱뒤뚱 걷는 거위에게 먹이를 주고는 했다. '엄마 마님'은 아이들에게 귀한 손님을 대하는 예의범절을 가르쳤고, 고위급 인사들에게 아이들을 소개했다. 만면에 미소를 띤 저우언라이가 한 손에는 수융칭, 다른 한 손에는 수융제의 손을 잡고 정원을 거니는 사진도 남아 있다.

칭링의 관심은 온통 아이들에게 쏠려 있었다. 훗날 수융칭은 칭링이 과거에 헌신적으로 일에 매달린 것이 어느 정도는 엄마가 되지 못하는 내면의 공허함을 채우기 위한 것이었던 듯하다고 진술했다.

1966년 문화 대혁명이 시작되자 칭링은 더 이상 집 밖의 현실을 외면할 수 없게 되었다. 문화 대혁명은 마오쩌둥이 일으킨 가장 큰 숙청 사업으로, 주요 표적은 마오쩌둥의 뒤를 이어서 국가 주석이 된 류사오치였다. 그가 대약진 이후 돌연 마오쩌둥을 공격하고 마오쩌둥의 초고속 군수 사업화를 중단시킨 것(덕분에 대기근도 끝이 났다)이 원인이었다.* 마오쩌둥은 자신의 계획을 방해한 류사오치를 증오했고, 그가 감옥에서 비참한 죽음을 맞이하도록 만들었다. 류사오치의 아내 왕광메이는 "미국중앙정보국(CIA)과 국민당의 간첩"이라는 황당무계한 죄명을 뒤집어쓰고 감옥에 갇혔다. 중국 전역에서 수천만 명의 사람들이 류사오치의 추종자로 몰려서 고초를 겪었다. 이들에게는 '주자파(走資派)', '마귀' 등 기괴하고도 무시무시한 꼬리표가 붙었다. 총리 저우언라이는 마오쩌둥의 충실한 종노릇을 해서 간신히 목숨을 부지했다.

칭링은 이번에도 쑨원 부인이라는 신분 덕택에 최악을 모면했다. 실제로 마오쩌둥이 홍위병으로부터 보호할 것을 특별히 명한 인물들의 명단에서 그녀는 첫째 줄에 위치했다. 칭링 역시 곤욕을 치렀지만, 다른 이들이 겪은 것에 비하면 그저 성가신 일에 불과했다. 홍위병들이 상하이에 있는 부모님의 묘를 파헤치자, 칭링은 저우언라이에게 사진을 보내서 이 사실을 알렸고 묘지는 곧 복구되었다. 다만 칭링의 형제자매들의 이름은 묘비에서 긁어 파내진 그대로 남겨졌다. 새로 온 경호실장이 칭링을 괴롭게 했지만, 저우언라이의 아내에게 편지를 보내서 불만을 전달하자 곧 교체되었다(문화 대혁명의 열성적 신봉자였던 새 경호실장은 극적인 방식으로 퇴출당했다. 그가 마오쩌둥 어록을 노래로 만든 "어록가"를 흥얼거리며 자신의 사무실로 걸어가고 있을 때였다. 부하 한 명이 다가와서 경례를 하고는 긴급하게 논의드릴 일이 있으니 방으로 가시자고 권했다. 그가 방에 들어서자마자 문 뒤에서 두 사람이 튀어나오더니 눈 깜짝할 사이에 그의

---

* 자세한 내용은 장융과 존 핼리데이의 공저 『마오 : 알려지지 않은 이야기들』의 제44장을 참고하라.

팔을 붙잡고 허리띠에 꽂혀 있던 권총을 빼앗았다. 새 경호실장은 대문 밖으로 인도되었고, 풀이 죽은 채 자신의 자전거를 타고 떠나갔다).

그러나 마오쩌둥은 모든 사람에게 조금씩은 두려움의 맛을 보여주고자 했다. 이에 따라서 칭링에게는 상하이로 돌아가지 말고 베이징에 머물라는 지시가 내려왔다. 당국의 허가를 받은 홍위병들이 그녀의 집 밖에 진을 치고서 진홍빛 담장을 향해 확성기로 살기등등한 구호를 부르짖었다. 잔인한 '비판투쟁'이 진행될 때면 희생자들이 고통에 차서 절규하는 소리가 칭링의 귀에까지 들려왔다. 칭링은 등골이 오싹했다. 스탈린의 숙청 사업도, 장제스의 '백색 테러'도, 마오쩌둥이 주도했던 지난날의 정치 운동들도 이 정도로 끔찍하지는 않았다. 홍위병들이 갑자기 집에 난입하여 예쁜 핸드백, 구두, 옷감을 보고 '부르주아적'이라며 자신을 고문할까봐 겁먹은 칭링은 물건들을 전부 화로에 넣어 태워버렸다. 비둘기와 금붕어 따위의 애완동물을 기르는 것을 비난하는 기사를 읽고서는 즉시 보던 신문을 내려놓고 고용인들에게 자신이 기르던 비둘기들을 전부 죽이라고 지시하기도 했다. 비둘기들에게는 다행스럽게도, 이 소식을 보고받은 저우언라이가 비둘기들을 그대로 두라고 명했다. 칭링이 자신의 공포를 오랜 친구에게 충동적으로 털어놓은 적도 있었다. 수신자는 마오쩌둥을 지지하던 미국인 기자 애나 루이즈 스트롱이었다. 그러나 편지를 부치자마자 더욱 큰 공포가 칭링을 덮쳤고, 그녀는 황급히 두 번째 편지를 써서 방금 보낸 편지를 없애달라고 스트롱에게 부탁했다. 스트롱은 칭링을 안심시켰다. "두 번째 편지를 받은 날 곧장 첫 번째 것을 내 손으로 잘게 찢어 변기에 흘려보냈어요.……편지는 일말의 흔적도 남지 않았습니다."

하루가 멀다 하고 끔찍한 소식이 날아들었다. 친구들, 친척들이 비판투쟁에서 가혹하게 심문당했다. 집에서 끌려나와서 감옥에 갇혔고, 잔혹한 폭행을 당한 끝에 목숨을 잃었다. 칭링의 절친한 친구이자 문화 대혁명 이전에는 상하이의 부시장이었던 진중화는 '미국의 간첩'으로 몰려서 강도 높고 무자비한 심문을 당했다. 그의 집도 수색을 당했는데, 이 과정에서 칭링의 편지 80여 통이 발견되었다. 읽고 나서 없애달라는 칭링의 부탁에도 불구하고 진중화가 그녀와의 교제를 소중히 여기고 간직한 것들이었다. 마오쩌둥 정권에 대한 불경한 내용은 조금도 없었지만, 진중화는 편지의 어느 구절이 알 수 없는 이유로 "문제의 소지가 있다"고 판단되어 칭링에게 화를 입힐지도 모른다는 불안에 사로잡혔다. 정신적인 압박을 견디지 못한 그는 1968년 목을 매달아 자살했다.

칭링의 거의 모든 친척들이 단지 쑹씨 일가와 관계가 있다는 이유만으로 모진 핍박을 받았다. 외종사촌 니지전은 상하이의 집에서 홍위병들에게 끌려나와서 얻어맞고 짓밟혔다. 입에서 피를 토하는 극심한 고통 속에서 그녀는 칭링에게 도움을 호소했다. 1966년 12월 14일 자 편지에서 그녀는 자신이 당한 일들을 낱낱이 고했다. "이 모든 고통과 공포를 얼마나 더 견딜 수 있을지 모르겠어요.……살아보려고 노력할 거예요(자살하면 반동분자로 취급된다고 하더군요). 지은 죄가 없으니 목숨을 끊지 않겠어요.……편지 보시면 제발 몇 자 적어 보내주시겠어요? 받아보셨다는 걸 알면 마음에 위안이 될 것 같아요." 편지 말미에 서명한 다음 니지전은 이렇게 덧붙였다. "간씨 고모네 며느리는 가스를 마시고 자살했어요. 제가 아는 사람 중에 벌써 여덟 번째예요."

칭링은 편지를 받아보았다. 여전히 베이징을 떠나지 말라는 지시에 묶여 있을 때였다. 답장은 쓰지 않았지만, 상하이에 사는 옛 직원에게 집을 잃은 사촌동생 앞으로 돈을 전해달라고 은밀히 부탁했다. "자산 계급 집안에서 태어났을 뿐, 내 사촌동생은 정치에 간여하거나 나쁜 일을 저지른 적이 없어요. 줄곧 시키는 대로 성실하게 살았지요." 그러나 그후로 직원은 소식이 없었다. 나중에야 칭링은 그녀가 문화 대혁명 시기에 중국 내의 거의 모든 조직들이 앞다투어 설치했던 임시 감옥에 수감되었다는 사실을 알게 되었다. 칭링의 돈을 전달하려고 했던 것이 원인일지도 몰랐다. 칭링은 사촌동생을 도우려는 시도를 포기해야 했다. 1968년 5월, 만신창이가 된 니지전은 절박한 심정으로 칭링의 상하이 저택으로 찾아가서 초인종을 눌렀다. 칭링은 베이징에 있으니 돌아가라는 대답이 들려왔다. 문전박대당한 니지전은 건너편 건물로 향했다. 그리고 건물 옥상에서 뛰어내려 생을 마감했다.

사촌동생의 죽음은 칭링을 괴롭혔다. 칭링은 자신에게 "어느 정도 책임이 있다"고 생각했고, 사촌동생이 등장하는 꿈을 꾸었다. 결국 그녀는 악몽을 견디다 못해서 자신의 결혼식에도 참석했던 오랜 친구 랴오멍싱에게 속마음을 털어놓았다. 편지는 사방에서 벌어지는 잔혹 행위를 향한 분노와 혐오를 숨김없이 드러냈다. 읽고 나면 없애달라는 부탁도 적혀 있지 않았다. 1971년 2월에 쓰인 이 편지는 문화 대혁명에 대한 칭링의 가장 큰 비판의 목소리였다. 그녀의 인내심은 한계에 도달해 있었다.

이 지옥 같던 시기에 칭링은 수양딸들도 만나지 못했다. 칭링이 그들의 아버지와 부적절한 관계를 맺고 있다는 해묵은 소문이 다시 수면 위로 올라왔기 때문이다. 사람들의 의심은 그 어느 때보다 구체적이고 공식적이었다. 홍위병들은 칭링이 수쉐팡에게 수많은 선물들을 안겨주었다고 공개적으로 비난했다. 당시로서는 값비싼 사치품이었던 카메라와 더불어 옷 여러 벌을 그에게 주었다는 것이다. 칭링은 어쩔 수 없이 1969년 10월 당국에 서신을 보내서 자신의 오명을 벗겨달라고 부탁했다. "진실은 이렇습니다. 문제의 옷들은 그가 몇 차례 공무상 나를 수행해 외국을 방문했을 때

정부에서 지급받은 것들입니다. 내가 그에게 준 옷은 한 벌도 없습니다. 다만 카메라는 내가 선물한 것이 맞습니다."

이전과 마찬가지로, 당국은 쑨원 부인의 원한을 사서 좋을 것이 없다고 판단했다. 1970년 초 칭링은 실로 오랜만에 수양딸들을 볼 수 있었다. 10대가 된 아이들이 나타나자 그녀의 가슴은 걷잡을 수 없이 벅차올랐다. 아이들은 훌쩍 자라 있었다. 수용칭의 키는 이제 칭링보다 컸고 발도 부쩍 자라서 남성용 신발을 신어야 했다. 칭링은 그 어느 때보다도 아이들을 향한 사랑을 느꼈다. 이때부터 아이들은 칭링의 집에서 살게 되었다.

아이들은 거의 아무런 교육도 받지 못했다. 문화 대혁명 시기에 학교 수업이 중지되었기 때문이다. 학생들은 학교에 가면 교사를 비판하거나 홍위병끼리 파벌을 나누어 싸웠고, 이도 저도 아닐 때에는 아무것도 하지 않고 그저 빈둥거렸다. 1960년대 말 마오쩌둥은 홍위병을 해산하기로 결정하고 그들을 농촌으로 보내서 농민으로 일하게 했다. 절대 다수의 청년들에게는 이러한 상산하향(上山下鄕)이 유일하게 주어진 길이었다. 칭링은 자신의 '딸들'만큼은 절대 그렇게 내버려둘 수 없다고 마음먹었다. 그녀는 인맥을 동원하여 아이들을 군대에 입대시켰다. 당시로서는 특권층에게만 허락되던 대안이었다. 그리하여 수용칭은 문예공작단에서 발레를 배웠고 수용제는 군병원에서 일했다.

1971년 9월, 분기점이 되는 사건이 일어났다. 문화 대혁명 시기에 마오쩌둥에 버금가는 권력자였던 국방부 장관 린뱌오가 비행기 사고로 사망한 것이다. 마오쩌둥과의 관계가 틀어진 후 소련으로 도피하던 중에 벌어진 일이었다. 문화 대혁명 당시 마오쩌둥을 대신하여 나라를 운영한 것은 린뱌오가 장악한 군대였다. 더 이상 군대를 믿을 수 없게 된 마오쩌둥은 자신이 몰아낸 옛 관료들을 다시 기용할 수밖에 없었다. 그중에는 문화 대혁명에 참여하기를 거부했던 전임 부총리 덩샤오핑도 포함되었다. 분위기는 확연히 누그러졌다. 고위층 사이에서는 문화 대혁명을 가리켜 중국의 '홀로코스트'라고 일컫는 이들도 생겼다. 이러한 새바람 속에서 칭링은 보다 자유롭게 목소리를 내도 괜찮겠다고 느꼈다. 1972년 6월 신임하는 친구이자 친척에게 보낸 편지에서 그녀는 말했다. "어제 저녁 당신과 터놓고 이야기할 수 있어서 정말 즐거웠습니다. 혁명이 불순분자들을 표면 위로 드러내는 건 분명합니다만, 얼마나 많은 <u>아까운 생명들</u>이 희생되었는지요! 그 많던 <u>유능한 간부들</u>이요!" 그녀가 직접 친 밑줄은 그녀가 느낀 감정의 강렬함을 여실히 보여준다.

이후 수년에 걸쳐 칭링의 수많은 친구들이 감옥에서 풀려났다. 그들 중에는 억울한 누명을 쓰고 5년간 감옥살이를 했던 오랜 친구 이스라엘 엡스타인 부부도 있었다. 엡스타인 부부의 석방 소식이 전해지자 칭링은 감격했지만, 일말의 두려움은 여전했다. 칭링은 그들을 수감되기 전처럼 대해도 무방하냐고 당국에 넌지시 문의했다.

칭링은 다시 파티를 열기 시작했다. 천신만고 끝에 살아남은 친구들이 오랜만에 한자리에 모여서 담소를 나누고 웃음을 터뜨렸다. 파티가 있는 날이면 칭링은 정성스럽게 화장을 했다. 얇게 파우더를 발랐고, 미술용 붓으로 눈썹을 그렸다. 그녀를 분노하게 만드는 일은 여전히 많았다. 가까운 친구를 만찬에 초청했는데 누군가의 방해로 그가 참석하지 못한 일도 있었다(칭링은 그가 아파서 오지 못한다고 들었는데, 친구는 반대로 칭링이 아파서 만날 수 없다고 통보받았다). 화가 난 칭링은 친구에게 편지를 보냈다. "오랫동안 당에 충성을 바쳐온 당원을 이렇게 푸대접하는 법이 <u>어디</u> 있답니까!" 가사 도우미를 구하는 데에도 애를 먹었다. 공안부가 지원자들의 출신 성분을 까다롭게 따졌기 때문이다. 자격 심사를 통과하여 칭링에게 배정된 가사 도우미가 전족 때문에 거의 걷지 못하는 할머니였던 적도 있었다. 칭링은 기분이 언짢았다. "그들은 그이의 출신 성분이 좋다고 하지만, 왜 후손들이 조상의 죄에 구애받아야 하냐는 말이야!"

1976년 1월, 저우언라이가 일흔일곱의 나이에 암으로 사망했다. 칭링은 애통했다. 생이 몇 개월 남지 않았을 때에도 그는 최선을 다해서 그녀가 평안하게 생활할 수 있도록 거들어주었다. 한 남자가 수용칭이 돈을 빌려놓고 갚지 않았다며 그녀를 구타하는 일이 생기자, 칭링은 즉시 펜을 들어 당국에 그를 고발했다. 이를 전해들은 저우언라이는 남자를 일주일간 구금하고 사과문을 쓰게 했다. 칭링이 넘어져서 다쳤을 때에는 몇 번이나 전화를 걸어서 그녀의 안부를 묻기도 했다.

같은 해 9월 9일, 마오쩌둥이 세상을 떠났다. 상하이에 머무르고 있던 칭링은 베이징에서 걸려온 장거리 전화로 소식을 접했다. 여든세 살 칭링은 하염없이 눈물을 흘렸다. 그러나 그녀는 아무 말도 하지 않았고, 이 소식을 다른 사람과 이야기하지도 않았다. 그보다는 그즈음 누군가가 그녀에게 오는 편지를 가로채 도착을 막는 듯하다는 의심에 정신이 쏠려 있었던 것 같다. 마오쩌둥이 사망하고 한 달 후, 그의 말년에 가장 가까운 심복이었던 '사인방'이 체포되었다. 마오쩌둥의 아내 장칭을 비롯한 이들 사인방은 문화 대혁명 시기에 일어난 모든 악행의 원흉으로 지목되었다. 칭링은 비로소 활기를 띠기 시작했다.

칭링은 문화 대혁명이라면 치를 떨었지만 마오쩌둥을 탓하기는 꺼렸다. 그에게 책임을 묻게 되면 그녀 자신이 내린 결정을 돌아보지 않을 수 없고, 궁극적으로는 자신이 평생 그릇된 길을 걸어왔으며 구원자를 잘못 선택했다는 결론에 이를지도 몰랐다. 칭링으로서는 용납할 수 없는 결론이었다. 그녀는 주변 사람들에게 말했다. "나는 선택을 했고, 거기에 후회는 없다." 칭링이 원래부터 싫어했던 장칭의 몰락은 편리한 변명거리가 되어주었다. 칭링은 마음의 안정을 되찾았다.

사실 그 어떤 정책도 장칭이 주도한 것은 아니었다. 그녀는 스스로를 이렇게 표현했다. "나는 마오 주석의 개였습니다. 그가 누구를 물라고 명령하면 가서 물었죠." 장칭은 1930년대에 상하이에서 배우로 활동하다가 몇몇 좌파 예술가들과 함께 옌안으로 건너갔고, 그곳에서 마오쩌둥의 눈에 들었다. 1938년 마오쩌둥은 (세 번째) 아내를 버리고 장칭과 결혼했다. 세월이 흐르면서 마오쩌둥은 장칭이 악의에 가득 찬 사람이라는 사실을 알게 되었고, 기꺼이 그 악의를 이용했다. "장칭은 전갈보다도 독이 가득한 사람이라네." 마오쩌둥은 집안사람에게 이렇게 말하며 새끼손가락을 전갈의 꼬리 모양으로 까딱까딱 움직였다. 장칭은 마오쩌둥의 명에 따라서 문화 대혁명을 진두지휘했고, 남들이 꺼리는 일을 도맡았다. 그녀가 모두에게 미움받고 있음을 마오쩌둥도 알았다. 불치병을 앓던 말년의 그는 쿠데타가 일어날까 두려워하며 정적들을 향해 거듭 메시지를 보냈다. '내 아내와 그 패거리는 당신들 마음대로 처리해도 좋다. 단, 내가 죽을 때까지는 기다려달라'는 것이었다.

장칭과 사인방이 수감되자 칭링은 기뻤다. 그녀는 흥분하여 친구에게 이렇게 말했다. "당은 이 요사스러운 여자에게 지나치게 인정을 베풀고 있어! 글쎄 그 여자가 날씨가 너무 춥다면서 가발을 되돌려달라고 요청했다지 뭐니!" 사인방의 재판이 진행되고 있던 1980년, 칭링은 안나 왕에게 보내는 편지에서 장칭이 저지른 최악의 악행은 모든 일이 남편 마오쩌둥의 지시였다고 주장하여 그의 명예를 더럽힌 것이라고 말했다. "정신 나간 여자 같으니라고!" 마오쩌둥의 부주석은 소리쳤다. 칭링은 사적인 편지에서도 다시 마오쩌둥을 찬양하기 시작했다. "그는 내가 운 좋게 만나볼 수 있었던 많은 사람들 가운데 가장 현명한 사람이었어요. 그의 명석한 사상과 가르침을 우리는 충직하게 따라야 합니다.……그것이 우리를 거듭되는 승리의 길로 이끌 거예요." 뻔한 찬사 뒤로 칭링은 뒤늦게 떠오른 생각을 소괄호 안에 이렇게 적었다. "(한 가지 의문이 있어요. [장칭과의] 관계를 단번에 끊으면 그녀가 소란을 일으키는 것을 미연에 방지할 수 있었을 텐데, 그는 왜 그렇게 하지 않았을까요?)" 칭링은 진심으로 중국의 '홀로코스트'가 이 밉상인 여자의 단독 소행이었다고 생각한 듯하다.

새로운 시대가 막을 올렸다. 덩샤오핑이 정권을 잡으면서 중국은 바깥 세상에 문을 열고 개혁개방의 시대로 들어섰다. 개혁개방은 중국을 완전히 바꾸어놓았다. 덩샤오핑은 공산당과 마오쩌둥의 권위를 부정하는 행위는 용납할 수 없다고 선을 그었다. 칭링으로서는 더할 나위 없이 흡족한 결정이었다. 인생의 마지막 시기에 그녀는 "아주 여유로웠고", "만족스러웠다."

수융칭과 수융제는 칭링의 말년에 따스한 햇살을 비추어주었다. 80대에 접어든 칭링은 몹시 쇠약했다. 동생 메이링처럼 그녀 역시 고질적인 두드러기에 시달렸고, 걸핏하면 빨간 앵두 모양의 물집으로 온몸이 뒤덮였다. 자신이 이토록 굳센 사람이 아니었다면 진작에 병 때문에 자살했을지도 모른다고 그녀는 친구에게 말했다. 수양딸들이 곁에 있어준 덕분에 그녀는 비로소 병에 대한 생각을 떨치고 웃을 수 있었다. 칭링은 수양딸들에게 고마워했고, 그들이 총명하고 유쾌하다고 여겼다. 애지중지하는 수양딸들에게 그녀는 최상류층만이 향유할 수 있는 특권을 아낌없이 나누었다.

문화 대혁명이 끝날 무렵 중국은 소수의 외국인 방문객들을 받아들이기 시작했다. 그들의 수요에 부응하기 위해서 수도 베이징에 세워진 우의 상점(友誼商店)은 탐나는 물건들을 판매했다. 당시 중국인들은 모두 제복 같은 남색 상의와 펑퍼짐한 바지를 입었다. 우의상점의 휘황찬란한 새 물건들에 넋을 빼앗긴 수융칭과 수융제는 외국인 친구들을 통해서 물건을 사달라고 칭링을 졸랐다. 원하는 물건도 가지각색이었다. 어느 날은 다른 친구가 신은 모습을 보았다며 나일론 스타킹을 사달라고 조르다가도, 이 튿날이면 머리카락을 마는 기계로 바뀌는 식이었다(당시 여자들이 머리를 모양내거나 화장을 하는 행위는 금지였다). 자신들이 직접 우의상점에 가서 고르고 싶다고도 했다. 칭링은 아이들의 마음을 이해했고 그 응석을 받아주었다. 몇 번은 자신의 전용차를 타고 쇼핑을 하러 가도록 허락해주기도 했다. 사람들은 눈살을 찌푸렸다. 칭링은 아이들에게 예쁜 옷과 구두를 안겼고, 자전거도 한 대씩 사주었다. 수융칭의 열다섯 번째 생일에는 홍콩에 있는 친구에게 부탁해서 손목시계를 선물했다. "평범한 노동자들이 쓰는, 튼튼하고 수수한" 것으로 구해달라고 당부하기는 했지만, 손목시계는 그 자체로 매우 비싼 사치품이었다. 2년 뒤에 수융칭이 부상으로 발레를 그만두고 영화배우가 되자, 칭링은 같은 친구에게 또다시 손목시계를 구입해달라고 부탁했다. 이번에 그녀는 수양딸의 새로운 직업에 걸맞게 보다 화려한 제품을 찾았다.

스스로 회고하기로, 그 시절의 수융칭은 허영심 많고 잘난 척하기를 좋아하는 소녀였다. 그녀는 평판이 좋지 못했고, 그녀의 행실을 두고 베이징 상류 사회에는 무수한 소문들이 돌았다. 칭링의 전기작가 이스라엘 엡스타인은 책에서 수융칭에 대한 경멸을 감추지 않았고, 수씨 자매를 "성가신 계집애들"이라고 지칭했다. 베이징에서 어떤 여자는 고귀한 쑨원 부인에게 직접 충고하기도 했다. 그 여자는 "[융칭에게] 예의범절을 제대로 가르치지 않았다며 나를 질책하더군. 그 아이의 건방진 행동을 내가 통제할 수 없는 건 사실이야." 이구동성으로 쏟아지는 비난은 수융칭의 반발심을 자극할 뿐이었다. 그녀의 태도는 더욱 오만방자해졌다. 상심한 칭링이 "다시는 찾아오지 말거라!"라고 소리치기도 했지만, 수융칭은 어김없이 '엄마 마님'의 품으로 돌아왔다.

1975년, 열여덟 살이 되기도 전에 수융칭은 애인을 사귀었다. 칭링은 신중해지라고 충고했으나 수융칭이 말을 듣지 않자 이내 그만두었다. 그녀의 연애는 그녀를 싫어하던 많은 이들의 이목을 끌었고, 차마 입에 담기 어려울 정도로 외설적인 유언비어들을 만들었다. 칭링은 수양딸을 걱정하며 분노했고, 직접 책임지고 친구들에게 그녀를 둘러싼 헛소문에 대해서 해명했다. 한 친구에게 보내는 편지에 그녀는 이렇게 적었다. "나는 융칭을 사랑해. 그 아이에게 결점이 여럿 있지만, 결백하다는 사실을 난 알아."

마오쩌둥 사후 중국인들은 몸을 옭아매던 청교도식 구속복을 벗어던지기 시작했다. 20대에 접어든 수융칭은 미친 듯이 인생을 즐겼다. 아마 그녀는 중국의 첫 '굿타임 걸(good-time girl)', 즉 쾌락만 좇는 여성이었을 것이다. 칙칙한 도시였던 베이징에 화려한 고급 레스토랑과 클럽들이 들어서면서 생동감 넘치는 색채가 더해지고 있었다. 수융칭은 외국인 방문객들의 초대를 받아서 밤낮없이 레스토랑과 클럽을 드나들었다. 공산당의 집권 이래로 「뉴욕 타임스」가 베이징에 파견한 첫 특파원이었던 폭스 버터필드는 1980년 베이징의 한 호텔에서 수융칭과 마주쳤다. "그녀는 딱 달라붙는 짧은 양털 스커트와 긴 갈색 가죽 부츠, 밝은 주황색 블라우스를 입고 있었다. 호리호리한 몸매에, 키는 176센티미터 정도로 중국인 치고는 아주 컸다. 아이섀도와 립스틱을 짙게 바른 그녀의 얼굴은 예쁘지는 않았지만 거만하고 눈에 띄었으며 섹시했다. 타이완이나 홍콩의 유명 영화배우 같았다."

그해 연말 개최된 중국의 영화 시상식에서 "수융칭은 빨간색 실크 블라우스와 자수가 놓인 빨간색 롱스커트를 입고 있었다. 무미건조한 남색의 인파 속에서 그녀의 스타일은 단연 돋보였다. 그녀는 담배를 피고 있었는데, 젊은 여성이 공공장소에서 담배를 피는 것은 당시 중국에서는 몹시 드문 일이었다. 캐나다 방송 촬영팀이 그녀를 발견하자 그녀는 핸드백에서 콤팩트를 꺼내 열어 코에 화장이 지워졌는지 살폈다. 핸드백 안으로 말보로 한 갑이 보였다. 외국제 담배는 중국의 일반 상점에서는 팔지 않는 것이었다."

칭링은 이 모든 것들을 용인해주었다. 수융칭이 서구식 생활을 즐기고 "미국에서의 삶이 얼마나 대단한지 떠드는 소리에……정신이 팔렸어도" 그녀는 개의치 않았다. 심지어 칭링과 수융칭은 당시로서는 입에 올리기 망측하다고 여겨지던 '사랑' 이야기를 하며 서로를 놀리기도 했다. 어느 날 칭링이 젊은 시절의 쑨원 사진을 물끄러미 바라보고 있는데, 수융칭이 그녀의 모습을 보고 이렇게 외쳤다. "어머나! 쑨원 선생님 정말 미남이셨네요. 제가 그때 있었어도 선생님을 졸졸 쫓아다녔겠는걸요." 칭링은 얼굴을 붉히며 자랑스럽게 대답했다. "너무 늦었단다, 얘야. 벌써 내가 채갔거든. 이 남자는 내 거야. 네가 쫓아다녀도 소용없지!" 칭링은 쑨원에 대해서 이야기할 때면 사랑에 빠진 소녀처럼 행동했다. 수양딸들의 '엄마'가 됨으로써 유산을 했던 과거의 상처가 어느 정도 아물자 죽은 남편을 향한 사랑도 되살아났던 듯하다.

많은 남자들이 수융칭에게 구애했다. 칭링은 친어머니처럼 이 상황을 몹시 걱정스러워했다. 젊은 수융칭은 성적인 매력을 과시하는 것처럼 보였다. 그녀가 입고 다니는 스웨터는 몸에 딱 달라붙었고, 풍만한 가슴을 노골적으로 드러냈다. 칭링은 쯧쯧대다가도 한숨을 쉬며 말했다. "하루빨리 좋은 신랑감이 나타나서 이 짐덩어리를 좀 데려가주면 좋겠구먼! 그러면 내가 엄마 닭처럼 종종거리며 돌보지 않아도 될 텐데. 끝도 없이 울리는 전화벨 소리 때문에 다들 두통에 시달리고 있어. 내 두드러기가 자꾸 재발하는 것도 그 아이 때문일지도 몰라."

1980년, 수융칭은 남편이 될 사람을 선택했다. 열네 살 연상의 근사한 동료 배우였다. 다른 사람을 염두에 두고 있던 칭링은 둘의 결혼이 마음에 들지 않았지만, 간섭은 하지 않았다. 결혼식 전날 칭링이 건넨 유일한 충고는 이것이었다. "단 1초라도 참아서는 안 되는 것이 있단다. 남편이 너를 때린다면, 뺨 한 대뿐이었다고 해도 곧장 이혼하고 집으로 돌아오너라." 칭링은 결혼을 축하하는 다과회를 열기로 했고, 금색 글씨가 커다랗게 박힌 빨간색 초청장을 발송했다. 하얀 치파오에 면사포를 쓴 채 다과회에 등장한 수융칭은 눈부시게 아름다웠다. 만감이 교차하는 기분에 칭링은 돌연 방 바깥으로 나갔다. 수양딸이 그녀를 따라나오자, 칭링은 돌아서서 신부의 팔을 꼭 잡았다. 칭링의 눈에서 눈물이 멈추지 않았다.

수융칭이 결혼한 이후 몇 달 동안이나 칭링은 몸이 좋지 않았다. 병원에서 이곳저곳을 검사했지만 특별히 나쁜 곳은 없었다. 그녀는 안나 왕에게 씁쓸하게 말했다. "심리적인 요인이 더 클지도 몰라." 칭링은 여전히 수선을 떨며 수양딸을 돌보았고, 신혼부부가 1980년대 초에 신축된 고층 아파트에 조그마한 방을 구할 수 있도록 주선해주었다. 10년이 넘도록 주거 시설 건축은 중지되다시피 했지만, 그러는 동안 한 세대가 성장해서 결혼을 했고 아이들을 낳았다. 상황이 이렇다보니 몇 되지 않는 신축 아파트에는 입주하려는 사람들이 몰려 야단이었다. 시급한 수요에 대응하기 위해서 날림으로 지어진 이 아파트의 방은 비좁았고, 바닥에는 맨 시멘트가 드러나 있었다. 칭링은 경악했다. 엘리베이터는 밤 9시면 운행을 중단했다. 18층에 사는 융칭 부부는 야간 근무를 끝내고 새벽 3시에 돌아오면 지친 몸을 이끌고 그 많은 계단을 걸어서 올라가야 했다. 그들이 이삿짐을 다 풀기도 전부터 칭링은 신혼부부를 더 나은 집으로 이사시킬 궁리를 하기 시작했다.

'엄마 마님'은 또다른 수양딸 수융제도 극진히 챙겼다. 그녀는 수융제를 군 병원에 취직시켰지만, 이후 수양딸이 의학을 공부할 기회를 얻는 대신 사무직에 배정되어 하루 종일 문서만 복사하고 있었다는 사실을 알게 되었다. 칭링이 보기에 이 사무직 일은 수년간 수융제의 눈을 혹사시킨 형벌이나 다름없었다. 그녀는 친구들에게 편지를 보냈다. "[아이들의] 적들이 퍼뜨리는 악의적인 소문을 믿지 말게. 나는 그 아이들을 사랑해. 남들의 시기 질투가 아이들의 미래를 방해하지 못하도록 무슨 일이든 하겠어." 칭링은 연줄을 동원해서 수융제가 명망 높은 베이징 외국어 대학교에 입학해서 영어를 배우도록 조치했다. 1979년, 수융제가 장학금을 받고 미국 유학을 가게 되자 칭링은 그녀의 유학 살림을 마련하기 위해서 상당한 금액을 지불했다. 어머니가 남긴 모피 코트를, 아버지가 물려주신 귀한 와인을 팔았다. 수융제가 미국에 도착하기도 전부터 칭링은 그녀를 그리워했고, 그녀가 여름방학을 베이징의 집에서 보낼 수 있는 방안을 백방으로 알아보았다.

1980년, 1930년대 초 칭링과 함께 상하이의 전위 조직에서 활동했던 해럴드 아이작이 그녀와 재회했다. 그는 만남을 이렇게 회고했다. "나는 그녀에게 묻고 싶은 게 많았다.······칭링은 그저 본인이 관심 있는 화제로 대화하려고 했다. 그녀가 준비한 화제는 낮은 탁자 위에 늘어놓은 사진 뭉치였다." 그것은 수양딸들의 사진들이었다. 아이작은 적잖이 놀랐다. 한때 명성을 떨쳤던 '중국의 잔다르크'는 그에게 "보통 부모들이 나눌 법한 일상적인 이야기"를 꺼냈다. "우리 가족 이야기를 해줄게요." 그녀는 수융칭의 결혼식이 어땠는지, 미국에서 잠시 돌아왔던 수융제가 어떻게 모든 준비를 착착 도왔는지 이야기했다. "칭링은 융칭 이야기를 할 때면 딸이 결혼해서 마음이 허한 엄마의 모습이었고, 융제 이야기를 할 때면 잘 키운 딸이 못내 자랑스러운 엄마 같았다." 칭링은 아이작에게 잡지 한 꾸러미를 보내며 코네티컷 주 하트퍼드의 트리니티 칼리지에 다니는 수융제에게 전해달라고 부탁했다.

그로부터 몇 개월 후인 1981년 5월, 남부의 해안가에서 영화를 촬영하고 있던 수융칭에게 속히 집으로 돌아오라는 전보가 왔다. 그녀는 곧바로 베이징으로 날아갔고, 의식을 잃고 생사의 경계를 오가는 칭링을 발견했다. 그녀는 칭링의 손을 자신의 뺨에 가져다대고 소리쳤다. "엄마 마님!" 칭링이 눈을 떴다. 그녀는 수융칭의 뺨을 쓰다듬으며 중얼거렸다. "우리 아기, 나의 귀염둥이, 돌아와줬구나." 수융제도 미국에서 급히 귀국했다.

5월 15일 새벽, 칭링이 위급하다는 보고를 받은 중국공산당은 공개적으로 그녀를 정식 당원으로 받아들이기로 결정했다. 이번에는 칭링이 직접 신청한 것이 아니었지만 그것은 중요하지 않았다. 칭링은 이미 사반세기 전인 1957년 류사오치 부부와 함께한 자리에서 공산당 가입 의사를 밝힌 바 있었다. 류사오치는 문화 대혁명 중에 옥사했지만, 그의 아내 왕광메이가 바로 얼마 전에 마오쩌둥의 감옥에서 풀려난 참이었다. 왕광메이는 칭링의 침대맡으로 파견되었다. 그녀가 칭링에게 물었다. "제 기억에 선생님께서 이전에 입당 요청을 한 적이 있으시죠. 그 생각이 지금도 유효하신가요?" 칭링이 고개를 끄덕여 보였다. 왕광메이는 같은 질문을 세 번 반복했고, 칭링은 그때마다 고개를 끄덕여서 긍정의 뜻을 나타냈다. 그렇게 형식상의 절차가 마무리되었다. 그날 오후, 덩샤오핑이 주재한 정치국 긴급 회의에서 "쑹칭링을 중국공산당의 정식 당원으로 받아들이는 안건이 만장일치로 가결되었다."

이튿날인 5월 16일, 칭링은 '중화인민공화국 명예 주석' 칭호를 수여받았다.

칭링의 죽음이 가까워오자, 공산당은 그녀의 친척들을 베이징으로 초청했다. 초청 명단의 1순위는 동생 메이링이었다. 제2차 세계대전 당시 중국에서 공군 의용 대대 '플라잉 타이거즈'를 조직했던 미국인 조종사 클레어 셔놀트의 아내로, 중국인인 애나 셔놀트(중국 이름은 천샹메이)가 뉴욕에 사는 메이링에게 메시지를 전달했다. 언니가 위독하니 속히 와서 마지막으로 언니를 만나보라는 내용이었다. 메이링은 답변을 거부했다.

칭링은 1981년 5월 29일 여든여덟의 나이로 세상을 떠났다. 베이징은 다시 한번 초청장을 보내서 그녀의 '가족'이라면 누구든 와서 장례식에 참석하라고 일렀다. 여행 경비 및 일체의 비용은 정부에서 부담한다고도 덧붙였다. 중화인민공화국 정부의 초청에 쑹씨, 쿵씨, 장씨 일가는 철저히 무반응으로 일관했다. 결국 장례식에 참석해서 그녀의 관 앞에서 사진에 찍힌 가장 가까운 친척은 남편 쑨원이 첫 번째 결혼을 통해서 얻은 손주들이었다.

칭링의 수양딸들은 보이지 않았다. 직전 해에 칭링을 만나서 그녀가 그들을 친딸처럼 귀애하는 모습을 목격했던 해럴드 아이작은 "몹시 놀랐다. 장례식에 참석한 가족들과 친구들을 찍은 사진 어디에서도 두 여성의 모습은 찾아볼 수 없었다.……우리가 만났을 때 칭링은 자신이 세상에서 가장 아끼는 존재는 그 두 아가씨들이라고 똑똑히 말했다. 그랬던 아이들의 상심이 얼마나 컸을지 상상할 수조차 없다"고 썼다. 실제로 수융칭과 수융제는 칭링의 시신에 마지막 인사를 올리며 오열을 터뜨렸다. 그러나 그들의 자리는 길고 긴 줄의 맨 끝이었고, 고용인들까지 인사를 끝낸 뒤에야 차례가 돌아왔다. 작별 인사를 끝내자마자 자매는 끌려나왔다. 이후 30년 간 그들의 정체는 철저히 비밀에 부쳐졌다. 수융칭은 베이징에서 배우 생활을 이어나갔지만, 수융제는 장례식이 끝나고 미국으로 떠난 후로 더 이상 소식을 알 수 없다.

당국이 칭링의 수양딸들을 언급하기를 꺼려한 이유는 단지 그들의 입양이 비공식적이었기 때문만은 아니었다. 가장 큰 원인은 이들의 존재가 당의 필요에 부합하지 않는다는 것이었다. 당이 필요로 한 것은 타이완 포섭에 활용할 수 있는 칭링의 직계 혈연이었다. 쑹씨 일가의 핏줄이 아닌 수융칭과 수융제는 걸리적거리는 존재일 뿐이었다.

실제로 노년에 접어들면서 친가족을 향한 칭링의 애정은 다시 깊어졌다. 그녀는 어머니의 사진을 집 안의 눈에 띄는 곳에 걸어두고 손님들이 오면 사진에 정중히 인사를 올리게 했다. 또 자신이 죽으면 부모님의 무덤 앞에 묻어달라고 지시했다. 어머니께 끊임없이 사죄드리고 싶다는 것이었다. "어머니께 너무 못되게 굴었어. 항상 죄송한 마음이었단다." 1930년대에 그녀는 에드거 스노에게 맏언니 아이링의 돈벌이 수완을 질타하는 발언을 했고, 스노는 그녀의 말을 책에 담아서 출판했다. 시간이 지나서 1975년에 그녀는 과거의 발언을 후회하는 듯 자신이 "언니에 대한 모진 말"을 했다는 서술은 스노가 꾸며낸 말이라고 주장했고, 사망한 스노 대신 그의 아내에게 그 대목을 책에서 삭제하라고 요구했다.

친가족을 향한 애틋한 감정에도 불구하고, 칭링은 스스로의 삶을 살았고 자신만의 가족을 만들었다. 그녀가 '내 형제자매들'이라고 칭했던 가까운 친구들과 수양딸 둘 외에 그녀가 꾸린 가족의 핵심 구성원들 중 한 사람은 50년 넘게 칭링의 살림을 도맡았던 가정부 리옌어였다. 그녀는 평생을 사용인을 섬기는 데에 바쳤고, 칭링 역시 '리 언니'를 고용인이 아닌 가족으로 여겼다. 리옌어가 암에 걸려 극심한 고통에 괴로워하자 칭링은 비통에 잠겼고, 그녀를 위해서 가장 좋고 가장 비싼 치료의 비용을 부담했다. 리옌어가 (칭링보다 몇 달 앞서서) 세상을 떠나자 칭링은 그녀를 쑹씨 가족 묘지에 마련해둔 자신의 묏자리 옆에 묻도록 했다. 칭링은 거창한 중산릉에 묻히고자 하는 마음이 조금도 없었다.

칭링은 자신이 당에 완전히 소속되었다고 생각하지 않았다. 일생을 공산당과의 밀접한 관계 속에서 살았음에도, 그녀는 스스로를 그들과 구별되는 독립적이고 개인적인 존재로 간주했다. 그녀는 신중하게 유언장을 작성하여(당시에는 변호사라는 직업이 없었기 때문에 변호사의 도움은 받지 않았다), 국가 소유가 아닌 자신의 사유재산이라고 판단한 개인적인 물품들을 누구에게 남길 것인지 하나하나 열거했다. 당시의 공산주의자로서는 대단히 이례적인 일이었다. 공산주의자가 유언을 남긴다면 그것은 보통 당 조직에 일체의 재산을 헌납하겠다는 내용이었다. 칭링은 주변의 고용인들에게도 얼마간의 돈을 남겼다. 홍콩에 사는 친구 덩광인에게는 특별한 유언이 전해졌다. 수년간 그는 칭링에게 (수융칭을 위한 손목시계를 포함해서) 중국 본토에서 살 수 없는 많은 물건을 구해주었다. 그때마다 칭링은 넉넉하게 사례했고, 또 아버지가 수집한 브랜디와 위스키, 어머니의 금 귀걸이 등 귀중한 선물을 보냈다. 그럼에도 부족하다고 여긴 칭링은 1975년 "나의 유언장"이라는 제목의 영어 문서를 작성하여 덩광인에게 자신이 보관하고 있는 책들을 물려주겠다고 밝혔다. 그녀는 문서를 그에게 보내면서 편지를 동봉했다. 편지에는 이 장서들은 국가 소유가 아니라 그녀가 학창 시절부터 수집해온 것들로, 그가 가져갈 때에는 나무 궤짝에 넣어서 홍콩의 집으로 부치면 된다고 적혀 있었다. 칭링은 이에 덧붙여 당분간은 남들에게 유언의 내용을 말하지 말라고 적었다. 일이 틀어질까봐 염려했던 것이다. 그녀의 사후, 염려는 현실이 되었다. 덩광인은 칭링이 사망하기 전에 며칠간 베이징에 머물며 그녀의 곁을 지켰는데, 장례식이 끝나고 홍콩으로 돌아가지 못한 채 억류되었다. 그는 베이징의 호텔에 갇혀서 "하루 종일 천장만 쳐다보았다." 결국 압력을 이기지 못한 그는 "물려주신 장서를 수령하지 않고 정부의 처분에 맡기겠다"고 선언하는 기증서를 작성했다.

수융칭과 수융제는 '엄마 마님'이 남긴 유언의 주요 수혜자였다. 친딸과 다름없는 수양딸들에게 칭링은 가구와 미술품, 옷가지와 보석을 물려주었고, 수융칭에게는 5,000위안, 수융제에게는 1만 위안이라는 당시로서는 상당한 액수의 돈을 남겼다. 당은 자매에게 돈과 기념으로 간직할 몇 벌의 옷 외에는 가져갈 수 없다고 통보했다.

준비한 유언은 대부분 묵살되었지만, 칭링은 평온한 상태로 죽음을 맞았다. 그녀의 정신은 신념을 잃지 않았고, 신체는 의료진과 고용인들의 헌신적인 보살핌을 받았다. 무엇보다 그녀는 사랑하는 수양딸들의 엄마가 되는 결실을 맺었다.

21

타이완의 나날들

칭링의 자매들이 겪은 30년은 칭링과 전혀 달랐다. 공산당이 중국을 장악하고 칭링이 국가 부주석에 임명되었던 1949년, 아이링과 메이링은 모든 일가친척, 그리고 장제스 정권과 함께 중국 본토에서 쫓겨났다. 1950년 초 메이링은 남편을 따라서 타이완으로 향했다.

도착하자마자 메이링은 섬으로 쫓겨온 국민당원들의 사기를 높이기 위해서 이리 뛰고 저리 뛰었다. 북에서 남으로 타이완 섬을 일주하며 부상자들을 위문하고 병사들을 격려했으며, 전입 인구를 수용하기 위한 주택 건설 계획을 주재했다. 중화부녀반공연합회(中華婦女反共聯合會)를 조직하여 군인과 군인 가족을 위한 수십만 벌의 옷 생산을 감독하기도 했다. 그녀는 옷 생산 현장을 몸소 둘러보며 바느질이 제대로 되었는지 꼼꼼히 확인했다.

혼자 있을 때면 메이링은 생각에 잠겼다. "어째서 공산당이 승리한 걸까? 나 개인은 어느 지점에서 잘못을 저지른 걸까? 내가 무엇을 더 할 수 있었을까?" 그녀의 결론은 이랬다. "내가 하느님을 위해서, 하느님의 이끄심 아래, 하느님과 함께 일하지 않은 것이다." 메이링은 기도 모임을 만들었다. 신실한 기독교 신자 6명으로 시작했지만, 나중에는 온 나라가 한마음 한뜻으로 기도하게 될 것이고, 그러면 모든 문제가 해결되리라고 그녀는 믿었다.

그해 6월 25일, 김일성이 이끄는 북한군이 스탈린과 마오쩌둥의 지원 아래 남한을 침공했다. 한국 전쟁이 시작되었다. 이틀 뒤, 미국의 트루먼 대통령은 타이완에 대한 '불개입' 방침을 뒤집고 타이완 방어에 뛰어들었다. 이로써 타이완의 미래가 보장되었다. 미국의 원조가 도착하기 시작하면서 장제스는 위기를 넘겼다. 메이링은 한없이 고양되었다. 타이완의 날씨("끔찍해, 지독스럽게 덥고 후텁지근하고")와 피부병("땀띠랑 두드러기가 잔뜩 생겼어")에도 불구하고 그녀는 생기가 넘쳤다. "새로운 기획을 추진하고 사업을 확장할 생각에 머릿속이 바빠", "올해[1951년]가 가기 전에 본토를 되찾을 수 있을 거라고 믿어."

낙관적인 마음을 품고 메이링은 중국 전통 회화를 배우기 시작했다. 흔히 그림을 시작하기에는 너무 늦다고 여겨지는 50대의 나이였지만 그녀는 배우고 보니 수묵화가 놀라울 만큼 쉽다고 생각했다. "그림 그리는 데에는 힘이 하나도 들지 않아." 메이링은 새로운 취미에 푹 빠졌다. "그림은 내가 평생 했던 일들 중에 가장 몰입을 요하는 일이야. 그림을 그릴 때면 세상 모든 것을 잊게 돼. 다른 것은 다 제쳐두고 모든 시간을 그림을 그리고 또 그리는 데 쏟을 수 있으면 좋으련만." 5개월 뒤에 그녀는 에마에게 이렇게 자랑했다. "중국 회화 화가와 감정가들이 하나같이 말하기를 나에게 위대한 화가가 될 자질이 있대. 현재 생존해 있는 화가들 중 최고가 될 수 있다고까지 말하는 이들도 있어." 아부하는 말들을 곧이곧대로 믿은 메이링은 자랑을 이어갔다. "내 붓놀림이 확실히 비범하기는 한가 봐.……나도 중국 회화 전문가들이 하는 말이니 사실이라고 생각해."

메이링은 자신의 그림을 사진으로 찍어서 뉴욕의 아이링에게 보냈다. 그곳의 전문가들에게 선보이고 의견을 구하기 위해서였다. 평가는 고무적이었지만 열광적이기까지 하지는 않았다. 세 명의 전문가들은 그녀의 "재능이 엿보이지만" 그림은 "다른 사람의 작품을 모사한 것 같다"고 입을 모았고, "좀더 자신만의 독창적인 그림을 그리라"고 충고했다.

평화로운 화실과 기도 모임의 담장 너머에서는 '백색 테러'가 타이완을 집어삼키고 있었다. 장제스와 그 휘하의 패잔병들, 중화민국 행정부, 이들의 가솔까지 도합 200만 명이 넘는 사람들이 도착한 종착지 타이완은 그들을 반기지 않았다. 일본이 떠난 자리를 국민당이 접수했던 2년 전, 타이완에서는 대학살이 자행되었다. 처음에 타이완의 인구 대부분은 다시 중국의 통치를 받게 된 것을 두 팔 벌려 환영했지만, 환호는 곧 분노로 바뀌었다. 중국 본토의 사람들이 장제스 정권에 등을 돌리게 만들었던 "승리의 재난"이 타이완에서도 재연되었던 것이다. 만연한 부패, 무능한 통치(고도로 효율적이었던 일본과 비교하면 더욱 두드러졌다), 그리고 조상 대대로 타이완에 거주해온 본성인(本省人)들을 노골적으로 경멸하는 외성인(外省人)들, 그리고 그밖에 국민당이 타이완을 접수하면서 발생한 무수히 많은 폐해들이 1947년 2월 28일 봉기를 야기했다. 그리고 잔혹한 무력 진압이 수천 명의 목숨을 앗아갔다.

장제스의 고민은 타이완 본성인들에 국한되지 않았다. 그는 본토에서 탈출할 때에 상당수의 공산당 간첩이 섞여 들어왔고, 이들이 언젠가 트로이의 목마 노릇을 할 것이라고 믿었다. 피난처를 지키고자 그는 계엄령을 선포했고, 계엄령은 그가 죽을 때까지 계속되었다. 아들 장징궈가 정보기관의 수장으로 임명되었다. 장징궈가 이끄는 비밀경찰은 공산당의 간첩이거나 그렇다고 의심되는 사람들을 임의로 체포 및 처형할 권한이 있었다. 사람들은 공포 속에서 살았다.

타이완은 한 채의 요새처럼 방비되었다. 타이완 전역의 1,500킬로미터가 넘는 해안선 전체가 일반인 출입 금지구역이 되었다. 바다에서 수영하는 것은 불가능했다. 등산 역시 꿈도 꿀 수 없었다. 게릴라들이 은신처로 삼는 일을 방지하기 위해서 모든 산들이 봉쇄되었기 때문이다.

장제스는 부패를 줄이기 위한 정책들을 시행했다. 본토에서와 달리 소작료 삭감을 포함한 토지 개혁이 신속하게 집행되었다(이곳의 땅 주인들은 타이완 토박이들이었고, 정책 집행자들의 이해가 얽히지 않았기 때문에 정책 도입이 훨씬 수월했다). 그러나 여전히 총통은 경제 발전에는 거의 관심이 없었고, 그의 통치 동안 국민들의 생활 수준은 제자리걸음을 쳤다.

장제스는 본토에 있을 때보다도 훨씬 대대적인 규모로 자기 자신을 향한 개인숭배를 조장했다. 사방에 그의 조각상이 세워졌다. 여전히 국부로 불리는 쑨원의 조각상과 함께였다. 총통은 국민들의 모범으로 선전되었다. 아이들의 머리를 깎고자 하는(머릿니 방지가 목적이었을 것이다) 학교 교사들은 짧게 깎은 머리(혹은 대머리)에 '장제스 머리'라는 그럴듯한 이름을 붙였다. 총통은 머리카락이 별로 없었고 사람들은 그가 대머리라고 생각했다. 손자에게서 '장제스 머리'에 대해서 들은 장제스는 대단히 불쾌해했다.

타이완이 안정을 찾자 메이링은 다시 떠나고 싶어 안달이 났다. 1952년 여름 그녀는 다시 뉴욕으로 향했다. 이전의 패턴이 그대로 반복되었다. 남편은 돌아오라고 애원했고, 그녀는 건강을 핑계 삼았다. 메이링은 8개월을 떠나 있었다. 타이완에 위기가 닥치지 않았더라면 그녀의 외유는 더 길어졌을 것이다. 그 위기란 타이완 성의 주석 우궈전이 장제스와 더는 일할 수 없다며 사임 의사를 표명한 일이었다. 자유주의자였던 그는 미국인들이 좋아하는 인사였고, 그의 사임은 장제스에 대한 워싱턴의 평가에 악영향을 줄 것이 명백했다. 주요 원인은 장제스 정권의 무영장 체포와 즉결 처분에 질려버린 데에 있었다. 그는 1953년 우궈전은 사직서를 제출했다. 장제스는 받아들이지 않았다.

우궈전의 사직을 우려한 메이링은 타이완으로 돌아와서 그를 만류했다. 우궈전이 자신의 결정을 해명하기 위해서 그녀의 집을 방문하자, 그녀는 우궈전의 팔을 잡고 베란다의 막다른 쪽으로 이끌었다. 이곳을 제외하고는 집 안 곳곳에 도청기가 널려 있다는 것이었다. 방문객들이 무슨 이야기를 나누는지 엿듣기 위해서 장제스가 설치한 도청기들이었다. 우궈전은 그녀에게 장징궈가 관리하는 비밀경찰들 때문에 진절머리가 난다고 털어놓았고, 공산당 간첩이라는 혐의로 체포되어 사형에 처해진 어느 사업가의 사례를 예로 들었다. 그가 생각하기에 그 사업가에게 제기된 혐의는 아무런 근거도 없었다. 메이링은 격노했다. 그녀는 우궈전 부부를 오찬에 초대했다. 장제스가 식당으로 들어오자 메이링은 그에게 소리쳤다. "이것 봐요! 당신 아들이 무슨 짓을 하고 다니는지 보라고요!" 그리고는 한 손으로는 우궈전, 다른 한 손으로는 그 부인을 붙잡고 이렇게 외쳤다. "갑시다!" 세 사람은 자리를 떴고, 장제스는 홀로 남겨졌다.

장제스는 아내에게 굴복하지 않았고, 우궈전은 사의를 고집했다. 부활절을 앞둔 성 금요일(Good Friday), 사태는 막다른 벽에 부딪혔다. 부활절 당일 우궈전 부부는 산 중턱에 위치한 별장으로 향했다. 산길로 들어서기 직전, 부부는 평소처럼 차 안에서 샌드위치로 점심을 해결하는 대신 식당

맏언니 아이링. 메이링이 "가족 중에서 가장 똑똑한 사람"이라고 평가했던 아이링은 중국에서 가장 부유한 여성 가운데 한 명이었다.

붉은 자매 칭링. 중화인민공화국의 부주석.

막냇동생 메이링. 중화민국의 퍼스트레이디.

1927–1928년 모스크바 망명 시절의 칭링.

1932년 장제스가 아내에게 준 선물은 산 중턱에 조성한 목걸이였다. 목걸이에 매달린 보석에 해당하는 부분은 '메이링 궁'으로 알려진 아름다운 저택이다.

메이링, 1943년 미국에서. 전시 중국의 퍼스트레이디로서 미국을 방문한 그녀는 열렬한 환영을 받았다.

아이링과 며느리 데브라 패짓, 1969년 타이완에서. 데브라는 엘비스 프레슬리의 첫 영화 「러브 미 텐더」의 여주인공을 맡은 할리우드 스타였다. 그녀의 품에 안긴 아들 쿵더지는 쑹씨 세 자매의 유일한 후손이다.

메이링은 1991년 타이완을 영영 떠났고, 그곳의 정치로부터 멀어졌다. 위의 사진에서 그녀를 배웅하는 사람은 1996년 타이완의 첫 민선 총통이 되는 리덩후이이다.

100세 즈음의 메이링, 자택인 맨해튼의 아파트에서. 메이링은 2003년 105세의 나이로 눈을 감았다.

중화민국의 수립에 가장 중요한 기여를 한 세 명의 인물을 실은 1912년의 엽서. 왼쪽부터 뤼위안홍, 쑨원, 황싱. 아래쪽에 "중화민국 창건을 경축합니다"라는 글귀가 쓰여 있다.

장제스와 쑨원의 개인숭배 풍조가 만연하던 시기에 만들어진 150개가 넘는 조각상이 철거되어 타이베이 외곽의 '기념 조각 공원'으로 옮겨졌다. 조각상들 뒤로는 식당이 보인다.

에 들렀다. 부부가 점심 식사를 하는 동안, 오늘따라 차가 조금 이상하다고 생각한 운전사는 차를 살펴보았다. 그 결과 바퀴를 본체에 고정하는 휠너트가 두 앞바퀴 모두 빠져 있음을 알아챘다. 미처 발견하지 못했다면 울퉁불퉁한 산길을 달리다가 바퀴가 튕겨나가서 치명적인 사고로 이어졌을 것이 자명했다. 차는 그 전날에 정비를 받았기 때문에 관리 부실의 탓일 가능성은 미미했다. 우궈전은 누군가 고의로 차에 손을 댔다고 확신했고, 그 범인으로 장제스를 의심했다. 그는 장제스가 이 일과 연관이 있는지 여러 경로를 통해서 탐색했다. 그리고 우궈전이 접수한 모든 정보들이 장제스가 적어도 계획을 사전에 인지하고 있었다는 확신을 심어주었다.

우궈전은 자신의 의심에 대한 말들을 절대 입에 담지 않았다. 자신을 살해하려는 시도가 있었다는 말이 새어나가면 그는 타이완을 다시는 떠날 수 없게 될지도 몰랐다. 그러나 하루라도 빨리 이곳을 떠야겠다는 그의 결심은 더욱 굳건해졌다. 때마침 그가 졸업한 미국의 그리넬 칼리지에서 그에게 명예박사 학위를 수여하고자 하니 수여식에 참석해달라는 초청장이 왔다. 그밖에도 그는 미국의 여러 조직들에서 언제든지 편한 시간에 와서 연설해달라는 부탁을 받은 상태였다. 이 초청들을 구실로 우궈전은 자신과 가족의 여권을 신청했다. 당국은 묵묵부답이었다. 결국 우궈전은 메이링에게 편지를 보내서 도움을 요청하면서, 여권 신청이 거절당하면 자신을 초청한 곳에 자신이 갈 수 없는 이유를 밝힐 수밖에 없다고 말했다. 마침내 여권이 발급되었지만, 열세 살 아들의 여권은 제외된 채였다. 총통이 이 소년을 인질로 잡은 것이었다.

미국에 도착한 후로 우궈전은 아들의 여권 발급을 거듭 신청했다. 아들을 빼내오기 위해서 그는 장제스와의 불화에 대해서, 그리고 미수에 그친 '교통사고'에 대해서 함구했다.

우궈전은 메이링에게 세 통의 편지를 보내서 도움을 구했다. 답장이 오기는 했지만, 편지에는 자신이 할 수 있는 일이 없다는 말뿐이었다. 이 시기에 메이링이 에마에게 보낸 편지에 따르면, 그녀는 매일같이 "그림, 또 그림"이었다. 이렇게 말하기도 했다. "내가 얼마나 정치를 싫어하는지 너도 알잖니."

우궈전이 미국에서 입을 여는 것을 막기 위해서 장제스는 그가 공금을 횡령해서 해외로 도피했다는 중상모략을 개시했다. 그러나 이 전략은 역효과를 낳았다. 우궈전이 장제스와 관련된 의혹들을 공개적으로 폭로한 것이었다. 그러나 그는 '교통사고'에 대해서는 여전히 입도 뻥긋하지 않았다. 우궈전의 폭로는 「뉴욕 타임스」 1면을 장식했다. 미국의 언론들이 더 자세한 이야기를 듣겠노라 아우성치는 가운데, 우궈전은 장제스에게 최후통첩을 보냈다. 30일 내로 아들에게 여권을 발급하지 않으면 이보다 더한 폭로도 불사하겠다는 것이었다. 우궈전의 '협박'은 효과를 발휘했다. 정확히 30일 뒤, 우궈전의 아들을 맡고 있던 아이의 이모 집에 관료 한 사람이 나타나서 여권을 건네주었다.

아이가 인질로 붙잡힌 지도 어느덧 1년이었다. 아이는 수시로 삼민주의 청년단에 불려가서 아버지를 공개적으로 비난하라는 요구를 받았다. 20년 전 소련의 인질 신세였던 10대 소년 장징궈에게 내려졌던 것과 똑같은 처분이었다. 이제 그 수법이 그의 부하들에게 전해진 것이다.

장제스는 우궈전의 아들을 풀어주고 그가 입을 닫게 했다. 이 모든 이야기는 국민당 정권을 후원하는 강력한 압력 단체 차이나로비(China Lobby)의 도움으로 은폐되었다. 우궈전이 총통의 비리를 폭로하기 시작하자 차이나 로비의 주요 인사들은 즉시 행동에 나섰다. 그들은 우궈전에게 입을 다물고 장제스를 향한 지지를 선언하라고 요구했다. 우궈전은 후자는 거부했지만 전자는 받아들였다. 나중에 그는 조지아 주에 위치한 한 대학교의 교수가 되었고 그렇게 대중에게 잊혔다. 그가 침묵을 깬 것은 세월이 한참 지난 후였다.

과거 장징궈를 소련에서 빼내기 위해서 노력했던 메이링은 우궈전의 아들을 위해서도 최선을 다했다. 아이가 풀려나자마자 그녀는 타이완을 떠나서 미국으로 향했다. 1954년 5월 20일로 예정된 남편의 총통 취임식이 임박했음에도 그녀는 아랑곳하지 않았다. 총통 '선거'가 이루어지기 전에 그녀는 에마에게 비꼬는 투로 말했다. "남편이 다시 선출되리라는 건 명백해. 그는 부총통으로 이미 천청을 지명해두었어. 어제는 [국민대회] 개막식이 있었는데 어쩔 수 없이 나도 함께 참석해야 했어. 신경을 쓰고 왔더니 어찌나 피곤하던지."

그해 9월 3일, 마오쩌둥은 국민당이 장악하고 있던 진먼 섬을 폭격했다. 본토 해안으로부터 불과 몇 킬로미터 떨어진 곳에 위치한 작은 섬이었다. 마오쩌둥의 정확한 의도는 공개되지 않았으나,* 진먼 섬이 타이완 공격의 시작점이 되리라는 예측이 많았던 만큼 사람들은 마오쩌둥이 국민당의 마지막 근거지를 점령할 준비에 들어간 것이라고 짐작했다. 10월, 메이링은 남편의 곁을 지키기 위해서 타이완으로 돌아왔다.

마오쩌둥의 무력시위에 워싱턴은 타이완과 공동 방어 조약을 체결함으로써 대응했다. 미국이 장제스 정권을 전 중국을 통틀어 유일한 합법 정부로 공식 인정한 것이다. 이로써 중화민국은 유엔(UN) 내 '중국' 의석을 유지할 수 있게 되었고, 이 의석을 지키기 위해서 장제스는 중국 본토 수복을

---

* 이때와 1958년에 마오쩌둥이 진먼 섬을 폭격한 의도에 대해서는 장융과 존 핼리데이의 공저 『마오 : 알려지지 않은 이야기들』의 제37-38장을 참고하라.

국가의 기본 정책으로 삼았다. "싸워서 본토를 되찾자!"는 뜻의 '반공대륙(反攻大陸)'은 장제스 정권의 핵심 구호였다. 이는 그의 꿈이자, 유엔 의석을 유지하기 위해서 반드시 고수해야 하는 입장이었다. 그리고 고향을 떠나서 장제스를 따라온 수백만 명의 장병들과 그 가족들에게는 언젠가는 고향에 두고 온 사랑하는 이들과 다시 만날 수 있다는 희망을 주었다.

마오쩌둥의 진먼 섬 폭격으로 메이링은 '공산주의의 침략 위협'을 절감하게 되었다. 본토에서 전해져오는 옛 국민당원들과 그 가족들의 참혹한 근황, 재산을 몽땅 빼앗기고 투쟁의 대상이 되고 체포되고 총살되었다는 소식에 진작부터 섬뜩함과 증오를 느끼던 참이었다. 어느 밤, 꿈을 꾸던 메이링은 큰 소리로 흐느끼며 잠에서 깼다. 장제스가 무슨 일이냐고 묻자 그녀는 꿈에서 칭링이 작별 인사를 하더라고 답했다. 메이링은 언니가 이미 죽임을 당했을까 두려워했다.

메이링은 남편을 타이완의 수호자로 여기게 되었고, 그 피를 부르는 잔혹성에도 불구하고 그의 철권통치에 공감하기 시작했다. 부부는 다시 영혼의 단짝이 되었다. 장제스가 중요 저서『중국 안의 소련(Soviet Russia in China)』을 집필했을 때, 메이링은 헌신적으로 작업을 도왔고 그와 공동으로 영문판을 편집했다. 두 사람 사이에 다시 싹튼 친밀감과 동지애는 장제스가 쓴 "저자의 말"에 고스란히 묻어났다. "1956년 12월 1일 바로 오늘, 아내와 나는 우리의 [스물아홉 번째] 결혼기념일을 조용히 축하하고 있다." 전형적인 그만의 어머니 숭배 방식으로 그는 이렇게 적었다. "사랑하는 우리의 어머니들, 고(故) 왕씨 부인과 고 니구이전의 거룩한 영전에 이 책을 바친다. 이로 말미암아 아내와 나는 다시 한번 주께서 우리에게 내리신 지상 과제에 헌신하겠다고 다짐하며, 우리를 기르신 어머니들의 노력을 헛되이 하지 않기 위해서 분투할 것이다."

메이링은 장제스의 가혹한 탄압을 완화하는 역할을 했다. 그녀는 미국 남(南)침례신학교에서 박사 학위를 취득한 목사 저우롄화를 초빙하여 장제스 일가의 전담 목사로 삼았고, 감옥으로 보내서 전도를 하게 했다. 저우롄화 목사는 정치범들 사이에서 큰 인기를 끌었다. 감옥에 10년간 갇혀 있었던 한 정치범은 목사가 불러온 변화를 이렇게 증언했다. 그와 동료 수감자들이 지내고 있던 감옥 안은 암울하고 잔혹했다. 고된 노동과 신체 및 정신적 학대, 인격 모독이 끊이지 않았고, 아침저녁으로 한데 모여서 "장제스 님께서는 민족의 구세주이시다!", "주더[인민해방군 총사령관]를 죽이고 마오쩌둥을 제거하자!"를 복창해야 했다. 저우롄화 목사가 오면서 감옥에는 인간적인 분위기, 그리고 잠시간의 해방과 평화가 찾아왔다. 그의 존재와 메시지는 수감자들에게 스스로가 한 사람의 고귀한 '인간'이라는 기분을 느끼게 해주었다. 정보기관에서는 저우롄화 목사를 좋아하지 않았지만, 메이링의 비호를 받는 그를 어찌할 수는 없었다.

1958년, 메이링은 다시 미국으로 향했다. 이번 방문의 목적은 미국 각지를 순회하며 공산주의의 위협을 경고하는 것이었다. 그녀의 말을 증명이라도 하는 것처럼, 마오쩌둥은 또다시 알 수 없는 이유로 같은 해 8월에 진먼 섬에 수만 발의 포탄을 발사했다. 미국인들은 메이링의 연설에 격한 공감으로 반응했고, 타이완을 향한 그들의 공개적인 지지는 국민당원들의 사기를 한껏 고양했다. 마오쩌둥의 호전적인 공세는 장제스의 통치를 더욱 군건히 해줄 뿐이었다.

장징궈는 메이링에게 전보를 보내서 아버지, 그리고 자신의 기쁨을 전했다. 그해는 의붓어머니와 의붓아들의 관계에 전환점이 된 시기였다. 그전까지 두 사람은 정중하고 공적인 사이였다. 장징궈는 메이링을 '장제스 부인'이라고 칭했고, 그도 아니면 아무런 호칭도 사용하지 않았다. 그러던 그가 이제 그녀를 '존경하는 어머님'이라고 부르기 시작했고, 메이링은 그와 연락할 때에 자신을 '엄마'라고 지칭했다. 메이링은 즐거웠다. 크리스마스가 가까워오던 어느 저녁, 그녀는 오랜 친구들과 함께 뮤지컬 영화 「42번가(42nd Street)」를 관람했다. 에마는 그날 일기에 이렇게 적었다. "메이링은 두세 번 치파오의 긴 치맛자락을 걷고 방 안을 돌아다니며 경쾌하게 춤을 췄다. 영화에서 본 스텝을 따라하면서 내키는 대로 허리를 흔들고 발을 뻗었다.……이토록 기분이 좋은 그녀의 모습을 보니 무척 좋았다."

남편의 애원 없이도 메이링은 1959년 6월 타이완으로 돌아왔다. 장제스가 공항으로 마중을 나온 것은 여느 때와 다름없었지만, 밝은 햇살 아래 반짝이는 두 사람의 환한 미소는 이전에는 볼 수 없던 것이었다. 메이링이 장갑 낀 손을 뻗어서 환영 인파에게 악수를 건네면, 선글라스와 차양모를 쓰고 중산복을 입은 장제스가 아내의 팔을 받쳐주었다. 기쁨과 다정이 묻어나는 장면이었다. 1960년 장제스가 총통직에 다시 '만장일치로 선출되었을' 때, 메이링은 취임식에 불참했던 6년 전과는 사뭇 다른 반응을 보였다. 그녀는 "총통 취임식과 연관된 셀 수 없이 많은 활동들로 동분서주했다"고 에마에게 전했다. "참석할 의식도 많고 만날 손님도 너무나 많아." 친구들에게 보내는 편지에서 메이링은 남편을 '총통'이라고 지칭했다. 부부의 정다운 관계는 지속되었고, 메이링은 1962년 오빠 쑹쯔원에게 보내는 편지에서 남편과 "바로 요전에 무척이나 행복한 서른다섯 번째 결혼기념일을 보냈다"고 적었다.

메이링은 타이완에서 남편과 함께하는 삶에 완전히 정착했다. 부부 주위에는 아이들이 많았다. 장징궈의 자녀들이 있었고, 샌프란시스코에 사는 쑹쯔안의 두 아들도 휴가철이면 고모를 찾아왔다. 메이링은 조카들에게 중국어 가정 교사를 붙여주었고, 아이들을 무척이나 귀애했다. "정말이지 사랑스러운 아이들이야. 예의도 바르고, 말도 잘 듣고, 아아, 또 너무 귀여워." 그녀는 조카들에게 요리를 해주었고, 그들과 함께 춤을 추었다. 집 안에 웃음이 끊이지 않았다. 총통마저 곧잘 큰 소리로 웃음을 터뜨렸다.

타이완의 퍼스트레이디로서 메이링은 공식 업무를 수행하고, 귀빈들을 매료했다. 소아마비가 섬에 만연하다는 소식을 접한 후에는 어린이 전용 병원을 건립했다. 사망한 장병들의 자녀들을 위해서 학교를 세웠고, 자주 아이들을 찾아갔다. 그녀는 아이들에게는 사랑받는 기분을, 교사들에게는 인정받는 기분을 느끼게 하는 재주가 있었다. 많은 이들이 그녀의 지지자가 되었다. 메이링은 나환자 병원에도 두 번 방문했다. 그녀를 수행했던 촬영 기사는 그녀가 나환자들에게 다가가서 아무런 망설임 없이 장갑을 벗고 따스하고 자연스러운 손길로 일일이 악수를 청하는 모습을 목도했다. 그는 감격했다.

장제스 부부의 생활은 대체로 한가로웠다. 메이링이 오전 11시 전에 침대 밖으로 나오는 일은 드물었다. 일어나면 그림을 그렸고, 체스를 두었고, 몇몇 여자 친구들과 한담을 나누었으며, 발 주위를 맴도는 한 떼의 개들을 이끌고 산책을 나갔다(그중 한 마리는 자꾸 사람을 물어서 고용인들이 좋아하지 않았다). 총통 관저에 장미 정원을 꾸미는 데에도 취미를 붙였다. 한편 총통의 일과는 신문과 몇몇 공문을 읽거나 다른 사람이 읽어주는 소리를 듣는 것이었다. 몇 군데 시찰도 돌았다. 타이완 정착 초기에는 매주 회의를 열어서 참석자들이 졸 때까지 줄기차게 연설을 늘어놓고는 했지만, 세월이 흐르면서 일장연설은 자취를 감추었다. 장제스는 그저 신문을 훑어보고, 낮잠을 자고, 산책을 하고, 옛날 영화를 보고, 경치를 구경하는 생활에 만족했다. 본토 수복에 헌신하겠다고 천명한 사람이라기에는 공상적인 '계획'이나 한두 가지 세울 뿐, 놀라울 정도로 아무것도 하지 않았다. 현실주의자였던 그는 본토 수복이 전적으로 미국의 침공 여부에 달려 있으며, 그것이 단행될 가능성은 아주 낮다는 사실을 잘 알고 있었다.

총통은 더 이상 군복을 입거나 호전적인 자세를 취하지 않았다. 그의 모습은 느긋했다. 한들한들 휘날리는 청삼을 입고 손에는 지팡이를 짚었다. 자세는 구부정했고 눈은 가늘어졌으며 입꼬리는 축 늘어졌다. 그는 타이완에서 점차 늙어갔다.

장제스와 메이링은 아름다운 타이완 섬 전역을 유람했다. 해안가와 산지는 공산당의 침입을 막는다는 이유로 일반인들의 출입이 금지되었기 때문에, 장제스 부부는 경치 좋은 장소들을 사실상 독점했다. 타이완 이곳저곳에 위치한 전용 별장이 30채에 이르렀고, 그중에는 고아한 일본식 가옥도, 중국 황궁을 모방한 저택도 있었다. 마지막으로 추가된 별장은 거대하지만 특색은 없는, 이름만 그럴듯하게 '중흥빈관(中興賓館)'이라고 붙인 저택이었다. 깊은 산속에 자리한 중흥빈관은 수도에서 차를 타고 한 시간 거리에 있어서 노쇠한 장제스가 다니기에 알맞았다. 총통은 중흥빈관의 건축 공사를 직접 감독했다. 부지를 일주일에 5일씩 방문했고, 아이디어가 떠오르면 쉴새 없이 전화를 걸어서 "외벽 페인트 색깔을 바꾸어라", "매화나무를 더 심어라" 하며 지시를 내렸다. 메이링도 소파 덮개의 품질에서부터 본인 욕실의 색(꼭 분홍이어야 했다)에 이르기까지 두루 의견을 보탰다. 부부는 창문 하나의 위치를 두고 논쟁을 벌이기도 했지만, 자주 찾는 다른 별장들을 마련할 때에도 그랬듯이 중흥빈관 내에 예배당을 마련하는 데에는 이견이 없었다.

장제스 부부의 별장들은 산 또는 바다를 바라보는 환상적인 경관을 자랑했는데, 그 모든 장관이 오직 부부만을 위한 것이었다. 호수의 경우에는 조금 달랐다. 호수는 공산당의 침입이 우려되는 지역이라고 보기 어려웠기 때문에 일반인들도 출입이 가능했다. 그러나 총통이 어느 호수(가령 타이완의 자랑인 르웨탄 호수)를 마음에 들어하면 거대한 면적이 출입 금지 구역으로 지정되었다. 모든 국토를 자신의 소유로 여긴 그는 르웨탄 호수 한가운데에 있는 작은 섬에 자신의 어머니를 기념하는 옥탑을 쌓게 했다.

장제스가 검소한 생활을 했다고 생각하는 대중의 인식과 달리, 그는 일신의 안락을 몹시 챙겼다. 타이완 섬의 많은 산과 숲이 차로는 접근하기 어려우리라고 예상하고는 본토에서 가마 두 대를 가지고 오기도 했다. 가마를 짊어질 가마꾼들도 함께였다.

타이완에서 그가 마련한 이동 수단에는 최고급 비행기들도 있었다. 보잉 720 여객기가 출시되자 장제스는 즉시 한 대를 구입했다. 과거 장제스의 전용기 조종사였던 이푸언은 강력하게 반대 의견을 피력했다. 좁은 타이완 섬을 다니기에는 보잉 720이 너무 크고, 전쟁의 위협을 마주하고 있는 중화민국의 총통이 구입하기에는 지나치게 비싸다는 이유였다. 그의 충언은 무시되었다. 거액을 투입해서 구매한 전용기는 거의 사용되지 않았다. 장제스는 아내와 함께 호수 지역을 다닐 때에 사용하겠다며 수상 비행기도 구입했다. 그러나 시범 비행 때에 착륙과정에서 사고가 발생했고, 조종사들은 가까스로 익사를 면했다. 장제스는 계획을 취소할 수밖에 없었다.

미국의 원조와 마오쩌둥의 전쟁 위협 덕분에 장제스 부부는 20년간 평화롭고 고상한 삶을 만끽했다. 장제스는 본토를 잃었지만 그의 위세는 타이완 시절에 훨씬 더 막강했다. 타이완에서 그는 절대 군주 이상이었고, 본토에서보다 훨씬 삼엄한 통치를 시행할 수 있었다. 또한 타이완 시절은 장제스의 삶과 결혼 생활에서 가장 오래 지속된 안락의 시간이었다. 타이완의 더위도 문제가 되지 않았다. 산속의 별장들로 피서를 떠나면 선풍기를 틀 필요조차 없을 정도로 시원했다. 총통은 고용인들이 그의 등 뒤에서 직접 해주는 부채질을 좋아했지만, 메이링은 이 호사스러운 버릇은 들이지 않았다.

훗날 장제스 부부의 생활 방식이 세상에 공개되었지만 타이완의 대중은 크게 분노하지 않았다. 장제스는 타이완을 마오쩌둥의 폭압으로부터 보호했고, 사람들은 이를 고맙게 여겼다. 또 본토의 퍼스트레이디인 장칭과 비교하면 메이링이 타이완의 퍼스트레이디라서 다행이라는 것은 누구도 부정할 수 없었다. 일반인들에게 메이링은 자신의 직무를 성심성의껏 수행하고 총통에게 긍정적인 영향을 미친, 인정 많고 친절했던 사람으로 알려져 있다.

장제스가 여든넷, 메이링이 일흔셋이던 1971년, 부부의 유유자적한 삶은 산산조각났다. 미국 대통령 리처드 닉슨이 본토의 중화인민공화국과의 관계 회복을 꾀하면서 이듬해 초에 베이징을 방문하겠다고 선포한 것이었다. 그가 파견한 국가안보보좌관 헨리 키신저가 베이징에서 대통령의 방중을 대비하던 10월, 유엔은 '중국' 의석을 중화인민공화국에 배정하고 타이완의 중화민국을 퇴출하는 내용의 결의안을 통과시켰다. 서구 정치인들이 부지런히 마오쩌둥의 방 문을 두드리는 동안, 비탄에 빠진 메이링은 신앙에서 안식을 찾으며 『성서』의 구절을 연거푸 암송했다. "우리가 모든 일에 괴로움을 당해도 꺾이지 않으며 난처한 일을 당해도 실망하지 않고 핍박을 받아도 버림을 당하지 않으며 맞아서 쓰러져도 죽지 않습니다."(「고린도후서」 제4장 8-9절/옮긴이)

에마에게 보내는 편지에는 이렇게 적었다. "분별과 정직의 시계추가 조만간 제자리로 돌아올 거라고 생각해.……중요한 건 어떤 일이 벌어지느냐가 아니라, 우리가 어떻게 반응하느냐야."

장제스는 닉슨을 뼈에 사무치게 증오했고 그를 "어릿광대 닉슨"이라고 불렀다. 그의 주장에 따르면 닉슨의 이러한 행보는 순전히 개인적인 원한, 즉 장제스 자신이 닉슨 측에 선거 자금 제공을 거부한 일을 대갚음하기 위한 것이었다. 장제스는 일기에 이렇게 썼다. "어릿광대 닉슨은 당선되기 전에 타이베이를 방문했는데, 우리가 그의 선거 운동 자금을 대주리라는 희망에 부풀어 있었다", "나는 그를 역겨운 정치꾼이라고 여겨 경멸했고, 선거 운동에 협조하는 것도 승낙하지 않았다", "어릿광대 닉슨이 내게 해를 끼치려고 하는 것은 사적인 앙심을 품었기 때문이다."

장제스의 진노는 닉슨을 넘어서 아이링의 아들 쿵링칸, 심지어 메이링에게까지 향했다. "어릿광대 닉슨 행정부의 정책이 악화된 것은 명백히 [쿵링칸] 탓이다. 그런데도 아내는 그를 믿는다", "이 모든 일은 내 아내가 오로지 [쿵링칸의] 말에만 귀를 기울인 탓에 벌어졌다. 나라의 우환이 이 지경까지 이른 데에는 그의 죄가 작지 않다."

총통은 종종 고용인들에게 화풀이를 했고, 화가 치밀면 지팡이로 그들을 때리기도 했다. 그 힘의 세기가 얼마나 강한가는 노쇠한 장제스의 몸 상태를 파악하는 척도가 되었다. 하루는 보좌관 한 명이 의사에게 이렇게 말했다(장제스는 현명하게도 의사들에게는 언제나 예의를 차렸다. 그리고 여자들은 때리지 않았다). "총통께서 건강을 회복하셨습니다. 오늘 주먹질하시는 걸 보니 기운이 넘치시더군요!"

장제스의 건강은 갈수록 나빠졌다. 중풍이 들었고 그 후유증으로 말이 어눌해졌다. 하루는 산책을 하는데 갑자기 다리에 힘이 빠져서 긴급히 집으로 이송되었다. 그의 병은 엄격히 비밀에 부쳐졌지만, 장제스는 아들 장징궈에게 정권을 이양할 준비에 들어갔다. 1971년 말, 장제스는 장징궈를 총리 겸 군 총사령관으로 임명했다(본인의 총통직은 그대로 두었다). 장징궈 임명안은 이듬해 봄 국민대회에서 정식으로 승인되었다.

남편의 건강이 악화되고 장징궈의 정권 승계가 임박하자 메이링은 이전과는 다른 순전히 개인적인 이유로 초조함을 느꼈다. 퍼스트레이디로서의 생활 방식이 위기에 처하게 된 것이다. 그동안 메이링은 굉장히 호화로운 생활에 익숙해져 있었다. 그녀가 손짓만 해도 냉큼 달려오는 고용인이 열 명도 넘었고, 미국에 있을 때면 원할 때마다 타이완에서 초호화 C-54 수송기 차이나-아메리카를 부를 수 있었다. 남편이 떠난 후 장징궈가 그녀의 이러한 생활을 유지해줄 것인가? 만일 그녀가 바라는 대로 뉴욕에서 살게 된다면 익히 그래왔듯이 수많은 고용인들을 곁에 두고 부릴 막대한 비용은 누가 대줄 것인가? 한시라도 없으면 불안한 근접 경호원들의 봉급은? 지금보다 더 노쇠해진 그녀를 24시간 보살펴줄 간호 비용은? 타이완에서 오래 그녀를 모셔온 충직한 고용인들을 계속 고용하는 데에 필요한 그들의 봉급과 생활비, 병원비는 어떻게 하나? 이런 것들은 쿵샹시 일가의 막대한 재산으로도 감당하기 어려울지 몰랐다. 타이완 정부가 비용의 대부분을 대주어야만 했다. 하지만 메이링은 장징궈가 그렇게 해주리라고 자신할 수 없었다. 총통의 아들과 그 가족은 궁색할 만큼 검소한 생활로 유명했다. 장징궈가 메이링과 좋은 관계를 맺고 있는 것과는 별개로, 그녀의 사치스러운 생활을 용납하지 못할 가능성이 컸다. 장징궈 가족은 쑹씨가 아니었고, 메이링에게는 이 점이 대단히 중요했다. 언젠가 장징궈의 아이들과 쑹쯔안의 아이들이 다같이 그녀의 집에서 머물 때였다. 그녀는 조카들에게만 선물을 안겨주고서 농담조로, 그러나 반쯤 진심을 섞어서 장징궈의 아이들에게는 말하지 말라고 했다. "너희는 내 혈육이란다." 그녀는 속삭였다.

메이링은 자신의 이익을 보호하기 위해서 쑹씨 집안의 일원이 타이완의 재정을 장악해야 한다고 결론을 내렸다. 그녀는 쉰여섯 살의 조카 쿵링칸이 국민당에 크게 공헌했음에도 불구하고 제대로 인정받지 못했다며, 곧 개회하는 국민대회에서 그를 재정부 장관으로 임명하라고 남편을 집요하게 설득했다.

장제스는 짜증이 났다. 쿵링칸을 비롯한 쿵씨 일가는 진작부터 수많은 국민당원들에게 국민당 본토 상실의 원흉으로 강한 지탄을 받고 있었다. 쿵링칸은 타이완 정부에서 일한 경험이 없었고, 심지어 타이완에 거주한 적도 없었다. 이러한 명백한 결격 사유에 더해서 장제스는 이미 닉슨과 베이징 사이에 화해 분위기가 조성된 것을 쿵링칸의 탓으로 돌리고 있었다. 닉슨의 베이징 방문이 코앞으로 다가온 시점에서 메이링의 요구는 시기적으로도 최악이었다. 그녀는 정신이 나간 것처럼 보였다. 그러나 메이링은 공황에 빠져 있었다. 국민당 정부가 들어선 이래로 그녀의 가족(장제스는 포함되지만 장징궈는 포함되지 않는다)이 국가 재정을 주무르지 않은 적이 없었다. 메이링은 미래가 두려웠다. 언제 죽어도 이상하지 않을 만큼 남편의 심장질환이 악화된 이상, 더는 그에게 말을 꺼낼 적절한 시점을 기다리기도 어려웠다.

메이링은 끊임없이 장제스를 보챘고, 이를 더 이상 참을 수 없었던 그는 그녀를 멀리했다. 이제 장제스는 아들 장징궈만 보려고 했다. 장징궈는 가능하면 매일 저녁 시간을 내서 아버지와 함께 식사를 했다. 그가 일 때문에 늦어지면 장제스는 아들이 올 때까지 기다렸다. 장징궈가 나타나면 장제스의 얼굴에는 미소가 어렸고, 식사 후에는 둘이 함께 차를 타고 드라이브를 했다(장제스는 양아들 장웨이궈에게는 아무런 관심도 없었고, 그가 오

타이완의 나날들 397

면 미처 앉기도 전에 돌려보내고는 했다). 아들이 곁에 없을 때면 장제스는 아들의 일기를 읽으며 위안을 얻었다. 장징궈가 진먼 섬에 시찰을 갔을 때, 장제스는 그에게 간 김에 며칠 쉬고 오라고 이르고는 아들이 돌아올 때까지 안절부절못했다.

한참이 지나서 장제스는 화를 누그러뜨리고 아내를 만났다. 메이링의 74세 생일 파티에서 그의 태도는 호의적이었다. 메이링은 이 기회를 포착해서 다시 한번 조카를 밀어주었다. 새 내각 구성이 임박했을 때였다. 이모의 지시를 따라서 쿵링칸은 이모부에게 다가가서 그의 환심을 사려고 애를 썼다. 그러나 쿵링칸의 등장은 총통의 심기를 언짢게 만들었다. 메이링에게 단단히 화가 난 그는 1972년 6월 12일 일기에서 여자는 "가까이하면 불손하게 군다"는 공자의 말에 아내를 빗대었다. "결코 [그] 여자를 가까이해서는 안 된다." 한편 쿵링칸은 이제 장제스에게 닥친 모든 불행의 근원으로 지목되었다. "수치와 굴욕, 원한과 분노를 한순간도 잊은 적 없다. 내병은 [쿵링칸에게서] 기인한 것이요, 내 나라의 수치 또한 그에게서 비롯되었다."

위의 문장은 7월 11일 자 일기에 적은 것이었다. 20일, 메이링과 드라이브를 다녀온 장제스는 "마음이 답답하고 성가셨다." 메이링이 또다시 쿵링칸 이야기를 꺼내서 그가 "애써 고통을 인내하게" 만든 것이 분명하다. 이튿날, 그는 일기에 장징궈 내각의 최종 인사안을 적었다. 쿵링칸의 이름은 없었다. 이것이 그의 마지막 일기였다. 다음 날인 22일, 장제스는 심각한 심장발작을 일으키고 혼수상태에 빠졌다. 혼수상태는 반년간 지속되었다.

장제스는 1973년 초에 깨어났다. 그리고 몹시 쇠약한 상태로 이 세상에 2

년 더 머물다가 1975년 4월 5일 여든일곱의 나이로 병원에서 눈을 감았다. 그는 일찌감치 난징의 거대한 중산릉 옆 명당을 자신의 묏자리로 점찍어 놓았다. 난징이 아직 중국공산당의 영역인 만큼, 그는 공산당 지배가 무너지는 날까지는 자신의 시신을 타이베이 근교 츠후의 별장에 안치해두라고 지시했다.

장제스의 임종이 가까워오던 마지막 나날 동안 부부의 관계는 평온했다. 메이링은 현실을 받아들였고, 죽어가는 남편을 다정하게 보살피며 긴 시간 동안 그의 옆에 앉아서 말동무가 되어주었다. 장제스가 죽기 직전 메이링은 유방암 진단을 받았다. 평생 겪어온 병 가운데 가장 심각하고 치명적인 질병이었다. 비교적 사소한 병에 대해서도 끊임없이 불평을 했던 과거와 달리, 그녀는 남편에게 한마디도 하지 않았다. 입원하여 수술을 받기 전 그녀는 장제스에게 수술 사실을 알리지 말고, 단지 그녀가 감기에 걸려서 그에게 옮길까봐 찾아가지 못한다고 전하게 했다. 메이링은 남편을 아꼈다. 그리고 남편도 자신을 아끼고 있음을 알았다.

장제스가 죽자 메이링은 남몰래 목 놓아 울었다. 공식 석상에서는 단 한 방울의 눈물도 흘리지 않았다. 그녀는 흔들림 없이 여러 복잡한 결정 사항들을 처리했고, 장례식 내내 침착함을 지켰다. 위엄 있게 슬픔을 절제하는 모습 그 자체였다. 반면 장징궈는 지쳐서 쓰러질 때까지 통곡했고, 똑바로 설 수조차 없어 남의 부축을 받아야 했다. 메이링이 의사에게 장징궈에게 주사라도 놓아서 진정시켜보라고 말할 정도였다(실현되지는 않았다). 장징궈가 몸을 가누지 못할 정도로 비통해하는 모습은 몹시 보기 힘든 것이었다. 그는 육중한 몸집의 60대 중반 사내이자 독재 정권의 통치자였다. 과거 소련에 인질로 붙잡혀 있는 동안 감정을 억누르는 초인적인 힘을 연마하기도 했다. 그러나 이번만큼은 그도 괴로워서 어찌할 바를 모르는 듯했다. 아버지를 잃은 애통함은 강렬할 뿐만 아니라 오래도록 잊히지 않았다. 장제스가 죽은 지 한참이 지난 후에도 장징궈는 의붓어머니에게 이런 편지를 보냈다.

스린[장제스의 저택]의 아버님 침실에 홀로 앉아서 온 마음으로 아버님을 생각하고 그리워했습니다. 저녁에는 츠후 별장에 온 가족이 모여 저녁을 먹으며 아버님의 관과 함께했습니다. 슬픔으로 온몸 마디마디가 아려왔습니다.

어젯밤에는 츠후에 묵으러 갔습니다. 가을바람이 불고 비가 내리더군요. 공기 중에는 벌써 찬 기운이 있었습니다.

스린으로 돌아와서 노란 가을국화가 정원에 만개한 광경을 보았습니다. 너무나 많은 추억들이 떠올라서 아버님이 그리워 견딜 수 없었습니다.

아버님의 영전을 찾아뵈러 아내와 함께 츠후에 다녀오는 길입니다. 그곳에서 꽃이 활짝 핀 물푸레나무 가지를 꺾어 아버님의 영전에 놓아두었습니다.

어젯밤 츠후에서 묵었습니다. 산중에 밝은 달빛이 활짝 핀 동백꽃 위로 비추었습니다. 아버님 빈소의 잔잔하고 고요한 분위기가 마음에 와닿았습니다. 아버님이 여기 홀로 계시면서 소외되어 슬픈 마음이 드실까 하는 것이 유일한 유감입니다.

장징궈를 위로하는 일은 메이링의 몫이 되었다. 그녀는 자신의 경험과 비교하면 장징궈는 운이 좋은 편이라고 그를 달랬다. 자신은 어린 나이에 유학을 떠나 아버지가 돌아가시기 몇 달 전에야 귀국해서 아버지와 함께한 시간이 거의 없지만, 그는 아버지가 장수하여 수십 년을 함께하지 않았느냐고 말이다.

장징궈가 이토록 유별나게 아버지를 애도한 데에는 분명 무엇인가 예사롭지 않은 이유가 있었을 것이다. 어쩌면 장제스가 말년에 아들과 긴 시간 대화를 나누면서 어떻게 그를 스탈린의 손아귀에서 구해낼 수 있었는지 밝혔는지도 모른다. 아버지가 자신을 구출하기 위해서 그토록 비싼 대가(궁극적으로는 본토 상실)를 치렀다는 사실은 장징궈를 송두리째 흔들기에 충분했을 것이다.

장제스를 떠나보내며 애통한 감상에 젖은 또 한 사람의 의외의 인물이 있었다. 바로 중국공산당의 지도자 마오쩌둥이었다. 마오쩌둥은 장제스를 쫓아냈고 또 그의 권토중래를 막기 위해서 수백만 명을 학살했지만, 장제스를 진정한 맞수로 여겼고 그에게 일말의 존경심을 가지고 있었다. 어느 날, 병석에 누워 있던 여든한 살의 마오쩌둥은 자신의 거대한 목재 침대에서 일어나 앉았다. 그는 아무것도 먹지 않고 별다른 말도 하지 않은 채, 다만 12세기의 유명한 송사(送辭)를 녹음한 8분짜리 테이프를 하루 종일 틀게 했다. 마오쩌둥의 특별 주문에 따라서 작곡된 애절한 음악이 흘러나왔다. 장례식과 다름없는 엄숙한 분위기 속에서, 마오쩌둥은 침통한 표정으로 침대에 앉아 가락에 맞춰서 송사를 읊조렸다. 그렇게 그는 장제스에게 작별을 고했다. 시조의 마지막 두 구절을 이렇게 고쳐쓰기까지 했다. "가게나, 존경하는 벗이여 / 돌아보지 마시게."

남편을 보내고 5개월 뒤, 메이링은 타이완을 떠나서 뉴욕으로 향했다. 그녀는 젊은 시절의 장제스 사진을 침대맡 협탁에 놓아두었다. 가족과 고용인들은 이따금씩 그녀가 사진 속 장제스를 "허니(Honey)"라고 부르며 말을 거는 모습을 목격했다. 한번은 그녀가 사진을 물끄러미 바라보는데 조카가 다가갔다. 그녀는 웃으며 말했다. "정말 잘생기셨지, 그렇지 않니?"

요리사부터 운전사, 경호원, 간호사까지 아우르는 상당한 규모의 수행단이 그녀의 뒤를 따라서 바다를 건넜다. 훗날 그녀가 아주 고령이 되었을 때에 수행원들의 수는 37명에 육박했다. 아버지의 뒤를 이어서 타이완의 지도자가 된 장징궈는 의붓어머니의 생활에 부족함이 없도록 아낌없이 지원했다. 이는 아버지 생전에 눈물로 맹세한 바였다. 부자가 단둘이 있을 때, 장제스는 몇 번이나 아들에게 메이링을 보살펴달라고 부탁했다. "그래야만 내가 편히 눈을 감을 것 같구나." 그리고 메이링도 함께한 자리에서 그는 아들과 아내의 손을 붙잡고 아들에게 일렀다. "아들아, 이 아비를 섬기는 마음으로 네 어머니를 섬기도록 해라." 장제스 사후 장징궈와 메이링은 친밀한 관계를 유지했고, 타이완의 미래가 불투명해지면서 둘의 사이는 더욱 가까워졌다. 장징궈가 살아 있는 한 메이링은 생활을 걱정할 필요가 전혀 없었다.

22

할리우드 며느리

공산당이 중국을 장악한 이후 메이링은 대부분의 시간을 남편과 함께 타이완에서 보냈다. 아이링은 타이완의 동생 부부를 자주 방문했지만, 그녀가 정착한 곳은 뉴욕이었다. 아이링은 롱아일랜드 섬 로커스트 밸리의 대저택에서 살았다. 사방이 숲으로 둘러싸인 그곳에서의 생활은 내밀하고 조용했다. 사교 생활은 입이 무거운, 엄선된 친구 몇몇과 카드놀이를 하는 것이 주를 이루었다. 공식 석상에 모습을 보이는 일도 없었다. 늘 그랬듯이 아이링의 일상은 신을 중심으로 돌아갔다. 그녀는 투자를 비롯해서 중요한 결정을 내릴 때면 언제나 신께 기도했다.

메이링이 자매들 가운데 가장 똑똑하다고 표현했던 아이링은 여전히 명석했다. 그녀는 타이완의 상황을 예리하게 주시했다. 1956년 10월의 어느 날, 동생 메이링을 만나기 위해서 타이완을 방문한 아이링은 장제스에게 훗날 나라에 큰 이익을 가져올 조언을 했다. 당시 장제스 정권의 삼엄한 통제하에서 외국 유학을 허가받기란 매우 어려운 일이었다. 그 누구도 감히 규제를 완화해야 한다고 건의하지 못했고, 메이링에게는 그런 제안을 떠올릴 만한 정치적인 감각이 없었다. 이날, 두 자매와 총통은 스린 관저의 정원을 산책했다. 함박웃음을 지으며 그녀의 팔짱을 끼고 있던 장제스에게 아이링은 말했다. "이봐요, 제부! 우리는 과학 기술 분야에서 한참 뒤처졌어요.……그런데도 아직 학생들의 유학을 허락하지 않았다니요. 미국 유학을 반드시 허락해야 해요!" 장제스는 그녀의 조언을 받아들였다. 이때부터 타이완의 젊은 남녀 학생들이 꼬리에 꼬리를 물고 바다 건너 미국으로 몰려들었다.

미국에서 아이링은 장제스 부부의 사적인 문제 해결에 도움을 주었다. 1964년, 로런스 힐이라는 사람에게서 편지가 도착했다. 그는 총통의 전처 천제루의 저작권 대리인으로, 아이링에게 "몇 가지 사실을 확인하고 싶다"고 했다. 천제루는 생계가 어려워져서 회고록을 출간하려고 하고 있었다. 회고록이 세상에 나온다면 장제스 부부의 입장은 심히 난처해질 것이 자명했다. 아이링은 물밑 작업을 펼쳐서 출판을 막았다. 천제루는 25만 달러를 받고 회고록을 영원히 출판하지 않겠다고 약속했다. 그 돈이 아이링의 주머니에서 나왔음에는 의심의 여지가 없다.*

큰일이든 큰일이 아니든 아이링은 가족들을 위해서라면 언제나 아낌없이 돈을 지불했다. 남동생 쑹쯔안의 아들이 방문하자, 그녀는 조카에게 선물이라며 100달러를 건넸다. 부모님에게 받는 일주일 용돈이 25센트에 불과한 어린 소년에게는 천문학적인 액수였다. 장제스 부부를 수행하는 가까운 고용인들은 롤렉스 시계와 같은 값비싼 선물을 받았다. 장제스의 주

---

* 이즈음 대리인 힐이 폭행을 당하는 일이 있었다. 범인은 장제스가 보낸 폭력배들이었던 것 같다. 하지만 궁극적으로 협상을 성사시킨 것은 역시 합의금이었다. 천제루의 회고록은 1990년대에 들어서야 출판되었다. 그녀와 장제스 둘 다 세상을 떠나고도 한참 시간이 흐른 뒤였다(천제루는 1971년에 사망했다).

치의가 그녀의 집에서 일주일간 머물렀을 때에는 그에게 가장 비싼 음식인 샥스핀 스프를 끼니마다 대접했다. 주치의는 이후 샥스핀 스프는 질려서 먹지 못하게 되었지만, 아이링이 보인 호의는 좋은 기억으로 간직했다.

쿵샹시와 아이링 부부 사이에서 두뇌 역할은 누가 보아도 아이링이 맡고 있었다. 오랫동안 중화민국의 총리를 역임하기는 했지만, 쿵샹시 본인의 판단력에는 다소 문제가 있다는 것이 중론이었다. 이는 그의 회고담에서도 역력히 드러났는데, 예를 들면 쿵샹시는 이렇게 자랑했다. "루스벨트는 나를 100퍼센트 신뢰했네. 내가 하는 말이라면 뭐든 사실로 받아들였지.……그는 진정으로 나의 좋은 친구였어." 그는 이탈리아의 무솔리니도 마찬가지로 자신을 대단히 높이 평가했다고 말했다. "무솔리니는 중화민국이 거물들을 유럽 각국의 수도에 [대사로] 파견한다고 생각했지.……내심 나를 자기 밑으로 데려갈 뜻이 있었던 것 같아."

1937년 유럽을 순방하던 쿵샹시는 히틀러를 비밀리에 접견했다. 그는 자신이 히틀러와 막역한 친분을 쌓았다고 했다. 히틀러는 "공산당이 독일을 망쳐놓으려고 했지만 독일인들이 기민하게 그 위험성을 알아차렸다고 내게 말했네. 공산주의자들은 더 위험한 짓을 벌이기 전에 독일에서 쫓겨났지.……그가 말하더군. '선생께서는 공산당 강령의 위험성을 알고 계시리라고 믿소이다.'" 쿵샹시는 또 이렇게 믿었다. "나는 일본을 경계하고 그들과 너무 가까워지지 말라고 히틀러를 설득할 수 있었다네."

장제스가 본토를 상실한 후에는 타이완으로부터 "돌아와달라"는 편지가 빗발쳤다고 했다. "내가 와주기만 하면 중화민국 정부를 도와 본토를 탈환할 수 있다고 믿은 게지."

아이링은 남편을 대신해서 실제로 머리를 쓰는 일은 자신의 몫이라는 사실을 잘 알았다. 그리고 자신이 메이링과 장제스에게 그 누구보다 막대한 영향력을 행사한다는 것도 충분히 인식하고 있었다. 한번은 막내아들 쿵 링제의 장모 매기 그리핀에게 이렇게 말했다. "우리 둘은 닮은 점이 참 많 군요." 아이링이 말한 닮은 점이란 가족 중 누군가를 성공하게 한 막후의 실세라는 점이었다(두 사람 모두 신앙이 독실하다는 점도 비슷했다).

쿵링제의 아내 데브라 패짓은 엘비스 프레슬리의 첫 영화「러브 미 텐더 (Love Me Tender)」의 여주인공을 맡았던 은막의 스타로, 그녀를 할리우드 에 밀어넣은 사람은 강압적인 어머니 매기였다. 매기는 "눈치 빠르고, 말 많고, 매력적인 쇼걸 출신으로 그녀 자신도 동네에서는 꽤나 인기 있는 인 물이었다." 그녀는 데브라와 그밖의 자식들을 쇼 비즈니스에 종사시키겠 다고 결심했다. 데브라가 1933년 콜로라도 주 덴버에서 태어나고 얼마 지 나지 않아, 가족은 연예계와 보다 가까워지기 위해서 영화 산업이 밀집한 로스앤젤레스로 이사했다. 데브라가 처음 무대에 오른 것은 여덟 살 때였 다. 1956년 엘비스 프레슬리의 데뷔 영화를 함께 촬영할 즈음 그녀는 이미 19편의 영화에 출연한 스타였고, 당시로서는 그녀의 인기에 미치지 못하 던 엘비스를 밀어주어야 했다. 그녀는 팬들에게 말했다. "엘비스 프레슬리 가 앞으로도 쭉 인기를 끈다는 데에 기꺼이 한 표 던지겠어요.⋯⋯그는 우 리 곁에 계속 있을 거예요."

딸이 영화를 촬영하는 내내 매기는 촬영장에 앉아서 엘비스와 농담을 주고받았다. 데브라가 촬영하는 곳은 어디든 따라다니는 것이 그녀가 세 운 원칙이었다. 그녀는 딸과 미래의 로큰롤 '제왕'의 관계를 좌지우지했다. 데브라는 인기 토크쇼 "밀턴 벌리 쇼"에 출연해서 이렇게 털어놓았다.

엘비스 프레슬리와의 첫 만남을 앞두고 마음이 복잡했어요. 연예계에 돌풍을 일으킨 이 테네시 출신 젊은 가수에 대해서 들은 것도 읽은 것도 많았는데, 대부분은 좋은 내용이 아니었거든요.……그가 우리를 맞이하던 모습이 제일 먼저 떠오르는군요. 벌리 씨께서 우리를 소개하자, 엘비스는 제 손을 힘주어 잡으며 이렇게 말했죠. "만나서 반갑습니다, 패짓 양." 그러고는 저희 어머니와도 마찬가지로 힘찬 악수를 나누었고, 잠시 실례하겠다고 하며 사라지더니 몇 분 뒤에 어머니가 앉으실 의자를 들고 돌아왔어요.……그때부터 저와 가족들은 자주 엘비스와 만났죠.……우리는 엘비스를 가족처럼 여겼고, 제 생각에는 그도 비슷하게 느꼈던 것 같아요.

엘비스는 그녀에게 청혼했지만, 어머니 매기가 결혼을 반대했다고 한다. "부모님 말씀이 아니었다면 그와 결혼했을 거예요." 데브라는 텔레비전 인터뷰에서 밝혔다.

공교롭게도 데브라는 첫 번째 남편인 배우 데이비드 스트리트와는 10주일 만에 이혼했고, 두 번째 남편인 감독 버드 보티커와는 식을 올린 지 19일 만에 갈라섰다. 스물여덟 살이 되던 1962년, 그녀는 아이링의 막내아들 쿵링제와 결혼했다. 샌드허스트 사관학교 출신으로 영국군 대위를 역임한 쿵링제는 이때 마흔 살의 미혼남이자 텍사스 주 휴스턴의 석유 재벌이었다. 그는 전용기를 가지고 있었고, 한 무리의 경호원들이 그를 따라다니며 호위했다.

아이링이 두 사람의 결혼에 결정적인 역할을 했다. 그녀는 데브라를 좋아했다. 이 빨간 머리의 '육체파 미녀'가 그녀 자신만큼이나 신실한 신자라는 점이 특히 그녀의 호감을 샀다. 데브라는 엘비스 프레슬리를 두고 이렇게 말하고는 했다. "그의 가장 큰 장점은 바로 하느님을 사랑한다는 점이었어요."

아이링은 베벌리 힐스의 자택으로 데브라를 초대해서 쿵링제와의 만남을 주선했다. 저녁 식사 초대장은 양쪽 모두를 아는 친구가 전해주었다. 매기는 기자들에게 말했다. "모든 것이 격식에 맞게 이루어졌어요. 나도 함께 초대를 받았고요. 그가 자기 어머니를 우리에게 소개해주었는데, 정말 사랑스러운 분이셨죠. 어찌나 신사적이고 정중하던지 데브라가 사랑에 빠지지 않고는 못 배길 정도였어요. 나 역시 그렇고요."

쿵링제와 데브라가 약혼을 하자, 매기는 만족스러운 말투로 말했다. "그는 내 딸에게 아주 멋지고 고전적인 방식으로 구애했어요. 이보다 더 나은 사윗감이 어디 있을까 싶더군요.……나는 정말 그를 사랑해요. 그리고 그의 어머니가 내 딸을 사랑한다는 것도 알죠." 데브라는 원래 로마에서 영화를 촬영하기로 계약이 되어 있었지만, 쿵링제는 대신 그녀를 라스베이거스로 데려왔다. 두 사람은 라스베이거스의 감리 교회에서 양가 어머니가 참석한 가운데 결혼식을 올렸다. 부부가 신혼여행을 떠나자 매기는 또다시 기자들에게 벅차오르는 기쁨을 쏟아냈다. "나도 데브라만큼이나 들떴답니다.……사랑스러운 우리 딸이 이번에야말로 진정한 행복을 찾은 것 같네요." 아이링 역시 흐뭇했지만, 늘 그랬듯이 언론과의 접촉은 피했다.

쿵링제는 신부를 데리고 집으로 돌아갔다. 그의 집은 휴스턴 외곽, 나무가 듬성듬성 들어선 수십만 제곱미터의 목초지 한가운데에 자리한 '성채'로, 그가 운영하는 석유 회사의 본부 옆에 위치했다. 모든 건물의 창문은 방탄유리였다. 부지에는 인공 호수가 있었고, 그 주위에 푸른색 기와를 얹은 중국식 정자가 점점이 서 있었다. 텍사스 평원을 수놓는 앙증맞고 독특한 조경물인 듯 보이지만, 사실 이 정자들은 기관총용 포문을 갖춘 강화 콘크리트 시설이었다.

쿵링제가 호수 밑에 건설한 핵 벙커, 일명 '웨스틀린 벙커'는 개인이 소유한 것으로는 세계에서 가장 큰 핵 벙커 중의 하나였다. 쿵링제는 소련이나 중국 등 공산주의 국가가 핵으로 위협을 가해올 가능성을 매우 심각하게 인식했다. 정자 내부에도 설치되어 있는 비밀 계단을 따라서 내려가면 지하 벙커가 나왔다. 쿵링제의 벙커는 철옹성이었다. 인류에게 닥칠 수 있는 모든 재난을 견디도록 설계되었고, 40메가톤급 폭발에도 끄떡없었다. 지하 도시를 축소해놓은 듯한 이 시설에는 자가발전 설비가 있었고, 1,500명이 90일을 버틸 수 있는 물과 식량, 연료를 비축할 공간도 있었다. 주거 구역에는 침상들이 질서정연하게 채워져 있었고, 방마다 개인용 독서등이 달린 3층 침대가 115개씩 있었다. 또한 탁자와 의자가 갖춰진 구내식당, 당장이라도 사용할 수 있는 화장실과 오염 제거 샤워 시설, 진료실, 심지어 쇠창살로 가로막힌 4개의 감방을 갖춘 감옥도 있었다. 벌어질 수 있는 모든 상황을 생각해둔 셈이었다.

혹시라도 핵 공격이 일어나면, 지하 벙커 관제실의 벽에 달린 점멸등이 켜지고 여러 신호들이 일제히 송출되도록 되어 있었다. 이후 자동으로 벙커의 봉쇄 시스템이 활성화되고, 방사능 측정기가 실행되어 상수도와 환기 시설의 오염 정도를 검사하는 수순이었다.

웹사이트 휴스턴 건축(houstonarchitecture.com)에는 웨스틀린 벙커에 대한 소개글이 있다. 그 글의 아래에 토드 브랜트라는 사람이 다음과 같은 댓글을 달아놓았다. "나는 웨스틀린 벙커의 엘리베이터 방 건축과 내부 인테리어 리모델링을 맡은 공사 감독관이었습니다. 벙커는 입이 떡 벌어질 정도로 환상적입니다. 직접 보지 않고서는 믿기 어려울 거예요. 시설 위에 호수가 있는데도 물 한 방울 새지 않죠. 내가 참여한 일 가운데 가장 멋진 작업이었습니다."

이 엄청난 지하 시설을 짓기 위해서 쿵링제는 오늘날의 화폐 가치로 4억에서 5억 달러를 지불했다. 텍사스의 석유 값이 폭락했던 1980년대에 그는 이 부동산에 대한 소유권을 잃었다(그래도 그의 재산은 여전히 파산과는 거리가 멀었다). 냉전의 광풍이 남긴 이 기이한 유산은 완공되지 못한 채 버려졌다가 2005년에 부동산 매물로 공개되었다. 그해 허리케인 카트리나와 리타가 미국 남부를 강타한 이후, 수많은 대기업들이 웨스틀린 벙커의 문을 두드렸다. 콘티넨털 항공을 비롯한 몇몇 회사들은 이 벙커를 비상 상황실로 쓰고자 했다. 인터넷 데이터를 보관하기에 이상적인 공간이라고 판단한 회사들도 있었다. 현재, 웨스틀린 벙커의 광고 문구는 다음과 같다. "호스팅과 데이터 보관을 위한 가장 안전한 장소. 전천후, 완벽 방수. 핵 공격에도 무너지지 않음." 쿵링제가 핵 공격에서 살아남기 위해서 세운 대피소는 오늘날 새 삶을 찾게 되었다.

쿵링제는 「007」 시리즈에 나올 법한 냉전 시대의 장치들을 무척 좋아했다. 어린 조카에게 빗으로 위장한 칼을 선물한 적도 있었다. 한번은 그를 찾아온 메이링에게 특수 제작한 리무진을 내주었는데, 자동으로 열리는 트렁크 안에 추격자들의 눈을 멀게 할 커다란 조명 두 대가 설치되어 있었고, 배기관에서는 불이 뿜어져 나오도록 개조된 차였다. 현실적인 메이링은 쑹쯔원에게 "쿵링제가 좀 이상한 것 같다"고 말했다. 쑹쯔원은 답했다. "그 애가 상상력이 워낙 뛰어나잖아." 쿵링제는 취미도 다양했다. 루이지애나 주에 근사한 저택 부지를 구입한 그는 근처에서 오리 사냥을 즐겼다. 메이링의 수행원들은 항상 즐거운 시간을 선사해주는 그를 좋아했다.

쿵링제와 데브라는 18년간의 결혼 생활 끝에 이혼했다. 하지만 이혼 후에도 두 사람은 가깝게 지냈다. 데브라는 말했다. "우리는 가장 친한 친구예요." 그녀는 쿵링제가 1996년 사망한 이후에도 쿵씨, 쑹씨 가족과 좋은 관계를 유지했다. 이와 같은 '아름다운 관계'는 부분적으로 데브라가 배우로서의 삶을 희생하고 기른 아들 쿵더지의 덕이었다.

쿵더지는 1964년, 유명 가수 프랭크 시나트라가 이웃에 사는 베벌리 힐스의 저택에서 태어났다. 쿵샹시는 양손으로 백옥 여의(如意)를 경건하게 받쳐들고 손주를 보러 왔다. 가운데가 구부정한 막대 형태의 여의는 복을 기원하는 선물이었다. 아이링은 숙련된 할머니처럼 아기를 돌보았다. 쿵더지는 어린아이였을 적에 뉴욕에 사는 이모할머니 메이링을 만나러 갔다가 위엄 넘치는 그녀에게 호되게 야단을 맞은 적이 있었다. 어른이 방에 들어오시면 자리에서 일어나고, 앉을 때에는 늘어지지 말고 단정하게 있어야 하는데 예의범절을 제대로 익히지 못했다는 것이었다. 시간이 흘러 쿵더지가 예의 바른 젊은이로 성장하자 메이링은 그를 매우 칭찬했고, 특히 그가 마약에 빠지지 않았다는 사실에 깊이 안도했다.

쿵더지는 아이링의 하나뿐인 손주였다. 그녀의 자식 4명 가운데 쿵링칸과 쿵링쥔은 평생 결혼을 하지 않았고, 장녀 쿵링이는 두 번 결혼했지만 자녀가 없었다. 쿵링제와 데브라의 외아들 쿵더지는 쿵씨 일가의 유일한 후손이다. 그는 어머니를 돌보며 하루하루를 보낸다. 이 책을 집필하고 있는 현재, 데브라는 여든을 넘긴 나이에도 여전히 아름다우며, 여전히 독실한 신자이다. 모자의 사이는 더할 나위 없이 가깝다.

스스로 선택한 인생(그리고 남편)으로 인해서 칭링과 메이링은 자녀를 두지 못했다. 그 결과 쿵더지는 쑹씨 세 자매의 유일무이한 '후계자'이다. 마찬가지로 아이가 없는 그는 세 자매의 정치적 유산을 지키는 데에 삶을 바칠 의사가 없다. 그에게 무엇보다 중요한 일은 자신의 삶을 사는 것, 그리고 사생활을 지키는 것이다.

23

뉴욕, 뉴욕

쑹씨 세 자매는 상하이의 딸들이었다. 하지만 제각기 정치적인 이유로 아무도 그곳에서 눈을 감지는 못했다. 중국공산당의 지도자 칭링은 말년을 베이징에서 보냈고, 숨을 거둘 때까지 그곳에서 공산당 정부를 위해서 일했다. 수도 베이징을 좋아하지 않았고 상하이를 그리워했지만, 그녀에게 선택권은 없었다. 조국에서 쫓겨난 아이링과 메이링은 여생을 보낼 장소로 고향과 꼭 닮은 대도시 뉴욕을 선택했다. 두 사람은 뉴욕을 사랑했다. 뉴욕 사람이나 다름없던 두 자매는 떠들썩한 뉴욕에서 평화와 안정을 찾았다.

쑹씨 형제 중 두 명도 뉴욕에 정착했다. 메이링보다 한 살 어린 쑹쯔량은 은행가였으나, 본토에서 도피해올 때에 재산의 대부분을 잃었다. 생계가 어려워진 그는 가져온 돈이 바닥나자 형제자매들의 지원에 기댈 수밖에 없었다. 경제적 의존은 가족 간의 의를 상하게 하기 마련이다. 그와 비슷한 처지에 놓인 뉴욕의 수많은 사람들이 그러했듯이, 쑹쯔량은 친척들을 거의 만나지 않았고 아내와 딸과 함께 소박하고 조용한 삶을 살았다. 그는 쑹씨 가족 중에 1981년 칭링의 죽음에 조의를 표한 유일한 사람이었으나, 베이징 정부는 이 소식을 선전거리로 삼지 않았다. 마치 그는 쑹씨 가족이 아니라는 듯한 태도였다. 1987년 쑹쯔량이 여든여덟을 일기로 세상을 떠났을 때 그의 죽음에 주목한 사람은 아무도 없었다.

쑹씨 세 형제 가운데 맏이이자 가장 저명한 인물이었던 쑹쯔원 역시 1949년 이후 뉴욕의 매력에 이끌려 그곳에 정착했다. 그는 센트럴 파크가 내려다보이는 뉴욕 5번가의 아파트에서 살았지만, 암살당할지도 모른다는 초조함에 죽는 날까지 한순간도 마음을 놓지 못했다. 어느 밤, 그의 손자가 텔레비전을 보고 있었다. 텔레비전에서 갑자기 시끄러운 소리가 흘러나오자 쑹쯔원이 총을 들고서 방으로 들이닥쳤고, 손자는 깜짝 놀랐다. 쑹쯔원은 언제나 총을 휴대했고, 뉴욕을 벗어나서 타지를 방문할 때면 목적지와 체류 기간을 다른 이들에게 알리지 않았다. 그는 마오쩌둥의 '전범' 명단에 들어 있기도 했지만, 그의 진짜 걱정은 자신을 향한 매부 장제스의 적의였다. 국공 내전 시기에 쑹쯔원은 국민당 내의 반장제스파와 손잡고 총통의 축출을 모의한 적이 있었다. 이 잠깐의 '대역무도한' 일탈을 장제스는 결코 용서하지 않았다. 쑹쯔원은 경계해야 했다.

그는 자신이 처한 상황을 잘 알았다. 국민당 공작원들이 뉴욕에서 그를 밀착 감시하고 있었다. 장제스는 그가 미국 정부 관계자들과 가까워지는 것을 크게 우려했다(그들이 장제스를 대신할 인물로 쑹쯔원을 지지할 가능성이 있기 때문이었다). 따라서 쑹쯔원은 미국 상류층에 저명한 친구들이 많았음에도 그들과 거의 만나지 않았다. 미국을 방문한 타이완 관료들과도 거리를 두었다. 뉴욕에서 그는 오롯이 사적인 생활을 영위했다. 날마다 센트럴 파크를 산책했고, 텔레비전으로 미식축구 경기를 보았으며, 손주들과 카드놀이며 술래잡기를 하고 놀았다. 젊은 시절부터 정계의 화려한 스포트라이트 속에 활약해온 그에게 이러한 생활이 만족스러울 리 없었지만, 그는 화목한 가정을 꾸렸다. 사랑 가득한 아름다운 아내, 3명의 예의 바른 딸들, 그리고 9명의 손주들이 그의 삶을 채워주었다.

쑹쯔원은 공산 중국에 갇혀 있는 칭링과는 연락이 끊겼고, 같은 도시에 살던 아이링과도 거의 왕래하지 않았다. 항일 전쟁 막바지에 장제스가 쿵샹시를 내치고 그를 총리에 앉힌 적이 있었는데, 아이링은 남동생이 장제스와 결탁해서 자신의 남편을 희생양으로 삼았다며 두고두고 분하게 여겼다.

쑹쯔원은 메이링과는 줄곧 가깝게 지냈지만, 그녀는 이역만리 타이완에 있었다. 여러 해 동안 남매는 편지와 선물을 주고받고 부탁을 들어주면서 서로를 항상 생각하는 마음을 표했다. 1962년 메이링은 정다운 편지를 길게 적었다. "며칠 뒤면 큰언니 생일이야.……언니한테 전화해서 생일 축하한다고 해줘. 나이를 먹을수록 '피는 물보다 진하다'라는 말이 정말이구나 싶어."

쑹쯔원은 메이링의 권유대로 큰누님에게 연락했고, 아이링은 그를 로스앤젤레스로 초대했다. 그가 그곳에 있을 동안 쿠바 미사일 사태가 발발했다. 적어도 대중이 보기에, 사태는 소련의 지도자 니키타 흐루쇼프가 미사일 철수를 결정함으로써 일단락되었다. 쑹쯔원과 아이링은 함께 기쁨을 나누었다. 흐뭇하고 벅찬 마음에 쑹쯔원은 곧바로 메이링에게 편지를 보냈다. "누님의 웅장한 로스앤젤레스 저택에서 묵었단다. 누님께서는 몸도 마음도 정정하셨어. 케네디가 흐루쇼프에게 강경하게 대응하는 걸 보고 우리 모두 흥분을 감출 수 없었다. 역사의 새로운 장이 열리는 순간이야. 우리가 고향 땅으로 돌아갈 수 있다는 희망을 다시금 가지게 하는구나."

두 사람을 성공적으로 화해시키고 자신감을 얻은 메이링은 한발 더 나아가서 남편과 오빠의 화해를 주선하고자 했다. 1963년 2월, 결혼한 딸을 만나기 위해서 필리핀 마닐라에 도착한 쑹쯔원은 가까운 타이완에 한번 들르라는 메이링의 초대를 받았다. 형제자매 중 가장 막내로서 종종 정치적으로 엇갈린 남매들 사이를 오가며 전달자 노릇을 했던 쑹쯔안이 초대장을 건네주었다. 쑹쯔원이 가장 먼저 보인 반응은 긴장이었다. 그는 여동생을 사랑했지만, 그녀의 남편은 믿지 못했다. 장제스가 그의 자유, 나아가 그의 목숨을 빼앗을지도 모른다는 불안감이 그를 엄습했다. 만일의 사태에 대비해서 그는 아내에게 여러 통의 편지를 보내서 타이완에 "한두 주 정도만 머물 것"이라고 알렸다. "조금도 걱정하지 마오. 이달 말까지는 집으로 돌아갈 테니."

장제스는 쑹쯔원이 타이완에서 열흘이 넘게 즐거운 시간을 보내도록 내버려두었지만, 쿵샹시가 방문했을 때와 달리 두 팔 벌려 환영하지는 않았다. 공식적으로 미국에서 수행할 임무를 맡기지도 않았다. 사돈들과 마찬가지로 장제스는 케네디 대통령이 쿠바 미사일 사태 당시에 보인 강경한 태도에 크게 고무되었고, 돌아오는 9월에 아들 장징궈를 파견하여 본토 진격을 지원해달라고 케네디를 설득할 계획이었다. 그는 메이링의 간청에 따라서 쑹쯔원에게 도움을 구하기로 했다. 케네디 행정부의 국무부 차관 W. 애버럴 해리먼이 쑹쯔원의 오랜 벗이었다.

쑹쯔원은 미국으로 돌아가서 해리먼을 만났고, 그와 나눈 대화를 길고 소상히 적어서 메이링에게 부쳤다. 메이링이 편지를 중국어로 번역해서 남편에게 보여주었지만, 편지에는 실망스러운 소식뿐이었다. 미국 정부는 베이징과의 어떠한 "심각한 무력 충돌"에도 개입할 의사가 없었다. 처남을 향한 장제스의 냉랭한 마음은 풀리지 못했다. 그는 장징궈의 워싱턴 방문에 쑹쯔원이 참여하지 못하도록 각별히 신경을 썼다.

1964년 10월, 베이징 정부가 첫 원자폭탄 실험에 성공했다. 비슷한 시기, 프랑스가 중화인민공화국 정부를 인정했고, 타이완은 프랑스와의 외교를 끊을 수밖에 없었다. 그다음 해에 벌어진 일은 장제스에게 더 큰 충격을 가져왔다. 1949년 장제스가 물러난 이후 잠시 총통직을 대리했고 이후 줄곧 뉴욕에 거주하고 있던 리쭝런이 국민당의 비밀 감시망을 피해서 극적으로 베이징에 모습을 드러낸 것이다. 그가 비행기에서 내리는 순간 레드카펫 옆에 서서 그를 환영한 옛 국민당 거물들 가운데 몇몇은 쑹쯔원의 친구와 지인들이었다. 장제스의 기분은 끝도 없이 가라앉았다. 타이완에 도움이 되고자 무척 애를 썼음에도, 쑹쯔원은 다시는 그곳에 초청받지 못했다.

1971년 4월 26일, 일흔여섯 살의 쑹쯔원은 친구들과 저녁 식사를 하던 중 갑자기 세상을 떠났다. 사망 진단서에는 "고기 조각이 목에 걸려 사망"이라고 적혔다. 사인은 뇌졸중이었을 수도 있다. 사망 당일과 하루 이틀 전에 뇌졸중 증세를 보였기 때문이다.

메이링은 비보를 접하자마자 남편에게 뉴욕으로 가서 장례식에 참석하겠다고 알렸다. 장례식은 5월 1일로 예정되어 있었다.

그녀가 떠나기 전날 장제스는 갑자기 마음을 바꿨다. 그는 4월 29일 일기에 이렇게 적었다. "오늘밤 갑작스럽게 정보를 입수했다. 쑹칭링이 쑹쯔원의 장례식을 기회로 삼아서 내 아내에게 평화[즉 타이완의 항복] 이야기를 꺼내려는 목적으로 뉴욕에 갈지도 모른다고 한다. 그래서 내일 아내에게 뉴욕에 가지 말라고 하기로 결정했다."

칭링이 뉴욕으로 가려고 했던 흔적은 어디에서도 찾아볼 수 없다. 당시 중화인민공화국은 전 세계와 단절되어 있었고, 미국과 어떠한 외교관계도 없었다. 키신저가 그해 7월 비밀리에 베이징을 방문하기도 전이었다. 중국 공산당을 대표하는 얼굴인 칭링이 돌연 비행기에 올라서 뉴욕으로 날아오는 것은 불가능했다. 뉴욕의 쑹쯔원 가족은 그녀와 연락이 끊긴 지 오래였다. 유가족이 칭링에게 부고장을 보내지도, 베이징 정부가 유가족에게 접촉해오지도 않았다. 칭링이 장례식에 가겠다고 요청한 일도 없었다. 1969년 정치와는 무관하게 살던 남동생 쑹쯔안이 죽었을 때에도 그녀에게 허락된 것은 전보로 조의를 표하는 일이 고작이었다. 이 간단한 전보마저도 칭링이 총리 저우언라이의 아내를 통해서 그에게 허가를 구한 후에야 보낼 수 있었다.

중화인민공화국이 칭링을 쑹쯔원의 장례식에 보내서 세간의 이목을 끌고자 한다는 것은 총통만의 생각이었을 가능성이 있다. 같은 달 미국의 탁구선수들이 중국 측의 초청을 받아서 베이징을 방문한 일 때문에 그는 적잖이 신경이 곤두서 있었다. 장제스는 중국의 움직임을 예의 주시했다. 그러나 궁극적으로 총통은 아내가 쑹쯔원의 죽음을 애도하기 위해서 먼 거리를 간다는 사실 자체가 내키지 않았다. 이즈음 그의 머릿속에서는 처남을 향한 원한이 들끓고 있었다. 그는 일기에서 본토를 상실한 일을 반추하면서 이렇게 적었다. "후회가 막심하다." 그중에서도 특히 후회스러운 일은 쑹쯔원을 임용한 것이었다. 쑹쯔원의 "무지, 그리고 복종하지 않고 책임지지 않으려는 태도"가 재정을 망쳐놓았다고 그는 주장했다. 바로 이런 마음에서 장제스는 아내의 뉴욕행을 금한 것이었다.

오빠의 장례식에 참석하지 못한 일은 메이링에게 사무치는 기억이 되었다. 친구 에마가 위로의 뜻을 담은 편지를 보내오자, 그녀는 다소 느닷없이 화제를 바꾸었다. "온 가족이 오빠와 2년 전 죽은 남동생 쯔안의 빈자리를 절절히 느끼고 있어.……쿵샹시 부인은 지난 4월에 내 생일을 축하해주러 이곳으로 와서 여름을 보내고 있어."

당시 타이완에 머무르고 있던 아이링 역시 쑹쯔원의 장례식에 가지 않았다. 그 결과, 쑹쯔원의 장례식은 쑹씨 가족의 행사라는 분위기가 거의 풍기지 않았다. 메이링과 쑹쯔원, 그리고 뉴욕에서 병석에 누워 있던 아이링까지 샌프란시스코로 날아왔던 쑹쯔안의 장례식과는 천지차이였다.

쿵샹시가 1967년 8월 15일 여든다섯의 나이로 숨을 거두었을 때, 메이링은 뉴욕으로 와서 장례식에 참석했다. 장제스는 타이완에서 대규모의 추도식을 열었고, 미사여구를 남발한 추도문도 친히 작성했다. 쑹쯔원은 그중 어떤 것도 받지 못했다. 그가 받은 것은 장제스의 친필 편액뿐이었다. 과거 황제들이 효자와 열녀, 충신, 아들을 낳아 기르며 인고의 세월을 견딘 어머니들에게 하사한 것과 같은 종류였다.

아이링은 1973년 10월 18일 뉴욕에서 여든넷의 나이로 눈을 감았다. 사인은 암이었다. 그녀는 말년에 각종 질병으로 고통받았다. 그녀가 타이완에 머무를 때면 메이링은 언니가 최상의 치료를 받을 수 있도록 신경 썼고, 며칠이든 병원에서 언니의 곁을 지켰다. 언니가 사경을 헤매자 뉴욕으로 가서 침대맡에서 밤새워 간호했지만, 마찬가지로 위독한 남편 때문에 타이완으로 돌아올 수밖에 없었다.

1975년 장제스가 사망한 이듬해, 메이링은 뉴욕에 정착했다. 그녀는 조카 쿵링칸과 함께 맨해튼 어퍼이스트사이드의 그레이시 스퀘어 10번가에 짐을 풀었다. 그녀가 선택한 집은 1930년대 건축된 중후한 건물의 9층 한 켠을 전부 차지하는 곳으로, 이스트 강이 한눈에 내려다보였다. 거주지를 고를 때에 장제스 부인이 가장 중요하게 고려한 것은 본인의 안전이었다. 이 건물은 보안 시스템을 통과한 후에 건물 안쪽까지 차도가 이어져 있어서 그녀가 밖에 노출되지 않고 건물 안에서 차에 타고 내리는 것이 가능했다. 또한 건물에서 조그만 잔디밭 하나만 건너면 매우 가까운 거리에 뉴욕시장의 관저 그레이시 맨션이 있었기 때문에 보안이 철두철미했다. 그러고도 부족해서 메이링은 모든 창문을 방탄유리로 교체했다.

메이링은 경호원과 고용인들에게 둘러싸여 이따금씩 롱아일랜드의 쿵씨 가족 저택을 방문했다. 이제 그곳은 그녀의 친딸이나 다름없는 쿵링쥔의 소유였다. 쿵링쥔은 계속해서 메이링의 살림을 돌보았고, 고용인들은 그녀의 불호령이 떨어질까봐 밤낮 전전긍긍했다(불침번을 서는 간호사들은 졸아서도 안 되었다). 쿵링쥔의 거친 태도는 언제나 그래왔듯이 고용인들의 반감을 샀지만, 그녀는 메이링에게 없어서는 안 될 존재였다. 메이링을 향한 쿵링쥔의 헌신은 각별했다. 메이링이 약을 처방받으면 꼭 먼저 복용해보고 부작용이 없는지 살폈다. 전문 관리사들을 믿을 수 없다며 일흔을 훌쩍 넘긴 나이에도 직접 무릎을 꿇고 앉아서 메이링의 발을 쥐고 발톱을 깎아주기도 했다.

1992년에는 쿵링칸이, 2년 뒤인 1994년에는 쿵링쥔이 잇따라 세상을 떠나자 메이링은 이루 말할 수 없이 큰 충격을 받았고, 한동안 침울한 기분을 떨치지 못했다. 그녀를 흠모하던 어떤 사람이 상심한 그녀를 보고 기운을 북돋울 만한 일을 추진하기로 결심했다. 그의 제안에 따라서 몇몇 미국 상원 의원들이 1995년 일본 투항 50주년을 맞아 그녀를 위한 연회를 개최했다. 그녀는 행사에 참석하기 위해서 워싱턴으로 갔다. 워싱턴으로 향하는 비행기 안에서 아흔일곱 살의 메이링은 부지런히 연설문을 고쳐 썼다. 그녀의 연설은 힘찼고, 깊은 울림을 주었다. 연회가 끝난 후에 주미 타이완 대표의 관저에서 열린 점심 뷔페에 참석한 그녀 주위로 중국계 미국인들이 쉴 새 없이 몰려들었고, 그녀는 진솔한 미소로 화답하며 특유의 매력을 발휘하여 그들과 대화를 나누고 사진을 찍어주었다. 그후 뉴욕으로 돌아온 메이링에게서 피곤한 기색은 찾아볼 수 없었다. 흥분은 며칠간 지속되었고, 주변 사람들 모두 그녀의 들뜬 기분을 느낄 수 있었다.

쿵링쥔 사후에는 아이링의 맏딸 쿵링이가 메이링을 돌보는 임무를 이어받았다. 하지만 쿵링이는 나이가 이미 70대 후반이었고, 동생만큼 이모와의 관계가 원만하지도 못했다. 이제 가족이나 다름없어진 전임 퍼스트레이디의 수많은 고용인들은 퇴역 공군 대령 쑹헝린의 헌신으로 흠잡을 데없이 관리되었다. 유능하고 겸손한 그는 매사를 일사불란하게 처리했고, 메이링이 마지막 10년을 편히 보내는 데에 크나큰 공헌을 했다. 메이링은 고용인들을 정중하고 친절하게 대했고, 고용인들은 각자의 일에 성실히임했다. 1년에 한두 번은 메이링이 학교를 설립해서 가르쳤던 전쟁고아들이 그녀를 만나러 왔다. 전쟁고아들, 또는 주로 타이완에서 오는 다른 손님들을 맞이할 때면 그녀는 옷을 갈아입고 화장을 한 다음 정신을 가다듬고 여왕과 같은 품위 있는 모습으로 나타났다. 한번은 이제 나이가 지긋해진 전쟁고아들이 모인 자리에서 그녀가 이렇게 말했다. "너희들이 어릴 적에는 내가 얼굴을 쓰다듬어주곤 했지. 다시 한번 쓰다듬어보게 이리 와보려무나." 좌중은 그녀의 말에 즐거워하며 웃음을 터뜨렸다.

메이링은 이러한 몇몇 손님들을 제외하고는 외부와 거의 접촉하지 않았다. 초청이 오면 공적인 것이든 사적인 것이든 대부분 거절했고, 친구도 거의 만나지 않았다. 수십 년간 서신을 주고받았던 친구 에마 밀스도 메이링의 남편이 죽고 그녀가 뉴욕에 정착한 뒤로는 10년이 넘는 기간 동안 그녀를 고작 두세 번 만났을 뿐이었다(에마는 1987년 아흔두 살의 나이로 사망했다). 메이링은 이웃들과도 이야기를 나누지 않았고, 우연히 마주치면 스치듯 떠오르는 미소로 인사를 대신했다. 외출도 거의 하지 않았다. 어느 곳에 살든 무방했을 생활 방식이었다. 막대한 비용을 들여 고용인들을 타이완에서 데려오는 대신 그냥 그곳에서 살 수도 있었을 것이다. 하지만 메이링은 뉴욕을 고집했다. 뉴욕의 공기에 넘쳐나는 떠들썩한 **활기**는 굳게 닫힌 창문과 꽉 잠긴 문틈을 비집고 들어와서 온 공간을 가득 메웠다. 은둔 생활을 하면서도 메이링은 세상과 이어져 있었다.

24

격변의 시대를 맞이하여

메이링이 뉴욕에서 보낸 말년은 1976년 마오쩌둥의 사망 이후 중국 본토에 거대한 변화가 불어닥친 시기와 일치했다. 마오쩌둥의 뒤를 이어서 최고 지도자가 된 덩샤오핑은 나라의 문호를 개방하고 자본주의를 받아들였다. 전 세계의 이목이 베이징으로 쏠렸다. 1979년 미국은 중화인민공화국과 정식 수교를 맺었다. 타이완의 앞날은 바람 앞의 등불처럼 위태로웠다. 메이링은 수심에 젖었고, 제2의 조국이라고 여긴 미국에 크게 실망했다. 타이완이 미국과의 향후 관계를 정의하는 협상을 진행하는 동안, 그녀는 장징궈에게 강경한 입장을 고수하라고 종용했다. 미국 측에 중국공산당과는 절대 접촉하지 말라고 요구하라는 것이었다. 이는 실현 가능성이 전혀 없는 요구였고, 타이완은 협상 테이블에서 이를 거론하지 않았다. 메이링은 장징궈를 질책했다. 좌절감과 무력감이 그녀를 덮쳤다. 그녀는 워싱턴 정계를 대상으로 하는 반공 로비 활동에 거액을 지원하는 방안을 장징궈에게 비밀리에 권하기도 했다. 그러나 그 무엇도 시대의 흐름을 돌려놓을 수는 없었다.

메이링이 보기에 마오쩌둥 사후의 중국은 그의 생전과 다르지 않았다. 그녀는 작고한 남편이 즐겨 썼던 구식 표현을 그대로 이어받아 덩샤오핑을 "덩씨 도적놈"이라고 불렀다. 전 세계가 공산 중국에 집어삼켜질지도 모른다는 우울한 절망감이 그녀를 짓눌렀다.

1981년, 칭링의 병이 위중해지자 베이징 정부는 메이링에게 언니를 보러 오라는 초청장을 보냈다. 메이링은 회신하지 않았다. 칭링이 사망한 뒤에는 장례식에 참석하라는 전언이 왔지만, 메이링은 이번에도 초청을 묵살했다. 속으로는 그녀도 언니와 마지막으로 만나지 못한 것을 애통해했다. 밤이 지새도록 보좌관에게 언니와의 옛 추억을 털어놓으며, 어린아이였던 자신을 칭링이 미국으로 데려가던 때를 떠올리기도 했다. 하지만 그녀는 공산당의 선전에 이용될 만한 일말의 여지도 주지 않겠다고 결심했다.

이즈음 미국의 유력 중국어 신문에 칭링이 중국공산당 중앙위원회에 보낸 서신이라는 글이 게재되었다. 중국공산당 중앙위원회를 신랄하게 비판하는 이 서신은 사실 날조된 것이었지만, 그 사실을 몰랐던 메이링은 이루 말할 수 없이 기뻐했다. 그녀는 장징궈에게 보낸 편지에서 언니가 본토에 남아서 공산당에 가담하기로 했다는 사실이 지난 30년 동안 마음속 응어리로 맺혀 있었는데, 이제 그 응어리가 씻긴 듯하다고 했다. 언니가 결국에는 그들의 실체를 꿰뚫어보고 입을 연 것이었다. "공산당에 대한 언니의 환상이 깨졌다니, 더없이 큰 위안이 되는구나." 메이링은 본토에서 철수하던 때에 자신이나 아이링이 미국이 아닌 상하이에 있었다면 칭링을 설득할 수 있었을지도 모른다는 환상을 품기 시작했다. 메이링의 날아갈 듯한 기분은 며칠간 지속되었다. 그녀는 장징궈에게 차기 국민대회에서 이 소식을 발표하라고 부추겼다. 장징궈는 서신이 허위라는 사실을 알고 발표를 삼간 듯하다. 의붓어머니의 낙담을 원하지 않은 그는 본토에서 서신을 빼돌린 국민당 간첩의 신변을 보호해야 하기 때문에 발표는 할 수 없다며 그녀를 달랬다.

이듬해, 베이징 정부는 다시 한번 타이완에 강화를 제안했다. 베테랑 간부이자 랴오중카이의 아들로 장제스 부부와 잘 아는 사이였던 랴오청즈가 장징궈에게 긴 서신을 보내왔다. 타이완의 총통 장징궈는 답변을 거부했다. 그는 서신을 메이링에게 전달했고, 그녀가 대신 답변해주겠다고 나서자 크게 감격했다. 메이링의 공개 서신은 타이완의 모든 신문에 게재되었다. 그녀의 말투는 과거 칭링이 장제스를 비난할 때에 사용한 격정적인 어조와 꼭 닮아 있었다. 노년에 접어들면서 칭링의 들끓던 의분은 자취를 감춘 반면, 정치에 무심했던 메이링은 갈수록 불의를 참지 못하게 된 듯하다. 메이링은 문화 대혁명으로 수백만 명 이상이 끔찍한 고통을 겪었고 랴오청즈 자신도 "범의 아가리에서 겨우 살아나온 주제에", 국민당이 공산당과 손잡기를 바라다니 제정신이냐며 랴오청즈를 힐난했다.

한편 메이링이 비슷한 태도로 역정과 불만을 쏟아낸 한 권의 책이 있었다. 작가 스털링 시그레이브가 1985년에 출간한 『송가황조(*The Soong Dynasty*)』였다. 미국에서 베스트셀러가 된 이 책은 쑹씨 일가를 몹시 부정적으로 묘사했다. 메이링에게는 처음 있는 일이 아니었다. 과거에 더욱 심한 손가락질도 받았기 때문이다. 그러나 메이링의 분노는 그 어느 때보다도 컸다. 이 책이 중국의 현대사가 불운해진 탓을 전부 그녀의 가족에게 돌린 반면에 공산당은 결백한 것처럼 그렸다는 이유에서였다. 메이링은 작가를 "공산당 도적놈들의 꼭두각시"라고 칭하며 전에 없이 전투적인 태세를 취했다. 그녀는 여러 가지 관련 사항들을 직접 지시하기 위해서 장징궈에게 연락하여 그의 영리한 아들 장샤오융을 미국으로 불러들였다. 그녀의 지휘하에 시행된 '전략' 중에 하나는 신문에 전면광고를 내는 것이었다. 「뉴욕 타임스」와 「워싱턴 포스트(*The Washington Post*)」에 "엄중 성명 : 「송가황조」의 중국 현대사 왜곡을 반박한다"는 문구의 광고가 실렸다. "타이완의 역사학자 일동"이라는 서명이 붙었지만, 이것이 장징궈 정권의 작품임을 모르는 사람은 없었다. 광고는 대중의 호기심만 부채질했고, 책은 날개 돋힌 듯 팔려나갔다. 타이완은 만인의 조롱거리가 되었다. 그럼에도 메이링은 요지부동이었다. 그녀는 자신이 벌이는 일을 "공산당 도적놈들에 대한 총공격"이라고 칭했고, 이것이 "나날이 늘어가는 책 판매량에 제동을 걸 것"이라고 호언장담했다. 암살될까봐 두려워 보트로 피신했다는 시그레이브의 인터뷰가 방송되자, 메이링은 콧방귀를 뀌었다.

몇 개월 전, 장징궈의 전기를 쓴 타이완 작가 류이량이 샌프란시스코에서 타이완 정보기관의 사주를 받은 폭력배들의 총에 맞아서 사망한 사건이 있었다. 미국 대중은 경악했고, 장징궈 정부를 그 아버지와 다를 바 없는 폭력 조직이라고 비난했다. 시그레이브에게 가해진 위협은 여론을 더욱 악화시켰다. 타이완의 미국 무기 수입에까지 지장이 생기는 듯했다. 그러나 메이링은 끈질기게도 「송가황조」를 향한 공격을 포기하지 않았다.

이러한 상태에서 1986년 그녀는 남편 장제스의 탄생 100주년 기념 행사에 참석하기 위해서 타이완으로 돌아왔다. 기념 행사는 장제스의 별호를 따라서 '중정(中正) 기념당'이라고 불리는 웅대한 건물에서 진행되었다. 국부 쑨원이 개창한 현대식 개인숭배 풍조에 걸맞게, 바깥으로는 광활한 광장이 펼쳐지고 안으로는 거대한 크기의 장제스 동상이 자리한 공간이었다. 5만 명의 남녀가 질서정연하게 광장을 가득 메웠다. 수많은 색색깔의 풍선과 흰 비둘기가 하늘로 날려보내졌다. 메이링은 다소 부자연스러운 중국어로 기념사를 낭독했다. 당의 담화문처럼 딱딱한 글이었다. 낭독을 마친 후 그녀의 얼굴에 비친 사랑스러운 미소만이 기념사에 한 줌의 인간미를 더해주었다.

이 기념 행사는 장제스 시대의 마지막 장면이 되었다. 얼마 후 총통의 후계자 장징궈는 아버지가 물려준 독재 체제에 종언을 고했다.

스탈린의 소련에서 12년간 인질 생활을 하는 동안, 장징궈는 노동형에 처해져 공장과 농촌, 강제수용소를 전전했다. 사회 밑바닥에서 발버둥을 치면서 그는 평범한 사람들과 가까워졌고, 그들에게 애정과 존경을 가지게되었다. 소련인 친구들도 많이 사귀었다. 그중 크라프라는 고아 출신의 공장 기술자가 있었다. "그는 나에게 많은 것을 가르쳐주었소.……우리는 진정한 벗이 되었고, 기쁨도 슬픔도 모두 함께 나누었지." 공장 노동자들은 장징궈를 좋아했고, 그의 능력을 알아보고 부공장장 자리에 그를 추천했다. 농장에서 일할 때, 대부분 글을 몰랐던 촌사람들은 그를 존경했고 마을의 대소사를 믿고 맡겼다. 강제수용소에서는 스탈린 정권의 눈 밖에 난 온갖 계층의 사람들과 함께 고된 노동을 했고, 다시금 "마음속으로 이 사람들에게 애착을 느끼게 되었다." 그 애착이 어찌나 깊었는지 석방이 된 후에도 떠나기를 주저할 정도였다. "감정이 벅차올라서 내 가엾은 동료들에게 차마 작별 인사를 건네기도 힘들더군."

장징궈는 1950년대 초 아버지의 명을 따라서 새 근거지 타이완을 사수하기 위한 '백색 테러'를 주도했음에도 불구하고, 정권 승계 후에는 '민중친화적'이라는 평판을 얻는 데에 성공했다. 주민들과 전혀 접촉이 없었던 아버지와 달리 그는 서민들에게 다가가기 위해서 노력했다. 끊임없이 각지를 시찰하면서 도로변의 조그만 가판대에서 밥을 먹고, 주변 사람들과 한담을 나누었다. 겉모습에서도 그는 위풍당당하고 강인한 아버지의 외양을 따르는 대신 소탈한 모습을 선택했다. 정치적으로는 장제스가 죽자마자 그의 정책 대부분을 사실상 완전히 개정했다. 장제스는 타이완의 경제 발전에 아무런 관심도 없었지만, 장징궈는 그것을 가장 우선순위에 두었다. 그의 통치 아래 타이완은 '타이완의 기적'이라고 불리는 압도적인 성장을 이루었다. 장징궈의 재임 기간 동안 타이완의 경제 성장률은 두 자릿수를 기록했고, 1977년부터 6년 안에 국민소득은 세 배가 되었다. 상당한 수준의 자유화도 뒤따랐다. 사상 처음으로 타이완 국민들에게 여행을 목적으로 한 자유로운 출국이 허가되었다. 본토 출신의 국민당 노병들은 고향에 가서 가족과 상봉할 수 있게 되었다. 봉쇄되었던 해안가와 산지 역시 대중에게 개방되었다.

장징궈 정부는 청렴하다는 평가를 받았다. 장징궈와 그의 가족은 그 어떤 재산도 축적하지 않았다. 또한 장징궈는 공공심이 투철한 다수의 인재들을 곁에 두었다. 공직을 맡아서 사적인 이익을 추구하지 않고 국가를 위해서 봉사하는 것을 자랑으로 여기는 이들이었다. 부패의 부재, 근면성실하게 나라에 대한 의무를 다한다는 정신은 타이완의 성공을 견인했다. 일당 독재 체제 아래 공산당 및 중화민국으로부터의 타이완 독립을 주장하는 세력의 활동은 여전히 금지되었지만, 제재는 지나치지 않았고 장징궈는 많은 이들에게 인기가 있었다.

그리고 그는 타이완을 민주화의 길로 이끌었다.

1985년, 장징궈는 세 아들 중 누구도 총통직을 물려받지 않을 것이라고 선언함으로써 그의 가족에게 정권이 이양되리라는 항간의 예측을 공개적으로 부인했다. 그 자신이 아버지에게서 정권을 승계받은 것은 스스로의 선택이 아니었다. 억지로 떠맡겨진 총통직에는 기쁨보다 부담이 더 크게 따라왔다. 보좌관의 증언에 따르면, 그는 당 최고 위원회 회의를 앞둔 전날 밤이면 항상 초조하고 불안해했다고 한다. 독재자에게 주어지는 특권은 소박한 취향의 장징궈에게 큰 의미가 없었다.

장징궈의 통치 아래 타이완은 이전과 아주 다른 모습으로 변화했다. 경제적 번영이 타이완 사회에 새로운 차원의 열망을 불어넣었다. 개혁을 요구하는 목소리가 사회 곳곳에서 터져나왔다. 매년 30만 명에 달하는, 여행 또는 유학을 가서 세계 다른 나라들을 목격한 사람들이 주축이 되었다. 당의 공식 입장에 반하는 내용을 담은 출판물이 우후죽순처럼 간행되었다. 민주화를 향한 거스를 수 없는 시류 속에서, 1987년 장징궈는 계엄령을 해제했고, 새로운 정당의 설립과 언론의 자유를 허가했다.

이 역사적인 조치가 단행되던 순간 메이링은 타이완에 있었다. 직전 해에 장제스의 탄생 100주년 기념 행사에 참석한 후 그녀는 뉴욕으로 돌아가지 않고 타이완에 좀더 머물렀다. 개혁 조치들이 어떤 결과로 이어지는지 주시하기 위해서였다. 그녀의 심경은 복잡했다. 민주화에 반대하지는 않았지만, 남편의 신성한 지위와 그녀 자신의 이익이 위태로워지는 것은 원하지 않았다. 그러나 당장은 크게 걱정하지 않았다. 아직 70대인 장징궈가 앞으로도 수년, 수십 년 더 정권을 잡을 것이기 때문이었다.

그러나 1988년 1월 13일, 장징궈는 일흔일곱 살의 나이로 돌연 사망했다. 진작부터 당뇨와 기타 질병을 앓고 있었음에도 그의 죽음은 아무도 예상하지 못한 일이었다. 그날 아침, 아들 장샤오융은 장징궈의 방문을 살짝 열고 문안 인사를 한 다음 메이링과 점심 식사를 하러 나갔다. 그가 나가고 얼마 지나지 않아서 장징궈는 세상을 떠났다. 가족 중 누구도 그의 임종을 지키지 못했다.

부총통 리덩후이가 총통직을 이어받았다. 메이링은 긴장했다. 리덩후이는 장제스나 메이링에게 별다른 충성심을 드러낸 적이 없었다. 또다시 메이링은 향후의 생활을 보장받지 못할지도 모른다는 두려움에 빠졌다. 며칠 뒤, 그녀의 연락을 받은 조카 쿵링쥔이 뉴욕에서 날아와 맹렬한 기세로 타이베이 그랜드 호텔(일명 원산대반점)을 접수했다. 야트막한 산 정상에 위치한 이 호텔은 중국의 전통 황궁을 본떠서 꾸며졌다. 거대한 붉은색 기둥들 위에 휘황찬란한 황금빛 지붕이 올라앉은 이 호텔은 타이완의 대표적인 볼거리 중 하나였다. 1950년대에 메이링의 주도 아래 영빈관으로 건립된 이 호텔을 쿵링쥔은 가족의 사유재산처럼 취급하면서 사실상 지배인 노릇을 해왔다. 장징궈가 정권을 잡은 후 새로운 관리 제도가 도입되면서 그녀는 주변부로 밀려났는데, 이제 다시 호텔로 돌아온 것이었다. 쿵링쥔은 지배인 앞에서 규정집을 말 그대로 찢어버리고, 회계 총책임자를 해고했으며, 이사장을 압박해서 물러나게 했다. 메이링의 지지를 받아서 장제스 측 인사가 새 이사장이 되었고, 쿵링쥔은 이 수입성 좋은 사업체를 다시 관장하게 되었다.

자신의 이익을 지키기 위해서, 아흔 살이 된 전임 퍼스트레이디 메이링은 정치권력을 얻고자 했다. 그녀의 계획은 리덩후이가 국민당 주석직을 계승하지 못하게 막는 것이었다(장제스 부자는 총통직과 더불어 국민당 주석도 겸임했다). 당 주석은 반드시 국민당 지도부의 정식 추천과정을 거쳐야 했다. 메이링은 지도부 인사들에게 추천인 발표 날짜를 연기해달라고 요구했다. 자신이 직접 선택한 사람을 밀어넣을 시간을 벌기 위해서였다. 당 지도부는 그녀의 요구를 마뜩잖게 여겼다. 장제스의 오랜 충복들조차 리덩후이가 주석직을 계승하기를 바랐다. 어느 날 자정 메이링은 장제스가 각별히 아꼈던 후배에게 전화를 걸었지만, 그는 그녀의 요청을 거절했다. 모두가 그녀의 간섭을 달가워하지 않고 새로운 시대로 나아가기를 희망하고 있음이 명백했다. 보도의 자유를 얻은 언론도 그녀에게서 등을 돌렸다. 메이링은 물러설 수밖에 없었다. 그녀는 국민당 대표대회에서 최후의 설득을 시도했다. 당 대표들은 혁신을 좇다가 근본을 흔드는 일은 없어야 한다는 그녀의 연설을 자못 정중히 경청했으나, 정말로 귀담아 듣는 사람은 아무도 없었다.

여전히 정정하고 명민했던 메이링은 더 이상의 저항은 하지 않았다. 그녀는 패배를 인정하고 1991년 뉴욕으로 돌아갔고, 타이완의 정치로부터 멀어졌다. 민주화를 향한 타이완의 질주는 계속되어, 1996년 리덩후이가 민주적인 선거를 통해서 선출된 타이완의 첫 번째 총통이 되었다.

민주화된 타이완은 메이링을 후하게 대우했다. 리덩후이 정부가 전직 총통 및 그 배우자에 대한 예우 규정을 제정했지만(그리고 장징궈의 아내와 가족은 이 규정을 철저히 준수했지만), 메이링은 예외로 인정받았다. 그녀의 생활은 대개 이전과 같은 수준으로 보장되었다. 그랜드 호텔은 계속해서 메이링의 개인 주방 역할을 맡아서 요리사와 종업원들을 미국으로 파견했다. 경호원과 간호사, 기타 수행원들도 해마다 교대로 뉴욕에 왔다. 하지만 몇몇 특혜는 제한되어야 했다. 1994년 메이링은 암에 걸린 조카 쿵링쥔을 만나러 마지막으로 타이완을 방문했다(쿵링쥔은 미국이 아닌 타이완에서 치료받기를 선택했다. 병원 특실에 본인이 키우는 개를 데려오는 등의 특권을 누릴 수 있었기 때문이다). 타이완 정부는 전임 퍼스트레이디를 위해서 특별기를 보내는 대신 민항기의 1등석을 통째로 예약했다. 또한 쿵씨 일가에게도 경비의 일부를 부담하라고 요구했다. 몇몇 친척들이 뒤에서 불만을 표하기는 했지만, 쿵씨 일가는 정부의 요구를 받아들였다.

메이링은 한동안 부족해진 돈에 조바심을 냈지만, 전반적으로는 달라진 시대를 담담히 마주했다. 말년에 일상 대부분을 차지했던 기도와 성서 읽기가 그녀의 마음에 평안을 주었다. 한 편의 영화 같았던, 한때는 세상의 정점에 서기도 했던 인생이었지만, 그 기나긴 여정의 막바지에서 메이링은 과거를 반추하거나 지나간 영광을 입에 올리지 않았다. 인터뷰 요청도 모두 거절했다. 그녀의 이름을 따서 거리의 이름을 제정하고 싶다는 제의가 들어오자, 메이링은 『성서』를 인용하며 그 제의를 사양했다. "전도자는 말한다. '모든 것이 헛되고 무가치하며 의미가 없으니 아무것도 소중한 것이 없구나'"(「전도서」 제1장 2절/옮긴이) 그녀는 신이 자신을 데려갈 날을 기다리며 이따금씩 이렇게 중얼거렸다. "내 동년배들과 그 아래 세대 사람들은 하나둘씩 떠나갔는데, 나만 여기 남아 있다니." "하느님은 아마 나를 잊으셨나 봐."

그녀가 105세로, 19세기와 20세기에 이어 21세기까지 3개의 세기를 살았을 때에 신은 그녀를 기억해냈다. 2003년 10월 23일, 메이링은 잠을 자던 중에 평화롭게 세상을 떠났다. 언니 아이링의 가족과 함께 묻어달라는 말 외에 다른 유언은 없었다. 쿵씨 가족은 일찍이 맨해튼 시내에서 북쪽으로 40킬로미터 떨어진 펀클리프 공동묘지에 가족실 두 개를 사두었다. 하얀 대리석 벽에 스테인드글라스 창문을 달고 간소한 제단을 놓은 방이었다. 메이링의 장례식은 가족과 수행원들의 주재하에 조용히 치러졌다. 관을 안치할 때에 관의 크기에 비해 자리가 좁아서 공간을 마련하기 위해서 대리석을 추가로 깨부수는 사소한 소란도 벌어졌다. 빈틈없는 계획에 따라서 진행된 남편 장제스의 장례식과는 천양지차였다. 그러나 공개적으로 전시되어 있는 장제스의 유해는 때때로 항의하는 사람들이 흩뿌린 붉은 페인트를 뒤집어써야 했고, 세금을 써서 그의 유해를 보존할 가치가 있는지를 두고 여론의 공방이 끊이지 않았다. 메이링의 유해는 평범한 뉴욕 사람들처럼 평온 속에 남겨졌고, 사랑하는 언니와 그 가족들이 곁에 있었다.

장례식 이튿날, 당시 타이완의 총통 천수이볜이 메이링의 맨해튼 저택을 방문해서 애도를 표하고 경의의 뜻을 담아서 그녀의 친척들에게 타이완 국기를 수여했다. 2000년에 선출된 천수이볜은 타이완 역사상 첫 반국민당 계열 총통이었다. 메이링은 마지막 순간까지도 역사의 증인이었다.

주

제1장 국부의 부상

22 "만주족을 몰아낸다." : Sun Yat-sen (Chen Xi-qi et al. eds.), vol. 1, pp. 4-5

23 그러나 이곳의 토양은 대부분 : Sun Yat-sen (Chen Xi-qi et al. eds.), vol. 1, p. 74; Sun, Victor, p. 24; Shang Ming-xuan et al. eds., p. 513

24 누나를 본 쑨원은 : Linebarger, Paul, pp. 79-81; Sun Hui-fen, p. 18; "생각이라는 것" : Miyazaki, Tōten 1977, p. 7; "신기하기 짝이 없는 곳" : Linebarger, Paul, p. 116

25-26 쑨원이 처음 입학한 곳은…희생을 감수했다 : Sun, Victor, pp. 79, 89-92; Linebarger, Paul, pp. 122-31; Chung Kun Ai, p. 106; Wong, J. Y. 2012, pp. 193-224

26-27 4년간 떠나 있다가…쑨원은 집을 떠났다 : Chan, Luke and Taylor, Betty Tebbetts, pp. 3, 12-13, 147-8

28 여름에 고향으로 돌아왔던…정부(情婦)를 들일 것이었다 : Sun, Victor, pp. 86-7, 98-9; Hager, Charles R., pp. 382-3

29 세례식을 계기로 : Sun Yat-sen (Chen Xi-qi et al. eds.), vol. 1, p. 36; 쑨원이 진지하게 : Shanghai Managing Committee of the Historical Objects of Sun Yat-sen and Soong Ching-ling ed., vol. 1, p. 265; Epstein, Israel, pp. 42-3; 얼마 전에 새로 문을 연 : Sun Yat-sen (Chen Xi-qi et al. eds.), vol. 1, pp. 46-7; Chen Shao-bai, p. 5; 그의 학위는 홍콩에서 : Schiffrin, Harold Z., p. 30, Sheng Yong-hua et al. eds., p. 70

31 "제2의 홍수전" : Chen Shao-bai, pp. 6, 8

32 쑨원에게 편지를 보내서 : Sun Yat-sen, *Collected Works*, Chapter 8 of *The Sun Theory*, 1919/06, http://sunology.culture.tw/cgibin/gs32/s1gsweb.cgi?o=dcorpusands=id=%22CS0000000030%22.andsearchmode=basic; Letter to Li Xiao-sheng, 1912/04/14, http://sunology.culture.tw/cgibin/gs32/s1gsweb.cgi?o=dcorpusands=id=%22TG0000001329%22.andsearchmode=basic

33 보인문사의 회원은 : Tse Tsan Tai, p. 4; "양취원은 내가 처리하겠네." : Chen Shao-bai, p. 29

34-35 쑨원은 위험을…원하지 않았던 것이다 : Deng Mu-han; cf. Wong, J. Y. 2012, pp. 587-93; Chen Shao-bai, pp. 29-30

35 홍콩의 신문들은 : Wong, J. Y. 2012, pp. 574, 578; 제임스 캔틀리 박사에게 : Cantlie,

Neil and Seaver, George, pp. xxv, xxviii; Cantlie, James and Sheridan, Charles Jones, p.
18; interview with his grandson Hugh Cantlie, 12 April 2016

36 "독이 있는 뱀이나 전갈을 피하는 것처럼" : Sun Yat-sen (Chen Xi-qi et al. eds.), vol. 1, p.
110

37-38 10월 1일 사무소의 소장…사실상 중단했다 : Luo Jia-lun, pp. 100–76

37 나중에 캔틀리는 : The National Archives, London, UK, FO 17/1718, p. 122

38 "설마하니 자네" : The National Archives, London, UK, FO 17/1718, p. 121; 얼마간 조사
를 한 후에 : Luo Jia-lun, pp. 45, 48–9; The National Archives, London, UK, FO 17/1718,
pp. 119–21

39 패트릭 맨슨 박사에게 : The National Archives, London, UK, FO 17/1718, p. 122

41-46 그러나 쑨원은…보도했다 : Luo Jia-lun; The National Archives, FO 17/1718, pp.
9–498; Cantlie, Neil and Seaver, George, pp. 103–5; Cantlie, James and Sheridan, Charles
Jones, pp. 43–4; cf. Sun Yat Sen, *Kidnapped in London*; Chen Shao-bai, pp. 34–5

46n   Sun Yat-sen (Chen Xi-qi et al. eds.), vol. 1, p. 124

46 "내 앞을 막아서더니" : *The West Australian*, 26 October 1896; "실제로 폭력이 행사되지
는 않았으며" : The National Archives, London, UK, FO 17/1718, p. 120; "자네의 그 골칫
거리 친구" : Cantlie, Neil and Seaver, George, p. 107;

47 "어디를 가든 내가 원하는 걸" : Chan, Luke and Taylor, Betty Tebbetts, p. 171

47-48 1900년, 외세 배척과 : Yang Tian-shi 2007, pp. 221–5, pp. 212–3; Sun Yat-sen
(Chen Xi-qi et al. eds.), vol. 1, pp. 232, 244–9; Hsu Chieh-lin, pp. 21–4;

48-49 중국과 가까우면서 : Papers of 3rd Marquess of Salisbury, Hatfield House
Archives/3M/B24

49 중국 안에서는 서태후의 : Chang, Jung 2013; "하루에 1,000리를 가는 속도" : Sun Yat-
sen (Chen Xi-qi et al. eds.), vol. 1, p. 346; 찰스 해거 박사 : Hager, Charles R., pp. 385–6

50 쑨원이 기부금을 사적인 용도로 : Yang Tian-shi 2007, pp. 272–312; Sun Yat-sen (Chen
Xi-qi et al. eds.), vol. 1, pp. 469–76; 「뉴욕 타임스(*The New York Times*)」는 다음과 같
이 전했다.: *New York Times*, 2 October 1910

52 현지 언론과 직접 접촉하거나: Sun Yat-sen (Chen Xi-qi et al. eds.), vol. 1, pp. 558–9,
568; 쑨원은 혁명군의 황싱에게 : Sun Yat-sen (Chen Xi-qi et al. eds.), vol. 1, p. 557; 그
는 또한 "막대한 액수의 자금"을 : Sun Yat-sen (Chen Xi-qi et al. eds.), vol. 1, pp. 558–9,
590–9; Zhang Tai-yan, p. 18

제2장 쑹자수 : 감리교 선교사, 은밀한 혁명가

54 1861년에 태어난 그는 : Shanghai Managing Committee of the Historical Objects of Sun
Yat-sen and Soong Ching-ling, and Shanghai Association for Soong Ching-ling Studies
eds. 2013a, p. 1; 열네 살의 나이에 : Fifth Avenue United Methodist Church Archives;

54-55 1879년 1월의 어느 날…생각했다. : Burke, James, p. 13; Haag, E. A., pp. 30–1

56 아버지께 : Shanghai Managing Committee of the Historical Objects of Sun Yat-sen and
Soong Ching-ling ed., vol. 2, pp. 281–2

57 그러나 편지는 전달되지 못했다 : Shanghai Managing Committee of the Historical

Objects of Sun Yat-sen and Soong Ching-ling ed., vol. 2, pp. 281–5, Shanghai Managing Committee of the Historical Objects of Sun Yat-sen and Soong Ching-ling, and Shanghai Association for Soong Ching-ling Studies eds. 2013a, p. 7

58 존 C. 오어 목사는 훗날 : *World Outlook*, April 1938, p. 8; "대단한 경의를 표했고" : Haag, E. A., p. 79; 제롬 다우드의 기억은 조금 달랐다 : Charlie Soong at Trinity College; "찰리 군은 1~2년 더 머물고 싶어하더군" : Burke, James, p. 17

59 주변인들은 그를 : Haag, E. A., pp. 74–9; Charlie Soong at Trinity College; Hahn, Emily, 2014b, p. 8; 필드 집안 아가씨 둘이 : Charlie Soong at Trinity College

60 엘라 카는 쑹자수의 후원자인 : Haag, E. A., pp. 50–1; 그가 애니에게 보낸 편지 : Shanghai Managing Committee of the Historical Objects of Sun Yat-sen and Soong Ching-ling ed., vol. 2, pp. 287–8

61 메이링이 기억하기로 : Soong May-ling 1955, p. 34; 쑹자수는 겉으로는 언제나 : Haag, E. A., pp. 48–9

62 맥타이어 주교에게 보내는 서신 : Burke, James, pp. 31–2

63 앨런은 쑹자수를 상하이 외곽의 : Shanghai Managing Committee of the Historical Objects of Sun Yat-sen and Soong Ching-ling ed., vol. 2, pp. 288–9; 쑹자수가 맞닥뜨린 문제는 : Shanghai Managing Committee of the Historical Objects of Sun Yat-sen and Soong Ching-ling ed., vol. 2, p. 288–90; Haag, E. A., p. 91; Burke, James, pp. 32–3

64 "나는 어머니가" : Soong May-ling 1934, p. 131;

65 "강인한 기개와 영적인 평온함이 엿보인다" : Charles Jones Soong Reference Collection; 특유의 유머를 덧붙였다 : Haag, E. A., p. 118; 버크의 뇌리에 깊이 남은 것 : Burke, James, pp. 43–4;

66 "화목하고 화기애애한 한 쌍" : Charles Jones Soong Reference Collection; "내가 선교사직에서 사임한 이유" : Haag, E. A., pp. 127–8

66–67 "다른 중국인들처럼" : Burke, James, p. 43;

67 중국 음식도 별로 좋아하지 않았다 : Hahn, Emily 2014b, p. 24; Haag, E. A., p. 111; 화장실에는 욕조가 있었다 : Hahn, Emily 2014b, p. 24

68 "찰리에게 가족 다음으로" : Charles Jones Soong Reference Collection; 그는 수년간 : Charles Jones Soong Reference collection; Sun Yat-sen, *Collected Works*, Chapter 8 of *The Sun Theory*, 1919/06, http://sunology.culture.tw/cgi-bin/gs32/s1gsweb.cgi?o=dcorpusands=id=%22CS0000000030%22.andsearchmode=basic, http://sunology.culture.tw/cgi-bin/gs32/s1gsweb.cgi?o=dcorpusands=id=%22TG0000001329%22.andsearchmode=basic; "극악무도한 범죄자" : Zhang Zhu-hong

69 "중국인들 중에 당신보다" : Shanghai Managing Committee of the Historical Objects of Sun Yat-sen and Soong Ching-ling ed., vol. 2, p. 295; 그가 비밀을 털어놓은 사람은 : Charles Jones Soong Reference Collection

제3장 아이링 : "놀랍도록 영리한" 아가씨

73 아이링을 맥타이어 학교로 : Hahn, Emily 2014b, pp. 22–9
75 "공상을 좋아하고 어여쁜" : Hahn, Emily 2014b, p. 22

76 "어릴 적에는 일요일마다" : Shanghai Managing Committee of the Historical Objects of Sun Yat-sen and Soong Ching-ling ed., vol. 1, p. 265

76-77 쑹씨 집안에서 가장 외향적인…유지할 수 있었다 : Hahn, Emily 2014b, pp. 35-6

77 쑹씨 가족의 생활은 엄격하게 통제되었고 : Hahn, Emily 2014b, pp. 22-6, 40; Burke, James, p. 161; Soong May-ling 1934, p. 131

77-80 아이링이 열세 살이 되기 전에…배를 전전했다 : Burke, James, pp. 157-68; Clark, Elmer T., pp. 46-8; Hahn, Emily 2014b, p. 42; http://www.wesleyancollege.edu/about/soongsisters.cfm

81-83 이 고집 센 소녀를 태운 기차는…큰 영향을 받게 되었다 : Burke, James, pp. 166-8; Wesleyan College Archives and Special Collections: Soong Sisters, 'article – undated, 2/10', 'Sketches – Questionnaire Replied – Circa 1943', 'Sketches – College – undated, 2/8', 'Publication by – Ei-ling "My Country and Its Appeal" – undated, Box Folder 5'

84 아이링이 메이링을 "혼내는" 모습 : Wesleyan College Archives and Special Collections, 'Sketches – Questionnaire Replied – Circa 1943'; "의심의 여지없이 가족 중에서 가장 똑똑한 사람" : 13 September 1917, Papers of Emma DeLong Mills, MSS.2, Wellesley College Archives; 「일본인 소녀」 : Burke, James, p. 168

85 '겁쟁이' : in Wong, J. Y. 2005, p. 318; "그자를 멸시한다." : Lo Hui-Min, vol. 1, pp. 666, 721

86 "혁명이 성공하는 데 중요한 것은" : Sun Yat-sen, Collected Works, interview with the Dalu newspaper in Shanghai, 1911/12/25, http://sunology.culture.tw/cgi-bin/gs32/s1gsweb.cgi?o=dcorpusands=id=%22TL0000000138%22.andsearchmode=basic

87 푸젠 성의 대표 린창민은 : CPPCC 1981, vol. 6, p. 250; 쑨원과 맞붙은 강적들 : Yang Tian-shi 2007, pp. 298-9; Yang Tian-shi 2008, vol. 1, pp. 3-12; Chiang Kai-shek (The Second Historical Archives of China ed.), pp. 17-18

88-89 황싱의 관심은…후의 일이었다 : Huang Xing (Mao Zhu-qing ed.), pp. 181-5, 237-8; Miyazaki, Tōten 1977, pp. 53-63

89 쑨원은 선거 전에 : Shang Ming-xuan et al. eds., pp. 779-80; CPPCC 1981, vol. 1, pp. 117-9; Huang Xing (Mao Zhu-qing ed.), p. 245; 그 자리에서 쑨원은 : Sun Yat-sen (Chen Xi-qi et al. eds.), vol. 1, p. 615

90 "왜 평화 교섭을 하면 안 된다는 거요?" : CPPCC 1981, vol. 1, p. 118; cf. Sun Yat-sen (Chen Xi-qi et al. eds.), vol. 1, p. 633; 1,500만 위안 : Sun Yat-sen (Chen Xi-qi et al. eds.), vol. 1, pp. 647-8; 난징을 수도로 삼고 : Gu Li-juan and Yuan Xiang-fu, vol. 1, pp. 188-92; CPPCC 1981, vol. 1, pp. 119-20

92 가장 먼저 정문에서 : Burke, James, p. 179

92-93 아이링에게 마음을 빼앗긴 첫 남자는 : Selle, Earl Albert, pp. vii, 134, 139; 상하이의 혁명 세력 사이에서 : Huang San-de, p. 8

93 대신 아이링은 아이들을 데리고 : Huang San-de, p. 8;

94 그는 자진해서 쑨원과 쑨메이의 가족을 : Shang Ming-xuan et al. eds., pp. 518; Chan, Luke and Taylor, Betty Tebbetts, p. 22; cf. Wong, J. Y. 2012, pp. 552-4; 친구들에게 말했다 : Miyazaki, Tōten 1977, pp. 30, 130

94-95 쑨원의 어머니 양씨 부인과…불안에 떨어야 했다 : Chan, Luke and Taylor, Betty Tebbetts, pp. 187-8

95 이 여성들을 위로한 것은 : Sun, Victor, pp. 360-6, 398

96 쑨원은 고개를 숙인 채 : Miyazaki, Tōten 1977, p. 141; "좋지 않은 행실" : Huang San-de, p. 8

96-99 천추이펀의 가슴에도⋯짙어졌다 : Sun, Victor, pp. 344, 407-21; Miyazaki, Tōten 1977, p. 130; Huang San-de, p. 8

98 쑨원은 임명을 거부했다 : Sun, Victor, pp. 289-91

제4장 중국이 민주주의를 개시하다

101 윌리엄 개스코인-세실 경 : Gascoyne-Cecil, Lord William, p. 274

102 서태후는 중국에서 입헌군주제를 실시하고 : Archives of Ming and Qing dynasties ed., vol. 1, pp. 43-4, 54-68; vol. 2, pp. 627-37, 667-84, 671-3, 683-4; Chang, Jung 2013, Chapter 29; 1909년 초에 성 단위 지방 의회인 : Gu Li-juan and Yuan Xiang-fu, vol. 1, pp. 2-5; Archives of Ming and Qing dynasties ed., vol. 1, pp. 667ff; Zhang Peng-yuan 1979, pp. 364-8; Chang, David Cheng, p. 196

103 '임시 의회' : Gu Li-juan and Yuan Xiang-fu, vol. 1, pp. 88, 119-20, 156, 186-92; 1913년에는 22개 성에서 : Gu Li-juan and Yuan Xiang-fu, vol. 1, pp. 2-16; Zhang Peng-yuan 2013, p. 76-110; Zhang Peng-yuan 1979, pp. 364-70; Chang, David Cheng, p. 215

104 "이들 선거는 진정한 의미로" : Bergère, Marie-Claire, p. 226; 이 최초의 전국 선거로 : Gu Li-juan and Yuan Xiang-fu, vol. 1, p 523; Zhang Peng-yuan 1979, pp. 398-447; K'ung Hsiang-hsi, p. 39

105 그해 초에 위안스카이는 : Wu Chang-yi ed., pp. 18-19

106 어느 암살자든 : Selle, Earl Albert, p. 134; 요구의 핵심은 자신이 : Sun Yat-sen (Chen Xi-qi et al. eds.), vol. 1, pp. 764, 773, 778, 782; 도널드는 쑨원이 수치를 : Selle, Earl Albert, pp. 135-6

107 임시 대총통 위안스카이 : Sun Yat-sen (Chen Xi-qi et al. eds.), vol. 1, pp. 757-8, 782; 도쿄에서 이들이 탄 차가 : Chen Peng Jen, pp. 107-8; Sun Yat-sen (Chen Xi-qi et al. eds.), vol. 1, pp. 784-7

109 병원으로 옮겨진 그는 : Song Jiao-ren (Chen Xu-lu ed.), p. 496 ; "암살을 지시했음이 틀림없다" : K'ung Hsiang-hsi, pp. 36-7; 'snake': Soong Ching-ling (China Welfare ed.), p. 189

제5장 아이링의 결혼, 칭링의 결혼

111 어느 날 도쿄 역에서 그는 : Charles Jones Soong Reference Collection; 그곳에서 그는 마음에 쏙 드는 : K'ung Hsiang-hsi; Lo Hui-Min, vol. 2, pp. 478-9; Yu Xin-chun and Wang Zhen-suo eds., 283, 299; Shou Chong-yi ed., 42-3, 57, 77, 82

112 아이링과 쿵샹시 모두 : K'ung Hsiang-hsi, pp. 36-43; Lo Hui-Min, vol. 2, pp. 478-80

113 쿵샹시와 아이링은 결혼해서 : Hahn, Emily 2014b, pp. 80-1

114-115 칭링과 함께 1908년에서 : Wesleyan College Archives and Special Collections: 'Sketches – Questionnaire Replied – *Circa* 1943', 'Sketches – College – undated, 2/8', 'article – undated, 2/10'

115 "쑨원 박사님을 존경하는" : Hahn, Emily 2014b, p. 77; "만찬 자리며 극장을 하도 많
이" : Epstein, Israel, p. 7

116 "그분은 더없이 단단한 분이셨다." : Epstein, Israel, p. 36; 앨리 슬립에게 보낸 편지 :
Rosholt, Malcolm, pp. 112–15; 칭링은 어릴 적부터 : Epstein, Israel, pp. 7, 42–3;

117 "칭링 생각을 멈출 수가 없어요" : Soong Ching-ling (Shang Ming-xuan et al. eds.),
vol. 1, p. 67; 쑨원의 열렬한 마음을 눈치챈 칭링은 : Shanghai Managing Committee of
the Historical Objects of Sun Yat-sen and Soong Ching-ling ed., vol. 2, pp. 293–5;

118 쑹씨 부부는 아연실색하며 : Shanghai Managing Committee of the Historical Objects
of Sun Yat-sen and Soong Ching-ling ed., vol. 2, p. 295; Epstein, Israel, pp. 38–9

120 쑨원을 감시하고 있던 : Yu Xin-chun and Wang Zhen-suo eds., pp. 466–7; 쑨원과 칭
링은 1915년 10월 25일 도쿄 역에서 재회했다 : Shanghai Managing Committee of the
Historical Objects of Sun Yat-sen and Soong Ching-ling ed., vol. 4, pp. 101–5; Soong
Ching-ling(Shang Ming-xuan et al. eds.), vol.1, pp. 78–80; Epstein, Israel, pp. 40–3; Yu
Xin-chun and Wang Zhen-suo eds., p. 467; Rosholt, Malcolm, p. 116

121 이스라엘 엡스타인(칭링은 에피라고 불렀다)에게 보내는 편지 : Epstein, Israel, p. 41;
쑹자수는 죽을 때까지 : Lo Hui-Min, vol. 2, pp. 477–9; Shanghai Managing Committee
of the Historical Objects of Sun Yat-sen and Soong Ching-ling ed., vol. 2, p. 295; Burke,
James, p. 181;

122 요즘 워낙 정신이 없어서 : Rosholt, Malcolm, p. 115

123 여의주를 물고 황좌를 내려다보는 : Lin Ke-guang et al., p. 16

123–124 쑨원은 놓치지 않고…조직하라고 주문했다 : Sun Yat-sen (Chen Xi-qi et al.
eds.), vol. 1, pp. 976, 983–91; Sun Yat-sen, Collected Works, letter to Shanghai comrades,
1916/03/3, http://sunology.culture.tw/cgi-bin/gs32/s1gsweb.cgi?o=dcorpusands=id=%2
2TG0000001651%22.andsearchmode=basic

125–126 어느 날 천치메이에게…그만이었다 : Chen Qi-mei (Mo Yong-ming and Fan
Ran eds.), pp. 426ff; Sun Yat-sen, Collected Works, letter to Huang Xing, 1916/05/20,
http://sunology.culture.tw/cgi-bin/gs32/s1gsweb.cgi?o=dcorpusands=id=%22
TG0000001707%22.andsearchmode=basic

126 천치메이가 사살된 후에 집주인은 : Chiang Kai-shek (Chin Hsiao-i ed.), vol. 1, pp.
22–3; Sun Yat-sen, Collected Works, cable of condolences to the family of Chen Qui-
mei, 1916/05, http://sunology.culture.tw/cgi-bin/gs32/s1gsweb.cgi?o=dcorpusands=id
=%22TG0000001718%22.andsearchmode=basic; request for a state burial for Chen Qi-
mei, 1916/05, http://sunology.culture.tw/cgi-bin/gs32/s1gsweb.cgi?o=dcorpusands=id=
%22TG0000001794%22.andsearchmode=basic; 칭링은 즉시 상하이행 배를 잡아탔다 :
Soong Ching-ling (Shang Ming-xuan et al. eds.), vol. 1, pp. 89–90

제6장 마담 쑨원이 되다

128 뤼위안훙에게 중국을 : Sun Yat-sen, Collected Works, letter to Dai De-lu (James
Deitrick), 1916/07/05, http://sunology.culture.tw/cgibin/gs32/s1gsweb.cgi?o=dcorpusa
nds=id=%22TG0000001744%22.andsearchmode=basic; Li Yuan-hong (Zhang Bei ed.),

pp. 36–8, 53; 뤼위안훙은 그의 기대를 배반하고 : Sun Yat-sen (Chen Xi-qi et al. eds.), vol. 1, pp. 1004–5; "조심해야 할 거야." : p. 1010

129 독일에 남아 있는 기록에 따르면 : Li Guo-qi, p. 323; cf. Wang Jian and Chen Xian-chun; 독일 총리가 이를 최종 승인함으로써 : Li Guo-qi, pp. 325–6; Wilbur, C. Martin, pp. 93–4; Tang Rui-xiang, pp. 10–13

129–130 100만 달러를 주겠다고 제안했으나…주장했다 : Wilbur, C. Martin, pp. 93–4

130 자신을 중국의 '임시 대총통'으로 : Sun Yat-sen (Chen Xi-qi et al. eds.), vol. 1, pp. 1051–3; Zhang Tai-yan, pp. 32–3; Tang Rui-xiang, pp. 26–8; 옛 친구 청비광 : Luo Yi-qun, in CPPCC 1950s–, issue 4, pp. 9–10; issue 11, pp. 29–37; Sun Yat-sen (Chen Xi-qi et al. eds.), vol. 1, pp. 1089–92; Tang Rui-xiang, pp. 67, 90–1; Chen Jiong-ming (Chen Ding-yan ed.), pp. 475, 507

131 이즈음 쑨원을 본 사람들은 : Chen Peng Jen, pp. 117–19

132 "도와주는 이 하나 없는 처절한 외로움" : Sun Yat-sen, Collected Works, reply to Hong Kong businessman Chen Gengru, 1918, http://sunology.culture.tw/cgibin/gs32/s1gsweb.cgi?o=dcorpusands=id=%22TG0000002243%22.andsearchmode=basic; "가장 잘생긴 아가씨" : Haag, E. A., p. 199

133 조지 소콜스키는 칭링의 : New York Times Magazine, 10 January 1932; 『쑨원 학설 (孫文學說)』 : Sun Yat-sen, Collected Works, Chapter 5 of The Sun Theory, 1919/06, http://sunology.culture.tw/cgibin/gs32/s1gsweb.cgi?o=dcorpusands=id=%22CS0000000025%22.andsearchmode=basic; Sun Yat-sen (Chen Xi-qi et al. eds.), vol. 2, pp. 1175–6

134 "나에게 복종하라" : Hu Shih, vol. 5, p. 596; "있지, 보아하니 가장 성공하는 사람들은" : 25 May 1919, Papers of Emma DeLong Mills, MSS.2, Wellesley College Archives; "나는 여전히 그이를 존경하고" : Rosholt, Malcolm, p. 117

135 "총 500자루를 주겠네" : Soong Ching-ling (Shang Ming-xuan et al. eds.), vol. 1, p. 105; 그는 독일에 3개의 사절단을 : Li Guo-qi, pp. 327–9; Kriukov, Mikhail, pp. 69–87; 일본 쪽에도 도움을 요청했다 : Sun Yat-sen (Chen Xi-qi et al. eds.), vol. 1, p. 1133

136 매그루더 소령은 쑨원을 움직이는 것이 : 1 March 1921, microfilm publication M329, Records of the Department of State Relating to Internal Affairs of China, 1910–1929, Roll 26, file number: 893.00/3811–3975; 필리언 소령이 관찰한 바 : 28 April 1922, microfilm publication M329, Records of the Department of State Relating to Internal Affairs of China, 1910–1929, Roll 29, file number: 893.00/4241–4440; 전쟁을 다시 치르고 싶지 않았던 : New York Times, 2 June 1922; Sun Yat-sen (Chen Xi-qi et al. eds.), vol. 2, pp. 1456–7; Tang Jia-xuan ed., p. 108; Tung, William L., pp. 186–7

137 쑨원은 기자회견을 열고 : Chen Jiong-ming (Chen Ding-yan ed.), vol. 1, pp. 507–9

138 쑨원은 이곳을 탈출해야겠다고 결정했다 : Sun Yat-sen (Chen Xi-qi et al. eds.), vol. 2, pp. 1463–5; Shang Ming-xuan et al. eds., pp. 134–5; Tang Rui-xiang, p. 151

139 "정찰하라"는 지시를 내렸을 뿐 : Sun Yat-sen (Chen Xi-qi et al. eds.), vol 2, p. 1465

139–141 그녀가 기록한 바에 따르면…뜻이었다 : her article reproduced in Hahn, Emily 2014b, pp. 98–101; Soong Ching-ling (Shang Ming-xuan et al. eds.), vol. 1, pp. 122–4; Soong Ching-ling Memorial Committee ed., p. 25

141 자신이 대피하고 "몇 분 만에" : Tang Rui-xiang, p. 163; "잡담하며 웃다가" : Sun Yat-

sen (Chen Xi-qi et al. eds.), vol. 2, p. 1465–6; 칭링은 도망치는 와중에 : Soong Ching-ling (Shang Ming-xuan et al. eds.), vol. 1, p. 122; Epstein, Israel, p. 97

142 그후 가까운 친구들은 : Hahn, Emily 2014b, p. 104; "조그맣고, 가냘프고" : DeLong, Thomas A., pp. 52–3; "난 사랑에 빠진 게 아니었어요." : Snow, Edgar, p. 88

143 칭링을 "보살펴달라"고 : Shang Ming-xuan et al. eds., p. 650

144 "큰 부탁 하나 해도 될까?" : Rosholt, Malcolm, p. 118

제7장 "나의 벗 레닌의 본보기를 따르겠다"

145 학생용 연습장을 찢어서 : Far Eastern Affairs, 1987, 2, p. 102; Sun Yat-sen (Chen Xi-qi et al. eds.), vol. 2, pp. 1472–3; "[장교 천중밍] 때문에" : Huang Xiu-rong et al. eds., 1920–1925, pp. 110, 166, 149, 213

146 "최대 200만 멕시코 달러" : Huang Xiu-rong et al. eds., 1920–1925, pp. 217, 226; Sun Yat-sen (Chen Xi-qi et al. eds.), vol. 2, pp. 1567, 1623

147 "사자 갈기 같은 머리모양을 한" : Soong May-ling 1977, pp. 8–9; 보로딘이 모스크바에 보고한 바 : Sun Yat-sen (Chen Xi-qi et al. eds.), vol. 2, pp. 1698–9

148 러시아는 1920년 중국공산당을 창건한 뒤에 : Chang, Jung and Halliday, Jon, Chapter 2; "누구든지 상관하지 않는다네." : Wilbur, C. Martin, p. 146

149 칭링은 정부에서 장학금을 받아서 : Zhang Hai-lin, pp. 354–5

150 서양인들의 눈에 자못 무성의해 보였다 : Tuchman, Barbara W., p. 87

151 "만약 그때 옛날식 군벌이" : Life, vol. 8, no. 10; "중국의 정직한 군벌" : Time, 8 September 1924

152 "이 제국주의자들의 언어가" : Epstein, Israel, p. 116

153 "쑨원 박사께서는" : Far Eastern Affairs, 30 June 2003 REA-No. 002, pp. 121–6; "대업을 주관하시라" : Sun Yat-sen (Chen Xi-qi et al. eds.), vol. 2, pp. 2042, 2048, 2052

154 소련의 뜻에 따라서 : Huang Xiu-rong et al. eds., 1920–1925, pp. 567–8

155 예상대로 일본 정부는 : Sun Yat-sen (Chen Xi-qi et al. eds.), vol. 2, pp. 2072–3; 보로딘은 쑨원이 실의에 빠져 있었고 : Huang Xiu-rong et al. eds., 1920–1925, p. 568

156 "좋은 사람" : K'ung Hsiang-hsi, p. 57; "쑨원 영감의 주인님" : Huang Xiu-rong et al. eds., 1920–1925, p. 572; 만주의 실권자 장쭤린 : McCormack, Gavan, pp. 87–8, 253; Shang Ming-xuan et al. eds., p. 413; Huang Xiu-rong et al. eds., 1920–1925, p. 570

157 그는 심하게 구역질을 했고 : Huang Xiu-rong et al. eds., 1920–1925, p. 568; Sun Yat-sen (Chen Xi-qi et al. eds.), vol. 2, p. 2089; Shang Ming-xuan et al. eds., p. 649

157–158 사랑하는 앨리에게 : Rosholt, Malcolm, p. 120

159 칭링이 흐느껴 울며 : Shang Ming-xuan et al. eds., p. 650; Sun Yat-sen (Chen Xu-lu and Hao Sheng-chao eds.), p. 325; 둘이 마지막 대화를 나눌 때에 : Lee Yung, in Shang Ming-xuan et al. eds., p. 650

160 아이링과 메이링은 즉시 베이징으로 : May-ling to Liao Cheng-zhi, 1982–8–17, https://www.bannedbook.org/bnews/zh-tw/lishi/20120916/664998.html

161 왕징웨이는 쑨원의 일가친지 4명 : Sun Yat-sen (Chen Xu-lu and Hao Sheng-chao eds.), pp. 323–6; Soong Ching-ling (China Welfare ed.), p. 189; Huang Xiu-rong et al.

eds., *1920–1925*, pp. 574, 578; Ishikawa, Yoshihiro; Sun Yat-sen (Chen Xi-qi et al. eds.), vol. 2, p. 2125; "소련 정부에 보내는 유서" : Ishikawa, Yoshihiro

162 3월 11일 : Sun Yat-sen (Chen Xi-qi et al. eds.), vol. 2, pp. 2130–2; "그가 볼셰비키가 아니라는 것을 입증하기 위해서" : Epstein, Israel, p. 135; Tang, Earnest, p. 100–2

163 "나의 벗 레닌의 본보기를 따라서" : Sun Yat-sen (Chen Xi-qi et al. eds.), vol. 2, p. 2132; '중국의 국부' : Li Gong-zhong, p. 234; Shanghai Managing Committee of the Historical Objects of Sun Yat-sen and Soong Ching-ling ed., vol. 3, p. 386

164 국민당의 선전 공작원들은 : Li Gong-zhong, pp. 237–42; "누구도 더 높은 곳에 무덤을 만들지 못할" : Li Gong-zhong, pp. 165–70; 주민들은 절박한 마음으로 : Li Gong-zhong, pp. 128–9

제8장 상하이의 아가씨들

169–170 그녀는 조지아 주에서…써야 했다 : Wesleyan College Archives and Special Collections: 'article – undated, 2/10', 'Sketches – Questionnaire Replied – *Circa* 1943'; Pakula, Hannah, p. 25

170 "오빠가 수업에 가기 전인" : 22 June 1941, *T.V. Soong Papers*, Hoover Institution Archives, Box 61, folder no. 31; "오빠랑 같이 물건을 좀 사려고" : 4 July 1917, Papers of Emma DeLong Mills, MSS.2, Wellesley College Archives

171 우리는 시내에서 떨어진 : 7 Aug. 1917, Papers of Emma DeLong Mills, MSS.2, Wellesley College Archives

172–184 메이링이 에마에게 보내는 편지들 : 16 August 1917, 6 September 1917, 13 September 1917, 15 September 1917, 26 October 1917, 4 November 1917, 12 November 1917, 7 December 1917, 15 December 1917, 28 December 1917; 13 January 1918, 8 February 1918, 6 March 1918, 19 March 1918, 11 April 1918, 25 April 1918, 26 April 1918, 29 April 1918, 15 May 1918, 18 July 1918, 29 July 1918, 2 August 1918, 24 August 1918, 2 September 1918, 20 September 1918; 7 January 1919, 9 April 1919, 25 May 1919, 24 July 1919, 9 September 1919, 29 September 1919, 18 November 1919; 11 February 1920, 28 February 1920, 21 March 1920, 5 September 1920, 11 October 1920; 28 April 1921, 25 May 1921, 6 July 1921, 25 July 1921; Papers of Emma DeLong Mills, MSS.2, Wellesley College Archives

177 메이링은 평생토록 후회했다 : Chiang Ching-kuo (Zhou Mei-hua and Xiao Li-ju eds.), vol. 1, p. 366

178 메이링의 키는 : interviews with Dr Jan Kung-ming, physician who treated May-ling in her last years; Chen Li-wen ed. 2014, p. 149

제9장 메이링, 총사령관 장제스를 만나다

187 장제스가 쑨원의 눈에 : Chiang diary, 26 July 1943, in Yang Tian-shi 2008, vol. 1, p. 12; 쑨원으로부터 멀어진 그는 : Chiang Kai-shek (The Second Historical Archives of

China ed.), pp. 24–5, 63ff

188 "제가 관찰한 바에 따르면": 14 March 1924, Chiang Kai-shek (The Second Historical Archives of China ed.), p. 167; 랴오중카이가 보낸 답장 : Chiang Kai-shek (The Second Historical Archives of China ed.), pp. 168–9

189 "장제스는 평범한 군인이며" : Huang Xiu-rong et al. eds., *1920–1925*, pp. 383–5; 랴오중카이는, 보로딘에게 : Huang Xiu-rong et al. eds., *1920–1925*, pp. 383–4

190 보로딘은 속았다 : Zhang Ke, in Shanghai Managing Committee of the Historical Objects of Sun Yat-sen and Soong Ching-ling, and Shanghai Association for Soong Ching-ling Studies eds. 2013b, p. 629; Epstein, Israel, p. 192; Huang Xiu-rong et al. eds., *1926–1927*, vol. 1, p. 141

191 장제스는 일부러 : Chiang Kai-shek (The Second Historical Archives of China ed.), pp. 538–9; Yang Tian-shi 2008, vol. 1, pp. 130–1; Yang Tian-shi 2010, p. 337; 소련은 이번 사건을 : Huang Xiu-rong et al. eds., *1926–1927*, vol. 1, pp. 169–88; Chiang Kai-shek (The Second Historical Archives of China ed.), pp. 528, 536–7, 540, 554; 누구 못지않게 똑똑한 : 6 July 1921, Papers of Emma DeLong Mills, MSS.2, Wellesley College Archives; 아이링은 열성적인 : K'ung Hsiang-hsi, p. 54

192–194 당시 그의 부인이었던…사람이었다 : Ch'en Chieh-ju (Eastman, Lloyd E. ed.), pp. 186–93

193 사교계 최고의 귀부인 : 6 July 1921, Papers of Emma DeLong Mills, MSS.2, Wellesley College Archives; 에마에게 보내는 편지 : 12 Nov.1917, Papers of Emma DeLong Mills, MSS.2, Wellesley College Archives

194 메이링은 그에게 : Yang Tian-shi 2010, p. 340

195 장제스는 일기에 벌써부터 : 2 July 1926, Chiang Kai-shek Diaries, Hoover Institution Archives; 쑹쯔원은 장제스와 메이링의 : Yang Tian-shi 2010, p. 341; Lu Fang-shang ed., p. 60; "말 그대로 나를 집으로 끌고 갔다" : 21 April and 25 May 1921, Papers of Emma DeLong Mills, MSS.2, Wellesley College Archives; 쿵샹시는 광저우에 있을 때면 : K'ung Hsiang-hsi, p. 45

196 원수 우페이푸에 대해서는 : K'ung Hsiang-hsi, p. 46; 대총통 쉬스창과는 : May-ling to Emma, 14 Nov.1918, Papers of Emma DeLong Mills, MSS.2, Wellesley College Archives; K'ung Hsiang-hsi, p. 45; 상하이가 아닌 수도 베이징 : May-ling to Emma, 20 September 1918, 29 October 1918, 9 September 1926, Papers of Emma DeLong Mills, MSS.2, Wellesley College Archives; 정치적인 문제 때문임을 : Yang Tian-shi 2010, p. 341; "새로운 강자" : *New York Times*, 14 November 1926

197 빈센트 쉬인이 목격한 바에 따르면 : Sheean, Vincent, pp. 218–9

198 그러나 메이링은 : Soong May-ling (Madame Chiang Kai-shek) 1977, pp. 5, 69–75; "메이링, 친애하는, 친애하는 메이링" : Hahn, Emily 1955, p. 87; 그녀를 매료하려는 마음에 : Soong May-ling (Madame Chiang Kai-shek) 1977, pp. 7, 60

199 "세련된 차림" : *New York Times*, 9 September 1927; Yang Tian-shi 2010, p. 346; 메이링과 장제스는 맏언니 아이링의 집에서 약혼했고 : Yang Tian-shi 2010, p. 347

200 니구이전은 막내딸의 : exhibit, The Chiang Kai-shek Memorial Hall, Taipei; 결혼식은 1927년 12월 1일에 : May-ling to Emma, 24 January 1928, Papers of Emma DeLong Mills, MSS.2, Wellesley College Archives; Hahn, Emily 2014b, pp. 123–4

201 아이링과 오랜 시간 논의했다 : 11 and 21 December 1927, Chiang diaries, Hoover Institution Archives; 장제스는 전 국무총리 돤치루이를 : Chiang Kai-shek (Chin Hsiao-i ed.), vol. 3, p. 996; 아이링은 쾌락에 빠져서 : 28 December 1927, Chiang diaries, Hoover Institution Archives; 이들과 가까운 사람들은 : e.g. Wu Kuo-Cheng, p. 15

제10장 궁지에 몰린 독재자의 아내로서

202 상하이에서 크게 다투었다 : 29 December 1927, Chiang Kai-shek Diaries, Hoover Institution Archives

203 "그녀의 말에 어느 정도 동의하여" : 30 December 1927, Chiang Kai-shek Diaries, Hoover Institution Archives; "이제 내게 기회가 온 것이다." : Soong May-ling (Madame Chiang Kai-shek) 1934, p. 133

204 자신이 거둔 승리는 반절이 아내 덕분 : Chiang Kai-shek: Family Correspondence, 1928; Lu Fang-shang ed., p. 61; 원수 우페이푸 : Gu Li-juan and Yuan Xiang-fu, vol. 3, pp. 1708-15; Koo, V. K. Wellington 2013, vol. 1, p. 287

205 '투쟁 방식' : Huang Xiu-rong et al. eds., *1920-1925*, p. 574; "소리 없는 아우성" : Tuchman, Barbara W., p. 151

206 그는 자신이 책략을 써서 : 13 April 1931, in Yang Tian-shi 2002, p. 32; 영어로 된 뉴스 필름 : YouTube: https://youtube.com/watch?v=Mej3UnDDjoQ

207 "우리 혁명가들이" : Sun Yat-sen, *Collected Works*, speech on 'tutelage', 1920/11/09, http://sunology.culture.tw/cgi-bin/gs32/s1gsweb.cgi?o=dcorpusands=id=%22 SP0000000734%22.andsearchmode=basic; Li Gong-zhong, p. 300

208 후스는 이렇게 적었다 : Hu Shih, vol. 5, pp. 523, 579, 588; Yi Zhu-xian, pp. 292-322; Yang Tian-shi 2008, vol. 1, pp. 177-8; '반동분자' : Hu Shih, vol. 5, p. 525

209 신중하고 뛰어난 외교관이었던 : Koo, V. K. Wellington, Columbia University Archives, Vol. 3, Part 2, Sect. H, J, pp. 304-5; Koo, V. K. Wellington 2013, p. 391; Koo (Madame Wellington Koo), pp. 152-4 ; 중국농민은행 : Chiang diary, 5 July 1934, in Lu Fang-shang ed., p. 64

209n Koo, V. K. Wellington, Columbia University Archives, Vol. 3, Part 2, Sect. H, J, pp. 305

210 수차례의 암살 시도 때문에 : 24 August-6 September 1929, Chiang Kai-shek Diaries, Hoover Institution Archives; Oursler, Fulton, pp. 350-3; *New York Times*, 7 September 1929

211 개울 한가운데에 돌이 하나 : Chen Li-wen ed. 2014, pp. 24-5; 이 기간 내내 메이링은 : Chiang Kai-shek: Family Correspondence, 1930; Yang Tian-shi 2010, pp. 357-8

212 수차례의 비밀 협상 끝에 : May-ling to Chiang, 19 September 1930, Chiang Kai-shek: Family Correspondence; Koo, V. K. Wellington, Columbia University Archives, Vol. 3, Part 1, Sect. E - G, p. 141; Koo, V. K. Wellington 2013, pp. 299-300; Yang Tian-shi 2010, pp. 357-8; 장제스는 두 여성에게 : Chiang Kai-shek: Family Correspondence, 1930-1

213 쑨원의 옛 동료들이 : K'ung Hsiang-hsi, pp. 74-7; 그의 일기에는 : Lu Fang-shang ed.,

pp. 30, 34

214 장제스 본인의 가족으로 말하자면 : Lu Fang-shang ed., pp. 28, 69; 천치메이의 조카 : Wu Kuo-Cheng, pp. 16–17, 134, 190

215 장제스가 가장 의견을 존중한 인물은 : Lu Fang-shang ed., p. 69; Chiang Kai-shek: Family Correspondence, *passim*

216 "최소한 전제군주들을 본받아" : Hu Shih, vol. 5, p. 588; note Shou Chong-yi ed., p. 42; Snow, Edgar, p. 95; "수치도 없고, 도의도 없다" : Huang Zi-jin and Pan Guang-zhe, vol. 1, pp. 602–7

217 시간이 흘러서 1934년에 : Soong May-ling (Madame Chiang Kai-shek) 1934, pp. 131–3; 어머니 니구이전이 대장암으로 : Soong May-ling (Madame Chiang Kai-shek) 1955, pp. 10–11; cf. Chiang Kai-shek: Family Correspondence, 1931–2; Shanghai Managing Committee of the Historical Objects of Sun Yat-sen and Soong Ching-ling, and Shanghai Association for Soong Ching-ling Studies eds., 2013a, p. 127

218 국민당 좌파 계열 청년들의 : Han Li-guan and Chen Li-ping, pp. 53–70; *North China Herald*, 23 July 1931

219 또다른 암살자들이 공원에서 : *New York Times*, 30 July 1931; Chiang Kai-shek: Family Correspondence, 2 August 1931; "절망의 구렁텅이" : Soong May-ling (Madame Chiang Kai-shek) 1934, p. 133

제11장 칭링의 망명 생활 : 모스크바, 베를린, 상하이

221 자본주의적 제국주의에 대한 공포 : Sheean, Vincent, pp. 194–5

222 재정부 건물 2층 : Sheean, Vincent, p. 208; "그녀의 외모와 운명의 괴리" : Snow, Edgar, p. 82; 보로딘 역시 그곳에 : Zhang Ke, in Shanghai Managing Committee of the Historical Objects of Sun Yat-sen and Soong Ching-ling, and Shanghai Association for Soong Ching-ling Studies eds. 2013b, p. 629; Epstein, Israel, pp. 206, 219

224 모스크바에서의 생활은 흥미진진했다 : Epstein, Israel, pp. 213, 224; Soong Ching-ling (Soong Ching-ling Foundation and China Welfare eds.), vol. 1, p. 60; Snow, Edgar, p. 94

225 「뉴욕 타임스」를 비롯한 몇몇 신문이 : *New York Times*, 29 September 1927; Epstein, Israel, p. 207; Sheean, Vincent, p. 289; "양쪽 다 기회주의적으로 행동한 것이며" : Snow, Edgar, p. 85; 스탈린은 칭링과 딱 한 번 만났는데 : Zhang Ke, in Epstein, Israel, p. 218–19

226 해외의 혁명을 감독하는 코민테른 : Shanghai Managing Committee of the Historical Objects of Sun Yat-sen and Soong Ching-ling ed., vol. 1, p. 145; vol. 2, pp. 90–3; 돌아오라는 어머니의 편지 : Li Yun, in Soong Ching-ling Memorial Committee ed., p. 206

226–227 모두가 입을 모아서…뒤따랐다 : Mei Ri-xin and Deng Yan-chao eds., pp. 1, 245, 248; Chinese Peasants' and Workers' Democratic Party Central Committee ed., p. 129; Deng Yan-da (Mei Ri-xin and Deng Yan-chao eds.), p. 127

227 스탈린도 그를 : Zhang Ke, in Epstein, Israel, p. 217–18; 그에게 공산주의란 : Deng Yan-da (Mei Ri-xin and Deng Yan-chao eds.), pp. 261–2, 462; 덩옌다가 칭링에게 보낸 : Shanghai Managing Committee of the Historical Objects of Sun Yat-sen and Soong

Ching-ling ed., vol. 1, pp. 140–5; vol. 2, pp. 87–9

228 칭링은 1928년 5월 초 : Soong Ching-ling (Soong Ching-ling Foundation and China Welfare eds.), vol. 1, pp. 58–9; Epstein, Israel, pp. 219ff; Shanghai Managing Committee of the Historical Objects of Sun Yat-sen and Soong Ching-ling ed., vol. 1, pp. 136–50; Liu Jia-quan, pp. 56–62; Mei Ri-xin and Deng Yan-chao eds., pp. 301–4; "사랑하는 어머니" : Shanghai postmark 4 July 1928 (owner of this letter wishes to remain anonymous)

229 베를린에 머무를 때만큼 : Soong Ching-ling (Soong Ching-ling Foundation and China Welfare eds.), vol. 1, p. 58; 덩옌다는 베를린에서 친구에게 : Deng Yan-da (Mei Ri-xin and Deng Yan-chao eds.), pp. 452, 459, 472, 480

230 그는 베를린으로 와서 : Mei Ri-xin and Deng Yan-chao eds., p. 6

231 "다시 사랑에 빠졌네" : Soong Ching-ling (Soong Ching-ling Foundation et al. eds.), pp. 269–74; '중국의 장모' : North China Herald, 28 July 1931; 프랑스 조계지 경찰의 기록 : Shanghai Managing Committee of the Historical Objects of Sun Yat-sen and Soong Ching-ling ed., vol. 4, pp. 198–200

232 칭링이 쓴 짧은 글 : Hahn, Emily 2014b, pp. 138–9; Shanghai Managing Committee of the Historical Objects of Sun Yat-sen and Soong Ching-ling ed., vol. 2, pp. 112–14; vol. 3, p. 199; 중국인이 없는 나라에 있고 싶다고 : Soong Ching-ling (Soong Ching-ling Foundation and China Welfare eds.), vol. 1, p. 66; 독일의 공산주의자들이 그녀를 : Liu Jia-quan, pp. 146–8, 156–9, 179; Soong Ching-ling (Soong Ching-ling Foundation and China Welfare eds.), vol. 1, pp. 68–9

233 가족들의 전보 : Soong Ching-ling (Shanghai Soong Ching-ling Memorial Residence ed.), pp. 27–8

234 "당신과 덩옌다의 의견 차이를" : Epstein, Israel, p. 258; Chinese Peasants' and Workers' Democratic Party Central Committee ed., p. 143; "파멸" : Soong Ching-ling 1992, pp. 83–6; New York Times, Magazine, 10 January 1932

235 공산당 가입 의사를 : Yang Kui-song 2003

235–236 칭링이 공산당원…받았다 : article in People's Daily, 29 May 1982; Yang Kui-song 2003

237 나는 이 아름답고 : Isaacs, Harold, p. 64; 칭링을 겨냥한 '교통사고' : Shen Zui, pp. 60–4; Ye Bang-zong, pp. 32–4

238 칭링과 함께한 추억 : interview with a member of May-ling's household in New York, 21 October 2015; "홀로 서서" : Chiang Ching-kuo (Zhou Mei-hua and Xiao Li-ju eds.), vol. 2, p. 163; 또한 메이링은 덩옌다를 죽인 : Chiang Ching-kuo (Zhou Mei-hua and Xiao Li-ju eds.), vol. 2, p. 564

제12장 남편과 아내 팀

239 "반대 의견에 이전보다" : Yi Zhu-xian, pp. 349, 353

240 칭링은 후스가 : Soong Ching-ling (Shang Ming-xuan et al. eds.), vol. 1, pp. 270–4; Yi Zhu-xian, pp. 348–55

241 '메이링 궁' : http://baike.baidu.com/view/64757.htm?fromtitle=宋美龄别墅andfromi

d=5176397andtype=syn#reference-[5]-64757–wrap; https://baike.baidu.com/pic/美龄宫 /1173649/0/29381f30e924b899e3e980d968061d950b7bf67e?fr=lemmaandct=single#aid= 0andpic=a50f4bfbfbedab648ab61d20f136afc378311e0; 조그만 마을에 불과했다：Hahn, Emily 2014b, p. 126; 그녀를 그리워했다: Lu Fang-shang ed., pp. 22, 71–3, 80; 근거지에 서 몰아냈을 때：Soong May-ling (Madame Chiang Kai-shek) 1934, p. 134; Soong May-ling (Madame Chiang Kai-shek) 1935a, pp. 75–8

243 어머니가 돌아가신 후에는：Soong May-ling (Madame Chiang Kai-shek) 1955, pp. 11, 29; "주님의 품으로 돌아왔다"：Soong May-ling (Madame Chiang Kai-shek) 1934, pp. 133–4; 신(新)생활 운동에 뛰어드는 일：Soong May-ling (Madame Chiang Kai-shek) 1935b, pp. 355–7

244 "낡고 더럽고 역겨웠다."：Leonard, Royal, p. 110; "시야가 나쁜 날 비행할 때보다도 심란한"：Soong May-ling (Madame Chiang Kai-shek) 1934, p. 131; "사람이 자신의 용 모와 태도를"：Soong May-ling (Madame Chiang Kai-shek) 1935b, p. 357

245 후스는 이렇게 적었다：*Duli Pinglun*, Issue 95, 8 April 1934; Hu Shih, vol. 11, pp. 419–22

246 "가장 고위층의 관료에서부터"：Soong May-ling (Madame Chiang Kai-shek) 1935b, p. 355; 1934, p. 134; Soong May-ling and Chiang Kai-shek, p. 44; 미국의 진짜 일류 여성 클럽의：Gunther, John, p. 234; 1934년 크리스마스: Soong May-ling (Madame Chiang Kai-shek) 1935a, p. 75; cf. Soong May-ling (Madame Chiang Kai-shek) 1934, p. 131

247 그해의 마지막 날：Soong May-ling (Madame Chiang Kai-shek) 1935a, p. 76

제13장 장제스의 아들을 스탈린의 손아귀에서 되찾아오다

248 장징궈를 소련에서：Chiang Kai-shek (Chin Hsiao-i ed.), vol. 2, pp. 334–5

250 공산당원 사오리쯔를 따라서：People's University ed., pp. 81–3; CPPCC 1985, p. 241; Chang, Jung and Halliday, Jon, Index: Shao Li-tzu

250–251 이 열일곱 살 청년은…따라야 했다：Chiang Ching-kuo, in Cline, Ray S.; Qi Gao-ru, pp. 7–9, 13–14, 365

251–252 메이링과 아이링이 장제스에게…확신했다：1 November 1930, Chiang Kai-shek Diaries, Hoover Institution Archives; Chiang Kai-shek (Chin Hsiao-i ed.), vol. 2, p. 335

252 장제스에게 인질을 교환하자는：16 December 1931, Chiang Kai-shek Diaries, Hoover Institution Archives; Shanghai Managing Committee of the Historical Objects of Sun Yat-sen and Soong Ching-ling ed., vol. 2, p. 56; "요 며칠간"：Yang Tian-shi 2002, pp. 373–4

254 "항복하려는 조짐을 보이고 있다"：Chiang Kai-shek (Chin Hsiao-i ed.), vol. 3, p. 994

255 장제스는 모스크바에 은근한：Yang Tian-shi 2002, p. 375; Chiang Ching-kuo, in Cline, Ray S., pp. 178–9; Qi Gao-ru, pp. 365–70; 소련 외교부에는：interview with Jon Halliday

256 그 직후, 당시 부총리：*DVP*, vol. 18 (1935), p. 438; 장제스는 친목을 도모한다는：*DVP*, vol. 18 (1935), pp. 537–9; 천리푸를 보내서：interview, 15 February 1993; AVPRF, 0100/20/184/11, pp. 11, 14–15

제14장 "여자가 남자를 보호한다"

258 메이링은 소련에 주재하는 : Jiang Ting-fu, p. 203

259 장쉐량은 종종 : Leonard, Royal, p. 21; Tuchman, Barbara W., p. 196; 그에게 공산당의 등장은 : Chang, Jung and Halliday, Jon, Chapters 16 and 17

260-265 부총리 쿵샹시는 장제스가 억류되었다는 소식…받았다 : Soong May-ling and Chiang Kai-shek; Selle, Earl Albert, pp. 260, 306, 319-20; Li Jin-zhou ed., pp. 72-3; Yang Tian-shi 1998, p. 466

263 "나라면 그보다 더했겠지요!" : Snow, Edgar, p. 94; 쿵샹시는 스탈린에게 : Li Jin-zhou ed., p. 83

264 "의도는 좋았으나" : Soong May-ling and Chiang Kai-shek, pp. 44-5; 12월 22일, 그녀는 : Soong May-ling and Chiang Kai-shek, pp. 51-3

265 방으로 걸어 들어오는 : Soong May-ling (Madame Chiang Kai-shek) 1955, pp. 13-14, 23; Soong May-ling and Chiang Kai-shek, pp. 54-5; 장쉐량은 메이링 : Soong May-ling and Chiang Kai-shek, pp. 56-7

266 특사와 대화할 것 : Chang, Jung and Halliday, Jon, Chapter 17; 장징궈가 귀국할 것이라는 소식 : Wang Bing-nan was by the door and heard this, unpublished memoir, cited in Han Su-yin, p. 154

267 비행기를 착륙시키자 : Leonard, Royal, pp. 107-8

268 "그가 한 짓에 대해" : Hahn, Emily 2014b, p. 207; 뤄양 비행장에서 : Leonard, Royal, p. 108

269 이번 사건을 기술한 한 편의 글 : Soong May-ling and Chiang Kai-shek; 천리푸와 같은 측근들은 : Yang Tian-shi 1998, pp. 464-9

270 장제스를 죽이는 것 : Central Archives ed., p. 213; Zhang Xue-liang (Zhang You-kun and Qian Jin, eds.), p. 1124

제15장 용기와 부패

273 아이링은 병원을 세우는 데에 : Hahn, Emily 2014b, pp. 218-9

274 "너무나 흥분되었고 : Soong Ching-ling (Shang Ming-xuan et al. eds.), vol. 1, p. 345; 메이링은 헌신적으로 부상병들을 : Selle, Earl Albert, pp. 339-40

275 국립중앙대학교에서는 7톤 무게의 : Luo Jia-lun, pp. 141-53

276 '설욕' : Chiang Kai-shek Diaries, Hoover Institution Archives

278 "일이 정신없이 몰아치고 있어!" : 26 September and 12 December1938, Papers of Emma DeLong Mills, MSS.2, Wellesley College Archives

279 "온몸이 옵의 부스럼처럼 가려운 물집투성이예요!" : Pakula, Hannah, p. 356; "거센 불길에 휩싸인 지옥" 10 May 1939, Papers of Emma DeLong Mills, MSS.2, Wellesley College Archives

280 프랑스어 문법책 : Soong May-ling (Madame Chiang Kai-shek) 1955, p. 16; '우리 국민'이라고 지칭하기 : 10 May, 1 November and 10 November 1939, 10 April 1941, Papers of Emma DeLong Mills, MSS.2, Wellesley College Archives; Soong May-ling (Madame Chiang Kai-shek) 1955, p. 17; "우리는 응당히 항전을" : 10 November 1939, Papers of

Emma DeLong Mills, MSS.2, Wellesley College Archives

281 포트 블리스 기지 : Chennault, Anna, pp. 93–4; "세상에, 그런 얼굴이라니" : Alsop, Joseph W., p.174

282 "그녀는 언제나 내 마음속의" : Chennault, Claire Lee, pp. 35, 54–5; 세비 비그스 스미스 : Smith, Sebie Biggs, Columbia University Archives, OHRO/PRCQ, No. 1392

283 '중개료' : Pakula, Hannah, p. 290; 남편에게 전보를 : Chiang Kai-shek: Family Correspondence, p. 28

284 아이링은 자신의 중개료 장사가 : Wu Kuo-Cheng, pp. 14–15, 183; Shou Chong-yi ed., pp. 79, 85

284–285 아이링은 이미…때문이었다 : K'ung Hsiang-hsi, pp. 128, 142–3; Shou Chong-yi ed., passim; I Fu-en, p. 130; Gunther, John, pp. 230–2

285 "마담 쿵샹시의 목소리가 떨렸다" : Hahn, Emily 2014b, p. 93

286 1억 달러 : Shou Chong-yi ed., pp. 79– 80, 84–5; "전쟁을 지속하면서" : K'ung Hsiang-hsi, p. 128–34

287 1940년 어느 날 : Selle, Earl Albert, pp. 348–9

288–289 아이링의 딸 쿵링쥔은…올리지 않았다 : interviews with Dr Jan Kung-ming, Jeanette's physician, who also treated May-ling; Chen Li-wen ed., 2014, pp. 111, 197–202; Shong Wen, pp. 150–8; Shou Chong-yi ed., pp. 28–9, 86–90, 104–5, 260

289 어느 날 한 만찬 자리에서 : Tuchman, Barbara W., p. 234; 홍콩의 많은 외국인들은 : Hahn, Emily 2014b, p. 256

290 라우클린 커리 : Shou Chong-yi ed., p. 32; 쿵샹시가 중국 대사에게 : K'ung Hsiang-hsi, p. 146; 가장 호감을 얻은 이 : Shou Chong-yi ed., p. 12; Soong Ching-ling (Shanghai Soong Ching-ling Memorial Residence ed.), p. 422; 뒤늦게나마 아이링은 : Soong Ching-ling (Shanghai Soong Ching-ling Memorial Residence ed.), pp. 124–5

제16장 칭링의 울분

292 "장제스 장군이 더 이상" : Soong Ching-ing 1952, p. 107

293 에번스 칼슨 소령 : Epstein, Israel, pp. 344–6; "그녀는 지위가 높든 낮든" : Epstein, Israel, p. 368

294 스태퍼드 크립스 경이 : Epstein, Israel, pp. 369–70

295 에드거 스노는 칭링이 : Snow, Edgar, pp. 85–90; 가장 인기 있는 무도회장으로 : Hahn, Emily 2014b, pp. 273–4

296 그는 또한 전투의 패배를 : Wang Jing-wei (Cai De-jin and Wang Sheng eds.), pp. 248–269

297 세 자매는 이튿날 전시 수도 : Soong Ching-ling (Shang Ming-xuan et al. eds.), vol. 1, pp. 405–9; May-ling to Emma, 7 and 9 May 1940, Papers of Emma DeLong Mills, MSS.2, Wellesley College Archives; Hahn, Emily 2014a, p. 170; 2014b, p. 284

298 친구 안나 왕에게 : Soong Ching-ling (Shang Ming-xuan et al. eds.), vol. 1, pp. 407–8; Epstein, Israel, pp. 334–5

299 "공산당 탄압을 그만두라" : Soong Ching-ling (Soong Ching-ling Foundation and

China Welfare eds.), vol. 1, p. 191; 덩옌다가 죽은 지 : Soong Ching-ling (Shang Ming-xuan et al. eds.), vol. 1, p. 434; Chinese Peasants' and Workers' Democratic Party Central Committee ed., p. 130

300 "극도로 긴장했어." : Wu Jing-ping and Kuo Tai-chun 2008a, p. 58; 그는 메이링에게 전보를 : Wu Jing-ping and Kuo Tai-chun 2008a, p. 58; 아이링이 칭링을 설득하려다가 : Chiang Ching-kuo (Zhou Mei-hua and Xiao Li-ju eds.), vol. 2, pp. 162–3; Wu Jing-ping and Kuo Tai-chun 2008a, p. 58; "「대공보」는" : Wu Jing-ping and Kuo Tai-chun 2008a, p. 58

301 시위대는 소리 높여 : Yang Tian-shi 2010, pp. 257–64; 저우언라이는 옌안의 마오쩌둥에게 : Soong Ching-ling (Shang Ming-xuan et al. eds.), vol. 1, pp. 437–8

302 "언니랑 메이링은 나에게" : Wu Jing-ping and Kuo Tai-chun 2008a, p. 58; Hahn, Emily 2014a, p. 183; "소문을 바로잡는 데에는 관심이 없다" : Wu Jing-ping and Kuo Tai-chun 2008a, p. 58

302–303 생활은 홍콩에…갑갑하게 여겼다 : Soong Ching-ling (Soong Ching-ling Foundation and China Welfare eds.), vol. 1, pp. 205–16; Epstein, Israel, p. 414

303 미국인 관료 및 기자들과 : Ambassador Gauss to the Secretary of State, 16 February 1944, FRUS, vol. VI; 스틸웰은 중국을 : Tuchman, Barbara W., pp. 94–5

304 스틸웰은 칭링에 대해서 : Epstein, Israel, pp. 396, 424; 미국의 외교관 존 멜비 : Melby, John F., p. 121

305 '뉴욕 5번가' : Epstein, Israel, pp. 418–19; "보시다시피 스타킹이 없어요" : Epstein, Israel, p. 415; 언니와 동생이 브라질로 가게 된 1944년 : Epstein, Israel, pp. 401, 424; Ambassador Gauss to the Secretary of State, 16 February 1944, FRUS, vol. VI

306 절친한 친구인 안나 왕은 : Epstein, Israel, p. 337

제17장 메이링의 환희와 절망

307 웬들 윌키 : Tuchman, Barbara W., p. 428; Soong Ching-ling (Soong Ching-ling Foundation et al. eds.), vol. 1, pp. 216–17 (Ching-ling on Willkie)

308 "무슨 일이 벌어질지 상상해봤어." : 14 January 1939, Papers of Emma DeLong Mills, MSS.2, Wellesley College Archives

309 연설문을 수정하고 또 수정했다 : interview with a member of May-ling's household in New York, 21 October 2015; 뉴스 영화를 본 장제스는 : Chiang Kai-shek: Family Correspondence, p. 30; 비단으로 된 자신의 침대 시트 : Tuchman, Barbara W., p. 448; Chiang Ching-kuo (Zhou Mei-hua and Xiao Li-ju eds.), vol. 2, p. 648; cf. Yang Tian-shi 2008, vol. 2, p. 533; 쿵링칸과 쿵링쥔의 형편없는 : DeLong, Thomas A., p. 184; Tuchman, Barbara W., p. 449

310 그는 메이링의 '비서'로 : Koo, V. K. Wellington, Columbia University Archives, Vol. 5, Part E, pp. 748, 806; 장제스는 줄곧 메이링을 : Chiang Kai-shek: Family Correspondence, pp. 29–30; Chiang diaries, in Yang Tian-shi 2008, vol. 2, p. 519

311 메이링이 귀국한 날 : 5 July 1943, Chiang Kai-shek Diaries, Hoover Institution Archives; 그러나 재회의 기쁨은 : July 1943, Chiang Kai-shek Diaries, Hoover Institution

Archives; Yang Tian-shi 2008, vol. 2, pp. 533–42

312 카이로로 향하는 비행기에서 : 20 and 21 November 1943, Chiang Kai-shek Diaries, Hoover Institution Archives; "유난히 고생을 많이 했다." : 6 April 1944, Papers of Emma DeLong Mills, MSS.2, Wellesley College Archives; "미인은 아니다." : Alanbrooke, Viscount, pp. 471, 478; 훗날 영국 총리가 되는 : Eden, Anthony, p. 424

313 오늘 아침 아내는 : 26 November 1943, Chiang Kai-shek Diaries, Hoover Institution Archives; 윈스턴 처칠이 부부를 방문한 : 22 November 1943, Chiang Kai-shek Diaries, Hoover Institution Archives

314 "내 눈에 흙이 들어가기 전에는" : Koo, V. K. Wellington, Columbia University Archives, Vol. 5, Part E, p. 794; "너무도 즐겁다" : 31 December 1943, Chiang Kai-shek Diaries, Hoover Institution Archives; 처칠의 주치의 모런 박사 : Moran, Lord, p. 151; "중국군의 실력은 탁월하지만" : Tuchman, Barbara W., p. 246

315 루스벨트 대통령은 : Tuchman, Barbara W., pp. 584–5, 600; 불길한 미래를 가리키는 : Yang Tian-shi 2008, vol. 2, p. 536; "도피하려는 시도" : Lattimore, Owen, p. 186

316 그의 수행단원 한 명에게 : Lattimore, Owen, p. 186; 메이링은 눈물을 흘리며 : Yang Tian-shi 2008, vol. 2, p. 536; 메이링을 위해서 송별회 : Yang Tian-shi 2008, vol. 2, pp. 526–9

317 트루먼을 비롯한 많은 이들은 : Miller, Merle, p. 310; "왕의 몸값으로 삼을 만한 다이아몬드" : Pakula, Hannah, p. 504; 녀는 에마와 '여자들끼리의 수다'를 : DeLong, Thomas A., pp. 184–8; May-ling to Emma, 12 June 1946, Papers of Emma DeLong Mills, MSS.2, Wellesley College Archives; 자주 서신을 보내 : Chiang Kai-shek: Family Correspondence, pp. 30–3

318 비리 사건 : Yang Tian-shi 2008, vol. 2, pp. 449–66; Koo, V. K. Wellington, Columbia University Archives, Vol. 5, Part F, p. 847

319 에마는 집안 분위기가 : DeLong, Thomas A., pp. 184–90; 타임스퀘어로 차를 몰았다 : DeLong, Thomas A., p. 191

제18장 장제스 정권의 몰락

320 "무슨 일로 소란인지" : date missing, August 1945, Chiang Kai-shek Diaries, Hoover Institution Archives

321 멕시코 대사를 응접하던 : date missing, August 1945, Chiang Kai-shek Diaries, Hoover Institution Archives; "호출에 응하여 왔다" : 31 August 1945, Chiang Kai-shek Diaries, Hoover Institution Archives; "마음의 준비가 안 되어 있어" : DeLong, Thomas A., p. 191

322–323 당연한 말이지만 장제스의…않았다 : Chang, Jung and Halliday, Jon, Chapter 27; Chiang Kai-shek (Chin Hsiao-i ed.), vol. 5, p. 2681; interview with Chen Li-fu, 15 February 1993

323 장제스 부부는 시창에 : I Fu-en, pp. 111–12; 마오쩌둥은 신경 쇠약으로 : Chang, Jung and Halliday, Jon, Chapter 27; 중국을 순회했다 : Wu Kuo-Cheng, pp. 1, 18–19; I Fu-en, p. 113; Huang Ke-wu et al., vol. 1, pp. 289–90; vol. 2, p. 55

324 최첨단 C-54 모델 : I Fu-en, pp. 107–9; Epstein, Israel, p. 424

325 '망국의 노예' : Chang, Jung 1991, Chapter 4; Wu Kuo-Cheng, pp. 2–9, 38, 187

326-327 구웨이쥔은 런던에서…비꼬았다 : Koo, V. K. Wellington, Columbia University Archives, Vol. 5, Part F, p. 861, 898; Tung, William L., p. 71

327 쑹쯔원이 내전 발발 : Beal, John Robinson, pp. 341–2; Wu Jing-ping and Kuo Tai-chun 2008a, pp. 97–104; *Hua Shang Daily*, 30 November 1947; Wu Kuo-Cheng, p. 189

328 자매들을 뒷바라지하는 '부양자' 노릇이 : Soong Ching-ling (Shanghai Soong Ching-ling Memorial Residence ed.), pp. 124–5; 메이링의 비행기 조종사에게 : note Professor Wu Jing-ping, in *Sun zhongshan soong chingling yanjiu dongtai* (*News in the Studies of Sun Yat-sen and Soong Ching-ling*), 2006, issue 5, pp. 21–3; Shou Chong-yi ed., pp. 44, 61, 92–6, *passim*; Wu Jing-ping and Kuo Tai-chun 2008a, p. 150; "나에게 무슨 일이 생긴다면" : Soong Ching-ling (Shanghai Soong Ching-ling Memorial Residence ed.), p. 144;

329 "지난 몇 달은" : 12 June 1946, Papers of Emma DeLong Mills, MSS.2, Wellesley College Archives; 존 빌은 이렇게 : Beal, John Robinson, pp. 100–1; 메이링의 머릿속에는 : 12 June, 31 August, 1 November 1946, 23 April 1947, 14 December 1948, Papers of Emma DeLong Mills, MSS.2, Wellesley College Archives

330 항저우로 나들이를 갔다 : Epstein, Israel, p. 473; 맛있는 음식을 보냈고 : Soong Ching-ling (Shanghai Soong Ching-ling Memorial Residence ed.), pp. 108, 144, 199

331 데이비드 바 장군은 : Topping, Seymour, p. 50; 공산당 간첩 : Chang, Jung and Halliday, Jon, Chapter 29

332-333 "큰 귀" 두웨성의…헤쳐나갈 수 있었다 : Yang Tian-shi 2014, pp. 203–19; Chiang Ching-kuo 2011, pp. 258–67

333 11월 : November 1948, Chiang Kai-shek Diaries, Hoover Institution Archives; Yang Tian-shi 2014, pp. 217

334 자신의 가족들에게 손가락질한다는 : 23 and 27 November 1948, Chiang Kai-shek Diaries, Hoover Institution Archives; Yang Tian-shi 2014, pp. 217–18; 트루먼 대통령 역시 : Miller, Merle, p. 309; "시간이 지나면 주께서" : Soong May-ling (Madame Chiang Kai-shek) 1955, p. 26

335 "마음 같아서는 쏜살같이" : Chiang Ching-kuo (Zhou Mei-hua and Xiao Li-ju eds.), vol. 1, p. 83; correspondence pp. 68–108; Chiang Kai-shek: Family Correspondence, pp. 34ff; 메이링이 장징궈에게 : Chiang Ching-kuo (Zhou Mei-hua and Xiao Li-ju eds.), vol. 1, pp. 85–7; 메이링에게 오는 장제스의 전보는 : Chiang Ching-kuo (Zhou Mei-hua and Xiao Li-ju eds.), vol. 1, pp. 77ff; Chiang Kai-shek: Family Correspondence, pp. 34ff

336 "난리를 쳤다." : Soong May-ling (Madame Chiang Kai-shek) 1955, p. 23; 1949년 12월 1일 : Chiang Kai-shek: Family Correspondence, p. 38; "나는 남편의 선거 운동을" : Soong May-ling (Madame Chiang Kai-shek) 1955, pp. 23, 26

337 나는 주의 음성을 들었다 : Soong May-ling (Madame Chiang Kai-shek) 1955, pp. 23–4, cf. pp. 13–14

338 "[그녀의] 보고를 들었다" : 13 January 1950, Chiang Kai-shek Diaries, Hoover Institution Archives; 전설적인 영웅들 : Reflection of the week, 1950, Chiang Kai-shek Diaries, Hoover Institution Archives

341 메이링은 둘째 언니 칭링에게 : Soong Ching-ling (Shanghai Soong Ching-ling Memorial Residence ed.), p. 199; 칭링은 동생의 편지에 : Soong Ching-ling (Shanghai Soong Ching-ling Memorial Residence ed.), p. 421

342 "우리가 쟁취하고자 한" : Zheng Peng-nian, p. 237; Soong Ching-ling (Shang Ming-xuan et al. eds.), vol. 2, p. 680; 베이징으로 오라는 청은 거절했다 : Soong Ching-ling (Shanghai Soong Ching-ling Memorial Residence ed.), vol. 2, pp. 175, 203, 206; Soong Ching-ling (Soong Ching-ling Foundation and China Welfare eds.), pp. 62, 188-9; Zhou En-lai, vol. 1, pp. 18, 47

343 "치료를 위해서" : Zhou En-lai, vol. 1, pp. 47-54; 초청을 수락했다 : Soong Ching-ling (Shang Ming-xuan et al. eds.), vol. 2, p. 684; Zhou En-lai, vol. 1, pp. 47-54; "우리 조국이 어떻게 하면" : Epstein, Israel, p. 479

344 "나는 실로 황족과 같은" : Epstein, Israel, p. 548

345 가족의 재산을 송두리째 : Soong Ching-ling (China Welfare ed.), p. 148; "파렴치한 사실 왜곡" : Soong Ching-ling (Shanghai Soong Ching-ling Memorial Residence ed.), vol. 2, p. 268

346 동독 대사관의 환영 만찬 : Soong Ching-ling (Soong Ching-ling Foundation et al. eds.), p. 277; 크리스마스 파티 : Soong Ching-ling (Soong Ching-ling Foundation et al. eds.), pp. 279, 335; 에드거 스노 : Soong Ching-ling (Soong Ching-ling Foundation and China Welfare eds.), vol. 2, p. 292; "태워달라거나" "없애달라고" : e.g. Soong Ching-ling (Soong Ching-ling Foundation et al. eds.), p. 288; '삼반 운동(三反運動)' : Soong Ching-ling (Soong Ching-ling Foundation et al. eds.), pp. 286, 289-90, 296-7

347 '우파주의적 사고' : Soong Ching-ling (Soong Ching-ling Foundation et al. eds.), p. 297

348 분통을 터뜨렸다 : Shanghai Managing Committee of the Historical Objects of Sun Yat-sen and Soong Ching-ling ed., vol. 1, pp. 242, 269; cf. Soong Ching-ling (Shang Ming-xuan et al. eds.), vol. 2, p. 930; 쑨원을 기념하는 글 : Soong Ching-ling 1992, pp. 239-47; Shanghai Managing Committee of the Historical Objects of Sun Yat-sen and Soong Ching-ling ed., vol. 1, p. 274

349 그들은 글을 이렇게 고치라고 : Shanghai Managing Committee of the Historical Objects of Sun Yat-sen and Soong Ching-ling ed., vol. 1, pp. 269, 274; 칭링의 사촌이 이 소문을 듣고 : Shanghai Managing Committee of the Historical Objects of Sun Yat-sen and Soong Ching-ling ed., vol. 4, pp. 135-6

350 그녀는 초대는커녕 : Shanghai Managing Committee of the Historical Objects of Sun Yat-sen and Soong Ching-ling ed., vol. 1, p. 242; 칭링이 자신의 경호실장 : Tang Xiong 2006

351 류사오치가 상하이에 와서 : Soong Ching-ling Memorial Committee ed., p. 187

352 "친애하는 큰누이" : Soong Ching-ling (Shang Ming-xuan et al. eds.), vol. 2, p. 917; 수 카르노는 아름답고 고상한 : Soong Ching-ling (Shanghai Soong Ching-ling Memorial Residence ed.), p. 409; Soong Ching-ling (Shang Ming-xuan et al. eds.), vol. 2, pp. 943-8; Soong Ching-ling (China Welfare ed.), p. 144; 칭링은 지시에 따라서 : Soong Ching-

ling (Shanghai Soong Ching-ling Memorial Residence ed.), pp. 421–2

353 "공산당 대표와 접견한 이후에" : Soong Ching-ling 1992, vol. 2, p. 288

354 "우리는 기필코 온정주의를" : *People's Daily*, 10 September 1957; '대약진(大躍進)' : Soong Ching-ling (Shang Ming-xuan et al. eds.), vol. 2, p. 1012; Soong Ching-ling (China Welfare ed.), p. 103

355 "신경이 곤두서 있고" : Li Yun; 안나 왕에게 보내는 편지 : Soong Ching-ling (Soong Ching-ling Foundation et al. eds.), p. 346; 칭링은 극도로 초조해했다 : Soong Ching-ling (Soong Ching-ling Foundation et al. eds.), pp. 348–53; 편지에 대한 칭링의 불안 : Soong Ching-ling (Soong Ching-ling Foundation et al. eds.), pp. 358–9, 366–9

356 안나는 옷감과 함께 : Soong Ching-ling (Soong Ching-ling Foundation et al. eds.), pp. 346, 348, 356–8, 362

357 "시원하게 다 싸도록" : Yolanda Sui's interviews, http://history.sina.com.cn/bk/wgs/2015-004-13/1440118715.shtml; https://v.qq.com/x/page/t0163kzni44.html; Tang Xiong 2006, p. 207

제20장 "후회는 없다"

358 칭링은 수용칭에게 : Yolanda interviews, http://history.sina.com.cn/bk/wgs/2015-04-13/1440118715.shtml; https://v.qq.com/x/page/t0163kzni44.html; https://tv.sohu.com/v/dXMvMzM1OTQxNjQwLzEyMTA0MzY1MC5zaHRtbA==.html; Tang, Earnest, p. 119

359 수용칭의 여동생 수융제 : Soong Ching-ling (Soong Ching-ling Foundation et al. eds.), p. 562; Tang Xiong 2006, pp. 163, 208; 수쉐팡의 아내는 가족에게 : Tang Xiong 2006, pp. 168–9; Tang Xiong, in *Woodpecker* magazine, 2005, issue 7, http://www.360doc.com/content/15/0113/22/7915662_440550733.shtml; "그 소식에 나는 너무도" : Shanghai Managing Committee of the Historical Objects of Sun Yat-sen and Soong Ching-ling ed., vol. 1, p. 259

360 훗날 수용칭은 칭링이 : yolanda television interview with Lu Yu, https://tv.sohu.com/v/dXMvMzM4NDUwMzYxLzExNzkwMTUzNS5zaHRtbA==.html

361 새로 온 경호실장이 : Soong Ching-ling (Soong Ching-ling Foundation et al. eds.), p. 387; Tang Xiong 2006, pp. 194–5; Li Yun

362 당국의 허가를 받은 홍위병들이 : Soong Ching-ling (Soong Ching-ling Foundation et al. eds.), p. 648; Soong Ching-ling (Shang Ming-xuan et al. eds.), vol. 2, p. 1179; 칭링이 자신의 공포를 : Epstein, Israel, p. 548

363 진중화는 '미국의 간첩'으로 : Zheng Peng-nian, pp. 270–3; Hua-ping; 외종사촌 니지전은 : He Da-zhang, pp. 189–94

364 "어느 정도 책임이 있다" : Soong Ching-ling (Soong Ching-ling Foundation et al. eds.), pp. 401–2; "진실은 이렇습니다." : Soong Ching-ling (Shang Ming-xuan et al. eds.), vol. 2, p. 1180

365 칭링은 실로 오랜만에 : Soong Ching-ling (Soong Ching-ling Foundation et al. eds.), pp. 395–6; Tang Xiong 2006, pp. 204–8

366 중국의 '홀로코스트' : Soong Ching-ling (China Welfare ed.), p. 39; "어제 저녁 당신

과": Ching-ling to Paul Lin, 11 June 1972, Paul T. K. Lin Papers, Hong Kong University of Science and Technology Archives; 오랜 친구 이스라엘 엡스타인 부부도 : Soong Ching-ling (Soong Ching-ling Foundation et al. eds.), pp. 452–3; cf. Soong Ching-ling (China Welfare ed.), p. 74; "오랫동안 당에 충성을" : Soong Ching-ling (China Welfare ed.), p. 94

367 "그들은 그이의 출신 성분이" : Soong Ching-ling (Soong Ching-ling Foundation et al. eds.), p. 459; 그는 최선을 다해서 : Soong Ching-ling (Shang Ming-xuan et al. eds.), vol. 2, p. 1249; 마오쩌둥이 세상을 떠났다 : Soong Ching-ling (Shang Ming-xuan et al. eds.), vol. 2, p. 1263; Soong Ching-ling (China Welfare ed.), p. 129

368 "나는 선택을 했고" : Yolanda interviews on Television, https://www.youtube.com/watch?v=RRrPJo1gAyk; with *Huanqiu Renwu* (*Global Personalities*), http://history.sina.com.cn/bk/wgs/2015-04-13/1440118715.shtml; "장칭은 전갈보다도" : Chang, Jung and Halliday, Jon, beginning of Chapter 47, and last para of Chapter 56; 그녀는 흥분하여 친구에게 : Soong Ching-ling (China Welfare ed.), p. 167, p. 145; Soong Ching-ling (Soong Ching-ling Foundation et al. eds.), p. 669

369 "아주 여유로웠고" : Yolanda interview with *Huanqiu Renwu* (*Global Personalities*), http://history.sina.com.cn/bk/wgs/2015-04-13/1440118715.shtml; 80대에 접어든 칭링은 : Soong Ching-ling (Soong Ching-ling Foundation et al. eds.), pp. 456–8; 애지중지하는 수양딸들에게 : Soong Ching-ling (Soong Ching-ling Foundation et al. eds.), pp. 516, 555–6, 595, 562, 602, 616, 670, etc.; Epstein, Israel, p. 591; Tang, Earnest, pp. 120–3; Yolanda interview with Lu Yu, http://phtv.ifeng.com/a/20160624/41628425_0.shtml; Soong Ching-ling (China Welfare ed.), p. 115

371 폭스 버터필드는 : Butterfield, Fox, p. 130

372 "너무 늦었단다, 얘야." : Yolanda interview with *Huanqiu Renwu* (*Global Personalities*), http://history.sina.com.cn/bk/wgs/2015-04-13/1440118715.shtml

373 "하루빨리 좋은 신랑감이 나타나서" : Epstein, Israel, p. 592; Yolanda interview, https://v.qq.com/x/page/t0163kzni44.html; **Yolanda wedding and after**: Butterfield, Fox, p. 131; Soong Ching-ling (Soong Ching-ling Foundation et al. eds.), pp. 663–70; Isaacs, Harold, p. 69; Yolanda interviews; Tang, Earnest, pp. 126–7

373–374 1980년, 수용칭은…시작했다 : Soong Ching-ling (Soong Ching-ling Foundation et al. eds.), pp. 533, 555, 608–9, 618; '엄마 마님'은: Soong Ching-ling (China Welfare ed.), p. 186; Tang, Earnest, pp. 114, 123–5

374 "나는 그녀에게 묻고 싶은 게" : Isaacs, Harold, pp. 69–72

375 "우리 아기, 나의 귀염둥이" : Yolanda interview with *Huanqiu Renwu* (*Global Personalities*), http://history.sina.com.cn/bk/wgs/2015-04-13/1440118715.shtml; Tang, Earnest, p. 127; "제 기억에 선생님께서 이전에" : Soong Ching-ling (Shang Ming-xuan et al. eds.), vol. 2, p. 1430

376 메이링은 답변을 거부했다 : Chiang Ching-kuo (Zhou Mei-hua and Xiao Li-ju eds.), p. 152; "몹시 놀랐다." : Isaacs, Harold, p. 73; cf. Tang, Earnest, p. 134

377 친가족을 향한 칭링의 애정 : Yolanda interviews, https://tv.sohu.com/v/dXMvMzM4NDUwMzYxLzExNzkwMTUzNS5zaHRtbA==.html; https://v.qq.com/x/page/t0163kzni44.html; http://dangshi.people.com.cn/BIG5/17456783.html; 사망한 스노 대신 그의 아내에게 : Tang, Earnest, p. 101

378 "나의 유언장" : Tang, Earnest, pp. 112–6, 140–1

379 유언의 주요 수혜자 : *Shiji* (*The Century*), February 2008; Tang, Earnest, p. 127

제21장 타이완의 나날들

380 "어째서 공산당이 승리한 걸까?" : Soong May-ling (Madame Chiang Kai-shek) 1955, p. 27–31

381 메이링은 한없이 고양되었다 : to Emma, 25 July 1950, 26 January 1951, Papers of Emma DeLong Mills, MSS.2, Wellesley College Archives; 메이링은 중국 전통 회화를 : to Emma, 21 October 1951, Emma to May-ling, 11 February 1952, Papers of Emma DeLong Mills, MSS.2, Wellesley College Archives

383 '장제스 머리' : Weng Yuan (with Wang Feng), p. 61; 이전의 패턴이 그대로 : Chiang Kai-shek: Family Correspondence, pp. 39ff

384–387 우궈전이 장제스와 더는 일할 수 없다며…지난 후였다 : Wu Kuo-Cheng, *passim*; Chiang Kai-shek: Family Correspondence, p. 41

386 "그림, 또 그림" : 19 December 1953, Papers of Emma DeLong Mills, MSS.2, Wellesley College Archives

387 그녀는 에마에게 비꼬는 투로 : 20 Feb. 1954, Papers of Emma DeLong Mills, MSS.2, Wellesley College Archives; cf. Chiang Kai-shek (Chin Hsiao-i ed.), vol. 8, pp. 3899–900; Chiang Kai-shek: Family Correspondence, p. 41

388 꿈을 꾸던 메이링은 : 2 July 1926, Chiang Kai-shek Diaries, Hoover Institution Archives; 중국 안의 소련(*Soviet Russia in China*)」, Chiang Kai-shek 1957

389 목사 저우렌화를 초빙하여 : Hu Zi-dan

389–390 그해는 의붓어머니와 의붓아들의…무척 좋았다 : Chiang Ching-kuo (Zhou Mei-hua and Xiao Li-ju eds.), vol. 1, pp. 198ff; vol. 2, p. 4

390 "메이링은 두세 번 치파오의" : 28 December 1958, DeLong, Thomas A., p. 213; '만장일치로 선출되었을' : 30 May 1960, Papers of Emma DeLong Mills, MSS.2, Wellesley College Archives; "무척이나 행복한" : 10 December 1962, *T.V. Soong Papers*, Box 61, folder no. 31, Hoover Institution Archives

391 "정말이지 사랑스러운 아이들" : 14 July 1956, to T.V., *T.V. Soong Papers*, Box 61, folder no. 31, Hoover Institution Archives; 그녀를 수행했던 촬영 기사는 : Huang Ke-wu et al., vol. 2, p. 485

392 "외벽 페인트 색깔을 바꾸어라" : Huang Ke-wu et al., vol. 2, pp. 295, 432–4; Weng Yuan (with Wang Feng), pp. 112–13

393 본토에서 가마 두 대를 가지고 : Weng Yuan (with Wang Feng), p. 155; Huang Ke-wu et al., vol. 2, p. 490; 최고급 비행기들도 있었다 : I Fu-en, pp. 109–11

394 고용인들이 그의 등 뒤에서 : Weng Yuan (with Wang Feng), p. 74; "우리가 모든 일에 괴로움을" : Chen Li-wen ed. 2014, p. 92; "분별과 정직의 시계추가" : 8 June 1972, Papers of Emma DeLong Mills, MSS.2, Wellesley College Archives

395 장제스는 닉슨을 뼈에 사무치게 : November 1971ff, Chiang Kai-shek Diaries, Hoover Institution Archives; Yang Tian-shi 2014, pp. 217–18; "어릿광대 닉슨 행정부의" : 14 and

25 December 1971, Chiang Kai-shek Diaries, Hoover Institution Archives; Yang Tian-shi 2014, p. 217; "총통께서 건강을 회복하셨습니다" : Huang Ke-wu et al., vol. 1, pp. 252–3; 중풍이 들었고 그 후유증으로 : Shong Wen, pp. 118–19, 126; Weng Yuan (with Wang Feng), pp. 199–201, 233–8

397 "너희는 내 혈육이란다." : interview with a relative who wishes to remain anonymous; 메이링은 자신의 이익을 보호하기 위해서 : Huang Ke-wu et al., vol. 1, pp. 304, 338; vol. 2, p. 165; 이제 장제스는 아들 장징궈만 : January 1972ff, Chiang Kai-shek Diaries, Hoover Institution Archives; Shong Wen, pp. 112, 120–1; Huang Ke-wu et al., vol. 1, p. 256

398 메이링에게 단단히 화가 난 그는 : 17 and 26 March, 17 and 27 May, 12 June, 11 July 1972, Chiang Kai-shek Diaries, Hoover Institution Archives; Yang Tian-shi 2014, pp. 268–9; "마음이 답답하고 성가셨다" : 20 July 1972, Chiang Kai-shek Diaries, Hoover Institution Archives; 쿵링칸의 이름은 없었다 : 21 July 1972, Chiang Kai-shek Diaries, Hoover Institution Archives; 장제스는 심각한 심장발작을 일으키고 : Weng Yuan (with Wang Feng), pp. 208–10, 223–8

399 메이링은 유방암 진단을 : Chen Li-wen ed. 2014, p. 195; Shong Wen, p. 121; Huang Ke-wu et al., vol. 1, p. 386; 장제스가 죽자 메이링은 남몰래 : Huang Ke-wu et al., vol. 1, p. 615; vol. 2, p. 461; Chen Li-wen ed. 2014, pp. 45–6, 667; 반면 장징궈는 지쳐서 : Chen Li-wen ed. 2014, pp. 45–6; Huang Ke-wu et al., vol. 1, p. 666; Chiang Ching-kuo (Zhou Mei-hua and Xiao Li-ju eds.), vol. 2, p. 29

400 장징궈는 의붓어머니에게 : Chiang Ching-kuo (Zhou Mei-hua and Xiao Li-ju eds.), vol. 1, pp. 326, 342–9; 장징궈를 위로하는 일은 : Chiang Ching-kuo (Zhou Mei-hua and Xiao Li-ju eds.), vol. 1, p. 366

401 장제스를 떠나보내며 애통한 : Chang, Jung and Halliday, Jon, Chapter 58; 젊은 시절의 장제스 사진을 : Chen Li-wen ed. 2014, pp. 18–19, 131

402 수행원들의 수는 37명에 : interviews with Dr Jan Kung-ming, physician who treated May-ling in her last years; cf. Huang Ke-wu et al., vol. 2, pp. 295, 462–3; 아들에게 메이링을 보살펴달라고 : Chiang Ching-kuo (Zhou Mei-hua and Xiao Li-ju eds.), vol. 1, pp. 325ff, 373, 586–8

제22장 할리우드 며느리

404 "이봐요, 제부!" : Huang Ke-wu et al., vol. 2, pp. 482–3; 천제루는 25만 달러를 받고 : Ch'en Chieh-ju, pp. 5–10; 큰일이든 큰일이 아니든 : Shong Wen, p. 172; interview with a relative who wishes to remain anonymous

405 쿵샹시는 이렇게 자랑했다 : K'ung Hsiang-hsi, pp. 114, 121–3, 147

406–407 엘비스 프레슬리의 데뷔 영화를…같아요 : interview with relatives who wish to remain anonymous; https://www.pinterest.com/pin/308848486919331646/; Milton Berle interview with Elvis, https://www.youtube.com/watch?v=8x0uKy5GfMw; Shearer, Lloyd (15 July 1956), 'More glamor for Hollywood', Albuquerque Journal, pp. 68–9, Newspapers.com; https://en.wikipedia.org/wiki/Debra_Paget - cite_note-aj-2; 'When

You Wish Upon a Star, or It's a Star-Spangled Life: Family Cast' at the Wayback Machine;
http://www.elvis-history-blog.com/debra-paget.html; https://www.elvispresleyphotos.
com/celebrities/debra-paget.html; https://www.newspapers.com/clip/2595360/the_san_
bernardino_county_sun/

406 엘비스 프레슬리와의 첫 만남을 : https://www.elvis.com.au/presley/interview-milton-
berle-elvis-presley.shtml; https://www.elvispresleyphotos.com/celebrities/debra-paget.
html;

407 엘비스는 그녀에게 청혼했지만 : Debra Paget talks to Rick Stanley (Elvis Presley's
step-brother), https://www.youtube.com/watch?v=EBZ5LPeRNJA; 아이링이 두 사
람의 결혼에 : https://www.newspapers.com/clip/2595390/independent/; https://www.
newspapers.com/clip/2595390/independent/; 'Debra Paget Weds Oilman, Nephew
of Madame Chiang', http://www.glamourgirlsofthesilverscreen.com/show/214/
Debra+Paget/index.html

409 '웨스틀린 벙커' : https://www.google.co.uk/search?q=westlin+bunkerandtbm=isch
andimgil=5axDGk-o2mwycM%3A%3BSYgUZJduRR2OnM%3Bhttp%3A%2F%2F
www.houstonarchitecture.com%2FBuilding%2F2124%2FThe-Westlin-Bunker.phpan
dsource=iuandpf=mandfir=5axDGk-o2mwycM%3A%2CSYgUZJduRR2OnM%2C_
andusg=__Oy5SF_7nb4TeMhfR9FthaHc7n3I%3Dandbiw=1407andbih=892andv
ed=0ahUKEwjO_PSb9PnVAhUoJ8AKHT8GD20QyjcIXgandei=mQmkWY7M
KajOgAa_jLzoBg#imgrc=zP9BUecaM81YeM; http://www.houstonarchitecture.
com/Building/2124/The-Westlin-Bunker.php; *Wall Street Journal*, 2 October 2006,
'Continental Airlines Finds a Safe Haven In a Texas Bunker'; Melanie Ttrottman, 'Cold
War Relic Gets New Use By Companies Worried About the Next Big Storm', https://
cryptome.org/eyeball/cal-bunker/cal-bunker.htm; interview with grandson Michael Feng,
26 January 2016

410 현실적인 메이링은 쑹쯔원에게 : T.V. to May-ling, 22 March 1969, *T.V. Soong Papers*,
Box 61, folder no. 31, Hoover Institution Archives; Huang Ke-wu et al., vol. 1, pp. 403–7;
interview with grandson Michael Feng, 19 October 2015; "우리는 가장 친한 친구예요." :
http://www.glamourgirlsofthesilverscreen.com/show/214/Debra+Paget/index.html

411 메이링을 만나러 갔다가 : Chiang Ching-kuo (Zhou Mei-hua and Xiao Li-ju eds.), vol.
2, p. 210

제23장 뉴욕, 뉴욕

412–413 쑹쯔량은 은행가였으나…없었다 : Soong Ching-ling (Soong Ching-ling
Foundation and China Welfare eds.), vol. 2, p. 823; Soong Ching-ling (Shang Ming-xuan et
al. eds.), vol. 2, p. 1437

413–414 쑹씨 세 형제 가운데 맏이이자…채워주었다 : Wu Jing-ping and Kuo Tai-chun
2008a, pp. 130–7; Wu Kuo-Cheng, p. 161; interview with his daughter Laurette and
grandson Michael Feng, 26 January 2016

414 남동생이 장제스와 결탁해서 : K'ung Hsiang-hsi, *passim*; T.V. letters, in *T.V. Soong*

Papers, Box 61, folder no. 32, Hoover Institution Archives; interview with grandson Michael Feng, 19 October 2015; "며칠 뒤면 큰언니 생일이야." : 2 July 1962, *T.V. Soong Papers*, Box 61, folder no. 31, Hoover Institution Archives; "누님의 웅장한 로스앤젤레스 저택에서" : 31 October 1962, *T.V. Soong Papers*, Box 61, folder no. 31, Hoover Institution Archives

415 쑹쯔원은 가까운 타이완에 한번 들르라는 : Wu Jing-ping and Kuo Tai-chun 2008a, p. 134; 쑹쯔원은 미국으로 돌아가서 : T.V.–May-ling letters, 1 September and 7 October 1963, *T.V. Soong Papers*, Box 61, folder no. 31, Hoover Institution Archives

416 일흔여섯 살의 쑹쯔원은 : Wu Jing-ping and Kuo Tai-chun 2008a, p. 146; interview with his daughter Laurette and grandson Michael Feng, 26 January 2016; 그녀가 떠나기 전날 장제스는 : 22 [*sic*] and 29 April 1971, Chiang Kai-shek Diaries, Hoover Institution Archives

417 유가족이 칭링에게 부고장을 보내지도 : interview with his daughter Laurette and grandson Michael Feng, 26 January 2016; 남동생 쑹쯔안이 죽었을 때에도 : Epstein, Israel, p. 563; 그중에서도 특히 후회스러운 일은 : 15 April 1971, Chiang Kai-shek Diaries, Hoover I nstitution Archives; "온 가족이 오빠와" : 9 November 1971, Papers of Emma DeLong Mills, MSS.2, Wellesley College Archives

418 아이링 역시 쑹쯔원의 장례식에 : May-ling to Emma, 15 March and 9 November 1971, Papers of Emma DeLong Mills, MSS.2, Wellesley College Archives; 쿵샹시가 1967년 8월 15일 : 24 August 1967, Papers of Emma DeLong Mills, MSS.2, Wellesley College Archives; Chiang Ching-kuo (Zhou Mei-hua and Xiao Li-ju eds.), vol. 1, pp. 315–22; vol. 2, p. 624; 아이링은 1973년 10월 18일 : 12 May 1969, 7 December 1973, Papers of Emma DeLong Mills, MSS.2, Wellesley College Archives; Shong Wen, p. 172

419 쿵링쥔은 계속해서 메이링의 : interviews with Dr Jan Kung-ming, Jeanette's physician, who also treated May-ling; Shong Wen, pp. 149–58; Huang Ke-wu et al., vol. 1, pp. 246, 256, 391–2; vol. 2, pp. 164, 392–5, 406; 그녀를 위한 연회 : Chen Li-wen ed. 2014, pp. 112–13, 219–30, 264; interview with a member of May-ling's household in New York who wishes to remain anonymous, 21 October 2015

420 "너희들이 어릴 적에는" : Chen Li-wen ed. 2014, p. 55

제24장 격변의 시대를 맞이하여

422 그녀는 장징궈에게 강경한 입장을 : Chiang Ching-kuo (Zhou Mei-hua and Xiao Li-ju eds.), vol. 2, pp. 3–29, 92–9, 677–86

423 "덩씨 도적놈" : Chiang Ching-kuo (Zhou Mei-hua and Xiao Li-ju eds.), vol. 2, pp. 601, 607, 675; 밤이 지새도록 보좌관에게 : interview with a member of May-ling's household in New York who wishes to remain anonymous, 21 October 2015; Chiang Ching-kuo (Zhou Mei-hua and Xiao Li-ju eds.), vol. 2, pp. 152–3; 칭링이 중국공산당 중앙위원회에 보낸 서신 : Chiang Ching-kuo (Zhou Mei-hua and Xiao Li-ju eds.), vol. 2, pp. 163–9

424 그녀가 대신 답변해주겠다고 : Chiang Ching-kuo (Zhou Mei-hua and Xiao Li-ju

eds.), vol. 2, pp. 278–88

424-425　한편 메이링이 비슷한 태도로…콧방귀를 뀌었다 : Chiang Ching-kuo (Zhou Mei-hua and Xiao Li-ju eds.), vol. 2, pp. 512ff; DeLong, Thomas A., p. 244

425　장제스의 탄생 100주년 기념 행사 : https://www.youtube.com/watch?v=les3zpWSPXs

426　스탈린의 소련에서 12년간 : Chiang Ching-kuo, in Cline, Ray S.

427　보좌관의 증언에 따르면 : Weng Yuan (with Wang Feng), pp. 428–9

428　그녀의 심경은 복잡했다 : her speech 8 July 1988, http://blog.sciencenet.cn/blog-51807-883264.html; 장샤오융은 장징궈의 방문을 살짝 열고 : Weng Yuan (with Wang Feng), pp. 432–5; 메이링은 긴장했다 : Chiang Ching-kuo (Zhou Mei-hua and Xiao Li-ju eds.), vol. 2, p. 399

429　쿵링쥔이 뉴욕에서 날아와 : Zhou Hong-tao (with Wang Shi-chun), pp. 485–90; 그녀의 계획은 리덩후이가 : Shaw Yu-ming, p. 260; speech 8 July 1988, http://blog.sciencenet.cn/blog-51807-883264.html

430　그녀의 생활은 대개 : Chen Li-wen ed. 2014, pp. 32–3, 326–7, *passim*; 쿵씨 일가에게도 경비의 일부를 : Chen Li-wen ed. 2014, pp. 19–20; 돈에 조바심을 냈지만 : Chen Li-wen ed. 2014, pp. 137–8; 기도와 성서 읽기 : Chen Li-wen ed. 2014, pp. 120, 341, 348, *passim*

431　지나간 영광을 입에 올리지 : Chen Li-wen ed. 2014, pp. 18, 265; 이렇게 중얼거렸다 : Chen Li-wen ed. 2014, pp. 113, 219; 언니 아이링의 가족과 함께 : Chen Li-wen ed. 2014, p. 270; 수행원들의 주재하에 조용히 : Chen Li-wen ed. 2014, pp. 16–17, 270–1, 306–7

432　당시 타이완의 총통 천수이볜 : Chen Li-wen ed. 2014, pp. 307–8

자료 출처

Academia Historica, Taipei, Taiwan

AVPRF (Archives of Foreign Policy of the Ministry of Foreign Affairs of the Russian Federation), Moscow, Russia

Columbia University Archives, New York, USA

Duke University Libraries, Durham, NC, USA

Emory University Manuscript, Archives, and Rare Book Library, Atlanta, GA, USA

Fifth Avenue United Methodist Church Archives, Wilmington, NC, USA

Hatfield House Archives, Hertfordshire, UK

Hong Kong University of Science and Technology Archives, Hong Kong

Hoover Institution Archives, Stanford, CA, USA

National Archives, London, UK

National Archives, Washington DC, USA

Nationalist Party History Archive, Taipei, Taiwan

Royal Archives, Windsor, UK

Wellesley College Archives, Wellesley, MA, USA

Wesleyan College Archives, Macon, GA, USA

참고 문헌

Alanbrooke, Viscount (Alan Brooke), *War Diaries 1939–1945*, Weidenfeld & Nicolson, London, 2002

Alsop, Joseph W., *I've Seen the Best of It: Memoirs*, W. W. Norton & Company, New York, 1992

Ao Guang-xu, 'Lun sun zhongshan zai 1924nian xiabanniande shishifeifei' ('On the Rights and Wrongs of Sun Yat-sen in the Second Half of 1924'), in *Modern History Studies*, Beijing, 1995

Archives of Ming and Qing dynasties ed., *Qingmo choubei lixian dangan shiliao* (*Archive Documents on the Preparations to Establish a Constitutional Monarchy*), Zhonghua shuju, Beijing, 1979

Association of Chinese Historians ed., *Xinhai geming* (*The 1911 Revolution*), Shanghai renmin chubanshe and Shanghai shudian chubanshe, Shanghai, 1956

AVPRF (Archives of Foreign Policy of the Ministry of Foreign Affairs of the Russian Federation), Moscow

Beal, John Robinson, *Marshall in China*, Doubleday, Toronto and New York, 1970

Bergère, Marie-Claire, *Sun Yat-sen*, Stanford University Press, Stanford, CA, 1994

Bickers, R. and Jackson, I. eds., *Treaty Ports in Modern China: Law, Land and Power*, Routledge, London, 2016

Boulger, Demetrius C., *The Life of Sir Halliday Macartney, KCMG*, Cambridge University Press, online publication, 2011

Burke, James, *My Father in China*, Michael Joseph Ltd, London, 1945

Butterfield, Fox, *China: Alive in the Bitter Sea*, Hodder & Stoughton, London, 1982

Cantlie, James and Sheridan, Charles Jones, *Sun Yat-sen and the Awakening of China*, Fleming H. Revell, New York, 1912

Cantlie, Neil and Seaver, George, *Sir James Cantlie: A Romance in Medicine*, John Murray, London, 1939

Central Archives ed., *Zhongguo gongchandang guanyu xian shibian dangan shiliao xuanbian* (*A Selection of CCP Archives Documents on the Xian Incident*), Zhongguo dangan chubanshe, Beijing, 1997

Chan, Luke and Taylor, Betty Tebbetts, *Sun Yat-sen – As I Knew Him*, publisher and place of publication unknown, 1955

Chang, David Cheng, 'Democracy Is in Its Details: The 1909 Provincial Assembly Elections and the Print Media', in Sherman Cochran and Paul Pickowicz eds., *China on the Margins*, Cornell East Asia Program, Ithaca, NY, 2010

Chang, Jung, *Empress Dowager Cixi: The Concubine Who Launched Modern China*, Random House, London and New York, 2013

Chang, Jung, *Wild Swans: Three Daughters of China*, Simon & Schuster; HarperCollins; London and New York, 1991

Chang, Jung and Halliday, Jon, *Mao: The Unknown Story*, Random House, London and New York, 2005

Charles Jones Soong Reference Collection, Duke University Libraries, Durham, NC

Charlie Soong at Trinity College, Duke University Libraries, http://blogs.library.duke.edu/rubenstein/2014/05/22/charlie-soong-at-trinity-college/

Ch'en Chieh-ju, *Chen jieru huiyilu* (*The Memoirs of Ch'en Chieh-ju*), Zhongguo youyi chubabgongsi, Beijing, 1993

Ch'en Chieh-ju (Eastman, Lloyd E. ed.), *Chiang Kai-shek's Secret Past: The Memoir of His Second Wife, Ch'en Chieh-ju*, Westview Press, Boulder, CO, 1993

Chen Jiong-ming (Chen Ding-yan ed.), *Chen jingcun (jiongming) xiansheng nianpu* (*Chen Jiong-ming Chronology*), Li Ao chubanshe, Taipei, 1995

Chen Li-fu, *The Reminiscences of Chen Li-fu*, Columbia University Archives, New York

Chen Li-fu, *The Storm Clouds Clear Over China: The Memoir of Ch'en Li-Fu*, Hoover Institution Press, Stanford, CA, 1994

Chen Li-wen ed., *Jiang zhongzhen de xinyang jiqing* (*Chiang Kai-shek's Faith*), Zhongzheng jiniantang, Taipei, 2005

Chen Li-wen ed., *Jiangfuren soong meiling nvshi xingyi koushu fangtanlu* (*Interviews of the Staff of Soong May-ling, Madame Chiang Kai-shek*), Academia Historica and National Sun Yat-sen Memorial, Taipei, 2014

Chen Peng Jen, *Sun zhongshan xiansheng yu riben youren* (*Mr Sun Yat-sen and Japanese Friends*), Shuiniu tushu chuban shiye youxian gongsi, Taipei, 1990

Chen Qi-mei (Mo Yong-ming and Fan Ran eds.), *Chen yingshi jinian* (*A Chronology of Chen Qi-mei*), Nanjing daxue chubanshe, Nanjing, 1991

Chen Shao-bai, *Chen shaobai zishu* (*The Reminiscences of Chen Shao-bai*), Renmin ribao chubanshe, Beijing, 2011

Chen, Percy, *China Called Me*, Little, Brown, Boston, MA, 1979

Chennault, Anna, *The Education of Anna*, Times Books, New York, 1980

Chennault, Claire Lee, *Way of a Fighter*, G. P. Putnam's Sons, New York, 1949

Chiang Ching-kuo, 'My Days in Soviet Russia' (1937), in Cline, Ray S., *Chiang Ching-kuo Remembered*, US Global Strategy Council, Washington DC, 1989

Chiang Ching-kuo, *Jiang jingguo huiyilu* (*Chiang Ching-kuo Memoirs*), Dongfang chubanshe, Beijing, 2011

Chiang Ching-kuo (Zhou Mei-hua and Xiao Li-ju eds.), *Jiang jingguo shuxinji: yu song meiling wanglai handian* (*Chiang Ching-kuo's Correspondence with Madame Chiang Kai-shek*), Academia Historica, Taipei, 2009

Chiang Kai-shek Diaries, Hoover Institution Archives, Stanford University

Chiang Kai-shek: Family Correspondence, Academia Historica, Taipei, Taiwan

Chiang Kai-shek, *Soviet Russia in China: A Summing up at Seventy*, Farrar, Straus & Cudahy, New York, 1957

Chiang Kai-shek (Chin Hsiao-i ed.), *Zongtong jianggong dashi changbian chugao* (*Draft of a Long Chronological Record of President Chiang Kai-shek*), Taipei, 1978, courtesy of the editor

Chiang Kai-shek (The Second Historical Archives of China ed.), *Jiang jieshi nianpu chugao* (*A Draft Chronology of Chiang Kai-shek*), Dangan chubanshe, Beijing, 1992

Chinese Peasants' and Workers' Democratic Party Central Committee ed., *Deng yanda* (*Deng Yan-da*), Wenshi ziliao chubanshe, Beijing, 1985

Chow Lien-hwa, *Zhou lianhua mushi fangtanlu* (*Interviews with Pastor Chow Lien-hwa*), Academia Historica, Taipei, 2012

Chung Kun Ai, *My Seventy-nine Years in Hawaii, 1879–1958*, Cosmorama Pictorial Publisher, Hong Kong, 1960

Clark, Elmer T., *The Chiangs of China*, Abingdon-Cokesbury Press, New York and Nashville, TN, 1943

Cline, Ray S., *Chiang Ching-kuo Remembered*, US Global Strategy Council, Washington DC, 1989

CPPCC (Chinese People's Political Consultative Conference) Canton Committee, Historical Documents Studies Committee ed., *Guangzhou wenshi ziliao* (*Canton Historical Documents*) Guangzhou, 1950s

CPPCC (Chinese People's Political Consultative Conference) National Committee, Historical Documents Studies Committee ed., *Bansheng fengyulu: jia yibin huiyilu* (*Memoir of Jia Yi-bin*), Zhongguo wenshi chubanshe, Beijing, 2011

CPPCC (Chinese People's Political Consultative Conference) National Committee, Historical Documents Studies Committee ed., *Xinhai geming huiyilu* (*Memories of the 1911 Revolution*), Wenshi ziliao chubanshe, Beijing, 1981

CPPCC (Chinese People's Political Consultative Conference) National Committee, Historical Documents Studies Committee ed., *Heping laoren shao lizi* (*Man of Peace Shao Li-zi*), Wenshi ziliao chubanshe, Beijing, 1985

CPPCC (Chinese People's Political Consultative Conference) National Committee, Historical Documents and Studies Office and the Museum of the Chinese Revolution eds., *Sun zhongshan xiansheng huace* (*Dr Sun Yat-sen: A Photo Album*), Zhongguo wenshi chubanshe, Beijing, 1986a

CPPCC (Chinese People's Political Consultative Conference) Shanghai Committee, Historical Documents Studies Committee ed., *Jiu shanghai de bang hui* (*Secret Societies of Old Shanghai*), Shanghai renmin chubanshe, Shanghai, 1986b

CPPCC (Chinese People's Political Consultative Conference) Zhejiang Committee, Historical Documents Studies Committee ed., *Jiang jieshi jiashi* (*Chiang Kai-shek's Family History*),

Zhejiang renmin chubanshe, Hangzhou, 1994

CPPCC (Chinese People's Political Consultative Conference) Zhejiang Committee, Historical Documents Studies Committee ed., *Chen Yingshi (Chen Qi-mei)*, Zhejiang renmin chubanshe, Hangzhou, 1987

Daily News, Perth

DeLong, Thomas A., *Madame Chiang Kai-shek and Miss Emma Mills*, McFarland & Company, Inc., Jefferson, NC and London, 2007

Deng Mu-han, 'Yiwei Guangzhou geming shimoji (The Full Story of the 1895 Canton Revolution)', in *Xinhai geming shiliao xuanji (Selected Historical Documents on the 1911 Revolution)*, vol. 1, Hunan renmin chubanshe, 1981

Deng Yan-da (Mei Ri-xin and Deng Yan-chao eds.), *Deng yanda wenji xinbian (A New Edition of the Works of Deng Yan-da)*, Guangdong renmin chubanshe, Guangzhou, 2000

Dikötta, Frank, *The Age of Openness: China before Mao*, University of California Press, Berkeley and Los Angeles, 2008

Ding Zhong-jiang, *Beiyang junfa shihua (A History of the Beiyang Warlords)*, Zhongguo youyi chuban gongsi, Beijing, 1992

Duli Pinglun (Independent Commentary), Beijing

Duan Qi-rui (Liu Chun-zi and Yin Xiang-fei eds.), *Minguo zongtong zixu: Duan Qi-rui (Presidents of the Republic of China on Themselves: Duan Qi-rui)*, Jiangsu fenghuang wenyi chubanshe, Nanjing, 2014

Duli Pinglun (Independent Commentary), Beijing

DVP (Foreign Policy Documents), Russian Ministry of Foreign Affairs, Moscow

Eden, Anthony, *The Eden Memoirs: The Reckoning*, Cassell, London, 1965

Epstein, Israel, *Woman in World History: Life and Times of Soong Ching Ling*, New World Press, Beijing, 1993

Far Eastern Affairs (journal of the Institute for Far Eastern Studies), Russian Academy of Sciences, Moscow

Fenby, Jonathan, *Generalissimo: Chiang Kai-shek and the China He Lost*, The Free Press, London, 2003

Feng Yu-xiang, *Wode shenghuo (My Life)*, Zhongguo qingnian chubanshe, Beijing, 2015

Feng Zi-you, *Feng ziyou huiyilu (Memoirs of Feng Zi-you)*, Dongfang chubanshe, Beijing, 2011

Fifth Avenue United Methodist Church Archives: Charles Jones Soong, Wilmington, NC

FRUS (Foreign Relations of the United States), 1944, vol. VI, *China*, Washington DC, 1967

Gascoyne-Cecil, Lord William, *Changing China*, James Nisbet & Co. Ltd, London, 1910

George W. and Clara Sargent Shepherd papers, Bentley Historical Library, University of Michigan, http://quod.lib.umich.edu/b/bhlead/umich-bhl-2014151?view=text

Gu Li-juan and Yuan Xiang-fu, *Zhonghua minguo guohuishi (A History of the Parliament of Republic of China)*, Zhonghua shuju, Beijing, 2012

Gunther, John, *Inside Asia*, Hamish Hamilton, London, 1939

Guo Song-tao, *Lundun yu bali riji (Diaries of London and Paris)*, Yuelu shushe, Changsha, 1984

Haag, E. A., *Charlie Soong: North Carolina's Link to the Fall of the Last Emperor of China*, Jaan Publishing, Greenboro, NC, 2015

Hager, Charles R., 'Doctor Sun Yat-sen: Some Personal Reminiscences', in Sharman, Lyon, *Sun Yat-sen: His Life and Its Meaning*, Stanford University Press, Stanford, CA, 1934

Hahn, Emily, *Chiang Kai-shek*, Doubleday & Company, Inc., New York, 1955

Hahn, Emily, *China to Me*, Open Road Integrated Media, Inc., New York, 2014a

Hahn, Emily, *The Soong Sisters*, Open Road Integrated Media, Inc., New York, 2014b

Han Li-guan and Chen Li-ping, *Qinding yaofan hua kezhi chuanqi* (*The Extraordinary Story of Hua Ke-zhi*), Jiangsu renmin chubanshe, Nanjing, 1998

Han Su-yin, *Eldest Son: Zhou Enlai and the Making of Modern China, 1898–1976*, Jonathan Cape, London, 1994

Hawaii's Queen, Liliuokalani, *Hawaii's Story*, Mutual Publishing, Honolulu, 1990

He Da-zhang, *Song qingling wangshi* (*Soong Ching-ling's Past Life*), Renmin wenxue chubanshe, Beijing, 2011

Heinzig, Dieter, 'The Soviet Union and Communist China, 1945–1950', *Far Eastern Affairs*, 4, 1996

Hemingway, Ernest, *By-Line: Selected Articles and Dispatches of Four Decades*, Grafton Books, London, 1989

Hsu Chieh-lin, *Sun wen: zuihou baituo ribenren de kongzhi* (*Sun Yat-sen and Japan: the Real History*), Wenyingtang chubanshe, Taipei, 2011

Hsu Shih-chang (Jin Hong-kui ed.), *Minguo zongtong zixu: xu shichang* (*Presidents of the Republic of China on Themselves: Hsu Shih Chang*), Jiangsu fenghuang wenyi chubanshe, Nanjing, 2014

Hu Han-min, *Hu Hanmin Huiyilu* (*The Memoirs of Hu Han-min*), Dongfang chubanshe, Beijing, 2013

Hu Han-min, *Hu hanmin zizhuan* (*The Autobiography of Hu Han-min*), Zhuanji wenxue chubanshe, Taipei, 1987

Hu Lan-xi, *Hu lanxi huiyilu* (*The Memoir of Hu Lan-xin*), Sichuan renmin chubanshe, Chengdu, 1995

Hu Shih, *Hu shi wenji* (*The Works of Hu Shih*), Beijing daxue chubanshe, Beijing, 1998

Hu Zi-dan, 'He zhou lianhua mushi de wuci jianmian' ('Five Meetings with Pastor Chow Lien-hwa'), https://2011greenisland.wordpress.com/2012/11/20/

Hua Ping, 'Cong song qingling gei jin zhonghua de xin shuoqi' ('Starting from Soong Ching-ling's letters to Jin Zhong-hua'), https://big5.termitespest.com/article/e0e4effc-4b40-4e22-aaa0-bb7402cded08_2.htm

Hua Shang Daily, Hong Kong

Huanqiu Renwu (*Global Personalities*), Beijing

Huang Ke-wu et al., *Jiang zhongzheng zongtong shicong renyuan fangwen jilu* (*Records of Interviews with President Chiang Kai-shek's Staff*), Zhongyang yanjiuyuan jindaishi yanjiusuo, Taipei, 2013

Huang San-de, *Hongmen genmingshi* (*A Revolutionary History of Hangmen*), publisher unknown, 1936

Huang Xing (Mao Zhu-qing ed.), *Huang xing nianpu changbian* (*A Full Chronology of Huang Xing*), Zhonghua shuju, Beijing, 1991

Huang Xiu-rong et al. eds., *Gongchan guoji, liangong (bu) yu zhongguo guomin geming yundong: 1920-1925*, Beijing tushuguan chubanshe, Beijing, 1997

Huang Xiu-rong et al. eds., *Gongchan guoji, liangong (bu) yu zhongguo geming wenxian ziliao xuanji: 1917-1925*, Beijing tushuguan chubanshe, Beijing, 1997

Huang Xiu-rong et al. eds., *Gongchan guoji, liangong (bu) yu zhongguo guomin geming yundong: 1926-1927*, vol. 1, Beijing tushuguan chubanshe, Beijing, 1998

Huang Zi-jin and Pan Guang-zhe, *Jiang jieshi yu xiandai zhongguo de xingsuo* (*Chiang Kai-shek and the Formation of Modern China*), Zhongyang yanjiuyuan jindaishi yanjiusuo, Taipei, 2013

I Fu-en, *Wode huiyi* (*My Memories*), Liqing wenjiao jijinhui, Taipei, 2000

International Security, the Belfer Center for Science and International Affairs at Harvard University ed., MIT Press, Cambridge, MA, 1976

Isaacs, Harold, *Re-Encounters in China*, M. E. Sharpe, Armonk, NY and London, 1985

Ishikawa, Yoshihiro, 'Guanyu sun zhongshan zhi suliande yishu' ('On Sun Yat-sen's Deathbed Letter to the Soviet Union'), http://jds.cssn.cn/webpic/web/jdsww/UploadFiles/upload/201011041311408553.pdf

Jiang Ting-fu, *Jiang tingfu huiyilu* (*The Memoirs of Jiang Ting-fu*), Zhuanji wenxue chubanshe, Taipei, 1984

Koo, Juliana (Mrs V. K. Wellington), with Genevieve Young, *My Story*, courtesy of the authors

Koo (Madame Wellington Koo), *No Feast Lasts Forever*, Quadrangle/The New York Times Book Co., New York, 1975

Koo, V. K. Wellington, *Gu weijun huiyilu* (*The Memoirs of Wellington Koo*), Zhonghua shuju, Beijing, 2013

Koo, V. K. Wellington, *The Reminiscences of Wellington Koo*, Columbia University Archives, New York

Koo, V. K. Wellington, Wellington Koo Papers, Columbia University Archives, New York

Kriukov, Mikhail, 'Once again about Sun Yatsen's North-west Plan', *Far Eastern Affairs*, 5, 9 January 2000

K'ung Hsiang-hsi, *The Reminiscences of K'ung Hsiang-hsi*, Columbia University Archives, New York

Kuo Tai-chun and Lin Hsiao-ting, *T.V. Soong in Modern Chinese History*, Hoover Institution Press, Stanford, CA, 2006

Lattimore, Owen, *China Memoirs*, University of Tokyo Press, Toronto, 1991

Leonard, Royal, *I Flew for China: Chiang Kai-shek's Personal Pilot*, Doubleday, Doran, Garden City, 1942

Li Gong-zhong, *Zhongshanling: yige xiandai zhengzhi fuhaode dansheng* (*Sun Yat-sen's Mausoleum: the Making of a Political Symbol in Modern China*), Shehui kexue wenxian chubanshe, Beijing, 2009

Li Guo-qi, 'Deguo danganzhong youguan zhongguo canjia diyici shijie dazhande jixiang jizai' ('A Few Documents about China's Participation of the First World War in the German Archives'), in *Zhongguo xiandaishi zhuanti yanjiu baogao* (*Reports on Special Subjects in the Studies of Modern Chinese History*), vol. 4

Li Jin-zhou ed., *Xian shibian qinliji* (*Personal Experiences of the Xian Incident*), Zhuanji wenxue chubanshe, Taipei, 1982

Li, Laura Tyson, *Madame Chiang Kai-shek: China's Eternal First Lady*, Grove Press, New York, 2006

Li Tsung-jen and Tong Te-Kong, *Li zongren huiyilu* (*The Memoirs of Li Tsung-jen*), Li Ao chubanshe, Taipei, 1995

Li Yuan-hong (Zhang Bei ed.), *Minguo zongtong zixu: Li yuanhong* (*Presidents of the Republic of China on Themselves: Li Yuan-hong*), Jiangsu fenghuang wenyi chubanshe, Nanjing, 2014

Li Yun, 'Sui song qingling zouguo sanshinian' ('Thirty Years with Soong Ching-ling')' in *Yanhuang chunqiu* (*Annals of the Chinese People*), 2002, issue 3

Life magazine

Lin Hsiao-ting, *Taihai lengzhan jiemi dangan* (*The Cold War between Taiwan and China: The Declassified Documents*), Sanlian shudian, Hong Kong, 2015

Lin Hsiao-ting and Wu Jing-ping eds., *Song ziwen yu waiguo renshi wanglai handiangao* (*T.V. Soong: Important Wartime Correspondences, 1940–1942*), Fudan University Press, Shanghai, 2009

Lin Ke-guang et al., *Jindai jinghua shiji* (*Historical Sites and Stories in Beijing*), Zhongguo renmin daxue chubanshe, Beijing, 1985

Linebarger, Paul, *Sun Yat-sen and the Chinese Republic*, The Century Co., New York and London, 1925

Liu Ban-nong et al., *Sai jinhua benshi* (*The Extraordinary Story of Sai Jinhua*), Yuelu shushe, Changsha, 1985

Liu Jia-quan, *Song qingling liuwang haiwai suiyue* (*Soong Ching-ling's Exile Years*), Zhongyang wenxian chubanshe, Beijing, 1994

Lo Hui-Min, *The Correspondence of G. E. Morrison 1895–1912*, Cambridge University Press, Cambridge, 1976

Lo Hui-Min, *The Correspondence of G. E. Morrison 1912–1920*, Cambridge University Press, Cambridge, 1978

Lou Wen-yuan, *Wenyuan wenji* (*Collected Writings of Lou Wen-yuan*), Hanya zixun, Taipei, 2008

Lu Fang-shang ed., *Jiang jieshide qinqing, aiqing yu youqing* (*The Family Relationship, Love and Friendship of Chiang Kai-shek*), Shibao wenhua chubanshe, Taipei, 2011

Luo Jia-lun, *Zhongshan xiansheng lundun beinan shiliao kaoding* (*A Study of Sun Yat-sen's Misfortune in London*), Shangwu yinshuguan, Shanghai, 1930

Luo Jiu-fang and Luo Jiu-rong eds., *Luo jialun xiansheng wencun buyi* (*Supplementary Writings of Luo Jia-lun*, Zhongyang yanjiuyuan jindaishi yanjiusuo, Taipei, 2009

Manson-Bahr, Philip, *Patrick Manson*, Thomas Nelson & Sons Ltd, London, 1962

Manson-Bahr, Philip H. and Alcock, A., *The Life and Works of Sir Patrick Manson*, Cassell

& Company, London, 1927

McCormack, Gavan, *Chang Tso-lin in North-east China 1911–1928*, Stanford University Press, Stanford, CA, 1977

Mei Ri-xin and Deng Yan-chao eds., *Huiyi deng yanda* (*Remembering Deng Yan-da*), Guangdong renmin chubanshe, Guangzhou, 1999

Melby, John F., *The Mandate of Heaven*, Chatto & Windus, London, 1969

Microfilm publication M329, Records of the Department of State Relating to Internal Affairs of China, 1910–1929, National Archives, Washington DC

Miller, Merle, *Plain Speaking: an Oral Biography of Harry S. Truman*, Berkley Publishing Corporation, New York, 1974

Mitter, Rana, *A Bitter Revolution: China's Struggle with the Modern World*, Oxford University Press, Oxford, 2005

Miyazaki, Tōten, *Gongqi taotian lun sun zhongshan yu huang xing* (*Tōten Miyazaki on Sun Yat-sen and Huang Xing*), Chen Peng Jen, tr., Zhengzhong shuju, Taipei, 1977

Miyazaki, Tōten, *Sanshisan nian zhimeng* (*My Thirty-three Year's Dream*), Chen Peng Jen tr., Shuiniu chubanshe, Taipei, 1989

Moran, Lord, *Winston Churchill: The Struggle for Survival 1940–1965*, Sphere Books Ltd, London, 1968

Munholland, J. Kim, 'The French Connection that Failed: France and Sun Yat-sen, 1900–1908', *Journal of Asian Studies*, vol. 32, issue 1, November 1972

Nanjing Archives and Sun Yat-sen Mausoleum Administration eds., *Zhongshanling dangan shiliao xuanbian* (*Selected Archive Documents of the Sun Yat-sen Mausoleum*), Jiangsu guji chubanshe, Nanjing, 1986

New York Times

Newspapers.com

North China Herald, Shanghai

Oursler, Fulton, *Behold This Dreamer!*, Little, Brown & Company, Boston, MA, 1964

Pakula, Hannah, *The Last Empress*, Simon & Schuster Paperbacks, New York, 2009

Papers of Emma DeLong Mills, MSS.2, Wellesley College Archives, Wellesley, MA

Papers of 3rd Marquess of Salisbury, Hatfield House Archives/3M/B24

Paul T. K. Lin Papers, Hong Kong University of Science and Technology Archives, Hong Kong

People's Daily, Beijing

People's University ed., 'Gongchan zhuyi xiaozu he dangde yida ziliao huibian' ('A Collection of Documents and Interviews on the Early Communist Groups and the Party's First Congress'), unpublished, Beijing, 1979

Public Security Ministry Archives ed., *Zai jiang jieshi shenbian banian* (*Eight Years by the Side of Chiang Kai-shek*), Qunzhong chubanshe, Beijing, 1997

Qi Gao-ru, *Jiang jinguode yisheng* (*The Life of Chiang Ching-kuo*), Zhuanji wenxue chubanshe, Taipei, 1991

Qian Gang and Geng Qing-guo eds., *Ershi shiji zhongguo zhongzai bailu* (*Mammoth Disasters of Twenty Century China*), Shanghai renmin chubanshe, Shanghai, 1999

Qian Yong-he, *Qian yonghe huiyilu* (*The Memoir of Qian Yong-he*), Dongfang chubanshe, Beijing, 2011

Qiu Jie, 'Guangzhou shangtuan yu shangtuan shibian', in *Lishi yanjiu* (*History Studies*), 2, 2002, Beijing

Qiu Zheng-quan and Du Chun-he eds., *Xinhai gemming shiliao xuanji* (*Selected Historical Documents of the 1911 Revolution*), Hunan renmin chubanshe, Changsha, 1981

Rosholt, Malcolm, 'The Shoe Box Letters from China, 1913–1967', *Wisconsin Magazine of History*, vol. 73, no. 2, 1989–90

Schell, Orville and Delury, John, *Wealth and Power: China's Long March to the Twenty-first Century*, Random House Trade Paperbacks, New York, 2014

Schiffrin, Harold Z., *Sun Yat-sen and the Origins of the Chinese Revolution*, University of California Press, Berkeley, Los Angeles and London, 1970

Seagrave, Sterling, *The Soong Dynasty*, Corgi Books, London, 1996

Selle, Earl Albert, *Donald of China*, Harper, New York and London, 1948

Shang Ming-xuan and Tang Bao-lin, *Song qingling zhuan* (*A Biography of Soong Ching-ling*), Xiyuan chubanshe, Beijing, 2013

Shang Ming-xuan et al. eds., *Sun Zhongshan shengping shiye zhuiyilu* (*Memories of Sun Yat-sen's Life and Career*), Renmin chubanshe, Beijing, 1986

Shanghai Managing Committee of the Historical Objects of Sun Yat-sen and Soong Ching-ling ed., *Sun zhongshan song chingling wenxian yu yanjiu* (*Sun Yat-sen and Soong Ching-ling: Archives and Research*), Shanghai shudian chubanshe, Shanghai, 2009

Shanghai Managing Committee of the Historical Objects of Sun Yat-sen and Soong Ching-ling, and Shanghai Association for Soong Ching-ling Studies eds., *Song Yaoru shengping dangan wenxian huibian* (*A Collection of Archives Documents on the Life of Soong Charlie*), Dongfang chuban zhongxin, Shanghai, 2013a

Shanghai Managing Committee of the Historical Objects of Sun Yat-sen and Soong Ching-ling, and Shanghai Association for Soong Ching-ling Studies eds., *Huiyi song qingling* (*Memories of Soong Ching-ling*), Dongfang chuban zhongxin, Shanghai, 2013

Sharman, Lyon, *Sun Yat-sen: His Life and Its Meaning*, Stanford University Press, Stanford, CA, 1934

Shaw Yu-ming, *Cisheng buyu: wode taiwan, meiguo, dalu suiyue* (*My Years in Taiwan, America and the Mainland*), Lianjing chuba, Taipei, 2013

Sheean, Vincent, *Personal History*, Citadel Press, NJ, 1986

Shen, Inyeening, *Jinling yiwang* (*My years in Nanjing*), Shenyupei pub., Taipei, 2016

Shen Yun-long et al., *Fu bingchang xiansheng fangwen jilu* (*Records of Interviews with Fu Bing-chang*), Zhongyang yanjiuyuan jindaishi yanjiusuo, Taipei, 1993

Shen Zui, *Wo zhe sanshinian* (*These Thirty Years of My Life*), Beijing shiyue wenyi chubanshe, Beijing, 1991

Sheng Yong-hua et al. eds., *Sun zhongshan yu aomen* (*Sun Yat-sen and Macau*), Wenwu chubanshe, Beijing, 1991

Shiji (*The Century*), Beijing

Shong Wen, *Xiong wan xiangsheng fangwen jilu* (*The Reminiscences of Dr Shong Wen*), with

Chen San-jing and Li Yu-qing, zhongyang yanjiuyuan jindaishi yanjiusuo, Taipei, 1998

Shou Chong-yi ed., *Kong xiangxi qiren qishi* (*Reminiscences about H. H. Kung*), Zhongguo wenshi chubanshe, Beijing, 1987

Smith, Sebie Biggs, *The Reminiscences of Sebie Biggs Smith*, Columbia University Archives, New York

Snow, Edgar, *Journey to the Beginning*, Vintage, New York, 1972

Song Jiao-ren (Chen Xu-lu ed.), *Song Jiaoren ji* (*Collected Writings of Song Jiao-ren*), Zhonghua shuju, Beijing, 2011

Song Jiao-ren (Liu Yang-yang ed.), *Song jiaoren riji* (*The Diary of Song Jiao-ren*), Zhonghua shuju, Beijing, 2014

Song Yong-yi, 'Did Soong Ching-ling Oppose Mao's Anti-rightist Campaign?', https://www.aboluowang.com/2017/0904/988392.html

Soong Ching-ling, *Song qingling xuanji* (*Selected Works of Soong Ching-ling*), Renmin chubanshe, Beijing, 1992

Soong Ching-ling, *The Struggle for New China*, Foreign Language Press, Beijing, 1952

Soong Ching-ling (China Welfare ed.), *Song qingling zhi chen hansheng shuxin* (*Letters from Soong Ching-ling to Chen Han-sheng*), Dongfang chuban zhongxin, Shanghai, 2013

Soong Ching-ling (Shang Ming-xuan et al. eds.), *Song qingling nianpu changbian* (*A Full Chronology of Soong Ching Ling*), Shehui kexue chubanshe, Beijing, 2003, 2009

Soong Ching-ling (Shanghai Soong Ching-ling Memorial Residence ed.), *Song qingling laiwang shuxin xuanji* (*A Selection of Correspondences of Soong Ching-ling*), Shanghai renmin chubanshe, Shanghai, 1995

Soong Ching-ling (Soong Ching-ling Foundation and China Welfare eds.), *Song qingling shuxinji* (*Collected Correspondences of Soong Ching-ling*), Renmin chubanshe, Beijing, 1999

Soong Ching-ling (Soong Ching-ling Foundation et al. eds.), *Song qingling shuxinji* (*xubian*) (*A Sequel to the Collected Correspondences of Soong Ching-ling*), Renmin chubanshe, Beijing, 2004

Soong Ching-ling Memorial Committee ed., *Song qingling jinianji* (*Commemorating Soong Ching-ling*), Renmin chubanshe, Beijing, 1982

Soong May-ling (Madame Chiang Kai-shek), 'What Religion Means to Me', *The Forum*, March 1934

Soong May-ling (Madame Chiang Kai-shek), 'Fighting Communists in China', *The Forum*, February 1935a

Soong May-ling (Madame Chiang Kai-shek), 'New Life in China', *The Forum*, June 1935b

Soong May-ling (Madame Chiang Kai-shek), *China in Peace and War*, Hurst & Blackett, London, 1940

Soong May-ling (Madame Chiang Kai-shek), *Conversations with Borodin*, Free Chinese Centre, place of publication unknown, 1977

Soong May-ling (Madame Chiang Kai-shek), *The Sure Victory*, Fleming H. Revell Company, Westwood, NJ, 1955

Soong May-ling and Chiang Kai-shek, *A Fortnight in Sian: A Coup d'état*, China Pub. Co.,

Shanghai, 1937

Spooner, Paul B., 'Song Ailing and China's Revolutionary Elite', Academia.edu

Sui Yong-qing and Zhang Lu-ya, 'Song qingling de xingfu he yihan' ('Soong Ching-ling's Happiness and Regrets'), in *Wenshi cankao* (*History Reference*), 4, 2011

Suleski, Ronald, *Civil Government in Warlord China: Tradition, Modernization and Manchuria*, Peter Lang Publishing, New York, 2002

Sun Hui-fen, *Wode zufu sun zhongshan* (*My Grandfather Sun Yat-sen*), Nanjing daxue chubanshe, Nanjing, 2011

Sun Yat-sen, *Collected Works of Sun Yat-sen*, Full Text Retrieval System, National Dr Sun Yat-sen Memorial Hall & Sun Yat-sen Studies Database eds., http://sunology.culture.tw/cgi-bin/gs32/s1gsweb.cgi/ccd=0YAcvF/search

Sun Yat-sen, *Kidnapped in London*, The China Society, London, 1969

Sun Yat-sen (Chen Xu-lu and Hao Sheng-chao eds.), *Sun zhongshan jiwaiji* (*A Supplement to the Collected Works of Sun Yat-sen*), Shanghai renmin chubanshe, Shanghai, 1990

Sun Yat-sen (Chen Xi-qi et al. eds.), *Sun zhongshan nianpu changbian* (*A Full Chronology of Sun Yat-sen*), Zhonghua shuju, Beijing, 2003

Sun, Victor, *Sun Mei, My Great-Grandfather*, Guangdong renmin chubanshe, Guangzhou, 2011

Sun zhongshan soong chingling yanjiu dongtai (*News in the Studies of Sun Yat-sen and Soong Ching-ling*), periodical, Shanghai

Sydney Morning Herald

Tang, Earnest, *Yongbu piaoshide jiyi* (*Everlasting Memories: The Friendship Between My Family and Soong Ching-ling*), Dongfang chubanshe, Shanghai, 2013

Tang Qi-hua, *Bali hehui yu zhongguo waijiao* (*Paris Peace Conference and China Diplomacy*), Shehui kexue wenxian chubanshe, Beijing, 2014

Tang Qi-hua, *Beiyang xiuyue shi* (*Treaty Revision Campaign of the Beijing Government, 1912-1928*), Shehui kexue wenxian chubanshe, Beijing, 2010

Tang Jia-xuan ed., *Zhongguo waijiao cidian* (*Dictionary of Chinese Diplomacy*), Shijie zhishi chubanshe, Beijing, 2000

Tang Rui-xiang, *Sun zongshan yu haijun hufa yanjiu* (*Research on Sun Yat-sen and the Navy in Defending the Constitution 1917–1923*), Xueyuan chubanshe, Beijing, 2006

Tang Xiong, *Song qingling he tade baojian yisheng* (*Soong Ching-ling and Her Physicians*), Hualing chubanshe, Beijing, 2014

Tang Xiong, *Song qingling yu tade weishizhang* (*Soong Ching-ling and Her Chief Bodyguard*), Qunzhong chubanshe, Beijing, 2006

Taylor, Jay, *The Generalissimo: Chiang Kai-shek and the Struggle for Modern China*, Harvard University Press, Cambridge, MA, 2011

Taylor, Jay, *The Generalissimo's Son: Chiang Ching-kuo and the Revolutions in China and Taiwan*, Harvard University Press, Cambridge, MA, 2000

Time magazine

Topping, Seymour, *Journey between Two Chinas*, Harper & Row, New York, Evanston, San Francisco, London, 1972

Tse, Tsan Tai, *The Chinese Republic: Secret History of the Revolution*, South China Morning Post, Hong Kong, 1924

Tuchman, Barbara W., *Stilwell and the American Experience in China*, The Macmillan Company, New York, 1971

Tung, William L., *Gu weijun yu zhongguo zhanshi waijiao* (*Wellington Koo and China's Diplomacy during the War*), Zhuanji wenxue chubanshe, Taipei, 1978

T. V. Soong Papers, Hoover Institution Archives, Stanford University

Waldron, *Arthur, From War to Nationalism: China's Turning Point, 1924–1925*, Cambridge University Press, Cambridge, New York and Melbourne, 1995

Wall Street Journal

Wang Da-lu and Liu Qing-yun, *Huang qixiang zhuan* (*A Biography of Huang Qi-xiang*), Zhongguo wenshi chubanshe, Beijing, 1994

Wang Jian and Chen Xian-chun, 'An Analysis of the Changes of Sino-German Relationship during WWI', in *Silin* (*History*), 1993

Wang Jing-wei (Cai De-jin and Wang Sheng eds.), *Wang jingwei shengping jishi* (*A Record of the Life of Wang Jing-wei*), Zhongguo wenshi chubanshe, Beijing, 1993

Wen Fei ed., *Wo suo zhidaode wu peifu* (*The Wu Pei-fu I know*), Zhongguo wenshi chubanshe, Beijing, 2004

Wen Fei ed., *Wo suo zhidaode zhang zuolin* (*The Zhang Zuo-lin I know*), Zhongguo wenshi chubanshe, Beijing, 2004

Wen Xiao-hong, '1924nian guangdong "shangtuan shibian" zaitan' ('A Further Study of the Canton Merchants' Corps Incident in 1924'), in *Zhejiang Social Science*, 3, 2001

Weng Yuan (with Wang Feng), *Wozai jiang jieshi fuzi shenbian sishisan nian* (*I was with Chiang Kai-shek and His Son for Forty-three Years*), Huawen chubanshe, Beijing, 2003

Wesleyan College Archives and Special Collections: Soong Sisters, Macon, GA

West Australian

Wilbur, C. Martin, *Sun Yat-sen: Frustrated Patriot*, Columbia University Press, New York, 1976

Wong, J. Y., *Sanshisui qian de sun zhongshan* (*Sun Yat-sen before Thirty*), Zhonghua shuju, Hong Kong, 2012

Wong, J. Y., *Sun yixian lundun mengnan zhenxiang* (*The Real Story of Sun Yat-sen's Misfortune in London*), Lianjing chuban shiye gongsi, Taipei, 1998

Wong, J. Y., *Sun yixian zai lundun: 1896–1897* (*Sun Yat-sen in London: 1896–1897*), Lianjing chuban shiye gongsi, Taipei, 2006

Wong, J. Y., *Zhongshan xiansheng yu yingguo* (*Sun Yat-sen and Great Britain*), Xuesheng shuju, Taipei, 2005

World Outlook Journal

Wu Chang-yi ed., *Bashisantian huangdi meng* (*An Emperor Dream that Lasted Eighty-three Days*), Wenshi ziliao chubanshe, Beijing, 1985

Wu Jing-ping and Kuo Tai-chun, *Song ziwen yu tade shidai* (*T. V. Soong: His Life and Times*), Fudan University Press, Shanghai, 2008a

Wu Jing-ping and Kuo Tai-chun, *Song ziwen zhumei shiqi dianbao xuan* (*Selected Telegrams between Chiang Kai-shek and T. V. Soong, 1940–1943*), Fudan University Press, Shanghai, 2008b

Wu Xiang-xiang, *Chen guofu de yisheng* (*A Life of Chen Guo-fu*), Zhuanji wenxue chubanshe, Taipei, 1980

Wu Xiang-xiang, *Song jiaoren zhuan* (*A Biography of Song Jiao-ren*), Zhongguo dabaike quanshu chubanshe, Beijing, 2009

Wu Xiang-xiang, *Sun yixian zhuan* (*A Biography of Sun Yat-sen*), Zhuanji wenxue chubanshe, Taipei, 1969

Wu Kuo-Cheng, *Cong shanghai shizhang dao 'taiwan shengzhuxi': wu guozhen koushu huiyi* (*The Reminiscences of Wu Kuo-cheng*), Shanghai renmin chubanshe, Shanghai, 2015

Xiao Jian-dong, '"Yizhan" shiqi zhongguo duide xuanzhande lishi zhenxiang' ('The Historical Truth about China's Declaration of War against Germany during WWI'), *Journal of Wuhan University of Technology: Social Science Edition*, Vol. 21, 1, 2008

Xu Feng-hua, 'The Party Member outside the Party – A New Discussion about the Relationship between Soong Ching-ling and Both the Nationalists and the Communists', History at China Welfare, http://www.cwi.org.cn/zh/zgflhhsg/content.aspx?id=8487

Xu Xue-er et al. eds., *Song jiaoren xuean* (*The Murder of Song Jiao-ren*), Yuelu shushe, Changsha, 1986

Yan Hui-qing, *Yan huiqing zizhuan* (*The Autobiography of Yan Hui-ching*), Zhuanji wenxue chubanshe, Taipei, 1989

Yang Kui-song, 'Song qingling heshi jiaru gongchandang' ('When Did Soong Ching-ling Join the Communist Party'), *Sun zhongshan soong chingling yanjiu dongtai* (*News in the Studies of Sun Yat-sen and Soong Ching-ling*), 4, 2003

Yang Kui-song, *Yang kuisong zhuzuoji: geming* (*Collected Works of Yang Kui-song: Revolution*), Guangzi shifan daxue chubanshe, Guilin, 2012

Yang Tian-shi, *Jiangshi midang yu jiang jieshi zhenxiang* (*The Secret Archives of Chiang Kai-shek and the Truth about Him*), Shehui kexue wenxian chubanshe, Beijing, 2002

Yang Tian-shi, *Jindai zhongguo shishi gouchen: haiwai fangshilu* (*Discoveries Overseas about Modern Chinese Historical Events*), Shehui kexue wenxian chubanshe, Beijing, 1998

Yang Tian-shi, *Wanqing shishi* (*Miscellaneous Historical Events of Late Qing*), Zhongguo renmin daxue chubanshe, Beijing, 2007

Yang Tian-shi, *Zhaoxun zhenzhengde jiang jieshi* (*In Search of the Real Chiang Kai-shek*), vol. 1, Shanxi renmin chubanshe, Taiyuan; vol. 2, Huawen chubanshe, Beijing, 2008

Yang Tian-shi, *Zhaoxun zhenzhengde jiang jieshi* (*In Search of the Real Chiang Kai-shek*), II, Huawen chubanshe, Beijing, 2010

Yang Tian-shi, *Zhaoxun zhenzhengde jiang jieshi: huanyuan 13ge lishi zhenxiang* (*In Search of the Real Chiang Kai-shek: The Truth of 13 Historical Events*), Jiuzhou chubanshe, Beijing, 2014

Yanhuang chunqiu (*Annals of the Chinese People*), Beijing

Ye Bang-zong, *Jiang jieshi shiweizhang huiyilu* (*Memoirs of Chiang Kai-shek's Chief Bodyguard*), Tuanjie chubanshe, Beijing, 2012

Yi Zhu-xian, *Hu shi zhuan* (*A Biography of Hu Shih*), Hubei renmin chubanshe, Wuhan, 1987

Yu Xin-chun and Wang Zhen-suo eds., *Sun zhongshan zairi huodong milu: riben waiwusheng dangan* (*The Secret Records of Sun Yat-sen in Japan: Archives from the Japanese Foreign Ministry*), Nankai daxue chubanshe, Tianjin, 1990

Yuan Wei-shi, *Zuotiande zhongguo*, Zhejiang daxue chubanshe, Hangzhou, 2012

Zhang Bo-feng and Li Zong-yi eds., *Beiyang junfa* (*The Northern Warlords*), Wuhan chubanshe, Wuhan, 1991

Zhang Hai-lin, *Duanfang yu qingmo xinzheng* (*Duanfang and the New System in the Late Qing*), Nanjing daxue chubanshe, Nanjing, 2007

Zhang Kai-yuan et al. eds., *Xinhai gemingshi congkan* (*Periodical of the History of the 1911 Revolution*), Zhonghua shuju, Beijing

Zhang Peng-yuan, 'Cong minchu guohui xuanju kan zhengzhi canyu' ('Political Participation Seen through Parliamentary Elections in the First Years of the Republic of China'), *Bulletin of Historical Research*, Taiwan Normal University, Taipei, 1979

Zhang Peng-yuan, *Cong minquan dao weiquan* (*From People's Power to Autocrat's Power*), Zhongyang yanjiuyuan jindaishi yanjiusuo, Taipei, 2016

Zhang Peng-yuan, *Zhongguo minzhu zhengzhi de kunjing: 1909–1949 wanqing yilai lijie yihui xuanju shulun* (*Democratic Politics in China: A Study of Parliamentary Elections since the Late Qing, 1909–1949*), Shanghai Sanlian shudian, Shanghai, 2013

Zhang Tai-yan, *Zhang taiyan xiansheng ziding nianpu* (*Mr Zhang Tai-yan's Self-written Chronology*), Shanghai shudian, Shanghai, 1986

Zhang Xue-liang (Zhang You-kun and Qian Jin eds.), *Zhang xueliang nianpu* (*A Chronological Record of Zhang Xue-liang*), Shehui kexue wenxian chubanshe, Beijing, 1996

Zhang Yao-jie, *Shui moushale song jiaoren* (*Who Murdered Song Jiao-ren*), Tuanjie chubanshe, Beijing, 2012

Zhang Zhu-hong, 'Meiguo guanyu Sun zhongshan he xinhai geming de yanjiu' ('Studies on Sun Yat-sen and the 1911 Revolution in the United States'), http://jds.cssn.cn/ztyj/wqzzs/201605/t20160506_3323423.shtml

Zheng Hui-xin, *Dudang yueshi: minguo zhengshi yu jiazu liyi* (*From the Archives and Studies: The Politics of the Republic of China and Family Interests*), Zhonghua shuju, Beijing, 2014

Zheng Peng-nian, *Song qingling he tade zhushou jin zhonghua* (*Soong Ching-ling and her Assistant Jin Zhong-hua*), Xinhua chubanshe, Beijing, 2001

Zhong Bo-yi and Deng Jia-yan, *Zhong boyi deng jiayan koushu zizhuan* (*The Reminiscences of Zhong Bo-yi and Deng Jia-yan*), Zhongguo dabaike quanshu chubanshe, Beijing, 2009

Zhou En-lai (CCP Central Documents Studies and Central Archives eds.), *Jianguo yilai zhou enlai wengao*, (*Writings of Zhou En-lai since the Founding of Communist China*), Zhongyang wenxian chubanshe, Beijing, 2008

Zhou Hong-tao (with Wang Shi-chun), *Jianggong yu wo: jianzheng zhonghua minguo guanjian bianju* (*Mr Chiang Kai-shek and Me: Witnessing Key Moments of Change in the*

Republic of China), Tianxia yuanjian, Taipei, 2003

Zhou Zhi-ping, 'Zhangchi zai ziyou yu weiquan zhijian: hu shi, lin yutang yu jiang jieshi (Between Liberty and Authoritarian Rule: Hu Shih, Lin Yu-tang and Chiang Kai-shek)', http://www.cuhk.edu.hk/ics/21c/media/articles/c146-201406005.pdf

Zhu Zong-zhen and Yang Guang-hui eds., *Minchu zhengzheng yu erci geming* (*Political Struggles at the Beginning of the Republic and the Second Revolution*), Shanghai renmin chubanshe, Shanghai, 1983

Zou Lu, *Zou lu huiyilu* (Memoirs of Zou Lu), Dongfang chubanshe, Beijing, 2010

감사의 말

이 전기를 집필하기 위한 자료 조사를 하는 동안 운 좋게도 많은 분들의 도움을 받았다. 다음의 여러 기록보관소 및 박물관의 사서와 기록보관원들이 기꺼이 도와준 덕에 이 책의 기반이 되는 문헌 자료(그리고 사진 자료)를 훨씬 수월하게 구할 수 있었다. 미국에서는 컬럼비아 대학교 기록보관소, 듀크 대학교 도서관, 5번가 연합 감리 교회 기록보관소(노스캐롤라이나 주 윌밍턴), 후버 연구소 기록보관소, 의회 도서관, 미국 국립보존기록관, 미국 상원 역사국 국가기록원, 웰즐리 대학교 기록보관소, 웨슬리언 대학교 기록보관소의 도움을 받았다. 영국에서는 햇필드 하우스 기록보관소(사적인 기록 열람을 특별히 허가해주신 솔즈베리 후작과 후작 부인께 감사드린다), 브리스틀 대학교 중국 역사 사진 소장관, 영국 국립보존기록관, 왕실 기록보관소에서 협조를 받았다. 타이완에서는 국사관, 국립 중정 기념당, 국립 국부기념관, 국가인권박물관, 중국국민당 문화전파위원회 당사관의 자료를 참조했다. 홍콩에서는 홍콩과학기술대학교 기록보관소에서 도움을 주었다. 모든 분들께 감사 인사를 드리며, 여기에서 모든

이들의 이름을 열거할 수 없다는 데에 유감을 표한다.

특별히 언급하고 싶은 한 사람은 5번가 연합 감리 교회 기록보관소의 수 해먼즈이다. 그녀는 자신의 병이 위중할 때에도 나를 위해서 자료를 수집 해주었다. 몹시 애석하게도 그녀는 자료를 정리하던 중에 세상을 떠났다 (그녀의 동료 바버라 갤러거가 수가 수집한 자료를 나에게 보내주었다). 나는 영원토록 그녀에게 깊은 감사의 마음을 간직할 것이다.

쑹씨와 장씨 일가의 후손, 친척, 친구들은 친절하게도 자신들의 기억과 통찰을 나에게 나누어주었다. 특히 쑹충이, 펑잉샹, 장완안, 쑨비성, 잔궁 밍, 옌유원, 양레이밍, 그리고 익명으로 남기를 희망한 그밖의 주요 증인들 에게 감사드린다. 그중에서도 뉴욕의 쑹씨 가족과의 만남을 주선해준 양 레이밍에게 특별한 감사를 전한다.

룽잉타이 문화재단은 나를 타이완으로 초대하여 그곳에서 연구를 진행 할 수 있도록 도와주었다. 깊은 감사를 전한다. 재단의 세심하고 유능한 직원들과 함께 일할 수 있어서 즐거웠다. 룽잉타이 본인은 타이완의 민주 화에 기여한 영향력 있는 작가로, 내가 그 역사적 순간과 이후의 민주화된 타이완 전반을 더 잘 이해할 수 있도록 이끌어주었다.

나는 다음의 증인들과 학자들을 인터뷰하며 많은 것들을 얻을 수 있었 다. 모두에게 감사드린다. 휴 캔틀리 박사, 천친성 선생, 러우원원 선생, P. G. 맨슨-바 박사, 샹허우루 선생, 쑤유 선생, 투구이메이 여사, 창청 교수, 장펑위안 교수, 자오첸민 교수, 천리원 교수, 천펑런 교수, 셰잉충 선생, 황 커우 교수, 궈다이쥔 교수, 리쥔산 교수, 린샤오팅 박사, 린궈창 박사, 린퉁 파 교수, 류웨이카이 교수, 뤼팡상 교수, 팡젠궈 교수, 사오위밍 교수, 탕치 화 교수, 제이 테일러 선생, 왕신후이 선생, 왕원룽 교수와 우미차 교수.

과거 수십 년간 나는 이전의 책들, 특히 『마오 : 알려지지 않은 이야기들』

478

(존 핼리데이 공저)을 저술하는 과정에서 수백 건의 인터뷰를 진행한 바 있다. 그중 상당수는 이 책과도 관련이 깊다. 이제는 고인이 된 여러 역사적인 인물들은 쑹씨 세 자매와 가까운 사이였다. 인터뷰 기록들을 다시 읽어보면서, 그들이 내게 그들의 유일무이하고 귀중한 경험을 보존할 기회를 허락했다는 것이 큰 축복이었다고 느꼈다. 그 인물들은 다음과 같다. '작은 원수' 장쉐량, 천리푸, 장웨이궈, 이푸언, 하오바이춘, 에밀리 한, 이스라엘 엡스타인, 레위 앨리, 조지 하템, 퍼시 천, 진싼왕, 리윈. 세상을 떠난 나의 좋은 친구들 매기 케직(그녀는 칭링과 아는 사이였다)과 에마 테넌트는 쑹씨 세 자매에 관한 책을 써보라고 나에게 가장 먼저 권해주었다.

다음의 인물들은 소개를 주선해주고 질의에 응답해주고 자료를 보내주고 의견을 제시하는 등 전반적으로 내 연구를 도와주었다. 제프리 버그너, 마리 브레너, 마르코 카보아라, 에디 챈슬러, 데이비드 천 창, 존 초, 가오안화, 제인 히치콕, 중팡링, 칸시오윈, 리융, 팀 오언스, 선뤼쉰, 제인 선─밀러, 윌리엄 타우브만, 카롤라 베키오, 스탠리 와이스, 그레이스 우, 우수펑, 쉬궈룽, 쉐이웨이, 셜리 영, 지넷 지, 장푸. 누락된 분들이 있다면 사과를 드리며, 추후 개정판에서 수정될 것임을 알린다.

나의 저작권 대리인 길런 에이킨과 클레어 알렉산더는 심혈을 기울여 이 책의 작업을 살피고 훌륭한 조언을 건네주었다. 또한 영국 조너선 케이프 출판사와 미국 크노프 출판 그룹의 발행인과 편집인인 베 헤밍, 소니 메타, 댄 프랭크와 그의 팀, 특히 교열을 맡아준 데이비드 밀너는 최고의 능력을 발휘하여 이 책을 편집하고 발행해주었다. 모두에게 감사를 전한다.

이전 책들에서도 그랬듯, 존 핼리데이의 끊임없는 자문은 이 책을 집필하는 데에 없어서는 안 될 요소였다. 그의 존재가 내 삶에서 가지는 중요성은 아무리 강조해도 지나치지 않다.

옮긴이의 말

한국에서는 쑨원과 장제스의 아내라는 점 외에 대중적으로 잘 알려진 편은 아니지만, 쑹씨 세 자매는 생존해 있을 당시부터 중국 안팎으로 엄청난 유명 인사였다. 이들은 20세기 초 미국에서 대학 교육까지 마친 몇 되지 않는 중국의 '신여성'으로서 결혼하기 전에는 상하이 사교계의 중심이었고, 결혼 후에는 중국의 퍼스트레이디 혹은 정계의 핵심 인물로서 전 세계에 이름을 알렸다. 뿐만 아니라 일거수일투족이 (좋은 쪽으로든 나쁜 쪽으로든) 사람들의 입에 오르내리는, 요즘으로 치면 인터넷을 뜨겁게 달구는 '셀러브리티'에 준하는 존재였다.

이렇듯 범상치 않은 세 자매의 삶은 일찍부터 대중의 관심과 호기심을 자극했고, 수많은 연구와 대중문화 작품의 제재가 되었다. 특히 중국의 개혁개방이 가속화되고 타이완의 민주화가 이루어진 1990년대에는 20세기 중국을 회고하는 입장에서 세 자매에 대한 학술연구와 문집 출판의 붐이 일었고, 이들을 향한 대중적인 관심 역시 정점을 찍었다. 타이완에서는 칭링과 메이링의 삶을 소재로 한 소설이 출간되었고, 1997년에는 홍콩에서 배우 양자경이 아이링, 장만옥이 칭링으로 분한 영화 「송가황조」가 제작되기도 했다.

2019년 출판된 이 책 『아이링, 칭링, 메이링』은 앞선 시기의 고착화된 이미지("첫째 아이링은 돈을, 둘째 칭링은 나라를, 셋째 메이링은 권력을 사랑했다")로부터 한발 떨어져 자매들의 삶을 관조한다는 점이 특징적이다. 이는 마지막 생존자 메이링이 세상을 떠난 지도 이미 20년 가까이 되었다는 시대적 배경, 그리고 중국 본토 출신으로서 영국으로 이주해 활동하고 있는 저자 장융의 개인적인 배경에서 비롯된 것으로 보인다. 저자 장융은 세 자매의 사상과 업적, 비리와 추문을 파고드는 대신, 다사다난하고 복잡한 중국 현대사의 한복판에서 세 자매가 걸었던 인생의 여정을 공감 어린 시선으로 되돌아본다. 세 자매의 삶은 중국 정치와 뗄레야 뗄 수 없는 사이였지만, 동시에 이 책에서 독자는 쑨원에 종속되지 않은 칭링, 장제스를 떠난 메이링, 그리고 중국을 떠나서 미국에 정착한 이후의 아이링을 마주하게 된다. 특히 제5부 "세 명의 여성, 세 갈래 운명"은 다른 책에서는 주목하지 않는 세 자매 말년의 개인사를 담고 있어 이 책의 독특한 매력을 잘 보여준다.

이 책을 관통하는 또 하나의 특징은 한 편의 대하드라마와도 같은 흥미진진한 서술이다. 저자 장융은 3대에 걸친 현대 중국 여성들의 삶을 담은 자전적 전기 『대륙의 딸』로 한국 독자들에게 깊은 인상을 남긴 바 있다. 저자는 전작에서 보여주었던 유려한 문장과 생동감 넘치는 서술로 복잡하게 얽힌 중국 현대사의 모든 장면들을 간결하고도 생생하게 그려나간다. 이 책에 등장하는 인용은 단어 하나, 문장 하나까지 모두 실제 서신, 인터뷰, 회고담 등에서 발췌한 것이다. 그리하여 이 책을 읽는 동안 독자는 미국 웨슬리언 여자대학교의 기숙사 방에서 출발해 총알이 빗발치던 광저우의 총통 관저, 메이링의 연애가 한창이던 상하이의 쑹씨 자택, 찌는 듯한 전시 수도 충칭의 방공호와 뉴욕의 호화로운 대저택에 이르기까지, 세 자매가 걸어온 인생의 고비를 함께하는 듯한 느낌을 받게 된다.

이 책의 번역은 영문판을 기준으로 했지만, 2020년 저자가 직접 번역하여 출판한 중문판도 큰 참고가 되었다. 특히 상술한 것처럼 이 책에는 저자가 전 세계에서 수집한 방대한 자료가 녹아들어 있는데, 중문판에는 중국어 사료의 직접 인용이 대폭 추가되었다. 영문판과 중문판을 종합하여 한국어 번역에서는 저자의 의도를 보다 명료하게 전달하는 데에 중점을 두었다.

엉겁결에 번역을 하겠다고 나섰지만, 배경지식이 일천한 상태에서 미숙한 영어와 글솜씨로 번역을 완성하기까지 우여곡절이 많았다. 무엇보다 매번 늦어지는 원고를 기다려주시고 하나부터 열까지 꼼꼼하게 검토해주신 까치글방의 김미현 편집자께 고개 숙여 감사드린다. 번역상의 오류는 전적으로 번역자인 나의 탓이다. 마지막으로 서울대학교 동양사학과의 구범진 교수님, 그리고 나의 두 할머니와 어머니 이영채에게 감사의 마음을 전하고 싶다.

2021년 6월 파주에서

이옥지

인명 색인